실력 수학의 정석

수학(하)

홍성대 지음

성지출판(주)

머 리 말

중학교와 고등학교에서 수학을 가르치고 배우는 목적은 크게 두 가지로 나누어 말할 수 있다.

첫째, 수학은 논리적 사고력을 길러 준다. "사람은 생각하는 동물"이라고 할 때 그 '생각한다'는 것은 논리적 사고를 이르는 말일 것이다. 우리는 학문의 연구나 문화적 행위에서, 그리고 개인적 또는 사회적인 여러 문제를 해결하는 데 있어서 논리적 사고 없이는 어느 하나도 이루어 낼 수가 없는데, 그 논리적 사고력을 기르는 데는 수학이 으뜸가는 학문인 것이다. 초등학교와 중·고등학교 12년간 수학을 배웠지만 실생활에 쓸모가 없다고 믿는 사람들은, 비록 공식이나 해법은 잊어버렸을 망정 수학 학습에서 얻어진 논리적 사고력은 그대로 남아서, 부지불식 중에 추리와 판단의 발판이 되어 일생을 좌우하고 있다는 사실을 미처 깨닫지 못하는 사람들이다.

둘째, 수학은 모든 학문의 기초가 된다는 것이다. 수학이 물리학·화학·공학·천문학 등 이공계 과학의 기초가 된다는 것은 상식에 속하지만, 현대에 와서는 경제학·사회학·정치학·심리학 등은 물론, 심지어는 예술의 각 분야에까지 깊숙이 파고들어 지대한 영향을 끼치고 있고, 최근에는 행정·관리·기획·경영 등에 종사하는 사람들에게도 상당한 수준의 수학이 필요하게 됨으로써 수학의 바탕 없이는 어느 학문이나 사무도 이루어지지 않는다는 사실을 실감케 하고 있다.

나는 이 책을 지음에 있어 이러한 점들에 바탕을 두고서 제도가 무시험이든 유시험이든, 출제 형태가 주관식이든 객관식이든, 문제 수준이 높든 낮든 크게 구애됨이 없이 적어도 고등학교에서 연마해 두어야 할 필요충분한 내용을 담는 데 내가 할 수 있는 최대한의 정성을 모두 기울였다.

따라서, 이 책으로 공부하는 제군들은 장차 변모할지도 모르는 어떤 입시에도 소기의 목적을 달성할 수 있음은 물론이거니와 앞으로 대학에 진학해서도 대학 교육을 받을 수 있는 충분한 기본 바탕을 이루리라는 것이 나에게는 절대적인 신념으로 되어 있다.

　이제 나는 담담한 마음으로 이 책이 제군들의 장래를 위한 좋은 벗이 되기를 빌 뿐이다.

　끝으로 이 책을 내는 데 있어서 아낌없는 조언을 해주신 서울대학교 윤옥경 교수님을 비롯한 수학계의 여러분들께 감사드린다.

1966. 8. 31.

지은이 홍 성 대

개정판을 내면서

지금까지 수학Ⅰ, 수학Ⅱ, 확률과 통계, 미적분Ⅰ, 미적분Ⅱ, 기하와 벡터로 세분되었던 고등학교 수학 과정은 2018학년도 고등학교 입학생부터 개정 교육과정이 적용됨에 따라

수학, 수학Ⅰ, 수학Ⅱ, 미적분, 확률과 통계,

기하, 실용 수학, 경제 수학, 수학과제 탐구

로 나뉘게 된다. 이 책은 그러한 새 교육과정에 맞추어 꾸며진 것이다.

특히, 이번 개정판이 마련되기까지는 우선 남진영 선생님과 박재희 선생님의 도움이 무척 컸음을 여기에 밝혀 둔다. 믿음직스럽고 훌륭한 두 분 선생님이 개편 작업에 적극 참여하여 꼼꼼하게 도와준 덕분에 더욱 좋은 책이 되었다고 믿어져 무엇보다도 뿌듯하다.

또한, 개정판을 낼 때마다 항상 세심한 조언을 아끼지 않으신 서울대학교 김성기 명예교수님께는 이 자리를 빌려 특별히 깊은 사의를 표하며, 아울러 편집부 김소희, 송연정, 박지영, 오명희 님께도 감사한 마음을 전한다.

「수학의 정석」은 1966년에 처음으로 세상에 나왔으니 올해로 발행 51주년을 맞이하는 셈이다. 거기다가 이 책은 이제 세대를 뛰어넘은 책이 되었다. 할아버지와 할머니가 고교 시절에 펼쳐 보던 이 책이 아버지와 어머니에게 이어졌다가 지금은 손자와 손녀의 책상 위에 놓여 있다.

이처럼 지난 반세기를 거치는 동안 이 책은 한결같이 학생들의 뜨거운 사랑과 성원을 받아 왔고, 이러한 관심과 격려는 이 책을 더욱 좋은 책으로 다듬는 데 큰 힘이 되었다.

이 책이 학생들에게 두고두고 사랑 받는 좋은 벗이요 길잡이가 되기를 간절히 바라마지 않는다.

2017. 3. 1.

지은이 홍 성 대

4

16. 평면좌표

§ 1. 두 점 사이의 거리

기 본 정 석

1 수직선 위의 두 점 사이의 거리

두 점 $A(x_1)$, $B(x_2)$ 사이의 거리는

$$\overline{AB}=|x_2-x_1|$$

2 좌표평면 위의 두 점 사이의 거리

두 점 $A(x_1, y_1)$, $B(x_2, y_2)$ 사이의 거리는

$$\overline{AB}=\sqrt{(x_2-x_1)^2+(y_2-y_1)^2}$$

Advice | 수직선 위의 두 점 $A(x_1)$, $B(x_2)$ 사이의 거리는

$x_2 \geq x_1$일 때 $\overline{AB}=x_2-x_1$,

$x_2 < x_1$일 때 $\overline{AB}=x_1-x_2$

이므로 x_1, x_2의 크기에 관계없이

$$\overline{AB}=|x_2-x_1|$$

로 나타낼 수 있다.

이제 좌표평면 위의 두 점 $A(x_1, y_1)$, $B(x_2, y_2)$ 사이의 거리를 구해 보자.

점 A를 지나고 y축에 수직인 직선과 점 B를 지나고 x축에 수직인 직선의 교점을 C 라고 하면

$$\overline{AC}=|x_2-x_1|, \quad \overline{BC}=|y_2-y_1|$$

이므로 직각삼각형 ABC에서

$$\begin{aligned}\overline{AB}&=\sqrt{\overline{AC}^2+\overline{BC}^2}\\&=\sqrt{|x_2-x_1|^2+|y_2-y_1|^2}\\&=\sqrt{(x_2-x_1)^2+(y_2-y_1)^2}\end{aligned}$$

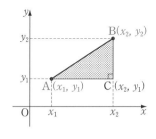

보기 1 다음 두 점 A, B 사이의 거리를 구하여라.

(1) $A(-2)$, $B(5)$ 　　　　　　　　(2) $A(5)$, $B(-3)$

연구 (1) $\overline{AB}=|5-(-2)|=7$ 　　　　(2) $\overline{AB}=|-3-5|=8$

보기 2 다음 두 점 A, B 사이의 거리를 구하여라.

(1) A(2, 3), B(5, −1)　　　　　　(2) A(5, 0), B(−2, 0)

연구 (1) $\overline{AB}=\sqrt{(x_2-x_1)^2+(y_2-y_1)^2}$

$\qquad\qquad =\sqrt{(5-2)^2+(-1-3)^2}=\sqrt{25}=\mathbf{5}$

(2) $\overline{AB}=\sqrt{(-2-5)^2+(0-0)^2}=\sqrt{(-7)^2}=\mathbf{7}$

$$\begin{matrix} A(2, & 3) & & B(5, & -1) \\ \vdots & \vdots & & \vdots & \vdots \\ A(x_1, & y_1) & & B(x_2, & y_2) \end{matrix}$$

Note (2)에서 점 A, B는 x축 위의 점이므로

수직선 위의 두 점 A(5), B(−2) 사이의 거리를 구하는 것과 같다.

> **정석** x축 또는 y축 위의 두 점 사이의 거리
>
> 두 점 $A(x_1, 0)$, $B(x_2, 0)$ 사이의 거리는 $\overline{AB}=|x_2-x_1|$,
> 두 점 $A(0, y_1)$, $B(0, y_2)$ 사이의 거리는 $\overline{AB}=|y_2-y_1|$

보기 3 다음 두 점 A, B 사이의 거리를 구하여라.

(1) A(m^2, $-m$), B(1, m)　　　　(2) $A\left(\dfrac{1}{a}, -1\right)$, B($a$, 1) (단, $a>0$)

연구 (1) $\overline{AB}=\sqrt{(1-m^2)^2+(m+m)^2}=\sqrt{m^4+2m^2+1}$

$\qquad\qquad =\sqrt{(m^2+1)^2}=\mathbf{m^2+1}$　　　　　　$\Leftarrow m^2+1>0$

(2) $\overline{AB}=\sqrt{\left(a-\dfrac{1}{a}\right)^2+(1+1)^2}=\sqrt{a^2+\dfrac{1}{a^2}+2}=\sqrt{\left(a+\dfrac{1}{a}\right)^2}=\mathbf{a+\dfrac{1}{a}}$

보기 4 다음 세 점을 꼭짓점으로 하는 삼각형은 어떤 삼각형인가?

(1) A(1, 4), B(−1, 2), C(0, 1)　　(2) O(0, 0), A(a, b), B($a+b$, $b-a$)

연구 (1) $\overline{AB}=\sqrt{(-1-1)^2+(2-4)^2}=2\sqrt{2}$, $\quad \overline{BC}=\sqrt{(0+1)^2+(1-2)^2}=\sqrt{2}$,

$\qquad \overline{CA}=\sqrt{(1-0)^2+(4-1)^2}=\sqrt{10}$

$\qquad\qquad \therefore \overline{AB}^2+\overline{BC}^2=\overline{CA}^2$

따라서 △ABC는 ∠**B**=**90°**인 직각삼각형이다.

(2) $\overline{OA}=\sqrt{a^2+b^2}$,

$\qquad \overline{AB}=\sqrt{(a+b-a)^2+(b-a-b)^2}=\sqrt{a^2+b^2}$,

$\qquad \overline{BO}=\sqrt{(a+b)^2+(b-a)^2}=\sqrt{2(a^2+b^2)}$

$\qquad\qquad \therefore \overline{OA}=\overline{AB}, \quad \overline{OA}^2+\overline{AB}^2=\overline{BO}^2$

따라서 △OAB는 ∠**A**=**90°**인 직각이등변삼각형이다.

Note 「선분 AB」와 「선분 AB의 길이」는 그 의미가 다르지만 혼동할 염려가 없으면 모두 $\overline{AB}$로 나타낸다.

또, 「삼각형 ABC」와 「삼각형 ABC의 넓이」는 그 의미가 다르지만 역시 혼동할 염려가 없으면 모두 △ABC로 나타낸다.

필수 예제 **16**-1 다음 물음에 답하여라.

(1) 두 점 A(8, −7), B(12, 5)에서 같은 거리에 있고,
직선 $x+2y-3=0$ 위에 있는 점 P의 좌표를 구하여라.

(2) 세 점 A(6, 1), B(−1, 2), C(2, 3)을 꼭짓점으로 하는 △ABC의 외
심의 좌표와 외접원의 반지름의 길이를 구하여라.

[정석연구] (1) 점 P의 좌표를 (a, b)로 놓고, 문제의 조건 $\overline{PA}=\overline{PB}$를 이용하
여 a, b 사이의 관계식을 구한다.

(2) 삼각형의 외접원의 중심을 그 삼각형의 외심이라고 한다. 따라서

정석 △**ABC**의 외심을 **P**라고 하면 $\Longrightarrow$ $\overline{PA}=\overline{PB}=\overline{PC}$

이다. 외심을 P(a, b)로 놓고, 위의 관계를 a, b로 나타내어라.

[모범답안] (1) 점 P의 좌표를 (a, b)라고 하자.

점 P(a, b)는 직선 $x+2y-3=0$ 위에 있으므로 $a+2b-3=0$ $\cdots$①

또, $\overline{PA}=\overline{PB}$에서 $\overline{PA}^2=\overline{PB}^2$이므로

$\quad (a-8)^2+(b+7)^2=(a-12)^2+(b-5)^2$ $\therefore a+3b-7=0$ $\cdots$②

①, ②를 연립하여 풀면 $a=-5$, $b=4$ $\therefore$ **P(−5, 4)** ← [답]

(2) △ABC의 외심을 P(a, b)라고 하면

$$\overline{AP}=\overline{BP}=\overline{CP}$$

따라서 $\overline{AP}^2=\overline{BP}^2$으로부터

$\quad (a-6)^2+(b-1)^2=(a+1)^2+(b-2)^2$

$\quad\quad \therefore 7a-b-16=0$ $\cdots$①

또, $\overline{AP}^2=\overline{CP}^2$으로부터

$\quad (a-6)^2+(b-1)^2=(a-2)^2+(b-3)^2$

$\quad\quad \therefore 2a-b-6=0$ $\cdots$②

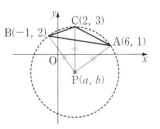

①, ②를 연립하여 풀면 $a=2$, $b=-2$

따라서 외심의 좌표는 **(2, −2)** ← [답]

이때, 외접원의 반지름의 길이는

$$\overline{AP}=\sqrt{(2-6)^2+(-2-1)^2}=\sqrt{25}=5 \leftarrow \boxed{답}$$

[유제] **16**-1. 원점과 점 A(2, 4)에서 같은 거리에 있는 x축 위의 점의 좌표
를 구하여라. [답] **(5, 0)**

[유제] **16**-2. 세 점 (0, 6), (6, −2), (7, 5)에서 같은 거리에 있는 점의 좌표
를 구하여라. [답] **(3, 2)**

필수 예제 **16**-2   좌표평면 위에 두 점 A(0, 2), B(1, 5)가 있다. 점 P가 직선 $y=1$ 위를 움직일 때, $\triangle$ABP가 직각삼각형이 되도록 하는 점 P 의 좌표를 구하여라.

정석연구 점 P의 x좌표를 a라고 하면 P는 직선 $y=1$ 위의 점이므로 P(a, 1) 로 놓을 수 있다.

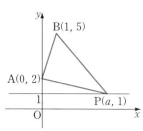

어느 각이 직각이 되는지 알 수 없으므로

$\angle$A가 직각인 경우,

$\angle$B가 직각인 경우,

$\angle$P가 직각인 경우

로 나누어 생각하고, 각 경우에 대하여

   피타고라스 정리

를 이용한다.

모범답안 점 P는 직선 $y=1$ 위의 점이므로 P(a, 1)로 놓을 수 있다.

이때, $\overline{AB}^2=(1-0)^2+(5-2)^2=10,$

$\overline{AP}^2=(a-0)^2+(1-2)^2=a^2+1,$

$\overline{BP}^2=(a-1)^2+(1-5)^2=a^2-2a+17$

(i) $\angle$A$=90°$일 때, $\overline{AB}^2+\overline{AP}^2=\overline{BP}^2$이므로

  $10+a^2+1=a^2-2a+17$ $\therefore$ $a=3$

(ii) $\angle$B$=90°$일 때, $\overline{AB}^2+\overline{BP}^2=\overline{AP}^2$이므로

  $10+a^2-2a+17=a^2+1$ $\therefore$ $a=13$

(iii) $\angle$P$=90°$일 때, $\overline{AP}^2+\overline{BP}^2=\overline{AB}^2$이므로

  $a^2+1+a^2-2a+17=10$ $\therefore$ $a^2-a+4=0$

  여기서 $D=(-1)^2-4\times1\times4=-15<0$이므로 이 식을 만족하는 실수 a 는 없다.

(i), (ii), (iii)에서 구하는 점 P의 좌표는

P(3, 1),   P(13, 1) ← 답

유제 **16**-3. 좌표평면 위에 세 점 A(0, 1), B(4, 3), C(a, 0)이 있다.

(1) $\triangle$ABC가 이등변삼각형이 되도록 a의 값을 정하여라.

(2) $\triangle$ABC가 직각삼각형이 되도록 a의 값을 정하여라.

답 (1) $a=3$, $\pm\sqrt{19}$, $4\pm\sqrt{11}$ (2) $a=1, 3, \dfrac{1}{2}, \dfrac{11}{2}$

§2. 선분의 내분점과 외분점

기본정석

1 수직선 위의 선분의 내분점과 외분점

수직선 위의 두 점 $A(x_1)$, $B(x_2)$에 대하여

(1) 선분 AB를 $m : n\,(m>0,\ n>0)$으로 내분하는 점 P의 좌표는

$$P\!\left(\frac{mx_2+nx_1}{m+n}\right)$$

특히 점 P가 선분 AB의 중점일 때는

$$P\!\left(\frac{x_1+x_2}{2}\right)$$

$m>n$일 때

(2) 선분 AB를 $m : n\,(m>0,\ n>0,\ m\neq n)$으로 외분하는 점 Q의 좌표는

$$Q\!\left(\frac{mx_2-nx_1}{m-n}\right)$$

$m<n$일 때

2 좌표평면 위의 선분의 내분점과 외분점

좌표평면 위의 두 점 $A(x_1,\ y_1)$, $B(x_2,\ y_2)$에 대하여

(1) 선분 AB를 $m : n\,(m>0,\ n>0)$으로 내분하는 점 P의 좌표는

$$P\!\left(\frac{mx_2+nx_1}{m+n},\ \frac{my_2+ny_1}{m+n}\right)$$

특히 점 P가 선분 AB의 중점일 때는

$$P\!\left(\frac{x_1+x_2}{2},\ \frac{y_1+y_2}{2}\right)$$

(2) 선분 AB를 $m : n\,(m>0,\ n>0,\ m\neq n)$으로 외분하는 점 Q의 좌표는

$$Q\!\left(\frac{mx_2-nx_1}{m-n},\ \frac{my_2-ny_1}{m-n}\right)$$

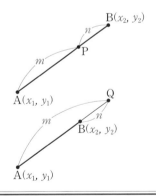

Advice 1° 수직선 위의 선분의 내분점, 외분점

▶ 내분점 ── 선분 AB 위의 점 P에 대하여

$$\overline{AP} : \overline{PB}=m : n\ (m>0,\ n>0)$$

일 때, 점 P는 선분 AB를 $m : n$으로 내분한다고 하고, 점 P를 선분 AB의 내분점이라고 한다.

여기에서 주의할 것은 $m \neq n$일 때, 선분 AB를 $m : n$으로 내분하는 점과 선분 BA를 $m : n$으로 내분하는 점은 다르다는 것이다.

전자는 오른쪽 첫째 그림의 점 P를 뜻하고, 후자는 둘째 그림의 점 P를 뜻한다.

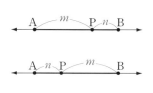

두 점 $A(x_1)$, $B(x_2)$에 대하여 선분 AB를 $m : n \,(m>0, \ n>0)$으로 내분하는 점을 $P(x)$라고 하자.

$\overline{AP}=|x-x_1|$, $\overline{PB}=|x_2-x|$이므로

$$\frac{\overline{AP}}{\overline{PB}}=\frac{|x-x_1|}{|x_2-x|}=\frac{m}{n} \ \ \text{곧,} \ \ \left|\frac{x-x_1}{x_2-x}\right|=\frac{m}{n}$$

그런데 $x_2>x>x_1$ 또는 $x_1>x>x_2$이므로

$$\frac{x-x_1}{x_2-x}>0 \quad \therefore \ \frac{x-x_1}{x_2-x}=\frac{m}{n}$$

$$\therefore \ nx-nx_1=mx_2-mx \quad \therefore \ (m+n)x=mx_2+nx_1$$

$$\therefore \ x=\frac{mx_2+nx_1}{m+n} \quad \therefore \ P\left(\frac{mx_2+nx_1}{m+n}\right)$$

특히 점 P가 선분 AB의 중점이면 $m=n$이므로

$$P\left(\frac{mx_2+nx_1}{m+n}\right) \Longrightarrow P\left(\frac{nx_2+nx_1}{n+n}\right) \Longrightarrow P\left(\frac{x_1+x_2}{2}\right)$$

▶ 외분점 ── 선분 AB의 연장선 위의 점 Q에 대하여

$$\overline{AQ} : \overline{QB}=m : n \ (m>0, \ n>0, \ m \neq n)$$

일 때, 점 Q는 선분 AB를 $m : n$으로 외분한다고 하고, 점 Q를 선분 AB의 외분점이라고 한다.

외분점의 좌표도 내분점과 같은 방법으로 구할 수 있다.

$m>n$일 때

$m<n$일 때

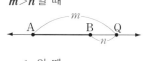

보기 1 두 점 $A(-2)$, $B(4)$가 있다.

(1) 선분 AB의 중점 M의 좌표를 구하여라.

(2) 선분 AB를 $2 : 1$로 내분하는 점 P와 외분하는 점 Q의 좌표를 구하여라.

연구 (1) $M\left(\dfrac{-2+4}{2}\right) \Longrightarrow M(1)$

(2) $P(a)$, $Q(b)$라고 하면

$$a=\frac{2\times4+1\times(-2)}{2+1}=2, \ \ b=\frac{2\times4-1\times(-2)}{2-1}=10 \quad \therefore \ P(2), \ Q(10)$$

Advice **2°** 좌표평면 위의 선분의 내분점, 외분점

두 점 $A(x_1, y_1)$, $B(x_2, y_2)$에 대하여 선분 AB를 $m : n (m>0, n>0)$으로 내분하는 점을 $P(x, y)$라 하고, 점 A, P, B에서 x축에 내린 수선의 발을 각각 A′, P′, B′이라고 하면

$$\overline{AA'} /\!/ \overline{BB'} /\!/ \overline{PP'}$$이므로 $$\overline{A'P'} : \overline{P'B'} = \overline{AP} : \overline{PB} = m : n$$

따라서 점 P′은 선분 A′B′을 $m : n$으로 내분한다.

$$\therefore x = \frac{mx_2 + nx_1}{m+n}$$

y축 위에서도 같은 방법으로 하면

$$y = \frac{my_2 + ny_1}{m+n}$$

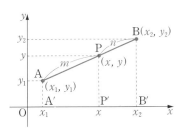

$$\therefore P\left(\frac{mx_2 + nx_1}{m+n}, \ \frac{my_2 + ny_1}{m+n}\right)$$

특히 점 P가 선분 AB의 중점이면 $m=n$이므로 위의 좌표에서

$$P\left(\frac{mx_2 + mx_1}{m+m}, \ \frac{my_2 + my_1}{m+m}\right) \Longrightarrow P\left(\frac{x_1 + x_2}{2}, \ \frac{y_1 + y_2}{2}\right)$$

같은 방법으로 하면 외분점의 좌표도 구할 수 있다.

[보기] **2** 두 점 $A(3, 4)$, $B(-9, -5)$가 있다.

(1) 선분 AB의 중점 M의 좌표를 구하여라.

(2) 선분 AB를 $1 : 2$로 내분하는 점 P와 외분하는 점 Q의 좌표를 구하여라.

[연구] 내분점의 공식은 다음 방법으로 기억하면 좋다.

선분 AB를 $m : n$으로 내분할 때 내분점의 좌표의 분모는 $m+n$이고, 분자는 오른쪽 그림과 같이 먼 쪽의 비를 곱하고, 이 두 값을 더한 값이다.

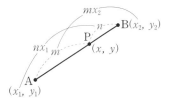

또, 외분점에서는 n 대신 $-n$을 대입한다.

(1) $$M\left(\frac{3+(-9)}{2}, \ \frac{4+(-5)}{2}\right) \Longrightarrow M\left(-3, \ -\frac{1}{2}\right)$$

(2) $$P\left(\frac{1\times(-9)+2\times3}{1+2}, \ \frac{1\times(-5)+2\times4}{1+2}\right) \Longrightarrow P(-1, \ 1)$$

$$Q\left(\frac{1\times(-9)-2\times3}{1-2}, \ \frac{1\times(-5)-2\times4}{1-2}\right) \Longrightarrow Q(15, \ 13)$$

필수 예제 **16**-3 평행사변형 ABCD의 꼭짓점 A의 좌표는 $(1, 2)$이고, 두 변 AB, BC의 중점의 좌표는 각각 $(5, 3)$, $(9, 10)$이다.

꼭짓점 B, C, D의 좌표를 구하여라.

[정석연구] 평행사변형의 두 대각선은 서로 다른 것을 이등분하므로 대각선의 중점이 일치한다. $B(x_1, y_1)$, $C(x_2, y_2)$, $D(x_3, y_3)$이라 하고, 다음 중점 공식을 이용한다.

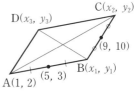

정석 두 점 $P(x_1, y_1)$, $Q(x_2, y_2)$에 대하여

선분 PQ의 중점의 좌표는 $\implies \left(\dfrac{x_1+x_2}{2}, \dfrac{y_1+y_2}{2} \right)$

[모범답안] $B(x_1, y_1)$, $C(x_2, y_2)$, $D(x_3, y_3)$이라고 하자.

두 변 AB, BC의 중점의 좌표가 각각 $(5, 3)$, $(9, 10)$이므로

$$\frac{1+x_1}{2}=5 \qquad \cdots\cdots① \qquad\qquad \frac{2+y_1}{2}=3 \qquad \cdots\cdots①'$$

$$\frac{x_1+x_2}{2}=9 \qquad \cdots\cdots② \qquad\qquad \frac{y_1+y_2}{2}=10 \qquad \cdots\cdots②'$$

또, 대각선 BD의 중점과 대각선 AC의 중점은 일치하므로

$$\frac{x_1+x_3}{2}=\frac{1+x_2}{2} \quad \cdots\cdots③ \qquad\qquad \frac{y_1+y_3}{2}=\frac{2+y_2}{2} \quad \cdots\cdots③'$$

①에서 $x_1=9$, ②에서 $x_2=9$, ③에서 $x_3=1$

같은 방법으로 하면 ①', ②', ③'에서 $y_1=4$, $y_2=16$, $y_3=14$

따라서 **B(9, 4), C(9, 16), D(1, 14)** ← [답]

Advice | 다음은 사각형이 평행사변형이 되기 위한 조건이다.

(ⅰ) 두 쌍의 대변이 각각 평행하다.

(ⅱ) 두 쌍의 대변의 길이가 각각 같다.

(ⅲ) 두 쌍의 대각의 크기가 각각 같다.

(ⅳ) 두 대각선이 서로 다른 것을 이등분한다.

(ⅴ) 한 쌍의 대변이 평행하고 그 길이가 같다.

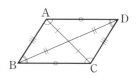

[유제] **16**-4. △ABC에서 세 변 AB, BC, CA의 중점의 좌표가 각각 $(-2, 4)$, $(1, 0)$, $(3, 5)$일 때, 세 점 A, B, C의 좌표를 구하여라.

[답] $A(0, 9)$, $B(-4, -1)$, $C(6, 1)$

[유제] **16**-5. 세 점 $A(0, 6)$, $B(6, -2)$, $C(7, 5)$를 꼭짓점으로 하는 평행사변형 ABCD가 있을 때, 꼭짓점 D의 좌표를 구하여라. [답] $D(1, 13)$

필수 예제 16-4 다음 세 점을 꼭짓점으로 하는 △ABC의 무게중심 G의 좌표를 구하여라.

$$A(x_1,\ y_1),\qquad B(x_2,\ y_2),\qquad C(x_3,\ y_3)$$

[정석연구] △ABC의 세 변 AB, BC, CA의 중점을 각각 L, M, N이라고 할 때, 세 직선 CL, AM, BN은 한 점에서 만난다. 이 점을 △ABC의 무게중심이라고 한다.

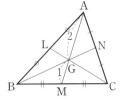

그리고 △ABC의 무게중심을 G라고 할 때,

$$\overline{AG}:\overline{GM}=\overline{BG}:\overline{GN}=\overline{CG}:\overline{GL}=2:1$$

이다.

따라서 점 M의 좌표를 구한 다음, 선분 AM을 2 : 1로 내분하는 점의 좌표를 구하면 된다.

[모범답안] 변 BC의 중점을 M이라고 하면

$$M\left(\frac{x_2+x_3}{2},\ \frac{y_2+y_3}{2}\right)$$

점 G의 좌표를 G$(x,\ y)$라고 하면 G는 중선 AM을 2 : 1로 내분하는 점이므로

$$x=\frac{2\times\dfrac{x_2+x_3}{2}+1\times x_1}{2+1}=\frac{x_1+x_2+x_3}{3},$$

$$y=\frac{2\times\dfrac{y_2+y_3}{2}+1\times y_1}{2+1}=\frac{y_1+y_2+y_3}{3}$$

$$\therefore\ G\left(\frac{x_1+x_2+x_3}{3},\ \frac{y_1+y_2+y_3}{3}\right)\leftarrow \boxed{답}$$

Advice ‖ 위의 결과는 공식으로 기억해 두는 것이 좋다.

정석 A$(x_1,\ y_1)$, B$(x_2,\ y_2)$, C$(x_3,\ y_3)$인 △ABC의 무게중심은

$$\left(\frac{x_1+x_2+x_3}{3},\ \frac{y_1+y_2+y_3}{3}\right)$$

[유제] **16**-6. 세 점 $(2,\ 5)$, $(-4,\ 7)$, $(-1,\ -3)$을 꼭짓점으로 하는 삼각형의 무게중심의 좌표를 구하여라. 　　　　　　　　　　 답 $(-1,\ 3)$

[유제] **16**-7. △ABC의 두 꼭짓점의 좌표가 A$(4,\ 2)$, B$(0,\ 5)$이고 무게중심의 좌표가 $(1,\ 1)$일 때, 꼭짓점 C의 좌표를 구하여라. 　 답 C$(-1,\ -4)$

[유제] **16**-8. △ABC의 무게중심이 G$(0,\ 0)$이고, 꼭짓점 A의 좌표가 $(2,\ 6)$일 때, 변 BC의 중점의 좌표를 구하여라. 　　　　　 답 $(-1,\ -3)$

§3. 좌표와 자취

[1] 좌표와 도형

좌표를 이용하여 도형의 성질을 증명하면 편리할 때가 있다. 이때의 좌표축은 다음 방법으로 정하는 것이 좋다.

(ⅰ) 주어진 도형의 가장 중요한 점을 원점으로 정한다.

(ⅱ) 주어진 도형의 가장 중요한 직선을 축으로 정한다.

(ⅲ) 되도록 주어진 도형의 대칭의 관계를 이용하여 축을 정한다.

[2] 좌표와 자취

좌표를 이용하여 주어진 조건을 만족하는 점의 자취를 구하는 방법은 다음과 같다.

(ⅰ) 좌표축을 적당히 정하고(보통 위의 방법을 따른다), 주어진 조건에 알맞은 임의의 점을 (x, y)라고 한다.

(ⅱ) 주어진 조건을 이용하여 x와 y의 관계식을 만든다.

(ⅲ) 위의 x와 y의 관계식을 보고 자취가 무엇인가를 판정한다.

Advice | 직선 위의 각 점에 실수를 일대일로 대응시키면 수직선을 얻는다. 또, 두 개의 수직선을 한 평면 위에 직교하도록 놓고 평면 위의 각 점에 두 실수의 순서쌍을 일대일로 대응시키면 좌표평면을 얻는다.

좌표를 도입하면 직선, 평면 및 공간에서 점의 위치를 수 또는 수의 순서쌍으로 나타낼 수 있고, 이를 이용하여 기하적인 관계를 수식으로 나타낼 수 있다. 또, 대수적인 관계를 도형으로 바꾸어 시각화할 수 있다.

지금까지는 좌표평면 위의 선분의 길이를 구하거나 선분의 내분점, 외분점을 찾을 때 좌표를 이용하였다. 여기에서는 좌표를 도입하여 도형의 성질을 증명하는 방법과 주어진 조건을 만족하는 점의 자취를 좌표평면 위에 나타내는 방법을 알아보자.

이와 같이 좌표를 이용하여 기하 문제와 대수 문제를 연관지어 공부하는 분야를 해석기하라고 한다. 해석기하를 처음 발전시킨 사람은 데카르트(Descartes, R.)이다.

Note 공간에서는 세 개의 수직선을 서로 직교하도록 놓고 좌표공간을 생각한다. 이에 관해서는 기하에서 공부한다.

필수 예제 **16**-5　△ABC의 변 BC의 중점을 M이라고 할 때, 다음 등식이 성립함을 증명하여라.
$$\overline{AB}^2+\overline{AC}^2=2\left(\overline{AM}^2+\overline{BM}^2\right)$$

[정석연구] 이것을 중선정리 또는 **Pappus** 정리라고 한다.

중학교에서 공부한 평면도형의 성질을 써서 증명할 수도 있고, 좌표를 써서 증명할 수도 있다.

[모범답안] 직선 BC를 x축으로, 점 M을 지나고 변 BC에 수직인 직선을 y축으로 잡아
$$A(a,\ b),\quad B(-c,\ 0),\quad C(c,\ 0)$$
이라고 하면
$$\overline{AB}^2+\overline{AC}^2=\{(a+c)^2+b^2\}+\{(a-c)^2+b^2\}$$
$$=2(a^2+b^2+c^2)$$
$$2\left(\overline{AM}^2+\overline{BM}^2\right)=2(a^2+b^2+c^2)$$
$$\therefore\ \overline{AB}^2+\overline{AC}^2=2\left(\overline{AM}^2+\overline{BM}^2\right)$$

Advice │ △ABC의 좌표를 잡는 방법은 아래와 같이 여러 가지가 있다.

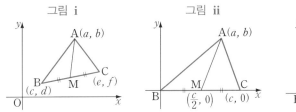

이를테면 그림 **i**은 △ABC의 좌표를 잡는 가장 일반적인 방법이다.

이 형태에서 점 B를 원점으로, 변 BC가 x축에 오게 이동했다고 생각하면 그림 **ii**와 같이 좌표를 잡을 수 있다. 그리고 계산의 편의를 위하여 변 BC의 중점 M을 원점으로 이동하면 위의 **모범답안**과 같은 좌표를 얻는다.

그림 **i** 또는 그림 **ii**를 이용하여 설명하면 복잡하지만 틀린 것은 아니다.

그러나 무작정 좌표를 편하게 잡기 위해 그림 **iii**과 같이 해서는 안 된다. 왜냐하면 이것은 ∠B=90°인 특수한 삼각형을 나타내기 때문이다.

일반성을 잃지 않으면서 계산이 간단하도록 좌표를 잡아야 한다.

[유제] **16**-9. △ABC의 변 AB의 삼등분점 중 A에 가까운 점을 D라고 하면 $2\overline{CA}^2+\overline{CB}^2=2\overline{DA}^2+\overline{DB}^2+3\overline{DC}^2$이 성립함을 증명하여라.

필수 예제 **16**-6   △ABC의 내부의 세 점 P, Q, R가 다음을 만족한다.
 'Q는 선분 AP의 중점, R는 선분 BQ의 중점, P는 선분 CR의 중점이다'
 이때, △ABC의 무게중심과 △PQR의 무게중심이 일치함을 보여라.

[정석연구] 좌표축을 적절히 잡고, 각 점들을 좌표로 나타낸 다음

정석 $A(x_1,\ y_1)$, $B(x_2,\ y_2)$, $C(x_3,\ y_3)$인 △ABC의 무게중심은
$$\left(\frac{x_1+x_2+x_3}{3},\ \frac{y_1+y_2+y_3}{3}\right)$$

을 이용하여 △ABC와 △PQR의 무게중심의 좌표를 구해 본다.

[모범답안] 직선 AC를 x축으로, 점 A를 지
나고 변 AC에 수직인 직선을 y축으로
잡아
$$A(0,\ 0),\quad B(a,\ b),\quad C(c,\ 0)$$
이라고 하자.

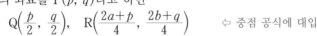

　△ABC의 무게중심을 G_1이라고 하면
$$G_1\left(\frac{a+c}{3},\ \frac{b}{3}\right)\ \cdots\cdots\text{①}$$
또, 점 P의 좌표를 $P(p,\ q)$라고 하면

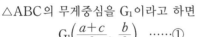

$$Q\left(\frac{p}{2},\ \frac{q}{2}\right),\quad R\left(\frac{2a+p}{4},\ \frac{2b+q}{4}\right)\qquad\Leftarrow\text{중점 공식에 대입}$$
이므로 △PQR의 무게중심을 G_2라고 하면
$$G_2\left(\frac{1}{3}\times\frac{2a+7p}{4},\ \frac{1}{3}\times\frac{2b+7q}{4}\right)\qquad\Leftarrow\text{무게중심의 공식에 대입}$$
한편 점 P는 선분 CR의 중점이므로
$$p=\frac{1}{2}\left(\frac{2a+p}{4}+c\right),\ q=\frac{1}{2}\left(\frac{2b+q}{4}\right)\quad\therefore\ p=\frac{2a+4c}{7},\ q=\frac{2b}{7}$$
G_2의 좌표에 대입하면　$G_2\left(\dfrac{a+c}{3},\ \dfrac{b}{3}\right)$　　　　　$\cdots\cdots\text{②}$

①, ②에 의하여 점 G_1과 G_2는 일치한다.

[유제] **16**-10. 사각형 ABCD에서 변 AB, CD의 중점을 각각 P, Q라 하고,
 대각선 AC, BD의 중점을 각각 R, S라고 할 때, 선분 PQ의 중점과 선분 RS
 의 중점이 일치함을 증명하여라.

[유제] **16**-11. △ABC의 변 AB, BC, CA를 $m:n\,(m>0,\ n>0)$으로 내분
 하는 점을 각각 D, E, F라고 할 때, △ABC의 무게중심과 △DEF의 무게
 중심이 일치함을 증명하여라.

필수 예제 **16**-7 한 변의 길이가 8인 정사각형 OABC에 대하여 변 OA 의 중점을 M, 변 OC의 중점을 N이라고 하자. 사각형 OABC의 내 부에서 다음 조건을 만족하는 점 P의 자취를 구하여라.

(1) $\triangle$PAM$+\triangle$PON$=16$　　　　(2) $\overline{PA}^2-\overline{PN}^2=48$

[정석연구] 도형에 관한 자취 문제를 좌표를 써서 다룰 때에는 좌표축을 설정하 는 것이 무엇보다 중요하다. 좌표축을 잡을 때에는 중간 계산까지 고려하여 문제의 성격에 알맞게 잡아야 한다.

　　정석 좌표를 이용할 때에는 계산이 간단해지도록 축을 잡는다.

[모범답안] 직선 OA를 x축으로, 직선 OC를 y축으로 잡아 O(0, 0), A(8, 0), C(0, 8)이라고 하자.

점 P의 좌표를 P(x, y)라고 하면 $0<x<8$, $0<y<8$

(1) $\triangle$PAM$+\triangle$PON$=16$에서

$$\frac{1}{2}(8-4)y+\frac{1}{2}\times4x=16$$

$$\therefore\ y=-x+8\ (0<x<8,\ 0<y<8)$$

곧, x절편이 8, y절편이 8인 직선 중 사각 형 OABC의 내부에 있는 부분이므로 구하는 점 P의 자취는

사각형 OABC의 대각선 AC 중 양 끝 점 A, C를 제외한 부분 ← [답]

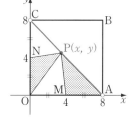

(2) $\overline{PA}^2-\overline{PN}^2=48$에서

$$\{(x-8)^2+y^2\}-\{x^2+(y-4)^2\}=48$$

$$\therefore\ y=2x\ (0<x<8,\ 0<y<8)$$

곧, 원점을 지나고 기울기가 2인 직선 중 사각형 OABC의 내부에 있는 부분이므로 구 하는 점 P의 자취는

변 BC의 중점을 D라고 할 때 선분 OD 중 양 끝 점 O, D를 제외한 부분 ← [답]

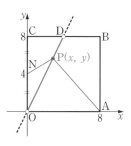

[유제] **16**-12. 두 점 A, B 사이의 거리가 5일 때, $\overline{PA}^2-\overline{PB}^2=15$를 만족하 는 점 P의 자취를 구하여라.

　　　　[답] **A에서 B쪽으로 4만큼 떨어진 점을 지나고 선분 AB에 수직인 직선**

연습문제 16

[기본] **16**-1 세 점 A(0, 3), B(4, 1), C(2, −4)에 대하여 $\overline{PA}^2+\overline{PB}^2+\overline{PC}^2$ 의 값을 최소로 하는 점 P의 좌표와 최솟값을 구하여라.

16-2 네 점 A(a, 1), B(b, −1), C(7, 3), D(3, 5)를 꼭짓점으로 하는 사각형 ABCD가 마름모일 때, a, b의 값을 구하여라.

16-3 $a<b$, $0<m<n$일 때, 다음 네 수의 대소를 비교하여라.

$$p=\frac{ma+nb}{m+n}, \quad q=\frac{mb+na}{m+n}, \quad r=\frac{mb-na}{m-n}, \quad s=\frac{ma-nb}{m-n}$$

16-4 세 점 A(2, 10), B(−8, −14), C(10, 4)를 꼭짓점으로 하는 △ABC 가 있다. ∠A의 이등분선이 변 BC와 만나는 점을 D, 선분 AD를 2 : 1로 내분하는 점을 E라고 할 때, 점 D, E의 좌표를 구하여라.

16-5 세 점 O(0, 0), A(1, 1), B($-\sqrt{2}$, 4)를 꼭짓점으로 하는 △OAB에 대하여 변 OB 위의 점 C가 $\overline{OA}=\overline{OC}$를 만족한다. 점 B를 지나고 선분 AC 와 평행한 직선이 직선 OA와 만나는 점을 P라고 할 때, 점 P의 좌표를 구하여라.

16-6 △ABC의 무게중심을 G라고 하자. $\overline{GA}=4$, $\overline{GB}=6$, $\overline{GC}=8$일 때, 변 BC의 길이를 구하여라.

16-7 세 점 O(0, 0), A(3, 0), B(0, 1)에 대하여 $2\overline{OP}^2=\overline{AP}^2+\overline{BP}^2$을 만족하는 점 P의 자취의 방정식을 구하여라.

[실력] **16**-8 정점 A(0, a)와 포물선 $y=\frac{1}{4}x^2$ 위의 점 (x, y) 사이의 거리를 l이라고 할 때, l의 최솟값을 구하여라. 단, $a>0$이다.

16-9 △ABC에서 선분 BC를 1 : 2로 내분하는 점을 D, 선분 BC를 2 : 3 으로 외분하는 점을 E, 선분 AB를 m : 1로 외분하는 점을 F라고 하자. △BEF의 넓이가 △ABD의 넓이의 15배일 때, m의 값을 모두 구하여라.

16-10 △ABC에서 꼭짓점 A의 좌표가 (2, 16), 무게중심의 좌표가 (3, −1), 외심의 좌표가 (2, 1)일 때, 꼭짓점 B, C의 좌표를 구하여라. 단, 점 C의 x좌표는 양수이다.

16-11 점 A(2, 2)를 한 꼭짓점으로 하는 정삼각형 ABC의 무게중심이 원점일 때, 꼭짓점 B, C의 좌표를 구하여라. 단, 점 B의 x좌표는 음수이다.

17. 직선의 방정식

§1. 방정식의 그래프

1 **$y=ax+b$의 그래프**

$y=ax+b$의 그래프는 기울기가 a이고 y절편이 b인 직선이다.

직선 $y=ax+b$가 x축과 이루는 예각의 크기를 θ라고 하면

(i) $a>0$일 때, $a=\tan\theta$ (ii) $a<0$일 때, $a=-\tan\theta$

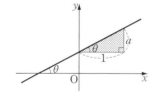 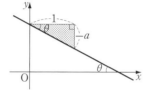

a, b의 조건에 따라 $y=ax+b$의 그래프는 다음과 같다.

① **b가 일정하고 a가 변할 때**   ② **a가 일정하고 b가 변할 때**

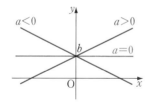 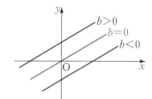

2 **$ax+by+c=0$의 그래프**

(i) $b\ne0$일 때 $y=-\dfrac{a}{b}x-\dfrac{c}{b}$

    기울기가 $-\dfrac{a}{b}$이고 y절편이 $-\dfrac{c}{b}$인 직선

(ii) $b=0$, $a\ne0$일 때 $x=-\dfrac{c}{a}$

    x절편이 $-\dfrac{c}{a}$이고 x축에 수직인 직선

(iii) $a=0$, $b\ne0$일 때 $y=-\dfrac{c}{b}$

    y절편이 $-\dfrac{c}{b}$이고 y축에 수직인 직선

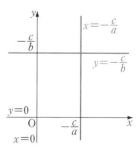

Advice **1° 직선의 기울기**

직선 $y=ax+b$가 x축과 이루는 예각의 크기를 θ라고 할 때, 기울기 a
와 θ 사이에 다음 관계가 성립한다.

(i) $a>0$일 때, $a=\tan\theta$ (ii) $a<0$일 때, $a=-\tan\theta$

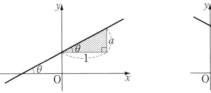 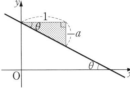

이를테면 기울기가 음수인 직선 $y=mx+n$이 x축과 이루는 예각의 크기
가 $60°$이면 $m=-\tan60°=-\sqrt{3}$ 이다.

Advice **2° 방정식의 그래프**

이를테면 x, y에 관한 일차방정식

$$2x-y+1=0 \qquad \cdots\cdots ①$$

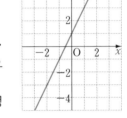

을 만족하는 x, y의 값의 순서쌍

$\cdots$, $(-2,\ -3)$, $(-1,\ -1)$, $(0,\ 1)$, $(1,\ 3)$, $\cdots$

을 좌표로 하는 점들을 좌표평면 위에 나타내면 오
른쪽 그림의 직선 l이 된다.

역으로 직선 l 위의 모든 점의 x, y좌표는 방정
식 ①을 만족한다.

이때, 직선 l을 방정식 ①의 그래프라 하고, 방정식 ①을 직선 l의 방정
식이라고 한다.

보기 1 기울기가 양수인 직선 $(m-2)x-y-n+3=0$이 x축과 이루는 예각의
크기가 $45°$이고, y절편이 4일 때, 상수 m, n의 값을 구하여라.

연구 $(m-2)x-y-n+3=0$에서 $y=(m-2)x-n+3$이므로

기울기: $m-2=\tan45°$ ∴ **$m=3$**

y절편: $-n+3=4$ ∴ **$n=-1$**

보기 2 방정식 $y=ax+b$의 그래프가 오른쪽과
같을 때, ①, ②, ③, ④에 대하여 상수 a, b의
값 또는 부호를 조사하여라.

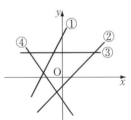

연구 ① $a>0$, $b>0$ ② $a>0$, $b<0$
   ③ $a=0$, $b>0$ ④ $a<0$, $b<0$

필수 예제 **17**-1　세 방정식

$$ax+y-2b=0 \qquad \cdots\cdots①$$
$$x+ay+2ab=0 \qquad \cdots\cdots②$$
$$ax-y+b-1=0 \qquad \cdots\cdots③$$

의 그래프가 오른쪽과 같다.

이때, ①, ②, ③에 대응하는 그래프를 l, m, n으로 답하여라.

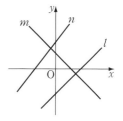

[정석연구] 각 방정식을 $y=px+q$의 꼴로 변형한다.

정석 $y=px+q$의 그래프의 개형은

$\implies$ 기울기 p와 y절편 q의 부호로 판정！

[모범답안] ①, ②, ③을 변형하면(②에서 $a=0$이면 y축이므로 $a\neq0$)

$$y=-ax+2b \cdots① ' \qquad y=-\frac{1}{a}x-2b \cdots② ' \qquad y=ax+b-1 \cdots③ '$$

여기에서 ① ', ② '의 기울기는 같은 부호이고, ③ '의 기울기와 ① ', ② '의 기울기는 다른 부호이다.

한편 그래프를 보면 n, l의 기울기는 같은 부호(모두 양수)이고, m의 기울기는 n, l의 기울기와는 다른 부호이므로 ③ '은 m이다.

그런데 m을 보면 기울기가 음수이고, y절편이 양수이므로 ③ '에서

$$a<0, \ b-1>0 \qquad 곧, \ a<0, \ b>1$$

이때, ① ', ② '의 기울기는 양수이고, ① '의 y절편은 양수, ② '의 y절편은 음수이다. 　　　　　　　　　　　　[답] ①：**n**　②：**l**　③：**m**

[유제] **17**-1. 방정식 $ax+by+c=0$의 그래프에 대하여 다음에 답하여라.

(1) 제1, 3, 4사분면을 지날 때, ab, bc, ca의 부호를 조사하여라.

(2) 다음 조건이 성립할 때, 제 몇 사분면을 지나는가?

　① $ab=0, \ bc>0$　　　② $ac<0, \ bc<0$　　　③ $ab>0, \ ac>0$

　　　[답] (1) **$ab<0, \ bc>0, \ ca<0$** (2) ① **3, 4** ② **1, 2, 4** ③ **2, 3, 4**

[유제] **17**-2. 상수 a, b, c, d, p에 대하여 다음 방정식은 오른쪽 그림에서 어떤 직선을 나타내는가? 단, 식은 어느 것이든 한 직선을 나타내고, ②와 ③은 평행하다.

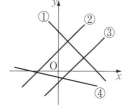

(1) $ax+by+c=0$　　　(2) $ax+by+d=0$

(3) $px+2y+b=0$　　　(4) $px-dy+c=0$

　　　[답] (1)：**②**　(2)：**③**　(3)：**①**　(4)：**④**

§2. 두 직선의 위치 관계

☐ 두 직선 $y=ax+b$와 $y=a'x+b'$의 위치 관계

두 직선

$$y=ax+b \qquad \cdots\cdots ① \qquad\qquad y=a'x+b' \qquad\qquad \cdots\cdots ②$$

에 있어서

직선 ①, ②의 교점의 x, y좌표 $\iff$ 연립방정식 ①, ②의 해

이므로 계수, 그래프, 연립방정식의 해 사이에는 다음 관계가 있다.

(1) $a \neq a'$ $\iff$ 한 점에서 만난다 $\iff$ 한 쌍의 해를 가진다

(2) $a=a'$, $b \neq b'$ $\iff$ 평행하다 $\iff$ 해가 없다(불능)

(3) $a=a'$, $b=b'$ $\iff$ 일치한다 $\iff$ 해가 무수히 많다(부정)

(4) $aa'=-1$ $\iff$ 수직이다   ⇦ 한 쌍의 해를 가진다

☐ 두 직선 $ax+by+c=0$과 $a'x+b'y+c'=0$의 위치 관계

일반적으로 $abc \neq 0$, $a'b'c' \neq 0$일 때, 두 직선

$$ax+by+c=0, \qquad a'x+b'y+c'=0$$

에 있어서 계수, 그래프, 연립방정식의 해 사이에는 다음 관계가 있다.

(1) $\dfrac{a}{a'} \neq \dfrac{b}{b'}$ $\iff$ 한 점에서 만난다 $\iff$ 한 쌍의 해를 가진다

(2) $\dfrac{a}{a'} = \dfrac{b}{b'} \neq \dfrac{c}{c'}$ $\iff$ 평행하다 $\iff$ 해가 없다(불능)

(3) $\dfrac{a}{a'} = \dfrac{b}{b'} = \dfrac{c}{c'}$ $\iff$ 일치한다 $\iff$ 해가 무수히 많다(부정)

(4) $aa'+bb'=0$ $\iff$ 수직이다   ⇦ 한 쌍의 해를 가진다

Advice 1° 두 직선 $y=ax+b$와 $y=a'x+b'$의 위치 관계

평면에서 두 직선의 위치 관계는 다음 세 경우로 나누어 생각할 수 있다.

한 점에서 만나는 경우,   평행한 경우,   일치하는 경우

이와 같은 위치 관계는 두 직선의 방정식의 계수 사이의 관계에 의해서 정해지며, 이는 방정식 $y=ax+b$의 그래프에서 상수 a, b가 가지는 성질을 알면 쉽게 이해할 수 있다.

또, 한 점에서 만나는 특수한 예로서 두 직선이 서로 수직인 경우를 생각할 수 있다. 수직일 조건은

직선 $\boldsymbol{y=ax}$와 $\boldsymbol{y=a'x}$가 수직이다 $\Longleftrightarrow$ $\boldsymbol{aa'=-1}$

임을 보여도 충분하다.

두 직선 위에 각각 점 A$(1,\ a)$와 점 B$(1,\ a')$을 잡을 때, 두 직선이 수직이면 삼각형 AOB는 직각삼각형이므로

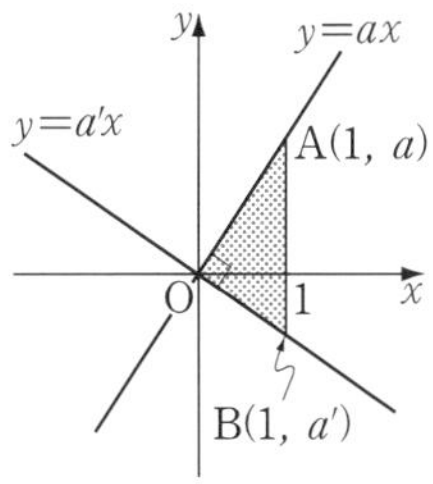

$$\overline{\mathrm{OA}}^2+\overline{\mathrm{OB}}^2=\overline{\mathrm{AB}}^2$$

$$\therefore\ (1+a^2)+(1+a'^2)=(a-a')^2$$

$$\therefore\ \boldsymbol{aa'=-1}$$

역으로 $aa'=-1$이면

$$\overline{\mathrm{OA}}^2+\overline{\mathrm{OB}}^2=(1+a^2)+(1+a'^2)$$
$$=a^2-2aa'+a'^2=(a-a')^2=\overline{\mathrm{AB}}^2$$

곧, 피타고라스 정리가 성립하므로 삼각형 AOB는 직각삼각형이다.

따라서 두 직선은 수직이다.

보기 1 두 직선 $y=ax+2$와 $y=3x+b$에 대하여 다음 물음에 답하여라.

(1) 두 직선이 서로 평행하기 위한 조건을 구하여라.

(2) 두 직선이 일치하기 위한 조건을 구하여라.

(3) 두 직선이 서로 수직이기 위한 조건을 구하여라.

연구 (1) $\boldsymbol{a=3,\ b\neq 2}$ (2) $\boldsymbol{a=3,\ b=2}$ (3) $a\times 3=-1$에서 $\boldsymbol{a=-\dfrac{1}{3}}$

Advice 2° 직선의 방정식의 일반형

방정식 $y=ax+b$는 $a=0$일 때 $y=b$이므로 y축에 수직인 직선을 나타낸다. 그러나 이 방정식은 a, b가 어떤 값을 가진다고 해도 y항은 항상 남게 되므로 $x=k$의 꼴은 될 수 없다. 따라서 x축에 수직인 직선을 나타낼 수는 없게 된다.

그러나 방정식 $ax+by+c=0$은 $a=0$이고 $b\neq 0$일 때 y축에 수직인 직선을, $a\neq 0$이고 $b=0$일 때 x축에 수직인 직선을 나타내므로 직선의 방정식의 일반형이라고 말할 수 있다.

정석 직선의 방정식의 일반형 $\Longrightarrow$ $\boldsymbol{ax+by+c=0}$

단, $\boldsymbol{a}$와 $\boldsymbol{b}$ 중 적어도 하나는 $\boldsymbol{0}$이 아니다.

$\mathcal{A}dvice$ 3° 두 직선 $ax+by+c=0$과 $a'x+b'y+c'=0$의 위치 관계

일반적으로 두 직선

$$ax+by+c=0 \qquad \cdots\cdots① \qquad a'x+b'y+c'=0 \qquad \cdots\cdots②$$

에서 $abc\neq0$, $a'b'c'\neq0$일 때,

$$①에서 \quad y=-\frac{a}{b}x-\frac{c}{b}, \qquad ②에서 \quad y=-\frac{a'}{b'}x-\frac{c'}{b'}$$

이므로 다음 사실을 알 수 있다.

(1) 직선 ①, ②가 한 점에서 만나는 경우

기울기 : $-\dfrac{a}{b}\neq-\dfrac{a'}{b'}$이므로 $\dfrac{a}{a'}\neq\dfrac{b}{b'}$

(2) 직선 ①, ②가 평행한 경우

기울기 : $-\dfrac{a}{b}=-\dfrac{a'}{b'}$에서 $\left.\dfrac{a}{a'}=\dfrac{b}{b'}\right\}$

y절편 : $-\dfrac{c}{b}\neq-\dfrac{c'}{b'}$에서 $\dfrac{b}{b'}\neq\dfrac{c}{c'}$ $\quad\therefore\ \dfrac{a}{a'}=\dfrac{b}{b'}\neq\dfrac{c}{c'}$

(3) 직선 ①, ②가 일치하는 경우

기울기 : $-\dfrac{a}{b}=-\dfrac{a'}{b'}$에서 $\left.\dfrac{a}{a'}=\dfrac{b}{b'}\right\}$

y절편 : $-\dfrac{c}{b}=-\dfrac{c'}{b'}$에서 $\dfrac{b}{b'}=\dfrac{c}{c'}$ $\quad\therefore\ \dfrac{a}{a'}=\dfrac{b}{b'}=\dfrac{c}{c'}$

(4) 직선 ①, ②가 수직인 경우

기울기 : $\left(-\dfrac{a}{b}\right)\times\left(-\dfrac{a'}{b'}\right)=-1$에서 $\dfrac{aa'}{bb'}=-1$

$\therefore\ aa'=-bb' \qquad \therefore\ aa'+bb'=0$

이상의 결과를 기억해 두면 $ax+by+c=0$의 꼴로 주어진 직선의 위치 관계를 다룰 때, 이를 굳이 $y=mx+n$의 꼴로 변형하지 않고서도 해결할 수 있다.

[보기] 2 다음 조건을 만족하도록 상수 a, b의 값을 정하여라.

(1) 두 직선 $2x+3y-1=0$과 $ax+6y+3=0$이 평행하다.

(2) 두 직선 $ax+by+2=0$과 $3x-(a-2)y+1=0$이 일치한다.

(3) 두 직선 $3x+6y=2$와 $ax+y=5$는 서로 수직이다.

(4) 두 직선 $ax+4y-4=0$과 $x+2y+1=0$은 서로 수직이다.

[연구] (1) $\dfrac{2}{a}=\dfrac{3}{6}\neq\dfrac{-1}{3}$에서 $a=4$

(2) $\dfrac{a}{3}=\dfrac{b}{-(a-2)}=\dfrac{2}{1}$에서 $a=6$, $b=-8$

(3) $3\times a+6\times1=0$에서 $a=-2$ $\qquad$ (4) $a\times1+4\times2=0$에서 $a=-8$

필수 예제 **17**-2　두 직선 $ax+(b+2)y+b=0$, $2x-(a-3b)y+2=0$에 대하여 다음 조건을 만족하는 상수 a, b의 값을 구하여라.

(1) 두 직선이 모두 점 $(-1, 1)$을 지난다.

(2) 두 직선이 모두 직선 $2x+y-1=0$에 평행하다.

(3) 두 직선이 모두 직선 $x-2y+1=0$에 수직이다.

(4) 두 직선이 일치한다.

[정석연구] 두 직선 $ax+by+c=0$과 $a'x+b'y+c'=0$에서

평행 조건 : $\dfrac{a}{a'}=\dfrac{b}{b'}\neq\dfrac{c}{c'}$　　일치 조건 : $\dfrac{a}{a'}=\dfrac{b}{b'}=\dfrac{c}{c'}$

수직 조건 : $aa'+bb'=0$

[모범답안] $ax+(b+2)y+b=0$ ……① 　　$2x-(a-3b)y+2=0$ ……②

(1) 직선 ①, ②가 모두 점 $(-1, 1)$을 지나므로 $x=-1$, $y=1$을 대입하면

　　$-a+(b+2)+b=0$, 　　$-2-(a-3b)+2=0$

　　연립하여 풀면　$a=6$, $b=2$ ← 답

(2) 직선 ①, ②가 모두 직선 $2x+y-1=0$에 평행할 조건은

$$\frac{a}{2}=\frac{b+2}{1}\neq\frac{b}{-1}, \qquad \frac{2}{2}=\frac{-(a-3b)}{1}\neq\frac{2}{-1}$$

　　연립하여 풀면　$a=14$, $b=5$ ← 답

(3) 직선 ①, ②가 모두 직선 $x-2y+1=0$에 수직일 조건은

$$a\times1+(b+2)\times(-2)=0, \qquad 2\times1+\{-(a-3b)\}\times(-2)=0$$

　　연립하여 풀면　$a=14$, $b=5$ ← 답　⇦ $2x+y-1=0$, $x-2y+1=0$이
　　　　　　　　　　　　　　　　　　　　　수직이므로 (2), (3)의 답은 같다.

(4) 직선 ①, ②가 일치할 조건은

$$\frac{a}{2}=\frac{b+2}{-(a-3b)}=\frac{b}{2} \quad ⇦ a=3b$$이면 두 직선 $3bx+(b+2)y+b=0$,
$2x+2=0$이 일치할 수 없으므로　$a\neq3b$

$\dfrac{a}{2}=\dfrac{b+2}{-(a-3b)}$에서　$-a(a-3b)=2(b+2)$ 　　　　　……③

$\dfrac{a}{2}=\dfrac{b}{2}$에서　$a=b$ 　　　　　　　　　　　　　　　　……④

③, ④를 연립하여 풀면　$a=-1$, $b=-1$ 또는 $a=2$, $b=2$ ← 답

[유제] **17**-3. 직선 $x+ay+1=0$이 직선 $2x-by+1=0$과는 수직이고, 직선 $x-(b-3)y-1=0$과는 평행할 때, 상수 a, b의 값을 구하여라.

답 $a=1$, $b=2$ 또는 $a=2$, $b=1$

§3. 직선의 방정식

1 축에 수직인 직선의 방정식

(1) x 절편이 a, x 축에 수직인 직선 $\iff x=a$

　특히, y 축의 방정식 $\iff x=0$

(2) y 절편이 b, y 축에 수직인 직선 $\iff y=b$

　특히, x 축의 방정식 $\iff y=0$

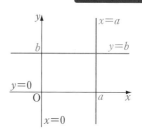

2 직선의 방정식

(1) 기울기가 a 이고 y 절편이 b 인 직선의

　방정식은 　$y=ax+b$

(2) 기울기가 m 이고 점 (x_1, y_1) 을 지나는 직선의 방정식은

$$y-y_1=m(x-x_1)$$

(3) 두 점 (x_1, y_1), (x_2, y_2) 를 지나는 직선의 방정식은

$$x_1 \neq x_2 일 \ 때 \quad y-y_1=\frac{y_2-y_1}{x_2-x_1}(x-x_1)$$

$$x_1 = x_2 일 \ 때 \quad x=x_1$$

(4) x 절편이 $a(\neq 0)$, y 절편이 $b(\neq 0)$ 인 직선의 방정식은 　$\dfrac{x}{a}+\dfrac{y}{b}=1$

Advice 1° 기울기가 m 이고 점 $P_1(x_1, y_1)$ 을 지나는 직선의 방정식

　점 $P_1(x_1, y_1)$ 이 아닌 이 직선 위의 임의의
점을 $P(x, y)$ 라고 하면 점 P_1 과 P 를 지나는
직선의 기울기는 m 이므로

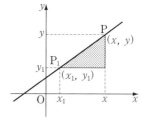

$$\frac{y-y_1}{x-x_1}=m \quad \therefore \ y-y_1=m(x-x_1) \cdots ①$$

또, 점 $P_1(x_1, y_1)$ 도 ①을 만족한다.

　따라서 주어진 직선 위의 모든 점은 ①을 만
족하므로 ①은 구하는 직선의 방정식이다.

Note 기울기가 m 이므로 직선의 방정식을 $y=mx+b$ 로 놓고 $x=x_1$, $y=y_1$ 을 대
입하면 　$b=y_1-mx_1$ 　$\therefore \ y=mx+y_1-mx_1$ 　$\therefore \ y-y_1=m(x-x_1)$

보기 1 기울기가 3이고 점 $(3, -4)$ 를 지나는 직선의 방정식을 구하여라.

연구 $y-y_1=m(x-x_1)$ 에서 $m=3$, $x_1=3$, $y_1=-4$ 인 경우이므로

$$y-(-4)=3(x-3) \quad \therefore \ y=3x-13$$

$\mathcal{A}dvice$　$2°$　두 점 $P_1(x_1, y_1)$, $P_2(x_2, y_2)$를 지나는 직선의 방정식

(i) $x_1 \neq x_2$일 때

두 점 $P_1(x_1, y_1)$, $P_2(x_2, y_2)$를 지나는
직선의 기울기 m은

$$m = \frac{y_2 - y_1}{x_2 - x_1}$$

따라서 $y - y_1 = m(x - x_1)$에 대입하면

$$y - y_1 = \frac{y_2 - y_1}{x_2 - x_1}(x - x_1)$$

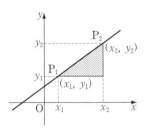

*Note 　구하는 직선의 방정식을 $y = ax + b$로 놓고, 여기에 두 점 P_1, P_2의 좌표를 대입하여 a, b의 값을 구할 수도 있다.

(ii) $x_1 = x_2$일 때

직선 P_1P_2는 x축에 수직이므로　$x = x_1$

보기 2　다음 두 점을 지나는 직선의 방정식을 구하여라.

(1) $(2, 1)$, $(3, 4)$　　　　　　　(2) $(-3, 1)$, $(2, -4)$

연구　$y - y_1 = \dfrac{y_2 - y_1}{x_2 - x_1}(x - x_1)$에서

(1) $y - 1 = \dfrac{4-1}{3-2}(x - 2)$　　∴　$y = 3x - 5$

(2) $y - 1 = \dfrac{-4-1}{2-(-3)}(x + 3)$　　∴　$y = -x - 2$

$$
\begin{array}{cccc}
(x_1, & y_1) & (x_2, & y_2) \\
\downarrow & \downarrow & \downarrow & \downarrow \\
(2, & 1) & (3, & 4)
\end{array}
$$

$\mathcal{A}dvice$　$3°$　x절편이 $a(\neq 0)$, y절편이 $b(\neq 0)$인 직선의 방정식

두 점 $(a, 0)$, $(0, b)$를 지나는 직선이므로

$$y - 0 = \frac{b-0}{0-a}(x - a)　∴　y = -\frac{b}{a}x + b$$

양변을 b로 나누면 $\dfrac{y}{b} = -\dfrac{x}{a} + 1$, 곧

$$\frac{x}{a} + \frac{y}{b} = 1$$

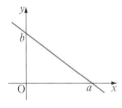

보기 3　x절편이 3이고 y절편이 -2인 직선의 방정식을 구하여라.

연구　$\dfrac{x}{a} + \dfrac{y}{b} = 1$에서 $a = 3$, $b = -2$인 경우이므로

$$\frac{x}{3} + \frac{y}{-2} = 1　곧, \frac{x}{3} - \frac{y}{2} = 1$$

*Note 　두 점 $(3, 0)$, $(0, -2)$를 지나는 직선의 방정식을 구하는 것과 같으므로

$$y - 0 = \frac{-2-0}{0-3}(x - 3)　∴　y = \frac{2}{3}x - 2$$

필수 예제 **17**-3 다음 직선의 방정식을 구하여라.

(1) 기울기가 양수이고 x축과 이루는 예각의 크기가 $60°$이며, 점 $(2, 1)$을 지나는 직선

(2) 직선 $\sqrt{3}\,x-y=\sqrt{3}$ 과 x축이 이루는 각을 이등분하는 직선

[정석연구] 직선 $y=ax+b$가 x축과 이루는 예각의 크기를 θ라고 하면

$$a>0일 때 \quad a=\tan\theta, \quad a<0일 때 \quad a=-\tan\theta$$

임을 이용한다.

[모범답안] (1) 기울기가 양수이고 x축과 이루는 예각의 크기가 $60°$이므로 기울기는 $\tan 60°=\sqrt{3}$ 이다. 따라서 구하는 직선의 방정식은

$$y-1=\sqrt{3}\,(x-2) \quad \therefore \boldsymbol{y=\sqrt{3}\,x-2\sqrt{3}+1} \longleftarrow \boxed{답}$$

(2) $\sqrt{3}\,x-y=\sqrt{3}$ 에서 $y=\sqrt{3}\,x-\sqrt{3}$ $\cdots l$

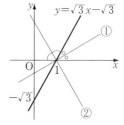

직선 l과 x축이 이루는 각을 이등분하는 직선은 오른쪽 그림에서 직선 ①과 ②이다.

(i) 직선 l과 x축의 교점의 좌표는

$y=0$일 때 $x=1$이므로 $(1, 0)$

(ii) 직선 l과 x축이 이루는 예각의 크기를 θ라고 하면 $\tan\theta=\sqrt{3}$으로부터 $\theta=60°$

따라서 기울기가 양수인 직선 ①이 x축과 이루는 예각의 크기는 $30°$이고, 기울기가 음수인 직선 ②가 x축과 이루는 예각의 크기는 $60°$이다.

(i), (ii)에 의하여 직선 ①, ②의 방정식은

$$y-0=\tan 30°\times(x-1), \quad y-0=-\tan 60°\times(x-1)$$

$$\therefore \boldsymbol{y=\dfrac{1}{\sqrt{3}}x-\dfrac{1}{\sqrt{3}}, \ y=-\sqrt{3}\,x+\sqrt{3}} \longleftarrow \boxed{답}$$

*Note 직선 ①, ②가 수직이므로 ①의 기울기로부터 ②의 기울기를 구할 수도 있다.

[유제] **17**-4. 다음 직선의 방정식을 구하여라.

(1) 기울기가 음수이고 x축과 이루는 예각의 크기가 $45°$이며, x절편이 2인 직선

(2) 두 직선 $x=2$, $y=1$이 이루는 각을 이등분하는 직선

(3) 두 직선 $3x+\sqrt{3}\,y-3=0$, $\sqrt{3}\,x-y-\sqrt{3}=0$이 이루는 각 중 둔각을 사등분하는 직선

$\boxed{답}$ (1) $\boldsymbol{y=-x+2}$ (2) $\boldsymbol{y=x-1, \ y=-x+3}$

(3) $\boldsymbol{x-\sqrt{3}\,y-1=0, \ x+\sqrt{3}\,y-1=0, \ y=0}$

필수 예제 **17**-4 다음 조건을 만족하는 직선의 방정식을 구하여라.

(1) 직선 $y=\dfrac{1}{2}x+4$와 x 축 위에서 수직으로 만난다.

(2) 두 점 $(2, 1)$, $(3, 4)$를 지나는 직선에 평행하고, 점 $(-1, 2)$를 지난다.

(3) 두 점 $A(1, 3)$, $B(-3, 7)$을 지나는 직선에 수직이고, 선분 AB를 $3 : 1$로 내분하는 점 C를 지난다.

[정석연구] 기울기 m 또는 점 (x_1, y_1)에 관한 조건이 간접적으로 주어졌다.

$$\boxed{\text{정석}}\ \ y-y_1=m(x-x_1)\text{을 이용!}$$

[모범답안] (1) 직선 $y=\dfrac{1}{2}x+4$의 기울기는 $\dfrac{1}{2}$이고, x절편은 -8이다.

따라서 구하는 직선은 기울기 -2이고 점 $(-8, 0)$을 지나므로

$$y-0=-2(x+8) \quad \therefore\ \boldsymbol{y=-2x-16} \longleftarrow \boxed{\text{답}}$$

(2) 두 점 $(2, 1)$, $(3, 4)$를 지나는 직선의 기울기는 $\dfrac{4-1}{3-2}=3$

따라서 구하는 직선은 기울기가 3이고 점 $(-1, 2)$를 지나므로

$$y-2=3(x+1) \quad \therefore\ \boldsymbol{y=3x+5} \longleftarrow \boxed{\text{답}}$$

(3) 두 점 A, B를 지나는 직선의 기울기는

$$\dfrac{7-3}{-3-1}=-1$$

이므로 이 직선에 수직인 직선의 기울기는 1
이다.

또, 점 C의 좌표를 (a, b)라고 하면

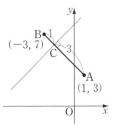

$$a=\dfrac{3\times(-3)+1\times1}{3+1}=-2,\ \ b=\dfrac{3\times7+1\times3}{3+1}=6$$

따라서 구하는 직선의 방정식은

$$y-6=1\times(x+2) \quad \therefore\ \boldsymbol{y=x+8} \longleftarrow \boxed{\text{답}}$$

[유제] **17**-5. 다음 조건을 만족하는 직선의 방정식을 구하여라.

(1) 직선 $y=\dfrac{2}{3}x+4$에 수직이고, 점 $(3, -2)$를 지난다.

(2) 직선 $3x+2y=3$에 평행하고, 점 $(2, 3)$을 지난다.

(3) 두 점 $A(-2, -1)$, $B(1, 2)$를 지나는 직선에 수직이고, 점 B를 지난다.

(4) 두 점 $A(2, 3)$, $B(5, 0)$을 잇는 선분을 수직이등분한다.

$\boxed{\text{답}}$ (1) $\boldsymbol{y=-\dfrac{3}{2}x+\dfrac{5}{2}}$ (2) $\boldsymbol{y=-\dfrac{3}{2}x+6}$ (3) $\boldsymbol{y=-x+3}$ (4) $\boldsymbol{y=x-2}$

필수 예제 17-5 서로 다른 세 점
$$\text{A}(-2k-1,\ 5),\quad \text{B}(1,\ k+3),\quad \text{C}(k+1,\ k-1)$$
이 한 직선 위에 있을 때, k의 값을 구하여라.

[정석연구] 두 점 A, B를 지나는 직선 위에 점 C
가 있다. 또, 직선 AB의 기울기와 직선 AC
(BC)의 기울기가 같다.

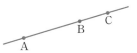

정석 세 점 **A, B, C**가 한 직선 위에 있다
　　　　 $\Longleftrightarrow$ 두 점 **A, B**를 지나는 직선 위에 점 **C**가 있다
　　　　 $\Longleftrightarrow$ 직선 **AB**의 기울기와 직선 **AC**의 기울기가 같다

또한 두 점 $\text{A}(x_1,\ y_1)$, $\text{B}(x_2,\ y_2)$를 지나는 직선의 방정식을 구할 때

정석 $y-y_1=\dfrac{y_2-y_1}{x_2-x_1}(x-x_1)$ 　　　　　　　……①

을 흔히 이용하지만 이 공식은 x축에 수직인 직선($x_1=x_2$일 때)을 나타낼
수 없으므로 $x_1=x_2$인 경우와 $x_1\neq x_2$인 경우로 나누어 생각해야 한다.

[모범답안] (i) $-2k-1=1$, 곧 $k=-1$일 때, A(1, 5), B(1, 2), C(0, -2)이므
로 이 세 점을 지나는 직선은 없다.

(ii) $k\neq-1$일 때, 두 점 A, B를 지나는 직선의 방정식은
$$y-5=\frac{(k+3)-5}{1-(-2k-1)}(x+2k+1)$$
점 C($k+1$, $k-1$)이 이 직선 위에 있으므로 대입하면
$$k-1-5=\frac{k-2}{2(k+1)}(k+1+2k+1)$$
양변에 $2(k+1)$을 곱하면 $2(k+1)(k-6)=(k-2)(3k+2)$
$$\therefore\ (k+2)(k+4)=0\quad\therefore\ \boldsymbol{k=-2,\ -4}\ \longleftarrow\ \boxed{\text{답}}$$

Advice 1° ①의 양변에 x_2-x_1을 곱한

정석 $(x_2-x_1)(y-y_1)=(y_2-y_1)(x-x_1)$

을 활용하면 굳이 $k=-1$, $k\neq-1$일 때로 나누어 생각하지 않아도 된다.
2° 직선 AB의 기울기와 직선 BC의 기울기가 같으므로
$$\frac{(k+3)-5}{1-(-2k-1)}=\frac{(k-1)-(k+3)}{(k+1)-1}\ (\text{단},\ k\neq0,\ k\neq-1)\quad\therefore\ \boldsymbol{k=-2,\ -4}$$

[유제] **17**-6. 세 점 A(k, $k-2$), B(1, k), C($2k$, -4)가 한 직선 위에 있을
때, k의 값을 구하여라.　　　　　　　　　　　　　　　　　　 $\boxed{\text{답}}$ $k=-1,\ 2$

필수 예제 17-6 세 점 O(0, 0), A(8, 0), B(5, 3)을 꼭짓점으로 하는 △OAB의 넓이를 직선 $y=x+k$가 이등분할 때, 상수 k의 값을 구하여라.

[정석연구] 오른쪽 그림에서

$$\triangle QRA = \square BORQ$$

가 되는 k의 값을 구하는 문제이다.

여기에서 □BORQ의 넓이를 계산하여 해결하자면 그 과정이 복잡하므로

$$\triangle QRA = \frac{1}{2}\triangle OAB$$

가 되는 k의 값을 구하는 것이 좋다.

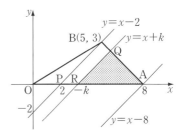

[모범답안] 위의 그림과 같이 직선 $y=x+k$ ……①

이 점 B(5, 3)을 지날 때 변 OA와의 교점을 P라고 하자.

직선 ①에 점 B(5, 3)의 좌표를 대입하면 $k=-2$ ∴ P(2, 0)

이때, $\overline{OP}=2$, $\overline{PA}=6$이므로 △BOP<△BPA

따라서 직선 ①이 △OAB의 넓이를 이등분하려면 변 AB와 만나야 한다.

그러므로 k의 값의 범위는 $-8<k<-2$ ……②

이때, 직선 ①이 두 변 AB, OA와 만나는 점을 각각 Q, R라고 하자.

직선 AB의 방정식은 $y=-x+8$이므로 이것과 ①을 연립하여 풀면

$$x=\frac{8-k}{2}, \ y=\frac{8+k}{2} \quad \therefore \ Q\left(\frac{8-k}{2}, \frac{8+k}{2}\right)$$

또, 점 R의 좌표는 R($-k$, 0)이다.

그런데 문제의 조건으로부터 $\triangle QRA = \frac{1}{2}\triangle OAB$

$$\therefore \ \frac{1}{2}(8+k)\times\frac{8+k}{2}=\frac{1}{2}\left(\frac{1}{2}\times8\times3\right)$$

$$\therefore \ (8+k)^2=24 \quad \therefore \ 8+k=\pm2\sqrt{6}$$

②를 만족하는 k의 값은 $\boldsymbol{k=-8+2\sqrt{6}}$ ← [답]

*Note △QRA가 이등변삼각형이므로 점 Q의 x좌표가 선분 RA의 중점의 x좌표와 같음을 이용하면 직선 AB의 방정식을 구하지 않고도 해결할 수 있다.

[유제] **17**-7. 세 점 O(0, 0), A(0, 4), B(2, 0)을 꼭짓점으로 하는 △OAB의 넓이를 이등분하고 점 C(0, 1)을 지나는 직선의 방정식을 구하여라.

[답] $y=\frac{1}{4}x+1$

§4. 정점을 지나는 직선

기본정석

(1) m이 실수일 때 직선
$$(ax+by+c)m+(a'x+b'y+c')=0$$
은 m의 값에 관계없이 두 직선
$$ax+by+c=0, \quad a'x+b'y+c'=0$$
의 교점을 지난다. 단, 두 직선이 서로 만나는 경우에 한한다.

(2) 서로 만나는 두 직선
$$ax+by+c=0, \quad a'x+b'y+c'=0$$
의 교점을 지나는 직선의 방정식은 h, k가 실수일 때
$$(ax+by+c)h+(a'x+b'y+c')k=0$$
으로 나타낼 수 있다. 단, h, k는 동시에 0이 아니다.

Advice | $ax+by+c=0$ ······①

                $a'x+b'y+c'=0$ ······②

                $(ax+by+c)h+(a'x+b'y+c')k=0$ ······③

이라고 하면 h, k가 동시에 0이 아닌 실수일 때 ③은 x, y에 관한 일차방정식이므로 직선을 나타낸다.

또, ①과 ②의 교점의 좌표를 (x_0, y_0)이라고 하면, 점 (x_0, y_0)은 직선 ①, ② 위에 있으므로
$$ax_0+by_0+c=0, \quad a'x_0+b'y_0+c'=0$$
이다. 따라서 모든 실수 h, k에 대하여
$$(ax_0+by_0+c)h+(a'x_0+b'y_0+c')k=0$$
이 성립한다. 따라서 점 (x_0, y_0)은 직선 ③ 위에 있다.

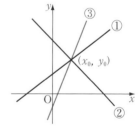

바꾸어 말하면 ③은 직선 ①, ②의 교점을 지나는 직선이다.

③에서 $h \neq 0$, $k=0$이면 ③은 ①을 나타내고, $h=0$, $k \neq 0$이면 ③은 ②를 나타낸다.

또, ③의 양변을 $k(\neq 0)$로 나누어 $\dfrac{h}{k}=m$으로 놓으면 ③은
$$(ax+by+c)m+(a'x+b'y+c')=0$$
의 꼴이 된다. 이 식은 어떤 m에 대해서도 ①을 나타내지 못한다.

마찬가지로 ③의 양변을 $h(\neq 0)$로 나누어 $\dfrac{k}{h}=m'$으로 놓으면 ③은

$$(ax+by+c)+(a'x+b'y+c')m'=0$$

의 꼴이 된다. 이 식은 어떤 m'에 대해서도 ②를 나타내지 못한다.

그래서 일반적으로는 직선 ①, ②의 교점을 지나는 모든 직선을 방정식 ③으로 나타낸다. 그러나 계산의 복잡함을 피하기 위하여

> **정석** 서로 만나는 두 직선 $ax+by+c=0$, $a'x+b'y+c'=0$의
> 교점을 지나는 직선의 방정식을 m이 실수일 때,
> $$(ax+by+c)m+(a'x+b'y+c')=0$$
> $$또는 \quad (ax+by+c)+(a'x+b'y+c')m=0$$

으로 나타내기도 한다.

보기 1 직선 $(m+1)x-(m-1)y+m+3=0$은 m의 값에 관계없이 일정한 점을 지난다. 이 점의 좌표를 구하여라.

연구 준 식을 m에 관하여 정리하면 $(x-y+1)m+x+y+3=0$

따라서 이 직선은 m의 값에 관계없이 두 직선 $x-y+1=0$, $x+y+3=0$의 교점을 지난다.

두 식을 연립하여 풀면 $x=-2$, $y=-1$ $\qquad \therefore (-2,\ -1)$

> **정석** 「m의 값에 관계없이 ···」하면 $\Longrightarrow$ m에 관하여 정리!

보기 2 두 직선 $2x-y-1=0$, $x+y-5=0$의 교점과 점 $(1,\ 2)$를 지나는 직선의 방정식을 구하여라.

연구 두 직선의 교점을 지나는 직선의 방정식은

$$(2x-y-1)h+(x+y-5)k=0 \ (단,\ h,\ k는 동시에 0이 아님) \quad \cdots \text{①}$$

이 직선이 점 $(1,\ 2)$를 지나므로 $-h-2k=0$ $\quad \therefore h=-2k \quad \cdots \text{②}$

①에 대입하여 정리하면 $(x-y+1)k=0$

$k=0$이면 ②에서 $h=0$이므로 $k\neq 0$이다. $\quad \therefore \boldsymbol{y=x+1}$

****Note*** 1° 두 직선 중 어느 것도 점 $(1,\ 2)$를 지나지 않으므로 구하는 직선의 방정식을 $\qquad (2x-y-1)m+(x+y-5)=0 \qquad \cdots \text{③}$

으로 놓고 여기에 $x=1$, $y=2$를 대입하면 $m=-2$를 얻는다.

이 값을 ③에 대입하여 정리하면 $y=x+1$을 간단히 구할 수 있다. 보통은 이와 같은 방법으로 구한다.

2° 주어진 두 식을 연립하여 풀면 $x=2$, $y=3$이므로 교점은 $(2,\ 3)$이다.

따라서 두 점 $(2,\ 3)$, $(1,\ 2)$를 지나는 직선의 방정식을 구해도 된다.

필수 예제 17-7 다음과 같은 두 직선 ①, ②가 있다.

$$3x+4y=12 \qquad \cdots\cdots① \qquad 3ax+4by=12 \qquad \cdots\cdots②$$

(1) 점 P(a, b)가 직선 ① 위를 움직일 때, 직선 ②는 일정한 점을 지남을 보이고, 그 점의 좌표를 구하여라.

(2) 점 P(a, b)가 직선 ① 위를 움직이고, 직선 ②가 직선 ①에 평행할 때, 점 P의 좌표를 구하여라.

[정석연구] (1) 점 P(a, b)가 직선 ① 위를 움직이므로 a와 b 사이에는 $3a+4b=12$가 성립한다. 이것을 써서 ②의 계수를 a 또는 b의 어느 한 문자로 나타내고, 다음 성질을 이용한다.

> **정석** 직선 $(ax+by+c)m+(a'x+b'y+c')=0$ (m은 실수)은 m의 값에 관계없이 항상 다음 두 직선의 교점을 지난다.
> $$ax+by+c=0, \qquad a'x+b'y+c'=0$$

[모범답안] $3x+4y=12 \qquad \cdots\cdots① \qquad 3ax+4by=12 \qquad \cdots\cdots②$

(1) 점 P(a, b)가 직선 ① 위에 있으므로

$$3a+4b=12 \qquad \therefore \ 4b=12-3a \qquad \cdots\cdots③$$

③을 ②에 대입하면

$$3ax+(12-3a)y=12 \qquad 곧, \ (x-y)a+4(y-1)=0$$

이 직선은 a의 값에 관계없이 항상 다음 두 직선의 교점을 지난다.

$$x-y=0, \qquad 4(y-1)=0$$

연립하여 풀면 $x=1$, $y=1$ ────── [답] **(1, 1)**

(2) 점 P(a, b)가 직선 ① 위에 있으므로 $3a+4b=12$

또, 직선 ①과 ②가 평행할 조건은 $\dfrac{3a}{3}=\dfrac{4b}{4}\neq\dfrac{12}{12}$

연립하여 풀면 $a=b=\dfrac{12}{7}$ ────── [답] $\mathbf{P\left(\dfrac{12}{7}, \dfrac{12}{7}\right)}$

[유제] **17**-8. 다음 직선은 m의 값에 관계없이 항상 일정한 점을 지난다. 그 점의 좌표를 구하여라.

$$2(m+2)x+(3m+5)y+m+3=0 \qquad \boxed{답}\ (-2, 1)$$

[유제] **17**-9. 실수 a, b가 $\dfrac{1}{a}+\dfrac{1}{2b}=\dfrac{1}{5}$ 을 만족할 때, 직선 $\dfrac{x}{a}+\dfrac{y}{b}=1$은 a, b의 값에 관계없이 항상 일정한 점을 지난다. 그 점의 좌표를 구하여라.

$$\boxed{답}\ \left(5, \dfrac{5}{2}\right)$$

필수 예제 **17**-8 연립방정식 $\begin{cases} x+y-2=0 \\ mx-y+m+1=0 \end{cases}$ 이 $x>0$, $y>0$인 해를 가질 때, 실수 m의 값의 범위를 구하여라.

[정석연구] 연립방정식을 풀어서 $x>0$, $y>0$으로 놓으면 m에 관한 부등식이 되므로 이 부등식을 풀면 된다. 그러나 실제로 부등식을 풀어 보면 복잡한 계산 과정이 뒤따른다. 이때에는 다음을 생각해 보아라.

정석 방정식에 의한 해결이 복잡하면 $\Longrightarrow$ 그래프를 이용!

[모범답안] $y=-x+2$ ⋯⋯① $\qquad$ $y=mx+m+1$ ⋯⋯②

연립방정식 ①, ②가 $x>0$, $y>0$인 해를 가지면 두 직선 ①, ②가 제1사분면에서 만난다.

그런데 직선 ①의 제1사분면에 있는 부분은 두 점 P(2, 0), Q(0, 2)를 잇는 선분(두 점 P, Q는 제외)이다.

한편 직선 ②를 m에 관하여 정리하면
$$(x+1)m+(1-y)=0$$
이므로 직선 ②는 m의 값에 관계없이 항상 두 직선 $x+1=0$, $1-y=0$의 교점인 $(-1, 1)$을 지난다.

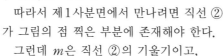
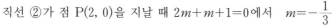

따라서 제1사분면에서 만나려면 직선 ②가 그림의 점 찍은 부분에 존재해야 한다.

그런데 m은 직선 ②의 기울기이고,

직선 ②가 점 P(2, 0)을 지날 때 $2m+m+1=0$에서 $\quad m=-\dfrac{1}{3}$

직선 ②가 점 Q(0, 2)를 지날 때 $m+1=2$에서 $\quad m=1$

$$\therefore \;\; -\dfrac{1}{3}<m<1 \leftarrow \boxed{답}$$

[유제] **17**-10. 두 직선 $y=x+2$, $y=mx-m+1$이 제1사분면에서 만날 때, 실수 m의 값의 범위를 구하여라. $\qquad$ 답 $m<-1$, $m>1$

[유제] **17**-11. 직선 $ax-2y+4-3a=0$에 대하여 다음 물음에 답하여라.
(1) 이 직선은 실수 a의 값에 관계없이 항상 일정한 점을 지난다. 그 점의 좌표를 구하여라.
(2) 두 점 A(-1, 1), B(1, 1)을 양 끝 점으로 하는 선분과 위의 직선이 만나도록 실수 a의 값의 범위를 정하여라. $\quad$ 답 (1) (3, 2) (2) $\dfrac{1}{2}\leq a\leq 1$

§5. 점과 직선 사이의 거리

기 본 정 석

점과 직선 사이의 거리

점 (x_1, y_1)과 직선
$$ax + by + c = 0$$
사이의 거리를 d라고 하면
$$d = \frac{|ax_1 + by_1 + c|}{\sqrt{a^2 + b^2}}$$

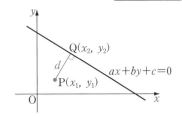

Advice | 점 $P(x_1, y_1)$에서 직선 $ax + by + c = 0$ ······①
에 내린 수선의 발 $Q(x_2, y_2)$의 좌표를 구한 다음, 두 점 사이의 거리 공식
$$d^2 = (x_2 - x_1)^2 + (y_2 - y_1)^2$$
을 써서 d를 구한다.

한편 점 $Q(x_2, y_2)$는 직선 ①과 점 P를 지나고 ①에 수직인 직선의 교점
이므로 d^2은 다음과 같이 점 Q의 좌표를 구하지 않고도 계산할 수 있다.

점 $P(x_1, y_1)$을 지나고 ①에 수직인 직선의 방정식은

(ⅰ) $a \neq 0$, $b \neq 0$일 때 $y - y_1 = \dfrac{b}{a}(x - x_1)$

(ⅱ) $a \neq 0$, $b = 0$일 때 $y = y_1$

(ⅲ) $a = 0$, $b \neq 0$일 때 $x = x_1$

이므로 항상 $b(x - x_1) - a(y - y_1) = 0$의 꼴로 나타낼 수 있다.

점 $Q(x_2, y_2)$는 이 직선 위의 점임과 동시에 직선 ① 위의 점이므로
$$b(x_2 - x_1) - a(y_2 - y_1) = 0 \quad ······② \qquad ax_2 + by_2 + c = 0 \quad ······③$$
③$\times a + $②$\times b$하여 y_2를 소거하면 $(a^2 + b^2)x_2 - b^2x_1 + aby_1 + ac = 0$
$$\therefore (a^2 + b^2)(x_2 - x_1) = -a(ax_1 + by_1 + c) \qquad ······④$$
③$\times b - $②$\times a$하여 x_2를 소거하면 $(a^2 + b^2)y_2 - a^2y_1 + abx_1 + bc = 0$
$$\therefore (a^2 + b^2)(y_2 - y_1) = -b(ax_1 + by_1 + c) \qquad ······⑤$$
④, ⑤를 $a^2 + b^2(\neq 0)$으로 나누고 $d^2 = (x_2 - x_1)^2 + (y_2 - y_1)^2$에 대입하면
$$d^2 = (ax_1 + by_1 + c)^2 \left\{ \left(\frac{-a}{a^2 + b^2} \right)^2 + \left(\frac{-b}{a^2 + b^2} \right)^2 \right\} = \frac{(ax_1 + by_1 + c)^2}{a^2 + b^2}$$
$$\therefore d = \frac{|ax_1 + by_1 + c|}{\sqrt{a^2 + b^2}}$$

필수 예제 **17**-9　다음 물음에 답하여라.

　(1) 점 $(4, 5)$와 직선 $ax+4y=2$ 사이의 거리가 6일 때, 상수 a의 값을 구하여라.

　(2) 두 직선 $x+y-3=0$, $x-y-1=0$의 교점을 지나고, 점 $(5, 3)$에서 거리가 2인 직선의 방정식을 구하여라.

[정석연구] 점과 직선 사이의 거리에 관한

　　　정석 점 (x_1, y_1)과 직선 $ax+by+c=0$ 사이의 거리 d는

$$d=\frac{|ax_1+by_1+c|}{\sqrt{a^2+b^2}}$$

를 이용한다.

[모범답안] (1) $ax+4y=2$에서 $ax+4y-2=0$이므로

$$\frac{|a\times4+4\times5-2|}{\sqrt{a^2+4^2}}=6　\therefore |2a+9|=3\sqrt{a^2+16}$$

양변을 제곱하면 $(2a+9)^2=9(a^2+16)$

$$\therefore (5a-21)(a-3)=0　\therefore a=\frac{21}{5},\, 3 \leftarrow \boxed{답}$$

(2) 점 $(5, 3)$과 직선 $x+y-3=0$ 사이의 거리는 $\dfrac{5\sqrt{2}}{2}$이므로 이 직선은 문제의 뜻에 적합하지 않다. 따라서 조건을 만족하는 직선의 방정식을

$$(x+y-3)m+(x-y-1)=0$$

$$곧,\ (m+1)x+(m-1)y-3m-1=0 \qquad\qquad \cdots\cdots①$$

로 나타낼 수 있다.

　점 $(5, 3)$과 이 직선 사이의 거리가 2이므로

$$\frac{|5(m+1)+3(m-1)-3m-1|}{\sqrt{(m+1)^2+(m-1)^2}}=2　\therefore |5m+1|=2\sqrt{2m^2+2}$$

양변을 제곱하면 $(5m+1)^2=4(2m^2+2)　\therefore m=-1,\, \dfrac{7}{17}$

①에 대입하여 정리하면 $\boldsymbol{y=1,\ 12x-5y-19=0} \leftarrow \boxed{답}$

Note 교점이 $(2, 1)$이므로 구하는 직선을 $y-1=m(x-2)$로 놓아도 된다.

[유제] **17**-12. 점 $(1, 2)$를 지나고, 원점에서 거리가 1인 직선의 방정식을 구하여라.　　　　　　　　　　　　　답 $x=1,\ 3x-4y+5=0$

[유제] **17**-13. 직선 $3x+4y+1=0$에 수직이고, 원점에서 거리가 1인 직선의 방정식을 구하여라.　　　　　　　답 $4x-3y+5=0,\ 4x-3y-5=0$

필수 예제 **17**-10 한 직선 위에 있지 않은 세 점 $A(x_1, y_1)$, $B(x_2, y_2)$, $C(x_3, y_3)$을 꼭짓점으로 하는 $\triangle ABC$의 넓이 S는 다음과 같음을 보여라.

$$S = \frac{1}{2} \left| (x_1 - x_2)y_3 + (x_2 - x_3)y_1 + (x_3 - x_1)y_2 \right|$$

[정석연구] 먼저 두 점 A, B 사이의 거리를 구한 다음, 점과 직선 사이의 거리를 구하는 공식을 써서 점 C에서 직선 AB에 내린 수선 CH의 길이를 구한다.

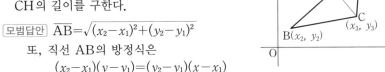

[모범답안] $\overline{AB} = \sqrt{(x_2 - x_1)^2 + (y_2 - y_1)^2}$

또, 직선 AB의 방정식은

$$(x_2 - x_1)(y - y_1) = (y_2 - y_1)(x - x_1)$$

$$\therefore \ (y_2 - y_1)x - (x_2 - x_1)y - (x_1 y_2 - x_2 y_1) = 0$$

점 C에서 직선 AB에 내린 수선의 발을 H라고 하면

$$\overline{CH} = \frac{\left| (y_2 - y_1)x_3 - (x_2 - x_1)y_3 - (x_1 y_2 - x_2 y_1) \right|}{\sqrt{(y_2 - y_1)^2 + (x_2 - x_1)^2}}$$

$$= \frac{\left| (x_1 - x_2)y_3 + (x_2 - x_3)y_1 + (x_3 - x_1)y_2 \right|}{\sqrt{(x_2 - x_1)^2 + (y_2 - y_1)^2}}$$

$$\therefore \ S = \frac{1}{2}\sqrt{(x_2 - x_1)^2 + (y_2 - y_1)^2} \times \frac{\left| (x_1 - x_2)y_3 + (x_2 - x_3)y_1 + (x_3 - x_1)y_2 \right|}{\sqrt{(x_2 - x_1)^2 + (y_2 - y_1)^2}}$$

$$= \frac{1}{2}\left| (x_1 - x_2)y_3 + (x_2 - x_3)y_1 + (x_3 - x_1)y_2 \right|$$

*Note 이 공식을 다음과 같이 기억해도 된다.

$$S = \frac{1}{2}\left| \begin{matrix} x_1 & x_2 & x_3 & x_1 \\ y_1 & y_2 & y_3 & y_1 \end{matrix} \right| = \frac{1}{2}\left| (x_1 y_2 + x_2 y_3 + x_3 y_1) - (x_2 y_1 + x_3 y_2 + x_1 y_3) \right|$$

곧, 붉은 화살표로 연결한 값끼리 곱하여 더한 값 X와 초록 화살표로 연결한 값끼리 곱하여 더한 값 Y의 차 $|X - Y|$에 $\frac{1}{2}$을 곱한다.

[유제] **17**-14. 다음 세 점을 꼭짓점으로 하는 삼각형의 넓이를 구하여라.

(1) $(0, 0)$, $(2, 6)$, $(6, 3)$ (2) $(9, 8)$, $(1, 2)$, $(7, 3)$ [답] (1) **15** (2) **14**

[유제] **17**-15. 세 직선 $x + 2y - 6 = 0$, $2x - y - 2 = 0$, $3x + y - 3 = 0$으로 둘러싸인 삼각형의 넓이를 구하여라.   [답] $\frac{5}{2}$

[유제] **17**-16. 세 점 $O(0, 0)$, $A(x_1, y_1)$, $B(x_2, y_2)$를 꼭짓점으로 하는 $\triangle OAB$의 넓이는 $\frac{1}{2}\left| x_1 y_2 - x_2 y_1 \right|$임을 보여라.

§6. 자취 문제(직선)

필수 예제 **17**-11 두 점 A$(-1, 2)$, B$(3, 0)$에서 같은 거리에 있는 점의 자취의 방정식을 구하여라.

[정석연구] 자취 문제를 푸는 방법은

첫째 — 조건에 알맞은 임의의 점을 (x, y)라 하고,

둘째 — 주어진 조건을 써서 x와 y의 관계식을 만든다.

[모범답안] 조건을 만족하는 임의의 점을 P(x, y)

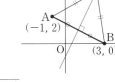

라고 하면 $\overline{PA}=\overline{PB}$에서 $\overline{PA}^2=\overline{PB}^2$이므로

$$(x+1)^2+(y-2)^2=(x-3)^2+y^2$$
$$\therefore\ 2x-y-1=0$$

역으로 직선 $2x-y-1=0$ 위의 점은

P$(t, 2t-1)$ (t는 실수) 꼴로 나타낼 수 있고,

$$\overline{PA}=\sqrt{(t+1)^2+(2t-1-2)^2}=\sqrt{5t^2-10t+10},$$
$$\overline{PB}=\sqrt{(t-3)^2+(2t-1)^2}=\sqrt{5t^2-10t+10}$$

곧, $\overline{PA}=\overline{PB}$이므로 직선 $2x-y-1=0$ 위의 모든 점은 주어진 조건을 만족한다.   [답] $2x-y-1=0$

*Note 방정식으로부터 명백할 경우에는 역의 증명은 생략하는 것이 보통이다.

Advice | 오른쪽 그림과 같이 두 점 A, B에 대

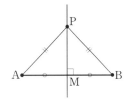

하여 선분 AB의 중점을 M이라고 하면

$\overline{AM}=\overline{BM}$이다. 선분 AB 위에 있지 않고 두 점

A, B에서 같은 거리에 있는 임의의 점을 P라고

하면 두 삼각형 PAM과 PBM에서

$$\overline{PA}=\overline{PB},\ \overline{AM}=\overline{BM},\ 변 PM은 공통$$

이므로 $\triangle PAM \equiv \triangle PBM$ (SSS 합동)

$$\therefore\ \angle PMA=\angle PMB=90°$$

곧, 점 P는 선분 AB의 수직이등분선 위에 있다. 따라서 두 점 A, B에서 같은 거리에 있는 점의 자취는 선분 AB의 수직이등분선이다.

[유제] **17**-17. 두 점 $(0, 2)$, $(3, -4)$에서 같은 거리에 있는 점의 자취의 방정식을 구하여라.   [답] $2x-4y-7=0$

필수 예제 **17**-12   두 직선 $5x+12y=22$, $3x-4y=2$에서 같은 거리에 있는 점의 자취의 방정식을 구하여라.

[정석연구] 조건을 만족하는 임의의 점을 P$(x,\ y)$로 놓고

정석 점 $(x_1,\ y_1)$과 직선 $ax+by+c=0$ 사이의 거리 d는

$$d=\frac{|ax_1+by_1+c|}{\sqrt{a^2+b^2}}$$

임을 이용한다.

[모범답안] 조건을 만족하는 임의의 점을 P$(x,\ y)$라고 하면, 점 P에서 두 직선에 이르는 거리가 같으므로

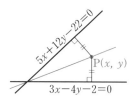

$$\frac{|5x+12y-22|}{\sqrt{5^2+12^2}}=\frac{|3x-4y-2|}{\sqrt{3^2+(-4)^2}}$$

$$\therefore\ 5\big|5x+12y-22\big|=13\big|3x-4y-2\big|$$

$$\therefore\ 5(5x+12y-22)=\pm13(3x-4y-2)$$

따라서 구하는 자취의 방정식은

$$x-8y+6=0,\ 8x+y-17=0 \longleftarrow \boxed{답}$$

Advice 1° 오른쪽 그림과 같이 두 직선 l, m의 교점을 O라 하고, 두 직선 l, m에서 같은 거리에 있는 점 O가 아닌 임의의 점을 P, 점 P에서 두 직선 l, m에 내린 수선의 발을 각각 Q, R라고 하자.

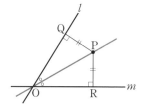

두 직각삼각형 POQ와 POR에서

$$\overline{PQ}=\overline{PR}, \text{ 빗변 PO는 공통}$$

이므로 $\triangle POQ \equiv \triangle POR$ (RHS 합동)

$$\therefore\ \angle POQ=\angle POR$$

곧, 점 P는 각 QOR의 이등분선 위에 있다. 따라서 두 직선에서 같은 거리에 있는 점의 자취는 두 직선이 이루는 각의 이등분선이다.

2° 두 직선이 이루는 각의 이등분선은 두 개 있다는 것에 주의하여라.

[유제] **17**-18. 두 직선 $2x-y-1=0$, $x+2y-1=0$이 이루는 각의 이등분선의 방정식을 구하여라.   [답] $x-3y=0,\ 3x+y-2=0$

연습문제 17

[기본] **17**-1 △ABC의 변 BC, CA, AB의 중점을 각각 L, M, N이라 하고, 직선 MN, NL, LM의 방정식을 각각

$$2x-4y-3=0, \qquad 2x+2y-3=0, \qquad 4x-2y-9=0$$

이라고 할 때, 점 A, B, C의 좌표를 구하여라.

17-2 두 직선 $ax+(a^2-a+2)y=a^2$, $(a+1)x+(a^2+a+2)y=3a-1$에 대하여 다음 조건을 만족하는 상수 a의 값을 구하여라.

(1) 교점이 없다.　　　　　　　　　　(2) 교점이 무수히 많다.

17-3 $\overline{AB}=\overline{AC}$, $\overline{BC}=24$인 예각삼각형 ABC의 꼭짓점 A, B에서 대변에 내린 수선의 발을 각각 M, N이라고 하자. 두 선분 AM, BN의 교점 H에 대하여 $\overline{HM}=7$일 때, △ABC의 넓이를 구하여라.

17-4 두 직선 $x-2y+10=0$, $x+3y-5=0$의 교점을 지나고, 직선 $2x+4y+1=0$에 평행한 직선과 수직인 직선의 방정식을 각각 구하여라.

17-5 포물선 $y=x^2-x-3$과 직선 $y=x$가 만나는 두 점을 각각 A, B라고 하자. 이 포물선 위를 따라 점 A에서 B까지 움직이는 점 $P(a, b)$에 대하여 △APB가 $\overline{AP}=\overline{BP}$인 이등변삼각형일 때, a^2의 값을 구하여라.

17-6 점 $(4, 6)$을 지나는 직선과 x축, y축의 양의 부분으로 둘러싸인 삼각형의 넓이가 54라고 한다. 이 직선의 방정식을 구하여라.

17-7 두 점 $A(2, 95)$, $B(23, -3)$에 대하여 선분 AB 위의 점 중에서 x, y좌표가 모두 정수인 점의 개수를 구하여라.

17-8 x축 위의 점 P에서 두 직선 $2x-y+1=0$, $x-2y-2=0$까지의 거리가 같을 때, 점 P의 좌표를 구하여라.

17-9 실수 a, b가 $a^2+b^2=4$를 만족할 때, 두 직선

$$ax+by=1, \qquad ax+by=3$$

사이의 거리를 구하여라.

17-10 두 점 $A(0, -1)$, $B(1, 1)$과 포물선 $y=x^2+4x+5$ 위의 점 $P(a, b)$를 꼭짓점으로 하는 △ABP가 있다. △ABP의 넓이가 최소일 때 점 P의 좌표와 이때의 △ABP의 넓이를 구하여라.

17-11 한 변의 길이가 2인 정사각형 ABCD의 내부의 한 점 P가
$3\overline{PA}^2 = \overline{PB}^2 + \overline{PC}^2 + \overline{PD}^2$을 만족할 때, 점 P의 자취를 구하여라.

17-12 두 점 A(1, 1), B(3, 6)과 한 점 P에 대하여 △PAB의 넓이가 3이
다. 점 P의 자취의 방정식을 구하여라.

[실력] **17**-13 △ABC의 무게중심을 G라고 할 때, 직선 GB, GC의 방정식
은 각각 $x-3y+4=0$, $2x+3y-10=0$이라고 한다. 점 A의 좌표가 (2, 5)일
때, 점 G, B, C의 좌표를 구하여라.

17-14 방정식 $2x^2-3xy+ay^2-3x+y+1=0$에 대하여
(1) 이 방정식이 두 개의 직선을 나타낼 때, 실수 a의 값을 구하여라.
(2) (1)의 두 직선이 이루는 각의 크기를 구하여라.

17-15 세 직선 $4x+y=4$, $mx+y=0$, $2x-3my=4$가 삼각형을 만들지 않
도록 하는 상수 m의 값을 모두 구하여라.

17-16 원점을 지나고 기울기가 양수인 두 직선 l과 m이 있다. 직선 l의 기
울기는 직선 m의 기울기의 4배이고, 직선 m은 x축과 직선 l이 이루는 각
을 이등분한다. 이때, 직선 m의 기울기를 구하여라.

17-17 네 점 A(1, 6), B(0, 0), C(6, 0), D(4, 4)에 대하여
$\overline{PA}+\overline{PB}+\overline{PC}+\overline{PD}$의 값이 최소가 되게 하는 점 P의 좌표를 구하여라.

17-18 x절편은 소수이고, y절편은 양의 정수인 직선 중에서 점 (4, 3)을 지
나는 직선의 개수를 구하여라.

17-19 정사각형이 아닌 직사각형 ABCD가 있다. ∠A의 이등분선과 점 C를
지나고 대각선 BD에 수직인 직선의 교점을 E라고 할 때, 삼각형 ACE는
이등변삼각형임을 보여라.

17-20 한 변의 길이가 1인 정사각형 모양의 종이
ABCD에서 점 A가 변 CD 위에 오도록 접는다.
이때, 두 점 A와 B가 옮겨진 점을 각각 E, F라
하고, 접는 선을 선분 GH라고 하자. 사다리꼴
EHGF의 넓이의 최솟값을 구하여라.

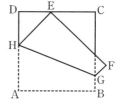

17-21 좌표평면 위에 네 점 A(0, −3), B(−3, 1), C(3, 2), D(5, 0)이 있다.
직선 $y=mx-m+1$이 두 선분 AB, CD와 만날 때, 실수 m의 값의 범
위를 구하여라.

17-22 원점과 직선 $(k+1)x+(k-2)y-4k-1=0$ 사이의 거리를 $f(k)$라고 할 때, $f(k)$의 최댓값을 구하여라.

17-23 직선 l : $(x-2y+3)+m(x-y-1)=0$과 두 점 P(1, 3), Q(5, 1)에 대하여 다음 물음에 답하여라.

(1) m의 값에 관계없이 직선 l이 항상 지나는 점의 좌표를 구하여라.

(2) m의 값에 관계없이 직선 l이 지나지 않는 선분 PQ 위의 점의 좌표를 구하여라.

17-24 세 직선 $3x-y=0$, $x-2y=0$, $2x+y-10=0$으로 둘러싸인 삼각형의 넓이를 직선 $y=a$가 이등분할 때, 상수 a의 값을 구하여라.

17-25 좌표평면에서 세 꼭짓점의 x, y좌표가 모두 유리수인 정삼각형은 존재하지 않음을 증명하여라.

17-26 다음 세 직선으로 둘러싸인 △ABC가 있다.
$$x+y-1=0, \qquad x-2y+2=0, \qquad 2x-y-2=0$$
(1) △ABC의 내심의 좌표를 구하여라.

(2) △ABC의 내접원의 반지름의 길이를 구하여라.

17-27 포물선 $y=x^2$ 위의 두 점 P, Q가 ∠POQ=90°를 만족하면서 움직일 때, 선분 PQ의 중점 M의 자취의 방정식을 구하여라. 단, O는 원점이고 점 P는 제1사분면에 있다.

17-28 포물선 $y=x^2$ 위의 서로 다른 두 점 P, Q에서의 접선이 수직으로 만날 때, 그 교점의 자취의 방정식을 구하여라.

17-29 점 A(a, 0)과 점 B(0, b)가 △OAB의 넓이가 항상 $\dfrac{1}{2}$이 되도록 x축, y축 위를 각각 움직인다. 선분 AB를 한 변으로 하는 정사각형 ABCD를 직선 AB에 대하여 원점 O의 반대쪽에 만들고, 이 정사각형의 두 대각선의 교점을 M이라고 하자. 단, a, b는 양수이다.

(1) $a+b$의 값의 범위를 구하여라.

(2) 점 M의 자취를 그림으로 나타내어라.

17-30 세 변의 길이가 6, 8, 10인 직각삼각형 내부에 반지름의 길이가 1인 원이 변에 접하면서 내부를 한 바퀴 돌았다. 이때, 원의 중심 P의 자취의 길이를 구하여라.

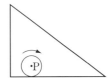

18. 원의 방정식

§1. 원의 방정식

1 원

평면 위의 한 점 O에서 일정한 거리에 있는 점의 자취를 원이라 하고, 점 O를 원의 중심, 점 O와 원 위의 임의의 한 점을 이은 선분을 원의 반지름이 라고 한다.

2 원의 방정식의 표준형

중심이 점 (a, b)이고, 반지름의 길이가 r인 원의 방정식은
$$(x-a)^2+(y-b)^2=r^2$$
특히 중심이 원점이고, 반지름의 길이가 r인 원의 방정식은
$$x^2+y^2=r^2$$

3 원의 방정식의 일반형

$$x^2+y^2+\mathrm{A}x+\mathrm{B}y+\mathrm{C}=0 \ (단, \ \mathrm{A}^2+\mathrm{B}^2-4\mathrm{C}>0)$$

Advice 1° 원의 방정식의 표준형

중심이 점 $C(a, b)$이고, 반지름의 길이가 r인 원 위의 임의의 점을 $P(x, y)$라고 하자.

$\overline{\mathrm{CP}}=r$이므로

$$\sqrt{(x-a)^2+(y-b)^2}=r$$

$$\therefore \ (x-a)^2+(y-b)^2=r^2 \quad \cdots\cdots ①$$

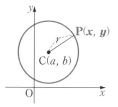

역으로 방정식 ①을 만족하는 점 $P(x, y)$는 항 상 $\overline{\mathrm{CP}}=r$이므로 모두 이 원 위에 있다.

따라서 중심이 점 $C(a, b)$이고, 반지름의 길이 가 r인 원의 방정식은 ①이다.

이 식을 원의 방정식의 표준형이라고 한다.

특히 중심이 원점이고, 반지름의 길이가 r인 원의 방정식은 ①에서 $a=0$, $b=0$인 경우이므로

$$x^2+y^2=r^2$$

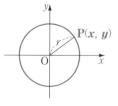

[보기] 1 다음 원의 방정식을 구하여라.

(1) 중심이 점 $(3, -2)$이고, 반지름의 길이가 5인 원

(2) 중심이 점 $(1, -3)$이고, 점 $(1, 2)$를 지나는 원

[연구] (1) $(x-a)^2+(y-b)^2=r^2$에서 $a=3$, $b=-2$, $r=5$인 경우이므로
$$(x-3)^2+(y+2)^2=25$$

(2) 원의 반지름의 길이를 r 라고 하면 $(x-1)^2+(y+3)^2=r^2$

이 원이 점 $(1, 2)$를 지나므로 $(1-1)^2+(2+3)^2=r^2$ $\therefore$ $r^2=25$
$$\therefore (x-1)^2+(y+3)^2=25$$

Advice 2° 원의 방정식의 일반형
$$(x-a)^2+(y-b)^2=r^2 \qquad \cdots\cdots①$$

을 전개하면 $x^2+y^2-2ax-2by+a^2+b^2-r^2=0$이다.

여기서 $-2a=A$, $-2b=B$, $a^2+b^2-r^2=C$로 놓으면
$$x^2+y^2+Ax+By+C=0 \qquad \cdots\cdots②$$

로 표시되며, 이 식을 원의 방정식의 일반형이라고 한다.

이 일반형은 x^2, y^2의 계수가 같고, xy항이 없다는 것에 주의하길 바란다.

②식을 ①식과 같은 꼴로 변형하면
$$\left(x+\frac{A}{2}\right)^2+\left(y+\frac{B}{2}\right)^2=\frac{A^2+B^2-4C}{4}$$

이므로 $A^2+B^2-4C>0$이면 ②는

중심이 점 $\left(-\dfrac{A}{2}, -\dfrac{B}{2}\right)$, 반지름의 길이가 $\dfrac{\sqrt{A^2+B^2-4C}}{2}$인 원

이다.

Note ②에서 $A^2+B^2-4C=0$이면 점원(點圓), $A^2+B^2-4C<0$이면 허원(虛圓)

이라 하고, 이에 대하여 $A^2+B^2-4C>0$이면 실원(實圓)이라고 한다.

보통 원이라고 하면 실원을 뜻한다.

[보기] 2 다음 방정식이 나타내는 원의 중심과 반지름의 길이를 구하여라.

(1) $x^2+y^2-8x-4y+11=0$ (2) $4x^2+4y^2+4x+12y+1=0$

[연구] (1) $(x^2-8x+4^2)+(y^2-4y+2^2)=9$ $\therefore$ $(x-4)^2+(y-2)^2=9$

따라서   중심: 점 $(4, 2)$, 반지름의 길이: 3

(2) $4(x^2+x)+4(y^2+3y)+1=0$에서 $4\left(x+\dfrac{1}{2}\right)^2-1+4\left(y+\dfrac{3}{2}\right)^2-9+1=0$
$$\therefore \left(x+\frac{1}{2}\right)^2+\left(y+\frac{3}{2}\right)^2=\frac{9}{4}$$

따라서   중심: 점 $\left(-\dfrac{1}{2}, -\dfrac{3}{2}\right)$, 반지름의 길이: $\dfrac{3}{2}$

필수 예제 **18**-1   다음 물음에 답하여라.

(1) 두 점 A(1, 2), B(-3, -2)를 지름의 양 끝 점으로 하는 원의 방정식을 구하여라.

(2) 세 점 A(3, 1), B(1, -3), C(4, 0)을 꼭짓점으로 하는 삼각형 ABC의 외심의 좌표와 외접원의 반지름의 길이를 구하여라.

[정석연구] (1) 중심이 선분 AB의 중점이고, 지름이 선분 AB인 원이다.

(2) 세 점 A, B, C를 지나는 원, 곧 △ABC의 외접원의 방정식을 구한 다음 이 원의 중심과 반지름의 길이를 구한다.

정석 원의 방정식을 구할 때,

중심이나 반지름의 길이가 주어지면 $\Longrightarrow$ $(x-a)^2+(y-b)^2=r^2$을 이용!

원 위의 세 점이 주어지면 $\Longrightarrow$ $x^2+y^2+Ax+By+C=0$을 이용!

[모범답안] (1) 선분 AB의 중점을 C(a, b)라고 하면

$$a=\frac{1+(-3)}{2}=-1, \quad b=\frac{2+(-2)}{2}=0$$

따라서 원의 중심은 C(-1, 0)이다.

또, $\overline{AC}=\sqrt{(-1-1)^2+(0-2)^2}=2\sqrt{2}$

$\therefore$ $(x+1)^2+y^2=8$ ← [답]

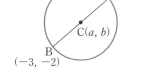

(2) △ABC의 외접원의 방정식을

$$x^2+y^2+ax+by+c=0$$

이라 하면 점 A, B, C는 이 원 위에 있으므로

$$\begin{cases} 9+1+3a+b+c=0 \\ 1+9+a-3b+c=0 \\ 16+4a+c=0 \end{cases} \therefore \begin{cases} a=-4 \\ b=2 \\ c=0 \end{cases}$$

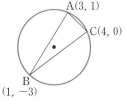

$\therefore$ $x^2+y^2-4x+2y=0$ $\therefore$ $(x-2)^2+(y+1)^2=5$

따라서 외심의 좌표: $(2, -1)$, 반지름의 길이: $\sqrt{5}$ ← [답]

Note (2) 외심을 P(x, y)로 놓고 $\overline{PA}=\overline{PB}=\overline{PC}$로부터 x, y를 구할 수도 있다. 또, $\overline{AB}$와 $\overline{BC}$의 수직이등분선의 교점이 외심임을 이용하여 구할 수도 있다.

[유제] **18**-1. 다음 원의 방정식을 구하여라.

(1) 두 점 P(-1, -3), Q(5, 1)을 지름의 양 끝 점으로 하는 원

(2) 세 점 (0, 0), (2, 2), (0, 4)를 지나는 원

[답] (1) $(x-2)^2+(y+1)^2=13$ (2) $x^2+y^2-4y=0$

필수 예제 **18**-2　다음 물음에 답하여라.

(1) 중심이 직선 $2x+y=6$ 위에 있고, x축과 y축에 접하는 원의 방정식을 구하여라. 단, 중심은 제1사분면에 있다.

(2) 중심이 직선 $y=2x+3$ 위에 있고, 두 점 $(1, 2)$, $(-2, 3)$을 지나는 원의 방정식을 구하여라.

[모범답안] (1) 중심이 제1사분면에 있고, x축과 y축에 접하므로 양수 a에 대하여 원의 방정식을
$$(x-a)^2+(y-a)^2=a^2 \quad \cdots\cdots ①$$
로 놓을 수 있다.

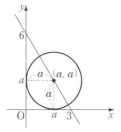

점 (a, a)는 직선 $2x+y=6$ 위에 있으므로
$$2a+a=6 \quad \therefore \quad a=2$$
①에 대입하면 $(x-2)^2+(y-2)^2=4$ ← [답]

*__Note__ 문제의 조건 중에서 '제1사분면'이라는 조건이 없을 때에는 중심이 점 $(a, -a)$인 원도 생각해야 한다.

　왜냐하면 x축과 y축에 접하는 원의 중심은 직선 $y=x$ 또는 $y=-x$ 위에 있으므로 중심이 두 직선 $2x+y=6$, $y=x$의 교점인 원과 두 직선 $2x+y=6$, $y=-x$의 교점인 원이 있기 때문이다.

(2) 구하는 원의 중심을 점 (a, b), 반지름의 길이를 r라고 하면
$$(x-a)^2+(y-b)^2=r^2 \quad\quad\quad\quad \cdots\cdots ②$$
두 점 $(1, 2)$, $(-2, 3)$은 원 ② 위에 있으므로
$$(1-a)^2+(2-b)^2=r^2 \cdots\cdots ③ \quad\quad (-2-a)^2+(3-b)^2=r^2 \cdots\cdots ④$$
또, 점 (a, b)는 직선 $y=2x+3$ 위에 있으므로 $b=2a+3$ $\quad\cdots\cdots ⑤$

③$-$④하면 $-6a+2b-8=0$ $\quad \therefore \quad -3a+b=4$ $\quad\quad\cdots\cdots ⑥$

⑤, ⑥을 연립하여 풀면 $a=-1$, $b=1$ $\quad \therefore \quad r^2=5$ $\quad\quad\quad ⇐ ③$

이 값을 ②에 대입하면 $(x+1)^2+(y-1)^2=5$ ← [답]

[유제] **18**-2. 두 점 $(1, 0)$, $(4, 0)$을 지나고, y축에 접하는 원의 방정식을 구하여라. [답] $\left(x-\dfrac{5}{2}\right)^2+(y-2)^2=\dfrac{25}{4}$, $\left(x-\dfrac{5}{2}\right)^2+(y+2)^2=\dfrac{25}{4}$

[유제] **18**-3. 중심이 y축 위에 있고, 두 점 $(-3, -3)$, $(3, 5)$를 지나는 원의 방정식을 구하여라. [답] $x^2+(y-1)^2=25$

[유제] **18**-4. 중심이 직선 $y=x+3$ 위에 있고, 점 $(6, 2)$를 지나며, x축에 접하는 원의 방정식을 구하여라.
[답] $(x-2)^2+(y-5)^2=25$, $(x-14)^2+(y-17)^2=289$

필수 예제 18-3 좌표평면 위에 두 점 A(3, 6), B(5, 2)가 있다.

점 P(x, y)가 원 $x^2+y^2=1$ 위를 움직일 때, 다음 물음에 답하여라.

(1) △PAB의 넓이의 최솟값을 구하여라.

(2) $\overline{PA}^2+\overline{PB}^2$의 최솟값을 구하여라.

[모범답안] (1) 점 P가 원점 O에서 선분 AB에
내린 수선 OH와 원이 만나는 점일 때,
△PAB의 넓이가 최소이다.

직선 AB의 방정식은
$$y=-2x+12, \quad 곧 \quad 2x+y-12=0$$
이므로 원점과 이 직선 사이의 거리는
$$\overline{OH}=\frac{|-12|}{\sqrt{2^2+1^2}}=\frac{12}{\sqrt{5}} \quad \therefore \ \overline{PH}=\frac{12}{\sqrt{5}}-1$$
또, $\overline{AB}=\sqrt{(5-3)^2+(2-6)^2}=2\sqrt{5}$
따라서 △PAB의 넓이의 최솟값은
$$\frac{1}{2}\times2\sqrt{5}\times\left(\frac{12}{\sqrt{5}}-1\right)=\boldsymbol{12-\sqrt{5}} \longleftarrow \boxed{답}$$

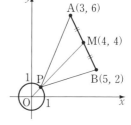

(2) 선분 AB의 중점을 M이라고 하면 중선정리에 의하여
$$\overline{PA}^2+\overline{PB}^2=2(\overline{PM}^2+\overline{AM}^2) \quad \cdots ①$$
여기에서 선분 AM의 길이가 일정하므로
$\overline{PM}$이 최소일 때 $\overline{PA}^2+\overline{PB}^2$이 최소이다.

그런데 M(4, 4)이므로 $\overline{PM}$의 최솟값은
$$\overline{OM}-\overline{OP}=\sqrt{4^2+4^2}-1=4\sqrt{2}-1$$
또, $\overline{AM}=\sqrt{(4-3)^2+(4-6)^2}=\sqrt{5}$
①에 대입하면 구하는 최솟값은
$$\overline{PA}^2+\overline{PB}^2=2\{(4\sqrt{2}-1)^2+(\sqrt{5})^2\}=\boldsymbol{76-16\sqrt{2}} \longleftarrow \boxed{답}$$

[유제] **18**-5. 좌표평면 위에 원 $x^2+y^2+2x-4y=0$ 위를 움직이는 점 P와 직선 $2x-y=6$ 위를 움직이는 점 Q가 있다. 선분 PQ의 길이의 최솟값을 구하여라. $\boxed{답} \ \sqrt{5}$

[유제] **18**-6. 좌표평면 위에 두 점 A(2, 5), B(4, 1)이 있다. 점 P(x, y)가 원 $x^2+y^2=1$ 위를 움직일 때, 다음 물음에 답하여라.

(1) △PAB의 넓이의 최솟값을 구하여라.

(2) $\overline{PA}^2+\overline{PB}^2$의 최솟값을 구하여라. $\boxed{답}$ (1) $\boldsymbol{9-\sqrt{5}}$ (2) $\boldsymbol{48-12\sqrt{2}}$

§2. 원과 직선의 위치 관계

1 원과 직선의 위치 관계 (I)

직선 $y=mx+n$ ……①

원 $f(x,\ y)=0$ ……②

에서 y를 소거하면

$$f(x,\ mx+n)=0 \qquad ……③$$

이때, x에 관한 이차방정식 ③의 실근은 ①, ②의 교점의 x좌표이므로 ③의 판별식을 D라고 하면 다음 관계가 있다.

$$f(x,\ mx+n)=0 \qquad \text{직선과 원}$$

$\mathrm{D}>0 \iff$ 서로 다른 두 실근 $\iff$ 서로 다른 두 점에서 만난다

$\mathrm{D}=0 \iff$ 중근 $\iff$ 접한다

$\mathrm{D}<0 \iff$ 서로 다른 두 허근 $\iff$ 만나지 않는다

2 원과 직선의 위치 관계 (II)

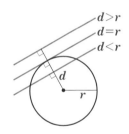

오른쪽 그림과 같이 반지름의 길이가 r인 원과 직선이 있을 때, 원의 중심과 직선 사이의 거리를 d라고 하면 다음 관계가 있다.

$d<r \iff$ 서로 다른 두 점에서 만난다

$d=r \iff$ 접한다

$d>r \iff$ 만나지 않는다

3 접선의 방정식

(1) 원 위의 점에서의 접선의 방정식

① 원 $x^2+y^2=r^2$ 위의 점 $(x_1,\ y_1)$에서의 접선의 방정식은

$$x_1 x + y_1 y = r^2$$

② 원 $(x-a)^2+(y-b)^2=r^2$ 위의 점 $(x_1,\ y_1)$에서의 접선의 방정식은

$$(x_1-a)(x-a)+(y_1-b)(y-b)=r^2 \qquad \Leftarrow \text{연습문제 } 18\text{-}23$$

(2) 기울기가 m인 접선의 방정식

원 $x^2+y^2=r^2$에 접하고 기울기가 m인 직선의 방정식은

$$y=mx \pm r\sqrt{m^2+1}$$

Advice 1° 원과 직선의 위치 관계 (Ⅰ)

포물선과 직선의 위치 관계와 마찬가지로 원과 직선의 위치 관계 역시

서로 다른 두 점에서 만나는 경우,   접하는 경우,   만나지 않는 경우

로 나누어 생각할 수 있다.

또, 이와 같은 위치 관계를 알아보는 데에는

판별식을 이용하는 방법,   원의 성질을 활용하는 방법

이 있다.

보기 1 직선 $y=3x+b$와 원 $x^2+y^2=10$의 위치 관계가 다음과 같을 때, 실수 b의 값 또는 값의 범위를 구하여라.

(1) 서로 다른 두 점에서 만난다.

(2) 접한다.

(3) 만나지 않는다.

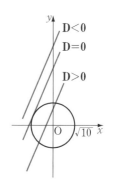

연구 $y=3x+b$ ······①

$x^2+y^2=10$ ······②

①을 ②에 대입하여 정리하면

$10x^2+6bx+b^2-10=0$ ······③

이고, ③의 실근이 ①과 ②의 교점의 x좌표이다.

따라서 x에 관한 이차방정식 ③의 판별식을 D라고 하면

$D>0 \iff$ ③은 서로 다른 두 실근 $\iff$ ①, ②의 교점 2개

$D=0 \iff$ ③은 중근 $\iff$ ①, ②의 교점 1개

$D<0 \iff$ ③은 서로 다른 두 허근 $\iff$ ①, ②의 교점 없다

이다. 곧, ③에서

$$D/4=(3b)^2-10(b^2-10)=-b^2+100=-(b+10)(b-10)$$

이므로 다음과 같이 b의 값 또는 값의 범위를 구할 수 있다.

(1) D/4 > 0으로부터 $-(b+10)(b-10)>0$ ∴ $-10<b<10$

(2) D/4 = 0으로부터 $-(b+10)(b-10)=0$ ∴ $b=-10,\ 10$

(3) D/4 < 0으로부터 $-(b+10)(b-10)<0$ ∴ $b<-10,\ b>10$

Note 1° 직선의 방정식 $ax+by+c=0$, 원의 방정식 $x^2+y^2+Ax+By+C=0$ 등을 간단히 $f(x,\ y)=0$으로 나타내기도 한다.

2° 직선과의 위치 관계와 판별식의 관계는 방정식 $f(x,\ y)=0$의 그래프가 원뿐만 아니라 포물선, 타원, 쌍곡선을 나타낼 때에도 성립하는 성질이다.

Advice 2° 원과 직선의 위치 관계 (Ⅱ)

포물선이나 타원, 쌍곡선의 경우와는 달리 원의 경우에는 원의 성질을 활용하면 직선과의 위치 관계를 보다 쉽게 알 수 있다.

보기 2 직선 $3x+4y+c=0$과 원 $x^2+y^2=4$의 위치 관계가 다음과 같을 때, 실수 c의 값 또는 값의 범위를 구하여라.

(1) 서로 다른 두 점에서 만난다.　　(2) 접한다.　　(3) 만나지 않는다.

연구 $x^2+y^2=2^2$은 중심이 원점이고 반지름의 길이가 2인 원이다.

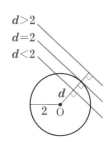

원의 중심과 직선 사이의 거리를 d라고 하면

$$d=\frac{|c|}{\sqrt{3^2+4^2}}=\frac{|c|}{5}$$

(1) $d<2$에서 $|c|<10$　∴ $-10<c<10$

(2) $d=2$에서 $|c|=10$　∴ $c=-10,\ 10$

(3) $d>2$에서 $|c|>10$　∴ $c<-10,\ c>10$

Note 보기 1과 같이 판별식을 이용하여 구해 보아라.

　　또, 보기 1을 보기 2와 같이 구해 보아라.

Advice 3° 원 위의 점 $(x_1,\ y_1)$에서의 접선의 방정식

보기 3 원 $x^2+y^2=25$ 위의 점 $(3,\ 4)$에서의 접선의 방정식을 구하여라.

연구 (풀이 1) 접선의 방정식을　$y=mx+n$　　　　　……①

이라고 하면 ①은 점 $(3, 4)$를 지나므로　$4=3m+n$　　　　……②

또, ①을 $x^2+y^2=25$에 대입하여 정리하면

$$(m^2+1)x^2+2mnx+n^2-25=0$$

원과 직선이 접하려면

$$\text{D}/4=m^2n^2-(m^2+1)(n^2-25)=0 \quad ∴ \ 25m^2-n^2+25=0$$

이 식과 ②에서 n을 소거하면　$(4m+3)^2=0$　∴ $m=-\dfrac{3}{4}$

②에 대입하면　$n=\dfrac{25}{4}$

$$∴ \ y=-\frac{3}{4}x+\frac{25}{4}$$

(풀이 2) 그림에서 직선 OP의 기울기는 $\dfrac{4}{3}$이므로 점 P에서의 접선의 기울기는 $-\dfrac{3}{4}$이다.

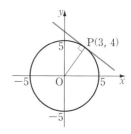

따라서 구하는 접선의 방정식은

$$y-4=-\frac{3}{4}(x-3) \quad ∴ \ y=-\frac{3}{4}x+\frac{25}{4}$$

보기 4 원 $x^2+y^2=r^2$ 위의 점 $(x_1,\ y_1)$에서의 접선의 방정식을 구하여라.

연구 (ⅰ) 접점 $(x_1,\ y_1)$이 좌표축 위에 있지 않을 때, 곧 $x_1y_1\neq0$일 때

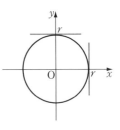

오른쪽 그림에서 직선 OP의 기울기가

$\dfrac{y_1}{x_1}$이므로 접선의 기울기는 $-\dfrac{x_1}{y_1}$이다.

따라서 접선의 방정식은

$$y-y_1=-\frac{x_1}{y_1}(x-x_1)$$
$$\therefore\ x_1x+y_1y=x_1{}^2+y_1{}^2$$

한편 점 $(x_1,\ y_1)$은 원 $x^2+y^2=r^2$ 위의 점이므로 $x_1{}^2+y_1{}^2=r^2$이다.

따라서 접선의 방정식은

$$x_1x+y_1y=r^2 \qquad\cdots\cdots\text{①}$$

(ⅱ) 접점 $(x_1,\ y_1)$이 좌표축 위에 있을 때

이를테면 점 $(r,\ 0)$에서의 접선의 방정식은 분명히 $x=r$이고, 이 방정식은 ①에 $x_1=r$, $y_1=0$을 대입해도 얻을 수 있다.

점 $(-r,\ 0),\ (0,\ r),\ (0,\ -r)$에서의 접선의 방정식도 같은 방법으로 얻을 수 있다.

(ⅰ), (ⅱ)에 의하여 구하는 접선의 방정식은 $\boldsymbol{x_1x+y_1y=r^2}$

*$Note$ 1° **보기** 3은 $x_1x+y_1y=r^2$에서 $x_1=3,\ y_1=4,\ r=5$인 경우이므로

$$3\times x+4\times y=5^2 \qquad \therefore\ \boldsymbol{3x+4y=25}$$

2° $y_1\neq0$일 때 **보기** 3의 **풀이 1**과 같이 접선의 방정식을 $y=mx+n$이라 하고 구해도 같은 결과를 얻는다. $y_1=0$일 때는 (ⅱ)와 같이 따로 구한다.

Advice 4° 기울기가 $\boldsymbol{m}$인 접선의 방정식

이를테면 원 $x^2+y^2=10$에 접하고 기울기가 3인 직선의 방정식은 p. 52의 **보기** 1과 같이 판별식을 이용하여 구할 수 있다. 이를 일반화하여 기울기가 m인 접선의 방정식을 구할 수 있다.

보기 5 원 $x^2+y^2=r^2$에 접하고 기울기가 m인 직선의 방정식을 구하여라.

연구 접선의 방정식을 $y=mx+b$라고 하자.

접선과 원의 방정식에서 y를 소거하면 $x^2+(mx+b)^2=r^2$

x에 관하여 정리하면 $(m^2+1)x^2+2bmx+b^2-r^2=0$

접하므로 $D/4=b^2m^2-(m^2+1)(b^2-r^2)=0 \quad\therefore\ b^2=(m^2+1)r^2$

$$\therefore\ b=\pm r\sqrt{m^2+1} \quad\therefore\ \boldsymbol{y=mx\pm r\sqrt{m^2+1}}$$

*$Note$ 원 $x^2+y^2=10$에 접하고 기울기가 3인 직선의 방정식은 위의 공식에서 $m=3,\ r=\sqrt{10}$인 경우이므로 $y=3x\pm\sqrt{10}\times\sqrt{3^2+1}$, 곧 $y=3x\pm10$이다.

필수 예제 18-4 원 $x^2+y^2=5$에 접하고, 점 $(3, 1)$을 지나는 직선의 방정식을 구하여라.

정석연구 원 위에 있지 않은 점에서의 접선의 방정식을 구하는 문제이다.

(i) 판별식을 이용!

정석 접한다 $\iff$ 중근을 가진다 $\iff$ $\mathbf{D=0}$

(ii) 공식을 이용!

정석 $x^2+y^2=r^2$ 위의 점 $(x_1,\ y_1)$에서의 접선 $\iff$ $x_1x+y_1y=r^2$

(iii) 원의 성질을 이용!

모범답안 (풀이 1) $x^2+y^2=5$ $\qquad\qquad\qquad\qquad\qquad\qquad$ ……①

점 $(3, 1)$을 지나는 직선의 기울기를 m이라고 하면

$$y-1=m(x-3) \qquad 곧,\ y=mx-3m+1 \qquad\qquad ……②$$

①, ②에서 y를 소거하면 $x^2+(mx-3m+1)^2=5$

$$(m^2+1)x^2-2m(3m-1)x+9m^2-6m-4=0 \qquad ……③$$

①, ②가 접하는 것은 ③이 중근을 가질 때이므로

$$D/4=m^2(3m-1)^2-(m^2+1)(9m^2-6m-4)=0 \quad \therefore\ m=-\frac{1}{2},\ 2$$

②에 대입하면 $\boldsymbol{y=-\dfrac{1}{2}x+\dfrac{5}{2},\ y=2x-5}$ ← 답

(풀이 2) 접점을 $(x_1,\ y_1)$이라 하면 접선의 방정식은 $x_1x+y_1y=5$ …④

점 $(3, 1)$은 직선 ④ 위에 있으므로 $3x_1+y_1=5$ $\qquad\qquad$ ……⑤

한편 점 $(x_1,\ y_1)$은 원 ① 위에 있으므로 $x_1^2+y_1^2=5$ $\qquad\quad$ ……⑥

⑤, ⑥을 연립하여 풀면 $(x_1,\ y_1)=(1, 2),\ (2,\ -1)$

④에 대입하면 $\boldsymbol{x+2y=5,\ 2x-y=5}$ ← 답

(풀이 3) 점 $(3, 1)$을 지나는 직선의 기울기를 m이라고 하면

$$y-1=m(x-3) \qquad 곧,\ mx-y-3m+1=0 \qquad\qquad ……⑦$$

①, ⑦이 접할 때 원 ①의 중심과 직선 ⑦ 사이의 거리가 $\sqrt{5}$ 이므로

$$\frac{|-3m+1|}{\sqrt{m^2+1}}=\sqrt{5} \quad \therefore\ (-3m+1)^2=5(m^2+1) \quad \therefore\ m=-\frac{1}{2},\ 2$$

⑦에 대입하면 $\boldsymbol{x+2y=5,\ 2x-y=5}$ ← 답

유제 **18**-7. 점 $(3, 2)$에서 원 $x^2+y^2=4$에 그은 접선의 방정식을 구하여라.

답 $\boldsymbol{y=2,\ 12x-5y=26}$

필수 예제 18-5 원 $(x-2)^2+(y-3)^2=10$에 대하여 다음에 답하여라.

(1) 기울기가 -1인 접선의 방정식을 구하여라.

(2) 원 위의 점 P(5, 4)에서의 접선의 방정식을 구하여라.

(3) 점 $(-3, 8)$에서 이 원에 그은 접선의 방정식을 구하여라.

[정석연구] 이 문제와 같이 원의 중심이 원점이 아닌 경우에는 접선의 방정식을 구하는 공식을 바로 활용하기가 쉽지 않다. 이런 경우

　　　　원의 성질을 활용하는 방법,　판별식을 이용하는 방법

을 생각한다.

[모범답안] (1) 접선의 방정식을 $y=-x+b$라고 하면
원의 중심 C(2, 3)과 접선 사이의 거리는 원의
반지름의 길이인 $\sqrt{10}$이므로
$$\frac{|2+3-b|}{\sqrt{1^2+1^2}}=\sqrt{10} \quad \therefore \ b=5\pm2\sqrt{5}$$
$$\therefore \ \boldsymbol{y=-x+5\pm2\sqrt{5}} \ \longleftarrow \boxed{답}$$

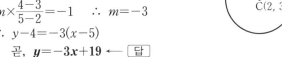

(2) 원의 중심 C(2, 3)과 접점 P(5, 4)를 연결하는
선분 CP는 접선과 수직이므로 접선의 기울기를
m이라고 하면
$$m\times\frac{4-3}{5-2}=-1 \quad \therefore \ m=-3$$
$$\therefore \ y-4=-3(x-5)$$
$$곧, \ \boldsymbol{y=-3x+19} \ \longleftarrow \boxed{답}$$

(3) 접선의 기울기를 m이라고 하면 점 $(-3, 8)$을 지나므로
$$y-8=m(x+3) \quad 곧, \ mx-y+3m+8=0$$
원의 중심 C(2, 3)과 접선 사이의 거리가 $\sqrt{10}$이므로
$$\frac{|2m-3+3m+8|}{\sqrt{m^2+(-1)^2}}=\sqrt{10} \quad \therefore \ 5|m+1|=\sqrt{10}\sqrt{m^2+1}$$
$$\therefore \ 5^2(m+1)^2=10(m^2+1) \quad \therefore \ m=-3, \ -\frac{1}{3}$$
$$\therefore \ \boldsymbol{y=-3x-1}, \ \boldsymbol{y=-\frac{1}{3}x+7} \ \longleftarrow \boxed{답}$$

[유제] **18**-8. 원 $(x-2)^2+(y-3)^2=16$과 직선 $x+y+c=0$이 접할 때, 상수 c의 값을 구하여라. 　　　　　　　　　　　　　　　　　[답] $c=-5\pm4\sqrt{2}$

[유제] **18**-9. 원 $(x-1)^2+(y+3)^2=2$ 위의 점 P(2, -2)에서의 접선의 방정식을 구하여라. 　　　　　　　　　　　　　　　　　　　　[답] $y=-x$

필수 예제 **18**-6 직선 $y=2x+k$와 원 $x^2+y^2=4$가 서로 다른 두 점 P,
　　Q에서 만날 때, 다음 물음에 답하여라.
　(1) 실수 k의 값의 범위를 구하여라.
　(2) 현 PQ의 길이가 2가 되는 실수 k의 값을 구하여라.

[모범답안] (1) 두 식에서 y를 소거하면 $5x^2+4kx+k^2-4=0$　　……①
　　이 방정식이 서로 다른 두 실근을 가지면 되므로
　　　　$D/4=4k^2-5(k^2-4)>0$　∴ $-2\sqrt{5}<k<2\sqrt{5}$ ← [답]
　(2) 점 P, Q의 x좌표를 각각 α, β라고 하면
　　P(α, $2\alpha+k$), Q(β, $2\beta+k$)이므로

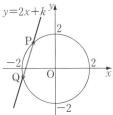

　　$\overline{\mathrm{PQ}}=\sqrt{(\beta-\alpha)^2+(2\beta-2\alpha)^2}=\sqrt{5(\beta-\alpha)^2}$
　　　　$=\sqrt{5\{(\alpha+\beta)^2-4\alpha\beta\}}$　　……②
　　한편 α, β는 ①의 두 근이므로
　　　　$\alpha+\beta=-\dfrac{4k}{5}$, $\alpha\beta=\dfrac{k^2-4}{5}$
　　②에 대입하여 정리한 다음, 문제의 조건
　　$\overline{\mathrm{PQ}}=2$를 이용하면
　　　　$\overline{\mathrm{PQ}}=\dfrac{2}{5}\sqrt{5(20-k^2)}=2$　∴ $5(20-k^2)=25$　∴ $\boldsymbol{k=\pm\sqrt{15}}$ ← [답]

Advice | 이상에서 곡선이 포물선, 타원, 쌍곡선일 경우에도 적용되는 일
반적인 방법을 소개하였다. 이 문제의 경우는

원의 성질을 활용

하여 다음과 같이 풀 수도 있다.
(1) $y=2x+k$에서 $2x-y+k=0$
　원점과 이 직선 사이의 거리를 d라고 하면
　　　$d=\dfrac{|k|}{\sqrt{2^2+(-1)^2}}<2$　∴ $|k|<2\sqrt{5}$
　　　∴ $-2\sqrt{5}<k<2\sqrt{5}$
(2) 그림에서 $\overline{\mathrm{PQ}}=2$일 때에는 $\overline{\mathrm{OM}}=\sqrt{2^2-1^2}=\sqrt{3}$이므로
　　　$d=\dfrac{|k|}{\sqrt{2^2+(-1)^2}}=\sqrt{3}$　∴ $|k|=\sqrt{15}$　∴ $\boldsymbol{k=\pm\sqrt{15}}$

[유제] **18**-10. 직선 $y=x+1$이 원 $x^2+y^2=4$에 의해서 잘린 선분의 길이를
구하여라.　　　　　　　　　　　　　　　　　　[답] $\sqrt{14}$

[유제] **18**-11. 직선 $x-y+5=0$이 원 $x^2+y^2+2ax-2ay+6a-5=0$에 의해
서 잘린 선분의 길이가 $\sqrt{10}$일 때, 실수 a의 값을 구하여라.　[답] $a=\dfrac{5}{2}$

§3. 두 원의 위치 관계

1 두 원의 위치 관계

평면 위에 두 원이 주어져 있을 때, 그 위치 관계는 두 원의 반지름의 길이 r, r'과 중심 사이의 거리 d의 관계식으로 알 수 있다.

(1) $r+r'<d$ $\Longleftrightarrow$ 두 원은 서로 밖에 있으며, 교점이 없다

(2) $r+r'=d$ $\Longleftrightarrow$ 두 원은 한 점에서 외접한다

(3) $|r-r'|<d<r+r'$ $\Longleftrightarrow$ 두 원은 서로 다른 두 점에서 만난다

(4) $|r-r'|=d$ $\Longleftrightarrow$ 두 원은 한 점에서 내접한다

(5) $|r-r'|>d$ $\Longleftrightarrow$ 두 원은 한쪽이 다른 쪽을 내부에 포함하고, 교점이 없다

2 두 원의 교점을 지나는 원과 직선

서로 만나는 두 원

$$x^2+y^2+Ax+By+C=0, \qquad x^2+y^2+A'x+B'y+C'=0$$

의 교점을 지나는 원의 방정식은 m이 -1이 아닌 실수일 때

$$(x^2+y^2+Ax+By+C)m+(x^2+y^2+A'x+B'y+C')=0$$

또는 $(x^2+y^2+Ax+By+C)+(x^2+y^2+A'x+B'y+C')m=0$

으로 나타내어진다.

$m=-1$일 때에는 두 원의 교점을 지나는 직선의 방정식이 된다.

Advice 1° 두 원의 위치 관계

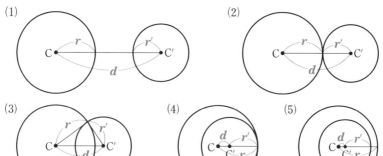

보기 1 두 원 $(x-a)^2+y^2=1$, $x^2+(y-b)^2=4$에 대하여

(1) 두 원의 중심 사이의 거리를 구하여라.

(2) 두 원이 외접하기 위한 조건과 내접하기 위한 조건을 구하여라.

(3) 두 원이 서로 다른 두 점에서 만나기 위한 조건을 구하여라.

연구 (1) 두 원의 중심은 각각 점 $(a, 0)$, $(0, b)$이므로

중심 사이의 거리는　$\sqrt{(0-a)^2+(b-0)^2}=\sqrt{a^2+b^2}$

(2) 두 원의 반지름의 길이가 각각 1, 2이므로

외접하기 위한 조건은　$\sqrt{a^2+b^2}=2+1$　$\therefore$　$a^2+b^2=9$

내접하기 위한 조건은　$\sqrt{a^2+b^2}=2-1$　$\therefore$　$a^2+b^2=1$

(3) $2-1<\sqrt{a^2+b^2}<2+1$　$\therefore$　$1<a^2+b^2<9$

Advice 2° 두 원의 교점을 지나는 원과 직선

서로 만나는 두 원

$$x^2+y^2+Ax+By+C=0 \ \cdots①\qquad x^2+y^2+A'x+B'y+C'=0 \ \cdots②$$

의 교점을 지나는 원은 h, k가 실수일 때

$$(x^2+y^2+Ax+By+C)h+(x^2+y^2+A'x+B'y+C')k=0$$

으로 나타낼 수 있다. 이때 h, k는 동시에 0이 아니고, $h\ne-k$이어야 한다.

여기서 특히 $h=0$일 때 원 ②를, $k=0$일 때 원 ①을 나타낸다.

또, $k\ne0$일 때 $\dfrac{h}{k}=m$으로 놓으면

$$(x^2+y^2+Ax+By+C)m+(x^2+y^2+A'x+B'y+C')=0$$

이다.　　　　　　　　　　　　　　⇐ p. 34, 35

특히 $m=-1$일 때에는

$$(A'-A)x+(B'-B)y+C'-C=0$$

이므로 직선이 되며, 이 직선은 두 원의 교점

을 지난다.

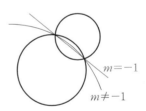

보기 2 서로 만나는 다음 두 원이 있다.

$$x^2+y^2-18x-8y+48=0, \quad x^2+y^2+3x-5y-96=0$$

(1) 두 원의 교점과 원점을 지나는 원의 방정식을 구하여라.

(2) 두 원의 교점을 지나는 직선의 방정식을 구하여라.

연구 두 원의 교점을 지나는 원 또는 직선의 방정식은

$$(x^2+y^2-18x-8y+48)m+(x^2+y^2+3x-5y-96)=0 \qquad \cdots\cdots①$$

(1) ①이 원점을 지나므로 $48m-96=0$　$\therefore$　$m=2$

이것을 ①에 대입하여 정리하면　$x^2+y^2-11x-7y=0$

(2) ①에서 $m=-1$일 때이므로 대입하여 정리하면　$7x+y-48=0$

필수 예제 **18**-7   원 $x^2+y^2=1$에 외접하고 직선 $3x+4y-19=0$에 접하는 원 중에서 그 중심이 x축 위에 있는 원의 방정식을 구하여라.

[정석연구] 중심이 x축 위에 있으므로 구하는 원의 방정식을
$$(x-a)^2+y^2=r^2 \qquad \Leftarrow \text{중심 } (a,\,0), \text{ 반지름의 길이 } r$$
으로 놓은 다음, 아래 성질을 이용한다.

정석 두 원이 외접한다
　　　　$\Longleftrightarrow$ 두 원의 반지름의 길이의 합이 중심 사이의 거리와 같다
　　원과 직선이 접한다
　　　　$\Longleftrightarrow$ 원의 중심과 직선 사이의 거리가 반지름의 길이와 같다

[모범답안] 중심을 점 $(a,\,0)$, 반지름의 길이를 r라고 하면 원의 방정식은
$$(x-a)^2+y^2=r^2 \quad \cdots\cdots ①$$
원 ①이 원 $x^2+y^2=1$과 외접하므로
$$|a|=1+r \quad \cdots\cdots ②$$
또, 원 ①이 직선 $3x+4y-19=0$에 접하므로

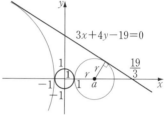

$$\frac{|3\times a+4\times 0-19|}{\sqrt{3^2+4^2}}=r \quad 곧, \ |3a-19|=5r$$
그런데 $a\geq\dfrac{19}{3}$이면 주어진 조건을 만족할 수 없으므로 $a<\dfrac{19}{3}$이다.
$$\therefore \ -3a+19=5r \qquad\qquad\qquad \cdots\cdots ③$$
②와 ③에서 $a\geq0$일 때 $a=3$, $r=2$, $a<0$일 때 $a=-12$, $r=11$
따라서 구하는 원의 방정식은
$$(\boldsymbol{x-3})^2+\boldsymbol{y}^2=\boldsymbol{2}^2, \ (\boldsymbol{x+12})^2+\boldsymbol{y}^2=\boldsymbol{11}^2 \longleftarrow \boxed{답}$$

[유제] **18**-12. 두 원 $x^2+y^2=r^2$, $(x-2)^2+(y-2)^2=1$에 대하여 다음 물음에 답하여라.
(1) 두 원이 외접할 때, 양수 r의 값을 구하여라.
(2) 두 원이 서로 다른 두 점에서 만날 때, 양수 r의 값의 범위를 구하여라.
　　　　　　　　　 $\boxed{답}$ (1) $r=2\sqrt{2}-1$ (2) $2\sqrt{2}-1<r<2\sqrt{2}+1$

[유제] **18**-13. 원 $(x-a)^2+y^2=r^2$은 원 $x^2+y^2=4$에 외접하고, 직선 $y=x-4$에 접한다. 양수 a, r의 값을 구하여라. 　$\boxed{답}$ $a=2\sqrt{2}$, $r=2(\sqrt{2}-1)$

필수 예제 **18**-8 두 원 $x^2+y^2-4=0$, $x^2+y^2-4x-4y+4=0$의 교점을
지나고, 직선 $x+y=4$에 접하는 원의 방정식을 구하여라.

[정석연구] 교점의 좌표를 구하여 문제를 해결할 수도 있다. 그러나 일반적으로
는 중간 계산이 간단하지 않아 어려움을 겪게 된다.

앞에서 공부한 다음 성질을 이용하여 해결해 보아라.

정석 서로 만나는 두 원

$$x^2+y^2+Ax+By+C=0, \quad x^2+y^2+A'x+B'y+C'=0$$

의 교점을 지나는 원의 방정식은 m이 -1이 아닌 실수일 때

$$(x^2+y^2+Ax+By+C)m+(x^2+y^2+A'x+B'y+C')=0$$

$$\text{또는 } (x^2+y^2+Ax+By+C)+(x^2+y^2+A'x+B'y+C')m=0$$

의 꼴로 나타내어진다.

$m=-1$일 때에는 두 원의 교점을 지나는 직선의 방정식이 된다.

[모범답안] $x^2+y^2-4=0$에서 $x^2+y^2=2^2$이므로 이 원은 중심이 원점이고 반지
름의 길이가 2인 원이다.

또, $x^2+y^2-4x-4y+4=0$에서 $(x-2)^2+(y-2)^2=2^2$이므로 이 원은 중
심이 점 $(2, 2)$이고 반지름의 길이가 2인 원이다.

따라서 두 원은 서로 다른 두 점에서 만나고, 원 $x^2+y^2=4$는 직선
$x+y=4$에 접하지 않으므로 구하는 원의 방정식을

$$(x^2+y^2-4)m+(x^2+y^2-4x-4y+4)=0 \ (m\neq-1) \qquad \cdots\cdots ①$$

로 놓을 수 있다.

또, $x+y=4$에서 $y=-x+4$ $\qquad \cdots\cdots ②$

이므로 이것을 ①에 대입하여 정리하면

$$(m+1)x^2-4(m+1)x+2(3m+1)=0 \ (m\neq-1) \qquad \cdots\cdots ③$$

①이 ②에 접하기 위해서는 ③이 중근을 가져야 하므로

$$D/4=4(m+1)^2-2(m+1)(3m+1)=0 \quad \therefore \ (m+1)(m-1)=0$$

$m\neq-1$이므로 $m=1$이고, 이 값을 ①에 대입하여 정리하면

$$x^2+y^2-2x-2y=0 \leftarrow \boxed{답}$$

[유제] **18**-14. 두 원 $x^2+y^2+2x-3y-9=0$, $x^2+y^2-2x+5y=0$의 교점을
지나고, x축에 접하는 원의 방정식을 구하여라.

$\boxed{답}$ $x^2+y^2-6x+13y+9=0$, $4x^2+4y^2-12x+28y+9=0$

필수 예제 **18**-9 두 원 $(x-3)^2+(y-2)^2=4$, $(x-k)^2+y^2=9$의 교점을 P, Q라고 할 때, 선분 PQ의 길이를 최대로 하는 상수 k의 값을 구하여라.

[정석연구] 선분 PQ의 길이는 작은 원의 지름의 길이인 4보다 클 수 없으므로, 선분 PQ의 길이가 최대가 되는 경우는 선분 PQ가 작은 원의 중심을 지날 때이다. (아래 그림 참조)

따라서 두 원의 교점을 지나는 직선이 작은 원의 중심을 지날 때의 k의 값을 구하면 된다.

이때, 두 원의 교점을 지나는 직선의 방정식은

정석 서로 만나는 두 원
$$x^2+y^2+Ax+By+C=0, \quad x^2+y^2+A'x+B'y+C'=0$$
의 교점을 지나는 직선의 방정식은
$$x^2+y^2+Ax+By+C-(x^2+y^2+A'x+B'y+C')=0$$

을 이용하여 구하면 된다.

[모범답안] $(x-3)^2+(y-2)^2=4$ ······①
$\qquad\quad (x-k)^2+y^2=9$ ······②

두 원의 중심 사이의 거리가 $\sqrt{(k-3)^2+4}$ 이므로 두 원이 두 점에서 만나려면
$$3-2<\sqrt{(k-3)^2+4}<3+2 \quad\cdots\cdots③$$

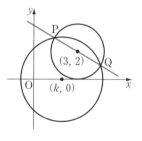

한편 ①, ②의 교점을 지나는 직선의 방정식은 ①-②에서
$$(2k-6)x-4y-k^2+18=0 \quad\cdots\cdots④$$

선분 PQ의 길이가 최대가 되는 경우는 ④가 ①의 중심을 지날 때이므로
$$(2k-6)\times3-4\times2-k^2+18=0 \quad \therefore\ k^2-6k+8=0 \quad \therefore\ k=2, 4$$
이 값은 ③을 만족한다.   [답] $k=2, 4$

Advice | ①, ②가 만날 때만 ④는 의미를 가진다.

이를테면 $k=-10$이라고 하면 ①, ②는 교점을 가지지 않으며, ④는 어느 원과도 만나지 않는다.

따라서 두 원이 두 점에서 만날 조건을 꼭 확인해야 한다.

[유제] **18**-15. 원 $x^2+y^2=r^2$이 원 $(x-2)^2+(y-1)^2=4$의 둘레를 이등분할 때, 양수 r의 값을 구하여라.   [답] $r=3$

§4. 자취 문제(원)

필수 예제 **18**-10   점 A(10, 0)과 원 $x^2+y^2+4x-6y+4=0$ 위를 움직이는 점 P에 대하여 선분 AP를 1 : 2로 내분하는 점 Q의 자취의 방정식을 구하여라.

[정석연구] $(x+2)^2+(y-3)^2=3^2$ 이므로 주어진 원은 중심이 점 $(-2, 3)$이고 반지름의 길이가 3인 원이다.

따라서 점 P의 좌표를 P(a, b)라 하고, 조건을 만족하는 점 Q의 좌표를 Q(x, y)라고 하여 x와 y의 관계식을 구한다.

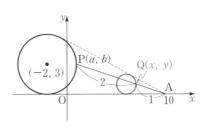

이때,

정석 $x=f(a, b)$, $y=g(a, b)$인 점 (x, y)의 자취는
$\Longrightarrow$ a, b를 소거하여 x와 y의 관계식을 구한다

는 방법을 따른다.

[모범답안] 점 P의 좌표를 P(a, b)라고 하면 P는 주어진 원 위의 점이므로
$$a^2+b^2+4a-6b+4=0 \qquad\qquad \cdots\cdots ①$$
또, 점 Q의 좌표를 Q(x, y)라고 하면 Q는 선분 AP를 1 : 2로 내분하는 점이므로
$$x=\frac{1\times a+2\times 10}{1+2}, \quad y=\frac{1\times b+2\times 0}{1+2}$$
$$\therefore\ a=3x-20, \quad b=3y \qquad\qquad \cdots\cdots ②$$
②를 ①에 대입하여 정리하면 $x^2+y^2-12x-2y+36=0$
$$\therefore\ \boldsymbol{(x-6)^2+(y-1)^2=1} \ \longleftarrow \boxed{\text{답}}$$

[유제] **18**-16. 점 $(2, 1)$과 원 $x^2+y^2+4x+2y+1=0$ 위를 움직이는 점을 잇는 선분의 중점의 자취의 방정식을 구하여라. $\boxed{\text{답}}$ $\boldsymbol{x^2+y^2=1}$

[유제] **18**-17. 중심이 점 $(1, 0)$이고 원점 O를 지나는 원 위를 움직이는 점 P에 대하여 선분 OP의 중점의 자취의 방정식을 구하여라. 단, 점 P는 원점이 아니다. $\boxed{\text{답}}$ $\left(\boldsymbol{x-\dfrac{1}{2}}\right)^2+\boldsymbol{y^2}=\dfrac{1}{4}$ 단, 원점은 제외

필수 예제 **18**-11　다음과 같은 두 직선이 있다.

$$mx - y + 2m - 2 = 0, \qquad x + my - 4m - 6 = 0$$

(1) m이 실수일 때, 두 직선의 교점의 자취의 방정식을 구하여라.

(2) $m \leq 1$일 때, 두 직선의 교점의 자취를 그림으로 나타내어라.

─────

[정석연구] '두 직선은 모두 정점을 지나며, 서로 수직이다'는 데에 착안한다.
또한 자취 문제는 조건을 만족하지 않는 부분이 있는가도 확인해야 한다.

　　　정석 자취 문제 ⟹ 제한 범위에 주의하여라.

[모범답안] $mx - y + 2m - 2 = 0$ ······① 　$x + my - 4m - 6 = 0$ ······②

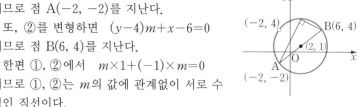

(1) ①을 변형하면 $(x+2)m - y - 2 = 0$
　이므로 점 A$(-2, -2)$를 지난다.
　　또, ②를 변형하면 $(y-4)m + x - 6 = 0$
　이므로 점 B$(6, 4)$를 지난다.
　　한편 ①, ②에서 $m \times 1 + (-1) \times m = 0$
　이므로 ①, ②는 m의 값에 관계없이 서로 수
　직인 직선이다.
　　따라서 ①, ②의 교점은 지름이 선분 AB인 원 위에 있다.
　　이때, 선분 AB의 중점은 점 $(2, 1)$이고 $\frac{1}{2}\overline{AB} = \frac{1}{2}\sqrt{8^2 + 6^2} = 5$
　이므로 구하는 자취의 방정식은 $(x-2)^2 + (y-1)^2 = 25$
　　그런데 ①은 x축에 수직인 직선을, ②는 y축에 수직인 직선을 표시할
　수 없으므로 점 $(-2, 4)$는 제외한다.

　　　　　　　[답] $(x-2)^2 + (y-1)^2 = 25$　단, 점 $(-2, 4)$는 제외

(2) 직선 ①은 기울기가 m이고, 점 $(-2, -2)$를
　지나므로 $m \leq 1$일 때의 두 직선의 교점의 자
　취를 그림으로 나타내면 오른쪽과 같다.

Advice | 직선 ①, ②의 교점을 구하여 (x, y)
로 놓고 m을 소거한다는 것은 두 식을

$$m = \frac{y+2}{x+2}, \quad m = \frac{-x+6}{y-4} \text{ (단, } x \neq -2, \ y \neq 4)$$

으로 변형하여 m을 소거하는 것과 같다.

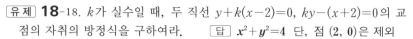

[유제] **18**-18. k가 실수일 때, 두 직선 $y + k(x-2) = 0$, $ky - (x+2) = 0$의 교
점의 자취의 방정식을 구하여라.　[답] $x^2 + y^2 = 4$ 단, 점 $(2, 0)$은 제외

필수 예제 **18**-12   두 정점 A, B가 있다. 점 P가 $\overline{AP}:\overline{BP}=2:1$을 만족하면서 움직일 때, 다음 물음에 답하여라.

(1) 점 P의 자취를 구하여라.   (2) ∠PAB는 최대 몇 도인가?

─────────────────────────────────

정석연구 두 점 A, B를 지나는 직선을 x축으로 한다. 또, 점 A를 지나고 선분 AB에 수직인 직선 또는 선분 AB의 수직이등분선을 y축으로 잡는 것이 보통이다. 그러나 여기서는 점 P가

$$\overline{AP}:\overline{BP}=2:1$$

이 되도록 움직인다는 것에 착안하여

$\overline{AB}$를 $2:1$로 내분하는 점을 지나고 $\overline{AB}$에 수직인 직선

을 y축으로 잡을 수도 있다.

모범답안 (1) 직선 AB를 x축, 선분 AB를 $2:1$로 내분하는 점을 원점, A$(-2a,\ 0)$, B$(a,\ 0)$ $(a>0)$이라고 하자.

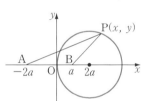

$\overline{AP}:\overline{BP}=2:1$로부터

$\overline{AP}=2\overline{BP}$ ∴ $\overline{AP}^2=4\overline{BP}^2$

따라서 P$(x,\ y)$라고 하면

$(x+2a)^2+y^2=4\{(x-a)^2+y^2\}$

∴ $(x-2a)^2+y^2=(2a)^2$

이것은 점 $(2a,\ 0)$을 중심으로 하고, 반지름의 길이가 $2a$인 원이다.

답 $\overline{AB}$의 **2 : 1**의 내분점과 외분점을 지름의 양 끝 점으로 하는 원

*Note 일반적으로 두 점 A, B에 이르는 거리의 비가 $m:n$인 점의 자취는 선분 AB를 $m:n$으로 내분하는 점과 외분하는 점을 지름의 양 끝 점으로 하는 원이 된다. 이와 같은 자취를 아폴로니우스(**Apollonius**)의 원이라고 한다.

(2) ∠PAB가 최대일 때는 오른쪽 그림과 같이 직선 AP가 원에 접할 때이다.

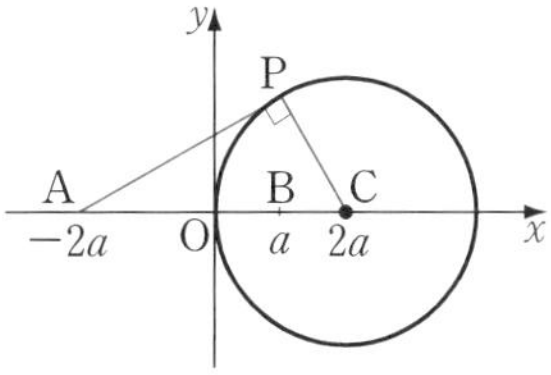

△APC에서

∠APC=90°, $\overline{AC}:\overline{CP}=2:1$

이므로 ∠PAB=**30°** ← 답

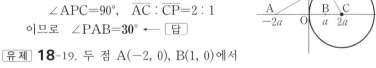

유제 **18**-19. 두 점 A$(-2,\ 0)$, B$(1,\ 0)$에서의 거리의 비가 2 : 1인 점 P가 있다.

(1) 점 P의 자취가 직선 $3x+4y+c=0$에 접할 때, 상수 c의 값을 구하여라.

(2) △PAB의 넓이의 최댓값을 구하여라.   답 (1) $c=4,\ -16$ (2) **3**

연습문제 18

기본 **18**-1 다음 원의 방정식을 구하여라.

(1) 점 $(2, 1)$을 지나고, x축과 y축에 접하는 원

(2) 두 점 $(6, 4)$, $(3, -5)$를 지나고, 반지름의 길이가 5인 원

(3) 원 $x^2+y^2-4x+6y-3=0$과 중심이 같고, 원점을 지나는 원

(4) 점 $(3, 0)$에서 x축에 접하고, 점 $(0, 2)$를 지나는 원

18-2 두 점 $A(x_1, y_1)$, $B(x_2, y_2)$를 지름의 양 끝 점으로 하는 원의 방정식은 $(x-x_1)(x-x_2)+(y-y_1)(y-y_2)=0$임을 보여라.

18-3 곡선 $x^2+y^2+2(m-1)x-2my+3m^2-2=0$이 원을 나타내기 위한 실수 m의 값의 범위를 구하여라.

또, 이 원의 반지름의 길이가 최대가 되는 실수 m의 값을 구하여라.

18-4 점 $(3, 2)$를 지나고, x축과 y축에 접하는 원은 두 개 있다.

(1) 두 원의 넓이의 합을 구하여라.

(2) 두 원의 중심 사이의 거리를 구하여라.

18-5 두 점 $(1, 2)$, $(3, 4)$를 지나는 원이 x축과 만나는 두 점 사이의 거리가 6일 때, 이 원의 방정식을 구하여라.

18-6 원 $(x-1)^2+(y+3)^2=1$에 접하고, 두 점 $(1, 5)$, $(-3, 2)$를 지나는 직선에 수직인 직선의 방정식을 구하여라.

18-7 두 원 $O_1 : (x+4)^2+y^2=4$, $O_2 : (x-8)^2+y^2=25$에 대하여 원 O_1 위를 움직이는 점 P와 원점을 지나는 직선이 원 O_2와 만나는 두 점을 A, B라고 할 때, 선분 AB의 길이의 최솟값을 구하여라.

18-8 원 $x^2+y^2=10$의 내부의 점 $(2, 1)$을 지나는 직선이 있다. 이 직선과 원이 만나서 생기는 현의 길이가 $2\sqrt{6}$일 때, 직선의 방정식을 구하여라.

18-9 다음 물음에 답하여라.

(1) 원 $(x-a)^2+(y-b)^2=r^2$ 밖의 한 점 $P(x_1, y_1)$에서 이 원에 그은 접선의 접점을 T라고 할 때, $\overline{PT}^2=(x_1-a)^2+(y_1-b)^2-r^2$임을 보여라.

(2) 점 $(6, 8)$에서 원 $(x-2)^2+(y-3)^2=4$에 그은 접선의 길이를 구하여라.

(3) 점 $A(6, -2)$를 지나는 직선이 원 $x^2+y^2-2x+2y-2=0$과 두 점 P, Q (단, P는 A에서 가까운 점)에서 만난다. $\overline{AP}=2\overline{PQ}$일 때, 선분 AP의 길이를 구하여라.

18-10 포물선 $y=2x^2$과 원 $x^2+y^2+2y=0$에 동시에 접하는 직선의 방정식을 구하여라.

18-11 두 원의 공통접선에 대하여 두 원이 같은 쪽에 있을 때 이 접선을 공통외접선, 두 원이 서로 반대쪽에 있을 때 이 접선을 공통내접선이라고 한다.
다음 두 원의 공통외접선의 두 접점 사이의 거리와 공통내접선의 두 접점 사이의 거리를 구하여라.
$$x^2+y^2=4, \quad (x-12)^2+(y-5)^2=25$$

18-12 x축에 접하는 서로 다른 두 원이 점 A(2, 5)와 점 B(4, 1)에서 만날 때, 두 원의 중심을 지나는 직선과 공통외접선의 교점의 좌표를 구하여라.

18-13 두 원 $x^2+y^2=r^2$, $x^2+y^2-6x-8y+16=0$에 대하여
(1) 두 원이 내접할 때, 양수 r의 값을 구하여라.
(2) 두 원이 만나지 않을 때, 양수 r의 값의 범위를 구하여라.

18-14 두 원 $(x-a)^2+y^2=2$, $x^2+(y-a)^2=4$가 직교할 때, 양수 a의 값을 구하여라. 단, 두 원의 교점에서 각각의 접선이 서로 수직일 때 두 원은 직교한다고 한다.

18-15 x축, y축에 접하고, 동시에 원 $(x-7)^2+(y-6)^2=4$에 외접하는 원의 방정식을 구하여라.

18-16 두 원 $x^2+y^2+4x-8y=28$, $x^2+y^2-4x+6y=12$의 교점을 지나고, 중심이 y축 위에 있는 원의 방정식을 구하여라.

18-17 다음 두 원의 공통현을 지름으로 하는 원의 방정식을 구하여라.
$$x^2+y^2+2x+2y-3=0, \quad x^2+y^2+x+2y-2=0$$

18-18 원 $x^2+y^2-4ax-2ay+20a-25=0$에 대하여 다음 물음에 답하여라.
(1) 이 원은 a의 값에 관계없이 항상 일정한 점을 지난다. 그 점의 좌표를 구하여라.
(2) 이 원과 원 $x^2+y^2=5$의 교점을 지나는 직선의 방정식이 $y=-2x$가 되도록 상수 a의 값을 정하여라.

18-19 두 점 A(6, 0), B(3, 3)과 원 $x^2+y^2=9$ 위를 움직이는 점 P에 대하여 △ABP의 무게중심 G의 자취의 방정식을 구하여라.

실력 **18**-20 $(|x|-1)^2+(|y|-1)^2=4$의 그래프를 그리고, 이것으로 둘러싸인 도형의 넓이를 구하여라.

18-21 세 직선 $y=2$, $y=3x-1$, $y=ax+b$로 만들어지는 삼각형의 외접원의 방정식 $x^2+y^2+2x-2y-c=0$일 때, 상수 a, b, c의 값을 구하여라.

18-22 이웃하지 않는 두 꼭짓점의 좌표가 $(4, 3)$, $(-4, -3)$이고, 각 꼭짓점의 x, y좌표가 모두 정수인 직사각형의 개수를 구하여라.

18-23 원 $(x-a)^2+(y-b)^2=r^2$ 위의 점 $P(x_1, y_1)$에서의 접선의 방정식은 $(x_1-a)(x-a)+(y_1-b)(y-b)=r^2$임을 보여라.

18-24 y축의 양의 부분에 접하고, 직선 $4x-3y+1=0$과 y좌표가 3인 점에서 접하는 원의 방정식을 구하여라.

18-25 m의 값에 관계없이 원 $x^2+y^2-2mx+4my+m^2=0$에 접하는 직선의 방정식을 구하여라. 단, $m\neq0$이다.

18-26 다음 물음에 답하여라.
(1) 원 $x^2+y^2=r^2$ 밖의 점 $P(x_1, y_1)$에서 이 원에 그은 접선의 두 접점 Q, R를 지나는 직선의 방정식은 $x_1x+y_1y=r^2$임을 보여라.
(2) 원 $x^2+y^2=25$ 밖의 한 점 P에서 이 원에 그은 접선의 두 접점 Q, R를 지나는 직선의 방정식이 $3x+4y=15$일 때, 점 P의 좌표를 구하여라.

18-27 세 점 O_1, O_2, O_3이 한 직선 위에 이 순서대로 있고, $\overline{O_1O_2}=8$, $\overline{O_2O_3}=5$이다. 점 O_1이 중심이고 반지름의 길이가 5인 원, 점 O_2가 중심이고 반지름의 길이가 3인 원, 점 O_3이 중심이고 반지름의 길이가 2인 원에 동시에 외접하는 원의 반지름의 길이를 구하여라.

18-28 두 원 $x^2+y^2=1$과 $x^2+(y-4)^2=4$에 동시에 접하는 직선 중 x절편이 양수인 직선의 방정식을 모두 구하여라.

18-29 반지름의 길이가 2인 원이 오른쪽 그림과 같이 기울기 $m(>0)$의 방향으로 평행이동해 간다. 이 원이 두 원
$$x^2+y^2=1, \qquad (x+1)^2+(y-6)^2=1$$
사이를 어느 원과도 만나지 않으면서 통과할 수 있는 실수 m의 값의 범위를 구하여라.

18-30 한 변의 길이가 $2a$인 정삼각형 ABC의 둘레 및 내부의 한 점 P가 $\overline{PA}^2=\overline{PB}^2+\overline{PC}^2$을 만족할 때, 점 P의 자취의 길이를 구하여라.

18-31 점 P에서 두 원 $x^2+y^2=1$, $(x-3)^2+(y-3)^2=13$에 그은 접선의 길이의 비가 $1:2$인 점 P의 자취를 구하여라.

18-32 점 $A(2, 0)$을 지나는 직선이 원 $x^2+y^2=1$과 두 점 B, C에서 만날 때, 현 BC의 중점 P의 자취를 구하여라.

19. 도형의 이동

§1. 평행이동

1 점의 평행이동

좌표평면 위의 점 $P(x, y)$를 x축의 방향으로 a만큼, y축의 방향으로 b만큼 평행이동한 점을 Q라고 하면

$$Q(x+a, y+b)$$

이다.

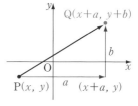

이와 같이 점 $P(x, y)$를 점 $Q(x+a, y+b)$로 이동하는 것을 평행이동이라 하고,

$$T : (x, y) \longrightarrow (x+a, y+b)$$

와 같이 나타낸다.

2 도형의 평행이동

좌표평면 위의 도형 $f(x, y)=0$을

$$T : (x, y) \longrightarrow (x+a, y+b)$$

에 의하여 평행이동한 도형의 방정식은

$$f(x-a, y-b)=0$$

이다.

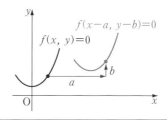

Advice 1° 점의 평행이동

좌표평면 위의 원점을 점 (a, b)로 이동하는 평행이동은 점 (x, y)를 점 $(x+a, y+b)$로 이동하는 평행이동

$$T : (x, y) \longrightarrow (x+a, y+b)$$

와 같다.

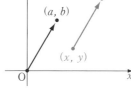

정석 원점을 점 (a, b)로 이동하는 평행이동은

$$T : (x, y) \longrightarrow (x+a, y+b)$$

보기 1 평행이동 $T : (x, y) \longrightarrow (x+m, y+n)$에 의하여 점 $(5, -4)$가 원점으로 이동될 때, 상수 m, n의 값을 구하여라.

연구 평행이동 T에 의하여 점 $(5, -4)$는 점 $(5+m, -4+n)$으로 이동된다.
이 점이 원점 $(0, 0)$이므로
$$5+m=0, \quad -4+n=0 \quad \therefore \quad m=-5, \quad n=4$$

Advice 2° 도형의 평행이동

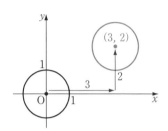

원 $x^2+y^2=1$을 x축의 방향으로 3만큼, y축의 방향으로 2만큼 평행이동하면, 중심이 점 $(3, 2)$이고 반지름의 길이가 1인 원
$$(x-3)^2+(y-2)^2=1$$

↑ᅳ 부호가 바뀐다

이 된다.

이 방정식은 $x^2+y^2=1$에서 x 대신 $x-3$, y 대신 $y-2$를 대입한 것이다.

일반적으로 도형 $f(x, y)=0$ ⋯①
위의 임의의 점 $P(x, y)$를 평행이동
$$T : (x, y) \longrightarrow (x+a, y+b)$$
에 의하여 이동한 점을 $P'(x', y')$이라고 하면
$$x'=x+a, \quad y'=y+b$$
$$\therefore \quad x=x'-a, \quad y=y'-b \quad \cdots②$$
그런데 점 $P(x, y)$는 도형 ① 위의 점이므로 ②를 ①에 대입하면
$$f(x'-a, y'-b)=0 \qquad\qquad \cdots\cdots③$$
을 얻는다.

따라서 이동한 도형 위의 임의의 점 $P'(x', y')$은 방정식
$f(x-a, y-b)=0$을 만족하므로 ③의 x', y'을 x, y로 바꾸어 쓴다.

이때 얻은 방정식
$$f(x-a, y-b)=0$$
이 ①을 평행이동 T에 의하여 이동한 도형의 방정식이다.

정석 평행이동 $T : (x, y) \longrightarrow (x+a, y+b)$에 의하여

┌─── x 대신 $x-a$를 대입 ───┐
$$f(x, y)=0 \quad \Longrightarrow \quad f(x-a, y-b)=0$$
└─── y 대신 $y-b$를 대입 ───┘

보기 2 직선 $4x-3y+2=0$을

(1) x축의 방향으로 2만큼 평행이동한 직선의 방정식을 구하여라.

(2) y축의 방향으로 -3만큼 평행이동한 직선의 방정식을 구하여라.

(3) x축의 음의 방향으로 2만큼, y축의 양의 방향으로 3만큼 평행이동한 직선의 방정식을 구하여라.

[연구] 「x축의 방향으로 2만큼 평행이동한다」와 「x축의 양의 방향으로 2만큼 평행이동한다」는 같은 뜻이다.

또, 「x축의 방향으로 -2만큼 평행이동한다」와 「x축의 음의 방향으로 2만큼 평행이동한다」도 같은 뜻이다.

y축의 방향으로 평행이동하는 경우도 같다.

> **정석** 도형 $f(x,\ y)=0$을
> x축의 방향으로 a만큼 평행이동 $\Longrightarrow$ x 대신 $x-a$를 대입!
> y축의 방향으로 b만큼 평행이동 $\Longrightarrow$ y 대신 $y-b$를 대입!

(1) $4(x-2)-3y+2=0$ $\qquad$ $\therefore$ $\mathbf{4x-3y-6=0}$

(2) $4x-3(y+3)+2=0$ $\qquad$ $\therefore$ $\mathbf{4x-3y-7=0}$

(3) $4(x+2)-3(y-3)+2=0$ $\quad$ $\therefore$ $\mathbf{4x-3y+19=0}$

보기 3 원 $x^2+y^2-8x+10y+35=0$을 평행이동
$$\mathrm{T}:\ (x,\ y)\ \longrightarrow\ (x+3,\ y-2)$$
에 의하여 이동한 원의 중심과 반지름의 길이를 구하여라.

[연구] 준 방정식을 표준형으로 고치면 $(x-4)^2+(y+5)^2=6$

이 원을 x축의 방향으로 3만큼, y축의 방향으로 -2만큼 평행이동하면
$$\{(x-3)-4\}^2+\{(y+2)+5\}^2=6 \quad \therefore\ (x-7)^2+(y+7)^2=6$$
따라서 중심 : 점 $(\mathbf{7},\ \mathbf{-7})$, 반지름의 길이 : $\sqrt{\mathbf{6}}$

Advice **3°** (고등학교 교육과정 밖의 내용) **좌표축의 평행이동**

도형 $f(x,\ y)=0$ 을 고정하고, 오른쪽 그림과 같이 좌표축을 평행이동하면 새 좌표축에서의 도형의 방정식은

$$f(\mathrm{X}+a,\ \mathrm{Y}+b)=0$$

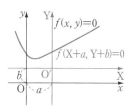

이 된다. 이것은 도형의 평행이동의 반대 방향으로의 평행이동이라고 생각할 수 있다.

보기 4 직선 $3x+2y+1=0$은 원점이 점 $(1,\ -1)$에 오도록 좌표축을 평행이동한 새 좌표축(X축, Y축)에서는 어떤 방정식으로 표시되는가?

[연구] $3(\mathrm{X}+1)+2(\mathrm{Y}-1)+1=0$ $\quad \therefore\ \mathbf{3X+2Y+2=0}$

필수 예제 **19**-1 다음 물음에 답하여라.

(1) 점 (5, 1)을 점 (1, 5)로 이동하는 평행이동에 의하여 원점으로 이동
되는 점 P의 좌표를 구하여라.

(2) 원점을 점 (1, 2)로 이동하는 평행이동에 의해 원점을 지나는 직선 l은
점 (3, 1)을 지나는 직선으로 이동된다. 직선 l의 방정식을 구하여라.

[정석연구] (1) 오른쪽 그림에서 점 P의 좌표를 구하는 문제이다.

(2) 원점을 점 (1, 2)로 이동하는 평행이동 T는

$$T : (x, y) \longrightarrow (x+1, y+2)$$

를 뜻한다. 일반적으로

정석 원점을 점 (a, b)로 이동하는 평행이동은
$$T : (x, y) \longrightarrow (x+a, y+b)$$

[모범답안] (1) 점 (5, 1)을 점 (1, 5)로 이동하는 평행
이동 T는

$$T : (x, y) \longrightarrow (x-4, y+4)$$

따라서 P$(x, y) \longrightarrow$ O(0, 0)이라고 하면 $x-4=0$, $y+4=0$

$$\therefore x=4, \ y=-4 \quad \therefore \ \textbf{P(4, } -\textbf{4)} \longleftarrow \boxed{답}$$

(2) 원점을 점 (1, 2)로 이동하는 평행이동 T는

$$T : (x, y) \longrightarrow (x+1, y+2)$$

직선 l의 방정식을 $ax+by=0$으로 놓고 T에 의하여 평행이동하면

$$a(x-1)+b(y-2)=0 \quad \therefore \ ax+by-a-2b=0$$

이 직선이 점 (3, 1)을 지나므로

$$a\times3+b\times1-a-2b=0 \quad \therefore \ b=2a$$

따라서 직선 l의 방정식은 $ax+2ay=0$

$a=0$이면 조건을 만족하지 않으므로 $a\neq0$ $\therefore \ \textbf{\textit{x}}+\textbf{2}\textbf{\textit{y}}=\textbf{0} \longleftarrow \boxed{답}$

Advice | (1)은 주어진 평행이동을 거꾸로 적용하여 풀 수도 있다.

곧, $(1, 5) \longrightarrow (5, 1)$, $(0, 0) \longrightarrow (x, y)$에서

$$x=4, \ y=-4 \quad \therefore \ \textbf{P(4, } -\textbf{4)}$$

[유제] **19**-1. 점 (3, 1)을 점 (1, 3)으로 이동하는 평행이동에 의하여 점 (4, 5)
로 이동되는 점의 좌표를 구하여라. [답] (6, 3)

[유제] **19**-2. 원점을 점 (3, 2)로 이동하는 평행이동에 의하여 직선
$x+3y+5=0$을 이동한 직선의 방정식을 구하여라. [답] $x+3y-4=0$

§2. 대칭이동

기본정석

1 **점의 대칭이동**

좌표평면 위에서 한 점을 주어진 직선(또는 점)에 대하여 대칭인 점으로 이동하는 것을 그 직선(또는 점)에 대한 대칭이동이라고 한다.

좌표평면 위의 점 $P(x, y)$를 x축, y축, 원점, 직선 $y=x$에 대하여 각각 대칭이동하면 다음과 같다.

(1) x축에 대한 대칭이동은 $(P \longrightarrow Q_1)$

$$T : (x, y) \longrightarrow (x, -y)$$

(2) y축에 대한 대칭이동은 $(P \longrightarrow Q_2)$

$$T : (x, y) \longrightarrow (-x, y)$$

(3) 원점에 대한 대칭이동은 $(P \longrightarrow Q_3)$

$$T : (x, y) \longrightarrow (-x, -y)$$

(4) 직선 $y=x$에 대한 대칭이동은 $(P \longrightarrow Q_4)$

$$T : (x, y) \longrightarrow (y, x)$$

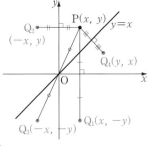

2 **도형의 대칭이동**

좌표평면 위의 도형 $f(x, y)=0$을
$$x축, y축, 원점, 직선 y=x$$
에 대하여 각각 대칭이동한 도형의 방정식은 다음과 같다.

(1) x축에 대하여 대칭이동한 도형의 방정식은 $f(x, -y)=0$이다.

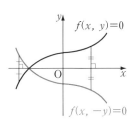

┌ y 대신 $-y$를 대입 ┐

$$f(x, y)=0 \implies f(x, -y)=0$$

(2) y축에 대하여 대칭이동한 도형의 방정식은 $f(-x, y)=0$이다.

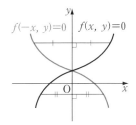

┌ x 대신 $-x$를 대입 ┐

$$f(x, y)=0 \implies f(-x, y)=0$$

(3) 원점에 대하여 대칭이동한 도형의 방정식
은 $f(-x,\ -y)=0$ 이다.

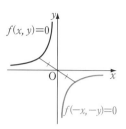

$$\boldsymbol{f(x,\ y)=0} \implies \boldsymbol{f(-x,\ -y)=0}$$

┌ $\boldsymbol{x}$ 대신 $-\boldsymbol{x}$ 를 대입 ┐
└ $\boldsymbol{y}$ 대신 $-\boldsymbol{y}$ 를 대입 ┘

(4) 직선 $y=x$ 에 대하여 대칭이동한 도형의
방정식은 $f(y,\ x)=0$ 이다.

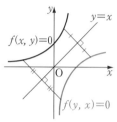

$$\boldsymbol{f(x,\ y)=0} \implies \boldsymbol{f(y,\ x)=0}$$

┌ $\boldsymbol{x}$ 대신 $\boldsymbol{y}$ 를 대입 ┐
└ $\boldsymbol{y}$ 대신 $\boldsymbol{x}$ 를 대입 ┘

Advice 1° 직선 $\boldsymbol{y=x}$ 에 대한 점의 대칭이동

점 $\mathrm{P}(x,\ y)$ 를 직선 $y=x$ 에 대하여 대칭이동한
점을 $\mathrm{P}'(x',\ y')$ 이라고 하면

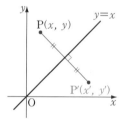

(i) 직선 PP' 은 직선 $y=x$ 와 수직이므로
$$\frac{y-y'}{x-x'}=-1 \quad \therefore\ x'+y'=x+y \qquad \cdots ①$$

(ii) 직선 $y=x$ 는 선분 PP' 의 중점을 지나므로
$$\frac{y+y'}{2}=\frac{x+x'}{2} \quad \therefore\ x'-y'=-x+y \cdots ②$$

①, ②를 연립하여 풀면 $x'=y,\ y'=x \quad \therefore\ \mathrm{P}'(\boldsymbol{y},\ \boldsymbol{x})$

Advice 2° 직선 $\boldsymbol{y=x}$ 에 대한 도형의 대칭이동

도형 $f(x,\ y)=0$ 위의 점 $\mathrm{P}(x,\ y)$ 를 직선 $y=x$
에 대하여 대칭이동한 점을 $\mathrm{P}'(x',\ y')$ 이라고 하면
$$x'=y,\ y'=x \quad 곧,\ x=y',\ y=x'$$

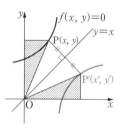

한편 점 $\mathrm{P}(x,\ y)$ 는 도형 $f(x,\ y)=0$ 위의 점이
므로 $f(y',\ x')=0$

따라서 점 $\mathrm{P}'(x',\ y')$ 이 방정식 $f(y,\ x)=0$ 을 만
족하므로 도형 $f(x,\ y)=0$ 을 직선 $y=x$ 에 대하여
대칭이동한 도형의 방정식은 $\boldsymbol{f(y,\ x)=0}$

Note 도형 $f(x,\ y)=0$ 을 x 축, y 축, 원점에 각각 대칭이동하면 $f(x,\ -y)=0$,
$f(-x,\ y)=0$, $f(-x,\ -y)=0$ 이 된다는 것도 같은 방법으로 설명할 수 있다.

Advice 3° 직선 $y=-x$, $x=a$, $y=b$, 점 (a, b)에 대한 대칭이동

다음은 점 (x, y)를 여러 가지로 대칭이동한 것이다.

① $y=-x$에 대칭　② $x=a$에 대칭　③ $y=b$에 대칭　④ 점 (a, b)에 대칭

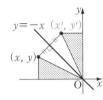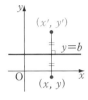

$$\begin{cases} x'=-y \\ y'=-x \end{cases} \qquad \begin{cases} \dfrac{x+x'}{2}=a \\ y'=y \end{cases} \qquad \begin{cases} x'=x \\ \dfrac{y+y'}{2}=b \end{cases} \qquad \begin{cases} \dfrac{x+x'}{2}=a \\ \dfrac{y+y'}{2}=b \end{cases}$$

$$\therefore \begin{cases} x'=2a-x \\ y'=y \end{cases} \qquad \therefore \begin{cases} x'=x \\ y'=2b-y \end{cases} \qquad \therefore \begin{cases} x'=2a-x \\ y'=2b-y \end{cases}$$

위의 관계로부터 도형의 대칭이동을 생각하면 다음과 같다.

정석 도형 $f(x, y)=0$을
① 직선 $y=-x$에 대하여 대칭이동 $\Longrightarrow$ $f(-y, -x)=0$
② 직선 $x=a$에 대하여 대칭이동 $\Longrightarrow$ $f(2a-x, y)=0$
③ 직선 $y=b$에 대하여 대칭이동 $\Longrightarrow$ $f(x, 2b-y)=0$
④ 점 (a, b)에 대하여 대칭이동 $\Longrightarrow$ $f(2a-x, 2b-y)=0$

보기 1 직선 $2x-y+1=0$을 다음 직선 또는 점에 대하여 대칭이동한 직선의
방정식을 구하여라.

(1) x축　　　　(2) y축　　　　(3) 원점　　　　(4) 직선 $y=x$
(5) 직선 $y=-x$　(6) 직선 $x=3$　　(7) 직선 $y=-4$　(8) 점 $(1, -3)$

[연구] (1) y 대신 $-y$를 대입 : $2x-(-y)+1=0$　∴ $\mathbf{2x+y+1=0}$

(2) x 대신 $-x$를 대입 : $2(-x)-y+1=0$　∴ $\mathbf{2x+y-1=0}$

(3) x 대신 $-x$, y 대신 $-y$를 대입 : $2(-x)-(-y)+1=0$　∴ $\mathbf{2x-y-1=0}$

(4) x 대신 y, y 대신 x를 대입 : $2y-x+1=0$　∴ $\mathbf{x-2y-1=0}$

(5) x 대신 $-y$, y 대신 $-x$를 대입 : $2(-y)-(-x)+1=0$　∴ $\mathbf{x-2y+1=0}$

(6) x 대신 $2\times3-x$를 대입 : $2(6-x)-y+1=0$　∴ $\mathbf{2x+y-13=0}$

(7) y 대신 $2\times(-4)-y$를 대입 : $2x-(-8-y)+1=0$　∴ $\mathbf{2x+y+9=0}$

(8) x 대신 $2\times1-x$, y 대신 $2\times(-3)-y$를 대입 :
$$2(2-x)-(-6-y)+1=0 \quad \therefore \mathbf{2x-y-11=0}$$

필수 예제 **19**-2 $-2 \le x \le 4$에서 $y=f(x)$의 그래프가 오른쪽과 같을 때, $0 \le x \le 2$에서 다음 그래프를 그려라.

(1) $y=f(x-1)+2$ (2) $y=2f(x)$

(3) $y=f(-x)$ (4) $y=-f(-x)$

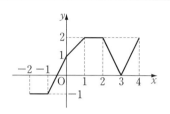

[정석연구] (1) $y=f(x-1)+2 \iff y-2=f(x-1)$

이므로 $y=f(x)$의 그래프를 x축의 방향으로 1만큼, y축의 방향으로 2만큼 평행이동한 것이다.

(2) $y=f(x)$의 그래프를 y축의 방향으로 2배 확대한 것이다.

(3) $y=f(x)$의 그래프를 y축에 대하여 대칭이동한 것이다.

(4) $y=-f(-x) \iff -y=f(-x)$

이므로 $y=f(x)$의 그래프를 원점에 대하여 대칭이동한 것이다.

일반적으로 그래프를 이동할 때에는

정석 꺾인 선의 이동 $\implies$ 꺾인 점이 이동한 점을 구한다.

곧, $y=f(x)$의 그래프의 꺾인 점은 문제의 그림에서

$(-1, -1), (0, 1), (1, 2), (2, 2), (3, 0)$

이므로 (1)에서 $y=f(x-1)+2$의 그래프의 꺾인 점은 각각

$(0, 1), (1, 3), (2, 4), (3, 4), (4, 2)$ $\Leftarrow (x, y) \longrightarrow (x+1, y+2)$

가 된다. 이 중 $0 \le x \le 2$의 경우만을 생각하면 된다.

[모범답안] 각 그래프는 다음과 같다.

(1)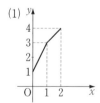

(2)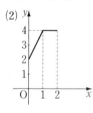

(3)

(4)

[유제] **19**-3. 함수 $y=f(x)$의 그래프가 오른쪽과 같을 때, 다음 그래프를 그려라.

(1) $y=f(x+1)$ (2) $2y=f(x)$

(3) $y=f(-x)$ (4) $y=-f(x)$

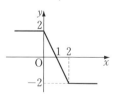

필수 예제 **19**-3 원 $x^2+y^2-8x-6y+21=0$을 다음 직선 또는 점에 대하여 대칭이동한 도형의 방정식을 구하여라.

(1) x축　　　　　(2) y축　　　　　(3) 원점

(4) 직선 $y=x$　　　(5) 직선 $x-2y+7=0$

─────────────────────────────

[정석연구] 일반적으로 직선 l에 대하여 점 P$(a,\ b)$와 대칭인 점 Q$(x,\ y)$를 구하고자 할 때에는

　(ⅰ) 선분 PQ의 중점은 직선 l 위에 있다

　(ⅱ) 직선 PQ는 직선 l과 수직이다

라는 성질을 이용한다.

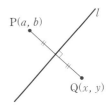

[모범답안] (1) $x^2+(-y)^2-8x-6(-y)+21=0$

$$\therefore\ \boldsymbol{x^2+y^2-8x+6y+21=0}\ \longleftarrow\ \boxed{답}$$

(2) $(-x)^2+y^2-8(-x)-6y+21=0$

$$\therefore\ \boldsymbol{x^2+y^2+8x-6y+21=0}\ \longleftarrow\ \boxed{답}$$

(3) $(-x)^2+(-y)^2-8(-x)-6(-y)+21=0$

$$\therefore\ \boldsymbol{x^2+y^2+8x+6y+21=0}\ \longleftarrow\ \boxed{답}$$

(4) $y^2+x^2-8y-6x+21=0$　$\therefore\ \boldsymbol{x^2+y^2-6x-8y+21=0}\ \longleftarrow\ \boxed{답}$

(5) 준 방정식을 표준형으로 고치면 $(x-4)^2+(y-3)^2=2^2$이므로 중심이 P$(4,\ 3)$이고 반지름의 길이가 2인 원이다.

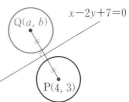

　　따라서 직선 $x-2y+7=0$　……①

에 대하여 점 P와 대칭인 점을 Q$(a,\ b)$라고 하면 구하는 도형은 중심이 점 Q이고 반지름의 길이가 2인 원이다.

　　선분 PQ의 중점이 직선 ① 위에 있으므로

$$\frac{4+a}{2}-2\times\frac{3+b}{2}+7=0\quad\therefore\ a-2b+12=0\qquad\cdots\cdots②$$

또, 직선 PQ가 직선 ①과 수직이므로

$$\frac{b-3}{a-4}\times\frac{1}{2}=-1\quad\therefore\ 2a+b-11=0\qquad\cdots\cdots③$$

②, ③을 연립하여 풀면 $a=2,\ b=7$　$\therefore\ Q(2,\ 7)$

$$\therefore\ \boldsymbol{(x-2)^2+(y-7)^2=4}\ \longleftarrow\ \boxed{답}$$

[유제] **19**-4. 직선 $x-y-1=0$에 대하여 원 $x^2+y^2-10x-4y+28=0$과 대칭인 도형의 방정식을 구하여라.　　　　　$\boxed{답}$ $(\boldsymbol{x-3})^2+(\boldsymbol{y-4})^2=1$

필수 예제 19-4 좌표평면 위에 점 P(5, 5)가 있다. 직선 $y=2x$ 위의 점 Q와 x축 위의 점 R를 잡아 $\overline{PQ}+\overline{QR}+\overline{RP}$의 값이 최소가 되게 한다. 이때, 최솟값과 점 Q의 좌표를 구하여라.

[정석연구] 오른쪽 그림과 같이 ∠XOY와 점 P가 있을 때, $\overline{PQ}+\overline{QR}+\overline{RP}$의 값이 최소가 되는 직선 OX 위의 점 Q, 직선 OY 위의 점 R를 찾는 방법은 다음과 같다.

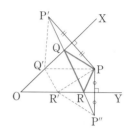

(작도) 직선 OX에 대하여 점 P와 대칭인 점을 P′이라 하고, 직선 OY에 대하여 점 P와 대칭인 점을 P″이라고 할 때, 선분 P′P″이 직선 OX, OY와 만나는 점이 구하는 점 Q, R이다.

(증명) 직선 OX 위의 Q가 아닌 임의의 점을 Q′이라 하고, 직선 OY 위의 R가 아닌 임의의 점을 R′이라고 하면

$$\overline{PQ'}+\overline{Q'R'}+\overline{R'P}=\overline{P'Q'}+\overline{Q'R'}+\overline{R'P''}$$
$$>\overline{P'P''}=\overline{PQ}+\overline{QR}+\overline{RP}$$

따라서 $\overline{PQ}+\overline{QR}+\overline{RP}(=\overline{P'P''})$가 최소이다.

[모범답안] 직선 $y=2x$ ······①

에 대하여 점 P(5, 5)와 대칭인 점을 P′(a, b), x축에 대하여 점 P(5, 5)와 대칭인 점을 P″(5, −5)라고 하자. 또, 선분 P′P″이 직선 ①, x축과 만나는 점을 각각 Q, R라고 하면 이때 $\overline{PQ}+\overline{QR}+\overline{RP}$가 최소이고 이 값은 $\overline{P'P''}$과 같다.

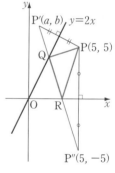

(i) P′(a, b)와 P(5, 5)는 직선 ①에 대하여 대칭이므로 다음 관계를 만족한다.

선분 PP′의 중점이 직선 ① 위에 있으므로 $\dfrac{b+5}{2}=2\times\dfrac{a+5}{2}$ ···②

직선 PP′은 직선 ①과 수직이므로 $\dfrac{b-5}{a-5}\times2=-1$ ···③

②, ③을 연립하여 풀면 $a=1$, $b=7$ ∴ P′(1, 7)

따라서 구하는 최솟값은 $\overline{P'P''}=\sqrt{(5-1)^2+(-5-7)^2}=4\sqrt{10}$ ← [답]

(ii) 직선 P′P″의 방정식은 $y=-3x+10$이므로 ①과 연립하여 풀면

$x=2$, $y=4$ ∴ **Q(2, 4)** ← [답]

[유제] **19**-5. 좌표평면 위에 두 점 A(2, 5), B(7, 0)과 직선 $x+y=4$가 있다. 이 직선 위에 한 점 P를 잡아 $\overline{AP}+\overline{BP}$의 값이 최소가 되게 할 때, 최솟값과 점 P의 좌표를 구하여라. [답] $2\sqrt{17}$, P(3, 1)

필수 예제 **19**-5　직선 $x-2y+2=0$에 대하여 직선 $x+3y-8=0$과 대칭인 직선의 방정식을 구하여라.

[정석연구] 일반적으로 도형 $f(x,\ y)=0$을 대칭이동한 도형의 방정식을 구하는 방법을 정리하면 다음과 같다(평행이동의 경우에도 구하는 방법은 같다).

정석 도형 $f(x,\ y)=0$을 대칭이동한 도형의 방정식

(i) 도형 $f(x,\ y)=0$ 위의 임의의 점 $\mathrm{P}(x,\ y)$를 대칭이동한 점을 $\mathrm{P}'(x',\ y')$이라고 한다.

(ii) $x,\ y$를 $x',\ y'$으로 나타낸 다음 $f(x,\ y)=0$에 대입한다.

(iii) $x',\ y'$을 $x,\ y$로 바꾼다.

[모범답안] $x-2y+2=0$　　　……① 　　　$x+3y-8=0$　　　……②

직선 ② 위의 점 $\mathrm{P}(x,\ y)$가 점 $\mathrm{P}'(x',\ y')$으로 이동된다고 하면 두 점 P, P'은 직선 ①에 대하여 대칭이므로 다음 관계를 만족한다.

(i) 선분 PP'의 중점이 ① 위에 있으므로

$$\frac{x+x'}{2}-2\times\frac{y+y'}{2}+2=0$$

$$\therefore\ x-2y+x'-2y'+4=0\ \ \ ……③$$

(ii) 직선 PP'은 ①과 수직이므로

$$\frac{y-y'}{x-x'}\times\frac{1}{2}=-1$$

$$\therefore\ 2x+y-2x'-y'=0\ \ \ ……④$$

③과 ④를 $x,\ y$에 관하여 연립하여 풀면

$$x=\frac{3x'+4y'-4}{5},\ \ \ y=\frac{4x'-3y'+8}{5}$$

그런데 점 $(x,\ y)$는 직선 ② 위의 점이므로 대입하면

$$\frac{3x'+4y'-4}{5}+3\times\frac{4x'-3y'+8}{5}-8=0\ \ \ \therefore\ 3x'-y'-4=0$$

$x',\ y'$을 $x,\ y$로 바꾸면　$\boldsymbol{3x-y-4=0}$ ← [답]

*Note　두 직선 ①, ②의 교점은 대칭이동하더라도 그대로 있으므로 풀이에서 따로 언급하지 않아도 무방하다.

[유제] **19**-6. 원점과 점 $(-1,\ -1)$은 직선 $l:x+ay+b=0$에 대해 대칭이다.

(1) 상수 $a,\ b$의 값을 구하여라.

(2) 직선 l에 대하여 직선 $x-2y+2=0$과 대칭인 직선의 방정식을 구하여라.

[답] (1) $\boldsymbol{a=1,\ b=1}$　(2) $\boldsymbol{2x-y+3=0}$

필수 예제 19-6 오른쪽 그림에서 도형 A의 방정
식이 $f(x, y)=0$일 때, 다음 물음에 답하여라.

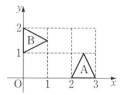

(1) 도형 A와 도형 B가 합동인 이등변삼각형일
때, 도형 B의 방정식을 구하여라.

(2) 도형 $f(y+1, x-2)=0$의 그래프를 그려라.

[정석연구] 오른쪽 그림과 같이 도형 A를 직선
$y=x$에 대하여 대칭이동한 다음, y축의 방향으
로 -1만큼 평행이동하면 도형 B가 된다.

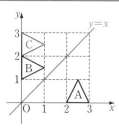

정석 도형의 이동

$\Longrightarrow$ 대칭이동, 평행이동으로 나누어 보자.

[모범답안] (1) 도형 A를 직선 $y=x$에 대하여 대칭
이동한 도형은 위의 그림에서 C이고, 방정식은 $f(y, x)=0$이다.

이 도형 C를 y축의 방향으로 -1만큼 평행이동하면 도형 B이므로 구
하는 방정식은　**$f(y+1, x)=0$** $\longleftarrow$ 답

(2) 도형 $f(y+1, x-2)=0$은 도형 $f(y, x)=0$을 x축의 방향으로 2만큼, y
축의 방향으로 -1만큼 평행이동한 것이다.

또, 도형 $f(y, x)=0$은 도형 $f(x, y)=0$을
직선 $y=x$에 대하여 대칭이동한 것이다.

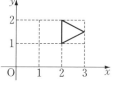

따라서 도형 $f(y+1, x-2)=0$은 도형
$f(x, y)=0$을 직선 $y=x$에 대하여 대칭이동한
다음, x축의 방향으로 2만큼, y축의 방향으로
-1만큼 평행이동한 것이므로 그래프는 오른쪽과 같다.

[유제] **19**-7. 도형 $f(x, y)=0$을 직선 $y=x$에 대하여 대칭이동한 다음, x축
의 방향으로 3만큼, y축의 방향으로 -1만큼 평행이동한 도형의 방정식을
구하여라.　　　　　　　　　　　　　　　　답 **$f(y+1, x-3)=0$**

[유제] **19**-8. 오른쪽 그림에서 도형 A의 방정식이
$f(x, y)=0$일 때, 다음 물음에 답하여라.

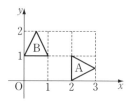

(1) 도형 A와 도형 B가 합동인 이등변삼각형일
때, 도형 B의 방정식을 구하여라.

(2) 도형 $f(-x+2, y+1)=0$의 그래프를 그려라.

답 (1) **$f(y+1, x)=0$** (2) 생략

연습문제 19

[기본] **19**-1 직선 $2x-3y+5=0$을 x축에 대하여 대칭이동한 직선에 수직이고, 점 $(2, 3)$을 지나는 직선의 방정식을 구하여라.

19-2 점 $P(x, y)$를 x축의 방향으로 2만큼, y축의 방향으로 -3만큼 평행이동한 점을 Q라고 하자. 점 Q를 직선 $y=-x$에 대하여 대칭이동한 점 R는 점 P를 직선 $y=x$에 대하여 대칭이동한 점과 같다. 이때, 점 P의 좌표를 구하여라.

19-3 다음 두 조건을 만족하는 두 점 A, B의 좌표를 구하여라.
　(개) 두 점 A와 B는 직선 $y=x$에 대하여 대칭이다.
　(내) 직선 AB의 방정식은 $y=-x+1$이고, $\overline{AB}=4$이다.

19-4 원 $C : x^2+y^2-4x-2y-20=0$을 직선 $x=a$에 대하여 대칭이동한 원은 원 C의 중심을 지난다. 또, 원 C를 직선 $y=x+b$에 대하여 대칭이동한 원은 원 C와 접한다. 이때, 양수 a, b의 값을 구하여라.

19-5 좌표축이 그려진 모눈종이 위의 점 $(1, 3)$이 점 $(4, 0)$과 겹치도록 접을 때, 점 $(5, -3)$과 겹치는 점의 좌표를 구하여라.

[실력] **19**-6 직선 $ax+by+c=0$을 점 (α, β)를 중심으로 $180°$ 회전하여 얻은 직선의 방정식을 구하여라.

19-7 원 $x^2+y^2+2ax+2y+c=0$을 직선 $y=2x+1$에 대하여 대칭이동한 원의 방정식은 $x^2+y^2+2bx-6y=0$이라고 한다. 이때, 상수 a, b, c의 값을 구하여라.

19-8 방정식 $x^2+y^2+xy+ax+y=0$이 나타내는 도형이 직선 $x-y+1=0$에 대하여 대칭이 되도록 상수 a의 값을 정하여라.

19-9 네 점 A$(0, 0)$, B$(a, 0)$, C(a, a), D$(0, a)$를 꼭짓점으로 하는 사각형 ABCD에서 변 AB의 중점을 M이라 하고, 직선 DM에 대하여 점 A와 대칭인 점을 E라고 하자. △EBC의 넓이가 10일 때, 양수 a의 값을 구하여라.

19-10 좌표평면 위에 두 점 A$(0, 2)$, B$(5, 1)$이 있다. 길이가 1인 선분 PQ가 x축 위에서 움직일 때, 사각형 APQB의 둘레의 길이의 최솟값을 구하여라.

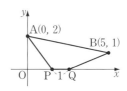

20. 집 합

§1. 집합의 뜻과 포함 관계

1 **집합과 원소**

(1) 주어진 조건에 의하여 그 대상을 명확하게 결정할 수 있는 모임을 집합이라 하고, 집합을 이루는 대상 하나하나를 그 집합의 원소라고 한다.

(2) a가 집합 S의 원소일 때 a는 S에 속한다고 말하고, $a \in$ S로 나타낸다. 또, a가 집합 S의 원소가 아닐 때 a는 S에 속하지 않는다고 말하고, $a \notin$ S로 나타낸다.

(3) 원소가 유한개인 집합을 유한집합이라 하고, 원소가 무한히 많은 집합을 무한집합이라고 한다. 또, 원소가 하나도 없는 집합을 공집합이라 하고, ∅으로 나타낸다. 이때, 공집합은 유한집합이다.

유한집합 S의 원소의 개수를 $n($S$)$로 나타낸다.

2 **집합의 표현 방법**

(1) 원소나열법 : 원소가 a, b, c, $\cdots$인 집합을 A라고 하면
$$A = \{\, a, \ b, \ c, \ \cdots \,\}$$

(2) 조건제시법 : 조건 $p(x)$를 만족하는 x의 집합을 B라고 하면
$$B = \{\, x \,|\, p(x) \,\}$$

3 **집합의 포함 관계**

(1) 집합 A의 모든 원소가 집합 B에 속할 때, 곧
임의의 x에 대하여 $x \in$A이면 $x \in$B
일 때, A를 B의 부분집합이라고 한다. 이것을 기호
$$A \subset B \quad \text{또는} \quad B \supset A$$
로 나타내고, 다음과 같이 말한다.

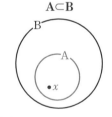

A는 B에 포함된다 또는 **B는 A를 포함한다**

(2) A⊂B이고 B⊂A일 때 **A**와 **B**는 서로 같다고 하고, **A**=**B**로 나타낸다. 또, A와 B가 서로 같지 않을 때에는 **A**≠**B**로 나타낸다.

(3) 특히 A⊂B이고 A≠B일 때, A를 B의 진부분집합이라고 한다.

Advice 1° 집합과 원소

이를테면

1부터 9까지의 자연수의 모임,

모든 자연수의 모임,

태양계에 있는 행성의 모임

과 같이 특정한 성질을 가진 대상의 모임을 생각할 때가 있다.

이와 같이 주어진 조건에 의하여 그 대상을 명확하게 결정할 수 있는 모임을 집합이라고 한다. 한편

봉사 활동을 많이 하는 학생의 모임

은 집합이라고 할 수 없다. 어떤 학생이 봉사 활동을 많이 하는가에 대한 판단 기준이 그때의 상황이나 판단자의 생각에 따라 달라질 수 있기 때문이다.

집합을 이루는 대상 하나하나를 그 집합의 원소라고 한다. a가 집합 S의 원소일 때 a는 S에 속한다고 말하고 $a \in S$로 나타내며, a가 집합 S의 원소가 아닐 때 a는 S에 속하지 않는다고 말하고 $a \notin S$로 나타낸다.

이를테면 '1부터 9까지의 자연수의 집합'을 A 라고 할 때, 집합 A의 원소가 1, 2, 3, ⋯, 9이므로 다음과 같이 나타낸다.

$1 \in A$, $2 \in A$, $3 \in A$, ⋯, $9 \in A$이고 $10 \notin A$, $11 \notin A$, ⋯

보기 1 다음 중에서 집합인 것은?

① 착한 학생의 모임   ② 힘센 사람의 모임   ③ 빨간 사과의 모임

④ 한국 남자의 모임   ⑤ 두꺼운 책의 모임

연구 착하다, 힘세다, 빨갛다, 두껍다는 그 대상을 명확하게 결정할 수 있는 조건이 아니므로 ①, ②, ③, ⑤는 집합이 아니다.   답 ④

보기 2 자연수의 집합을 N, 정수의 집합을 Z, 유리수의 집합을 Q, 무리수의 집합을 I, 실수의 집합을 R라고 할 때, □ 안에 $\in$ 또는 $\notin$ 중에서 알맞은 기호를 써넣어라.

(1) $0 \square N$ (2) $-2 \square Z$ (3) $2.1 \square Q$

(4) $0.\dot{3} \square I$ (5) $\sqrt{3} \square R$ (6) $\pi \square R$

연구 0은 자연수가 아니고, $0.\dot{3}$은 순환소수이므로 유리수이다.

또, -2는 정수, 2.1은 유리수, $\sqrt{3}$과 π는 실수이다.

> **정석** x가 집합 A에 속하면 $\Longrightarrow$ $x \in A$
>
> x가 집합 A에 속하지 않으면 $\Longrightarrow$ $x \notin A$

(1) $\notin$ (2) $\in$ (3) $\in$ (4) $\notin$ (5) $\in$ (6) $\in$

𝒜𝒹𝓋𝒾𝒸𝑒　2°　유한집합, 무한집합, 공집합

이를테면 '1부터 9까지의 자연수의 집합'에서는 원소가 1, 2, 3, ···, 9의 9개이고, '자연수 전체의 집합'에서는 원소가 무한히 많다.

이와 같이 원소가 유한개인 집합을 유한집합이라 하고, 원소가 무한히 많은 집합을 무한집합이라고 한다.

또, '1보다 작은 자연수의 집합'과 같이 원소가 하나도 없는 집합을 공집합이라 하고, ∅으로 나타낸다. 이때, 공집합은 유한집합이다.

한편 집합 S가 유한집합일 때, 집합 S의 원소의 개수를 $n(S)$로 나타낸다.

Note　숫자 0을 발견함으로써 어떤 수도 간단히 표현할 수 있게 되었고, 사칙연산과 같은 대수 계산을 편하게 할 수 있게 되었다. 또, 아무것도 없다는 것을 하나의 수로 취급하게 됨으로써 수학이 비약적으로 발전하였다.

마찬가지로 집합에서도 원소가 없다는 것을 하나의 집합으로 인정하고 기호 ∅으로 나타낸다.

𝒜𝒹𝓋𝒾𝒸𝑒　3°　집합의 표현 방법

수학에서는 글로 표현하는 것보다 기호 또는 그림으로 나타내면 한눈에 볼 수 있고 능률적인 연산을 할 수 있는 경우가 많다.

이를테면 네 집합

　　　　1부터 9까지의 자연수의 집합 A,
　　　　자연수 전체의 집합 B,
　　　　실수 전체의 집합 C,
　　　　1 이상 3 이하의 실수의 집합 D

를 기호를 써서 나타내는 방법을 알아보자.

▶ 원소나열법 : 집합에 속하는 원소를 { } 안에 나열하여

　　　　A={1, 2, 3, 4, 5, 6, 7, 8, 9},
　　　　B={1, 2, 3, ···}

과 같이 나타내는 방법을 원소나열법이라고 한다.

Note 1°　집합을 문자로 나타낼 때에는 흔히 대문자 A, B, C, ···를 쓰고, 집합의 원소를 문자로 나타낼 때에는 흔히 소문자 a, b, c, ···를 쓴다.

　2°　집합을 원소나열법으로 나타낼 때, 원소를 나열하는 순서는 바꿀 수 있다. 이를테면 {1, 2, 3}, {1, 3, 2}, {3, 2, 1}은 모두 같은 집합이다.

　3°　집합을 원소나열법으로 나타낼 때, 같은 원소를 중복하여 쓰지 않는다.

　4°　자연수 전체의 집합과 같이 원소가 많고 일정한 규칙이 있을 때에는 위의 집합 B와 같이 원소의 일부를 생략하고, '···'을 사용하여 나타낼 수 있다.

▶ 조건제시법 : 앞면의 집합 C와 D를 원소나열법으로 나타내기는 곤란하다. 이럴 때에는

$$C=\{x\,|\,x는\ 실수\},$$
$$D=\{x\,|\,1\leq x\leq3,\ x는\ 실수\}$$

와 같이 $\{x\,|\,p(x)\}$의 $p(x)$의 자리에 x가 가지는 조건을 써서 나타낸다. 이와 같이 집합을 나타내는 방법을 조건제시법이라고 한다.

앞면의 집합 A와 B를 조건제시법을 써서 나타내면 다음과 같다.

$$A=\{x\,|\,1\leq x\leq9,\ x는\ 자연수\},$$
$$B=\{x\,|\,x는\ 자연수\}$$

또, 집합을 나타낼 때 오른쪽과 같이 그림을 이용하기도 한다. 이와 같은 그림을 벤 다이어그램 (Venn diagram)이라고 한다.

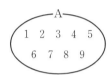

보기 3 다음 집합을 원소나열법으로 나타내어라.

(1) $\{x\,|\,x는\ 20보다\ 작은\ 소수\}$

(2) $\{x\,|\,x는\ 100보다\ 작은\ 자연수\ 중\ 3의\ 배수\}$

(3) $\{x\,|\,x=2n+1,\ n은\ 정수\}$

(4) $\left\{x\,\Big|\,x=\dfrac{1}{n},\ n은\ 자연수\right\}$

연구 (1) $\{2, 3, 5, 7, 11, 13, 17, 19\}$

(2) $\{3, 6, 9, 12, \cdots, 99\}$

(3) n이 정수이므로 n에 $\cdots, -2, -1, 0, 1, 2, \cdots$를 대입하면

$$\{\cdots, -3, -1, 1, 3, 5, \cdots\}$$

(4) n이 자연수이므로 n에 $1, 2, 3, 4, \cdots$를 대입하면

$$\left\{1, \dfrac{1}{2}, \dfrac{1}{3}, \dfrac{1}{4}, \cdots\right\}$$

보기 4 다음 집합을 조건제시법으로 나타내어라.

(1) $\{1, 2, 3, 6, 9, 18\}$ (2) $\{4, 8, 12, 16, \cdots, 100\}$

연구 원소 x에 관한 조건이 $p(x)$이면 $\{x\,|\,p(x)\}$의 꼴로 나타내면 된다.

(1) 18의 양의 약수의 집합이므로 $\{x\,|\,x는\ 18의\ 양의\ 약수\}$

(2) 100 이하의 자연수 중 4의 배수의 집합이므로

$$\{x\,|\,x는\ 100\ 이하의\ 자연수\ 중\ 4의\ 배수\}$$

*Note 조건제시법으로 나타내는 방법은 하나가 아닐 수 있다. 이를테면 (2)는 $\{x\,|\,0<x\leq100,\ x는\ 4의\ 배수\}$와 같이 나타내어도 된다.

Advice **4°** 집합의 포함 관계

▶ 부분집합 : 이를테면 두 집합

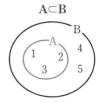

$$A=\{1, 2, 3\}, \quad B=\{1, 2, 3, 4, 5\}$$

에서 A의 원소 1, 2, 3은 모두 B의 원소이다.

이와 같이 집합 A의 원소가 모두 집합 B의 원소일 때 A는 B의 부분집합이라 하고, 이것을 **A⊂B** 또는 **B⊃A**로 나타내며, **A는 B에 포함된다** 또는 **B는 A를 포함한다**고 말한다.

한편 집합 A의 원소 중에서 집합 B에 속하지 않는 것이 있으면 A는 B의 부분집합이 아니다. 이때에는 **A⊄B** 또는 **B⊅A**로 나타낸다.

위의 그림과 같이 집합의 포함 관계를 벤 다이어그램으로 나타내어 보면 쉽게 알아볼 수 있다.

*Note 1° 공집합 ∅은 임의의 집합 A의 부분집합으로 생각한다. 곧, **∅⊂A**이다.

2° 임의의 집합 A는 A 자신의 부분집합이다. 곧, **A⊂A**이다.

보기 5 다음 집합의 부분집합을 모두 구하여라.

(1) $\{a, b, c\}$　　　　　　　　　(2) $\{1, 2, 3, 4\}$

연구 원소의 개수가 0, 1, 2, ⋯인 부분집합을 차례로 구하면 된다. 특히 ∅과 자기 자신은 항상 부분집합이 된다는 것을 기억한다.

(1) $\varnothing$, $\{a\}$, $\{b\}$, $\{c\}$, $\{a, b\}$, $\{a, c\}$, $\{b, c\}$, $\{a, b, c\}$

(2) $\varnothing$, $\{1\}$, $\{2\}$, $\{3\}$, $\{4\}$, $\{1, 2\}$, $\{1, 3\}$, $\{1, 4\}$, $\{2, 3\}$, $\{2, 4\}$, $\{3, 4\}$, $\{1, 2, 3\}$, $\{1, 2, 4\}$, $\{1, 3, 4\}$, $\{2, 3, 4\}$, $\{1, 2, 3, 4\}$

보기 6 집합 $\big\{\varnothing, \{1\}\big\}$의 부분집합을 모두 구하여라.

연구 원소가 $\varnothing$과 $\{1\}$이므로 $\varnothing$, $\{\varnothing\}$, $\big\{\{1\}\big\}$, $\big\{\varnothing, \{1\}\big\}$

*Note $\varnothing$은 공집합이고, $\{\varnothing\}$은 $\varnothing$을 원소로 하는 집합이다.

▶ 서로 같다 : 이를테면 두 집합

$$A=\{1, 2, 3, 4\}, \quad B=\{1, 2, 3, 4\}$$

와 같이 A와 B의 원소가 완전히 일치할 때 **A와 B는 서로 같다**고 하고, **A=B**로 나타낸다.

A=B일 때, A의 모든 원소는 B에 속하고 B의 모든 원소는 A에 속하므로 A⊂B이고 B⊂A이다.

역으로 A⊂B이고 B⊂A이면 A의 모든 원소는 B에 속하고 B의 모든 원소는 A에 속한다. 따라서 두 집합 A, B의 모든 원소는 서로 같고, 두 집합은 서로 같다.

그런데 무한집합과 같이 집합 A, B의 모든 원소를 직접 나열하여 비교할 수 없는 경우도 있으므로 두 집합이 서로 같다는 것을 다음과 같이 약속한다.

정의 A⊂B이고 B⊂A ⟺ A=B

또, 두 집합 A, B가 서로 같지 않을 때에는 **A≠B**로 나타낸다.

한편 두 집합 A, B가 A⊂B이고 A≠B를 만족하면 A는 B의 진부분집합이라고 한다. 집합 A가 집합 B의 부분집합이라고 하는 것은 A가 B의 진부분집합인 경우와 A와 B가 서로 같은 경우를 통틀어서 하는 말이다.

보기 7 다음 세 집합 A, B, C의 포함 관계를 조사하여라.

A={2, 3, 5, 7},   B={$x \mid 1 \le x \le 10$, x는 정수},
C={$x \mid 1 \le x \le 10$, x는 소수}

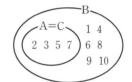

연구 A={2, 3, 5, 7},
B={1, 2, 3, 4, 5, 6, 7, 8, 9, 10},
C={2, 3, 5, 7}

이므로 A⊂B, C⊂B, A=C 곧, **A=C⊂B**

보기 8 두 집합 A={1, 3, a}, B={−1, 1, b}에 대하여 A⊂B이고 B⊂A일 때, a, b의 값을 구하여라.

연구 A=B이므로 두 집합의 원소가 같다.   ∴ $a = -1$, $b = 3$

𝒜𝒹𝓋𝒾𝒸𝑒 5° 부분집합의 개수

집합 {a, b, c}의 부분집합의 개수를 생각해 보자. 원소 a가 부분집합에 속하는 경우와 속하지 않는 경우가 있고, 이 각각에 대하여 원소 b가 부분집합에 속하는 경우와 속하지 않는 경우가 있으며, 다시 이 각각에 대하여 원소 c가 부분집합에 속하는 경우와 속하지 않는 경우가 있으므로 부분집합의 개수는 $2 \times 2 \times 2 = 2^3$임을 알 수 있다.   ⇦ p. 86 보기 5의 (1)

집합의 원소의 개수가 n인 경우에도 이와 같은 방법으로 생각하면 부분집합의 개수는 2^n임을 알 수 있다.

$$
\begin{array}{ccc}
a & b & c \\
\end{array}
$$

{a, b, c}
{a, b}
{a, c}
{a}
{b, c}
{b}
{c}
∅

$2 \times 2 \times 2 = 2^3$(개)

정석 원소의 개수가 n인 집합의 부분집합의 개수는 ⟹ 2^n

보기 9 집합 A={$x \mid 1 \le x \le 10$, x는 홀수}의 부분집합의 개수를 구하여라.

연구 A={1, 3, 5, 7, 9}의 원소가 5개이므로 부분집합의 개수는 $2^5 = $**32**

필수 예제 **20**-1 실수 전체의 집합의 두 부분집합 A, B에 대하여
$$A\ominus B=\{x\,|\,x=a-b,\ a\in A,\ b\in B\}$$
라고 하자. A=\{1, 2, 3, 4\}, B=\{1, 2\}일 때, 다음 집합을 구하여라.
(1) A⊖B   (2) B⊖A   (3) B⊖(B⊖A)

[정석연구] A=\{1, 2, 3, 4\}일 때 가능한 a의 값은 1, 2, 3, 4이고, B=\{1, 2\}일 때 가능한 b의 값은 1, 2이다.

따라서 가능한 $a-b$의 값은

   1−1, 1−2, 2−1, 2−2, 3−1, 3−2, 4−1, 4−2

   곧, 0, −1, 1, 0, 2, 1, 3, 2

이고, 이것을 오른쪽 그림과 같이 화살표
를 따라 계산하면 알기 쉽다.

  그런데 집합에서는 같은 원소를 중복하
여 쓰지 않으므로 A⊖B=\{−1, 0, 1, 2, 3\}
이라고 답하면 된다.

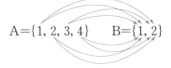

A=\{1, 2, 3, 4\}   B=\{1, 2\}

  [정석] 기호의 정의에 관한 문제는 ⟹ 정의를 명확히 파악하여라.

[모범답안] (1) A⊖B=**{−1, 0, 1, 2, 3}** ← [답]

(2) B⊖A는

   1−1, 1−2, 1−3, 1−4,
   2−1, 2−2, 2−3, 2−4

를 원소로 하는 집합이므로

   B⊖A=**{−3, −2, −1, 0, 1}** ← [답]

B=\{1, 2\}   A=\{1, 2, 3, 4\}

(3) B=\{1, 2\}, B⊖A=\{−3, −2, −1, 0, 1\}
이므로 B⊖(B⊖A)는

   1−(−3), 1−(−2), 1−(−1), 1−0, 1−1,
   2−(−3), 2−(−2), 2−(−1), 2−0, 2−1

을 원소로 하는 집합이다.

   ∴ B⊖(B⊖A)=**{0, 1, 2, 3, 4, 5}** ← [답]

\{1, 2\}   \{−3, −2, −1, 0, 1\}

[유제] **20**-1. 실수 전체의 집합의 두 부분집합 A, B에 대하여
$$A\oplus B=\{x\,|\,x=a+b,\ a\in A,\ b\in B\}$$
라고 하자. A=\{0, 1\}, B=\{1, 2\}일 때, 다음 집합을 구하여라.
(1) A⊕B   (2) A⊕A   (3) B⊕(A⊕B)
       [답] (1) **{1, 2, 3}** (2) **{0, 1, 2}** (3) **{2, 3, 4, 5}**

필수 예제 **20**-2   집합 A=$\{a, b, c, d, e\}$에 대하여 다음을 구하여라.

(1) a, b가 속하는 부분집합의 개수

(2) a, b는 속하고, c는 속하지 않는 부분집합의 개수

(3) a, b 중 적어도 하나가 속하는 부분집합의 개수

[정석연구] 원소 a, b를 제외한 집합 $\{c, d, e\}$의 부분집합은

$$\varnothing, \{c\}, \{d\}, \{e\},$$
$$\{c, d\}, \{c, e\}, \{d, e\}, \{c, d, e\}$$

이다.

그리고 이 부분집합에 각각 원소 a, b를 추가한

$$\{a, b\}, \{a, b, c\}, \{a, b, d\}, \{a, b, e\},$$
$$\{a, b, c, d\}, \{a, b, c, e\}, \{a, b, d, e\}, \{a, b, c, d, e\}$$

가 원소 a, b가 속하는 부분집합이다.

정석 원소의 개수가 ***n***인 집합의 부분집합의 개수는 $\implies 2^n$

[모범답안] (1) 집합 $\{c, d, e\}$의 부분집합에 각각 원소 a, b를 추가한 집합을 생각하면 되므로 부분집합의 개수는 $2^3=8 \leftarrow$ [답]

(2) 집합 $\{d, e\}$의 부분집합에 각각 원소 a, b를 추가한 집합을 생각하면 되므로 부분집합의 개수는 $2^2=4 \leftarrow$ [답]

(3) 부분집합의 전체 개수에서 a, b 중 어느 것도 속하지 않는 부분집합의 개수를 뺀 것과 같으므로 구하는 부분집합의 개수는

$$2^5-2^3=24 \leftarrow \boxed{답}$$

Advice | (3) a는 속하고 b는 속하지 않는 부분집합의 개수, a는 속하지 않고 b는 속하는 부분집합의 개수, a와 b가 모두 속하는 부분집합의 개수를 각각 구해서 더해도 된다.

[유제] **20**-2. 20 미만의 자연수 중에서 3의 배수의 집합을 M이라고 하자. 이때, 3이 속하는 M의 부분집합의 개수를 구하여라.   [답] 32

[유제] **20**-3. 집합 M=$\{x \mid 0 < x < 30, \ x는 4의 배수\}$에 대하여 다음 물음에 답하여라.

(1) 4, 8이 속하는 부분집합의 개수를 구하여라.

(2) 8의 배수가 하나만 속하는 부분집합의 개수를 구하여라.

[답] (1) **32**   (2) **48**

필수 예제 **20**-3   세 집합 A, B, C에 대하여 다음을 보여라.

(1) A⊂B이고 B⊂C이면 A⊂C이다.

(2) A⊂B이고 B⊂C이고 C⊂A이면 A=B=C이다.

[정석연구] (1) A⊂B, B⊂C의 포함 관계를 오른쪽과
같이 벤 다이어그램으로 나타내면 A⊂C임을
알 수 있다.

일반적으로 벤 다이어그램으로 나타내지 않
고 P⊂Q임을 보이기 위해서는

x∈P인 임의의 x에 대하여 x∈Q

임을 보이면 된다.

정석 x∈P인 임의의 x에 대하여 x∈Q이면 ⟹ P⊂Q

(2) 일반적으로 P=Q의 증명은 P⊂Q이고 Q⊂P임을 보이면 된다.

정석 P⊂Q이고 Q⊂P이면 ⟹ P=Q

[모범답안] (1) 문제의 조건에서 A⊂B이므로

x∈A인 임의의 x에 대하여 x∈B이다.

그런데 조건에서 B⊂C이므로 x∈B인 임의의 x에 대하여 x∈C이다.
따라서 x∈A인 임의의 x에 대하여 x∈C이다.

∴ A⊂C

(2) 문제의 조건 A⊂B, B⊂C로부터   A⊂C   ⇦ (1)의 결과

한편 문제의 조건에서 C⊂A이므로   A=C   ……①

또, 문제의 조건 A⊂B로부터   C⊂B   ⇦ A=C

한편 문제의 조건에서 B⊂C이므로   B=C   ……②

①, ②로부터   A=B=C

Advice | 집합의 포함 관계는 실수의 대소 관계와 닮은 데가 있다.

포함 관계 A⊂B	대소 관계 $a≤b$
A⊂B, B⊂C이면 A⊂C	$a≤b$, $b≤c$이면 $a≤c$
A⊂B, B⊂A이면 A=B	$a≤b$, $b≤a$이면 $a=b$

[유제] **20**-4. 네 집합 A, B, C, D에 대하여 다음을 보여라.

(1) A⊂B, B⊂C, C⊂D이면 A⊂D이다.

(2) A⊂B, B⊂C, C⊂D, D⊂A이면 A=B=C=D이다.

§2. 합집합·교집합·여집합·차집합

전체집합 U의 두 부분집합 A, B에 대하여

(1) 합집합 : $A \cup B = \{x \mid x \in A$ 또는 $x \in B\}$

(2) 교집합 : $A \cap B = \{x \mid x \in A$ 그리고 $x \in B\}$

(3) 여집합 : $A^c = \{x \mid x \in U$ 그리고 $x \notin A\}$

(4) 차집합 : $A - B = \{x \mid x \in A$ 그리고 $x \notin B\}$

정석 차집합과 여집합 사이의 관계 : $\mathbf{A - B = A \cap B^c}$

Advice 1° 합집합, 교집합

이를테면 두 집합 A, B가 다음과 같다고 하자.

$$A = \{1, 2, 3, 4, 5\}, \quad B = \{3, 4, 5, 6\}$$

▶ 합집합 : 집합 A에 속하거나 집합 B에 속하는 모든 원소로 이루어진 집합

$$\{1, 2, 3, 4, 5, 6\}$$

을 A와 B의 합집합이라 하고, $\mathbf{A \cup B}$로 나타낸다. 곧,

$$A \cup B = \{1, 2, 3, 4, 5, 6\}$$

일반적으로 합집합 $A \cup B$는

$$A \cup B = \{x \mid x \in A \text{ 또는 } x \in B\}$$

와 같이 정의한다.

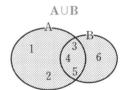

▶ 교집합 : 집합 A에도 속하고 집합 B에도 속하는 모든 원소로 이루어진 집합

$$\{3, 4, 5\}$$

를 A와 B의 교집합이라 하고, $\mathbf{A \cap B}$로 나타낸다. 곧,

$$A \cap B = \{3, 4, 5\}$$

일반적으로 교집합 $A \cap B$는

$$A \cap B = \{x \mid x \in A \text{ 그리고 } x \in B\}$$

와 같이 정의한다.

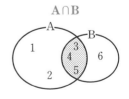

특히 두 집합
$$A=\{1, 2, 3\}, \quad B=\{4, 5\}$$
의 경우와 같이 A, B에 공통인 원소가 하나도
없을 때, 곧 **A∩B=∅**일 때, A와 B는 서로
소라고 한다.

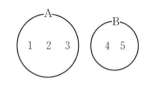

보기 1 두 집합 A, B가 다음과 같을 때, A∪B와 A∩B를 구하여라.
$$A=\{x \,|\, x\text{는 } 12 \text{ 이하의 자연수 중 } 2\text{의 배수}\},$$
$$B=\{x \,|\, x\text{는 } 12 \text{ 이하의 자연수 중 } 3\text{의 배수}\}$$

연구 $A=\{2, 4, 6, 8, 10, 12\}$, $B=\{3, 6, 9, 12\}$
이므로
$$A\cup B=\{\mathbf{2, 3, 4, 6, 8, 9, 10, 12}\},$$
$$A\cap B=\{\mathbf{6, 12}\}$$

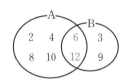

Advice 2° 여집합, 차집합

▶ 여집합 : 이를테면 영어의 알파벳 전체의 집합
$$U=\{a, b, c, d, \cdots, x, y, z\}$$
에 대하여
$$A=\{a, b, c\}, \quad B=\{f, g, h, i\}$$
는 집합 U의 부분집합이다.

이와 같이 어떤 주어진 집합에 대하여 그 부분집합만을 생각할 때, 처음에
주어진 집합을 전체집합이라 하고, 보통 **U**로 나타낸다.

이때, 집합 U의 원소 중에서 집합 A에 속하지
않는 모든 원소로 이루어진 집합
$$\{d, e, f, \cdots, x, y, z\}$$
를 A의 여집합이라 하고, **A^c**으로 나타낸다.

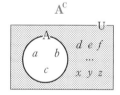

일반적으로 U가 전체집합일 때, A의 여집합
A^{c}은
$$\mathbf{A^c}=\{x \,|\, x\in U \text{ 그리고 } x\notin A\}$$
와 같이 정의한다. 또, 전체집합이 분명한 경우 간단히
$$\mathbf{A^c}=\{x \,|\, x\notin A\}$$
로 나타내기도 한다.

*Note   전체집합을 나타내는 U는 Universal set의 첫 글자를 딴 것이고, 집합 A
의 여집합 A^{c}에서 ^{c}는 Complement의 첫 글자를 딴 것이다.

보기 2 전체집합이 다음과 같을 때, 2로 나눈 나머지가 0인 수의 집합을 A라
고 하자. 이때, A^c을 구하여라.

(1) 자연수 전체의 집합   (2) 정수 전체의 집합

[연구] (1) A={2, 4, 6, 8, $\cdots$}이므로 $A^c=\{1, 3, 5, 7, \cdots\}$

(2) A={$\cdots$, -4, -2, 0, 2, 4, $\cdots$}이므로 $A^c=\{\cdots, -3, -1, 1, 3, \cdots\}$

▶ 차집합 : 이를테면 두 집합

$$A=\{1, 2, 3, 4, 5\}, \quad B=\{3, 4, 5, 6\}$$

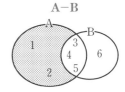

을 생각할 때, 집합 A에는 속하지만 집합 B에는
속하지 않는 모든 원소로 이루어진 집합 {1, 2}를
A에 대한 B의 **차집합**이라 하고, **A$-$B**로 나타
낸다. 곧,

$$A-B=\{1, 2\}$$

일반적으로 차집합 A$-$B는

$$A-B=\{x\,|\,x\in A \text{ 그리고 } x\notin B\}$$

와 같이 정의한다.

한편 U가 전체집합일 때, x가 B에 속하지 않으면 x는 B^c에 속하므로

$$A-B=\{x\,|\,x\in A \text{ 그리고 } x\notin B\}$$
$$=\{x\,|\,x\in A \text{ 그리고 } x\in B^c\}=A\cap B^c$$

이다. 곧, 다음 관계가 성립한다.

정석 A$-$B=A$\cap$B^c

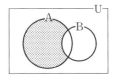

위의 **정석**은 오른쪽과 같이 벤 다이어그램을 그
려 확인할 수도 있다.

보기 3 세 집합 A={a, b, c, d, i, j}, B={c, d, e, f, g},
C={d, g, h, i, j}에 대하여 다음 집합을 구하여라.

(1) A$-$B   (2) B$-$A   (3) A$-$C

[연구] (1) A$-$B=**{a, b, i, j}** (2) B$-$A=**{e, f, g}** (3) A$-$C=**{a, b, c}**

*Note   일반적으로 A$-$B와 B$-$A는 서로 같지 않다.

보기 4 전체집합이 10보다 작은 자연수의 집합이고, A={$x\,|\,x$는 2의 배수},
B={$x\,|\,x$는 3의 배수}일 때, A$-$B와 B$\cap A^c$을 구하여라.

[연구] A={2, 4, 6, 8}, B={3, 6, 9}이므로

$$A-B=\{2, 4, 8\}, \quad B\cap A^c=B-A=\{3, 9\}$$

*Note $B\cap A^c$은 A^c을 구한 다음 B와의 교집합을 구해도 된다.

필수 예제 **20**-4 전체집합 $U=\{1, 2, 3, 4, 5, 6, 7, 8, 9\}$의 두 부분집합
A, B에 대하여

$$A \cap B^c = \{2, 4, 8\}, \quad A^c \cap B = \{3, 6, 9\}, \quad A^c \cap B^c = \{5, 7\}$$

일 때, 집합 $A \cup B$, A, $A \cap B$를 각각 구하여라.

─────────────────────────────────────

[정석연구] 두 집합 A, B 사이의 관계를 쉽게 이해하기 위해서는 우선 다음과 같
은 기본적인 벤 다이어그램을 자유자재로 그릴 수 있어야 한다.

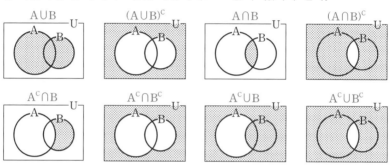

$A \cup B$ $(A \cup B)^c$ $A \cap B$ $(A \cap B)^c$

$A^c \cap B$ $A^c \cap B^c$ $A^c \cup B$ $A^c \cup B^c$

전체집합 U는 두 집합 A, B에 의하여 4개
의 부분으로 나뉘고, 여기에 문제의 조건에 맞
도록 숫자를 써넣으면 오른쪽 그림과 같다.

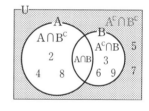

이때, 전체집합 U의 원소 중에서 남은 숫
자 1은 $A \cap B$에 써넣으면 되므로

$$A \cap B = \{1\}, \quad A = \{1, 2, 4, 8\},$$
$$A \cup B = \{1, 2, 3, 4, 6, 8, 9\}$$

[모범답안] $A \cup B = U - (A^c \cap B^c) = \{1, 2, 3, 4, 5, 6, 7, 8, 9\} - \{5, 7\}$
$$= \{\mathbf{1, 2, 3, 4, 6, 8, 9}\} \longleftarrow \boxed{답}$$

$A = (A \cup B) - (A^c \cap B) = \{1, 2, 3, 4, 6, 8, 9\} - \{3, 6, 9\}$
$$= \{\mathbf{1, 2, 4, 8}\} \longleftarrow \boxed{답}$$

$A \cap B = A - (A \cap B^c) = \{1, 2, 4, 8\} - \{2, 4, 8\} = \{\mathbf{1}\} \longleftarrow \boxed{답}$

[유제] **20**-5. 전체집합 $U = \{0, 1, 2, 3, 4, 5\}$의 두 부분집합 A, B에 대하여
$$A \cap B = \{0\}, \quad A - B = \{1, 3\}, \quad (A \cup B)^c = \{5\}$$
일 때, 집합 A, $A \cup B$, $B - A$를 각각 구하여라.
$$\boxed{답} \; \mathbf{A = \{0, 1, 3\}, \; A \cup B = \{0, 1, 2, 3, 4\}, \; B - A = \{2, 4\}}$$

필수 예제 **20**-5   전체집합 $U=\{x \mid x$는 20보다 작은 자연수$\}$의 세 부분
집합
$$A=\{x \mid x$는 소수$\}, \qquad B=\{x \mid x=3n-2, \ n$은 정수$\},$$
$$C=\{x \mid x=4n+1, \ n$은 정수$\}$$
에 대하여 다음 집합을 구하여라.

(1) $A \cap (B \cup C)$ \qquad\qquad (2) $(A \cap B) \cup C$

(3) $(A-B) \cup (B-C)$ \qquad (4) $A \cap (B \cup C)^c$

정석연구 네 집합 U, A, B, C 사이의 관계를 벤 다
이어그램으로 나타내면 오른쪽 그림과 같다.

정석 합·교·여·차집합에 관한 문제는
$\Longrightarrow$ 벤 다이어그램을 그려 생각하여라.

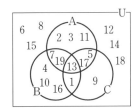

모범답안 $A=\{2, 3, 5, 7, 11, 13, 17, 19\},$
$\qquad\quad B=\{1, 4, 7, 10, 13, 16, 19\},$
$\qquad\quad C=\{1, 5, 9, 13, 17\}$

(1) $B \cup C=\{1, 4, 5, 7, 9, 10, 13, 16, 17, 19\}$이므로
$\qquad A \cap (B \cup C)=\{\mathbf{5, 7, 13, 17, 19}\} \longleftarrow \boxed{답}$

(2) $A \cap B=\{7, 13, 19\}$이므로
$\qquad (A \cap B) \cup C=\{\mathbf{1, 5, 7, 9, 13, 17, 19}\} \longleftarrow \boxed{답}$

(3) $A-B=\{2, 3, 5, 11, 17\}, \ B-C=\{4, 7, 10, 16, 19\}$이므로
$\qquad (A-B) \cup (B-C)=\{\mathbf{2, 3, 4, 5, 7, 10, 11, 16, 17, 19}\} \longleftarrow \boxed{답}$

(4) A 중에서 $(B \cup C)^c$과 겹치는 부분을 찾으면
$\qquad A \cap (B \cup C)^c=\{\mathbf{2, 3, 11}\} \longleftarrow \boxed{답}$

Note (4) $A \cap (B \cup C)^c=A-(B \cup C)$를 이용하여 구할 수도 있다.

유제 **20**-6. 전체집합 $U=\{x \mid x$는 20 이하의 자연수$\}$의 세 부분집합
$\qquad A=\{x \mid x$는 18의 약수$\}, \qquad B=\{x \mid x$는 20의 약수$\},$
$\qquad C=\{x \mid x$는 12의 약수$\}$
에 대하여 다음 집합을 구하여라.

(1) $A \cap (B \cap C)$ \qquad\qquad (2) $(A \cup B) \cap C$

(3) $(A-B) \cup (C-B)$ \qquad (4) $(A \cup B)^c \cap (B \cup C)^c$

$\boxed{답}$ (1) $\{\mathbf{1, 2}\}$ \quad (2) $\{\mathbf{1, 2, 3, 4, 6}\}$ \quad (3) $\{\mathbf{3, 6, 9, 12, 18}\}$
$\qquad$ (4) $\{\mathbf{7, 8, 11, 13, 14, 15, 16, 17, 19}\}$

필수 예제 **20**-6 세 집합

$$A=\{2, 4, x^2-x+1\}, \quad B=\{3, x^2+ax+a\},$$
$$C=\{1, x^2+(a+1)x-3\}$$

에 대하여 다음 물음에 답하여라.

(1) B⊂C이고 C⊂B일 때, 실수 a, x의 값을 구하여라.

(2) A−B={4}일 때, 실수 a, x의 값을 구하여라.

[정석연구] (1) B⊂C이고 C⊂B이면 B=C이므로 B의 원소 3, x^2+ax+a와
C의 원소 1, $x^2+(a+1)x-3$을 비교한다.

정석 P⊂Q이고 Q⊂P이면 P=Q

(2) A−B={4}이므로 2와 x^2-x+1은 B의 원소이어야 한다.
따라서 $x^2-x+1=3$이고 $x^2+ax+a=2$이다.

[모범답안] (1) B⊂C이고 C⊂B이면 B=C이므로

$$x^2+ax+a=1 \quad \cdots\cdots① \qquad x^2+(a+1)x-3=3 \quad \cdots\cdots②$$

①에서 $(x+1)(x+a-1)=0$ ∴ $x=-1, 1-a$

이것을 ②에 대입하면

$x=-1$일 때, $1-(a+1)-3=3$ ∴ $a=-6$

$x=1-a$일 때, $(1-a)^2+(1-a^2)-6=0$ ∴ $a=-2$ ∴ $x=3$

답 $a=-6$, $x=-1$ 또는 $a=-2$, $x=3$

(2) A−B={4}이므로

$$x^2-x+1=3 \quad \cdots\cdots③ \qquad x^2+ax+a=2 \quad \cdots\cdots④$$

③에서 $(x+1)(x-2)=0$ ∴ $x=-1, 2$

이것을 ④에 대입하면

$x=-1$일 때, $1-a+a=2$이고, 이 식을 만족하는 a는 없다.

$x=2$일 때, $4+2a+a=2$ ∴ $a=-\dfrac{2}{3}$ 답 $a=-\dfrac{2}{3}$, $x=2$

[유제] **20**-7. 두 집합

$$A=\{2, 4, a^3-2a^2-a+7\},$$
$$B=\{-4, a+3, a^2-2a+2, a^3+a^2+3a+7\}$$

에 대하여 A∩B={2, 5}일 때, 다음 물음에 답하여라.

(1) 실수 a의 값을 구하여라.

(2) A∪B를 구하여라. 답 (1) $a=2$ (2) $\{-4, 2, 4, 5, 25\}$

필수 예제 **20**-7 실수 전체의 집합의 네 부분집합

$$A=\{x \mid x^2+2x-3=0\}, \quad B=\{x \mid x^2+2x-3\geq0\},$$
$$C=\{x \mid x^4-3x^2-4\leq0\}, \quad D=\{x \mid x^3-2x^2-9>0\}$$

에 대하여 다음 집합을 구하여라.

(1) $A^c \cap B$ (2) $(B \cap C) \cap D$ (3) $A \cap (C \cup D^c)$ (4) $(C-B) \cup (D-B)$

[정석연구] 집합 $\{x \mid f(x)=0\}$은 방정식 $f(x)=0$의 해가 원소인 집합이다. 이 집합을 방정식 $f(x)=0$의 해집합이라 하고, 해집합을 구하는 것을 방정식을 푼다고 한다. 또, 집합 $\{x \mid f(x)>0\}$은 부등식 $f(x)>0$의 해가 원소인 집합이다. 이 집합을 부등식 $f(x)>0$의 해집합이라 하고, 해집합을 구하는 것을 부등식을 푼다고 한다.

정석 부등식의 해집합에 관한 문제 $\Longrightarrow$ 수직선에서 생각한다.

[모범답안] $A=\{x \mid (x+3)(x-1)=0\}=\{-3, 1\}$

$\quad B=\{x \mid (x+3)(x-1)\geq0\}=\{x \mid x\leq-3 \text{ 또는 } x\geq1\}$

$\quad C=\{x \mid (x+2)(x-2)(x^2+1)\leq0\}=\{x \mid (x+2)(x-2)\leq0\}$ $\Leftarrow x^2+1>0$

$\quad\quad =\{x \mid -2\leq x\leq2\}$

$\quad D=\{x \mid (x-3)(x^2+x+3)>0\}=\{x \mid x>3\}$ $\Leftarrow x^2+x+3>0$

(1) $A^c \cap B=B-A=\{x \mid x<-3 \text{ 또는 } x>1\}$

(2) $B \cap C=\{x \mid 1\leq x\leq2\}$이므로

$\quad\quad (B \cap C) \cap D=\varnothing$

(3) $C \cup D^c=\{x \mid x\leq3\}$이므로

$\quad\quad A \cap (C \cup D^c)=\{-3, 1\}$

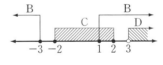

(4) $C-B=\{x \mid -2\leq x<1\}$, $D-B=\varnothing$

이므로

$\quad\quad (C-B) \cup (D-B)=\{x \mid -2\leq x<1\}$

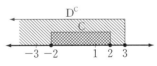

Note (1) 집합 $A^c \cap B$는 부등식 $x^2+2x-3>0$의 해집합과 같다.

(3) 집합 D^c은 부등식 $x^3-2x^2-9\leq0$의 해집합과 같다.

[유제] **20**-8. 실수 전체의 집합 R의 네 부분집합

$$A=\{x \mid x^2-3x-4\geq0\}, \quad B=\{x \mid x^2-3x-4>0\},$$
$$C=\{x \mid x^2-x-12\leq0\}, \quad D=\{x \mid x^2-x-12=0\}$$

에 대하여 다음 집합을 구하여라.

(1) $A \cap C$ (2) $A \cup C$ (3) $(A \cap B^c) \cup D$

[답] (1) $\{x \mid -3\leq x\leq-1 \text{ 또는 } x=4\}$ (2) **R** (3) $\{-3, -1, 4\}$

필수 예제 **20**-8 두 집합

$$A=\{x\,|\,x^2-2x-3>0\}, \quad B=\{x\,|\,x^2+ax+b\leq0\}$$

이 두 조건

$$A\cup B=\{x\,|\,x는\ 실수\}, \quad A\cap B=\{x\,|\,3<x\leq4\}$$

를 만족하도록 상수 $a,\ b$의 값을 정하여라.

[정석연구] $x^2-2x-3>0$에서 $(x+1)(x-3)>0$이므로

$$A=\{x\,|\,x<-1\ 또는\ x>3\}$$

따라서 문제의 조건에 맞도록
A, A∪B, A∩B를 수직선 위에 나타
내어 보면 오른쪽 그림과 같으므로

$$B=\{x\,|\,-1\leq x\leq4\}$$

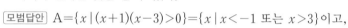

이어야 한다는 것을 알 수 있다.

[모범답안] $A=\{x\,|\,(x+1)(x-3)>0\}=\{x\,|\,x<-1\ 또는\ x>3\}$이고,
$x^2+ax+b=(x-\alpha)(x-\beta)\,(\alpha<\beta)$라고 하면

$$B=\{x\,|\,(x-\alpha)(x-\beta)\leq0\}=\{x\,|\,\alpha\leq x\leq\beta\}$$

이때, A∪B가 실수 전체의 집합이
므로

$$\alpha\leq-1,\ \beta\geq3 \qquad \cdots\cdots\text{①}$$

또, $A\cap B=\{x\,|\,3<x\leq4\}$이므로

$$-1\leq\alpha\leq3,\ \beta=4 \qquad \cdots\cdots\text{②}$$

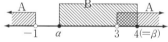

①, ②에서 $\alpha=-1,\ \beta=4$이므로

$$x^2+ax+b=(x+1)(x-4)=x^2-3x-4$$

$$\therefore\ \boldsymbol{a=-3,\ b=-4} \leftarrow \boxed{답}$$

Advice | $a,\ b$의 값은

$$x^2+ax+b\leq0 \iff -1\leq x\leq4$$

에서 다음과 같이 이차방정식의 근과 계수의 관계를 이용해 구할 수도 있다.
곧, $x^2+ax+b=0$의 두 근이 $-1,\ 4$이므로

$$(-1)+4=-a, \quad (-1)\times4=b \quad \therefore\ a=-3,\ b=-4$$

[유제] **20**-9. 두 집합 $A=\{x\,|\,x^2-6x+5\leq0\}$, $B=\{x\,|\,x^2+ax+b<0\}$이 두
조건 $A\cap B=\varnothing$, $A\cup B=\{x\,|\,1\leq x<8\}$을 만족하도록 상수 $a,\ b$의 값을 정하
여라.   [답] $a=-13,\ b=40$

연습문제 20

[기본] **20**-1 집합 A$=\{1, 2, \{3\}, \{4, 5\}\}$에 대하여 다음 중 옳은 것은?

① $3\in A$ ② $\{4, 5\}\subset A$ ③ $\{1, 2\}\subset A$ ④ $\{3, 4, 5\}\subset A$

⑤ A의 부분집합의 개수는 32이다.

20-2 자연수를 원소로 하는 공집합이 아닌 집합 S가 있다. 다음 조건

「$x\in S$이면 $6-x\in S$이다.」

를 만족하는 집합 S를 모두 구하여라.

20-3 집합 A$=\{x \mid x=2^{\alpha}\times 3^{\beta}\times 5^{\gamma},\ \alpha,\ \beta,\ \gamma$는 음이 아닌 정수$\}$의 부분집합 B$=\{y \mid y\in A,\ 1\leq y\leq 10\}$이 있다.

집합 B의 부분집합에 대하여 다음 물음에 답하여라.

⑴ 1, 10이 모두 속하는 부분집합의 개수를 구하여라.

⑵ 1, 10이 모두 속하고, 9 이외의 3의 배수가 적어도 하나 속하는 부분집합의 개수를 구하여라.

20-4 전체집합 U$=\{x \mid x$는 7 이하의 자연수$\}$의 세 부분집합 A, B, C에 대하여

$A\subset B,\quad B\cup C=\{1, 2, 3, 4, 5\},\quad A-C=\{2\},\quad C-B=\{4\}$

일 때, 집합 B$\cap(A^{c}\cup C)$를 구하여라.

20-5 네 집합 A, B, C, D의 포함 관계가 오른쪽 그림과 같다.

이때, 점 찍은 부분 ①, ②, ③을 각각 집합 A, B, C, D를 써서 나타내어라.

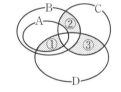

20-6 실수 전체의 집합의 네 부분집합 A, B, C, D가 다음과 같다.

$A=\{x \mid f(x)>0\},\qquad B=\{x \mid g(x)>0\},$
$C=\{x \mid f(x)=0\},\qquad D=\{x \mid g(x)=0\}$

이때, 다음 부등식의 해집합을 A, B, C, D를 써서 나타내어라.

⑴ $f(x)>0\geq g(x)$　　　　　　　　⑵ $g(x)\geq 0>f(x)$

⑶ $f(x)g(x)<0$　　　　　　　　　⑷ $f(x)+g(x)>0,\ f(x)g(x)>0$

20-7 두 집합

$A=\{x \mid x^{2}-(2a+1)x+a^{2}+a\leq 0\},\quad B=\{x \mid [x]^{2}-2[x]-8<0\}$

에 대하여 $A-B=\varnothing$일 때, 실수 a의 값의 범위를 구하여라.

단, $[x]$는 x보다 크지 않은 최대 정수이다.

20-8 두 집합 A={1, 2, 3, 4}, B={1, 2, 3, 4, 5, 6, 7, 8}에 대하여 다음 세 조건을 만족하는 집합 P를 구하여라.
　　㈎ $n(P \cap A)=3$　　　　　㈏ P−B=∅
　　㈐ 집합 P의 모든 원소의 합은 30이다.

실력 **20**-9 다음 세 조건을 만족하는 집합 M을 구하여라.
　　㈎ 집합 M의 원소는 서로 다른 세 복소수이다.
　　㈏ 0∉M　　　　　㈐ x∈M, y∈M이면 xy∈M이다.

20-10 집합 U={x | x는 30보다 작은 음이 아닌 정수}이고, A는 U의 부분집합이다. 집합 A의 서로 다른 두 원소의 합이 5로 나누어 떨어지지 않을 때, $n(A)$의 최댓값을 구하여라.

20-11 Z가 정수 전체의 집합일 때, 집합
$$A=\left\{m+n\sqrt{3} \mid m^2-3n^2=1,\ m\in Z,\ n\in Z\right\}$$
에 대하여 다음 중 옳은 것만을 있는 대로 골라라.

> ㄱ. x∈A, y∈A이면 xy∈A이다.
> ㄴ. x∈A이면 $\dfrac{1}{x}$∈A이다.
> ㄷ. x∈A, y∈A이면 $x+y$∈A이다.

20-12 [x]는 x보다 크지 않은 최대 정수를 나타낼 때, 다음 물음에 답하여라.
　⑴ 자연수 n에 대하여 $A_n=\left\{\left[\dfrac{k^2}{n}\right] \middle| k=1, 2, 3, \cdots, n\right\}$이라고 할 때, 집합 A_3, A_4, A_5를 각각 원소나열법으로 나타내어라.
　⑵ 자연수 n에 대하여 $B_n=\left\{x \middle| \dfrac{x}{n}=\left[\dfrac{x}{n}\right]\right\}$라고 할 때, $B_4 \cap B_6=B_k$를 만족하는 k의 값을 구하여라.

20-13 자연수 전체의 집합의 두 부분집합
　　　　　A={a, b, c, d, e},
　　　　　B={x | x=$n+k$, n∈A, k는 상수}
에 대하여 A의 모든 원소의 합은 26이고, A∪B의 모든 원소의 합은 50이다. A∩B={7, 10}일 때, 집합 A를 구하여라.

21. 집합의 연산법칙

§1. 집합의 연산법칙

U를 전체집합, A, B, C, X를 U의 부분집합이라고 할 때,

(1) $A \cup B = B \cup A$ $A \cap B = B \cap A$ (교환법칙)

(2) $(A \cup B) \cup C = A \cup (B \cup C)$ $(A \cap B) \cap C = A \cap (B \cap C)$ (결합법칙)

(3) $A \cup (B \cap C) = (A \cup B) \cap (A \cup C)$ (분배법칙)

     $A \cap (B \cup C) = (A \cap B) \cup (A \cap C)$

(4) $A \cup (A \cap B) = A$ $A \cap (A \cup B) = A$

(5) $A \cup A = A$ $A \cap A = A$

(6) $A \cup \varnothing = A$ $A \cap U = A$

(7) $A \cup U = U$ $A \cap \varnothing = \varnothing$

(8) $A \cup A^c = U$ $A \cap A^c = \varnothing$

(9) $(A^c)^c = A$

(10) $\varnothing^c = U$ $U^c = \varnothing$

(11) $(A \cup B)^c = A^c \cap B^c$ $(A \cap B)^c = A^c \cup B^c$ (드 모르간의 법칙)

(12) $A - B = A \cap B^c$ (차집합의 성질)

(13) $A \cup B = \varnothing$이면 $A = \varnothing$이고 $B = \varnothing$ $A \cap B = U$이면 $A = U$이고 $B = U$

(14) $A \cup B = U$이고 $A \cap B = \varnothing$이면 $A = B^c$이고 $B = A^c$

(15) 임의의 A에 대하여, $A \cup X = A$이면 $X = \varnothing$ $A \cap X = A$이면 $X = U$

Advice 1° 교환법칙, 결합법칙

두 집합 A, B에 대하여 $A \cup B$와 $B \cup A$의 벤 다이어그램을 그리면 오른쪽과 같으므로

$$A \cup B = B \cup A$$

임을 알 수 있다.

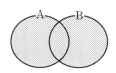

또, $A \cap B$와 $B \cap A$의 벤 다이어그램을 그리면 오른쪽과 같으므로

$$A \cap B = B \cap A$$

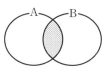

임을 알 수 있다.

이것을 각각 합집합, 교집합에 대한 교환법칙이라고 한다.

집합의 연산법칙이 성립함을 보임에 있어 고등학교 과정에서는 벤 다이어그램으로 설명할 수 있으면 충분하다. 나아가

> **정석** $x \in P$인 임의의 x에 대하여 $x \in Q$이면 $P \subset Q$
> $P \subset Q$이고 $Q \subset P$이면 $P = Q$

임을 이용하면 좀 더 이론적인 설명을 할 수 있다.

이를테면 $A \cap B = B \cap A$는 다음과 같이 증명한다.

(i) $x \in A \cap B$인 임의의 원소 x에 대하여 $x \in A$이고 $x \in B$이다.

곧, $x \in B$이고 $x \in A$이므로 $x \in B \cap A$이다. $\therefore A \cap B \subset B \cap A$

(ii) $y \in B \cap A$인 임의의 원소 y에 대하여 $y \in B$이고 $y \in A$이다.

곧, $y \in A$이고 $y \in B$이므로 $y \in A \cap B$이다. $\therefore B \cap A \subset A \cap B$

(i), (ii)에 의하여 $A \cap B = B \cap A$

보기 1 세 집합 A, B, C에 대하여

$$(A \cap B) \cap C = A \cap (B \cap C)$$

가 성립함을 벤 다이어그램을 이용하여 확인하여라.

연구 (i) $(A \cap B) \cap C$를 벤 다이어그램으로 나타내면 다음과 같다.

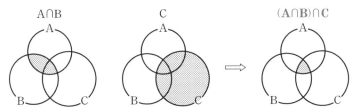

(ii) $A \cap (B \cap C)$를 벤 다이어그램으로 나타내면 다음과 같다.

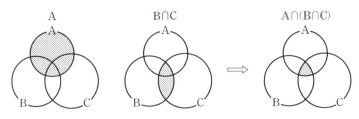

(i), (ii)에 의하여 $(A \cap B) \cap C = A \cap (B \cap C)$

이것을 교집합에 대한 결합법칙이라고 한다.

같은 방법으로 벤 다이어그램을 이용하면 세 집합 A, B, C에 대하여

$$(A \cup B) \cup C = A \cup (B \cup C)$$

가 성립함을 확인할 수 있다. 이것을 합집합에 대한 결합법칙이라고 한다.

이와 같이 결합법칙이 성립하므로 괄호를 생략하고

$$A \cap B \cap C, \qquad A \cup B \cup C$$

와 같이 써도 된다.

Advice 2° 집합의 연산법칙

위에서 공부한 집합의 교환법칙, 결합법칙 이외에도 집합에 관한 여러 연산법칙이 성립한다. 이와 같은 집합의 연산법칙 역시 벤 다이어그램을 이용하면 쉽게 확인할 수 있다.

　　　　　정석 집합의 연산법칙 ⟹ 벤 다이어그램으로 확인!

특히 교환법칙, 결합법칙, 분배법칙, 드 모르간의 법칙은 집합의 연산에서 자주 이용되므로 자유롭게 활용할 수 있도록 기억해 두길 바란다.

Advice 3° 연산의 뜻

이를테면 실수 전체의 집합에서 덧셈을 하면

$$(1, 2) \longrightarrow 3, \quad (-3, 5) \longrightarrow 2, \quad (1, 0) \longrightarrow 1, \quad \cdots$$

과 같은 방법으로 두 실수의 순서쌍을 한 실수에 대응시킬 수 있다.

또, 곱셈을 하면

$$(1, 2) \longrightarrow 2, \quad (-3, 5) \longrightarrow -15, \quad (1, 0) \longrightarrow 0, \quad \cdots$$

과 같은 방법으로 두 실수의 순서쌍을 한 실수에 대응시킬 수 있다.

이와 같이 어떤 집합 M에서 두 원소의 순서쌍에 대응하는 원소가 하나로 정해질 때, 이 대응을 집합 M에서의 연산이라고 한다.

따라서 실수 전체의 집합, 복소수 전체의 집합에서 덧셈, **뺄셈**, 곱셈, 나눗셈은 연산이다(단, 0으로 나누는 경우는 생각하지 않는다).

마찬가지로 집합에서 합집합은 두 집합 A, B의 순서쌍 (A, B)에 집합 $A \cup B$를, 교집합은 집합 $A \cap B$를 대응시키는 연산이라고 할 수 있다.

따라서 집합에서 공부하는 교환법칙, 결합법칙, 분배법칙은 수나 문자의 덧셈이나 곱셈에서 공부한 연산법칙과 비교하여 기억하면 도움이 된다.

이를테면 집합에서 교집합의 합집합에 대한 분배법칙 $A \cap (B \cup C) = (A \cap B) \cup (A \cap C)$는 수나 문자에서의 곱셈의 덧셈에 대한 분배법칙 $a(b+c) = ab + ac$와 닮은 데가 있다.

그러나 합집합의 교집합에 대한 분배법칙 $A \cup (B \cap C) = (A \cup B) \cap (A \cup C)$는 그렇지 않다는 것에 주의해야 한다.

필수 예제 **21**-1 세 집합 A, B, C에 대하여
$$A\cap(B\cup C)=(A\cap B)\cup(A\cap C) \quad \text{(분배법칙)}$$
이 성립한다. 이것을 벤 다이어그램을 이용하여 확인하여라.

모범답안 (i) 좌변을 벤 다이어그램으로 나타내면

(ii) 우변을 벤 다이어그램으로 나타내면

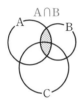 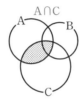 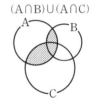

(i), (ii)에 의하여 $A\cap(B\cup C)=(A\cap B)\cup(A\cap C)$

Advice | $P\subset Q$이고 $Q\subset P$이면 $P=Q$임을 이용하여 증명해 보자.
 (i) $x\in A\cap(B\cup C)$인 임의의 원소 x에 대하여 $x\in A$이고 $x\in B\cup C$
 그런데 $x\in B\cup C$이면 $x\in B$ 또는 $x\in C$이다.
 $x\in B$일 때 $x\in A\cap B$, $x\in C$일 때 $x\in A\cap C$
 따라서 $x\in(A\cap B)\cup(A\cap C)$이다.
 $\therefore [A\cap(B\cup C)]\subset[(A\cap B)\cup(A\cap C)]$
 (ii) $y\in(A\cap B)\cup(A\cap C)$인 임의의 원소 y에 대하여
 $y\in A\cap B$ 또는 $y\in A\cap C$
 $y\in A\cap B$일 때, $y\in A$이고 $y\in B\subset B\cup C$이므로 $y\in A\cap(B\cup C)$
 $y\in A\cap C$일 때, $y\in A$이고 $y\in C\subset B\cup C$이므로 $y\in A\cap(B\cup C)$
 $\therefore [(A\cap B)\cup(A\cap C)]\subset[A\cap(B\cup C)]$
 (i), (ii)에 의하여 $A\cap(B\cup C)=(A\cap B)\cup(A\cap C)$

유제 **21**-1. 세 집합 A, B, C에 대하여
$$A\cup(B\cap C)=(A\cup B)\cap(A\cup C) \quad \text{(분배법칙)}$$
이 성립한다. 이것을 벤 다이어그램을 이용하여 확인하여라.

필수 예제 **21**-2 전체집합 U의 두 부분집합 A, B에 대하여
$$(A\cup B)^c=A^c\cap B^c$$
이 성립한다. 이것을 벤 다이어그램을 이용하여 확인하여라.

[정석연구] 이 연산법칙을 유제 **21**-2의 (1)과 함께 드 모르간의 법칙이라고 한다.

정석 $(A\cup B)^c=A^c\cap B^c, \quad (A\cap B)^c=A^c\cup B^c$

[모범답안] (i) 좌변을 벤 다이어그램으로 나타내면

(ii) 우변을 벤 다이어그램으로 나타내면

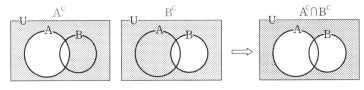

(i), (ii)에 의하여 $(A\cup B)^c=A^c\cap B^c$

Advice | $P\subset Q$이고 $Q\subset P$이면 $P=Q$임을 이용하여 증명해 보자.

(i) $x\in(A\cup B)^c$인 임의의 원소 x에 대하여 $x\notin A\cup B$
  $\therefore x\notin A$이고 $x\notin B$ 곧, $x\in A^c$이고 $x\in B^c$
    $\therefore x\in A^c\cap B^c$ $\therefore (A\cup B)^c\subset A^c\cap B^c$

(ii) $y\in A^c\cap B^c$인 임의의 원소 y에 대하여
    $y\in A^c$이고 $y\in B^c$ 곧, $y\notin A$이고 $y\notin B$
      $\therefore y\notin A\cup B$ 곧, $y\in(A\cup B)^c$
        $\therefore A^c\cap B^c\subset(A\cup B)^c$

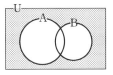

(i), (ii)에 의하여 $(A\cup B)^c=A^c\cap B^c$

Note 이 법칙을 이용하면 다음 결과를 얻는다.
$$(A\cup B\cup C)^c=\bigl[(A\cup B)\cup C\bigr]^c=(A\cup B)^c\cap C^c=(A^c\cap B^c)\cap C^c=A^c\cap B^c\cap C^c$$

[유제] **21**-2. 전체집합 U의 세 부분집합 A, B, C에 대하여 다음 관계가 성립
함을 벤 다이어그램을 이용하여 확인하여라.
  (1) $(A\cap B)^c=A^c\cup B^c$ (2) $(A\cap B\cap C)^c=A^c\cup B^c\cup C^c$

필수 예제 **21**-3 두 집합 P, Q에 대하여
$$P \circ Q = (P \cup Q) - (P \cap Q)$$
라고 하자. 전체집합 U의 세 부분집합 A, B, C가 오른쪽 그림과 같이 주어질 때, 다음 물음에 답하여라.

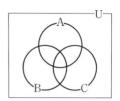

(1) $A \circ B = (A - B) \cup (B - A)$임을 보여라.

(2) $(A \circ B) \circ C$를 오른쪽 벤 다이어그램에 나타내어라.

[정석연구] $P \circ Q$는 집합 P와 Q의 합집합에서 교집합을 뺀 집합이므로 오른쪽 벤 다이어그램의 점 찍은 부분을 나타낸다.

(1) $(A \cup B) - (A \cap B) = (A - B) \cup (B - A)$가 성립함을 보이는 것이므로 좌변과 우변을 각각 벤 다이어그램으로 나타내어 서로 같음을 보이면 된다.

또는 아래 **모범답안**과 같이 집합의 연산법칙을 이용하여 서로 같음을 보일 수도 있다.

(2) $A \circ B$와 C의 합집합에서 $A \circ B$와 C의 교집합을 빼면 된다.

[모범답안] (1) $(A - B) \cup (B - A) = (A \cap B^c) \cup (B \cap A^c)$

$\qquad\qquad = \left[(A \cap B^c) \cup B \right] \cap \left[(A \cap B^c) \cup A^c \right]$

$\qquad\qquad = \left[(A \cup B) \cap (B^c \cup B) \right] \cap \left[(A \cup A^c) \cap (B^c \cup A^c) \right]$

$\qquad\qquad = \left[(A \cup B) \cap U \right] \cap \left[U \cap (B^c \cup A^c) \right]$

$\qquad\qquad = (A \cup B) \cap (A \cap B)^c$

$\qquad\qquad = (A \cup B) - (A \cap B) = A \circ B$

(2) $\qquad (A \circ B) \cup C \qquad\qquad (A \circ B) \cap C \qquad\qquad (A \circ B) \circ C$

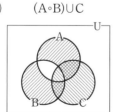 — 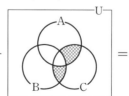 =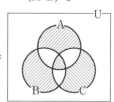

[유제] **21**-3. 두 집합 X, Y에 대하여 $X \triangle Y = (X - Y) \cup (Y - X)$라고 할 때, 집합 $(A \triangle B) \cup (B \triangle C)$를 벤 다이어그램으로 나타내어라.

필수 예제 **21**-4   전체집합 U의 세 부분집합 A, B, C에 대하여 다음 관계가 성립함을 보여라.

(1) $(A-B)\cup(A-C)=A-(B\cap C)$

(2) $\big[A\cap(A^c\cup B)\big]\cup\big[B\cap(B\cup C)\big]=B$

(3) $(A\cap B)\cup(A\cap B^c)\cup(A^c\cap B)=B$이면 $A\subset B$이다.

[정석연구] 교환법칙, 결합법칙, 분배법칙과 드 모르간의 법칙 등 집합의 연산법칙을 이용한다. 특히

정석 차집합의 성질 : $\mathbf{A-B=A\cap B^c}$

드 모르간의 법칙 : $(\mathbf{A\cup B})^c=\mathbf{A^c\cap B^c}$

$\qquad\qquad\qquad\qquad (\mathbf{A\cap B})^c=\mathbf{A^c\cup B^c}$

은 자주 이용되는 중요한 성질이다.

[모범답안] (1) (좌변)$=(A\cap B^c)\cup(A\cap C^c)=A\cap(B^c\cup C^c)$

$\qquad\qquad =A\cap(B\cap C)^c=A-(B\cap C)=$(우변)

(2) (좌변)$=\big[(A\cap A^c)\cup(A\cap B)\big]\cup B=\big[\varnothing\cup(A\cap B)\big]\cup B$

$\qquad\qquad =(A\cap B)\cup B=B=$(우변)

(3) (좌변)$=\big[(A\cap B)\cup(A\cap B^c)\big]\cup(A^c\cap B)=\big[A\cap(B\cup B^c)\big]\cup(A^c\cap B)$

$\qquad\qquad =(A\cap U)\cup(A^c\cap B)=A\cup(A^c\cap B)=(A\cup A^c)\cap(A\cup B)$

$\qquad\qquad =U\cap(A\cup B)=A\cup B$

$\qquad$ 따라서 조건식은 $A\cup B=B$ $\therefore$ $A\subset B$

Advice | 벤 다이어그램에서 다음 사실을 쉽게 확인할 수 있다.

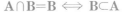

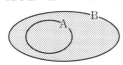

정석 $\mathbf{A\subset B}$이면

$\qquad \mathbf{A\cup B=B},\quad \mathbf{A\cap B=A},\quad \mathbf{B^c\subset A^c},\quad \mathbf{A-B=\varnothing}$

[유제] **21**-4. 전체집합 U의 세 부분집합 A, B, C에 대하여 다음 관계가 성립함을 보여라.

(1) $A\cup(A^c\cap B)=A\cup B$ $\qquad$ (2) $(A-B)\cap(A-C)=A-(B\cup C)$

(3) $\big[(A\cap B)\cup(A\cap B^c)\big]\cup\big[(A^c\cap B)\cup(A^c\cap B^c)\big]=U$

§2. 유한집합의 원소의 개수

유한집합의 원소의 개수

A, B, U가 유한집합일 때

(1) $n(A^c)=n(U)-n(A)$ 단, U는 전체집합, $A \subset U$

(2) $n(A \cup B)=n(A)+n(B)-n(A \cap B)$

특히 $A \cap B = \varnothing$일 때 $\implies n(A \cup B)=n(A)+n(B)$

Advice | (1)은 아래 왼쪽 벤 다이어그램에서 쉽게 알 수 있다.

(2)는 아래 오른쪽 벤 다이어그램에서

$A \cup B=\left[A-(A \cap B)\right] \cup \left[B-(A \cap B)\right] \cup (A \cap B)$이므로

$n(A \cup B)=\left[n(A)-n(A \cap B)\right]+\left[n(B)-n(A \cap B)\right]+n(A \cap B)$

$=n(A)+n(B)-n(A \cap B)$

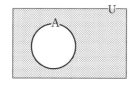 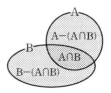

또, $n(A \cup B)=n(A)+n(B)-n(A \cap B)$를 이용하면

$n(A \cup B \cup C)=n\big(A \cup (B \cup C)\big)$

$=n(A)+n(B \cup C)-n\big(A \cap (B \cup C)\big)$

$=n(A)+n(B \cup C)-n\big((A \cap B) \cup (A \cap C)\big)$

$=n(A)+n(B)+n(C)-n(B \cap C)-n(A \cap B)-n(A \cap C)$

$\qquad\qquad\qquad\qquad\qquad +n\big((A \cap B) \cap (A \cap C)\big)$

$=n(A)+n(B)+n(C)-n(A \cap B)-n(B \cap C)-n(A \cap C)+n(A \cap B \cap C)$

보기 1 1부터 20까지의 자연수 중에서 다음을 구하여라.

(1) 3의 배수가 아닌 자연수의 개수   (2) 3 또는 4의 배수의 개수

연구 1부터 20까지의 자연수의 집합 U의 원소 중 k의 배수의 집합을 A_k라 하면

(1) $A_3=\{3, 6, 9, 12, 15, 18\}$이므로 $n(A_3)=6$

$\therefore n(A_3{}^c)=n(U)-n(A_3)=20-6=\mathbf{14}$

(2) $n(A_3 \cup A_4)=n(A_3)+n(A_4)-n(A_3 \cap A_4)=6+5-1=\mathbf{10}$

필수 예제 **21**-5   전체집합 U의 두 부분집합 A, B에 대하여
$$n(U)=40, \quad n(B)=21, \quad n(A \cap B^c)=7, \quad n(A \cap B)=9$$
일 때, $n(A)$, $n(A^c)$, $n(A \cup B)$, $n(A^c \cap B)$, $n(A^c \cap B^c)$을 구하여라.

[정석연구] 원소의 개수가 주어진 집합들을 벤 다이어그램으로 나타내면 아래 그림의 점 찍은 부분과 같다.

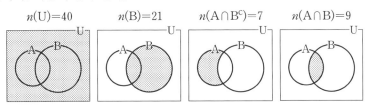

$n(U)=40$ $n(B)=21$ $n(A \cap B^c)=7$ $n(A \cap B)=9$

오른쪽과 같이 벤 다이어그램을 그려 주어진 집합의 원소의 개수를 나타내면 구하는 집합의 원소의 개수를 쉽게 알아낼 수 있다.

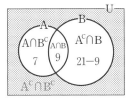

정석 원소의 개수에 관한 문제는
$\implies$ 벤 다이어그램을 이용해 본다.

[모범답안] $n(A)=n(A \cap B^c)+n(A \cap B)=7+9=\mathbf{16} \longleftarrow$ [답]
$n(A^c)=n(U)-n(A)=40-16=\mathbf{24} \longleftarrow$ [답]
$n(A \cup B)=n(A \cap B^c)+n(B)=7+21=\mathbf{28} \longleftarrow$ [답]
$n(A^c \cap B)=n(B)-n(A \cap B)=21-9=\mathbf{12} \longleftarrow$ [답]
$n(A^c \cap B^c)=n\big((A \cup B)^c\big)=n(U)-n(A \cup B)=40-28=\mathbf{12} \longleftarrow$ [답]

Advice | 식을 써서 $n(A \cup B)$를 구할 때에는 보통

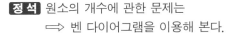

정석 $n(A \cup B)=n(A)+n(B)-n(A \cap B)$

를 활용한다.

[유제] **21**-5. 전체집합 U의 두 부분집합 A, B에 대하여
$$n(U)=50, \quad n(A \cap B)=8, \quad n(A^c \cap B^c)=17$$
일 때, $n(A)+n(B)$의 값을 구하여라.   [답] 41

[유제] **21**-6. 전체집합 U의 두 부분집합 A, B에 대하여
$$n(U)=50, \quad n(A \cup B)=42, \quad n(A \cap B)=3, \quad n(A^c \cap B)=15$$
일 때, $n(A)$, $n(B)$, $n(A^c \cap B^c)$을 구하여라.
   [답] $n(A)=27$, $n(B)=18$, $n(A^c \cap B^c)=8$

필수 예제 **21**-6   60명의 학생에게 a, b 두 문제를 풀게 했더니, a를 푼
학생은 35명이고, b를 푼 학생은 28명이며, a, b를 모두 못 푼 학생
은 5명이었다. 다음 물음에 답하여라.

(1) a, b를 모두 푼 학생 수를 구하여라.

(2) a만 푼 학생 수를 구하여라.

[정석연구] 미지수를 정하여 방정식의 활용 문제로 다루어도 되지만 이보다는 집
합을 이용하는 편이 간편하다.

집합을 이용할 때에는

첫째 — 집합을 설정한다.

둘째 — 벤 다이어그램을 그려 집합의 원소의 개수를 생각한다.

이때, 주로 다음 공식을 이용한다.

정석 $n(A^c) = n(U) - n(A)$, $n(A) = n(U) - n(A^c)$
$n(A \cup B) = n(A) + n(B) - n(A \cap B)$

[모범답안] 60명의 학생 전체의 집합을 U라 하고, a를 푼 학생의 집합을 A,
b를 푼 학생의 집합을 B라고 하면
$n(U) = 60$, $n(A) = 35$, $n(B) = 28$, $n(A^c \cap B^c) = n\big((A \cup B)^c\big) = 5$

(1) $n(A \cup B) = n(U) - n\big((A \cup B)^c\big) = 60 - 5 = 55$

이므로 a, b를 모두 푼 학생 수 $n(A \cap B)$는

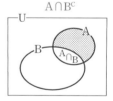

$n(A \cap B) = n(A) + n(B) - n(A \cup B)$
$= 35 + 28 - 55 = 8 \longleftarrow$ 답

(2) a만 푼 학생 수 $n(A \cap B^c)$은

$n(A \cap B^c) = n(A) - n(A \cap B)$
$= 35 - 8 = 27 \longleftarrow$ 답

[유제] **21**-7. 어느 학교의 1학년 학생 중 지난 토요일과 일요일에 봉사 활동
을 한 학생이 50명이라고 한다. 토요일에 봉사 활동을 한 학생이 40명이
고, 일요일에 봉사 활동을 한 학생이 30명이라고 할 때,

(1) 토요일과 일요일에 모두 봉사 활동을 한 학생 수를 구하여라.

(2) 토요일에만 봉사 활동을 한 학생 수를 구하여라.   답 (1) **20** (2) **20**

[유제] **21**-8. 학생 80명이 방과 후 수업에 수학, 영어 두 과목 중 적어도 한
과목을 신청하였다. 수학을 신청한 학생이 52명, 영어를 신청한 학생이 45
명일 때, 수학만을 신청한 학생 수를 구하여라.   답 **35**

필수 예제 21-7   어느 노래 경연 프로그램의 방청객 100명을 대상으로 세 가수 a, b, c에 대한 선호도를 조사했더니 그 결과가 다음과 같았다.

  a를 좋아하는 사람 : 28명, b를 좋아하는 사람 : 30명,
  c를 좋아하는 사람 : 42명, a, b를 모두 좋아하는 사람 : 8명,
  b, c를 모두 좋아하는 사람 : 5명,
  a, c를 모두 좋아하는 사람 : 10명,
  a, b, c를 모두 좋아하는 사람 : 3명

(1) a, b, c를 모두 좋아하지 않는 사람 수를 구하여라.
(2) a만 좋아하는 사람 수를 구하여라.
(3) b, c만 좋아하는 사람 수를 구하여라.

[정석연구] 먼저 집합을 설정하고, 벤 다이어그램을 그려 생각한다.

정석 $n(A \cup B \cup C) = n(A) + n(B) + n(C)$
$$- n(A \cap B) - n(B \cap C) - n(C \cap A) + n(A \cap B \cap C)$$

[모범답안] 조사 대상 방청객 100명의 집합을 U라 하고, a, b, c를 좋아하는 사람의 집합을 각각 A, B, C라고 하면
$$n(U)=100, \ n(A)=28, \ n(B)=30, \ n(C)=42,$$
$$n(A \cap B)=8, \ n(B \cap C)=5, \ n(A \cap C)=10, \ n(A \cap B \cap C)=3$$

(1) $n(A \cup B \cup C) = n(A) + n(B) + n(C)$
$$- n(A \cap B) - n(B \cap C) - n(C \cap A) + n(A \cap B \cap C)$$
$$= 28 + 30 + 42 - 8 - 5 - 10 + 3 = 80$$
$$\therefore \ n(A^c \cap B^c \cap C^c) = n\big((A \cup B \cup C)^c\big) = 100 - 80 = \mathbf{20} \ \leftarrow \boxed{답}$$

(2) $n(A) - n(A \cap B) - n(A \cap C) + n(A \cap B \cap C)$
$$= 28 - 8 - 10 + 3 = \mathbf{13} \ \leftarrow \boxed{답}$$

(3) $n(B \cap C) - n(A \cap B \cap C) = 5 - 3 = \mathbf{2} \ \leftarrow \boxed{답}$

Note (2) $n(A \cup B \cup C) - n(B \cup C)$를 계산해도 된다.

[유제] **21**-9. K 반 학생 전체의 집합을 U라 하고, K 반 학생 중 물리학, 화학, 생명과학을 선택한 학생의 집합을 각각 A, B, C라고 하자.
$$n(U)=50, \ n(A)=30, \ n(B)=25, \ n(A \cup B)=45, \ n(B \cap C)=15,$$
$$n(B \cup C)=40, \ n(C \cap A)=15$$일 때, 다음을 구하여라.
단, 누구나 세 과목 중 적어도 한 과목은 선택한 것으로 한다.

(1) $n(A \cap B)$ (2) $n(C)$ (3) $n(C \cup A)$ (4) $n(B \cup C^c)$
(5) $n(A \cap B \cap C)$ (6) $n(A \cap B^c \cap C^c)$ (7) $n(A^c \cap B \cap C)$

$\boxed{답}$ (1) **10** (2) **30** (3) **45** (4) **35** (5) **5** (6) **10** (7) **10**

연습문제 21

[기본] **21**-1 전체집합 U의 세 부분집합 A, B, C에 대하여 다음을 간단히 하여라.

(1) $(A^c \cap B^c) \cap (A \cup B)$

(2) $(A^c \cap B^c) \cup (A \cup B)$

(3) $A^c \cup (A \cap B)$

(4) $(A \cup B) \cap (A^c \cup B)$

(5) $(A \cap B) \cup [C \cap (A^c \cup B^c)]$

(6) $[A^c \cup (A \cap B^c)]^c$

21-2 전체집합 U의 세 부분집합 A, B, C에 대하여 다음을 증명하여라.

(1) $(A-B)^c = A^c \cup B$

(2) $A-(B-C) = (A-B) \cup (A \cap C)$

(3) $(A-B) \cap (B-A) = \varnothing$

(4) $(A \cup C) - (B \cup C) = A - (B \cup C)$

21-3 전체집합 U의 두 부분집합 A, B에 대하여

$$A \circ B = (A \cap B) \cup (A \cup B)^c$$

이라고 할 때, 다음 관계가 성립함을 보여라.

(1) $A \circ U = A$

(2) $A \circ A^c = \varnothing$

(3) $A \circ \varnothing = A^c$

(4) $(A \circ B) \circ A = B$

21-4 자연수 전체의 집합의 부분집합 A_k를 자연수 k의 배수 전체의 집합이라고 할 때, 다음 물음에 답하여라.

(1) $A_4 \cap A_6$은 어떤 집합인가?

(2) $A_4{}^c \cup A_6{}^c$은 어떤 집합인가?

(3) $A_2 \cap (A_3 \cup A_4) = A_6 \cup A_4$임을 증명하여라.

(4) $(A_{18} \cup A_{24}) \subset A_k$를 만족하는 k의 최댓값을 구하여라.

21-5 두 집합 A={1, 2, 3, 4, 5, 6}, B={4, 5, 6, 7, 8}에 대하여 $X-A=\varnothing$, $(A-B) \cup X = X$를 만족하는 집합 X의 개수를 구하여라.

21-6 두 집합 P, Q에 대하여 $P \circ Q = (P-Q) \cup (Q-P)$라고 할 때, 전체집합 U의 세 부분집합 A, B, C가 다음 조건을 만족한다.

(가) $n(A \cup B \cup C) = 40$ (나) $n(A \cap B \cap C) = 7$

(다) $n(A \circ B) = n(B \circ C) = n(C \circ A)$

이때, $n(A^c \circ B^c)$을 구하여라.

21-7 전체집합 U의 세 부분집합 A, B, C가 있다.

(1) $n(U)=12$, $n(A)=6$, $n(B)=5$, $n(A \cup B)=8$일 때,
$n(B^c)$, $n(A \cap B)$, $n(A^c \cup B^c)$, $n((A \cup B^c)^c)$을 구하여라.

(2) $n(A \cup B \cup C)=50$, $n(A)=20$, $n(B)=24$, $n(C)=19$, $n(A \cap B \cap C)=4$일 때, $n(A \cap B) + n(B \cap C) + n(C \cap A)$의 값을 구하여라.

21-8 어떤 행사에서 20종류의 스티커를 모으면 경품을 받을 수 있다고 한다. 갑은 네 종류, 을과 병은 각각 다섯 종류의 스티커를 모았다. 두 사람씩 비교했을 때 각각 세 종류의 스티커가 공통으로 있었고, 세 사람을 함께 비교했을 때는 두 종류의 스티커가 공통으로 있었다. 갑, 을, 병의 스티커를 모아서 경품을 받으려고 할 때, 최소 몇 종류의 스티커가 더 필요한지 구하여라.

실력 **21**-9 자연수 전체의 집합의 세 부분집합 A, B, C가
$$A=\{x\,|\,x는 짝수\}, \qquad B=\{x\,|\,x는 3의 배수\},$$
$$C=\{x\,|\,x는 홀수를 2배한 수\}$$
일 때, $\left[(A-B)\cup(A\cap C)\right]^c\cap A$는 어떤 집합인가?

21-10 n개의 집합 A_1, A_2, A_3, $\cdots$, A_n에 대하여 $k\geq 4$일 때 집합 A_k를
$A_k=A_{k-1}\cap(A_{k-2}\cup A_{k-3})$으로 정의한다.
이때, 집합 A_7을 집합 A_1, A_2, A_3을 써서 나타내어라.

21-11 학생 48명이 가지고 있는 필기구를 조사해 보았더니 볼펜을 가지고 있는 학생이 40명, 연필을 가지고 있는 학생이 32명이었다.
 (1) 볼펜과 연필을 모두 가지고 있는 학생이 가장 많은 경우와 가장 적은 경우 각각 몇 명인지 구하여라.
 (2) 볼펜은 가지고 있으나 연필은 가지고 있지 않은 학생이 가장 많은 경우와 가장 적은 경우 각각 몇 명인지 구하여라.

21-12 60명의 학생이 세 동아리 중 적어도 한 동아리에 가입하고 있다. 세 동아리에 가입한 학생의 집합을 각각 A, B, C라고 하자.
$n(A)=42$, $n(B)=36$, $n(C)=27$, $n(A\cap B\cap C)=10$일 때,
 (1) $n(A^c\cup B^c\cup C^c)$을 구하여라.
 (2) $n\big((A\cap B)\cup(B\cap C)\cup(C\cap A)\big)$를 구하여라.
 (3) $n(A\cap B)=26$일 때, $n(A^c\cap B^c\cap C)$를 구하여라.

21-13 어떤 학교에서 a, b, c 세 종류의 책을 읽었는지 조사한 결과 a, b, c를 읽은 학생이 각각 전체 학생의 $\dfrac{3}{4}$, $\dfrac{5}{12}$, $\dfrac{3}{32}$이고, a, b, c 중 어느 책도 읽지 않은 학생이 11명이었다. 또, a와 b를 모두 읽은 학생은 전체 학생의 $\dfrac{3}{8}$이고, c를 읽은 학생 중 다른 책을 읽은 학생은 없었다.
 (1) 이 학교 전체 학생 수를 구하여라.   (2) b만 읽은 학생 수를 구하여라.

21-14 두 방정식 $P(x)=0$, $Q(x)=0$의 서로 다른 실근은 각각 5개, 8개이고, 집합 $A=\{(x,\,y)\,|\,P(x)Q(y)=0$이고 $Q(x)P(y)=0$, x와 y는 실수$\}$는 무한집합이다. 집합 A의 부분집합 $B=\{(x,\,y)\,|\,(x,\,y)\in A$이고 $x=y\}$의 원소의 개수의 최댓값을 구하여라.

22. 명제와 조건

§1. 명제와 조건

1 명 제

어떤 주장이나 판단을 나타내는 문장이나 식 중에서 그것이 참(true)인지 거짓(false)인지를 명확하게 판별할 수 있는 문장이나 식을 명제라 하고, 흔히 p, q, r, $\cdots$ 로 나타낸다.

2 조건과 진리집합

전체집합 U(단, U≠∅)가 주어질 때, 전체집합 U의 원소 x에 따라 참과 거짓을 판별할 수 있는 문장이나 식을 전체집합 U에서 정의된 조건이라 하고, 흔히 $p(x)$, $q(x)$, $r(x)$, $\cdots$ 또는 p, q, r, $\cdots$ 로 나타낸다.

또, 조건 $p(x)$의 변수 x에 U의 원소 a를 대입한 $p(a)$가 참인 명제일 때

명제 $p(a)$가 성립한다 또는 a는 조건 $p(x)$를 만족한다

고 말한다.

조건 $p(x)$가 참이 되는 x 전체의 집합 P를 조건 $p(x)$의 **진리집합**이라 하고,

$$P=\{x \mid x \in U,\ p(x)\}, \quad P=\{x \in U \mid p(x)\}, \quad P=\{x \mid p(x)\}$$

등으로 나타낸다. 여기에서 P는 전체집합 U의 부분집합이다.

3 명제와 조건의 부정

(1) 명제의 부정

명제 p에 대하여 'p가 아니다'를 명제 p의 부정이라 하고, 이것을 $\sim p$ 로 나타내며, p가 아니다 또는 **not** p라고 읽는다.

일반적으로 명제 p가 참이면 그 부정 $\sim p$는 거짓이고, p가 거짓이면 그 부정 $\sim p$는 참이다. 그리고 $\sim p$의 부정은 p이다.

정석 $\sim(\sim p)=p$

(2) 조건의 부정

명제와 마찬가지로 조건 $p(x)$에 대하여 '$p(x)$가 아니다'를 조건 $p(x)$ 의 부정이라 하고, $\sim p(x)$로 나타낸다.

일반적으로 조건 $p(x)$의 진리집합이 P일 때, $\sim p(x)$의 진리집합은 P^c이다.

정석 $\sim p(x)$의 진리집합은 P^c

(3) '**p** 또는 **q**', '**p**이고 **q**'의 부정

　　「**p** 또는 **q**」의 부정　$\Longrightarrow$　~(**p** 또는 **q**)　$\Longrightarrow$　~**p**이고 ~**q**

　　「**p**이고 **q**」의 부정　$\Longrightarrow$　~(**p**이고 **q**)　$\Longrightarrow$　~**p** 또는 ~**q**

　　　정석 또는 $\xrightarrow{\text{부정}}$ 그리고,　　　그리고 $\xrightarrow{\text{부정}}$ 또는

4　조건으로 이루어진 명제의 참, 거짓

(1) 조건으로 이루어진 명제

　　'**p**이면 **q**이다'의 꼴로 나타내어지는 명제를 간단히 **p** $\longrightarrow$ **q**와 같이 나타내고, **p**를 가정, **q**를 결론이라고 한다. 그리고

　　　　명제 **p** $\longrightarrow$ **q**가 참일 때에는　**p** $\Longrightarrow$ **q**

　　　　명제 **p** $\longrightarrow$ **q**가 거짓일 때에는　**p** $\not\Longrightarrow$ **q**

　　　　명제 **p** $\longrightarrow$ **q**와 명제 **q** $\longrightarrow$ **p**가 모두 참일 때에는　**p** $\Longleftrightarrow$ **q**

　로 나타낸다.

(2) 조건으로 이루어진 명제의 참, 거짓

　　전체집합 U에서의 두 조건 **p**, **q**의 진리집합이 각각

$$P=\{x\,|\,p\}, \qquad Q=\{x\,|\,q\}$$

　　일 때, 명제 **p** $\longrightarrow$ **q**의 참, 거짓과 진리집합 P, Q의 포함 관계는 다음과 같다.

　P⊂Q이면　**p** $\Longrightarrow$ **q**　　　　　　　P⊄Q이면　**p** $\not\Longrightarrow$ **q**

　p $\Longrightarrow$ **q**이면　P⊂Q　　　　　　　**p** $\not\Longrightarrow$ **q**이면　P⊄Q

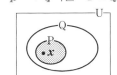　　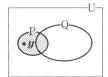　　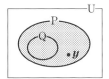

　*Note 1° P=Q이면 **p** $\Longleftrightarrow$ **q**이고, **p** $\Longleftrightarrow$ **q**이면 P=Q이다.

　　　 2° 위 그림에서 **y**는 **p** $\longrightarrow$ **q**가 참이 아님을 보여 주는 반례이다. ⇦ p.118

5　'모든'과 '어떤'이 들어 있는 명제

(1) '모든'과 '어떤'이 들어 있는 명제의 참, 거짓

　　전체집합 U에서의 조건 $p(x)$의 진리집합이 P일 때

　　　　명제 '모든 x에 대하여 $p(x)$'는 P=U일 때 참, P≠U일 때 거짓

　　　　명제 '어떤 x에 대하여 $p(x)$'는 P≠∅일 때 참, P=∅일 때 거짓

(2) '모든'과 '어떤'이 들어 있는 명제의 부정

　　　　'모든 x에 대하여 $p(x)$'의 부정은 $\Longrightarrow$ 어떤 x에 대하여 $\sim p(x)$

　　　　'어떤 x에 대하여 $p(x)$'의 부정은 $\Longrightarrow$ 모든 x에 대하여 $\sim p(x)$

Advice 1° 명 제

이를테면

     ① 2는 4의 약수이다.   ② 사람은 식물이다.

     ③ 2+3=5   ④ 2+4<5

와 같이 참인지 거짓인지를 명확하게 판별할 수 있는 문장이나 식을 명제라고 한다. 위에서 ①, ③은 참인 명제이고, ②, ④는 거짓인 명제이다.

   그러나

     ⑤ 비가 오는가?   ⑥ 참 아름답구나!

     ⑦ 한 문제씩 풀어라.   ⑧ $x+5=7$

은 참과 거짓을 명확하게 판별할 수 없으므로 명제가 아니다.

Advice 2° 조건과 진리집합

   이를테면

                 x는 4의 약수이다.   ……①

과 같은 문장은 x를 포함하고 있으므로 이대로는 참, 거짓을 판별할 수 없다. 따라서 이와 같은 문장은 명제라고 말할 수 없다.

   그러나 x가 집합

              $U=\{1, 2, 3, 4\}$

의 원소일 때, 각각의 값을 ①에 대입하면

     $x=1$일 때 「1은 4의 약수이다.」는   참

     $x=2$일 때 「2는 4의 약수이다.」는   참

     $x=3$일 때 「3은 4의 약수이다.」는   거짓

     $x=4$일 때 「4는 4의 약수이다.」는   참

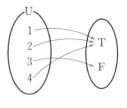

이므로 각각은 명제이다.

   이때, ①과 같은 문장을 '집합 U에서의 조건'이라 하고, 흔히 $p(x)$, $q(x)$, $r(x)$, $\cdots$로 나타낸다. 그리고 혼동의 우려가 없을 때에는 '집합 U에서의 조건 $p(x)$'를 간단히 조건 $p(x)$ 또는 조건 p라고도 한다.

   또, 전체집합 U의 원소 중에서 조건 $p(x)$가 참이 되는 원소 전체의 집합 P를 조건 $p(x)$의 진리집합이라고 한다. 이를테면 조건 ①의 진리집합은 $P=\{1, 2, 4\}$이다.

   일반적으로 전체집합 U에서의 조건 $p(x)$의 진리집합 P는

              $P=\{x \,|\, x \in U, \; p(x)\}$

로 나타낸다.

   여기서 진리집합 P는 전체집합 U가 무엇인가에 따라 달라진다. 만일 $U=\{2, 4, 6, 8, \cdots\}$이면 조건 ①의 진리집합은 $P=\{2, 4\}$이다.

그래서 진리집합을 P=$\{x \mid x \in \mathrm{U},\ p(x)\}$와 같이 「$x \in \mathrm{U}$」를 명시하는 것이지만, 혼동의 우려가 없을 때에는 간단히 P=$\{x \mid p(x)\}$로 나타낸다.

▧보기 1 전체집합 U가 다음과 같을 때, 조건

$$p(x):x \text{는 6의 약수이다.}$$

의 진리집합 P를 구하여라.

(1) U=$\{1, 2, 3, 4\}$ (2) U=$\{x \mid x \text{는 자연수}\}$

[연구] (1) **P**=$\{\boldsymbol{1, 2, 3}\}$ (2) **P**=$\{\boldsymbol{1, 2, 3, 6}\}$

Advice 3° ‘$\boldsymbol{p}$ 또는 $\boldsymbol{q}$’, ‘$\boldsymbol{p}$이고 $\boldsymbol{q}$’의 부정

전체집합 U에서의 조건 $p,\ q$의 진리집합을 각각 P, Q라고 할 때, 조건 p 또는 q의 진리집합은 P∪Q이고, p이고 q의 진리집합은 P∩Q이므로

$$\sim(p \text{ 또는 } q) \implies (\mathrm{P} \cup \mathrm{Q})^c \implies \mathrm{P}^c \cap \mathrm{Q}^c \implies \sim p \text{이고 } \sim q$$
$$\sim(p \text{이고 } q) \implies (\mathrm{P} \cap \mathrm{Q})^c \implies \mathrm{P}^c \cup \mathrm{Q}^c \implies \sim p \text{ 또는 } \sim q$$

이다. 따라서 다음을 알 수 있다.

> **정석** 조건 「$\boldsymbol{p}$ 또는 $\boldsymbol{q}$」의 부정은 $\implies \sim\!\boldsymbol{p}$이고 $\sim\!\boldsymbol{q}$
> 조건 「$\boldsymbol{p}$이고 $\boldsymbol{q}$」의 부정은 $\implies \sim\!\boldsymbol{p}$ 또는 $\sim\!\boldsymbol{q}$

▧보기 2 전체집합이 실수 전체의 집합일 때, 다음 조건의 부정을 말하여라.

(1) $x=0$ 또는 $y=0$ (2) $x=0$이고 $y=0$

(3) $x=\pm1$ (4) $x<2$ 또는 $x \geq 4$

[연구] 조건 ‘p 또는 q’의 부정과 조건 ‘p이고 q’의 부정에 대해서는

> **정석** 또는 $\xrightarrow{\text{부정}}$ 그리고,   그리고 $\xrightarrow{\text{부정}}$ 또는

인 것에 특히 주의해야 한다.

(1) $\boldsymbol{x \neq 0}$이고 $\boldsymbol{y \neq 0}$ (2) $\boldsymbol{x \neq 0}$ 또는 $\boldsymbol{y \neq 0}$

(3) $x=\pm1$은 「$x=1$ 또는 $x=-1$」을 뜻한다.

       따라서 그 부정은 $\boldsymbol{x \neq 1}$이고 $\boldsymbol{x \neq -1}$

(4) 부정은 「$x \geq 2$이고 $x<4$」이고 이를 다시 쓰면 $\boldsymbol{2 \leq x < 4}$

Note (4)에서 「$x<2$ 또는 $x \geq 4$」와 부정 「$2 \leq x < 4$」를 수직선 위에 나타내면 다음과 같다.

이와 같이 부등식으로 주어진 조건의 부정은 수직선 위에 나타내어 진리집합의 여집합을 생각하면 알기 쉽다.

𝒜𝒹𝓋𝒾𝒸𝑒 **4°** 조건으로 이루어진 명제의 참, 거짓

전체집합이 자연수 전체의 집합일 때, 두 조건

$$p : x는 4의 약수이다. \qquad q : x는 8의 약수이다.$$

는 명제가 아니다. 그러나 이 두 조건을 「이면」을 써서 연결한

$$x가 4의 약수이면 x는 8의 약수이다.$$

는 참인 문장이므로 명제이다. 이때, 앞의 조건 p를 가정, 뒤의 조건 q를 결론이라 하고, 이와 같은 꼴의 명제를 기호 $p \longrightarrow q$로 나타낸다.

또, 명제의 참, 거짓에 따라 다음과 같이 나타내기로 한다.

> **정의** 명제 $p \longrightarrow q$가 참일 때에는 $p \Longrightarrow q$
>
> 명제 $p \longrightarrow q$가 거짓일 때에는 $p \not\Longrightarrow q$
>
> 명제 $p \longrightarrow q$와 명제 $q \longrightarrow p$가 모두 참일 때에는 $p \Longleftrightarrow q$

*Note 1° 어떤 명제가 거짓임을 보일 때에는 가정은 만족하지만 결론을 만족하지 않는 예를 하나 들 수 있으면 충분하다. 이를테면 명제 '$x^2=1$이면 $x=1$이다'에서는 $x=-1$이 그 예이다. 이와 같은 예를 반례라고 한다.

2° 명제 'x가 4의 약수이면 x는 8의 약수이다'를 간단히 '4의 약수는 모두 8의 약수이다'라고 말하기도 한다. 흔히 보는 '정삼각형은 이등변삼각형이다'라는 명제는 삼각형 전체의 집합을 전체집합으로 보고 'x가 정삼각형이면 x는 이등변삼각형이다'를 간단히 말한 것으로 볼 수 있다.

이와 같이 조건으로 이루어진 명제의 참, 거짓은 각 조건의 진리집합의 포함 관계를 이용하여 판별할 수 있다.

이를테면 전체집합이 실수 전체의 집합일 때, 두 조건

$$p : 2 \leq x \leq 4, \quad q : 1 \leq x \leq 6$$

의 진리집합을 각각 P, Q라고 하면

$$P = \{x \mid 2 \leq x \leq 4\}, \quad Q = \{x \mid 1 \leq x \leq 6\}$$

이다. 이때, 명제

$$2 \leq x \leq 4 \longrightarrow 1 \leq x \leq 6$$

이 참이라는 것은

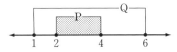

$$x \in P이면 \ x \in Q \quad 곧, \ P \subset Q$$

가 성립한다는 뜻과 같다. 곧,

$$p \Longrightarrow q이면 \ P \subset Q$$

임을 알 수 있다. 또, 같은 이치로

$$p \Longleftrightarrow q이면 \ P = Q$$

인 것도 알 수 있다.

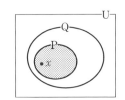

보기 3 명제 「$x=3$이면 $x^2=9$이다.」가 참임을 진리집합을 써서 보여라.

연구 조건 p : $x=3$, q : $x^2=9$의 진리집합을 각각 P, Q라고 하면
$$P=\{x\,|\,x=3\}=\{3\},\quad Q=\{x\,|\,x^2=9\}=\{-3,\,3\}$$
이므로 P⊂Q이다. 따라서 주어진 명제는 참이다.

보기 4 명제 「$x>1$이면 $2\leq x<4$이다.」가 거짓임을 진리집합을 써서 보여라.

연구 조건 p : $x>1$, q : $2\leq x<4$의 진리집합을 각각 P, Q라고 하면
$$P=\{x\,|\,x>1\},\quad Q=\{x\,|\,2\leq x<4\}$$
이므로 P⊄Q이다. 따라서 주어진 명제는 거짓이다.

*Note 결국 P⊄Q임을 보이면 되므로 $x=5$와 같이 P에는 속하지만 Q에는 속하지 않는 한 원소, 곧 반례를 들어도 된다.

Advice 5° ‘모든’과 ‘어떤’이 들어 있는 명제

▶ ‘모든’과 ‘어떤’이 들어 있는 명제의 참, 거짓

전체집합이 자연수 전체의 집합일 때, ‘모든’과 ‘어떤’이 들어 있는 다음 문장을 생각해 보자.

$$\text{모든 } x \text{에 대하여}\quad x^2-1\geq 0 \qquad\qquad \cdots\cdots①$$
$$\text{모든 } x \text{에 대하여}\quad x+1<10 \qquad\qquad \cdots\cdots②$$
$$\text{어떤 } x \text{에 대하여}\quad x+1<10 \qquad\qquad \cdots\cdots③$$
$$\text{어떤 } x \text{에 대하여}\quad 3x-5=0 \qquad\qquad \cdots\cdots④$$

① x가 자연수이면 $x\geq 1$이므로 $x^2\geq 1$이다. 곧, 모든 x에 대하여 $x^2-1\geq 0$이 성립한다. 따라서 참인 명제이다.

② $x=10$이면 $x+1<10$이 성립하지 않으므로 모든 x에 대하여 성립하는 것은 아니다. 따라서 거짓인 명제이다.

③ $x=1$이면 $x+1<10$이 성립하므로 $x+1<10$인 x가 존재한다. 따라서 참인 명제이다.

④ x가 자연수일 때 $3x-5=0$일 수 없으므로 어떤 x에 대해서도 성립하지 않는다. 따라서 거짓인 명제이다.

일반적으로 조건 $p(x)$의 진리집합을 P라고 하면 명제 ‘모든 x에 대하여 $p(x)$'는 전체집합 U의 모든 원소가 조건 $p(x)$를 만족할 때 참이 되므로

명제 ‘모든 x에 대하여 $p(x)$'는 P=U일 때 참, P≠U일 때 거짓

또, 명제 ‘어떤 x에 대하여 $p(x)$'는 전체집합 U의 원소 중 조건 $p(x)$를 만족하는 x가 적어도 하나 존재할 때 참이 되므로

명제 ‘어떤 x에 대하여 $p(x)$'는 P≠∅일 때 참, P=∅일 때 거짓

▶ '모든'과 '어떤'이 들어 있는 명제의 부정

이제 '모든'과 '어떤'이 들어 있는 명제의 부정을 알아보자.

이를테면 전체집합 $U=\{a,\ b,\ c\}$에서의 조건을 $p(x)$라고 할 때, 명제

모든 $\boldsymbol{x}$에 대하여 $\boldsymbol{p(x)}$이다. ……①

이 참이라고 하는 것은 U의 원소 $a,\ b,\ c$에 대하여

$p(a)$이고 $p(b)$이고 $p(c)$이다. ……②

가 참이라는 것과 같다.

그런데 ②의 부정은

$\sim p(a)$ 또는 $\sim p(b)$ 또는 $\sim p(c)$이다.

이므로 이를 다음과 같이 표현할 수 있다.

어떤 $\boldsymbol{x}$에 대하여 $\sim\boldsymbol{p(x)}$이다. ……③

따라서 ①의 부정은 ③이라고 할 수 있다.

마찬가지로 생각하면 명제

어떤 $\boldsymbol{x}$에 대하여 $\boldsymbol{p(x)}$이다.

의 부정은

모든 $\boldsymbol{x}$에 대하여 $\sim\boldsymbol{p(x)}$이다.

이다. 따라서 '모든'과 '어떤'이 들어 있는 명제를 부정할 때에는

> **정석** 모든 x의 부정은 $\implies$ 어떤 x
> 어떤 x의 부정은 $\implies$ 모든 x

임을 이용하면 된다.

보기 5 다음 명제의 부정을 말하고 참, 거짓을 판별하여라.

(1) 모든 실수 x에 대하여 $x^2+2x+1>0$이다.

(2) 어떤 실수 x에 대하여 $x^2-3x-4=0$이다.

연구 (1) 주어진 명제의 부정은   어떤 실수 x에 대하여 $\boldsymbol{x^2+2x+1\leq0}$이다.

$x=-1$인 경우 $x^2+2x+1\leq0$이 성립하므로 주어진 명제의 부정은   **참**

(2) 주어진 명제의 부정은   모든 실수 x에 대하여 $\boldsymbol{x^2-3x-4\neq0}$이다.

$x=4$인 경우 $x^2-3x-4=0$이므로 주어진 명제의 부정은   **거짓**

*$Note$ (1) 조건 $x^2+2x+1\leq0$의 진리집합을 P라고 하면 $P=\{-1\}\neq\varnothing$이므로 '어떤 실수 x에 대하여 $x^2+2x+1\leq0$이다'는 참이다.

(2) 실수 전체의 집합을 R라 하고, 조건 $x^2-3x-4\neq0$의 진리집합을 P라고 하면

$$P=\{x\,|\,x^2-3x-4\neq0\}=\{x\,|\,(x+1)(x-4)\neq0\}$$
$$=\{x\,|\,x\neq-1\text{이고 } x\neq4\}$$

에서 $P\neq R$이므로 '모든 실수 x에 대하여 $x^2-3x-4\neq0$이다'는 거짓이다.

필수 예제 **22**-1 두 조건 p, q가 각각 다음과 같을 때, 명제 $p \longrightarrow q$의
참, 거짓을 판별하여라. 단, x는 실수이다.

(1) $p : x^2=9$ 　　　　　　　　 $q : x^3=9x$

(2) $p : x^2-4x \le 0$ 　　　　　　 $q : x^2-7x+10 \le 0$

─────────────────────────────

[정석연구] 명제 $p \longrightarrow q$의 참, 거짓을 판별할 때에는 진리집합의 포함 관계를
이용하면 편하다. 곧,

　　정석 두 조건 **p, q**에 대하여
　　　　　　　$\mathbf{P}=\{\boldsymbol{x} \,|\, \boldsymbol{p}\}, \ \mathbf{Q}=\{\boldsymbol{x} \,|\, \boldsymbol{q}\}$
　　　라고 할 때,
　　　　　　　$\mathbf{P} \subset \mathbf{Q}$이면 　$\boldsymbol{p} \Longrightarrow \boldsymbol{q}$
　　　　　　　$\mathbf{P} \not\subset \mathbf{Q}$이면 　$\boldsymbol{p} \not\Longrightarrow \boldsymbol{q}$

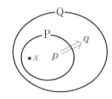

임을 이용한다.

[모범답안] (1) $\mathrm{P}=\{x \,|\, x^2=9\}$, $\mathrm{Q}=\{x \,|\, x^3=9x\}$로 놓자.
　$x^2=9$에서 $x=\pm 3$이므로 　$\mathrm{P}=\{-3, 3\}$
　$x^3=9x$에서 　$x^3-9x=0$ 　$\therefore$ $x(x+3)(x-3)=0$
　　　　$\therefore$ $x=0, -3, 3$ 　　$\therefore$ $\mathrm{Q}=\{-3, 0, 3\}$
　　곧, $\mathrm{P} \subset \mathrm{Q}$이므로 $p \Longrightarrow q$이다. 　　　　　　　[답] 참

(2) $\mathrm{P}=\{x \,|\, x^2-4x \le 0\}$, $\mathrm{Q}=\{x \,|\, x^2-7x+10 \le 0\}$으로 놓자.
　$x^2-4x \le 0$에서 　$x(x-4) \le 0$
　　　　$\therefore$ $0 \le x \le 4$
　　　　$\therefore$ $\mathrm{P}=\{x \,|\, 0 \le x \le 4\}$
　$x^2-7x+10 \le 0$에서 　$(x-2)(x-5) \le 0$
　　　　$\therefore$ $2 \le x \le 5$
　　　　$\therefore$ $\mathrm{Q}=\{x \,|\, 2 \le x \le 5\}$

　　곧, $\mathrm{P} \not\subset \mathrm{Q}$이므로 $p \not\Longrightarrow q$이다. 　　　　　　[답] 거짓

Note (2) 명제가 거짓인 것을 설명하고자 할 때에는 $x=1$과 같은 반례를 들어도
된다. 이때, 명제 $p \longrightarrow q$의 반례는 $\mathrm{P}-\mathrm{Q}$의 원소이다.

[유제] **22**-1. 다음 명제의 참, 거짓을 판별하여라. 단, x는 실수이다.

(1) $x^2=1$이면 $x^3=x$이다.

(2) $x^2-6x+8 \le 0$이면 $x^2-x>0$이다.

(3) $x^2-1 \le 0$이면 $x^2-3x \le 0$이다. 　　　[답] (1) 참 　(2) 참 　(3) 거짓

필수 예제 **22**-2 $0 < x < 4$, $0 < y < 4$를 만족하는 정수 x, y에 대하여 두 조건 p, q가 다음과 같다.

$$p : x^2 - 4x + y^2 - 4y + 7 = 0, \qquad q : x + y = 3$$

이때, 다음 조건의 진리집합을 구하여라.

(1) $\sim p$ (2) $\sim p$ 또는 $\sim q$ (3) $\sim(p$ 또는 $q)$

[정석연구] 전체집합 U에서의 조건 p, q의 진리집합을 각각 P, Q라 할 때, 조건

$$\sim p, \qquad \sim p \text{ 또는 } \sim q, \qquad \sim(p \text{ 또는 } q)$$

의 진리집합은 각각

$$P^c, \qquad P^c \cup Q^c, \qquad (P \cup Q)^c$$

임을 이용한다.

정석 $P = \{(x, y) \mid p\}$, $Q = \{(x, y) \mid q\}$라고 하면

$$p \text{ 또는 } q \Longrightarrow P \cup Q, \qquad p \text{이고 } q \Longrightarrow P \cap Q, \qquad \sim p \Longrightarrow P^c$$

[모범답안] $x \in \{1, 2, 3\}$, $y \in \{1, 2, 3\}$이므로 순서쌍 (x, y)를 원소로 하는 전체집합 U는 다음과 같다.

$$U = \{(1, 1), (1, 2), (1, 3), (2, 1), (2, 2), (2, 3), (3, 1), (3, 2), (3, 3)\}$$

(1) $x^2 - 4x + y^2 - 4y + 7 = 0$에서 $(x-2)^2 + (y-2)^2 = 1$

그런데 x, y는 정수이고, $(x-2)^2 \geq 0$, $(y-2)^2 \geq 0$이므로

$$\begin{cases} (x-2)^2 = 1 \\ (y-2)^2 = 0 \end{cases} \text{ 또는 } \begin{cases} (x-2)^2 = 0 \\ (y-2)^2 = 1 \end{cases}$$

따라서 조건 p의 진리집합을 P라고 하면

$$P = \{(1, 2), (2, 1), (2, 3), (3, 2)\}$$

$$\therefore P^c = \{(1, 1), (1, 3), (2, 2), (3, 1), (3, 3)\} \longleftarrow \boxed{답}$$

(2) 조건 q의 진리집합을 Q라고 하면 $Q = \{(1, 2), (2, 1)\}$

$$\therefore Q^c = \{(1, 1), (1, 3), (2, 2), (2, 3), (3, 1), (3, 2), (3, 3)\}$$

$$\therefore P^c \cup Q^c = \{(1, 1), (1, 3), (2, 2), (2, 3), (3, 1), (3, 2), (3, 3)\} \longleftarrow \boxed{답}$$

(3) $(P \cup Q)^c = P^c \cap Q^c = \{(1, 1), (1, 3), (2, 2), (3, 1), (3, 3)\} \longleftarrow \boxed{답}$

[유제] **22**-2. 전체집합이 $U = \{-2, -1, 0, 1, 2\}$인 두 조건 p, q가

$$p : x^2 - x = 0, \qquad q : x^2 = 1$$

일 때, 다음 조건의 진리집합을 구하여라.

(1) p 또는 q (2) p이고 q (3) $\sim p$ 또는 q (4) p이고 $\sim q$

$\boxed{답}$ (1) $\{-1, 0, 1\}$ (2) $\{1\}$ (3) $\{-2, -1, 1, 2\}$ (4) $\{0\}$

§2. 명제의 역과 대우

기본정석

1 명제의 역과 대우

　명제 $p \longrightarrow q$에서 가정과 결론을 서로 바꾸어 놓은 명제 $q \longrightarrow p$를 명제 $p \longrightarrow q$의 역이라고 한다.

　또, 명제 $p \longrightarrow q$에서 가정과 결론을 부정하고 서로 바꾸어 놓은 명제 $\sim q \longrightarrow \sim p$를 명제 $p \longrightarrow q$의 대우라고 한다.

　다음은 명제와 그의 역, 대우 사이의 관계를 나타낸 것이다.

2 명제와 그의 역, 대우의 참과 거짓

　(1) 명제 $p \longrightarrow q$가 참이면 대우 $\sim q \longrightarrow \sim p$도 반드시 참이다.

　　명제 $p \longrightarrow q$가 거짓이면 대우 $\sim q \longrightarrow \sim p$도 반드시 거짓이다.

　(2) 명제 $p \longrightarrow q$가 참이라고 해서 역 $q \longrightarrow p$가 반드시 참인 것은 아니다.

Advice 1° 명제 $p \longrightarrow q$에서 가정과 결론을 부정한 명제 $\sim p \longrightarrow \sim q$를 명제 $p \longrightarrow q$의 이라고 한다.

　이때, 이는 역 $q \longrightarrow p$의 대우임을 알 수 있다.

보기 1 다음 명제의 역과 대우를 말하여라.

　(1) $x=0$이면 $xy=0$이다.

　(2) 자연수 x에 대하여 x가 짝수이면 x^2은 짝수이다.

연구 (1) 역 : $xy=0$이면 $x=0$이다.

　　　대우 : $xy \neq 0$이면 $x \neq 0$이다.

　(2) 역 : 자연수 x에 대하여 x^2이 짝수이면 x는 짝수이다.

　　 대우 : 자연수 x에 대하여 x^2이 홀수이면 x는 홀수이다.

Note (2)에서 '자연수 x에 대하여'를 대전제라고 한다. 대전제는 가정과 결론에 공통인 조건이므로 역, 대우 등에서도 항상 앞에 있어야 한다.

Advice 2° 명제와 그의 역, 대우의 참과 거짓

다음 두 명제를 예로 하여 어떤 명제가 참일 때, 그 명제의 역과 대우의 참과 거짓에 대하여 살펴보자.

명제 : $x=0 \longrightarrow x^2=0$ (참) ─┐

역 : $x^2=0 \longrightarrow x=0$ (참)

대우 : $x^2 \neq 0 \longrightarrow x \neq 0$ (참) ─┘

명제 : $x=1 \longrightarrow x^2=1$ (참) ─┐

역 : $x^2=1 \longrightarrow x=1$ (거짓)

대우 : $x^2 \neq 1 \longrightarrow x \neq 1$ (참) ─┘

위에서 보면 어떤 명제가 참일 때 그 명제의 대우도 참임을 알 수 있고(일반적인 설명은 아래 **보기 2** 참조), 어떤 명제가 참일 때 그 명제의 역은 참인 경우도 있고 거짓인 경우도 있음을 알 수 있다.

> **정석** $p \Longrightarrow q$ 이면 $\sim q \Longrightarrow \sim p$

보기 2 명제 $p \longrightarrow q$ 가 참이면 그 대우 $\sim q \longrightarrow \sim p$ 도 참임을 보여라.

[연구] 전체집합 U 에서의 두 조건 p, q 의 진리
집합을 각각 P, Q 라고 할 때,
$$P \subset Q \text{이면} \quad Q^c \subset P^c$$
이다. 따라서
$$p \Longrightarrow q \text{이면} \quad \sim q \Longrightarrow \sim p$$
이다.

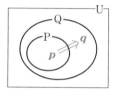

Note $p \longrightarrow q$ 가 거짓이면 $P \subset Q$ 가 성립하지 않으므로 $Q^c \subset P^c$ 도 성립하지 않는다. 곧, $p \longrightarrow q$ 가 거짓이면 $\sim q \longrightarrow \sim p$ 도 거짓이다.

한편 $P \subset Q$ 라고 해서 반드시 $Q \subset P$ 인 것은 아니므로 명제 $p \longrightarrow q$ 가 참이라고 해서 반드시 $q \longrightarrow p$ 가 참인 것은 아니다.

또, $P \subset Q$ 라고 해서 반드시 $P^c \subset Q^c$ 인 것은 아니므로 $p \longrightarrow q$ 가 참이라고 해서 반드시 $\sim p \longrightarrow \sim q$ 가 참인 것은 아니다.

보기 3 명제 $p \longrightarrow \sim q$ 가 참일 때, 다음 중 반드시 참인 명제는?

① $\sim q \longrightarrow p$ ② $\sim p \longrightarrow q$ ③ $p \longrightarrow q$

④ $q \longrightarrow \sim p$ ⑤ $q \longrightarrow p$

[연구] 반드시 참인 명제는 이 명제의 대우이다. 따라서 명제 $p \longrightarrow \sim q$ 의 대우 $\sim(\sim q) \longrightarrow \sim p$, 곧 $q \longrightarrow \sim p$ 는 항상 참이다.   답 ④

보기 4 명제 $p \longrightarrow q$ 의 역이 참일 때, 다음 중 반드시 참인 명제는?

① $p \longrightarrow q$ ② $\sim p \longrightarrow \sim q$ ③ $\sim q \longrightarrow \sim p$

④ $q \longrightarrow \sim p$ ⑤ $p \longrightarrow \sim q$

[연구] 명제 $p \longrightarrow q$ 의 역은 $q \longrightarrow p$ 이다. 명제 $q \longrightarrow p$ 가 참일 때, 반드시 참인 명제는 이 명제의 대우인 $\sim p \longrightarrow \sim q$ 이다.   답 ②

필수 예제 22-3 다음 명제의 참, 거짓을 판별하여라. 또, 명제의 역, 대
  우를 말하고 참, 거짓을 판별하여라. 단, x, y, z는 실수이다.
 (1) $x \geq 1$이고 $y \geq 1$이면 $x+y \geq 2$이다.
 (2) $xyz=0$이면 $x=0$ 또는 $y=0$ 또는 $z=0$이다.

─────────────────────────────

[정석연구] 먼저 명제의 역, 대우의 정의를 명확히 알아야 하고, 다음으로는 '또
는', '그리고'를 포함한 문장에 대한 부정에 주의해야 한다.

정석 또는 $\xrightarrow{\text{부정}}$ 그리고,   그리고 $\xrightarrow{\text{부정}}$ 또는

[모범답안] (1) 명제 : $x \geq 1$이고 $y \geq 1$이면 $x+y \geq 2$이다.   (참)
   역 : $x+y \geq 2$이면 $x \geq 1$이고 $y \geq 1$이다.   (거짓)
   대우 : $x+y < 2$이면 $x < 1$ 또는 $y < 1$이다.   (참)
 (2) 명제 : $xyz=0$이면 $x=0$ 또는 $y=0$ 또는 $z=0$이다.   (참)
   역 : $x=0$ 또는 $y=0$ 또는 $z=0$이면 $xyz=0$이다.   (참)
   대우 : $x \neq 0$이고 $y \neq 0$이고 $z \neq 0$이면 $xyz \neq 0$이다.   (참)

Advice | 위에서 알 수 있듯이 어떤 명제가 참이면, 그 명제의 대우는 반
드시 참이지만 그 명제의 역이 반드시 참인 것은 아니다.
   따라서 명제의 참과 거짓을 판별하고자 할 때,

정석 $p \Longrightarrow q$이면 $\sim q \Longrightarrow \sim p$

가 성립함을 이용하면 편리할 때가 많다.
   이를테면 명제
$x+y < 2$이면 $x < 1$ 또는 $y < 1$이다.   ……①

과 같이 이대로는 참인지 거짓인지의 판별이 알쏭달쏭할 때가 있다. 이런 경
우에는 이 명제의 대우
$x \geq 1$이고 $y \geq 1$이면 $x+y \geq 2$이다.   ……②

를 만들고, ②가 참인지 거짓인지를 판별해도 된다.
   곧, ②가 참이므로 ①도 참이라는 결론을 내릴 수 있다.

[유제] **22**-3. 다음 명제의 대우를 말하여라. 단, x, y, z는 실수이다.
 (1) $xy < 1$이면 $x < 1$ 또는 $y < 1$이다.
 (2) $xy=0$이면 $x=0$ 또는 $y=0$이다.
 (3) $x^2+y^2+z^2-xy-yz-zx=0$이면 $x=y=z$이다.
 [답] (1) $x \geq 1$이고 $y \geq 1$이면 $xy \geq 1$이다. (2) $x \neq 0$이고 $y \neq 0$이면 $xy \neq 0$이다.
   (3) $x \neq y$ 또는 $y \neq z$ 또는 $z \neq x$이면 $x^2+y^2+z^2-xy-yz-zx \neq 0$이다.

필수 예제 22-4 다음 명제의 대우를 말하고 참, 거짓을 판별하여라.

(1) 임의의 실수 x에 대하여 $ax^2 \geq 0$이면 $a \geq 0$이다.

(2) 어떤 실수 x에 대하여 $ax^2 + bx + c \neq 0$이면 a, b, c 중 적어도 하나는 0이 아니다.

[정석연구] (1) 다음은 모두 같은 표현이다.

모든 x에 대하여 $p(x)$

임의의 x에 대하여 $p(x)$

어떠한 x에 대하여도 $p(x)$

따라서 각 명제의 부정은 어떤 x를 써서 나타내면 된다.

(2) 다음도 모두 같은 표현이다.

어떤 x에 대하여 $p(x)$

적당한 x에 대하여 $p(x)$

$p(x)$인 x가 존재한다.

따라서 각 명제의 부정은 모든 x를 써서 나타내면 된다.

정석 모든 x의 부정은 $\Longrightarrow$ 어떤 x
어떤 x의 부정은 $\Longrightarrow$ 모든 x

[모범답안] (1) 대우: $a < 0$이면 어떤 실수 x에 대하여 $ax^2 < 0$이다.
$x = 1$일 때 $ax^2 = a < 0$이므로 성립한다.   참 ← [답]

(2) 대우: $a = 0$이고 $b = 0$이고 $c = 0$이면
모든 실수 x에 대하여 $ax^2 + bx + c = 0$이다.

$a = 0$, $b = 0$, $c = 0$이면 $ax^2 + bx + c = 0 \times x^2 + 0 \times x + 0 = 0$이므로 성립한다.   참 ← [답]

[유제] **22**-4. 다음 명제의 대우를 말하여라. 단, a, b, c는 실수이다.

(1) U가 전체집합일 때, 임의의 집합 A에 대하여 $A \cap X = A$이면 $X = U$이다.

(2) $a > 0$이고 $b^2 - 4ac < 0$이면 모든 실수 x에 대하여 $ax^2 + bx + c > 0$이다.

(3) 꽃이 피고 새가 울면 어떤 사람은 여행을 간다.

(4) $a = 0$이고 $b > 0$이면 $ax + b > 0$인 실수 x가 존재한다.

[답] (1) U가 전체집합일 때, $X \neq U$이면 어떤 집합 A에 대하여 $A \cap X \neq A$이다.

(2) 어떤 실수 x에 대하여 $ax^2 + bx + c \leq 0$이면 $a \leq 0$ 또는 $b^2 - 4ac \geq 0$이다.

(3) 모든 사람이 여행을 가지 않으면 꽃이 피지 않거나 새가 울지 않는다.

(4) 모든 실수 x에 대하여 $ax + b \leq 0$이면 $a \neq 0$ 또는 $b \leq 0$이다.

필수 예제 22-5 두 문장

「겨울이 오면 춥다.」, 「눈이 오지 않으면 춥지 않다.」

가 모두 참인 명제라고 할 때, 다음 중 반드시 참이라고는 말할 수 <u>없는</u> 것은?

① 추우면 눈이 온다.   ② 춥지 않으면 겨울이 오지 않는다.

③ 겨울이 오면 눈이 온다.   ④ 눈이 오면 겨울이 온다.

⑤ 눈이 오지 않으면 겨울이 오지 않는다.

[정석연구] 일상에서 '추우면 겨울이 온다'라는 말은 참일 수 있다. 그러나 일반적으로 이 문장이 참인지 거짓인지 단정 지을 수 없다. 이 문제에서 참이라고 주어진 명제는 두 개뿐이므로 이 두 명제와 두 명제로부터 항상 참이라고 말할 수 있는 사실만을 참이라고 할 수 있다.

따라서 참으로 주어진 문장을 $p \Longrightarrow q$ 꼴로 기호화한 다음, 이 명제의 대우와 다음 삼단논법에 의하여 얻은 사실만이 참이라는 것을 이용한다.

삼단논법 : 조건 p, q, r의 진리집합을 각각 P, Q, R라고 하자.

$p \Longrightarrow q$이고 $q \Longrightarrow r$이면 P⊂Q이고 Q⊂R이다.

따라서 P⊂R이므로 $p \Longrightarrow r$이다. 이를 명제의 삼단논법이라고 한다.

정석 ($p \Longrightarrow q$이고 $q \Longrightarrow r$)이면 $p \Longrightarrow r$

[모범답안] p : 겨울이 온다. q : 춥다. r : 눈이 온다.

로 놓으면 주어진 두 명제는 $p \Longrightarrow q$, $\sim r \Longrightarrow \sim q$

대우가 반드시 참이므로 $\sim q \Longrightarrow \sim p$, $q \Longrightarrow r$

$p \Longrightarrow q$, $q \Longrightarrow r$이므로 삼단논법에서 $p \Longrightarrow r$

또, 이 명제의 대우를 생각하면 $\sim r \Longrightarrow \sim p$

①은 $q \longrightarrow r$를, ②는 $\sim q \longrightarrow \sim p$를, ③은 $p \longrightarrow r$를, ④는 $r \longrightarrow p$를, ⑤는 $\sim r \longrightarrow \sim p$를 나타낸 것이다.

한편 ④는 $p \longrightarrow r$의 역이므로 반드시 참이라고는 할 수 없다. [답] ④

Note 기호를 쓰지 않고 이 문제를 풀어 보면 수학에서 기호를 쓴다는 것이 얼마나 유용한 것인지 확인할 수 있다.

[유제] **22**-5. 세 조건 p, q, r에 대하여 다음 중 옳은 것은?

① $p \Longrightarrow \sim q$, $\sim r \Longrightarrow q$이면 $p \Longrightarrow \sim r$이다.

② $p \Longrightarrow \sim q$, $r \Longrightarrow q$이면 $p \Longrightarrow \sim r$이다.

③ $q \Longrightarrow \sim p$, $\sim q \Longrightarrow r$이면 $\sim p \Longrightarrow r$이다.

④ $p \Longrightarrow q$, $\sim r \Longrightarrow \sim q$이면 $\sim p \Longrightarrow r$이다.

⑤ $p \Longrightarrow q$, $p \Longrightarrow r$이면 $q \Longrightarrow r$이다.

[답] ②

필수 예제 22-6 다음은 판사가 피고 A, B, C, D, E를 심문한 결과이다.

(가) 다섯 사람 중 정확히 두 명이 유죄이다.

(나) B와 C는 함께 유죄이거나 무죄이다.

(다) A가 무죄라면 B와 E도 무죄이다.

(라) D가 무죄라면 C도 무죄이다.

(마) D가 유죄라면 E도 유죄이다.

이로부터 누가 유죄라고 말할 수 있는가?

[정석연구] (가)~(마)를 기호화한 다음, 논리적으로 추론해 나간다.

정석 $(p \Longrightarrow q)$이면 $(\sim q \Longrightarrow \sim p)$

$(p \Longrightarrow q$이고 $q \Longrightarrow r)$이면 $(p \Longrightarrow r)$ ⇦ 삼단논법

[모범답안] a : A가 유죄이다. b : B가 유죄이다. c : C가 유죄이다.

d : D가 유죄이다. e : E가 유죄이다. p : 두 명이 유죄이다.

라고 하면, 판사의 심문 결과는

(가) p는 참인 명제이다.   (나) $b \Longleftrightarrow c$

(다) $\sim a \Longrightarrow \sim b$, $\sim a \Longrightarrow \sim e$ 곧, $b \Longrightarrow a$, $e \Longrightarrow a$

(라) $\sim d \Longrightarrow \sim c$ 곧, $c \Longrightarrow d$ (마) $d \Longrightarrow e$

이며, 여기서 (나)~(마)를 다음과 같이 정리할 수 있다.

$$a \overset{\text{(다)}}{\Longleftarrow} b \overset{\text{(나)}}{\Longleftrightarrow} c \overset{\text{(라)}}{\Longrightarrow} d \overset{\text{(마)}}{\Longrightarrow} e \overset{\text{(다)}}{\Longrightarrow} a$$

(ⅰ) 만일 B 또는 C가 유죄라고 하면, (나)에 의하여 B와 C가 동시에 유죄이고, (다), (라)와 (마)에 의하여 A, D, E 모두 유죄가 되므로 이는 명제 p에 모순이다. 따라서 B와 C는 무죄이다.

(ⅱ) D가 유죄라고 하면, (마)에 의하여 E도 유죄이다. 또한 E가 유죄이면, (다)에 의하여 A도 유죄가 되어 3명이 유죄이므로 명제 p에 모순이다. 따라서 D는 무죄이다.

(ⅲ) p가 참이므로 (ⅰ), (ⅱ)에서 남은 A와 E가 유죄이다.   답 **A, E**

[유제] **22**-6. 다음은 용의자 A, B, C, D를 조사한 결론이다.

(가) A가 범인이면 B도 범인이다.

(나) B가 범인이면 C가 범인이거나 A는 범인이 아니다.

(다) A가 범인이 아니면 D도 범인이 아니다.

(라) D가 범인이 아니면 A가 범인이고 C는 범인이 아니다.

이로부터 누가 범인이라고 말할 수 있는가?   답 **A, B, C, D**

§3. 충분조건 · 필요조건

1 충분 · 필요 · 필요충분조건의 정의

(i) $p \Longrightarrow q$일 때, 곧 명제 $p \longrightarrow q$가 참일 때

　　　p는 q이기 위한 충분조건,

　　　q는 p이기 위한 필요조건

(ii) $p \Longleftrightarrow q$일 때, 곧 명제 $p \longrightarrow q$와 $q \longrightarrow p$가 모두 참일 때

　　　p는 q이기 위한 필요충분조건(또는 서로 동치),

　　　q는 p이기 위한 필요충분조건(또는 서로 동치)

이라고 한다.

2 충분 · 필요 · 필요충분조건과 진리집합의 포함 관계

　　두 조건 p, q의 진리집합을 각각 P, Q라고 할 때

　　　　$P \subset Q$이면 $\Longrightarrow p \Longrightarrow q$,

　　　　$P = Q$이면 $\Longrightarrow p \Longleftrightarrow q$

이므로

　　　$P \subset Q$일 때　p는 q이기 위한 충분조건,

　　　　　　　　　　q는 p이기 위한 필요조건

　　　$P = Q$일 때　p와 q는 서로 필요충분조건

의 관계가 있다.

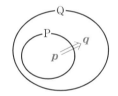

Advice | 충분 · 필요 · 필요충분조건 문제를 다루는 방법

　첫째 : 두 조건 p, q 사이에 다음 중 어느 것인가를 따진다.

　　　　　$p \Longrightarrow q$,　$q \Longrightarrow p$,　$p \Longleftrightarrow q$

　또는 $P = \{x \mid p\}$, $Q = \{x \mid q\}$ 사이에 다음 중 어느 것인가를 따진다.

　　　　　$P \subset Q$,　　$Q \subset P$,　　$P = Q$

　둘째 : 보통 무언가를 줄 수 있다는 것은 충분히　　주기에 충분하다

　　여유가 있는 경우이고, 무언가를 받아야 한다　　$p \Longrightarrow q$

　　는 것은 필요로 하는 것이 있는 경우라고 생각

　　할 수 있다.　　　　　　　　　　　　　　　받을 필요가 있다

　　　따라서 $p \Longrightarrow q$에서 화살표 방향으로 주는

　p는 충분조건, 받는 q는 필요조건이라고 기억해도 된다.

보기 1 다음 ☐ 안에 충분, 필요, 필요충분 중에서 알맞은 것을 써넣어라.
단, 문자는 모두 실수이다.

(1) $a=0$은 $ab=0$이기 위한 ☐ 조건이다.

(2) $mx=my$는 $x=y$이기 위한 ☐ 조건이다.

(3) $3\leq x\leq 4$는 $2\leq x\leq 5$이기 위한 ☐ 조건이다.

(4) $3x-1>2x+3$은 $(x^2+1)(x-4)>0$이기 위한 ☐ 조건이다.

[연구] (1) $a=0 \implies ab=0$

$ab=0 \;/\!\!\!\!\implies a=0$ (반례: $a=1$, $b=0$)

따라서 $a=0$은 $ab=0$이기 위한 충분조건이지만 필요조건은 아니다.

(2) $mx=my \;/\!\!\!\!\implies x=y$ (반례: $m=0$, $x=2$, $y=1$)

$x=y \implies mx=my$

따라서 $mx=my$는 $x=y$이기 위한 필요조건이지만 충분조건은 아니다.

(3) $P=\{x\,|\,3\leq x\leq 4\}$, $Q=\{x\,|\,2\leq x\leq 5\}$라고 하면

$P\subset Q$이므로 $3\leq x\leq 4 \implies 2\leq x\leq 5$

$Q\not\subset P$이므로 $2\leq x\leq 5 \;/\!\!\!\!\implies 3\leq x\leq 4$

따라서 $3\leq x\leq 4$는 $2\leq x\leq 5$이기 위한 충분
조건이지만 필요조건은 아니다.

(4) $P=\{x\,|\,3x-1>2x+3\}$, $Q=\{x\,|\,(x^2+1)(x-4)>0\}$이라고 하면

$$P=\{x\,|\,x>4\}, \quad Q=\{x\,|\,x>4\}$$

$P=Q$이므로 $3x-1>2x+3 \iff (x^2+1)(x-4)>0$

따라서 $3x-1>2x+3$은 $(x^2+1)(x-4)>0$이기 위한 필요충분조건이다.

[답] (1) 충분 (2) 필요 (3) 충분 (4) 필요충분

Note 1° 두 조건 p, q의 진리집합을 각각 P, Q라고 할 때, $P\subset Q$, $Q\not\subset P$이면
$p\implies q$, $q\;/\!\!\!\!\implies p$이므로 p는 q이기 위한 충분조건이지만 필요조건은 아니다.
또, q는 p이기 위한 필요조건이지만 충분조건은 아니다.

그리고 $P\subset Q$, $Q\subset P$, 곧 $P=Q$이면 $p\iff q$이므로 p와 q는 서로 필요충분
조건이다.

따라서 충분조건인지, 필요조건인지, 필요충분조건인지를 알기 위해서는
$P\subset Q$와 $Q\subset P$를 모두 확인해야 한다.

2° 다음은 모두 같은 물음이다.

p는 q이기 위한 어떤 조건인가?

p는 q의 어떤 조건인가?

q이기 위하여 p는 어떤 조건인가?

어떤 경우이든 주어에 해당하는 p가 화살표를 주는지 받는지 알아본 다음,
주는 쪽에 있으면 충분조건, 받는 쪽에 있으면 필요조건이라고 하면 된다.

필수 예제 **22**-7　네 조건 p, q, r, s에 대하여

　　　　p, q는 모두 r이기 위한 충분조건,

　　　　s는 r이기 위한 필요조건,　　q는 s이기 위한 필요조건

　　이라고 한다. 이때, 다음 물음에 답하여라.

　(1) p는 s이기 위한 어떤 조건인가?

　(2) q는 p이기 위한 어떤 조건인가?

　(3) r는 s이기 위한 어떤 조건인가?

─────────────────────────────

[정석연구] 문제에서 주어진 조건들을

　　　　정석　「p는 q이기 위한 충분조건」이면　$p \Longrightarrow q$
　　　　　　　　「p는 q이기 위한 필요조건」이면　$q \Longrightarrow p$

　를 이용하여 기호로 나타내면 한눈에 보이게 정리할 수 있다.

　　　　정석　주어진 조건을 기호를 써서 정리해 본다.

[모범답안] 문제의 조건으로부터

　　　$p \Longrightarrow r$　　……①　　$q \Longrightarrow r$　　……②

　　　$r \Longrightarrow s$　　……③　　$s \Longrightarrow q$　　……④

　　이다. 그리고 이 조건을 하나의 그림으로 표현하
　　면 오른쪽과 같다.

$$q$$
$$\begin{array}{c} {\scriptstyle ②}\swarrow \quad \nwarrow{\scriptstyle ④} \\ p \underset{①}{\Longrightarrow} r \underset{③}{\Longrightarrow} s \end{array}$$

　(1) ①, ③에서 $p \Longrightarrow r \Longrightarrow s$이므로 $p \Longrightarrow s$이다.

　　　따라서 p는 s이기 위한 충분조건이다.　　　　　[답] 충분조건

　(2) ①, ③, ④에서 $p \Longrightarrow r \Longrightarrow s \Longrightarrow q$이므로 $p \Longrightarrow q$이다.

　　　따라서 q는 p이기 위한 필요조건이다.　　　　　[답] 필요조건

　(3) ③에서 $r \Longrightarrow s$이고,

　　　④, ②에서 $s \Longrightarrow q \Longrightarrow r$, 곧 $s \Longrightarrow r$이므로 $r \Longleftrightarrow s$이다.

　　　따라서 r는 s이기 위한 필요충분조건이다.　　　[답] 필요충분조건

*Note　위의 그림에서 q, r, s(②, ③, ④)가 동치임을 알 수 있다.

[유제] **22**-7. 네 조건 p, q, r, s에 대하여

　　　　　　p는 q의 충분조건,　　　q는 r의 필요조건,

　　　　　　r는 s의 필요조건,　　　s는 q의 필요조건

　　일 때, 다음 물음에 답하여라.

　(1) p는 s의 어떤 조건인가?　　　(2) q는 s의 어떤 조건인가?

　　　　　　　　　　　　　　　　　　[답] (1) 충분조건　(2) 필요충분조건

필수 예제 **22**-8 다음 ☐ 안에 충분, 필요, 필요충분 중에서 알맞은
   것을 써넣어라. 단, x는 실수이다.
   (1) $x^2 \leq 1$은 $x^2+6>5x$이기 위한 ☐ 조건이다.
   (2) $x^2-4x<0$은 $x^2-4x+3<0$이기 위한 ☐ 조건이다.

[정석연구] 조건 p, q가 부등식인 경우, 성립 여부를 따질 때에는 진리집합의 포
함 관계를 조사하는 것이 편하다.

> **정석** 조건 p, q의 진리집합을 각각 P, Q라고 할 때
> $P \subset Q$이면 $p \Longrightarrow q$, $P=Q$이면 $p \Longleftrightarrow q$

[모범답안] (1) $P=\{x \mid x^2 \leq 1\}$, $Q=\{x \mid x^2+6>5x\}$로 놓자.
   $x^2 \leq 1$에서 $(x+1)(x-1) \leq 0$ $\therefore$ $P=\{x \mid -1 \leq x \leq 1\}$
   또, $x^2+6>5x$에서 $(x-2)(x-3)>0$ $\therefore$ $Q=\{x \mid x<2$ 또는 $x>3\}$
      $\therefore$ $P \subset Q$, $Q \not\subset P$
   곧, $x^2 \leq 1 \Longrightarrow x^2+6>5x$,
      $x^2+6>5x \not\Longrightarrow x^2 \leq 1$
   이므로 충분조건이다.   [답] 충분

(2) $P=\{x \mid x^2-4x<0\}$, $Q=\{x \mid x^2-4x+3<0\}$으로 놓자.
   $x^2-4x<0$에서 $x(x-4)<0$ $\therefore$ $P=\{x \mid 0<x<4\}$
   또, $x^2-4x+3<0$에서 $(x-1)(x-3)<0$ $\therefore$ $Q=\{x \mid 1<x<3\}$
      $\therefore$ $Q \subset P$, $P \not\subset Q$
   곧, $x^2-4x+3<0 \Longrightarrow x^2-4x<0$,
      $x^2-4x<0 \not\Longrightarrow x^2-4x+3<0$
   이므로 필요조건이다.   [답] 필요

Advice | $\alpha<\beta$일 때   ⇦ 실력 수학(상) p. 198
         $(x-\alpha)(x-\beta)<0 \iff \alpha<x<\beta$
         $(x-\alpha)(x-\beta)>0 \iff x<\alpha$ 또는 $x>\beta$

[유제] **22**-8. 다음 ☐ 안에 충분, 필요, 필요충분 중에서 알맞은 것을 써넣
   어라. 단, x는 실수이다.
   (1) $x<0$은 $x^2-x>0$이기 위한 ☐ 조건이다.
   (2) $-1 \leq x \leq 2$는 $x^2-x-2<0$이기 위한 ☐ 조건이다.
   (3) 「$x<-3$ 또는 $x>2$」는 $x^2+x-6>0$이기 위한 ☐ 조건이다.
                    [답] (1) 충분 (2) 필요 (3) 필요충분

필수 예제 **22**-9   실수 a에 관한 두 조건

　　p : x에 관한 이차방정식 $x^2-2(a-2)x+2-a^2=0$이 서로 다른
　　　　두 실근을 가진다.

　　q : x에 관한 이차방정식 $ax^2-2ax+2k-a=0$이 서로 다른 두
　　　　실근을 가진다.

　에 대하여 다음 물음에 답하여라. 단, $k>0$이다.

(1) 조건 p, q의 진리집합 P, Q를 구하여라.

(2) 조건 p가 조건 q이기 위한 필요조건일 때, k의 최솟값을 구하여라.

정석연구 (2) 두 조건 p, q의 진리집합을 각각 P, Q라고 할 때

정석 P⊂Q ⟺ p는 q이기 위한 충분조건,

　　　　　q는 p이기 위한 필요조건

　　P=Q ⟺ p와 q는 서로 필요충분조건

이다.

모범답안 (1) 조건 p에서 $x^2-2(a-2)x+2-a^2=0$의 판별식을 D_1이라고 하면

　　$D_1/4=(a-2)^2-(2-a^2)=2(a-1)^2>0$　곧, p : $a\neq1$

　　　∴ **P**={ a | a는 $a\neq1$인 실수} ← [답]

　조건 q에서 $ax^2-2ax+2k-a=0$의 판별식을 D_2라고 하면

　　$D_2/4=a^2-a(2k-a)=2a(a-k)>0$　곧, q : $a<0$ 또는 $a>k$

　　　∴ **Q**={ a | $a<0$ 또는 $a>k$ } ← [답]

(2) p가 q이기 위한 필요조건이면 Q⊂P이므로 $1\notin$Q이어야 한다.

　따라서 $k\geq1$이므로 k의 최솟값은 1이다.　　　　　　　　[답] 1

유제 **22**-9. 실수 a에 관한 두 조건

　　p : x에 관한 이차방정식 $x^2+2(a+1)x+a^2+2=0$이 허근을 가진다.

　　q : x에 관한 이차방정식 $ax^2-ax+k=0$이 허근을 가진다.

　에 대하여 조건 p가 조건 q이기 위한 필요조건일 때, 양수 k의 최댓값을 구

하여라.　　　　　　　　　　　　　　　　　　　　　　[답] $\dfrac{1}{8}$

유제 **22**-10. 두 조건 p : $|x-a|\leq2$, q : $x^2\leq16$에 대하여 p가 q이기 위한

충분조건일 때, 실수 a의 값의 범위를 구하여라.　　　　[답] $-2\leq a\leq2$

연습문제 22

[기본] **22**-1 전체집합 U의 공집합이 아닌 두 부분집합 P, Q가 각각 두 조건 p, q의 진리집합이라고 하자. 명제 $\sim p \longrightarrow q$가 참일 때, 다음 중 옳지 않은 것은?

① $P^c \subset Q$ ② $P \cup Q = U$ ③ $P^c \cap Q^c = \varnothing$
④ $P \cap Q^c = Q^c$ ⑤ $P \cap Q = \varnothing$

22-2 전체집합을 $U = \{1, 2, 3, 4\}$라고 할 때, 다음 중 참이 아닌 것은?
① 모든 x에 대하여 $x + 3 < 8$이다.
② 어떤 x에 대하여 $x^2 - 1 > 0$이다.
③ 어떤 x와 모든 y에 대하여 $x^2 < y + 1$이다.
④ 모든 x와 모든 y에 대하여 $x^2 + y^2 < 33$이다.
⑤ 어떤 x와 어떤 y에 대하여 $x^2 + y^2 < 1$이다.

22-3 전체집합 $U = \{1, 3, 5, 7, 9\}$의 공집합이 아닌 부분집합 P에 대하여 명제「집합 P의 어떤 원소 x에 대하여 x는 3의 배수이다.」가 참이 되도록 하는 집합 P의 개수를 구하여라.

22-4 전체집합이 실수 전체의 집합일 때, 명제
「어떤 실수 x에 대하여 $3x^2 + 9x + k < 0$」
의 부정이 참이 되도록 하는 자연수 k의 최솟값을 구하여라.

22-5 전체집합 U에서의 두 조건 p, q의 진리집합 P, Q가
$$(P \cap Q) \cup (P - Q) = P \cup Q, \qquad P \cap (P \cap Q^c)^c = P$$
를 모두 만족할 때, p는 q이기 위한 어떤 조건인가?

22-6 다음 ☐ 안에 충분, 필요, 필요충분 중에서 알맞은 것을 써넣어라. 단, x, y는 실수이고, A, B, C는 집합이다.
(1) $x = 1$은 $x^2 = 1$이기 위한 ☐조건이다.
(2) $x = 1$은 $x^3 = 1$이기 위한 ☐조건이다.
(3) x, y가 정수인 것은 $x + y$, xy가 정수이기 위한 ☐조건이다.
(4) $x > 0$, $y > 0$은 $x + y > 0$, $xy > 0$이기 위한 ☐조건이다.
(5) $xy > x + y > 4$는 $x > 2$이고 $y > 2$이기 위한 ☐조건이다.
(6) $(A \cap B) \subset (A \cup B)$는 $A = B$이기 위한 ☐조건이다.
(7) $A \cup B \cup C = C$는 $A \cap B \cap C = A \cap B$이기 위한 ☐조건이다.
(8) $A \cap (B \cap C) = A$는 $A \cup (B \cup C) = B \cup C$이기 위한 ☐조건이다.

22-7 다음 ☐ 안에 충분, 필요, 필요충분 중에서 알맞은 것을 써넣어라.

(1) a, b, c가 실수일 때, $ac<0$은 x에 관한 이차방정식 $ax^2+bx+c=0$이 서로 다른 두 실근을 가지기 위한 ☐조건이다.

(2) a, b, c가 실수일 때, x에 관한 이차방정식 $ax^2+bx+c=0$에서 $ab<0$이고 $ac>0$인 것은 이 방정식의 두 근이 모두 양수이기 위한 ☐조건이다.

22-8 부등식 $x^2-3|x|\leq0$이 성립하기 위하여 부등식 $x\leq a$는 필요조건이고, 부등식 $\beta\leq x\leq0$은 충분조건이라고 한다. 이때, $a-\beta$의 최솟값을 구하여라. 단, $\beta\leq0$이다.

[실력] **22**-9 네 조건 p, q, r, s에 대하여 다음 세 명제가 참이라고 한다.

　　(가) p이면 q이다. 　　　　(나) r가 아니면 q가 아니다.

　　(다) s가 아니면 q가 아니거나 r가 아니다.

이때, 다음 중 반드시 참이라고는 말할 수 없는 것은?

① p이면 s이다. 　　　　　② q이면 s이다.

③ p 또는 q 또는 r이면 s이다. 　　④ p이고 q이고 r이면 s이다.

⑤ p 또는 q이면 r이다.

22-10 네 조건 p, q, r, s에 대하여 p는 q의 필요조건, r는 q의 충분조건, s는 r의 필요조건, q는 s의 필요충분조건이다.

다음 ☐ 안에 충분, 필요, 필요충분 중에서 알맞은 것을 써넣어라.

(1) r는 p이기 위한 ☐조건이다.

(2) (p 또는 q)는 r이기 위한 ☐조건이다.

(3) (p이고 q)는 (r 또는 s)이기 위한 ☐조건이다.

22-11 집합 A, B, C, D는 전체집합 U의 부분집합이다. 다음 ☐ 안에 충분, 필요, 필요충분 중에서 알맞은 것을 써넣어라.

(1) $A\cap C=C$는 $(A\cap B)\cup C\subset A$이기 위한 ☐조건이다.

(2) 모든 C에 대하여 $(B\cap C)\subset(A\cap C)$가 성립하는 것은 $B\subset A$이기 위한 ☐조건이다.

(3) $A\subset C$, $B\subset C^c$인 C가 존재하는 것은 $A\cap B=\varnothing$이기 위한 ☐조건이다.

(4) $A\subset B$는 $(A\cup B)\cap(A^c\cup B^c)=B\cap A^c$이기 위한 ☐조건이다.

(5) $A\subset B$, $C\subset D$일 때, $B\cap D=\varnothing$은 $A\cap C=\varnothing$이기 위한 ☐조건이고, $A\subset D$는 $B\subset C$이기 위한 ☐조건이다.

22-12 다음의 조건 p는 조건 q이기 위한 어떤 조건인가? 단, a, b는 상수이다.

　　$p : |x-a|<1$이고 $|y-b|<1$, 　　$q : |x-y-a+b|<2$

23. 명제의 증명

§1. 명제의 증명

기 본 정 석

1 정의, 증명, 정리

　(1) 정의 : 용어의 뜻을 명확하게 정한 문장

　(2) 증명 : 이미 알고 있는 참인 명제나 정의를 이용하여 어떤 명제가 참임을 논리적으로 밝히는 과정

　(3) 정리 : 증명된 참인 명제 중에서 기본이 되는 것

2 대우를 이용한 증명법과 귀류법

　(1) 대우를 이용한 증명법 : 명제 $p \longrightarrow q$가 참임을 직접 증명하기 쉽지 않을 때 그 대우인 $\sim q \longrightarrow \sim p$가 참임을 보임으로써 주어진 명제가 참임을 증명하는 방법

$$\boxed{\text{정석}} \ \sim q \Longrightarrow \sim p\text{이면} \quad p \Longrightarrow q$$

　(2) 귀류법 : 명제의 결론을 부정하면 참이라고 인정되고 있는 사실이나 그 명제가 가정하고 있는 것에 모순이 생김을 보임으로써, 처음 명제가 참임을 증명하는 방법

$$\boxed{\text{정석}} \ \text{직접증명법이 쉽지 않으면} \Longrightarrow \text{귀류법을 생각하여라.}$$

Advice 1° 정의, 증명, 정리

▶ 정의 : 이를테면

　　　　두 변의 길이가 같은 삼각형을 이등변삼각형이라고 한다.

　와 같이 용어의 뜻을 명확하게 정한 문장을 그 용어의 정의라고 한다.

▶ 증명과 정리 : 이를테면 명제

　　　　n이 정수일 때, n이 2의 배수이면 n^2은 2의 배수이다.

　가 참임을 밝혀 보자.

　　n이 2의 배수이면 $n=2k\,(k$는 정수$)$로 나타낼 수 있으므로

$$n^2=(2k)^2=4k^2=2\times 2k^2$$

　　곧, n^2은 2의 배수이다. 따라서 명제 'n이 정수일 때, n이 2의 배수이면 n^2은 2의 배수이다'는 참이다.

이와 같이 이미 알고 있는 참인 명제나 정의를 이용하여 어떤 명제가 참임을 논리적으로 밝히는 과정을 증명이라 하고, 증명된 참인 명제 중에서 기본이 되는 것을 정리라고 한다.

어떤 명제가 참임을 증명할 때에는 먼저 명제의 가정과 결론을 분명히 한 다음, 가정과 그에 관련된 정의, 기본 성질이나 이미 알고 있는 정리 등을 이용하여 결론을 이끌어 낸다.

또, 어떤 명제가 거짓임을 보일 때에는 가정은 만족하지만 결론을 만족하지 않는 예, 곧 반례가 하나라도 있음을 보여도 된다.

[보기] 1 다음 명제가 참임을 증명하여라.

임의의 실수 a에 대하여 $a^2 \geq 0$이다.

[연구] 먼저 명제의 가정과 결론을 분명히 구분한 다음, 가정과 이미 알고 있는 실수의 대소에 관한 기본 성질을 써서 증명한다. 위의 명제에서

가정 : a는 실수이다.   결론 : $a^2 \geq 0$이다.

(증명) 임의의 실수 a에 대하여 다음 중 어느 하나만 성립한다.

$$a > 0, \quad a = 0, \quad a < 0$$

(ⅰ) $a > 0$일 때, $a^2 = a \times a > 0$

(ⅱ) $a = 0$일 때, $a^2 = a \times a = 0$

(ⅲ) $a < 0$일 때, $-a > 0$이므로 $a^2 = (-a)^2 = (-a) \times (-a) > 0$

(ⅰ), (ⅱ), (ⅲ)에서 임의의 실수 a에 대하여 $a^2 \geq 0$이다.

Advice 2° 대우를 이용한 증명법과 귀류법

▶ 대우를 이용한 증명법 : 명제 $p \longrightarrow q$가 참이면 대우 $\sim q \longrightarrow \sim p$도 반드시 참이고, 대우 $\sim q \longrightarrow \sim p$가 참이면 명제 $p \longrightarrow q$도 반드시 참이다.

따라서 명제 $p \longrightarrow q$가 참임을 증명하기가 쉽지 않을 때에는 그 대우인 $\sim q \longrightarrow \sim p$가 참임을 증명해도 된다.

정석 $\sim q \Longrightarrow \sim p$이면 $p \Longrightarrow q$

▶ 귀류법 : 어떤 명제가 참임을 증명하고자 할 때, 직접 증명하는 것이 쉽지 않은 경우에는 그 명제의 결론을 부정한 후에 모순이 생기는 것을 보여 증명하기도 한다.

이와 같이 명제의 결론을 부정하면 참이라고 인정되고 있는 사실이나 그 명제가 가정하고 있는 것에 모순이 생김을 보임으로써, 처음 명제가 참임을 증명하는 방법을 귀류법이라고 한다.

정석 직접증명법이 쉽지 않으면 $\Longrightarrow$ 귀류법을 생각하여라.

보기 2 다음 명제가 참임을 증명하여라.

자연수 n에 대하여 n^2이 짝수이면 n은 짝수이다.

연구 n^2이 짝수이므로 $n^2=2k$ (k는 자연수)로 놓으면 $n=\sqrt{2k}$ 이다. 이때, 이 식에서 n이 짝수임을 보이기가 쉽지 않다.

이와 같이 주어진 명제를 직접 증명하기 쉽지 않거나 대우를 이용하는 것이 더 쉬운 경우에는 대우를 이용하여 증명한다.

(증명) 주어진 명제의 대우

자연수 n에 대하여 n이 홀수이면 n^2은 홀수이다.

가 참임을 증명해 보자.

자연수 n이 홀수이면 $n=2k-1$ (k는 자연수)로 나타낼 수 있으므로
$$n^2=(2k-1)^2=4k^2-4k+1=2(2k^2-2k)+1$$
이다. 이때, $2k^2-2k$는 0 또는 자연수이므로 n^2은 홀수이다.

따라서 자연수 n에 대하여 n이 홀수이면 n^2은 홀수이다.

곧, 주어진 명제의 대우가 참이므로 명제 '자연수 n에 대하여 n^2이 짝수이면 n은 짝수이다'도 참이다.

보기 3 다음 명제가 참임을 증명하여라.

$\sqrt{2}$ 는 유리수가 아니다.

연구 어떤 수가 유리수임을 보일 때는 유리수의 정의를 이용하여 직접 증명하면 되지만 유리수가 아니라는 것은 직접 증명하기 쉽지 않다. 이와 같은 경우 결론을 부정한 후에 모순이 생기는 것을 보이는 귀류법을 이용하여 증명한다.

정석 유리수 $\implies$ $\dfrac{b}{a}$ (a와 b는 서로소인 정수, $a \neq 0$) 꼴의 수

(증명) $\sqrt{2}$ 가 유리수라고 가정하면

$\sqrt{2}>0$이므로 $\sqrt{2}=\dfrac{b}{a}$를 만족하는 서로소인 자연수 a, b가 존재한다.

곧, $b=\sqrt{2}\,a$에서 $b^2=2a^2$ ......①

①에서 b^2이 짝수이므로 b는 짝수이다. ⇦ 보기 2

$b=2k$ (k는 자연수)라고 하면 ①에서
$$(2k)^2=2a^2 \quad \therefore \; a^2=2k^2 \qquad \cdots\cdots ②$$

②에서 a^2이 짝수이므로 a는 짝수이다. ⇦ 보기 2

따라서 a, b는 모두 짝수가 되어 a, b가 서로소인 자연수라는 가정에 모순이다.

그러므로 $\sqrt{2}$ 는 유리수가 아니다.

필수 예제 **23**-1 다음 명제가 참임을 증명하여라.

(1) n이 자연수일 때, n^2+2n이 짝수이면 n은 짝수이다.

(2) a, b가 자연수일 때, $a+b$가 홀수이면 a, b 중 하나는 홀수이고, 다른 하나는 짝수이다.

정석연구 앞서 대우 관계에 있는 두 명제의 참, 거짓은 일치하므로 어떤 명제가 참인지 거짓인지를 판별하기 쉽지 않을 때, 그 명제의 대우가 참인지 거짓인지를 확인하면 된다는 것을 공부하였다.

증명의 경우도 마찬가지이다. 주어진 명제가 참임을 증명하기가 쉽지 않을 때에는 그 명제의 대우가 참임을 증명해도 된다.

왜냐하면 $\sim q \longrightarrow \sim p$가 참이면 $p \longrightarrow q$도 참이기 때문이다.

정석 $\sim q \Longrightarrow \sim p$이면 $p \Longrightarrow q$

모범답안 (1) 주어진 명제의 대우 'n이 자연수일 때, n이 홀수이면 n^2+2n은 홀수이다.'가 참임을 증명해 보자.

n이 홀수이면 $n=2k-1$(k는 자연수)로 나타낼 수 있다. 이때,
$$n^2+2n=(2k-1)^2+2(2k-1)=4k^2-1=2(2k^2)-1$$
이므로 n^2+2n은 홀수이다.

곧, 대우가 참이므로 명제 'n이 자연수일 때, n^2+2n이 짝수이면 n은 짝수이다.'도 참이다.

(2) 주어진 명제의 대우 'a, b가 자연수일 때, a, b가 모두 짝수 또는 모두 홀수이면 $a+b$는 짝수이다.'가 참임을 증명해 보자.

a, b가 모두 짝수이면 $a=2m$, $b=2n$(m, n은 자연수)으로 나타낼 수 있으므로
$$a+b=2m+2n=2(m+n)$$
a, b가 모두 홀수이면 $a=2m-1$, $b=2n-1$(m, n은 자연수)로 나타낼 수 있으므로
$$a+b=(2m-1)+(2n-1)=2(m+n-1)$$
두 경우 모두 $a+b$는 짝수이다.

a	b
홀	짝
짝	홀
짝	짝
홀	홀

곧, 대우가 참이므로 명제 'a, b가 자연수일 때, $a+b$가 홀수이면 a, b 중 하나는 홀수이고, 다른 하나는 짝수이다.'도 참이다.

유제 **23**-1. 다음 명제가 참임을 증명하여라.

(1) a, b가 자연수일 때, ab가 짝수이면 a, b 중 적어도 하나는 짝수이다.

(2) n이 정수일 때, n^2이 3의 배수이면 n은 3의 배수이다.

필수 예제 **23**-2 다음 물음에 답하여라.

(1) $\sqrt{5}$ 는 유리수가 아님을 증명하여라.

(2) $\sqrt{5}$ 가 유리수가 아님을 알고 있을 때, $\sqrt{7}-\sqrt{5}$ 는 유리수가 아님을 증명하여라.

[정석연구] (1) $\sqrt{5}$ 가 유리수라고 가정할 때, 모순이 됨을 밝혀 주면 된다.

정석 유리수 $\Longrightarrow \dfrac{b}{a}$ (a와 b는 서로소인 정수, $a\neq0$) 꼴의 수

(2) $\sqrt{7}-\sqrt{5}$ 가 유리수라고 가정할 때, 모순이 됨을 밝혀 주면 된다.

[모범답안] (1) $\sqrt{5}$ 가 유리수라고 가정하면

$\sqrt{5}>0$ 이므로 $\sqrt{5}=\dfrac{b}{a}$ 를 만족하는 서로소인 자연수 a, b 가 존재한다.

곧, $\sqrt{5}\,a=b$ 에서 $5a^2=b^2$ $\cdots\cdots$①

여기에서 b^2 은 5의 배수이고, 5는 소수이므로 b 는 5의 배수이다.

$b=5k$ (k는 자연수)라고 하면 ①에서 $5a^2=25k^2$ $\therefore$ $a^2=5k^2$

여기에서 a^2 은 5의 배수이고, 5는 소수이므로 a 는 5의 배수이다.

따라서 a, b 는 모두 5의 배수가 되어 a, b 가 서로소인 자연수라는 가정에 모순이다. 그러므로 $\sqrt{5}$ 는 유리수가 아니다.

(2) $\sqrt{7}-\sqrt{5}$ 가 유리수라고 가정하면 $\sqrt{7}-\sqrt{5}=a$ (a는 0이 아닌 유리수)로 놓을 수 있고, 이로부터 $\sqrt{7}=a+\sqrt{5}$

이 식의 양변을 제곱하여 정리하면 $\sqrt{5}=\dfrac{2-a^2}{2a}$

그런데 유리수에 유리수를 더하거나 빼거나 곱하거나 나누어도 유리수이므로 이 식의 우변은 유리수이고, 좌변은 유리수가 아니다.

이는 모순이므로 $\sqrt{7}-\sqrt{5}$ 는 유리수가 아니다.

Advice 1° $\sqrt{5}=\sqrt{7}-a$ 에서 $\sqrt{7}=\dfrac{a^2+2}{2a}$ 로 변형하여 증명할 때는 '$\sqrt{7}$ 이 무리수'라는 것도 증명해야 한다. 위의 답안에서는 '$\sqrt{5}$ 가 유리수가 아님을 알고 있을 때'라는 조건을 이용했다는 것에 특히 주의해야 한다.

2° 귀류법을 이용하면 「n이 정수일 때, n^2이 5의 배수이면 n은 5의 배수이다.」가 참임을 증명할 수 있다.

[유제] **23**-2. $\sqrt{3}$ 은 유리수가 아님을 증명하고, 이를 이용하여 $\sqrt{2}+\sqrt{3}$ 은 유리수가 아님을 증명하여라.

[유제] **23**-3. $\sqrt{6}$ 이 유리수가 아님을 알고 있을 때, 다음 수가 유리수가 아님을 증명하여라.

(1) $(\sqrt{2}+\sqrt{3})^2$ (2) $\sqrt{2}+\sqrt{3}$ (3) $\dfrac{1}{\sqrt{2}}-\dfrac{1}{\sqrt{3}}$

Advice | 비둘기집 원리

이를테면 4개의 비둘기집에 5마리의 비둘기가 산다고 하자.

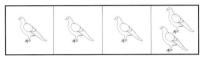

만일 한 집에 한 마리 이하로만 산다고 하면 4개의 집에 최대 4마리가 살게 된다. 이는 5마리의 비둘기가 산다는 가정에 모순이므로 적어도 한 집에는 두 마리의 비둘기가 살게 된다.

일반적으로 n개의 비둘기집에 $n+1$마리의 비둘기가 살면, 적어도 한 집에는 두 마리 이상의 비둘기가 살게 된다는 것을 비둘기집 원리(pigeonhole principle)라고 한다.

이와 같은 원리는 수학적인 문제의 해결에 대단히 유용하게 쓰일 때가 있다. 다음 **보기**들을 통하여 그 원리를 적용하는 방법을 익히기 바란다.

보기 1 한 변의 길이가 2인 정사각형의 내부에 5개의 점을 임의로 찍을 때, 두 점 사이의 거리가 $\sqrt{2}$ 이하인 두 점이 반드시 존재함을 보여라.

[연구] 오른쪽 그림과 같이 주어진 정사각형의 각 변의 중점을 잡아 이으면 한 변의 길이가 1인 정사각형이 4개 생기고, 그 대각선의 길이는 $\sqrt{2}$ 가 된다.

여기에 5개의 점을 찍으면 4개의 정사각형 중 어느 하나에는 적어도 두 점을 찍어야 한다.

왜냐하면 각 정사각형에 한 점씩 고르게 찍는다고 해도 한 점은 남게 되기 때문이다. 이 한 점을 어느 정사각형에 찍든 하나에는 반드시 두 점을 찍게 된다.

따라서 두 점 사이의 거리가 $\sqrt{2}$ 이하인 두 점이 반드시 존재한다.

보기 2 한 변의 길이가 4인 정삼각형의 내부에 9개의 점을 임의로 찍을 때, 세 점을 꼭짓점으로 하는 삼각형의 넓이가 $\sqrt{3}$ 이하인 세 점이 반드시 존재함을 보여라. 단, 어느 세 점도 한 직선 위에 있지 않다.

[연구] 오른쪽 그림과 같이 주어진 정삼각형의 각 변의 중점을 잡아 이으면 한 변의 길이가 2인 정삼각형이 4개 생기고, 그 넓이는 $\sqrt{3}$ 이 된다.

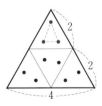

여기에 9개의 점을 찍으면 4개의 정삼각형 중 어느 하나에는 적어도 세 점을 찍어야 한다.

따라서 세 점을 꼭짓점으로 하는 삼각형의 넓이가 $\sqrt{3}$ 이하인 세 점이 반드시 존재한다.

필수 예제 **23**-3 한 변의 길이가 12 m인 정사각형의 방 안에서 열 사람이 서서 이야기를 나누고 있다. 다음 설명 중 옳은 것은?

① 임의의 두 사람 사이의 거리는 $4\sqrt{2}$ m 이상이다.

② 임의의 두 사람 사이의 거리는 $4\sqrt{2}$ m 이하이다.

③ 어느 두 사람 사이의 거리는 4 m이다.

④ 서로 간의 거리가 4 m 이하인 두 사람이 반드시 있다.

⑤ 서로 간의 거리가 $4\sqrt{2}$ m 이하인 두 사람이 반드시 있다.

[정석연구] 이와 같은 유형의 문제는 5명일 때는 4개의 방으로, 10명일 때는 9개의 방으로, 17명일 때는 16개의 방으로 만들고 생각한다.

정석 비둘기집 원리

를 적용할 수 있는 상황을 만드는 방법을 익히기 바란다.

[모범답안] 오른쪽 그림과 같이 주어진 정사각형의 각 변의 삼등분점을 이으면 한 변의 길이가 4 m인 정사각형 9개가 생기고, 그 대각선의 길이는 $4\sqrt{2}$ m 가 된다.

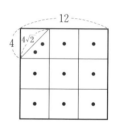

따라서 열 사람이 이 방에 들어가려면 9개의 방 중 어느 방에는 반드시 적어도 두 사람이 들어가야 한다. 왜냐하면 각 방에 한 사람씩만 들어간다고 하면 한 사람은 남게 되기 때문이다. 그 한 사람이 어느 방에 들어가든 어느 한 방에는 두 사람이 들어가게 된다.

따라서 서로 간의 거리가 $4\sqrt{2}$ m 이하인 두 사람이 반드시 있게 된다.

[답] ⑤

[유제] **23**-4. 한 변의 길이가 2인 정삼각형의 내부에 5개의 점을 어떻게 놓더라도 두 점 사이의 거리 중에는 1 이하인 것이 반드시 있다. 이를 증명하여라.

[유제] **23**-5. 한 변의 길이가 a인 정사각형의 내부에 있는 5개의 점 중 임의의 두 점을 잡을 때, 두 점 사이의 거리가 $2\sqrt{2}$ 이하인 두 점이 반드시 존재한다. 이때, a의 최댓값을 구하여라. [답] 4

[유제] **23**-6. 반지름의 길이가 90 cm인 원탁의 둘레에 일곱 사람이 앉아서 이야기를 나눌 때, 인접하는 두 사람 사이의 직선거리가 90 cm 이하인 두 사람이 반드시 있음을 증명하여라.

§2. 절대부등식의 증명

1 두 실수(또는 두 식) **P, Q**의 대소 판정

(1) **P**에서 **Q**를 빼 본다.

$P-Q>0 \iff P>Q, \quad P-Q=0 \iff P=Q, \quad P-Q<0 \iff P<Q$

(2) P^2에서 Q^2을 빼 본다.

$P \geq 0, \ Q \geq 0$일 때

$P^2-Q^2>0 \iff P>Q, \quad P^2-Q^2=0 \iff P=Q, \quad P^2-Q^2<0 \iff P<Q$

(3) **P, Q**의 비를 구해 본다.

$P>0, \ Q>0$일 때

$\dfrac{P}{Q}>1 \iff P>Q, \quad \dfrac{P}{Q}=1 \iff P=Q, \quad \dfrac{P}{Q}<1 \iff P<Q$

2 절대부등식

(1) 부등식의 문자에 어떤 실수를 대입해도 항상 성립하는 부등식을 절대부등
식이라고 한다. 절대부등식에서 그것이 항상 성립함을 보이는 것을 부등식
을 증명한다고 말한다.

(2) 기본적인 절대부등식

 a, b, c 가 실수일 때

① $a^2 \pm 2ab+b^2 \geq 0$ (등호는 $a = \mp b$일 때 성립, 복부호동순)

② $a^2+b^2+c^2-ab-bc-ca \geq 0$ (등호는 $a=b=c$일 때 성립)

(3) 산술·기하·조화평균의 대소

 $a>0, \ b>0$일 때

$$\dfrac{a+b}{2} \geq \sqrt{ab} \geq \dfrac{2ab}{a+b} \quad \text{(등호는 } a=b \text{일 때 성립)}$$

3 이차부등식과 절대부등식

 이차부등식 $ax^2+bx+c>0$이 모든 실수 x에 대하여 성립한다

$\iff a>0$이고 $D=b^2-4ac<0$

Advice 1° 두 실수(또는 두 식)의 대소 판정

$P \geq 0, \ Q \geq 0$일 때

$P^2-Q^2>0 \iff (P+Q)(P-Q)>0 \iff P-Q>0 \iff P>Q$

보기 1 $a>b$, $c>d$일 때, $a-d$와 $b-c$의 대소를 비교하여라.

연구 $(a-d)-(b-c)=(a-b)+(c-d)$

그런데 $a-b>0$, $c-d>0$이므로 $(a-b)+(c-d)>0$

$$\therefore\ \boldsymbol{a-d>b-c}$$

보기 2 $a\geq0$, $b\geq0$일 때, 다음 두 식의 대소를 비교하여라.

$$\sqrt{2(a+b)},\qquad \sqrt{a}+\sqrt{b}$$

연구 $\left\{\sqrt{2(a+b)}\right\}^2-\left(\sqrt{a}+\sqrt{b}\right)^2=2(a+b)-(a+2\sqrt{ab}+b)$

$$=a-2\sqrt{ab}+b=\left(\sqrt{a}-\sqrt{b}\right)^2\geq0$$

$$\therefore\ \left\{\sqrt{2(a+b)}\right\}^2\geq\left(\sqrt{a}+\sqrt{b}\right)^2$$

그런데 $\sqrt{2(a+b)}\geq0$, $\sqrt{a}+\sqrt{b}\geq0$이므로

$$\sqrt{\boldsymbol{2(a+b)}}\geq\sqrt{\boldsymbol{a}}+\sqrt{\boldsymbol{b}}\ (\text{등호는 }\boldsymbol{a=b}\text{일 때 성립})$$

보기 3 2^{30}과 10^9의 대소를 비교하여라. 단, $2^{10}>1000$이다.

연구 $\dfrac{2^{30}}{10^9}=\dfrac{(2^{10})^3}{(10^3)^3}=\left(\dfrac{2^{10}}{10^3}\right)^3=\left(\dfrac{2^{10}}{1000}\right)^3>1$

그런데 $2^{30}>0$, $10^9>0$이므로 $\boldsymbol{2^{30}>10^9}$

𝒜𝒹𝓋𝒾𝒸𝑒 2° 기본적인 절대부등식

기본적인 절대부등식의 증명은

정석 $\boldsymbol{x}$가 실수이면 $\boldsymbol{x^2\geq0}$ (등호는 $\boldsymbol{x=0}$일 때 성립)

을 이용한다.

(1) $a^2\pm2ab+b^2=(a\pm b)^2\geq0$

$$\therefore\ \boldsymbol{a^2\pm2ab+b^2\geq0}\ (\text{등호는 }a=\mp b\text{일 때 성립, 복부호동순})$$

(2) $a^2+b^2+c^2-ab-bc-ca=\dfrac{1}{2}(2a^2+2b^2+2c^2-2ab-2bc-2ca)$

$$=\dfrac{1}{2}\left\{(a^2-2ab+b^2)+(b^2-2bc+c^2)+(c^2-2ca+a^2)\right\}$$

$$=\dfrac{1}{2}\left\{(a-b)^2+(b-c)^2+(c-a)^2\right\}$$

그런데 a, b, c는 실수이므로 $(a-b)^2\geq0$, $(b-c)^2\geq0$, $(c-a)^2\geq0$

$$\therefore\ \boldsymbol{a^2+b^2+c^2-ab-bc-ca\geq0}$$

등호는 $a-b=0$, $b-c=0$, $c-a=0$, 곧 $a=b=c$일 때 성립한다.

Note (1),(2)와 같이 등호를 포함하는 부등식의 경우는 등호가 성립하는 조건을 반드시 밝혀야 한다.

Advice **3°** 산술·기하·조화평균의 대소

두 양수 a, b에 대하여

$$\frac{a+b}{2}, \quad \sqrt{ab}, \quad \frac{2ab}{a+b}$$

를 각각 a와 b의 산술평균, 기하평균, 조화평균이라 하고, 그 대소 관계는 다음과 같이 증명한다.

(i) $\dfrac{a+b}{2} - \sqrt{ab} = \dfrac{a+b-2\sqrt{ab}}{2} = \dfrac{(\sqrt{a})^2 - 2\sqrt{a}\sqrt{b} + (\sqrt{b})^2}{2}$

$\qquad = \dfrac{(\sqrt{a} - \sqrt{b})^2}{2} \geq 0 \qquad \therefore \ \dfrac{a+b}{2} \geq \sqrt{ab} \qquad \cdots\cdots①$

(ii) $\sqrt{ab} - \dfrac{2ab}{a+b} = \dfrac{\sqrt{ab}(a+b) - 2ab}{a+b} = \dfrac{\sqrt{ab}(a+b-2\sqrt{ab})}{a+b}$

$\qquad = \dfrac{\sqrt{ab}(\sqrt{a} - \sqrt{b})^2}{a+b} \geq 0 \qquad \therefore \ \sqrt{ab} \geq \dfrac{2ab}{a+b} \qquad \cdots\cdots②$

①, ②로부터 $\dfrac{a+b}{2} \geq \sqrt{ab} \geq \dfrac{2ab}{a+b}$ (등호는 $a=b$일 때 성립)

Advice **4°** 이차부등식과 절대부등식

이를테면 이차부등식 $2x^2-4x+3>0$이 x에 관한 절대부등식임을 증명할 때에는 다음과 같이 완전제곱식을 이용하여 증명하면 된다.

$2x^2-4x+3 = 2(x-1)^2+1$에서 $(x-1)^2 \geq 0$이므로

$\qquad 2(x-1)^2+1 > 0 \qquad \therefore \ 2x^2-4x+3 > 0$

그러나 이를테면 $2x^2+kx+3>0$이 x에 관한 절대부등식이 되기 위한 실수 k의 조건을 찾을 때에는 수학(상)에서 공부한

> **정석** 모든 실수 x에 대하여 $ax^2+bx+c>0 \ (a \neq 0)$
> $\qquad \Longleftrightarrow \ a>0$이고 $D = b^2-4ac < 0$

을 이용하는 것이 편하다.

곧, $2x^2+kx+3>0$이 x에 관한 절대부등식이려면

$\qquad D = k^2 - 4 \times 2 \times 3 < 0 \qquad \therefore \ -2\sqrt{6} < k < 2\sqrt{6}$

*Note '~일 조건'은 필요충분조건을 간단히 표현한 것이라고 이해하면 된다.

보기 4 이차부등식 $ax^2+4x+a>0$이 x에 관한 절대부등식이 되도록 실수 a의 값의 범위를 정하여라.

연구 절대부등식일 조건은 $a>0$이고 $D/4 = 2^2 - a^2 < 0$

$\qquad 2^2 - a^2 < 0$에서 $(a+2)(a-2) > 0 \qquad \therefore \ a < -2$ 또는 $a > 2$

그런데 $a>0$이므로 $\boldsymbol{a>2}$

필수 예제 23-4 다음 물음에 답하여라.

(1) $a>0$, $b>0$, $a+b=1$이고, $A=ax+by$, $B=bx+ay$일 때, AB와 xy의 대소를 비교하여라. 단, x, y는 실수이다.

(2) $p>0$, $q>0$, $p+q=1$이고, $f(x)=x^2+ax+b$일 때,
$$A=pf(x)+qf(y), \qquad B=f(px+qy)$$
의 대소를 비교하여라. 단, x, y는 실수이다.

[정석연구] 대소를 비교하려는 두 식의 차를 구하여

정석 P, Q가 실수일 때, $P-Q>0 \iff P>Q$

를 이용한다. 이때,

주어진 조건은 빠짐없이 활용한다.

또, 대소의 비교 문제나 부등식의 증명에 있어 $A \geq B$, $A \leq B$의 꼴에 대해서는 등호가 성립하는 경우를 조사해야 하고, 또 이를 답안에 분명하게 써넣어야 한다.

[모범답안] (1) $AB-xy=(ax+by)(bx+ay)-xy$
$$=abx^2+(a^2+b^2-1)xy+aby^2$$
$$=abx^2+\{(a+b)^2-2ab-1\}xy+aby^2 \qquad \Leftarrow a+b=1$$
$$=abx^2-2abxy+aby^2=ab(x-y)^2 \geq 0$$

$\therefore$ **$AB \geq xy$** (등호는 $x=y$일 때 성립) $\longleftarrow$ [답]

(2) $A-B=pf(x)+qf(y)-f(px+qy)$
$$=p(x^2+ax+b)+q(y^2+ay+b)-\{(px+qy)^2+a(px+qy)+b\}$$
$$=px^2+qy^2-p^2x^2-2pqxy-q^2y^2+b(p+q-1) \qquad \Leftarrow p+q=1$$
$$=p(1-p)x^2+q(1-q)y^2-2pqxy \qquad \Leftarrow p+q=1에서$$
$$=pqx^2+qpy^2-2pqxy=pq(x-y)^2 \geq 0 \qquad 1-p=q, \ 1-q=p$$

$\therefore$ **$A \geq B$** (등호는 $x=y$일 때 성립) $\longleftarrow$ [답]

[유제] **23**-7. $a>0$, $b>0$, $a+b=1$이고, $A=ax+by$, $B=bx+ay$일 때, A^2+B^2과 x^2+y^2의 대소를 비교하여라. 단, x, y는 실수이다.
[답] **$A^2+B^2 \leq x^2+y^2$** (등호는 $x=y$일 때 성립)

[유제] **23**-8. $p>0$, $q>0$, $p+q=1$이고, $f(x)=-x^2$일 때,
$$A=pf(x)+qf(y), \qquad B=f(px+qy)$$
의 대소를 비교하여라. 단, x, y는 실수이다.
[답] **$A \leq B$** (등호는 $x=y$일 때 성립)

필수 예제 **23**-5 다음 부등식을 증명하여라.

(1) a, b가 실수일 때, $|a|+|b|\geq|a+b|\geq\big||a|-|b|\big|$

(2) a, b, m, n이 양수이고 $m+n=1$일 때, $\sqrt{ma+nb}\geq m\sqrt{a}+n\sqrt{b}$

[정석연구] 제곱의 차의 부호를 조사한다.

정석 $\mathbf{P}\geq 0,\ \mathbf{Q}\geq 0$일 때, $\mathbf{P}^2>\mathbf{Q}^2\iff\mathbf{P}>\mathbf{Q}$

[모범답안] (1) $A=\big(|a|+|b|\big)^2=|a|^2+2|a||b|+|b|^2=a^2+2|ab|+b^2$

$B=|a+b|^2=(a+b)^2=a^2+2ab+b^2$

$C=\big||a|-|b|\big|^2=|a|^2-2|a||b|+|b|^2=a^2-2|ab|+b^2$

$\therefore\ A-B=2(|ab|-ab),\quad B-C=2(|ab|+ab)$

한편 $|ab|\geq ab\geq -|ab|$이므로

$$A-B\geq 0,\quad B-C\geq 0\quad\therefore\ A\geq B\geq C$$

그런데 $|a|+|b|$, $|a+b|$, $\big||a|-|b|\big|$는 모두 양수 또는 0이므로

$$|a|+|b|\geq|a+b|\geq\big||a|-|b|\big|$$

단, $|a|+|b|\geq|a+b|$에서 등호는 $ab\geq 0$일 때 성립,

$|a+b|\geq\big||a|-|b|\big|$에서 등호는 $ab\leq 0$일 때 성립

(2) $m+n=1$에서 $1-m=n$, $1-n=m$이고 $a>0$, $b>0$이므로

$$\big(\sqrt{ma+nb}\big)^2-\big(m\sqrt{a}+n\sqrt{b}\big)^2$$
$$=ma+nb-\big(m^2a+2mn\sqrt{ab}+n^2b\big)$$
$$=m(1-m)a+n(1-n)b-2mn\sqrt{ab}$$
$$=mna+nmb-2mn\sqrt{ab}=mn\big(\sqrt{a}-\sqrt{b}\big)^2\geq 0$$
$$\therefore\ \big(\sqrt{ma+nb}\big)^2\geq\big(m\sqrt{a}+n\sqrt{b}\big)^2$$

그런데 $\sqrt{ma+nb}>0$, $m\sqrt{a}+n\sqrt{b}>0$이므로

$$\sqrt{ma+nb}\geq m\sqrt{a}+n\sqrt{b}\ (\text{등호는 } a=b\text{일 때 성립})$$

*Note (1) $ab\geq 0$일 때 $|ab|-ab=ab-ab=0$

$ab<0$일 때 $|ab|-ab=-ab-ab=-2ab>0$

$\therefore\ |ab|-ab\geq 0\quad\therefore\ |ab|\geq ab$ (등호는 $ab\geq 0$일 때 성립)

[유제] **23**-9. a, b가 실수일 때, 다음 부등식을 증명하여라.

(1) $|a|+|b|\leq\sqrt{2}\sqrt{a^2+b^2}$　　(2) $a>b>0$일 때, $\sqrt{a}-\sqrt{b}<\sqrt{a-b}$

(3) $a\neq 0$일 때, $\left|a+\dfrac{1}{a}\right|\geq 2$　　(4) $|a|<1$, $|b|<1$일 때, $\left|\dfrac{a+b}{1+ab}\right|<1$

필수 예제 23-6 a, b, c, d가 양수일 때, 다음 부등식을 증명하여라.

(1) $\dfrac{a+b+c}{3} \geq \sqrt[3]{abc}$ (2) $a^2+b^2+c^2+d^2 \geq 4\sqrt{abcd}$

[정석연구] (1) $\sqrt[3]{a}=x$, $\sqrt[3]{b}=y$, $\sqrt[3]{c}=z$로 놓으면

$$\dfrac{a+b+c}{3} \geq \sqrt[3]{abc} \iff \dfrac{x^3+y^3+z^3}{3} \geq xyz$$

이므로 $x>0$, $y>0$, $z>0$일 때 $x^3+y^3+z^3 \geq 3xyz$를 증명하면 된다.

(2) 앞에서 공부한 산술평균과 기하평균의 관계를 이용한다.

정석 $a>0$, $b>0$일 때

$$\dfrac{a+b}{2} \geq \sqrt{ab} \ (\text{등호는 } a=b\text{일 때 성립})$$

[모범답안] (1) $\sqrt[3]{a}=x$, $\sqrt[3]{b}=y$, $\sqrt[3]{c}=z$로 놓으면

$$\dfrac{a+b+c}{3} - \sqrt[3]{abc} = \dfrac{x^3+y^3+z^3}{3} - xyz = \dfrac{1}{3}(x^3+y^3+z^3-3xyz)$$

$$= \dfrac{1}{3}(x+y+z)(x^2+y^2+z^2-xy-yz-zx)$$

$$= \dfrac{1}{6}(x+y+z)\{(x-y)^2+(y-z)^2+(z-x)^2\} \geq 0$$

$$\therefore \ \dfrac{a+b+c}{3} \geq \sqrt[3]{abc} \ (\text{등호는 } a=b=c\text{일 때 성립})$$

(2) $a^2+b^2 \geq 2\sqrt{a^2b^2}=2ab$, $c^2+d^2 \geq 2\sqrt{c^2d^2}=2cd$

등호는 각각 $a=b$, $c=d$일 때 성립한다.

변변 더하면 $a^2+b^2+c^2+d^2 \geq 2(ab+cd)$

그런데 $ab+cd \geq 2\sqrt{abcd}$ 이므로   ⇦ 등호는 $ab=cd$일 때 성립

$a^2+b^2+c^2+d^2 \geq 4\sqrt{abcd}$ (등호는 $a=b=c=d$일 때 성립)

Advice | 지금까지 공부한 (산술평균)≥(기하평균)의 관계를 정리하면

정석 $\dfrac{a+b}{2} \geq \sqrt{ab}$, $\dfrac{a+b+c}{3} \geq \sqrt[3]{abc}$

단, a, b, c는 모두 양수이고, 등호는 각각 $a=b$, $a=b=c$일 때 성립한다.

[유제] **23**-10. a, b, c, d가 양수일 때, 다음 부등식을 증명하여라.

(1) $\left(\dfrac{a}{b}+\dfrac{b}{c}\right)\left(\dfrac{b}{c}+\dfrac{c}{a}\right)\left(\dfrac{c}{a}+\dfrac{a}{b}\right) \geq 8$ (2) $(a+b+c)\left(\dfrac{1}{a}+\dfrac{1}{b}+\dfrac{1}{c}\right) \geq 9$

(3) $(a+b+c)(ab+bc+ca) \geq 9abc$ (4) $\dfrac{a}{b}+\dfrac{b}{c}+\dfrac{c}{d}+\dfrac{d}{a} \geq 4$

필수 예제 **23**-7　a, b, c, x, y, z가 실수일 때, 다음 부등식을 증명하여라.
$$(a^2+b^2+c^2)(x^2+y^2+z^2) \geq (ax+by+cz)^2$$

[모범답안] 1° $(a^2+b^2+c^2)(x^2+y^2+z^2)-(ax+by+cz)^2$

$\quad = a^2y^2+a^2z^2+b^2x^2+b^2z^2+c^2x^2+c^2y^2-2abxy-2bcyz-2cazx$

$\quad = (bx-ay)^2+(cy-bz)^2+(az-cx)^2 \geq 0$

$\quad \therefore (a^2+b^2+c^2)(x^2+y^2+z^2) \geq (ax+by+cz)^2$

등호는 $bx=ay$, $cy=bz$, $az=cx$, 곧　$a:b:c=x:y:z$일 때 성립!

[모범답안] 2° 모든 실수 t에 대하여 다음 부등식이 성립한다.
$$(at-x)^2+(bt-y)^2+(ct-z)^2 \geq 0$$

좌변을 t에 관하여 정리하면
$$(a^2+b^2+c^2)t^2-2(ax+by+cz)t+x^2+y^2+z^2 \geq 0 \qquad \cdots\cdots ①$$

(ⅰ) $a^2+b^2+c^2 \neq 0$일 때　$a^2+b^2+c^2 > 0$

이므로 ①식이 항상 성립하기 위한 조건은

$\quad D/4 = (ax+by+cz)^2-(a^2+b^2+c^2)(x^2+y^2+z^2) \leq 0$

$\quad \therefore (a^2+b^2+c^2)(x^2+y^2+z^2) \geq (ax+by+cz)^2$

(ⅱ) $a^2+b^2+c^2=0$, 곧 $a=b=c=0$일 때, 준 식은 분명히 성립!

$\quad \therefore (a^2+b^2+c^2)(x^2+y^2+z^2) \geq (ax+by+cz)^2$

Advice |　**모범답안 2°**에서는 다음 성질을 이용하였다.

　　[정석] 모든 실수 x에 대하여 $ax^2+bx+c \geq 0$일 조건은
　　　　$\Longrightarrow (a>0,\ b^2-4ac \leq 0)$ 또는 $(a=0,\ b=0,\ c \geq 0)$

일반적으로 부등식
$$(a_1{}^2+a_2{}^2+\cdots+a_n{}^2)(b_1{}^2+b_2{}^2+\cdots+b_n{}^2) \geq (a_1 b_1+a_2 b_2+\cdots+a_n b_n)^2$$

이 성립하며, 이와 같은 부등식을 코시-슈바르츠(**Cauchy-Schwarz**) 부등식
이라고 한다. 이 부등식의 증명은 모든 실수 t에 대하여
$$(a_1 t-b_1)^2+(a_2 t-b_2)^2+\cdots+(a_n t-b_n)^2 \geq 0$$

이 성립함을 이용한다.

[유제] **23**-11. 다음 부등식을 증명하여라. 단, a, b, c, d, x, y, z는 실수이다.

(1) $(a^2+b^2)(c^2+d^2) \geq (ac+bd)^2$

(2) $a^2+b^2=1$, $x^2+y^2=1$일 때, $-1 \leq ax+by \leq 1$

(3) $a^2+b^2+c^2=1$, $x^2+y^2+z^2=1$일 때, $-1 \leq ax+by+cz \leq 1$

§3. 절대부등식의 활용

1 산술평균과 기하평균의 관계   ⇦ p. 143, 148

a, b, c가 양수일 때

① $\dfrac{a+b}{2} \geq \sqrt{ab}$ ② $\dfrac{a+b+c}{3} \geq \sqrt[3]{abc}$

단, ①은 $a=b$일 때, ②는 $a=b=c$일 때 등호가 성립한다.

2 코시-슈바르츠 부등식   ⇦ p. 149

a, b, c, x, y, z가 실수일 때

① $(a^2+b^2)(x^2+y^2) \geq (ax+by)^2$ 단, 등호는 $a:b=x:y$일 때 성립한다.

② $(a^2+b^2+c^2)(x^2+y^2+z^2) \geq (ax+by+cz)^2$

단, 등호는 $a:b:c=x:y:z$일 때 성립한다.

보기 1 $x>0$, $y>0$이고 $x+y=100$일 때, xy의 최댓값을 구하여라.

연구 $\dfrac{x+y}{2} \geq \sqrt{xy}$에 $x+y=100$을 대입하면 $\dfrac{100}{2} \geq \sqrt{xy}$ ∴ $xy \leq 2500$

등호는 $x=y=50$일 때 성립하고, xy의 최댓값은 **2500**

보기 2 $x>0$, $y>0$이고 $xy=9$일 때, $x+y$의 최솟값을 구하여라.

연구 $\dfrac{x+y}{2} \geq \sqrt{xy}$에 $xy=9$를 대입하면 $\dfrac{x+y}{2} \geq \sqrt{9}$ ∴ $x+y \geq 6$

등호는 $x=y=3$일 때 성립하고, $x+y$의 최솟값은 **6**

보기 3 x, y, z가 양수이고 $x+y+z=6$일 때, xyz의 최댓값을 구하여라.

연구 $\dfrac{x+y+z}{3} \geq \sqrt[3]{xyz}$에 $x+y+z=6$을 대입하면 $\dfrac{6}{3} \geq \sqrt[3]{xyz}$

양변을 세제곱하면 $xyz \leq 8$

등호는 $x=y=z=2$일 때 성립하고, xyz의 최댓값은 **8**

보기 4 x, y가 실수이고 $x^2+y^2=4$일 때, $3x+y$의 최댓값과 최솟값을 구하여라.

연구 $(a^2+b^2)(x^2+y^2) \geq (ax+by)^2$에 $x^2+y^2=4$, $a=3$, $b=1$을 대입하면

$(3^2+1^2) \times 4 \geq (3x+y)^2$ ∴ $-2\sqrt{10} \leq 3x+y \leq 2\sqrt{10}$

따라서 $x=3y$, 곧 $x=\pm\dfrac{3\sqrt{10}}{5}$, $y=\pm\dfrac{\sqrt{10}}{5}$ (복부호동순)일 때,

$3x+y$의 최댓값 $\mathbf{2\sqrt{10}}$, 최솟값 $\mathbf{-2\sqrt{10}}$

필수 예제 **23**-8 다음 물음에 답하여라.

(1) $x>0$, $y>0$이고 $2x+3y=5$일 때, $\sqrt{2x}+\sqrt{3y}$의 최댓값을 구하여라.

(2) $xy>0$일 때, $2x^2+\dfrac{y}{2x}+\dfrac{2}{xy}$의 최솟값을 구하여라.

[정석연구] (1) 우선 $\sqrt{2x}+\sqrt{3y}$를 제곱한 식의 최댓값을 구한다. 이때, 조건에서 합이 일정하므로 산술평균과 기하평균의 관계를 이용해 보자.

(2) $2x^2\times\dfrac{y}{2x}\times\dfrac{2}{xy}=2$이므로 곱이 일정하다. 이에 착안하여 산술평균과 기하평균의 관계를 이용해 보자.

정석 합 또는 곱이 일정한 경우의 최대·최소는

$\Longrightarrow$ 산술평균과 기하평균의 관계를 이용해 본다.

[모범답안] (1) 문제의 조건으로부터 $x>0$, $y>0$, $2x+3y=5$이므로

$$(\sqrt{2x}+\sqrt{3y})^2=2x+3y+2\sqrt{2x}\sqrt{3y}=5+2\sqrt{2x\times3y}$$

그런데 $2x+3y\geq2\sqrt{2x\times3y}$ 곧, $2\sqrt{2x\times3y}\leq5$

이고, 등호는 $2x=3y$일 때 성립한다. $\therefore$ $(\sqrt{2x}+\sqrt{3y})^2\leq5+5$

$\sqrt{2x}+\sqrt{3y}>0$이므로 $\sqrt{2x}+\sqrt{3y}\leq\sqrt{10}$ [답] $\sqrt{10}$

(2) $xy>0$이므로 $2x^2>0$, $\dfrac{y}{2x}>0$, $\dfrac{2}{xy}>0$이다. 따라서

$$2x^2+\frac{y}{2x}+\frac{2}{xy}\geq3\sqrt[3]{2x^2\times\frac{y}{2x}\times\frac{2}{xy}}=3\sqrt[3]{2}$$

이고, 등호는 $2x^2=\dfrac{y}{2x}=\dfrac{2}{xy}$일 때 성립한다.   [답] $3\sqrt[3]{2}$

*Note 등호가 성립하는 경우의 x, y의 값을 구하면

(1) $2x+3y=5$, $2x=3y$이므로 $x=\dfrac{5}{4}$, $y=\dfrac{5}{6}$

(2) $2x^2=\dfrac{y}{2x}=\dfrac{2}{xy}$에서 $4x^3=y$, $y^2=4$이므로 $x=\pm\dfrac{1}{\sqrt[3]{2}}$, $y=\pm2$(복부호동순)

[유제] **23**-12. $x>0$, $y>0$일 때, 다음 물음에 답하여라.

(1) $xy=9$일 때, $x+4y$의 최솟값을 구하여라.

(2) $x+y=4$일 때, $\sqrt{x}+\sqrt{y}$의 최댓값을 구하여라.

(3) $(2x+y)\left(\dfrac{8}{x}+\dfrac{1}{y}\right)$의 최솟값을 구하여라. [답] (1) **12** (2) $2\sqrt{2}$ (3) **25**

[유제] **23**-13. $x>0$, $y>0$, $z>0$일 때, 다음 물음에 답하여라.

(1) $xyz=3$일 때, $x+3y+3z$의 최솟값을 구하여라.

(2) $x+2y+4z=2$일 때, xyz의 최댓값을 구하여라.   [답] (1) **9** (2) $\dfrac{1}{27}$

필수 예제 **23**-9 다음 물음에 답하여라.

(1) $x>0$일 때, $x+\dfrac{1}{x}+\dfrac{4x}{x^2+1}$의 최솟값과 이때 x의 값을 구하여라.

(2) $x>0$, $y>0$이고 $2x+y=6$일 때, x^2y의 최댓값과 이때 x, y의 값을 구하여라.

[정석연구] (1) $x\times\dfrac{1}{x}\times\dfrac{4x}{x^2+1}=\dfrac{4x}{x^2+1}$가 상수가 아니므로 바로 산술평균과 기하평균의 관계를 이용할 수 없다.

그러나 $x+\dfrac{1}{x}=\dfrac{x^2+1}{x}$임을 찾을 수 있다면 산술평균과 기하평균의 관계를 이용할 수 있다.

(2) $2x+y=x+x+y$이고 $x^2y=x\times x\times y$임에 착안하면 산술평균과 기하평균의 관계를 이용할 수 있다.

> **정석** $x>0$, $y>0$, $z>0$일 때
> $$\Longrightarrow\ x+y\geq2\sqrt{xy},\ \ x+y+z\geq3\sqrt[3]{xyz}$$

[모범답안] (1) $x>0$이므로

$$x+\frac{1}{x}+\frac{4x}{x^2+1}=\frac{x^2+1}{x}+\frac{4x}{x^2+1}\geq2\sqrt{\frac{x^2+1}{x}\times\frac{4x}{x^2+1}}=4$$

등호는 $\dfrac{x^2+1}{x}=\dfrac{4x}{x^2+1}$일 때 성립한다. 이때, $(x^2+1)^2=4x^2$

$\therefore\ (x^2-1)^2=0$ $\therefore\ x=1\,(\because\ x>0)$ [답] 최솟값 **4**, $\boldsymbol{x=1}$

(2) $x>0$, $y>0$이므로

$$2x+y=x+x+y\geq3\sqrt[3]{x\times x\times y}=3\sqrt[3]{x^2y}$$

그런데 $2x+y=6$이므로 $6\geq3\sqrt[3]{x^2y}$ $\therefore\ x^2y\leq2^3=8$

등호는 $x=y=2$일 때 성립한다. [답] 최댓값 **8**, $\boldsymbol{x=y=2}$

*Note (2) $2x+y=6$에서 $y=6-2x$를 x^2y에 대입하면 $x^2(6-2x)=6x^2-2x^3$
과 같이 x에 관한 삼차식이 된다.

이때, $x>0$이고 $y=6-2x>0$이므로 $0<x<3$이다.

삼차식의 최대, 최소는 수학 Ⅱ에서 공부한다.

[유제] **23**-14. $x>-2$일 때, $\dfrac{2}{x+2}+\dfrac{x}{2}$의 최솟값과 이때 x의 값을 구하여라.
[답] 최솟값 **1**, $\boldsymbol{x=0}$

[유제] **23**-15. 모든 모서리의 길이의 합이 96 cm인 정사각기둥의 부피의 최댓값을 구하여라.
[답] **512 cm³**

필수 예제 **23**-10 세 변의 길이가 3, 4, 5인 직각삼각형의 내부에 점 P
가 있다. 점 P에서 각 변에 그은 수선의 길이를 a, b, c라고 할 때,
$a^2 + b^2 + c^2$의 최솟값을 구하여라.

[정석연구] 오른쪽 그림과 같이 삼각형 ABC 내부
의 한 점 P에서 세 변 AB, BC, CA에 그은
수선의 길이를 각각 a, b, c라고 하면

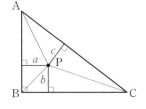

$$\triangle ABC = \triangle PAB + \triangle PBC + \triangle PCA$$
$$= \frac{1}{2}\overline{AB} \times a + \frac{1}{2}\overline{BC} \times b + \frac{1}{2}\overline{CA} \times c$$

이므로 $\triangle ABC$의 넓이와 각 변의 길이를 알면
a, b, c 사이의 관계를 구할 수 있다.

그리고 이 결과와 코시-슈바르츠 부등식을 이용하면 $a^2 + b^2 + c^2$의 최솟값
을 구할 수 있다.

> **정석** $(a^2 + b^2 + c^2)(x^2 + y^2 + z^2) \geq (ax + by + cz)^2$
> 단, 등호는 $a : b : c = x : y : z$일 때 성립한다.

[모범답안] $\overline{AB} = 3$, $\overline{BC} = 4$, $\overline{CA} = 5$라 하고, 점 P에서 세 변 AB, BC, CA에 그
은 수선의 길이를 각각 a, b, c라고 해도 된다.

$\triangle ABC = \triangle PAB + \triangle PBC + \triangle PCA$이므로

$$\frac{1}{2} \times 3 \times 4 = \frac{1}{2} \times 3 \times a + \frac{1}{2} \times 4 \times b + \frac{1}{2} \times 5 \times c \quad \therefore 3a + 4b + 5c = 12$$

한편 코시-슈바르츠 부등식에서

$$(a^2 + b^2 + c^2)(3^2 + 4^2 + 5^2) \geq (3a + 4b + 5c)^2 \quad \therefore a^2 + b^2 + c^2 \geq \frac{72}{25}$$

등호는 $a : b : c = 3 : 4 : 5$, 곧 $a = \frac{18}{25}$, $b = \frac{24}{25}$, $c = \frac{6}{5}$일 때 성립한다.

답 $\dfrac{72}{25}$

[유제] **23**-16. 넓이가 9인 삼각형 ABC의 내부에 점 P가 있다. $\triangle PAB$,
$\triangle PBC$, $\triangle PCA$의 넓이를 각각 S_1, S_2, S_3이라고 할 때, $S_1^2 + S_2^2 + S_3^2$의 최
솟값을 구하여라.   답 27

[유제] **23**-17. 한 변의 길이가 6인 정삼각형의 내부에 점 P가 있다. 점 P에
서 각 변에 그은 수선의 길이를 a, b, c라고 할 때, $a^2 + b^2 + c^2$의 최솟값을
구하여라.   답 9

연습문제 23

[기본] **23**-1 $3m^2 - n^2 = 1$을 만족하는 정수 m, n은 존재하지 않음을 보여라.

23-2 다음 부등식을 증명하여라. 단, a, b, c, d는 양수이다.

(1) $a + \dfrac{1}{a} \geq 2$
(2) $\left(\dfrac{a}{b} + \dfrac{c}{d}\right)\left(\dfrac{b}{a} + \dfrac{d}{c}\right) \geq 4$

23-3 양수 a, b가 $a+b=1$을 만족할 때, 다음 대소를 비교하여라.
$$a^2 + b^2, \quad a^3 + b^3, \quad a^4 + b^4$$

23-4 a, b, c가 양수일 때, 다음 부등식을 증명하여라.

(1) $\dfrac{bc}{a} + \dfrac{ca}{b} + \dfrac{ab}{c} \geq a+b+c$
(2) $\dfrac{a+b+c}{3} \leq \sqrt{\dfrac{a^2+b^2+c^2}{3}}$

23-5 a, b가 실수일 때, 다음 부등식을 증명하여라.

(1) $a^2 + ab + b^2 \geq 0$
(2) $a^2 - 2ab + 2b^2 + 2a - 6b + 5 \geq 0$

23-6 모든 실수 x에 대하여 $ax - (a+1)$의 값이 x^2보다 작고, $-(x+1)^2$보다 크도록 실수 a의 값의 범위를 정하여라.

23-7 $x > 0$, $y > 0$일 때, 다음 물음에 답하여라.

(1) $xy = 100$일 때, $\dfrac{1}{x} + \dfrac{1}{y}$의 최솟값을 구하여라.

(2) $\dfrac{1}{x} + \dfrac{4}{y} = 1$일 때, $x+y$의 최솟값을 구하여라.

(3) $x+y=1$일 때, $\dfrac{y}{x+1} + \dfrac{x}{y+1}$의 최솟값을 구하여라.

23-8 $a > 1$, $b > 1$이고 $ab - a - b = 24$일 때, $a+b$의 최솟값을 구하여라.

23-9 $x > 0$일 때, $y = x^2 + \dfrac{1}{x^2} - 2a\left(x + \dfrac{1}{x}\right)$의 최솟값을 구하여라.

23-10 차량들이 도로를 차선 변경 없이 모두 같은 속도 v (m/초)를 유지하면서 달릴 때, 제동 거리를 고려한 최소 차간 거리는
$$f(v) = \frac{1}{20}v^2 + \frac{1}{2}v + 5 \text{ (m)}$$
로 나타낼 수 있다. 50초 동안 한 차선의 일정 지점을 통과할 수 있는 차량의 수는 최대 몇 대인가? 단, 차량의 길이는 무시한다.

23-11 오른쪽 그림과 같이 둘레의 길이가 12인 삼각형 ABC의 각 변을 지름으로 하는 반원의 넓이를 각각 S_1, S_2, S_3이라고 할 때, $S_1 + S_2 + S_3$의 최솟값을 구하여라.

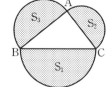

[실력] **23**-12 모든 실수 b에 대하여 $a^4-4a^2b+b^2+6b\ge0$이 되도록 하는 실수 a의 값의 범위를 구하여라.

23-13 다항식 $f(x)$가 모든 실수 a, b에 대하여

$$\frac{f(a)+f(b)}{2}\ge f\left(\frac{a+b}{2}\right)$$

를 만족할 때, 모든 실수 a, b, c에 대하여

$$\frac{f(a)+f(b)+f(c)}{3}\ge f\left(\frac{a+b+c}{3}\right)$$

임을 증명하여라.

23-14 $x>0$, $y>0$, $z>0$이고 $x+y+z=2$일 때, $\dfrac{1}{x}+\dfrac{4}{y}+\dfrac{9}{z}$의 최솟값을 구하여라.

23-15 a, b, c, d가 실수이고 $a^2+b^2=2$, $c^2+d^2=4$일 때, 다음 식의 값의 범위를 구하여라. 단, (2)에서 $abcd\ne0$이다.

(1) $ac+bd$ (2) $ab+cd$

23-16 한 변의 길이가 1인 정사각형이 있다. 서로 수직인 두 직선을 이용하여 그림과 같이 네 개의 직사각형으로 나누어 그 넓이를 각각 a, b, c, d라고 할 때, 다음을 증명하여라.

$$a>\frac{1}{4}$$이면 $$d<\frac{1}{4}$$

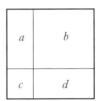

23-17 두 양수 a, b에 대하여 한 변의 길이가 $a+b$인 정사각형 ABCD의 세 변 AB, CB, CD를 각각 $a:b$로 내분하는 점을 E, F, G라 하고, 선분 EG의 중점을 M이라고 하자.

$\overline{\text{EG}}=8\sqrt{2}$일 때, 삼각형 MFG의 넓이의 최댓값을 구하여라.

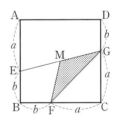

23-18 $\triangle$ABC의 내부에 점 P가 있다. 오른쪽 그림과 같이 점 P를 지나고 변 AB, BC, CA에 평행한 직선이 세 변과 만나는 점을 각각 D, E, F, G, H, I라고 하자.

$\triangle$ABC, $\triangle$PIF, $\triangle$PEH, $\triangle$PGD의 넓이를 각각 S, S_1, S_2, S_3이라고 할 때,

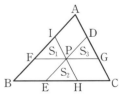

(1) $\sqrt{\text{S}}=\sqrt{S_1}+\sqrt{S_2}+\sqrt{S_3}$임을 보여라.

(2) $\dfrac{S_1+S_2+S_3}{\text{S}}$이 최소일 때, 점 P는 $\triangle$ABC의 무게중심임을 보여라.

24. 함 수

§1. 함 수

1 **함수, 함숫값, 독립변수, 종속변수**

공집합이 아닌 두 집합 X, Y가 있어서 X의 각 원소에 Y의 원소가 하나씩 대응할 때 이 대응을

X에서 Y로의 함수

라 하고, 이 함수를 f라고 하면

$$f : X \longrightarrow Y \quad \text{또는} \quad X \xrightarrow{f} Y$$

로 나타낸다.

또, 함수 f에 의하여 X의 원소 x에 Y의 원소 y가 대응하는 것을

$$f : x \longrightarrow y, \quad x \xrightarrow{f} y, \quad y = f(x)$$

등으로 나타낸다.

이때, y를 함수 f에 의한 x의 **함숫값**이라 하고, $f(x)$로 나타낸다. 여기에서 x를 **독립변수**, y를 **종속변수**라고도 한다.

2 **함수의 정의역, 공역, 치역**

함수 $f : X \longrightarrow Y$에서 집합 X를 함수 f의 **정의역**, 집합 Y를 함수 f의 **공역**이라고 한다. 또, f에 의한 $x\,(x \in X)$의 함숫값 전체의 집합 $\{f(x) \,|\, x \in X\}$를 함수 f의 **치역**이라 하고, $f(X)$로 나타낸다. 이때, 치역 $f(X)$는 공역 Y의 부분집합이다.

3 **서로 같은 함수**

정의역과 공역이 각각 같은 두 함수 $f : X \longrightarrow Y$, $g : X \longrightarrow Y$에서

정의역 X의 모든 원소 x에 대하여 $f(x) = g(x)$

일 때, 두 함수 f와 g는 서로 같다고 하고, 이것을 $f = g$로 나타낸다.

*Note 두 함수 f, g가 서로 같지 않을 때 $f \neq g$로 나타낸다.

Advice 1° 대 응

이를테면 두 집합

X={서울, 런던, 워싱턴},

Y={영국, 미국, 한국}

에서 X에 속하는 각 도시가 Y에 속하는

나라 중 어느 나라에 있는가를 짝을 지어

보면 오른쪽과 같다.

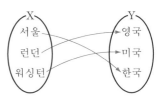

　　이와 같이 집합 X의 원소에 집합 Y의 원소를 짝 지은 것을 집합 X에서 집합 Y로의 대응이라고 한다.

보기 1 두 집합

$$X=\{2, 3, 4\}, \qquad Y=\{7, 8, 9\}$$

에 대하여 다음 대응을 위의 그림과 같이 나타내어라.

(1) X의 각 원소에 그 수의 배수인 Y의 원소를 대응시킨다.

(2) X의 각 원소에 그 수보다 5가 큰 Y의 원소를 대응시킨다.

(3) X의 각 원소에 그 수보다 6이 큰 Y의 원소를 대응시킨다.

(4) X의 각 원소 중 짝수인 원소에 짝수인 Y의 원소를, 홀수인 원소에 홀수 인 Y의 원소를 대응시킨다.

연구

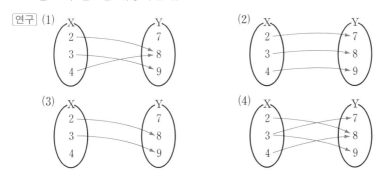

Advice 2° 함수에 관한 여러 가지 용어

　　이제 위의 **보기 1**의 그림을 좀 더 구체적으로 살펴보자.

　　(i) 그림 (1)에서 보면

$$2 \longrightarrow 8, \qquad 3 \longrightarrow 9, \qquad 4 \longrightarrow 8$$

과 같이 X의 원소를 하나 정하면 그 원소에 대하여 Y의 원소가

반드시 그리고 오직 하나만

결정된다는 사실을 알 수 있다.

이와 같은 대응을 **X**에서 **Y**로의 함수라 하고, 이 함수를 f라고 할 때

$$f : \text{X} \longrightarrow \text{Y} \quad \text{또는} \quad \text{X} \xrightarrow{\;f\;} \text{Y}$$

로 나타낸다.

또, 이를테면 $2 \longrightarrow 8$에서 8을 함수 f에 의한 2의 **함숫값**이라고 한다.

그리고 집합 X={2, 3, 4}를 함수 f의 **정의역**, 집합 Y={7, 8, 9}를 함수 f의 **공역**이라 하고, f에 의한 2, 3, 4의 함숫값 전체의 집합 {8, 9}를 함수 f의 **치역**이라고 한다.

(ii) 그림 (2)에서 보면 $2 \longrightarrow 7$, $3 \longrightarrow 8$, $4 \longrightarrow 9$와 같이 X의 각 원소에 Y의 원소가 하나씩만 대응하고 있으므로 X에서 Y로의 함수이고, 정의역은 X={2, 3, 4}이며, 공역과 치역은 다 같이 Y={7, 8, 9}이다.

(iii) 그림 (3)에서 보면 $2 \longrightarrow 8$, $3 \longrightarrow 9$이지만, 4에 대응하는 Y의 원소가 없다. 이런 경우는 함수라고 하지 않는다.

(iv) 그림 (4)에서 보면 $3 \longrightarrow 7$, $3 \longrightarrow 9$와 같이 X의 원소 3에 Y의 원소가 두 개 대응하고 있다. 이런 경우에도 함수라고 하지 않는다. (함수의 정의를 다시 한번 확인해 보기 바란다.)

따라서 함수는 대응의 특수한 경우라고 생각하면 된다.

[보기] 2 실수 전체의 집합을 R라고 하자. R에서 R로의 함수 f가 다음과 같을 때, $f(0)$, $f(1)$, $f(2)$의 값을 구하여라.

(1) $f : x \longrightarrow x^2$ (2) $x \xrightarrow{\;f\;} 3x+4$ (3) $f(x)=x^3-2$

[연구] 함수 f가 (3)과 같은 꼴로 주어질 때에는 다음 방법을 따르면 능률적이다.

$$\underset{\text{x 대신 a를 대입한다}}{\overset{\text{x 대신 a를 대입하면}}{f(x)=x^3-2 \qquad\qquad\qquad f(a)=a^3-2}}$$

또, (1)은 $f(x)=x^2$, (2)는 $f(x)=3x+4$로 바꾸어 쓸 수 있으므로 위의 방법에 따라 $f(0)$, $f(1)$, $f(2)$의 값을 구할 수 있다.

(1) $f(x)=x^2$이므로

$$f(0)=0^2=\mathbf{0}, \quad f(1)=1^2=\mathbf{1}, \quad f(2)=2^2=\mathbf{4}$$

(2) $f(x)=3x+4$이므로

$$f(0)=3\times0+4=\mathbf{4}, \quad f(1)=3\times1+4=\mathbf{7}, \quad f(2)=3\times2+4=\mathbf{10}$$

(3) $f(x)=x^3-2$이므로

$$f(0)=0^3-2=\mathbf{-2}, \quad f(1)=1^3-2=\mathbf{-1}, \quad f(2)=2^3-2=\mathbf{6}$$

보기 3 정수 전체의 집합을 Z라 하고, 함수 f를 $f : \mathrm{Z} \longrightarrow \mathrm{Z}$, $f(x) = x^2$이라고 할 때, 이 함수의 정의역, 공역, 치역을 구하여라.

연구 $f : \mathrm{Z} \longrightarrow \mathrm{Z}$이므로 정의역과 공역은 모두 정수 전체의 집합 Z이다.

따라서 정의역 : **Z**, 공역 : **Z**

또, $f(x) = x^2$에서

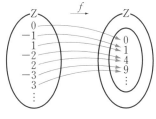

$\qquad f(0) = 0$,

$\qquad f(1) = f(-1) = 1$,

$\qquad f(2) = f(-2) = 4$,

$\qquad f(3) = f(-3) = 9$,

$\qquad \cdots\cdots$

이므로 함수 f의 치역은 $\{0,\ 1,\ 4,\ 9,\ \cdots\}$이다.

Advice 3° 함수의 여러 가지 예

함수 $f : \mathrm{X} \longrightarrow \mathrm{Y}$에서 정의역 X나 공역 Y는 원소가 수, 점, 도형, 사람 등 무엇이든 집합을 이루기만 하면 된다. 몇 가지 예를 들면 다음과 같다.

▶ $(x,\ y) \longrightarrow (x',\ y')$

이를테면 점 $(2, 3)$을 x축에 대하여 대칭이동하면 $(2, -3)$이다.

일반적으로 좌표평면 위의 점을 x축에 대하여 대칭이동하는 대응은

$$\text{함수 } f : (x,\ y) \longrightarrow (x,\ -y)$$

와 같이 나타낼 수 있다.

마찬가지로 좌표평면 위의 점을 x축의 방향으로 a만큼, y축의 방향으로 b만큼 평행이동하는 대응은

$$\text{함수 } f : (x,\ y) \longrightarrow (x+a,\ y+b)$$

와 같이 나타낼 수 있다.

▶ 사람 $\longrightarrow$ 실수, 도형 $\longrightarrow$ 실수

① 사람에 그의 몸무게를 대응시키는 것도 함수이다.

② 삼각형에 그 넓이를 대응시키는 것도 함수이다.

▶ $t \longrightarrow (x,\ y)$, $(x,\ y) \longrightarrow t$

① $t \longrightarrow (t-1,\ 2t)$와 같은 대응도 함수이다.

이를테면 $t = 0,\ 1,\ 2$에 각각 좌표평면 위의 점 $(-1, 0)$, $(0, 2)$, $(1, 4)$가 대응한다. 곧, 모든 실수 t의 값에 좌표평면 위의 점이 하나씩 대응하는데, 더 많은 t의 값을 잡아 좌표평면에 찍어 보면 하나의 직선을 나타낸다. 이 것은 실수 t에 직선 위의 점이 대응하고 있음을 보여 준다.

② $(a, b) \longrightarrow a+b+ab$와 같은 대응도 함수이다.

이 함수는 실수의 순서쌍 (a, b)에 실수를 대응시키는 함수이다. 이를테면 순서쌍 (2, 3)에 대응하는 실수는 $2+3+2\times3=11$이다. 이와 같이 실수의 순서쌍에 실수를 대응시키는 함수를 이항연산이라 하고, 보통 기호 ∘ 등을 써서 다음과 같이 나타낸다.

$$a\circ b=a+b+ab$$

사칙연산도 이항연산의 하나이다.

이상에서 든 예 이외에도 우리의 주변이나 수학적 상황에서 함수의 예는 얼마든지 찾아볼 수 있다. 또한 이와 같은 함수의 개념은 일상생활에서도 효과적으로 이용되고 있다.

Advice 4° 함수와 사상

공집합이 아닌 두 집합 X, Y가 있어서 X의 각 원소에 Y의 원소가 하나씩 대응할 때 이 대응을 X에서 Y로의 사상이라 하고, 이 중에서 X, Y가 모두 수의 집합일 때의 사상을 특히 함수라고 부르기도 한다.

이것은 데데킨트(Dedekind, 1831~1916)에게서 유래한다. 그는 두 집합 X, Y가 주어졌을 때, X의 각 원소에 대응하여 Y의 원소가 오직 하나씩 결정되는 규칙이 있으면 이 규칙을 X에서 Y로의 사상이라고 하였다. 또, 그는 X와 Y가 수로 이루어진 집합이면 이 사상을 함수라고 하였다.

그러나 오늘날 함수의 개념이 적용되는 범위가 넓어짐에 따라, 데데킨트의 사상의 정의를 함수의 정의로 받아들여 함수라는 용어와 사상이라는 용어를 같은 뜻으로 사용한다.

또한 위에서 말한 역사적 사실 때문에 사상과 함수를 구별하여 사상 중에서 그 정의역과 공역이 수의 집합일 때만 함수라고 부르는 경향도 남아 있다.

이 책에서는 함수와 사상을 같은 뜻으로 사용하기로 한다.

Advice 5° $f : X \longrightarrow Y$, $y=f(x)$의 의미

이를테면 정의역과 공역이 모두 실수 전체의 집합인 함수 $y=2x-1$이 주어졌다고 할 때, 이것을 정확하게는 실수 x에 실수 $2x-1$을 대응시키는 대응 관계 f가 주어져 있다는 것이라고 말할 수 있다. 이런 의미에서 $y=2x-1$이라는 함수를

$$f : x \longrightarrow 2x-1 \qquad \Leftarrow y=2x-1\text{과 같은 뜻}$$

이라고 표기하는 것이 더욱 바람직하다.

그러나 이와 같은 대응 관계만을 밝혔다고 해서 함수 $y=2x-1$이 뜻하는 바를 다 밝혔다고 말할 수는 없다.

이를테면 $y=\sqrt{x-1}+2$ 라는 함수를 생각해 보자. 이것을

$$f : x \longrightarrow \sqrt{x-1}+2$$

라고 써서 대응 관계만을 밝힌다면, 마치 함수 f 는

$$0 \longrightarrow \sqrt{0-1}+2$$

와 같은 대응도 가능하다는 인상을 준다.

　그런데 고등학교 교육과정에서는 실수 범위에서만 함수를 다루므로 이와 같은 대응은 곤란하다.

　그래서 함수 f 가 어떤 집합에 속하는 원소에 어떤 집합에 속하는 원소를 대응시키는가를 뚜렷하게 밝혀 줄 필요가 있다. 그러자면

$$X=\{x\,|\,x \geq 1\}, \qquad Y=\{y\,|\,y는\ 실수\}$$

라고 할 때, 함수 $y=\sqrt{x-1}+2$ 를

$$f : X \longrightarrow Y, \qquad x \longrightarrow \sqrt{x-1}+2 \qquad\qquad \cdots\cdots ①$$

과 같이 「X $\longrightarrow$ Y」를 써서 f 가 정의되어 있는 집합과 f 의 값이 속해 있는 집합을 밝혀 주어야 비로소 완벽한 의미를 지니게 된다.

　위의 ①과 같이 표기된 함수를 다음과 같이 나타내기도 한다.

$$f : X \longrightarrow Y, \qquad y=\sqrt{x-1}+2$$
$$f : X \longrightarrow Y, \qquad f(x)=\sqrt{x-1}+2$$

　이때, 이 함수 f 의

　　　　정의역은 $X=\{x\,|\,x \geq 1\}$, 　공역은 $Y=\{y\,|\,y는\ 실수\}$,
　　　　치역은 $f(X)=\{y\,|\,y \geq 2\}$　　$\Leftarrow$ $\sqrt{x-1} \geq 0$ 이므로 $\sqrt{x-1}+2 \geq 2$

이다.

　앞면에서 예를 든 함수 $f : x \longrightarrow 2x-1$ 의 경우는 실수 전체의 집합을 R 라고 할 때

$$f : R \longrightarrow R, \qquad x \longrightarrow 2x-1$$

을 간단히 나타낸 것이라고 생각할 수 있다.

　만일 이 함수를 $x>0$ 인 범위에서만 생각하려면

$$f : \{x\,|\,x>0\} \longrightarrow R, \qquad x \longrightarrow 2x-1$$

로 나타내면 된다.

　일반적으로 함수 $f : X \longrightarrow Y, \ x \longrightarrow y$ 에서 정의역과 공역이 분명할 때에는 「X $\longrightarrow$ Y」를 생략하고 간단히

　　　　　함수 f, 　　함수 $f(x)$, 　　함수 $y=f(x)$

등으로 나타낸다.

따라서 함수 $y=f(x)$의 정의역이나 공역이 주어지지 않은 경우에는 함숫값 $f(x)$가 정의되는 x의 값 전체의 집합을 정의역으로 하고, 실수 전체의 집합을 공역으로 한다. 이를테면

$$함수 \ y=2x-1, \quad 함수 \ y=\sqrt{x-1}+2, \quad 함수 \ y=\frac{1}{x}$$

과 같이 간단히 함수를 나타내는 경우가 많다. 이때의 정의역은

$y=2x-1$에서는 실수 전체의 집합 R이고,

$y=\sqrt{x-1}+2$에서는 $\{x \mid x \geq 1\}$이며,   ⇦ $x-1 \geq 0$

$y=\dfrac{1}{x}$에서는 $\{x \mid x \neq 0$인 실수$\}$이다.   ⇦ (분모)$\neq 0$

그리고 공역은 모두 실수 전체의 집합 R로 본다.

[보기] 4 다음 함수의 정의역을 구하여라.

(1) $y=x^2+x$ (2) $y=\sqrt{1-x^2}$ (3) $y=\dfrac{3}{(x-1)(x-2)}$

[연구] (1) 모든 실수 x에 대하여 x^2+x는 정의되므로 $\{x \mid x$는 실수$\}$

(2) $1-x^2 \geq 0$이어야 하므로 $\ x^2-1 \leq 0$ $\ \therefore \ -1 \leq x \leq 1$ $\ \therefore \ \{x \mid -1 \leq x \leq 1\}$

(3) $(x-1)(x-2) \neq 0$이어야 하므로

$x \neq 1$이고 $x \neq 2$ $\quad \therefore \ \{x \mid x \neq 1, \ x \neq 2$인 실수$\}$

Advice 6° 서로 같은 함수

이를테면 두 함수

$$f(x)=x, \qquad g(x)=x^3$$

에서 모든 실수 x에 대하여 $f(x)$와 $g(x)$가 같은 것은 아니므로 $f \neq g$이다.

그러나 만일 정의역이 모두 $X=\{-1, 1\}$이면

$f(-1)=-1, \ g(-1)=(-1)^3=-1$이므로 $\ f(-1)=g(-1),$

$f(1)=1, \ g(1)=1^3=1$이므로 $\ f(1)=g(1)$

이다. 따라서 정의역 X의 모든 원소 x에 대하여 $f(x)=g(x)$이다.

이때, f와 g는 $X=\{-1, 1\}$에서 서로 같다고 하고, $f=g$로 나타낸다.

물론 $f_1(x)=x^2, \ g_1(x)=x^2$과 같이 대응 관계가 같은 두 함수는 정의역만 같으면 항상 $f_1(x)=g_1(x)$이므로 $f_1=g_1$이다.

[보기] 5 정의역이 $\{-1, 0, 1\}$인 두 함수 $f(x)=|x|-1, \ g(x)=x^2-1$에 대하여 $f=g$임을 보여라.

[연구] $f(-1)=|-1|-1=0, \ g(-1)=(-1)^2-1=0$이므로 $\ f(-1)=g(-1)$

$f(0)=|0|-1=-1, \ g(0)=0^2-1=-1$이므로 $\ f(0)=g(0)$

$f(1)=|1|-1=0, \ g(1)=1^2-1=0$이므로 $\ f(1)=g(1)$

$$\therefore \ f=g$$

필수 예제 **24**-1 X={−1, 1, 2}, Y={1, 2, 3, 4}라고 하자.

집합 X의 임의의 원소 x에 대하여 다음과 같은 집합 X에서 집합 Y로의 대응을 생각할 때, 이 중 함수인 것을 찾고, 그 치역을 구하여라.

(1) $x \longrightarrow x$　　(2) $x \longrightarrow x+2$　　(3) $x \longrightarrow |x|$　　(4) $x \longrightarrow x^2$

(5) $\begin{cases} x \geq 0 일 \ 때 \ \ x \longrightarrow 짝수 \\ x < 0 일 \ 때 \ \ x \longrightarrow 홀수 \end{cases}$　　(6) $\begin{cases} x \geq 0 일 \ 때 \ \ x \longrightarrow 1 \\ x < 0 일 \ 때 \ \ x \longrightarrow 0 \end{cases}$

[정석연구] 이와 같이 집합 X, Y가 원소가 몇 개 안 되는 유한집합일 때, 대응 관계의 조사는 그림을 이용하는 것이 좋다. 이때,

　　　정의 X의 각 원소에 Y의 원소가 하나씩 대응할 때 ⟹ 함수

라고 한다는 것이 문제 해결의 기본이다.

[모범답안] 대응 관계를 그림으로 나타내면 각각 다음과 같다.

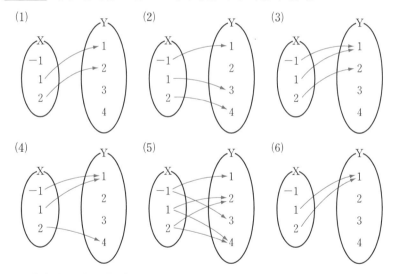

이상에서 함수인 것은 (2), (3), (4)이고, 그 치역은 다음과 같다.

　　　　　[답] (2) : **{1, 3, 4}**　(3) : **{1, 2}**　(4) : **{1, 4}**

[유제] **24**-1. 자연수 전체의 집합을 N이라고 하자. 집합 N의 임의의 원소 x에 대하여 다음 대응 중 집합 N에서 집합 N으로의 함수가 <u>아닌</u> 것은?

① $x \longrightarrow x+1$　　　② $x \longrightarrow x-1$　　　③ $x \longrightarrow x^2$

④ $x \longrightarrow |x|$　　　⑤ $x \longrightarrow x^3$　　　　　　　　　[답] ②

필수 예제 **24**-2 X={0, 1, 2, 3, ···}이라고 하자.

함수 $f : X \longrightarrow X$가 임의의 m, $n \in X$에 대하여

$$f(m^2+n^2)=\{f(m)\}^2+\{f(n)\}^2, \quad f(1) \neq 0$$

을 만족할 때, $f(0)$, $f(1)$, $f(2)$의 값을 구하여라.

[정석연구] 문제의 조건식이

임의의 m, $n \in X$에 대하여 성립한다

는 것이므로, 이를테면 m, n이

$$m=0, \quad n=0, \qquad m=0, \quad n=1, \qquad m=1, \quad n=1$$

등과 같이 특정한 값을 가질 때에도 조건식은 성립한다.

[모범답안] $f(m^2+n^2)=\{f(m)\}^2+\{f(n)\}^2$ ......①

$m=0$, $n=0$을 ①에 대입하면

$$f(0)=2\{f(0)\}^2 \quad \therefore \ f(0)\{2f(0)-1\}=0$$

$f(0) \in X$이므로 $f(0) \neq \dfrac{1}{2}$ $\quad \therefore \ f(0)=0$

$m=1$, $n=0$을 ①에 대입하면 $f(1)=\{f(1)\}^2+\{f(0)\}^2$

$f(0)=0$이므로 $f(1)\{f(1)-1\}=0$

조건에서 $f(1) \neq 0$이므로 $f(1)=1$

또, $m=1$, $n=1$을 ①에 대입하면

$$f(2)=\{f(1)\}^2+\{f(1)\}^2=1^2+1^2=2$$

답 $\boldsymbol{f(0)=0, \ f(1)=1, \ f(2)=2}$

[유제] **24**-2. 함수 f가 임의의 두 양수 x, y에 대하여

$$f(xy)=f(x)+f(y)$$

를 만족할 때, 다음을 증명하여라.

(1) $f(1)=0$ (2) $f(x^3)=3f(x)$ (3) $f\left(\dfrac{1}{x}\right)=-f(x)$

[유제] **24**-3. 함수 f가 임의의 두 실수 x, y에 대하여

$$f(x)>0, \quad f(2)=1, \quad 2f(x+y)=f(x)f(y)$$

를 만족할 때, $f\left(\dfrac{1}{2}\right)$의 값을 구하여라. 답 $\sqrt{2\sqrt{2}}$

[유제] **24**-4. 함수 f가 임의의 두 실수 a, b에 대하여

$$f\left(\dfrac{a+b}{2}\right)=\dfrac{f(a)+f(b)}{2}, \quad f(0)=1, \quad f(4)=3$$

을 만족할 때, $f(2)$와 $f(-2)$의 값을 구하여라. 답 $\boldsymbol{f(2)=2, \ f(-2)=0}$

§2. 함수의 그래프

기 본 정 석

1 순서쌍

　두 집합 X, Y가 주어졌을 때, X의 원소 x와 Y의 원소 y를 잡아 순서를 생각해서 만든 x와 y의 쌍 (x, y)를 순서쌍이라고 한다.

2 함수의 그래프

　함수 $f : X \longrightarrow Y$, $y=f(x)$가 주어질 때, 집합
$$G=\{(x, f(x)) \mid x \in X\}$$
를 함수 $y=f(x)$의 그래프라고 한다.

　특히 함수 $y=f(x)$의 정의역과 공역이 모두 실수 전체의 집합 R의 부분집합이면 함수 $y=f(x)$의 그래프는 좌표평면 위에 그림으로 나타낼 수 있다. 이 그림을 함수 $y=f(x)$의 그래프의 기하적 표시라 하고, 그래프의 기하적 표시에 의하여 나타난 도형을 간단히 그래프라고도 말한다.

Advice 1° 순서쌍

　이를테면 실수 a, b, c에 대하여 집합 X, Y가 X=$\{a, b, c\}$, Y=$\{1, 2\}$일 때, X의 원소 x와 Y의 원소 y의 순서쌍 (x, y)를 모두 나열하면
$$(a, 1), (a, 2), (b, 1), (b, 2), (c, 1), (c, 2)$$
이고, 이들을 원소로 하는 집합은
$$\{(a, 1), (a, 2), (b, 1), (b, 2), (c, 1), (c, 2)\}$$
이다.

　또, 이 집합의 원소를 좌표평면 위의 점으로 나타내면 $0<a<b<c$일 때 오른쪽 그림과 같다.

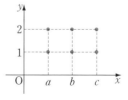

보기 1 X=$\{a, b, c, d\}$, Y=$\{a, \beta, \gamma\}$라고 할 때, 집합 X의 원소 x와 집합 Y의 원소 y로 만든 순서쌍 (x, y)의 개수를 구하여라.

연구 집합 X의 원소 4개에 각각 집합 Y의 원소가 3개씩 대응하므로 구하는 순서쌍 (x, y)의 개수는 $4 \times 3 = $ **12**

Advice 2° 함수의 그래프

실수 a, b, c에 대하여 함수 $f : \mathrm{X} \longrightarrow \mathrm{Y}$가 아래 왼쪽과 같다고 하자.

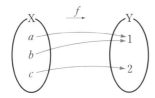 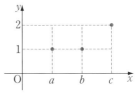

이제 첫 번째에는 집합 X의 원소 x를, 두 번째에는 f에 의한 x의 함숫값 $f(x)$를 잡아 만든 순서쌍 $\big(x,\ f(x)\big)$ 전체의 집합을 G라고 하면

$$\mathrm{G}=\big\{(a,\ 1),\ (b,\ 1),\ (c,\ 2)\big\}$$

이다. 이때, 집합 G를 함수 f의 그래프라고 한다. 또, 집합 G의 원소를 좌표평면 위의 점으로 나타내면 $0<a<b<c$일 때 위의 오른쪽 그림과 같다. 이것을 함수 f의 그래프의 기하적 표시라고 한다.

　이를테면 함수 $y=2x-1$의 그래프는

$$\mathrm{G}'=\big\{(x,\ y)\,\big|\,y=2x-1,\ x\in\mathbf{R}\big\}$$

이고, 이 G'을 오른쪽 그림과 같이 나타낸 것을 함수 $y=2x-1$의 그래프의 기하적 표시라고 한다.

　한편 $y=2x-1$은 x, y에 관한 방정식이라고도 볼 수 있고, G'은 이 방정식의 해의 순서쌍을 좌표로 하는 점의 집합이라고 할 수도 있다.

　이런 뜻에서 등식 $y=2x-1$을 그래프 G'의 방정식 또는 도형 G'의 방정식이라고도 말한다.

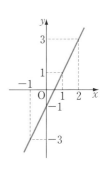

[보기] 2 다음 중 함수의 그래프인 것은 어느 것인가?

① ② 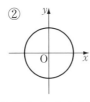 ③ ④

[연구] 함수는 그 정의에 따라 정의역의 각 원소에 대응하는 공역의 원소가 오직 하나뿐이다.

　따라서 함수의 그래프는 정의역의 각 원소 a에 대하여 직선 $x=a$를 그을 때, 그래프와 오직 한 점에서만 만난다.　　　　[답] ①

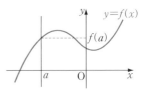

보기 3 오른쪽 그림에서 직선은 함수 $y=f(x)$
의 그래프이고, 포물선은 함수 $y=g(x)$의 그
래프이다.

다음 물음에 답하여라.

(1) 다음 두 함숫값의 크기를 비교하여라.

① $f(-2)$, $g(-2)$ ② $f(-1)$, $g(-1)$

③ $f(0)$, $g(0)$ ④ $f(4)$, $g(4)$

⑤ $g(-1)$, $f(2)$ ⑥ $f(0)$, $f(2)$

(2) 다음 방정식을 만족하는 x의 값을 모두
구하여라.

⑦ $f(x)=0$ ⑧ $g(x)=0$

⑨ $f(x)=g(x)$ ⑩ $g(x)=-1$

(3) 다음 부등식을 만족하는 x의 값의 범위를
구하여라.

⑪ $f(x)>0$ ⑫ $g(x)<0$

⑬ $f(x)<8$ ⑭ $f(x)\geq g(x)$

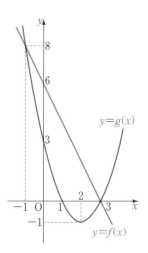

연구 주어진 함수의 그래프를 그릴 수도 있어야 하지만, 주어진 그래프를 보고
의미를 정확하게 이해할 수도 있어야 한다.

① $f(-2)<g(-2)$ ② $f(-1)=g(-1)$ ③ $f(0)>g(0)$

④ $f(4)<g(4)$ ⑤ $g(-1)>f(2)$ ⑥ $f(0)>f(2)$

⑦ $x=3$ ⑧ $x=1,\ 3$ ⑨ $x=-1,\ 3$

⑩ $x=2$ ⑪ $x<3$ ⑫ $1<x<3$

⑬ $x>-1$ ⑭ $-1\leq x\leq 3$

Advice 3° 그래프를 보는 방법

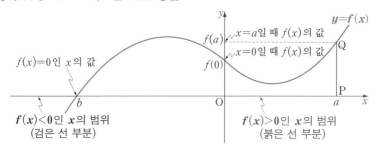

*$Note$ 위의 그림에서 $x=a$일 때 $f(x)>0$이므로 $f(a)$는 선분 PQ의 길이와
같다.

필수 예제 **24**-3 두 집합 $X=\{-1, 0, 1, 2\}$, $Y=\{-1, 0, 1, 2, 3\}$에 대
하여 함수 f를 다음과 같이 정의한다.
$$f : X \longrightarrow Y, \quad x \longrightarrow x^2-1$$
(1) 함수 f의 그래프를 집합으로 나타내어라.
(2) 함수 f의 그래프를 좌표평면 위에 나타내어라.
(3) 함수 f의 치역을 구하여라.

[정석연구] 함수 $f : X \longrightarrow Y$, $y=f(x)$가 주어지면
$$f의 그래프 \Longrightarrow \{(x, f(x)) \mid x \in X\} = \{(x, y) \mid y=f(x),\ x \in X\}$$

[모범답안] X의 임의의 원소 x에 대하여
$$x \longrightarrow x^2-1$$
인 대응 관계를 그림으로 나타내면 오
른쪽과 같다.

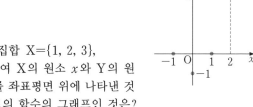

(1) 오른쪽 그림에서 함수 f의 그래프는
$$\{(-1, 0),\ (0, -1),\ (1, 0),\ (2, 3)\}$$
*Note 또는 $\{(x, y) \mid y=x^2-1,\ x=-1, 0, 1, 2\}$
(2) 함수 f의 그래프를 좌표평면 위에 나타내면 오
른쪽과 같다.
(3) $f(X)=\{-1, 0, 3\}$

[유제] **24**-5. 다음은 두 집합 $X=\{1, 2, 3\}$,
$Y=\{1, 2, 3, 4\}$에 대하여 X의 원소 x와 Y의 원
소 y 사이의 대응 관계를 좌표평면 위에 나타낸 것
이다. 이 중 X에서 Y로의 함수의 그래프인 것은?

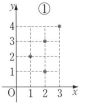 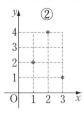 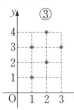 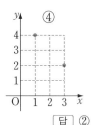

[답] ②

[유제] **24**-6. 두 집합 $X=\{1, 2, 3, 4\}$, $Y=\{1, 2, 3, 4, 5\}$에 대하여
$$f : X \longrightarrow Y, \quad f(x)=x+1$$
인 함수 f의 그래프를 집합으로 나타내어라. 또, 치역을 구하여라.
[답] 그래프 : $\{(1, 2),\ (2, 3),\ (3, 4),\ (4, 5)\}$, 치역 : $\{2, 3, 4, 5\}$

§3. 일대일대응

함수 $f : X \longrightarrow Y$에서

대응의 규칙에 따라서 다음과 같이 정의한다.

(1) 일대일함수

X의 서로 다른 원소에 Y의 서로 다른 원소가 대응하는 함수를 일대일함수라고 한다. 곧,

X의 임의의 두 원소 x_1, x_2에 대하여

$$x_1 \neq x_2 \text{이면} \quad f(x_1) \neq f(x_2)$$

일 때, 함수 f를 일대일함수라고 한다.

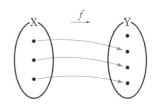

(2) 일대일대응

일대일함수 중에서 치역과 공역이 같은 함수를 특히 일대일대응이라고 한다. 곧,

(i) 치역과 공역이 같고,

(ii) X의 임의의 두 원소 x_1, x_2에 대하여

$$x_1 \neq x_2 \text{이면} \quad f(x_1) \neq f(x_2)$$

일 때, 함수 f를 일대일대응이라고 한다.

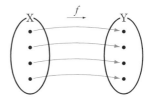

(3) 항등함수

정의역과 공역이 같은 함수 $f : X \longrightarrow X$에서 정의역 X의 임의의 원소 x에 그 자신인 x가 대응할 때, 곧 $f(x)=x$일 때 이 함수 f를 집합 X에서의 항등함수라 하고, 흔히 I_X(또는 I)로 나타낸다.

항등함수는 일대일대응이다.

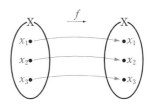

(4) 상수함수

함수 f의 치역의 원소가 하나뿐인 함수를 상수함수라고 한다. 곧, X의 모든 원소에 Y의 한 원소가 대응하는 함수를 상수함수라고 한다.

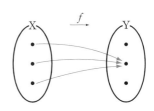

보기 1 다음 함수 $f : \mathrm{X} \longrightarrow \mathrm{Y}$ 중에서 일대일함수, 일대일대응, 항등함수, 상수함수를 말하여라.

① 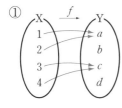　② 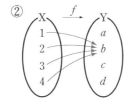　③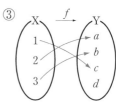

④ 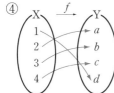　⑤ 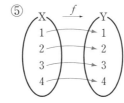　⑥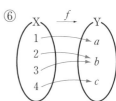

연구 일대일함수 : ③, ④, ⑤　　　　일대일대응 : ④, ⑤
　　 항등함수 : ⑤　　　　　　　　　상수함수 : ②

보기 2 실수 전체의 집합 R에서 R로의 함수 f 의 그래프가 다음과 같을 때, 일대일함수, 일대일대응, 항등함수, 상수함수를 말하여라.

① $f(x)=x$　　　② $f(x)=x-1$　　　③ $f(x)=2x+|x|+1$

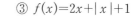

④ $f(x)=x^2$　　⑤ $f(x)=x^3$　　⑥ $f(x)=3$

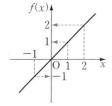　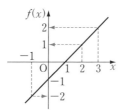　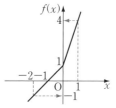

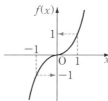

연구 일대일함수 : ①, ②, ③, ⑤　　일대일대응 : ①, ②, ③, ⑤
　　 항등함수 : ①　　　　　　　　　상수함수 : ⑥

필수 예제 **24**-4 두 집합 X={a, b, c}, Y={1, 2, 3}이 있다.

(1) X에서 Y로의 함수는 몇 개인가?

(2) X에서 Y로의 일대일대응은 몇 개인가?

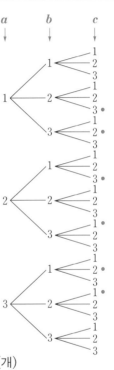

모범답안 오른쪽과 같이 수형도(tree)를 만들어 그 개수를 조사해 본다.

(1) 함수의 개수는 $3 \times 3 \times 3 = 27$(개) ← 답

(2) 이 중 일대일대응은 그림의 점「•」을 찍은 것이므로 그 개수는 $3 \times 2 = 6$(개) ← 답

Advice 1° 다음 방법도 생각할 수 있다.

(1)의 경우는 Y의 원소 1, 2, 3에서 세 개를 뽑아 이것을

$$a \longrightarrow \boxed{}, \quad b \longrightarrow \boxed{}, \quad c \longrightarrow \boxed{}$$

의 $\boxed{}$ 안에 늘어놓는 방법의 수를 구하면 된다.

이때, 뽑은 세 수가 1, 2, 3으로 모두 다를 때는 말할 것도 없지만, 이를테면 1, 1, 2와 같이 뽑은 어느 두 수가 같거나 세 수가 모두 같아도 좋다.

따라서 a에는 1, 2, 3의 세 가지, b에는 a에 온 수가 와도 좋으므로 세 가지, c에는 a, b에 온 수가 와도 좋으므로 세 가지씩 있다.

$$\therefore \ 3 \times 3 \times 3 = 27(개)$$

(2)의 경우는 a에 온 수가 b에 와서는 안 되고, a, b에 온 수가 c에 와서는 안 되므로 $3 \times 2 \times 1 = 6$(개)

Advice 2° 일반적으로 함수의 개수와 일대일대응의 개수는 다음과 같다.

정석 (i) X, Y의 원소의 개수가 각각 r, n일 때,

X에서 Y로의 함수의 개수는 $\Longrightarrow n^r$

(ii) X, Y의 원소의 개수가 각각 n일 때,

X에서 Y로의 일대일대응의 개수는

$$\Longrightarrow n \times (n-1) \times (n-2) \times \cdots \times 3 \times 2 \times 1$$

유제 **24**-7. 두 집합 X={a, b, c, d}, Y={p, q, r, s}가 있다.

(1) X에서 Y로의 함수는 몇 개인가?

(2) X에서 Y로의 일대일대응은 몇 개인가?   답 (1) **256**개 (2) **24**개

필수 예제 24-5 $X=\{x \mid x \geq 0\}$, $Y=\{y \mid y \geq 1\}$이라고 할 때, 함수 $f(x)=2x^2+1$은 X에서 Y로의 일대일대응임을 보여라.

─────────────────────────────

[정석연구] 오른쪽과 같이 함수 $f(x)$의 대응 관계를 그림이나 그래프로 나타내어 보면 일대일대응임을 쉽게 알 수 있다. 이를 논리적으로 증명할 때에는 일대일대응의 정의를 충실히 따른다.

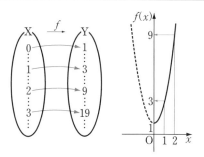

정의 함수 $f : X \longrightarrow Y$에서
  (i) 치역과 공역이 같고,
  (ii) X의 임의의 두 원소 x_1, x_2에 대하여 $x_1 \neq x_2$이면 $f(x_1) \neq f(x_2)$
일 때, 함수 f를 일대일대응이라고 한다.

이때, (ii) 대신 그 대우인 다음을 보이는 것이 더 수월하다.

  X의 임의의 두 원소 x_1, x_2에 대하여 $f(x_1)=f(x_2)$이면 $x_1=x_2$

[모범답안] (i) $f(x)=2x^2+1 \, (x \geq 0)$에서 $f(x) \geq 1$
  $\therefore \{f(x) \mid x \in X\} \subset Y$ ……①
  역으로 임의의 $y \in Y$에 대하여 $x=\sqrt{\dfrac{y-1}{2}} \in X$는 $f(x)=y$를 만족한다.
  $\therefore Y \subset \{f(x) \mid x \in X\}$ ……②
  따라서 ①, ②에 의하여 $\{f(x) \mid x \in X\}=Y$
(ii) X의 임의의 두 원소 x_1, x_2에 대하여 $f(x_1)=f(x_2)$이면
  $2x_1{}^2+1=2x_2{}^2+1$ $\therefore (x_1+x_2)(x_1-x_2)=0$
  $x_1 \geq 0$, $x_2 \geq 0$이므로 $x_1=x_2 \, (x_1+x_2=0$일 때는 $x_1=x_2=0)$
(i), (ii)에서 함수 $f(x)$는 X에서 Y로의 일대일대응이다.

Advice | 다음과 같이 (ii)를 직접 보일 수도 있다.
  X의 임의의 두 원소 x_1, x_2에 대하여 $x_1 \neq x_2$이면
  $$f(x_2)-f(x_1)=(2x_2{}^2+1)-(2x_1{}^2+1)=2(x_2+x_1)(x_2-x_1)$$
  $x_1 \geq 0$, $x_2 \geq 0$이고 $x_1 \neq x_2$이므로 $f(x_2)-f(x_1) \neq 0$ $\therefore f(x_2) \neq f(x_1)$

[유제] **24**-8. 다음 함수가 실수 전체의 집합 R에서 R로의 일대일대응임을 보여라.
  (1) $f(x)=2x+3$ (2) $f(x)=x^3$

연습문제 24

기본 **24**-1 자연수 전체의 집합을 N이라고 할 때, 함수 $f : \mathrm{N}-\{1\} \longrightarrow \mathrm{N}$ 이 다음과 같이 정의된다.

$$f(x) = \begin{cases} x+1 & (x \text{는 소수}) \\ \dfrac{x}{p} & (x \text{는 합성수}, \; p \text{는 } x \text{의 가장 큰 소인수}) \end{cases}$$

이때, $f(7)+f(77)+f(777)$의 값을 구하여라.

24-2 임의의 실수 x에 대하여 $f(x)=x-2$라 하고, 연산 $*$을

$$f(a) * f(b) = f(ab)$$

로 정의한다. x, y가 실수일 때, $x*y$를 x, y로 나타내어라.

24-3 실수 전체의 집합의 부분집합 X가 정의역인 두 함수 $f(x)=x^3-3x^2+1, \; g(x)=x-2$가 있다. $f=g$가 되는 정의역 X 중에서 원소가 가장 많은 집합 X를 구하여라.

24-4 두 집합 $\mathrm{X}=\{1, 2, 3\}$, $\mathrm{Y}=\{4, 5, 6, 7, 8\}$에 대하여 X에서 Y로의 일대일함수 f가 $f(1)+f(2)+f(3)=20$을 만족할 때, 함수 f의 개수를 구하여라.

24-5 두 집합 $\mathrm{X}=\{0, 1, 2\}$, $\mathrm{Y}=\{3, 4, 5\}$에 대하여 X에서 Y로의 함수

$$f : x \longrightarrow (k-3)x^2+(5-k)x+3$$

이 일대일대응이 되도록 하는 상수 k의 값을 구하여라.

24-6 집합 $\mathrm{X}=\{-2, -1, 1, 2\}$에서 집합 $\mathrm{Y}=\{0, 1, 2, 3, 4\}$로의 함수 f가 다음 두 조건을 만족할 때, $f(1)+f(2)$의 최댓값을 구하여라.

    (가) $(x^2-1)f(x)$가 X에서 Y로의 상수함수이다.

    (나) $f(-1) > f(1)$

실력 **24**-7 0이 아닌 임의의 실수 x에 대하여 $f(x)$가 $f(x)+2f\left(\dfrac{1}{x}\right)=3x$ 를 만족할 때, 방정식 $f(x)=1$의 두 근의 합을 구하여라.

24-8 자연수 전체의 집합을 N이라고 할 때, 함수 $f : \mathrm{N} \longrightarrow \mathrm{N} \cup \{0\}$이

    (가) p가 소수이면 $f(p)=1$　　　(나) $f(mn)=nf(m)+mf(n)$

을 만족한다고 한다. 이때, $f(2^{2018})$의 값을 구하여라.

24-9 집합 A가 실수 전체의 집합의 부분집합일 때, 함수 $C_A(x) = \begin{cases} 1 & (x \in \mathrm{A}) \\ 0 & (x \notin \mathrm{A}) \end{cases}$ 에 대하여 다음을 보여라.

(1) $C_{A^c}(x) = 1 - C_A(x)$ (2) $C_{A \cap B}(x) = C_A(x)C_B(x)$

(3) $C_{A^c \cap B^c}(x) + C_{(A \cap B)^c}(x) = 2 - C_A(x) - C_B(x)$

25. 합성함수와 역함수

§1. 합성함수

합성함수

두 함수 $f : \mathrm{X} \longrightarrow \mathrm{Y}$, $g : \mathrm{Y} \longrightarrow \mathrm{Z}$가 주어졌을 때, f에 의하여 집합 X의 원소 x에 대응하는 집합 Y의 원소는 $f(x)$이고, g에 의하여 집합 Y의 원소 $f(x)$에 대응하는 집합 Z의 원소는 $g\big(f(x)\big)$이다.

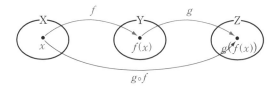

이때, 집합 X의 원소 x에 집합 Z의 원소 $g\big(f(x)\big)$를 대응시키면 정의역이 집합 X이고, 공역이 집합 Z인 새로운 함수를 얻는다.

이 함수를 f와 g의 합성함수라 하고, $g \circ f$로 나타낸다. 곧,

$$g \circ f : \; x \longrightarrow g\big(f(x)\big), \qquad (g \circ f)(x) = g\big(f(x)\big)$$

Advice | 이를테면 세 집합

$$\mathrm{X} = \{1, 2, 3, 4\}, \qquad \mathrm{Y} = \{a, b, c, d\}, \qquad \mathrm{Z} = \{\alpha, \beta, \gamma, \delta\}$$

에 대하여 두 함수

$$f : \mathrm{X} \longrightarrow \mathrm{Y}, \qquad g : \mathrm{Y} \longrightarrow \mathrm{Z}$$

가 아래 그림과 같다고 하자.

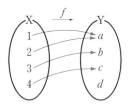 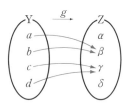

이때, 이 두 함수 f, g의 대응을 계속하여 그림으로 나타내면 다음 면의 왼쪽 그림과 같다.

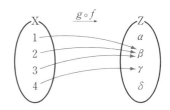

이제 위의 왼쪽 그림에서 화살표를 따라 집합 X의 원소에 집합 Z의 원소를 대응시키면, 위의 오른쪽 그림과 같이 집합 X를 정의역으로 하고 집합 Z를 공역으로 하는 새로운 함수를 얻을 수 있다. 이 새로운 함수를 f와 g의 합성함수라 하고, $\boldsymbol{g \circ f}$로 나타낸다.

그런데 위의 왼쪽 그림에서 1에 a가 대응하고, 또 a에 β가 대응하는 것을 그림으로 나타내면 아래와 같다.

여기에서 f에 의한 1의 함숫값이 a인 것을 $f(1) = a$로, g에 의한 a의 함숫값이 β인 것을 $g(a) = \beta$로 나타내는 것과 마찬가지로 $g \circ f$에 의한 1의 함숫값이 β인 것을

$$(\boldsymbol{g \circ f})(1) = \boldsymbol{\beta}$$

로 나타낸다. 한편

$$a = f(1), \ \beta = g(a)$$

이므로

$$\beta = g(a) = g\big(f(1)\big) \qquad \Leftarrow a \text{에 } f(1) \text{을 대입}$$

이 되어 $(g \circ f)(1) = g\big(f(1)\big)$로 계산할 수 있음을 알 수 있다.

정석 $(\boldsymbol{g \circ f})(\boldsymbol{x}) = \boldsymbol{g\big(f(x)\big)}$

보기 1 두 함수 f, g가

$$f : x \longrightarrow x+1, \qquad g : x \longrightarrow x^2$$

일 때, 다음 물음에 답하여라.

(1) $(g \circ f)(3)$, $(f \circ g)(3)$의 값을 구하여라.

(2) $(g \circ f)(x)$, $(f \circ g)(x)$를 구하여라.

연구 $f(x) = x+1$, $g(x) = x^2$에서

(1) $(g \circ f)(3) = g\big(f(3)\big) = g(4) = 4^2 = \mathbf{16}$ $\Leftarrow f(3) = 3+1 = 4$

     $(f \circ g)(3) = f\big(g(3)\big) = f(9) = 9+1 = \mathbf{10}$ $\Leftarrow g(3) = 3^2 = 9$

(2) $(g \circ f)(x) = g\big(f(x)\big) = g(x+1) = (\boldsymbol{x+1})^2$

     $(f \circ g)(x) = f\big(g(x)\big) = f(x^2) = \boldsymbol{x^2 + 1}$

필수 예제 25-1 실수 전체의 집합에서 실수 전체의 집합으로의 함수 f, g, h가

$$f : x \longrightarrow 2x, \quad g : x \longrightarrow x^2-1, \quad h : x \longrightarrow |x+1|$$

일 때, 다음을 구하여라.

(1) $g \circ f$ (2) $f \circ g$ (3) $h \circ (g \circ f)$ (4) $(h \circ g) \circ f$

(5) $f \circ f \circ f$ (6) $f \circ f \circ f \circ \cdots \circ f$ (f가 n개)

[정석연구] 문제 해결의 기본은 다음 합성함수의 정의이다.

$$\boxed{\textbf{정의}} \quad (g \circ f)(x) = g\big(f(x)\big)$$

[모범답안] $f(x)=2x$, $g(x)=x^2-1$, $h(x)=|x+1|$이다.

(1) $(g \circ f)(x) = g\big(f(x)\big) = g(2x) = (2x)^2-1 = \mathbf{4x^2-1}$ ⟵ [답]

(2) $(f \circ g)(x) = f\big(g(x)\big) = f(x^2-1) = 2(x^2-1) = \mathbf{2x^2-2}$ ⟵ [답]

(3) $(g \circ f)(x) = 4x^2-1$이므로

$$\big(h \circ (g \circ f)\big)(x) = h\big((g \circ f)(x)\big) = h(4x^2-1) = |(4x^2-1)+1|$$
$$= |4x^2| = \mathbf{4x^2} \longleftarrow \boxed{답}$$

(4) $(h \circ g)(x) = h\big(g(x)\big) = h(x^2-1) = |(x^2-1)+1| = |x^2| = x^2$이므로

$$\big((h \circ g) \circ f\big)(x) = (h \circ g)\big(f(x)\big) = (h \circ g)(2x) = (2x)^2 = \mathbf{4x^2} \longleftarrow \boxed{답}$$

(5) $(f \circ f)(x) = f\big(f(x)\big) = f(2x) = 2 \times 2x = 2^2 x$이므로

$$(f \circ f \circ f)(x) = f\big((f \circ f)(x)\big) = f(2^2 x) = 2 \times 2^2 x = \mathbf{2^3 x} \longleftarrow \boxed{답}$$

(6) 위의 (5)와 같은 계산을 계속하면 $(\underbrace{f \circ f \circ f \circ \cdots \circ f}_{n\,개})(x) = \mathbf{2^n x} \longleftarrow \boxed{답}$

Advice 1° f, g, h 등을 카메라의 암상자(暗箱子)와 같은 기능을 가지고 있다고 생각하여 이를테면 $f : x \longrightarrow 2x$를

$$x \xrightarrow{\;f\;} 2x$$

와 같이 나타내어 구하면 편리할 때가 많다.

곧, x가 f를 통과하면 2배가 되므로

$$x^2 \xrightarrow{\;f\;} 2x^2, \quad |x| \xrightarrow{\;f\;} 2|x|, \quad x+5 \xrightarrow{\;f\;} 2(x+5)$$

이다. 이 방법에 따라 위 문제의 $g \circ f$, $h \circ (g \circ f)$를 구하면 다음과 같다.

$$x \xrightarrow{\;f\;} 2x \xrightarrow{\;g\;} (2x)^2-1 \quad \therefore \ g \circ f : x \longrightarrow 4x^2-1$$
$$x \xrightarrow{\;g \circ f\;} 4x^2-1 \xrightarrow{\;h\;} |(4x^2-1)+1| \quad \therefore \ h \circ (g \circ f) : x \longrightarrow 4x^2$$

Advice 2° 합성함수를 나타낼 때, 이를테면 (1)의 경우

$$(g \circ f)(x) = 4x^2 - 1, \quad g(f(x)) = 4x^2 - 1, \quad g \circ f : x \longrightarrow 4x^2 - 1$$

중의 어느 것을 답으로 해도 좋다.

Advice 3° (1), (2)에서 $g \circ f \neq f \circ g$ 임을 알 수 있다. 일반적으로 함수의 합성에서는 교환법칙이 성립하지 않는다.

그러나 (3), (4)에서 알 수 있듯이 결합법칙 $h \circ (g \circ f) = (h \circ g) \circ f$ 가 성립한다. 이에 대한 일반적인 증명은 다음과 같다.

세 함수

$$f : A \longrightarrow B, \quad g : B \longrightarrow C, \quad h : C \longrightarrow D$$

가 주어졌을 때, 다음 합성함수가 정의된다.

$$g \circ f : A \longrightarrow C, \quad h \circ g : B \longrightarrow D$$

한편 $g \circ f$ 의 공역과 h 의 정의역이 서로 같은 집합이므로 합성함수

$$h \circ (g \circ f) : A \longrightarrow D$$

가 정의되고, f 의 공역과 $h \circ g$ 의 정의역이 서로 같은 집합이므로 합성함수

$$(h \circ g) \circ f : A \longrightarrow D$$

가 정의된다. (합성함수 $g \circ f$ 가 정의되기 위해서는 f 의 치역이 g 의 정의역의 부분집합이 되어야 한다.)

또, A의 임의의 원소 x 에 대하여

$$\left(h \circ (g \circ f) \right)(x) = h\left((g \circ f)(x) \right) = h\left(g(f(x)) \right),$$

$$\left((h \circ g) \circ f \right)(x) = (h \circ g)\left(f(x) \right) = h\left(g(f(x)) \right)$$

이므로 $h \circ (g \circ f) = (h \circ g) \circ f$ 이다. 곧,

정석 합성함수의 성질

① $\boldsymbol{g \circ f \neq f \circ g}$ ② $\boldsymbol{h \circ (g \circ f) = (h \circ g) \circ f}$

특히 ②의 경우 괄호를 풀어서 $h \circ g \circ f$ 로 나타내어도 된다.

Advice 4° 여기서 항등함수 $I(x) = x$ 의 성질도 알아 두자.

$f : X \longrightarrow X$ 에서 $(f \circ I)(x) = f(I(x)) = f(x), \ (I \circ f)(x) = I(f(x)) = f(x)$

정석 $\boldsymbol{f : X \longrightarrow X}$ 에 대하여 $\boldsymbol{f \circ I = I \circ f = f}$

[유제] **25**-1. $f(x) = x - 1$, $g(x) = -2x$, $h(x) = x^2$ 일 때, 다음을 구하여라.

(1) $g \circ f$ (2) $f \circ g$ (3) $h \circ (g \circ f)$ (4) $(h \circ g) \circ f$

[답] (1) $(\boldsymbol{g \circ f})(\boldsymbol{x}) = -2\boldsymbol{x} + 2$ (2) $(\boldsymbol{f \circ g})(\boldsymbol{x}) = -2\boldsymbol{x} - 1$

(3) $\left(\boldsymbol{h \circ (g \circ f)} \right)(\boldsymbol{x}) = 4(\boldsymbol{x} - 1)^2$ (4) $\left((\boldsymbol{h \circ g}) \circ \boldsymbol{f} \right)(\boldsymbol{x}) = 4(\boldsymbol{x} - 1)^2$

필수 예제 **25**-2 다음 물음에 답하여라.

(1) $f\left(\dfrac{x+1}{2}\right)=3x+2$일 때, $f(\sqrt{2}\,)$, $(f\circ f)\left(\dfrac{1}{3}\right)$의 값을 구하여라.

(2) $f(x)=x^2-2x$, $g(x)=3x-1$일 때, $(f\circ g)(x)=f(x)$를 만족하는 x의 값을 구하여라.

─────────────────────────────

[정석연구] (1) 먼저 조건식에서 $\dfrac{x+1}{2}=t$로 놓고 $f(t)$를 구한다.

(2) 먼저 $(f\circ g)(x)$를 구한 다음 준 방정식을 푼다.

$$\boxed{정석}\ (f\circ g)(x)=f\big(g(x)\big)$$

[모범답안] (1) $f\left(\dfrac{x+1}{2}\right)=3x+2$에서 $\dfrac{x+1}{2}=t$로 놓으면 $x=2t-1$

$$\therefore\ f(t)=3(2t-1)+2=6t-1 \quad 곧,\ f(t)=6t-1$$

$$\therefore\ f(\sqrt{2}\,)=\mathbf{6\sqrt{2}-1} \longleftarrow \boxed{답}$$

$$(f\circ f)\left(\frac{1}{3}\right)=f\left(f\left(\frac{1}{3}\right)\right)=f\left(6\times\frac{1}{3}-1\right)=f(1)=6\times1-1=\mathbf{5}\longleftarrow\boxed{답}$$

(2) $f(x)=x^2-2x$, $g(x)=3x-1$이므로

$$(f\circ g)(x)=f\big(g(x)\big)=f(3x-1)=(3x-1)^2-2(3x-1)$$
$$=9x^2-12x+3$$

따라서 $(f\circ g)(x)=f(x)$에서

$$9x^2-12x+3=x^2-2x \quad \therefore\ 8x^2-10x+3=0$$

$$\therefore\ (2x-1)(4x-3)=0 \quad \therefore\ \boldsymbol{x=\frac{1}{2},\ \frac{3}{4}} \longleftarrow \boxed{답}$$

Advice │ (1)에서 $f(\sqrt{2}\,)$의 값은 다음 방법으로 구할 수도 있다.

$f\left(\dfrac{x+1}{2}\right)=3x+2$에서 $\dfrac{x+1}{2}=\sqrt{2}$로 놓으면 $x=2\sqrt{2}-1$

이 값을 준 식의 양변에 대입하면 $f(\sqrt{2}\,)=3(2\sqrt{2}-1)+2=\mathbf{6\sqrt{2}-1}$

[유제] **25**-2. 집합 $X=\{1,\,2,\,3,\,4,\,5\}$를 정의역으로 하는 함수 f가

$$f(x)=-x+6$$

으로 정의될 때, $f\big(f(x)\big)=\dfrac{1}{x}$을 만족하는 x의 값을 구하여라.

$$\boxed{답}\ \boldsymbol{x=1}$$

[유제] **25**-3. $f(x)=3x-4$, $g(x)=-x^2+x-3$일 때, $(f\circ g)(x)=(g\circ f)(x)$를 만족하는 x의 값을 구하여라.

$$\boxed{답}\ \boldsymbol{x=\frac{6\pm\sqrt{21}}{3}}$$

필수 예제 25-3 일차함수 $f(x)$, $g(x)$가 다음 식을 만족한다.

$$(f \circ f)(x) = (g \circ g)(x) = 9x - 8, \quad f(0) < 0, \quad g(0) > 0$$

(1) $f(x)$, $g(x)$를 구하여라.

(2) $(f \circ h)(x) = g(x)$를 만족하는 함수 $h(x)$를 구하여라.

(3) $(k \circ g \circ f)(x) = f(x)$를 만족하는 함수 $k(x)$를 구하여라.

[정석연구] 문제 해결의 기본은

$$\boxed{정석}\ (g \circ f)(x) = g\big(f(x)\big)$$

이다.

[모범답안] (1) $f(x)$는 일차함수이므로 $f(x) = ax + b$라고 하면 $f(0) = b < 0$이고,

$$(f \circ f)(x) = f\big(f(x)\big) = f(ax+b) = a(ax+b) + b = a^2 x + ab + b$$

따라서 문제의 조건으로부터　$a^2 x + ab + b = 9x - 8$

$$\therefore\ a^2 = 9, \ ab + b = -8 \quad \therefore\ a = \pm 3$$

$a = 3$일 때 $b = -2$이고, 이것은 $b < 0$을 만족한다.

$a = -3$일 때 $b = 4$이고, 이것은 $b < 0$을 만족하지 않는다.

$$\therefore\ a = 3, \ b = -2 \quad \therefore\ f(x) = 3x - 2$$

같은 방법으로 하면　$g(x) = -3x + 4$

$$\boxed{답}\ \boldsymbol{f(x) = 3x - 2, \ g(x) = -3x + 4}$$

(2) $f(x) = 3x - 2$이므로　$(f \circ h)(x) = f\big(h(x)\big) = 3h(x) - 2$

따라서 $(f \circ h)(x) = g(x)$는　$3h(x) - 2 = -3x + 4$

$$\therefore\ \boldsymbol{h(x) = -x + 2} \longleftarrow \boxed{답}$$

(3) $(k \circ g \circ f)(x) = f(x) \iff k\big((g \circ f)(x)\big) = f(x)$

그런데 $(g \circ f)(x) = g\big(f(x)\big) = -3(3x-2) + 4 = -9x + 10$이므로

$$k(-9x + 10) = 3x - 2 \qquad\qquad\qquad \cdots\cdots ①$$

여기에서 $-9x + 10 = t$로 놓으면　$x = \dfrac{-t + 10}{9}$

①에 대입하면

$$k(t) = 3 \times \frac{-t+10}{9} - 2 \quad \therefore\ \boldsymbol{k(x) = -\frac{1}{3}x + \frac{4}{3}} \longleftarrow \boxed{답}$$

[유제] **25**-4. $f(x) = 2x + 3$, $g(x) = 4x - 5$일 때, 다음 물음에 답하여라.

(1) $f\big(h(x)\big) = g(x)$를 만족하는 함수 $h(x)$를 구하여라.

(2) $k\big(f(x)\big) = g(x)$를 만족하는 함수 $k(x)$를 구하여라.

$$\boxed{답}\ (1)\ \boldsymbol{h(x) = 2x - 4} \quad (2)\ \boldsymbol{k(x) = 2x - 11}$$

필수 예제 **25**·4 오른쪽 그림은 두 함수
  $y=f(x)$와 $y=x$의 그래프이다.

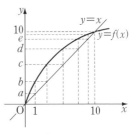

   합성함수 $f \circ f$를 f^2으로, $f^2 \circ f$를 f^3
으로, $\cdots$, $f^n \circ f$를 f^{n+1}으로 나타낼
때, 다음 물음에 답하여라.

(1) $f^4(1)$의 값은 a, b, c, d, e 중 어느
   것인가?

(2) $f^2(x)=d$를 만족하는 x의 값은 a, b, c, d, e 중 어느 것인가?

정석연구 이 문제에서는

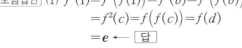 직선 $y=x$ 위의 점의 x, y좌표는 같다

는 성질을 이용하는 것이 핵심이다.

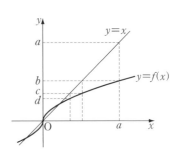

   이 성질에 의하면 $a=1$이고, y좌표 b, c, d,
e에 대응하는 x좌표는 오른쪽 그림과 같다.

   이와 같이 생각하면 오른쪽 그림에서

$f(1)=b, \quad f(b)=c, \quad f(c)=d, \quad f(d)=e$

인 것도 알 수 있다.

모범답안 (1) $f^4(1)=f^3\big(f(1)\big)=f^3(b)=f^2\big(f(b)\big)$
      $=f^2(c)=f\big(f(c)\big)=f(d)$
      $=e \longleftarrow$ 답

(2) $f^2(x)=d$에서 $f\big(f(x)\big)=d$
   한편 그림에서 $f(c)=d$이고, $f(x)$는 일대일함수이므로 $f(x)=c$
   또한 그림에서 $f(b)=c$이고, $f(x)$는 일대일함수이므로
      $x=b \longleftarrow$ 답

유제 **25**-5. 오른쪽 그림은 두 함수
  $y=f(x)$와 $y=x$의 그래프이다.
   다음 물음에 답하여라.

(1) $(f \circ f \circ f)(a)$의 값은 a, b, c, d 중
   어느 것인가?

(2) $(f \circ f)(x)=c$를 만족하는 x의 값은
   a, b, c, d 중 어느 것인가?

      답 (1) d (2) a

§2. 역 함 수

① 역함수

함수 $f : \mathrm{X} \longrightarrow \mathrm{Y}$가

일대일대응

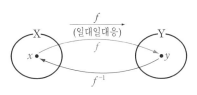

이면 Y의 임의의 한 원소에 X의 원소가 하나씩만 대응하므로 이 대응은 Y에서 X로의 함수이다.

이것을 함수 f의 역함수라 하고, f^{-1}로 나타낸다. 곧,

정의 함수 $f : \mathrm{X} \longrightarrow \mathrm{Y},\ x \longrightarrow y$의 역함수는
$$\Longrightarrow f^{-1} : \mathrm{Y} \longrightarrow \mathrm{X},\ y \longrightarrow x$$

따라서 함수 f와 역함수 f^{-1} 사이에는 다음 관계가 있다.

정석 $y = f(x) \iff x = f^{-1}(y)$ ⇦ 위의 그림 참조

② 역함수의 성질

집합 X에서 집합 X로의 항등함수를 $\mathrm{I_X}$, 집합 Y에서 집합 Y로의 항등함수를 $\mathrm{I_Y}$라고 하자.

(1) $f : \mathrm{X} \longrightarrow \mathrm{Y}$가 일대일대응일 때, 역함수 $f^{-1} : \mathrm{Y} \longrightarrow \mathrm{X}$에 대하여

① $(f^{-1})^{-1} = f$

② $f^{-1}\big(f(x)\big) = x\ (x \in \mathrm{X})$ 곧, $f^{-1} \circ f = \mathrm{I_X}$
$f\big(f^{-1}(y)\big) = y\ (y \in \mathrm{Y})$ 곧, $f \circ f^{-1} = \mathrm{I_Y}$

(2) $f : \mathrm{X} \longrightarrow \mathrm{Y},\ g : \mathrm{Y} \longrightarrow \mathrm{X}$에서 $g \circ f = \mathrm{I_X},\ f \circ g = \mathrm{I_Y} \iff g = f^{-1}$

(3) 함수 $f : \mathrm{X} \longrightarrow \mathrm{Y},\ g : \mathrm{Y} \longrightarrow \mathrm{Z}$가 일대일대응일 때,
$$(g \circ f)^{-1} = f^{-1} \circ g^{-1}$$

③ 함수 $y = f(x)$의 역함수를 구하는 순서

첫째 : 주어진 함수가 일대일대응인가를 확인한다.

둘째 : $y = f(x)$를 $x = g(y)$의 꼴로 고친다.

셋째 : $x = g(y)$에서 x와 y를 바꾸어서 $y = g(x)$로 한다. 이때,

f^{-1}의 정의역은 $\Longrightarrow f$의 치역, f^{-1}의 치역은 $\Longrightarrow f$의 정의역

Advice 1° 역함수의 뜻, 역함수의 존재

아래와 같은 함수 $f : X \longrightarrow Y$와 함수 $g : X \longrightarrow Y$를 생각해 보자.

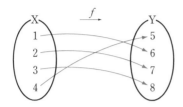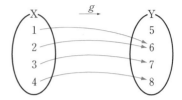

이제 이 두 함수 f, g에 대하여 Y에서 X로의 대응(이것을 역대응이라고 한다)을 생각하자. 이때, f의 역대응에서는 Y의 각 원소에 X의 원소가 하나씩만 대응하고 있어 이 대응 역시 Y에서 X로의 함수이다.

그러나 g의 역대응에서는 Y의 원소 5에 대응하는 X의 원소가 없다. 뿐만 아니라 Y의 원소 6에 대응하는 X의 원소가 1, 2의 두 개이다. 따라서 g의 역대응은 함수가 아니다.

일반적으로 함수 $f : X \longrightarrow Y$가 일대일대응이면 역대응도 역시 함수이며, 이 함수를 f의 역함수라 하고, $f^{-1} : Y \longrightarrow X$로 나타낸다.

정석 함수 f가 일대일대응이면 역함수 f^{-1}가 존재!

이를테면 함수 $y = 2x - 1$은 일대일대응이므로 역함수가 존재하지만, 함수 $y = x^2$은 일대일대응이 아니므로 역함수가 존재하지 않는다.

그러나 X, Y가 음이 아닌 실수 전체의 집합일 때

$$f : X \longrightarrow Y, \ y = x^2$$

이라고 하면 오른쪽 그림과 같이 함수 f는 일대일대응이므로 역함수가 존재한다. 곧, 함수

$$y = x^2 \ (x \geq 0)$$

의 역함수는 존재한다.

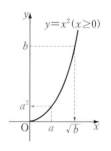

또, X의 원소 x에 Y의 원소 y가 대응할 때,

$$f : x \longrightarrow y \text{의 역함수는} \quad f^{-1} : y \longrightarrow x$$

이며, $f^{-1} : y \longrightarrow x$를 $f^{-1}(y) = x$로 나타낸다.

따라서 역함수의 정의로부터 다음 관계가 성립한다.

정석 $y = f(x) \iff x = f^{-1}(y), \quad y = f^{-1}(x) \iff x = f(y)$

Note 집합 X에서 집합 Y로의 함수가 일대일대응이 아니고
$f : X \longrightarrow f(X) \subset Y$가 일대일대응이면 역함수 $f^{-1} : f(X) \longrightarrow X$가 존재한다.

보기 1 삼차함수 $f(x)=ax^3+b$의 역함수 f^{-1}가 $f^{-1}(5)=2$를 만족할 때, $8a+b$의 값을 구하여라.

연구 $f^{-1}(5)=2$에서 $f(2)=5$이므로　$a\times2^3+b=5$　∴ $\boldsymbol{8a+b=5}$

보기 2 역함수가 존재하는 함수 $y=f(x)$의 그래프가 오른쪽 그림과 같을 때, a의 값을 f 또는 f^{-1}를 써서 나타내어라.

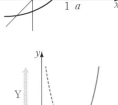

연구 y의 값에 대응하는 x의 값을 찾을 때에는 역함수 f^{-1}를 써서 나타내면 된다.

　　$b=1$이므로　$f(a)=1$　∴ $\boldsymbol{a=f^{-1}(1)}$

보기 3 집합 $X=\{x\,|\,x\geq a\}$에서 집합 Y로의 함수 $f(x)=(x-2)^2-1$의 역함수가 존재할 때, a의 최솟값과 이때의 집합 Y를 구하여라.

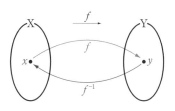

연구 $y=(x-2)^2-1$이 $x\geq a$에서 일대일대응이기 위해서는 오른쪽 그림에서 $a\geq2$이어야 하므로

　　　　　최솟값 $\boldsymbol{2}$,　$\mathbf{Y}=\{\boldsymbol{y}\,|\,\boldsymbol{y}\geq-\boldsymbol{1}\}$

Advice 2° 역함수의 성질

① $(f^{-1})^{-1}=f$

　　f가 일대일대응이므로 f^{-1}도 일대일대응이다. 따라서 f^{-1}의 역함수 $(f^{-1})^{-1}$가 존재한다.

　　$y=f(x)$로 놓으면 역함수의 정의에 의하여　$y=f(x) \iff x=f^{-1}(y)$

　　마찬가지로　$x=f^{-1}(y) \iff y=(f^{-1})^{-1}(x)$　∴ $(f^{-1})^{-1}=f$

② $f^{-1}\circ f=\mathrm{I_X},\ f\circ f^{-1}=\mathrm{I_Y}$

　　$f(x)=y$라고 하면

　　$(f^{-1}\circ f)(x)=f^{-1}\big(f(x)\big)=f^{-1}(y)=x$

　　$(f\circ f^{-1})(y)=f\big(f^{-1}(y)\big)=f(x)=y$

　　따라서 $f^{-1}\circ f,\ f\circ f^{-1}$는 항등함수이다.

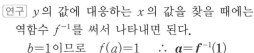

　　또, $X=Y$이면 $f^{-1}\circ f=f\circ f^{-1}=I$이다.

③ $g\circ f=\mathrm{I_X},\ f\circ g=\mathrm{I_Y} \iff g=f^{-1}$

　　$f^{-1}\circ f=\mathrm{I_X},\ f\circ f^{-1}=\mathrm{I_Y}$와 비교하면 알 수 있다. 이 성질을 역함수의 정의로 쓰기도 하고, 두 함수 $f,\ g$가 역함수의 관계가 있는지를 살피는 데 이용할 수도 있다.

④ $(g \circ f)^{-1} = f^{-1} \circ g^{-1}$

$\quad (f^{-1} \circ g^{-1}) \circ (g \circ f) = f^{-1} \circ (g^{-1} \circ g) \circ f = f^{-1} \circ \mathrm{I} \circ f = f^{-1} \circ f = \mathrm{I}$

$\quad (g \circ f) \circ (f^{-1} \circ g^{-1}) = g \circ (f \circ f^{-1}) \circ g^{-1} = g \circ \mathrm{I} \circ g^{-1} = g \circ g^{-1} = \mathrm{I}$

$\quad$ 따라서 성질 ③에서 $\ (g \circ f)^{-1} = f^{-1} \circ g^{-1}$

Advice **3°** 역함수를 구하는 순서

함수 $f : x \longrightarrow y$ 의 역함수를 구하라는 것은 역의 대응 규칙 $y \longrightarrow x$ 를 구하라는 것과 같다. 따라서 이를테면 함수 $y = x - 1$ 의 역함수는 $x = y + 1$ 이라고 하면 된다.

그런데 보통은 독립변수를 x 로, 종속변수를 y 로 나타내므로 $x = y + 1$ 의 x 와 y 를 바꾸어 $y = x + 1$ 과 같이 나타낸다.

보기 4 다음 함수의 역함수를 구하여라.

(1) $f(x) = x + 3$ $\qquad\qquad$ (2) $f(x) = 3x - 1$

연구 (1) $y = f(x) = x + 3$ 으로 놓으면 $\ x = y - 3$

$\quad$ x 와 y 를 바꾸면 $\ y = x - 3$ $\quad \therefore \ \boldsymbol{f^{-1}(x) = x - 3}$

(2) $y = f(x) = 3x - 1$ 로 놓으면 $\ x = \dfrac{1}{3}(y + 1)$

$\quad$ x 와 y 를 바꾸면 $\ y = \dfrac{1}{3}(x + 1) \quad \therefore \ \boldsymbol{f^{-1}(x) = \dfrac{1}{3}(x + 1)}$

Advice **4°** 함수의 그래프와 그 역함수의 그래프의 관계

이를테면 위의 **보기 4**에서 함수 $y = x + 3$ 의 그래프와 그 역함수 $y = x - 3$ 의 그래프를 그려 보면, 이 두 그래프는 오른쪽 그림과 같이 직선 $y = x$ 에 대하여 대칭임을 알 수 있다.

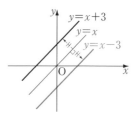

일반적으로 실수의 집합 X에서 실수의 집합 Y로의 함수 $y = f(x)$ 의 그래프는

$$\{(\boldsymbol{x}, \boldsymbol{y}) \mid \boldsymbol{y} = \boldsymbol{f(x)}, \ \boldsymbol{x} \in \mathbf{X}\}$$

이고, f 의 역함수 $y = f^{-1}(x)$ 가 존재하면 그 그래프는

$$\{(\boldsymbol{y}, \boldsymbol{x}) \mid \boldsymbol{y} = \boldsymbol{f(x)}, \ \boldsymbol{x} \in \mathbf{X}\}$$

이다.

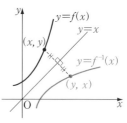

그런데 점 (x, y) 와 점 (y, x) 는 직선 $y = x$ 에 대하여 대칭이므로 다음이 성립한다.

정석 함수 $\boldsymbol{y = f(x)}$ 의 그래프와 그 역함수 $\boldsymbol{y = f^{-1}(x)}$ 의 그래프는
$\qquad\quad$ 직선 $\boldsymbol{y = x}$ 에 대하여 서로 대칭이다.

필수 예제 **25**-5 네 함수 f, g, h, k를 다음과 같이 정의한다.

$$f : x \longrightarrow x+a, \qquad g : x \longrightarrow x+c,$$
$$h : x \longrightarrow bx^2, \qquad\quad k : x \longrightarrow 2x^2+8x+5$$

(1) f^{-1}, g^{-1}, $f^{-1} \circ g^{-1}$, $g \circ f$, $(g \circ f)^{-1}$를 각각 구하여 $(g \circ f)^{-1} = f^{-1} \circ g^{-1}$ 임을 확인하여라.

(2) $f^{-1} \circ h \circ g^{-1} = k$일 때, 상수 a, b, c의 값을 구하여라.

[정석연구] f, g가 일차함수이므로 그 역함수 f^{-1}, g^{-1}를 구하는 것은 어렵지 않다.

$$\boxed{\textbf{정석}} \ (g \circ f)(x) = g\big(f(x)\big)$$

를 활용해 보아라.

[모범답안] $f(x)=x+a$, $g(x)=x+c$, $h(x)=bx^2$, $k(x)=2x^2+8x+5$이다.

(1) $f(x)=x+a=y$로 놓으면 $x=y-a$

x와 y를 바꾸면 $y=x-a$ $\therefore f^{-1}(x)=x-a$

같은 방법으로 하면 $g^{-1}(x)=x-c$

$$\therefore (f^{-1} \circ g^{-1})(x)=f^{-1}\big(g^{-1}(x)\big)=f^{-1}(x-c)=(x-c)-a$$
$$=x-a-c \qquad\qquad \cdots\cdots \text{①}$$

또, $(g \circ f)(x)=g\big(f(x)\big)=g(x+a)=(x+a)+c=x+a+c$

여기에서 $x+a+c=y$로 놓으면 $x=y-a-c$

x와 y를 바꾸면 $y=x-a-c$

$$\therefore (g \circ f)^{-1}(x)=x-a-c \qquad\qquad \cdots\cdots \text{②}$$

①과 ②에서 $(g \circ f)^{-1}=f^{-1} \circ g^{-1}$이다.

(2) 위에서 $f^{-1}(x)=x-a$, $g^{-1}(x)=x-c$이므로

$$(f^{-1} \circ h \circ g^{-1})(x)=(f^{-1} \circ h)\big(g^{-1}(x)\big)=(f^{-1} \circ h)(x-c)$$
$$=f^{-1}\big(h(x-c)\big)=f^{-1}\big(b(x-c)^2\big)=b(x-c)^2-a$$

따라서 $f^{-1} \circ h \circ g^{-1}=k$이려면 $b(x-c)^2-a=2x^2+8x+5$

좌변을 정리하면 $bx^2-2bcx+bc^2-a=2x^2+8x+5$

x에 관한 항등식이므로 $b=2$, $-2bc=8$, $bc^2-a=5$

연립하여 풀면 $\boldsymbol{a=3}$, $\boldsymbol{b=2}$, $\boldsymbol{c=-2}$ ← [답]

[유제] **25**-6. 세 함수 $f(x)=2x$, $g(x)=x+1$, $h(x)=ax+b$에 대하여 $f^{-1} \circ g^{-1} \circ h=f$가 성립하도록 상수 a, b의 값을 정하여라.

[답] $a=4$, $b=1$

필수 예제 **25**-6 집합 A={x | x>1}에 대하여 A에서 A로의 함수 f, g 가 다음과 같다.

$$f(x)=3x^2-2, \qquad g(x)=2x-1$$

(1) $g^{-1}(10)$의 값을 구하여라. (2) $\left(f\circ(g\circ f)^{-1}\circ f\right)(2)$의 값을 구하여라.

─────────────────────────────────

[정석연구] (1) $g(x)=2x-1$로부터 $g^{-1}(10)$의 값을 구하는 데는 다음 두 가지 방법을 생각할 수 있다.

(i) 먼저 $g(x)$의 역함수 $g^{-1}(x)$를 직접 구한다.

곧, $g(x)=2x-1=y$로 놓으면 $2x=y+1$ $\therefore x=\dfrac{y+1}{2}$

$\therefore g^{-1}(x)=\dfrac{x+1}{2}\,(x>1)$ $\therefore g^{-1}(10)=\dfrac{11}{2}$

(ii) 다음 역함수의 정의를 이용하여 구한다.

정석 $f(a)=b \iff f^{-1}(b)=a$

곧, $g^{-1}(10)=k$로 놓으면 $g(k)=10$ $\therefore 2k-1=10$

$\therefore k=\dfrac{11}{2}$ $\therefore g^{-1}(10)=\dfrac{11}{2}$

(2) 다음 성질을 활용하여 먼저 $f\circ(g\circ f)^{-1}\circ f$를 간단히 한다.

정석 $I\circ f=f,\quad f\circ I=f,\quad (f\circ g)\circ h=f\circ(g\circ h)=f\circ g\circ h,$
$f\circ f^{-1}=I,\quad f^{-1}\circ f=I,\quad (g\circ f)^{-1}=f^{-1}\circ g^{-1}$

[모범답안] (1) 풀이 생략 [답] $\dfrac{11}{2}$

(2) $f\circ(g\circ f)^{-1}\circ f=f\circ(f^{-1}\circ g^{-1})\circ f=f\circ f^{-1}\circ g^{-1}\circ f$
$\qquad\qquad =(f\circ f^{-1})\circ(g^{-1}\circ f)=I\circ(g^{-1}\circ f)=g^{-1}\circ f$

$\therefore \left(f\circ(g\circ f)^{-1}\circ f\right)(2)=(g^{-1}\circ f)(2)=g^{-1}\left(f(2)\right)$

그런데 $f(x)=3x^2-2$에서 $f(2)=10$이므로

$\left(f\circ(g\circ f)^{-1}\circ f\right)(2)=g^{-1}(10)=\dfrac{11}{2}\leftarrow$ [답]

Advice | 두 함수 f와 g의 역함수가 각각 존재하면 $g\circ f$의 역함수도 존재하고 역함수는 $(g\circ f)^{-1}=f^{-1}\circ g^{-1}$이다. 그러나 $g\circ f$의 역함수가 존재해도 f^{-1}, g^{-1}는 존재하지 않을 수 있다. 따라서 $(g\circ f)^{-1}=f^{-1}\circ g^{-1}$를 이용할 때에는 f^{-1}, g^{-1}가 존재하는지 확인해야 한다.

[유제] **25**-7. 양의 실수 전체의 집합 R^+에서 R^+로의 함수 f와 h가

$$f(x)=x^2+x, \qquad h(x)=\dfrac{x+2}{f(x)}$$

이다. g가 f의 역함수일 때, $h\left(g(2)\right)$의 값을 구하여라. [답] $\dfrac{3}{2}$

필수 예제 **25**-7 두 함수 $f(x)=x+2$, $g(x)=x^2-1$에 대하여 다음 물음
　에 답하여라.
(1) $f^{-1}(x)$를 구하여라.
(2) $(h \circ f)(x)=g(x)$인 함수 $h(x)$를 구하여라.
(3) $(f \circ k)(x)=g(x)$인 함수 $k(x)$를 구하여라.

정석연구 $h(x)$와 $k(x)$는 p.179에서와 같이 합성함수의 정의만으로도 구할 수
있고, 다음과 같이 역함수를 이용하여 구할 수도 있다.

　　$h \circ f = g$일 때, 양변의 오른쪽에 f^{-1}를 합성하면

　　　　$(h \circ f) \circ f^{-1} = g \circ f^{-1}$　　∴ $h \circ (f \circ f^{-1}) = g \circ f^{-1}$　　∴ $h = g \circ f^{-1}$

　　$f \circ k = g$일 때, 양변의 왼쪽에 f^{-1}를 합성하면

　　　　$f^{-1} \circ (f \circ k) = f^{-1} \circ g$　　∴ $(f^{-1} \circ f) \circ k = f^{-1} \circ g$　　∴ $k = f^{-1} \circ g$

이다. 곧,

　　　정석 함수 f의 역함수 f^{-1}가 존재할 때,

　　　　$h \circ f = g \implies h = g \circ f^{-1}$,　　$f \circ k = g \implies k = f^{-1} \circ g$

　특히 $g(x)=x$일 때에는 역함수의 성질 $f^{-1}(f(x))=x$를 상기하면 다음 성
질을 얻는다. 아래 **유제**에 이용해 보아라.

　　　　정석 $h(f(x))=x \implies h(x)=f^{-1}(x)$

모범답안 (1) $y=x+2$로 놓으면　$x=y-2$

　　x와 y를 바꾸면　$y=x-2$　∴ **$f^{-1}(x)=x-2$** ← 답

(2) $h(x)=(g \circ f^{-1})(x)=g(f^{-1}(x))=g(x-2)$
　　　$=(x-2)^2-1=$**x^2-4x+3** ← 답

(3) $k(x)=(f^{-1} \circ g)(x)=f^{-1}(g(x))=f^{-1}(x^2-1)$
　　　$=(x^2-1)-2=$**x^2-3** ← 답

유제 **25**-8. 함수 $f(x)=2x-3$에 대하여 다음 물음에 답하여라.
(1) $(f \circ f)(x)$를 구하여라.　　　　　　(2) $f^{-1}(x)$를 구하여라.
(3) $g(f(x))=x$인 함수 $g(x)$를 구하여라.
(4) $f(h(x))=x+1$인 함수 $h(x)$를 구하여라.

　　　　　답 (1) $(f \circ f)(x)=4x-9$　(2) $f^{-1}(x)=\dfrac{1}{2}(x+3)$

　　　　　(3) $g(x)=\dfrac{1}{2}(x+3)$　(4) $h(x)=\dfrac{1}{2}(x+4)$

=========== **연습문제 25** ===========

[기본] **25**-1 $0 \leq x \leq 1$인 실수 x에 대하여 함수 $f(x)$를

$$f(x) = \begin{cases} x & (x \text{가 유리수}) \\ 1-x & (x \text{가 무리수}) \end{cases}$$

로 정의할 때, 다음을 구하여라.

(1) $f\left(f\left(\dfrac{1}{2}\right)\right)$ (2) $f\left(f\left(\dfrac{1}{\sqrt{2}}\right)\right)$ (3) $f(x)+f(1-x)+(f \circ f)(x)$

25-2 모든 실수 x에 대하여 함수 f, g, h가 다음을 만족할 때, 상수 a, b의 값을 구하여라.

$$(h \circ g)(x) = 2x+1, \quad f(x) = -x+a, \quad \left(h \circ (g \circ f)\right)(x) = bx+3$$

25-3 실수 전체의 집합 R에 대하여 a, $b \in$ R이고 $f(x) = x^2 + ax + b$일 때, 두 집합 A, B를 다음과 같이 정의한다.

$$A = \left\{ x \mid f(x) = x, \ x \in \text{R} \right\}, \quad B = \left\{ x \mid f(f(x)) = x, \ x \in \text{R} \right\}$$

(1) A⊂B임을 증명하여라.   (2) A={−1, 3}일 때, B를 구하여라.

25-4 집합 A={a, b, c}에 대하여 $f \circ f$가 항등함수가 되는 함수 $f : \text{A} \longrightarrow \text{A}$의 개수를 구하여라.

25-5 두 함수 $f(x) = x^2 + 1$, $g(x) = ax + b$가 모든 실수 x에 대하여 $(g \circ f)(x) = (f \circ g)(x)$를 만족할 때, 상수 a, b의 값을 구하여라.

25-6 오른쪽 그림은 함수 $y = f(x)$의 그래프이다.

단, $x < 2$, $x > 19$일 때 $f(x) < 0$이다.

(1) $(f \circ f \circ f)(16)$의 값을 구하여라.

(2) $(f \circ f)(x+2) = 4$를 만족하는 x의 값을 모두 구하여라.

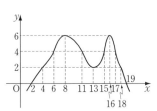

25-7 두 함수 $f(x) = ax + b$, $g(x) = x + c$가 $(f \circ g)(x) = 2x - 3$, $f^{-1}(3) = -2$를 만족할 때, $(g^{-1} \circ f)(-2)$의 값을 구하여라.

25-8 함수 $f(x) = x^3 - 6x^2 + 12x$는 역함수 $f^{-1}(x)$가 존재한다. 방정식 $f^{-1}(8x) - 2x = 0$의 모든 근의 합을 구하여라.

25-9 함수 $f(x)$의 역함수가 존재하고, $g(x) = f(2x+1)$이다.

(1) $f^{-1}(0) = 5$일 때, $g^{-1}(0)$의 값을 구하여라.

(2) $g^{-1}(x)$를 $f^{-1}(x)$에 관한 식으로 나타내어라.

25-10 양수 a에 대하여 함수
$$f(x)=x^2+(a+1)x \ (단, \ x\geq0)$$
의 역함수를 $g(x)$라 하고, 직선 $y=-x+a+3$
과 두 함수 $y=f(x)$, $y=g(x)$의 그래프가 만
나는 점을 각각 P, Q라고 하자. 삼각형 POQ의
넓이가 24일 때, a의 값을 구하여라.
단, O는 원점이다.

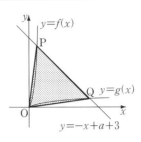

<u>실력</u> **25**-11 실수 전체의 집합 R에서 R로의 함수 f에 대하여
$f\big(f(x)\big)=ax+b$이면 f는 일대일함수임을 보여라. 단, $a\neq0$이다.

25-12 $f(x)=x^3-2x^2-x+2$이고, $g(x)=(f\circ f\circ f)(x)$일 때, $g(x)$는 $f(x)$로
나누어 떨어짐을 보여라.

25-13 다항식 $g(x)$가 임의의 실수 x에 대하여 $g\big(g(x)\big)=x$이고, $g(0)=1$일
때, $g(x)$를 구하여라.

25-14 $X=\{1, 2, 3, 4\}$에 대하여 f, g는 각각 X에서 X로의 함수라고 한다.
$$f(1)=2, \quad f(3)=3, \quad g(1)=3,$$
$$(g\circ f)(1)=4, \quad (g\circ f)(2)=2, \quad (g\circ f)(3)=1, \quad (g\circ f)(4)=3$$
일 때, $f(2)$, $f(4)$, $g(4)$의 값을 구하여라.

25-15 함수 $y=f(x)$의 그래프가 오른쪽 그림
과 같을 때, 집합
$$\big\{x \mid (f\circ f)(x)=f(x)\big\}$$
의 원소의 개수를 구하여라.
단, 점선은 $y=x$의 그래프이다.

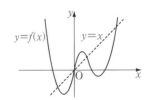

25-16 실수 전체의 집합 R에서 R로의 함수
$$f(x)=\begin{cases} x^2-ax+b & (x\geq2) \\ x-2 & (x<2) \end{cases}$$
의 역함수가 존재하도록 음이 아닌 실수 a, b의 값을 정할 때, 점 (a, b)의
자취의 길이를 구하여라.

25-17 함수 $f(x)=\dfrac{1}{4}x^2+a$ (단, $x\geq0$)의 역함수를 $g(x)$라고 하자. 방정식
$f(x)=g(x)$가 음이 아닌 서로 다른 두 실근을 가질 때, 실수 a의 값의 범
위를 구하여라.

26. 다항함수의 그래프

§1. 일차함수의 그래프

1 다항함수

함수 $y=f(x)$에서 $f(x)$가 x에 관한 다항식일 때, 함수 $y=f(x)$를 다항함수라고 한다.

또, $f(x)$가 일차, 이차, 삼차, $\cdots$의 다항식일 때, 그 다항함수를 각각 일차함수, 이차함수, 삼차함수, $\cdots$라고 한다.

특히 상수 c에 대하여 $f(x)=c$는 상수함수이고, 이때 $f(x)$를 영(0)차의 다항함수로 볼 수 있다.

2 일차함수 $y=ax+b$의 그래프

(1) 기울기가 a이고 y절편이 b인 직선이다.

(2) $a>0$일 때 x의 값이 증가함에 따라 y의 값도
증가한다.

$a<0$일 때 x의 값이 증가함에 따라 y의 값은
감소한다.

(3) $b>0$일 때 원점의 위쪽에서 y축과 만나고,
$b<0$일 때 원점의 아래쪽에서 y축과 만나며,
$b=0$일 때 원점을 지난다.

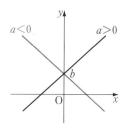

Advice ┃ 일차함수의 성질에 대해서는 이미 공부하였다. 이를 정리하면서
좀 더 깊이 있게 다루어 보자.

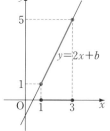

보기 1 $1\leq x\leq 3$에서 일차함수 $y=2x+b$의 최댓값
이 5일 때, 상수 b의 값과 최솟값을 구하여라.

연구 그림에서 $x=3$일 때 $y=5$(최댓값)이므로
$$2\times 3+b=5 \quad \therefore \ b=-1$$
따라서 $1\leq x\leq 3$에서 $y=2x-1$의 최솟값은
$x=1$일 때 $y=1$ 곧, 최솟값 1

필수 예제 26-1 $y=(2-m)x+2m-1$에 대하여 다음 물음에 답하여라.

(1) $-1<x<1$일 때, y의 값이 항상 양수가 되도록 실수 m의 값의 범위를 정하여라.

(2) $-1\leq x\leq 1$일 때, y가 양수인 값과 음수인 값을 모두 가지도록 실수 m의 값의 범위를 정하여라.

(3) $0<m<3$일 때, 항상 $y>0$이 되는 x의 값의 범위를 구하여라.

[모범답안] $y=(2-m)x+2m-1$에서 $(x-2)m+y-2x+1=0$

이 직선은 m의 값에 관계없이 항상 두 직선 $x-2=0$, $y-2x+1=0$의 교점 $(2,\ 3)$을 지난다.

(1) $-1<x<1$일 때 y의 값이 항상 양수가 되려면

$x=-1$일 때 $y=-2+m+2m-1\geq 0$ $\therefore$ $m\geq 1$

$x=1$일 때 $y=2-m+2m-1\geq 0$ $\therefore$ $m\geq -1$

두 부등식을 동시에 만족하는 범위는

  $\boldsymbol{m\geq 1}$ ← [답]

(2) $-1\leq x\leq 1$일 때 y가 양수인 값과 음수인 값을 모두 가지려면

$x=-1$일 때 $y=-2+m+2m-1<0$ $\therefore$ $m<1$

$x=1$일 때 $y=2-m+2m-1>0$ $\therefore$ $m>-1$

두 부등식을 동시에 만족하는 범위는

  $\boldsymbol{-1<m<1}$ ← [답]

(3) y를 m에 관하여 정리하면 $y=(2-x)m+2x-1$

$0<m<3$일 때 $y>0$이면

$m=0$일 때 $y=2x-1\geq 0$ $\therefore$ $x\geq \dfrac{1}{2}$

$m=3$일 때 $y=3(2-x)+2x-1\geq 0$ $\therefore$ $x\leq 5$

  $\therefore$ $\dfrac{1}{2}\leq x\leq 5$ ← [답]

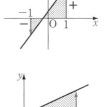

[유제] **26**-1. $y=ax+2a+1$에 대하여 다음 물음에 답하여라.

(1) $-1\leq x\leq 1$일 때, 항상 $y>0$이 되도록 실수 a의 값의 범위를 정하여라.

(2) $-1<x<1$일 때, y가 양수인 값과 음수인 값을 모두 가지도록 실수 a의 값의 범위를 정하여라.   [답] (1) $a>-\dfrac{1}{3}$ (2) $-1<a<-\dfrac{1}{3}$

[유제] **26**-2. $|p|<2$일 때, $x^2+px+1>2x+p$가 항상 성립하는 x의 값의 범위를 구하여라.   [답] $x\leq -1,\ x\geq 3$

필수 예제 **26**-2 정의역이 집합 $\{x \mid 0 \le x \le 4\}$인 함수

$$f(x)=\begin{cases} 2x & (0 \le x \le 2) \\ 8-2x & (2 < x \le 4) \end{cases}$$

에 대하여 $g(x)=(f \circ f)(x)$라고 할 때, 다음 물음에 답하여라.

(1) $y=g(x)$의 그래프를 그려라.

(2) $0 \le x \le 4$에서 부등식 $1 \le g(x) \le 3$을 만족하는 x의 값의 범위를 구하여라.

─────────────────────────────

[정석연구] $g(x)=f\big(f(x)\big)$이므로

$$g(x)=\begin{cases} 2f(x) & \big(0 \le f(x) \le 2\big) \\ 8-2f(x) & \big(2 < f(x) \le 4\big) \end{cases}$$

이다. 오른쪽 $y=f(x)$의 그래프에서

$$0 \le f(x) \le 2 \iff 0 \le x \le 1, \ 3 \le x \le 4$$
$$2 < f(x) \le 4 \iff 1 < x < 3$$

임을 이용한다.

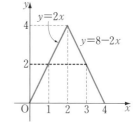

[모범답안] (1) $g(x)=\begin{cases} 2f(x) & \big(0 \le f(x) \le 2\big) \\ 8-2f(x) & \big(2 < f(x) \le 4\big) \end{cases}$ 이므로

$$g(x)=\begin{cases} 2f(x) & (0 \le x \le 1) \\ 2f(x) & (3 \le x \le 4) \\ 8-2f(x) & (1 < x \le 2) \\ 8-2f(x) & (2 < x < 3) \end{cases}$$

$$=\begin{cases} 2(2x)=4x & (0 \le x \le 1) \\ 2(8-2x)=16-4x & (3 \le x \le 4) \\ 8-2(2x)=8-4x & (1 < x \le 2) \\ 8-2(8-2x)=4x-8 & (2 < x < 3) \end{cases}$$

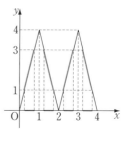

따라서 $y=g(x)$의 그래프는 위의 오른쪽 그림과 같다.

(2) $\dfrac{1}{4} \le x \le \dfrac{3}{4}, \ \dfrac{5}{4} \le x \le \dfrac{7}{4}, \ \dfrac{9}{4} \le x \le \dfrac{11}{4}, \ \dfrac{13}{4} \le x \le \dfrac{15}{4}$ ← [답]

[유제] **26**-3. 두 함수

$$y=f(x), \quad y=g(x)$$

의 그래프가 오른쪽 그림과 같을 때, 함수 $y=(g \circ f)(x)$의 그래프를 좌표평면 위에 그려라.

§2. 절댓값 기호가 있는 방정식의 그래프

기본정석

절댓값의 성질

(1) $|a|=\begin{cases} a\ (a\geq0) \\ -a\ (a<0) \end{cases}$　　　(2) $|a|\geq0$

(3) $|-a|=|a|$　　　(4) $|a|^2=a^2$

(5) $|ab|=|a||b|$　　　(6) $\left|\dfrac{a}{b}\right|=\dfrac{|a|}{|b|}\ (b\neq0)$

Advice | 절댓값 기호가 있는 방정식의 그래프는 절댓값의 정의와 절댓값의 성질을 이용하여 절댓값 기호를 없앤 다음 그래프를 그린다.

보기 1 다음 방정식의 그래프를 그려라.

(1) $y=|x|$　　　(2) $y=-|x|$　　　(3) $|y|=x$

연구 (1) $x\geq0$일 때 $y=x$, $x<0$일 때 $y=-x$

(2) $x\geq0$일 때 $y=-x$, $x<0$일 때 $y=x$

(3) $y\geq0$일 때 $y=x$, $y<0$일 때 $-y=x$, 곧 $y=-x$

이므로 그래프는 다음과 같다.

(1)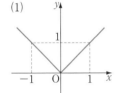　(2)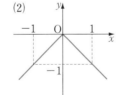　(3)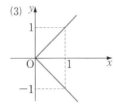

Note 위의 그래프에서 다음을 알 수 있다.

1° $y=|x|$의 그래프는 y축에 대하여 대칭이다. 그 까닭은 x 대신 $-x$를 대입해도 같은 식이 되기 때문이다.

2° $|y|=x$의 그래프는 x축에 대하여 대칭이다. 그 까닭은 y 대신 $-y$를 대입해도 같은 식이 되기 때문이다.

3° $y=|x|$와 $y=-|x|$의 그래프는 x축에 대하여 대칭이다. 그 까닭은 $y=|x|$의 y에 $-y$를 대입하면 $y=-|x|$이기 때문이다.

또한 $y=|x|$와 $|y|=x$의 그래프는 직선 $y=x$에 대하여 대칭이다. 그 까닭은 $y=|x|$의 x와 y를 바꾸면 $|y|=x$이기 때문이다.

필수 예제 **26**-3 다음 방정식의 그래프를 그려라.

 (1) $y=|x-2|-1$　　　　　　(2) $|y-3|=x+2$

[정석연구] 절댓값 기호는 다음 방법으로 없앤다.

　　　정석 A≥0일 때 $|A|=A$,　A<0일 때 $|A|=-A$

[모범답안] (1) $y=|x-2|-1$에서

　　 $x-2≥0$일 때 $y=(x-2)-1$

　　　 곧, $x≥2$일 때 $y=x-3$

　　 $x-2<0$일 때 $y=-(x-2)-1$

　　　 곧, $x<2$일 때 $y=-x+1$

　 따라서 그래프는 오른쪽 그림과 같다.

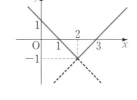

 (2) $|y-3|=x+2$에서

　　 $y-3≥0$일 때 $y-3=x+2$

　　　 곧, $y≥3$일 때 $y=x+5$

　　 $y-3<0$일 때 $-(y-3)=x+2$

　　　 곧, $y<3$일 때 $y=-x+1$

　 따라서 그래프는 오른쪽 그림과 같다.

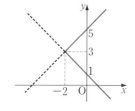

Advice 1° (1)의 그래프를 보면 점 $(2, -1)$에서 그래프가 꺾였다.

　 일반적으로 절댓값 기호 안에 x가 있는 식에서 꺾인 점의 좌표를 구하려면

 (i) 기호 안을 0이 되게 하는 x의 값을 구한다. 이것이 꺾인 점의 x좌표이다.

 (ii) 이 x의 값을 준 식에 대입하여 y의 값을 구한다. 이것이 y좌표이다.

　 (2)의 그래프도 같은 방법으로 꺾인 점의 좌표를 구할 수 있다.

Advice 2° $y=|x-2|-1 \Longleftrightarrow y+1=|x-2|$이므로 $y=|x|$의 그래프를 x축의 방향으로 2만큼, y축의 방향으로 -1만큼 평행이동한 것이다.

　 또, $|y-3|=x+2$의 그래프는 $|y|=x$의 그래프를 x축의 방향으로 -2만큼, y축의 방향으로 3만큼 평행이동한 것이다.

　 따라서 그래프를 그릴 때 $y=|x|$, $|y|=x$의 그래프를 기본 도형으로 익혀 두고, 그 평행이동을 생각하여 그릴 수도 있다.

[유제] **26**-4. 다음 방정식의 그래프를 그려라.

 (1) $y=|x+2|-3$　　　　　　(2) $y=x+|x-1|$

 (3) $x+|y|=1$　　　　　　　(4) $|y-3|=\dfrac{1}{2}x+1$

필수 예제 **26**-4 다음 함수의 그래프를 그려라.

(1) $y=\dfrac{x|x-1|}{x-1}$　　　　　(2) $y=|x-2|+|x+3|$

[정석연구] (1) 다음 **정석**을 이용하여 절댓값 기호를 없앤다.

> **정석** $A \geq 0$일 때 $|A|=A$, $A<0$일 때 $|A|=-A$

또, 이 함수는 $x=1$에서 정의되지 않으므로 이 함수의 정의역은 $\{x \mid x \neq 1$인 실수$\}$라는 것도 주의해야 한다.

> **정석** 분모가 **0**일 때에는 함수가 정의되지 않는다.

(2) 방정식이나 부등식을 풀 때와 마찬가지로 절댓값 기호가 두 개 이상 있는 경우에는 절댓값 기호 안의 식이 0이 되는 값을 찾아 x의 값의 범위를 나누면 된다.

곧, $x-2=0$에서 $x=2$, $x+3=0$에서 $x=-3$이므로

$$x<-3, \quad -3 \leq x<2, \quad x \geq 2$$

인 경우로 나누어 그린다.

[모범답안] (1) $y=\dfrac{x|x-1|}{x-1}$ 에서

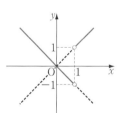

(i) $x>1$일 때 $y=\dfrac{x(x-1)}{x-1}=x$

(ii) $x<1$일 때 $y=\dfrac{-x(x-1)}{x-1}=-x$

따라서 그래프는 오른쪽 그림과 같다.

(2) $y=|x-2|+|x+3|$ 에서

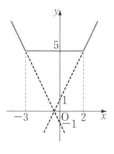

(i) $x<-3$일 때

$y=|x-2|+|x+3|=-x+2-x-3=-2x-1$

(ii) $-3 \leq x<2$일 때

$y=|x-2|+|x+3|=-x+2+x+3=5$

(iii) $x \geq 2$일 때

$y=|x-2|+|x+3|=x-2+x+3=2x+1$

따라서 그래프는 오른쪽 그림과 같다.

[유제] **26**-5. 다음 함수의 그래프를 그려라.

(1) $y=\dfrac{\sqrt{x^2}}{x}$　　　　　(2) $y=|x+2|+|x-3|$

필수 예제 **26**-5 다음 함수의 그래프를 그리고, 치역을 구하여라.
$$y=\big|\,|x-2|-|x-4|\,\big|$$

[정석연구] $f(x)=|x-2|-|x-4|$라고 하면 주어진 함수는 $y=|f(x)|$ 꼴이다.

$$y=|f(x)|=\begin{cases} f(x) & (f(x)\geq0\text{일 때}) \\ -f(x) & (f(x)<0\text{일 때}) \end{cases}$$

이고, $y=-f(x)$의 그래프는 $y=f(x)$의 그래프와 x축에 대하여 대칭이다.

따라서 $y=f(x)$의 그래프에서 $f(x)\geq0$인 부분(x축 윗부분)은 그대로 두고, $f(x)<0$인 부분(x축 아랫부분)만 찾아 x축 위로 꺾어 올린다.

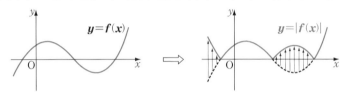

정석 $\boldsymbol{y}=\boldsymbol{|f(x)|}$ 꼴의 그래프를 그리는 방법
 (i) $\boldsymbol{y}=\boldsymbol{f(x)}$의 그래프를 그린다.
 (ii) $\boldsymbol{x}$축 윗부분은 그대로 두고, 아랫부분은 $\boldsymbol{x}$축 위로 꺾어 올린다.

[모범답안] $f(x)=|x-2|-|x-4|$로 놓으면
 (i) $x<2$일 때 $f(x)=-(x-2)+(x-4)=-2$
 (ii) $2\leq x<4$일 때 $f(x)=(x-2)+(x-4)=2x-6$
 (iii) $x\geq4$일 때 $f(x)=(x-2)-(x-4)=2$

따라서 $y=f(x)$의 그래프는 아래 왼쪽 그림과 같으므로 $y=|f(x)|$의 그래프는 아래 오른쪽 그림과 같다. 또, 치역은 $\{y\,|\,0\leq y\leq2\}$ ← [답]

$y=|x-2|-|x-4|$ $y=\big|\,|x-2|-|x-4|\,\big|$

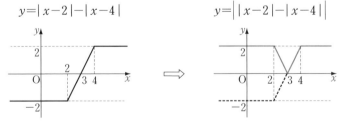

[유제] **26**-6. 다음 함수의 그래프를 그려라.
 (1) $y=\sqrt{x^2-4x+4}$ (2) $y=\big|\,|x+2|-|x-3|\,\big|$

필수 예제 **26**-6　다음 방정식의 그래프를 그려라.

　(1) $|x|+|y|=2$　　　　　　　(2) $||x|-|y||=1$

정석연구 다음 네 경우로 나누어 그린다.

$$x\geq0,\ y\geq0,\qquad x\geq0,\ y<0,$$
$$x<0,\ y\geq0,\qquad x<0,\ y<0$$

모범답안 (1) $|x|+|y|=2$에서

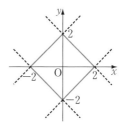

$x\geq0,\ y\geq0$일 때　$x+y=2$　∴ $y=-x+2$

$x\geq0,\ y<0$일 때　$x-y=2$　∴ $y=x-2$

$x<0,\ y\geq0$일 때　$-x+y=2$　∴ $y=x+2$

$x<0,\ y<0$일 때　$-x-y=2$　∴ $y=-x-2$

Advice 1°　그래프를 보면 x축, y축, 원점에 대하여 대칭인 그래프이다. x 대신 $-x$를, y 대신 $-y$를 대입해도 같은 식이기 때문이다.

　일반적으로 $|y|=f(|x|)$ 꼴의 그래프를 그리는 방법은 다음과 같다.

　　　정석 **$y=f(|x|)$** 꼴의 그래프를 그리는 방법

첫째——$x\geq0,\ y\geq0$일 때의 $y=f(x)$의 그래프를 그린다.

둘째——다른 사분면에서의 그래프는 위에서 얻은 그래프를 x축, y축, 원점에 대하여 대칭이동하여 그린다.

(2) $||x|-|y||=1$에서

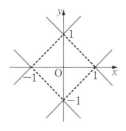

　x 대신 $-x$를, y 대신 $-y$를 대입해도 같은 식이 되므로 그래프는 x축, y축, 원점에 대하여 대칭인 도형이다.

　　$x\geq0,\ y\geq0$일 때　$|x-y|=1$

　　　∴ $x-y=1$ 또는 $x-y=-1$

　따라서 그래프는 오른쪽 그림과 같다.

Advice 2°　평행이동을 이용하면 다음과 같은 도형도 쉽게 그릴 수 있다.

$|x-2|+|y-1|=2 \implies$ 도형 $|x|+|y|=2$를 x축의 방향으로 2만큼, y축의 방향으로 1만큼 평행이동한 도형이다.

$||x+1|-|y-4||=3 \implies$ 도형 $||x|-|y||=3$을 x축의 방향으로 -1만큼, y축의 방향으로 4만큼 평행이동한 도형이다.

유제 **26**-7. 방정식 $2|x|+|y|=4$의 그래프가 나타내는 도형의 넓이를 구하여라.　　　　　　　　　　　　　　　답 16

필수 예제 **26**-7 다음 물음에 답하여라.

단, $[x]$는 x보다 크지 않은 최대 정수를 나타낸다.

(1) $-1 \leq x \leq 3$일 때, 함수 $y = x - [x]$의 그래프를 그려라.

(2) 다음 x에 관한 방정식의 실근의 개수를 구하여라.

$$x - [x] = \frac{1}{k}x \text{ (단, } k\text{는 1보다 큰 자연수)}$$

[정석연구] (1) 가우스 기호 $[x]$를 포함한 식의 그래프를 그릴 때에는 다음 가우스 기호의 정의를 이용하는 것이 기본이다.

정석 $[x] = n \iff n \leq x < n+1$ (n은 정수)

따라서 $-1 \leq x < 0$, $0 \leq x < 1$, $\cdots$일 때 그래프의 개형을 생각해 본다.

(2) 특히 방정식의 실근의 개수를 구하는 경우 식으로 푸는 것보다 그래프의 개형을 그린 다음, x축과 만나는 점의 개수나 두 그래프의 교점의 개수를 조사하는 것이 편할 때가 있다.

정석 방정식 $f(x) = g(x)$의 실근
$\iff$ 도형 $y = f(x)$, $y = g(x)$의 교점의 x좌표

[모범답안] (1) $y = x - [x]$에서

$-1 \leq x < 0$일 때 $y = x+1$,

$0 \leq x < 1$일 때 $y = x$,

$1 \leq x < 2$일 때 $y = x-1$,

$2 \leq x < 3$일 때 $y = x-2$,

$x = 3$ 일 때 $y = 0$

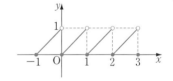

(2) $0 \leq x - [x] < 1$이므로

$$0 \leq \frac{1}{k}x < 1 \quad 곧, \quad 0 \leq x < k$$

인 범위에서 생각하면 된다.

이 범위에서 $y = x - [x]$와 $y = \frac{1}{k}x$

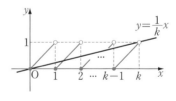

의 그래프는 오른쪽 그림과 같으므로 두 그래프의 교점은 $(k-1)$개이다.

따라서 방정식의 실근의 개수는 $k-1 \leftarrow$ 답

[유제] **26**-8. $[x]$는 x보다 크지 않은 최대 정수를 나타낸다.

(1) 함수 $y = [x] + [-x]$의 그래프를 그려라.

(2) $-1 \leq x \leq 3$에서 $y = \left| x[x-2] \right|$의 그래프를 그려라.

§3. 이차함수의 그래프

1 이차함수 $y=ax^2$의 그래프

　꼭짓점이 원점이고, 축이 y축인 포물선이다.

(1) $a>0$이면 아래로 볼록한 포물선이고,

　　$a<0$이면 위로 볼록한 포물선이다.

(2) $|a|$의 값이 커질수록 포물선의 폭이 좁아진다.

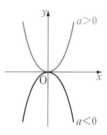

2 이차함수 $y=a(x-m)^2+n$의 그래프

　이차함수 $y=a(x-m)^2+n$의 그래프는 이차함수

$y=ax^2$의 그래프를

　　　x축의 방향으로 m만큼,

　　　y축의 방향으로 n만큼

평행이동한 것이다.

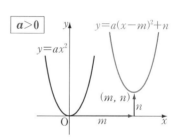

　따라서 이차함수 $y=ax^2$의 그래프와

합동인 포물선이고,

　　꼭짓점 : $(m,\ n)$,　축 : $x=m$

3 이차함수 $y=ax^2+bx+c$의 그래프

(1) $y=ax^2+bx+c$

　　　$=a\left(x+\dfrac{b}{2a}\right)^2-\dfrac{b^2-4ac}{4a}$

(2) 이차함수 $y=ax^2+bx+c$의 그래프

　는 이차함수 $y=ax^2$의 그래프를

　　x축의 방향으로 $-\dfrac{b}{2a}$만큼,

　　y축의 방향으로 $-\dfrac{b^2-4ac}{4a}$만큼

평행이동한 것이다.

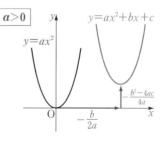

　따라서 이차함수 $y=ax^2$의 그래프와 합동인 포물선이고,

　꼭짓점 : $\left(-\dfrac{b}{2a},\ -\dfrac{b^2-4ac}{4a}\right)$,　축 : $x=-\dfrac{b}{2a}$,　y절편 : c

𝒜𝒹𝓋𝒾𝒸𝑒   1°   이차함수 $y=ax^2+bx+c$의 그래프

이차함수의 그래프와 그 성질에 대해서는 이미 중학교에서 충분히 공부하였으므로 여기서는 간단히 복습하면서 정리해 두자.

▶ 이차함수 $y=a(x-m)^2+n$의 그래프

$y=a(x-m)^2+n$에서 $y-n=a(x-m)^2$이고, 이것은 $y=ax^2$의 x 대신 $x-m$을, y 대신 $y-n$을 대입한 것이므로

정석 $y=a(x-m)^2+n$의 그래프는 $y=ax^2$의 그래프를 x축의 방향으로 m만큼, y축의 방향으로 n만큼 평행이동한 것

보기 1   함수 $y=2x^2$의 그래프를 이용하여 다음 함수의 그래프를 그려라.

(1) $y=2(x-3)^2$ (2) $y=2x^2-1$ (3) $y=2(x+3)^2+1$

연구 $y=2x^2$의 그래프를 (1)은 x축의 방향으로 3만큼, (2)는 y축의 방향으로 -1만큼, (3)은 x축의 방향으로 -3만큼, y축의 방향으로 1만큼 평행이동한 것이다.

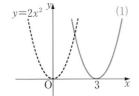 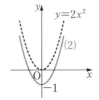 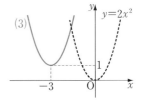

▶ 이차함수 $y=ax^2+bx+c$의 그래프

$y=a(x-m)^2+n$의 꼴로 변형하여 그린다.

보기 2   함수 $y=x^2-4x+3$의 그래프를 그리고, 치역을 구하여라.

연구 $y=x^2-4x+3=x^2-4x+(-2)^2-(-2)^2+3$
       $=(x-2)^2-1$

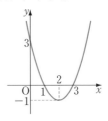

따라서 꼭짓점 : $(2, -1)$,   축 : $x=2$

y절편 : $x=0$을 대입하면 $y=3$

x절편 : $y=0$을 대입하면
       $x^2-4x+3=0$ $\therefore$ $x=1, 3$

따라서 그래프는 오른쪽 그림과 같고, 치역은 $\{y \mid y \geq -1\}$이다.

𝒜𝒹𝓋𝒾𝒸𝑒   2°   포물선 $y=ax^2+bx+c$의 x절편은 $y=0$일 때의 x의 값이므로 이차방정식 $ax^2+bx+c=0$의 실근이다.

정석 포물선 $y=ax^2+bx+c$의 x절편 $\Longleftrightarrow$ $ax^2+bx+c=0$의 실근

[보기] 3 함수 $y=-6x-2x^2$의 그래프를 그리고, 치역을 구하여라.

[연구] $y=-2x^2-6x=-2(x^2+3x)$

$\qquad = -2\left\{x^2+3x+\left(\dfrac{3}{2}\right)^2-\left(\dfrac{3}{2}\right)^2\right\}$

$\qquad = -2\left(x+\dfrac{3}{2}\right)^2+\dfrac{9}{2}$

$\therefore$ 꼭짓점 : $\left(-\dfrac{3}{2},\ \dfrac{9}{2}\right)$, 축 : $x=-\dfrac{3}{2}$

y절편 : $x=0$을 대입하면 $y=0$

x절편 : $y=0$을 대입하면 $x=-3,\ 0$

따라서 그래프는 오른쪽 그림과 같고, 치역은 $\left\{y\ \middle|\ y\le \dfrac{9}{2}\right\}$이다.

Note 만일 정의역이 $\{x\,|-1\le x\le 0\}$이면 치역은 $\{y\,|\,0\le y\le 4\}$이다.

$\mathscr{Advice}$ **3°** 이차함수 $y=ax^2+bx+c$는 다음과 같이 변형한다.

$$y=ax^2+bx+c=a\left(x^2+\dfrac{b}{a}x\right)+c$$

$$=a\left\{x^2+\dfrac{b}{a}x+\left(\dfrac{b}{2a}\right)^2-\left(\dfrac{b}{2a}\right)^2\right\}+c$$

$$=a\left(x+\dfrac{b}{2a}\right)^2-a\times\dfrac{b^2}{4a^2}+c$$

$$=a\left(x+\dfrac{b}{2a}\right)^2-\dfrac{b^2-4ac}{4a}$$

따라서 다음과 같이 정리할 수 있다.

[정석] $y=ax^2+bx+c=a\left(x+\dfrac{b}{2a}\right)^2-\dfrac{b^2-4ac}{4a}$

꼭짓점 : $\left(-\dfrac{b}{2a},\ -\dfrac{b^2-4ac}{4a}\right)$, 축 : $x=-\dfrac{b}{2a}$

이것을 공식으로 기억해 두고서 활용할 수도 있다.

이를테면 $y=x^2-4x+3$의 그래프에서 꼭짓점의 좌표는 $a=1,\ b=-4,$ $c=3$을 대입하면

$$-\dfrac{b}{2a}=-\dfrac{-4}{2\times1}=2,\quad -\dfrac{b^2-4ac}{4a}=-\dfrac{(-4)^2-4\times1\times3}{4\times1}=-1\quad \therefore\ (2,\ -1)$$

한편 축의 방정식만 기억해도 꼭짓점의 좌표를 쉽게 구할 수 있다. 곧,

$$\text{축의 방정식} :\ x=-\dfrac{b}{2a}=-\dfrac{-4}{2\times1}=2$$

이므로 꼭짓점의 x좌표는 2이다.

이 값을 이차함수에 대입하면 $y=2^2-4\times2+3=-1$이므로 꼭짓점의 좌표는 $(2,\ -1)$이다.

필수 예제 **26**-8 세 점 O(0, 0), A(1, 0), B(0, 1)과 선분 OB 위에 한 점
 C(단, C는 선분의 양 끝 점이 아님)가 있다.

   포물선 $y=ax^2+bx+c$가 점 A와 점 C를 지나고, 그 꼭짓점이
 제1사분면에 있을 때, 다음 값의 부호를 조사하여라.

(1) a　　　　　(2) b　　　　　(3) c　　　　　(4) $a+b+c$

(5) $a-b+c$　　　(6) $a+b+1$　　　(7) $a+2b+4c$

[정석연구] 주어진 조건을 만족하는 포물선의 개형은
오른쪽 그림과 같다.

　일반적으로

(ⅰ) a의 부호는 어느 쪽으로 볼록한지를 보고 판
 단한다.

(ⅱ) b의 부호는 꼭짓점의 x좌표나 축의 위치를
 보고 판단한다.

(ⅲ) c의 부호는 y축과의 교점의 위치를 보고 판단한다.

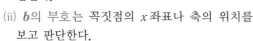

[모범답안] $y=ax^2+bx+c$에서

(1) 위로 볼록한 포물선이므로　**$a<0$**

(2) 꼭짓점의 x좌표가 양수이므로　$-\dfrac{b}{2a}>0$　∴　**$b>0$**　　　　$\Leftarrow a<0$

(3) $x=0$일 때의 y의 값으로서 점 C의 y좌표이므로　**$c>0$**

(4) $x=1$일 때의 y의 값이므로　**$a+b+c=0$**

(5) $f(x)=ax^2+bx+c$라고 하면

$$f(-1)-f(1)=(a-b+c)-(a+b+c)=-2b<0$$
$$∴\ f(-1)<f(1)=0\quad∴\ \boldsymbol{a-b+c<0}$$

(6) $c<1$이므로　$a+b+1>a+b+c$　∴　**$a+b+1>0$**　　$\Leftarrow a+b+c=0$

(7) $f\left(\dfrac{1}{2}\right)=\dfrac{1}{4}a+\dfrac{1}{2}b+c=\dfrac{1}{4}(a+2b+4c)>0$　∴　**$a+2b+4c>0$**

[유제] **26**-9. 함수 $y=-ax^2+bx-c$의 그래프가 그
 림과 같을 때, 다음 값의 부호를 조사하여라.

(1) a　　　　　(2) b　　　　　(3) c

(4) $4a-2b+c$　(5) $4a+2b+c$

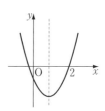

답 (1) **$a<0$** (2) **$b<0$** (3) **$c>0$**

(4) **$4a-2b+c=0$**　(5) **$4a+2b+c<0$**

필수 예제 **26**-9 다음 함수의 그래프를 그려라.

(1) $y=|x^2-4|$ (2) $y=(x-2)^2-2|x-2|+3$

(3) $y=(|x|-1)(x+2)$

[정석연구] 절댓값 기호가 있는 함수의 그래프는

정석 $A \geq 0$일 때 $|A|=A$, $A<0$일 때 $|A|=-A$

를 써서 먼저 절댓값 기호를 없애고 그린다.

[모범답안] (1) $x^2-4 \geq 0$일 때, 곧 $x \leq -2$, $x \geq 2$일 때

$$y=x^2-4$$

$x^2-4<0$일 때, 곧 $-2<x<2$일 때

$$y=-(x^2-4)=-x^2+4$$

*Note $y=|f(x)|$ 꼴의 그래프를 그리는 방법

에 따라 그릴 수도 있다. ⇦ p.196

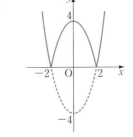

(2) $x \geq 2$일 때

$$y=(x-2)^2-2(x-2)+3=x^2-6x+11$$
$$=(x-3)^2+2$$

∴ 꼭짓점 : $(3, 2)$, y절편 : 11

$x<2$일 때

$$y=(x-2)^2+2(x-2)+3=x^2-2x+3$$
$$=(x-1)^2+2$$

∴ 꼭짓점 : $(1, 2)$, y절편 : 3

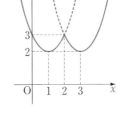

(3) $x \geq 0$일 때 $y=(x-1)(x+2)=x^2+x-2$

$$=\left(x+\dfrac{1}{2}\right)^2-\dfrac{9}{4}$$

∴ 꼭짓점 : $\left(-\dfrac{1}{2}, -\dfrac{9}{4}\right)$, y절편 : -2

$x<0$일 때 $y=(-x-1)(x+2)$

$$=-x^2-3x-2$$
$$=-\left(x+\dfrac{3}{2}\right)^2+\dfrac{1}{4}$$

∴ 꼭짓점 : $\left(-\dfrac{3}{2}, \dfrac{1}{4}\right)$, y절편 : -2

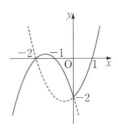

유제 **26**-10. $f(x)=x^2-2x-3$일 때, 다음 방정식의 그래프를 그려라.

(1) $y=|f(x)|$ (2) $y=f(|x|)$ (3) $|y|=f(x)$

필수 예제 **26**-10　이차함수 $y=x^2+2ax+b$의 정의역이 $\{x \mid 0 \le x \le 1\}$ 일 때, 치역이 $\{y \mid 0 \le y \le 1\}$이 되도록 상수 a, b의 값을 정하여라.

[정석연구] 이를테면 $y=x^2$은 오른쪽 그림과 같이 정 의역이 $\{x \mid 0 \le x \le 1\}$일 때, 치역이 $\{y \mid 0 \le y \le 1\}$ 이 되는 함수이다.

따라서 $a=0$, $b=0$은 문제의 조건에 알맞은 값 중의 하나라고 할 수 있다.

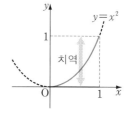

[모범답안] $y=(x+a)^2-a^2+b$

따라서 이 함수의 그래프는 아래로 볼록한 포 물선이고, 꼭짓점은 $(-a,\ -a^2+b)$이다.

$f(x)=x^2+2ax+b$로 놓으면

(i) $-a \le 0$일 때, 곧 $a \ge 0$ ……①
　일 때 $f(x)$는 $0 \le x \le 1$에서 증가한다.
　　　$\therefore f(0)=0,\ f(1)=1$
　　$\therefore b=0,\ 1+2a+b=1$ $\therefore a=0$
　이것은 ①에 적합하다.

(ii) $0<-a<1$일 때, 곧 $-1<a<0$ ……②
　일 때 조건을 만족하기 위해서는
　　꼭짓점의 y좌표 : $-a^2+b=0$
　　$\begin{cases} f(0) \le 1 \\ f(1)=1 \end{cases}$ 또는 $\begin{cases} f(0)=1 \\ f(1) \le 1 \end{cases}$
　이로부터 $a=0$ 또는 $a=-1$이지만 모두 ②에 적합하지 않다.

(iii) $-a \ge 1$일 때, 곧 $a \le -1$ ……③
　일 때 $f(x)$는 $0 \le x \le 1$에서 감소한다.
　　　$\therefore f(0)=1,\ f(1)=0$
　　$\therefore b=1,\ 1+2a+b=0$ $\therefore a=-1$
　이것은 ③에 적합하다.　　[답] $\boldsymbol{a=0,\ b=0}$ 또는 $\boldsymbol{a=-1,\ b=1}$

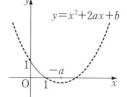

[유제] **26**-11. a, b는 $0<a<b$인 상수라고 한다. 함수 $f(x)=\dfrac{1}{4}(x^2+3)$의 정 의역이 $\{x \mid a \le x \le b\}$, 치역이 $\{y \mid a \le y \le b\}$일 때, a, b의 값을 구하여라.
　　　　　　　　　　　　　　　　　　　[답] $\boldsymbol{a=1,\ b=3}$

필수 예제 **26**-11 두 함수 $f(x)=|x-2|-5$, $g(x)=x^2+6x+8$이 있다.
$0\leq x\leq5$일 때, $y=g(f(x))$의 최댓값과 최솟값을 구하여라.

[정석연구] 주어진 조건에 의하면

$$y=g(f(x))=g(|x-2|-5) \qquad \cdots\cdots \textcircled{1}$$
$$=(|x-2|-5)^2+6(|x-2|-5)+8$$
$$=|x-2|^2-4|x-2|+3$$

이므로 절댓값 기호를 없앤 다음 그래프를 그려서 풀 수 있다.

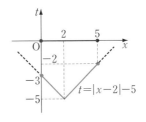

또는 $\textcircled{1}$에서 $|x-2|-5=t$로 치환한 다음
$$y=g(t)=t^2+6t+8$$
의 최댓값과 최솟값을 구할 수도 있다.

이와 같이 $t=|x-2|-5$로 치환할 때에는
오른쪽 그림에서 알 수 있듯이
$$0\leq x\leq5일 때 \quad -5\leq t\leq -2$$
인 것에 주의해야 한다.

정석 치환할 때에는 제한 범위에 주의한다.

[모범답안] $f(x)=|x-2|-5=t$로 놓으면
$$y=g(f(x))=g(t)=t^2+6t+8$$
$$=(t+3)^2-1 \qquad \cdots\cdots\textcircled{2}$$
한편 오른쪽 위의 그림에서
$$0\leq x\leq5일 때 \quad -5\leq t\leq -2$$
이 범위에서 $\textcircled{2}$의 최댓값, 최솟값은 오른
쪽 그림에서

$t=-5$, 곧 $x=2$일 때 **최댓값 3**
$t=-3$, 곧 $x=0, 4$일 때 **최솟값 -1** $\longleftarrow$ [답]

[유제] **26**-12. $-1\leq x\leq2$일 때, $y=(x^2-2x+3)^2-4(x^2-2x+3)+1$의 최댓
값과 최솟값을 구하여라.   [답] 최댓값 **13**, 최솟값 -3

[유제] **26**-13. $f(x)=x^2+2x-1$, $g(x)=2x^2-8x+5$라고 한다.
$0\leq x\leq3$일 때, 합성함수 $(f\circ g)(x)$의 최댓값과 최솟값을 구하여라.
[답] 최댓값 **34**, 최솟값 -2

[유제] **26**-14. $f(x)=x^2+x+1$일 때, $-1\leq x\leq1$에서 $f(3-4f(x))$의 최댓값
과 최솟값을 구하여라.   [답] 최댓값 **73**, 최솟값 $\dfrac{3}{4}$

§4. 포물선의 방정식

기본정석

포물선의 방정식을 구하는 기본 방법

(1) 꼭짓점 $(m,\ n)$이 주어진 경우 $\Longrightarrow$ $y=a(x-m)^2+n$ 을 이용

(2) 세 점이 주어진 경우 $\Longrightarrow$ $y=ax^2+bx+c$를 이용

(3) x절편이 주어진 경우 $\Longrightarrow$ $y=a(x-\alpha)(x-\beta)$를 이용

(1) 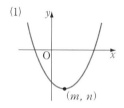 (2) 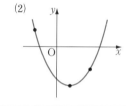 (3)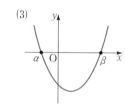

Advice | 이제 어떤 조건이 주어지고 그 조건에 맞는 포물선의 방정식을 구하는 방법을 공부해 보자.

보기 1 꼭짓점이 점 $(-1,\ 2)$이고, 점 $(1,\ 6)$을 지나며, 축이 x축에 수직인 포물선의 방정식을 구하여라.

연구 꼭짓점이 $(-1,\ 2)$이므로 $y=a(x+1)^2+2$ ······①

그런데 ①은 점 $(1,\ 6)$을 지나므로 $6=a(1+1)^2+2$ $\therefore$ $a=1$

따라서 ①은 $y=1\times(x+1)^2+2$ 곧, $\boldsymbol{y=x^2+2x+3}$

보기 2 세 점 $(1,\ 4),\ (-1,\ 6),\ (2,\ 9)$를 지나고, 축이 x축에 수직인 포물선의 방정식을 구하여라.

연구 구하는 방정식을 $y=ax^2+bx+c$ 라고 하자.

세 점 $(1,\ 4),\ (-1,\ 6),\ (2,\ 9)$를 지나므로

$$4=a+b+c, \qquad 6=a-b+c, \qquad 9=4a+2b+c$$

연립하여 풀면 $a=2,\ b=-1,\ c=3$ $\therefore$ $\boldsymbol{y=2x^2-x+3}$

보기 3 세 점 $(1,\ 0),\ (-3,\ 0),\ (3,\ 24)$를 지나고, 축이 x축에 수직인 포물선의 방정식을 구하여라.

연구 x축과 $1,\ -3$에서 만나므로 $y=a(x-1)(x+3)$ ······①

그런데 ①은 점 $(3,\ 24)$를 지나므로 $24=a(3-1)(3+3)$ $\therefore$ $a=2$

따라서 ①은 $y=2(x-1)(x+3)$ 곧, $\boldsymbol{y=2x^2+4x-6}$

필수 예제 **26**-12　두 점 $(0, -1)$, $(3, 2)$를 지나고, 꼭짓점이 직선 $y=3x-3$ 위에 있는 포물선의 방정식 $y=ax^2+bx+c$에서 상수 a, b, c의 값을 구하여라. 단, $a<0$이다.

[정석연구] 포물선 $y=ax^2+bx+c$가 두 점 $(0, -1)$, $(3, 2)$를 지난다는 조건으로부터 a, b, c에 관한 관계식을 두 개 얻을 수 있다.

> **정석** $y=f(x)$가 점 (x_1, y_1)을 지난다 $\iff$ $y_1=f(x_1)$

또, 「포물선의 꼭짓점이 직선 $y=3x-3$ 위에 있다」는 조건으로부터 a, b, c에 관한 관계식을 또 하나 얻을 수 있다.

이때, 포물선의 꼭짓점의 좌표는 기억해 두고 활용하는 것이 좋다.

> **정석** $y=ax^2+bx+c$의 꼭짓점은 $\implies \left(-\dfrac{b}{2a}, \ -\dfrac{b^2-4ac}{4a}\right)$

[모범답안] $y=ax^2+bx+c$　$\cdots\cdots$①

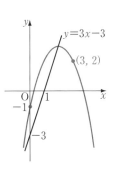

①이 두 점 $(0, -1)$, $(3, 2)$를 지나므로
$$-1=c \ \cdots\cdots② \qquad 2=9a+3b+c \ \cdots\cdots③$$
또, 포물선의 꼭짓점 $\left(-\dfrac{b}{2a}, \ -\dfrac{b^2-4ac}{4a}\right)$가

직선 $y=3x-3$ 위에 있으므로
$$-\frac{b^2-4ac}{4a}=3\left(-\frac{b}{2a}\right)-3 \qquad \cdots\cdots④$$

②의 $c=-1$을 ③, ④에 대입하면
$$3a+b=1 \ \cdots\cdots⑤ \qquad b^2-6b-8a=0 \ \cdots\cdots⑥$$
⑤에서의 $b=1-3a$　$\cdots\cdots$⑦

을 ⑥에 대입하면　$9a^2+4a-5=0$　∴ $(9a-5)(a+1)=0$

$a<0$이므로　$a=-1$, ⑦에서　$b=4$　[답] $a=-1$, $b=4$, $c=-1$

*$Note$　꼭짓점이 직선 $y=3x-3$ 위에 있으므로 꼭짓점은 $(p, 3p-3)$ 꼴이다. 따라서 포물선의 방정식을 $y=a(x-p)^2+3p-3$으로 놓고 점 $(0, -1)$과 $(3, 2)$를 대입할 수도 있지만, 계산 과정이 복잡하다.

[유제] **26**-15. 포물선 $y=x^2+2ax+b$가 점 $(2, 4)$를 지나고, 꼭짓점이 직선 $y-2x-1=0$ 위에 있을 때, 상수 a, b의 값을 구하여라. [답] $a=-1$, $b=4$

[유제] **26**-16. 포물선 $y=ax^2+bx+c$와 직선 $y=mx+n$의 교점은 $(-1, 2)$, $(2, 5)$이고, 포물선의 꼭짓점의 y좌표는 1이다. a, b, c가 정수일 때, 이 포물선의 방정식과 직선의 방정식을 구하여라. [답] $y=x^2+1$, $y=x+3$

필수 예제 **26**-13 p가 음이 아닌 실수의 값을 가지면서 변할 때, 포물선
$$y=x^2-4px+8p^2-8p$$
의 꼭짓점의 자취의 방정식을 구하여라.

[정석연구] $y=x^2-4px+8p^2-8p$에서 p에

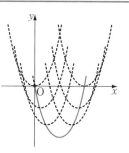

0, $\dfrac{1}{4}$, $\dfrac{1}{2}$, 1, $\dfrac{3}{2}$, $\dfrac{7}{4}$, 2를 대입하여 각각의 그
래프를 그려 보면 오른쪽 그림의 점선인 곡선이
되며, 각 곡선의 꼭짓점의 집합을 생각하면 초록
색으로 나타내어지는 포물선임을 알 수 있다.

그러나 이와 같은 방법으로

꼭짓점의 자취가 포물선이라고 예상

할 수는 있으나 대단히 귀찮을 뿐만 아니라 정확한 포물선의 방정식을 구하기
도 어렵다.

따라서 꼭짓점의 자취를 구할 때에는 꼭짓점의 좌표를 p로 나타낸 다음 x
좌표를 x로, y좌표를 y로 놓고 p를 소거하여 x와 y의 관계식을 구한다.

정석 점 $\big(f(t),\ g(t)\big)$의 자취는
$\implies x=f(t),\ y=g(t)$로 놓고 t를 소거하여라.

그리고 p가 음이 아닌 실수이므로 이 조건을 빠뜨리지 않도록 주의한다.

정석 자취 문제 $\implies$ 항상 변수의 범위에 주의하여라.

[모범답안] $y=x^2-4px+8p^2-8p$
$$=(x-2p)^2+4p^2-8p$$
에서 꼭짓점의 좌표는 $(2p,\ 4p^2-8p)$이다.

$\qquad x=2p$ ……① $\qquad y=4p^2-8p$ ……②

①에서 $p=\dfrac{1}{2}x$ $\qquad\qquad$ ……③

③을 ②에 대입하면 $y=x^2-4x$

한편 $p\geq0$이므로 ③에서 $x\geq0$

따라서 구하는 자취의 방정식은 $\boldsymbol{y=x^2-4x\ (x\geq0)}$ ← 답

유제 **26**-17. p가 실수의 값을 가지면서 변할 때, 다음 포물선의 꼭짓점의 자
취의 방정식을 구하여라.

(1) $y=x^2+px$ $\qquad\qquad\qquad$ (2) $y=x^2-px+p$
$\qquad\qquad\qquad\qquad$ 답 (1) $\boldsymbol{y=-x^2}$ (2) $\boldsymbol{y=-x^2+2x}$

필수 예제 **26**-14 다음 물음에 답하여라.

(1) 점 $F(3, -2)$와 직선 $y=4$에서 같은 거리에 있는 점의 자취의 방정식을 구하여라.

(2) x축과 원 $x^2+(y-3)^2=1$에 동시에 접하는 원의 중심의 자취의 방정식을 구하여라.

정석연구 자취 문제는 다음 방법으로 해결한다.

정석 (ⅰ) 조건을 만족하는 점을 $P(x, y)$라 하고,

(ⅱ) 주어진 조건을 써서 x와 y의 관계식을 구한다.

모범답안 (1) 조건을 만족하는 점을 $P(x, y)$라고 하면 아래 그림에서

$$\overline{PF}=\sqrt{(x-3)^2+(y+2)^2}$$

또, 점 $P(x, y)$와 직선 $y=4$ 사이의 거리는 $|y-4|$이므로

$$\sqrt{(x-3)^2+(y+2)^2}=|y-4|$$

양변을 제곱하면 $(x-3)^2+(y+2)^2=(y-4)^2$

정리하면 $\boldsymbol{y=-\dfrac{1}{12}(x-3)^2+1}$ ← 답

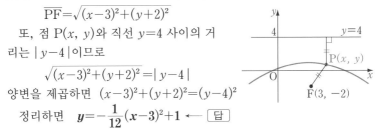

(2) 조건을 만족하는 점을 $P(x, y)$라고 하면 $y>0$이고, y는 원 P의 반지름의 길이이다. 또, 두 원의 중심 사이의 거리는 $\sqrt{x^2+(3-y)^2}$이다.

(ⅰ) 외접할 때

$$\sqrt{x^2+(3-y)^2}=y+1$$

제곱하여 정리하면

$$x^2=8(y-1)$$

(ⅱ) 내접할 때

$$\sqrt{x^2+(3-y)^2}=y-1$$

제곱하여 정리하면

$$x^2=4(y-2)$$

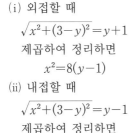
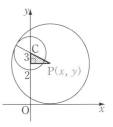
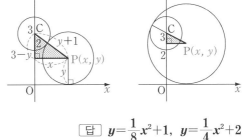

답 $y=\dfrac{1}{8}x^2+1,\ \ y=\dfrac{1}{4}x^2+2$

유제 **26**-18. 점 $F(3, 2)$와 직선 $y=-3$에서 같은 거리에 있는 점의 자취의 방정식을 구하여라. 답 $y=\dfrac{1}{10}(x-3)^2-\dfrac{1}{2}$

유제 **26**-19. 원 $x^2+y^2=1$에 외접하고, 직선 $y=-2$에도 접하는 원의 중심의 자취의 방정식을 구하여라. 답 $y=\dfrac{1}{6}x^2-\dfrac{3}{2}$

§5. 간단한 삼차함수의 그래프

① 삼차함수 $y=ax^3$의 그래프
(1) 원점에 대하여 대칭이다.
(2) $a>0$일 때
  x가 증가하면 y도 증가한다.
  $a<0$일 때
  x가 증가하면 y는 감소한다.

② $y=a(x-m)^3+n$의 그래프
  삼차함수 $y=ax^3$의 그래프를
  x축의 방향으로 m만큼,
  y축의 방향으로 n만큼
  평행이동한 것이다.

③ 우함수와 기함수
  우함수 $\iff$ $f(-x)=f(x)$ $\iff$ 그래프는 y축에 대하여 대칭
  기함수 $\iff$ $f(-x)=-f(x)$ $\iff$ 그래프는 원점에 대하여 대칭

Advice 1° 삼차함수 $y=ax^3$의 그래프

여기서는 삼차함수 중 $y=ax^3$ 꼴의 그래프와 이것을 평행이동한 그래프의 개형만 다룬다. 일반적인 삼차함수의 그래프에 대해서는 수학 Ⅱ에서 공부한다.

▶ $y=x^3$의 그래프
  여러 가지 실수 x의 값에 대응하는 y의 값을 찾아 표로 만들면 다음과 같다.

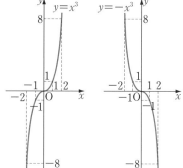

x	$\cdots$	-2	-1	0	1	2	$\cdots$
y	$\cdots$	-8	-1	0	1	8	$\cdots$

이들 각 쌍의 x, y의 값을 x, y좌표로 하는 점 $(x,\ y)$의 집합을 좌표평면 위에 나타내면 위의 왼쪽 그림과 같은 곡선을 얻는다.

같은 방법으로 하면 $y=-x^3$의 그래프는 위의 오른쪽 그림과 같다.

또, $y=-x^3 \Longleftrightarrow y=(-x)^3$이고, 이것은 $y=x^3$에서 x 대신 $-x$를 대입한 것이므로 $y=-x^3$의 그래프는 $y=x^3$의 그래프를 y축에 대하여 대칭이동한 그래프이다. 이상과 같은 방법을 쓰면

$$y=2x^3, \quad y=-2x^3, \quad y=\frac{1}{2}x^3, \quad y=-\frac{1}{2}x^3, \quad \cdots$$

의 그래프도 그릴 수 있다.

보기 1 $y=x^3$의 그래프를 이용하여 다음 함수의 그래프를 그려라.

(1) $y=x^3+1$ (2) $y=(x-2)^3$ (3) $y=(x+4)^3-2$

연구 (1) $y=x^3+1 \Longleftrightarrow y-1=x^3$

이므로 $y=x^3$의 그래프를 y축의 방향으로 1만큼 평행이동한 것이다.

(2) $y=x^3$의 그래프를 x축의 방향으로 2만큼 평행이동한 것이다.

(3) $y=(x+4)^3-2 \Longleftrightarrow y+2=(x+4)^3$

이므로 $y=x^3$의 그래프를 x축의 방향으로 -4만큼, y축의 방향으로 -2 만큼 평행이동한 것이다. (그래프는 생략함)

Advice 2° 우함수와 기함수

이를테면 $f(x)=x^2$은

$$f(-x)=(-x)^2=x^2=f(x) \quad 곧, \quad \boldsymbol{f(-x)=f(x)}$$

가 성립한다.

또, $f(x)=x^3$은

$$f(-x)=(-x)^3=-x^3=-f(x) \quad 곧, \quad \boldsymbol{f(-x)=-f(x)}$$

가 성립한다.

일반적으로 $f(-x)=f(x)$가 성립하는 함수 $f(x)$를 우함수(짝함수)라 하고, $f(-x)=-f(x)$가 성립하는 함수 $f(x)$를 기함수(홀함수)라고 한다.

또, $f(x)=x^2, f(x)=x^3$의 그래프로부터 다음 성질을 알 수 있다.

정석 우함수와 기함수

우함수 $\Longleftrightarrow \boldsymbol{f(-x)=f(x)} \Longleftrightarrow$ 그래프는 $\boldsymbol{y}$축에 대하여 대칭
기함수 $\Longleftrightarrow \boldsymbol{f(-x)=-f(x)} \Longleftrightarrow$ 그래프는 원점에 대하여 대칭

보기 2 다음 함수 중에서 우함수는 ○표, 기함수는 △표, 우함수도 기함수도 아닌 함수는 ×표를 하여라.

(1) $f(x)=2x^4+3x^2-3$ (2) $f(x)=x^3-4x$

(3) $f(x)=\dfrac{5}{x^2+1}$ (4) $f(x)=4x^2-3x+1$

연구 $f(-x)$를 구하여 $f(x)$와 비교하면 알 수 있다.

(1) ○   (2) △   (3) ○   (4) ×

필수 예제 **26**-15 함수 $f(x)$가 우함수, 함수 $g(x)$가 기함수일 때, 다음 함수는 우함수인가, 기함수인가? 단, (2)에서 $g(x) \neq 0$이다.

(1) $f(x)g(x)$ (2) $\dfrac{f(x)}{g(x)}$ (3) $\{g(x)\}^2$ (4) $f(g(x))$

[정석연구] 주어진 조건은 $f(-x)=f(x)$, $g(-x)=-g(x)$이다.

각 식을 $F(x)$로 놓고, $F(-x)$를 계산하여 $F(x)$와 비교한다.

정석 $F(-x)=F(x)$ $\iff$ $F(x)$는 우함수
 $F(-x)=-F(x) \iff F(x)$는 기함수

[모범답안] 문제의 조건에서 $f(-x)=f(x)$, $g(-x)=-g(x)$이다.

(1) $F(x)=f(x)g(x)$로 놓으면

$\quad F(-x)=f(-x)g(-x)=f(x)\{-g(x)\}=-f(x)g(x)=-F(x)$

$\qquad$ 곧, $F(-x)=-F(x)$이므로 **기함수** $\longleftarrow$ [답]

(2) $F(x)=\dfrac{f(x)}{g(x)}$로 놓으면 $F(-x)=\dfrac{f(-x)}{g(-x)}=\dfrac{f(x)}{-g(x)}=-\dfrac{f(x)}{g(x)}=-F(x)$

$\qquad$ 곧, $F(-x)=-F(x)$이므로 **기함수** $\longleftarrow$ [답]

(3) $F(x)=\{g(x)\}^2$으로 놓으면

$\quad F(-x)=\{g(-x)\}^2=\{-g(x)\}^2=\{g(x)\}^2=F(x)$

$\qquad$ 곧, $F(-x)=F(x)$이므로 **우함수** $\longleftarrow$ [답]

(4) $F(x)=f(g(x))$로 놓으면

$\quad F(-x)=f(g(-x))=f(-g(x))=f(g(x))=F(x)$

$\qquad$ 곧, $F(-x)=F(x)$이므로 **우함수** $\longleftarrow$ [답]

[유제] **26**-20. 실수 전체의 집합에서 정의된 함수 $f(x)$에 대하여 다음을 보여라.

(1) $f(x)+f(-x)$는 우함수이다. (2) $f(x)-f(-x)$는 기함수이다.

(3) $f(x)f(-x)$는 우함수이다.

[유제] **26**-21. 실수 전체의 집합에서 정의된 함수 $f(x)$, $g(x)$와 두 실수 p, q에 대하여 $h(x)=pf(x)+qg(x)$라고 할 때, 다음을 보여라.

(1) $y=f(x)$, $y=g(x)$의 그래프가 모두 원점에 대하여 대칭이면 $y=h(x)$의 그래프도 원점에 대하여 대칭이다.

(2) $p>0$, $q>0$, $p+q=1$이면 모든 실수 x에 대하여
$\{h(x)-f(x)\}\{h(x)-g(x)\} \leq 0$이다.

연습문제 26

[기본] **26**-1 함수 $y=ax+b$의 정의역이 $\{x\,|-1\le x\le1\}$일 때, 치역이 $\{y\,|\,1\le y\le3\}$이 되는 상수 a, b의 값을 구하여라.

26-2 오른쪽 그림과 같이 중심이 각각 점 $(-1,\,0)$, $(1,\,0)$이고 반지름의 길이가 2인 두 원이 있다. x축 위의 점 $\mathrm{P}(x,\,0)$에서 두 원에 그을 수 있는 접선의 개수를 $f(x)$라고 할 때, 함수 $y=f(x)$의 그래프를 그려라.

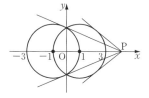

26-3 오른쪽 그림은 정의역이 $\{x\,|-2\le x\le3\}$인 함수 $y=f(x)$의 그래프 이다. 다음 함수의 그래프를 그려라.
(1) $y=f(-x)$ (2) $y=f(|\,x\,|)$
(3) $y=|\,f(x)\,|$ (4) $y=f(|\,1-x\,|)$

26-4 함수 $f(x)=a|\,x-1\,|+(2-a)x+a$가 일대일대응이 되기 위한 실수 a의 값의 범위를 구하여라.

26-5 도형 $y=|\,x-1\,|-|\,x-2\,|+2$와 직선 $y=ax+2$가 세 점에서 만날 때, 실수 a의 값의 범위를 구하여라.

26-6 수직선 위에 세 점 $\mathrm{A}(1)$, $\mathrm{B}(4)$, $\mathrm{C}(6)$과 이 수직선 위를 움직이는 점 P가 있다. $\overline{\mathrm{PA}}+\overline{\mathrm{PB}}+\overline{\mathrm{PC}}$를 최소가 되게 하는 점 P의 좌표를 구하여라.

26-7 방정식 $y-mx+m-1=0$의 그래프에 대하여 다음 물음에 답하여라.
(1) 실수 m의 값에 관계없이 방정식 $2|\,x\,|+|\,y\,|=4$의 그래프와 항상 두 점에서 만남을 보여라.
(2) 방정식 $|\,x\,|+2|\,y\,|=2$의 그래프와 만나지 않을 때, 실수 m의 값의 범위를 구하여라.

26-8 포물선 $y=x^2+2ax+a^2+2a$의 꼭짓점이 원 $x^2+y^2-5y=15$의 내부에 있을 때, 실수 a의 값의 범위를 구하여라.

26-9 $2\le x\le4$일 때, $y=|\,x^2-3x\,|-x+2$의 최댓값과 최솟값을 구하여라.

26-10 포물선 $y=x^2-2x-6$을 x축의 방향으로 m만큼 평행이동하면 포물선 $y=-x^2-2x$에 접한다고 한다. 이때, 양수 m의 값을 구하여라.

26-11 $f(x)=x^2-x-6$, $g(x)=x^2-ax+4$일 때, 모든 실수 x에 대하여 $(f \circ g)(x) \geq 0$이 성립하기 위한 실수 a의 값의 범위를 구하여라.

26-12 두 점 $(-1, 0)$, $(2, 3)$을 지나는 포물선 $y=f(x)$가 있다. x의 값에 관계없이 $f(2-x)=f(x)$가 성립할 때, $f(x)$를 구하여라.

26-13 두 점 $(1, 1)$, $(4, 4)$를 지나고, x축에 접하며, 축이 x축에 수직인 포물선의 방정식을 구하여라.

26-14 포물선 $y=x^2+1$ 위의 점 P와 점 A$(2, 0)$을 잇는 선분 AP를 $2:1$로 외분하는 점 Q의 자취의 방정식을 구하여라.

26-15 실수 전체의 집합에서 정의된 함수 $f(x)$가 모든 실수 x에 대하여
  (가) $f(-x)=-f(x)$ (나) $x_1 < x_2 \iff f(x_1) > f(x_2)$
를 만족할 때, 부등식 $f(x^2)+f(2x-3)>0$의 해를 구하여라.

[실력] **26**-16 다음 함수의 그래프를 그리고, 최솟값이 있으면 구하여라.
  (1) $y=\dfrac{(x^2-4)(x-4)}{|x^2-2x-8|}$ (2) $y=\dfrac{|1-x^2|}{1+|x|}$

26-17 아래 그림과 같이 꺾인 선으로 나타내어지는 그래프의 방정식을 절댓값 기호를 써서 나타내어라.

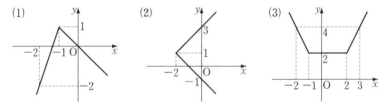

26-18 정의역이 $\{x \mid 0 \leq x \leq 2\}$인 함수 $f(x)=4|x-a|+1$의 최솟값을 $g(a)$라고 할 때, $g(a)$를 구하여라.

26-19 정의역이 $\{x \mid 0 \leq x \leq 2\}$인 함수 $f(x)=|x-1|+kx$(단, $k>0$)가 있다. $f(x)$의 치역이 어떤 실수 a에 대하여 $\{y \mid a \leq y \leq a+3\}$이라고 할 때, 상수 k의 값을 구하여라.

26-20 $f(x)=3-|x|$, $g(x)=-3+|x|$일 때, 다음 함수의 그래프를 그려라.
  (1) $y=g(f(x))$ (2) $y=f(g(x))$

26-21 $f_1(x)=|x|$, $f_2(x)=|f_1(x)-1|$, $\cdots$, $f_{n+1}(x)=|f_n(x)-1|$이라고 할 때, $0 \leq x \leq 2$에서 $y=f_{10}(x)$의 그래프를 그려라.

26-22 정의역이 $\{x\,|\,0\leq x\leq 2\}$인 함수 $f(x)=2|x-1|$에 대하여
 (1) $y=(f\circ f)(x)$와 $y=(f\circ f\circ f)(x)$의 그래프를 그려라.
 (2) $0\leq x\leq 2$에서 방정식 $(f\circ f\circ f)(x)=x$의 실근의 개수를 구하여라.

26-23 $f(x)=x^2-4x+5$, $g(x)=x+1$일 때, 함수
 $h(x)=\dfrac{1}{2}\big\{f(x)+g(x)-|f(x)-g(x)|\big\}$의 그래프를 그려라.

26-24 정의역이 $\{x\,|-2\leq x\leq 10\}$인 함수
 $y=f(x)$의 그래프가 오른쪽과 같을 때,
 다음 물음에 답하여라.
 (1) $y=f(2x-8)$의 그래프를 그려라.
 (2) $y=\{f(x)\}^2$의 그래프를 그려라.

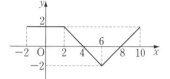

26-25 곡선 $y=mx^2-(2m+a)x-b(m-1)$은 실수 m의 값에 관계없이 서
 로 다른 두 점 $(3,\,0)$, $(a,\,\beta)$를 지난다. 상수 a, b, a, β의 값을 구하여라.

26-26 포물선 $y=x^2-2x-3$ 위의 두 점 $\mathrm{P}(x_1,\,y_1)$과 $\mathrm{Q}(x_2,\,y_2)$가 직선
 $y=x+1$에 대하여 대칭일 때, $x_1{}^2+x_2{}^2$의 값을 구하여라.

26-27 네 꼭짓점이 $(1,\,1)$, $(1,\,-1)$, $(-1,\,-1)$, $(-1,\,1)$인 정사각형 P와
 $(t,\,0)$, $(0,\,-t)$, $(-t,\,0)$, $(0,\,t)$인 정사각형 Q가 있다. $t>0$일 때, P의 내
 부와 Q의 내부의 공통부분의 넓이 S를 t의 함수로 나타내고, 그 그래프를
 그려라.

26-28 $f(x)=\big[x[x]\big]$이고 n이 자연수일 때, 다음 물음에 답하여라.
  단, $[x]$는 x보다 크지 않은 최대 정수를 나타낸다.
 (1) 모든 실수 x에 대하여 $f(x)\geq 0$임을 보여라.
 (2) 집합 $\{f(x)\,|\,n\leq x<n+1\}$의 원소의 개수를 구하여라.
 (3) 집합 $\{f(x)\,|-n\leq x<-n+1\}$의 원소의 개수를 구하여라.

26-29 이차방정식 $x^2-5x+5=0$의 두 근을 α, β라고 할 때, 세 점 $(\alpha,\,\beta)$,
 $(\beta,\,\alpha)$, $(1,\,5)$를 지나고 축이 x축에 수직인 포물선의 방정식을 구하여라.

26-30 포물선 $y=x^2+bx+c$의 꼭짓점이 점 $(a+2,\,2a-1)$이라고 하면, 이
 포물선은 a의 값에 관계없이 일정한 직선에 접한다. 이 직선의 방정식을 구
 하여라.

26-31 모든 실수 x에 대하여 $x^2+2|x-a|-a^2\geq 0$이 성립할 때, 실수 a의
 값의 범위를 구하여라.

27. 유리함수의 그래프

§1. 유 리 식

1 유리식의 기본 성질

(1) 두 다항식 A, B(B≠0)에 대하여 $\dfrac{A}{B}$의 꼴로 나타내어지는 식을 유리식이라 하고, A를 분자, B를 분모라고 한다.

(2) A, B, M(B≠0, M≠0)이 다항식일 때, 다음이 성립한다.

① $\dfrac{A}{B} = \dfrac{A \times M}{B \times M}$
② $\dfrac{A}{B} = \dfrac{A \div M}{B \div M}$

2 유리식의 약분, 통분

A, B, C, D, M이 다항식일 때,

약분 : $\dfrac{AM}{BM} \implies \dfrac{A}{B}$, 통분 : $\dfrac{A}{B}, \dfrac{C}{D} \implies \dfrac{AD}{BD}, \dfrac{BC}{BD}$

3 유리식의 연산

A, B, C, D가 다항식일 때,

(1) $\dfrac{A}{D} + \dfrac{B}{D} - \dfrac{C}{D} = \dfrac{A+B-C}{D}$

(2) $\dfrac{A}{B} \times \dfrac{C}{D} = \dfrac{AC}{BD}$
(3) $\dfrac{A}{B} \div \dfrac{C}{D} = \dfrac{A}{B} \times \dfrac{D}{C} = \dfrac{AD}{BC}$

4 비례식의 성질

$\dfrac{a}{b} = \dfrac{c}{d}$ (곧, $a : b = c : d$)이면

(1) $ad = bc$

(2) $\dfrac{a+b}{b} = \dfrac{c+d}{d}$
(3) $\dfrac{a-b}{b} = \dfrac{c-d}{d}$

(4) $\dfrac{a+b}{a-b} = \dfrac{c+d}{c-d}$, $\dfrac{a-b}{a+b} = \dfrac{c-d}{c+d}$ (단, 분모≠0)

(5) $\dfrac{a}{b} = \dfrac{c}{d} = \dfrac{e}{f} = \dfrac{a+c+e}{b+d+f} = \dfrac{pa+qc+re}{pb+qd+rf}$ (가비의 리)

단, $b+d+f≠0$, $pb+qd+rf≠0$이다.

Advice 1° 유리식

이를테면

$$\frac{1}{x^2+1}, \quad \frac{x^2}{2x+3}, \quad \frac{x+1}{x^2+3x+2}, \quad \frac{x-1}{2}, \quad x^2-4x+5$$

와 같이 두 다항식 A, B(B≠0)에 대하여 $\dfrac{A}{B}$의 꼴로 나타내어지는 식을 유리식이라 하고, A를 분자, B를 분모라고 한다.

위의 식 중에서 $\dfrac{x-1}{2}$, x^2-4x+5와 같이 특히 분모 B가 0이 아닌 상수이면 유리식 $\dfrac{A}{B}$는 다항식이다. 따라서 다항식도 유리식이다.

유리식의 분자와 분모를 그 공약수로 나누어 간단히 하는 것을 약분한다고한다. 유리식의 약분은 유리식의 분자와 분모가 서로소가 되도록 분자와 분모를 그들의 최대공약수로 나누면 된다.

그리고 두 개 이상의 유리식을 분모가 같은 식으로 고치는 것을 통분한다고한다. 유리식의 통분은 각 분모의 최소공배수를 공통분모로 하는 유리식으로고치면 된다.

$$\text{약분}: \frac{\mathbf{AM}}{\mathbf{BM}} \implies \frac{\mathbf{A}}{\mathbf{B}}, \qquad \text{통분}: \frac{\mathbf{A}}{\mathbf{B}}, \frac{\mathbf{C}}{\mathbf{D}} \implies \frac{\mathbf{AD}}{\mathbf{BD}}, \frac{\mathbf{BC}}{\mathbf{BD}}$$

보기 1 다음 유리식을 약분하여라.

(1) $\dfrac{25a^2b^2}{20ab^4}$　　　　　　　　(2) $\dfrac{3x^2-4x-4}{x^2-4}$

연구 분자, 분모의 최대공약수로 분자, 분모를 나눈다.

(1) $\dfrac{25a^2b^2}{20ab^4} = \dfrac{\mathbf{5a}}{\mathbf{4b^2}}$　　　(2) $\dfrac{3x^2-4x-4}{x^2-4} = \dfrac{(3x+2)(x-2)}{(x+2)(x-2)} = \dfrac{\mathbf{3x+2}}{\mathbf{x+2}}$

보기 2 다음 유리식을 통분하여라.

(1) $\dfrac{1}{x+y}, \dfrac{1}{x-y}, \dfrac{1}{x^2-y^2}$　　　(2) $\dfrac{x+4}{x^2-5x+6}, \dfrac{x-4}{x^2-x-6}$

연구 각 분모의 최소공배수를 공통분모로 한다.

(1) $x^2-y^2=(x+y)(x-y)$이므로 분모의 최소공배수는 $(x+y)(x-y)$이다.

$$\therefore \frac{\mathbf{x-y}}{\mathbf{(x+y)(x-y)}}, \quad \frac{\mathbf{x+y}}{\mathbf{(x+y)(x-y)}}, \quad \frac{\mathbf{1}}{\mathbf{(x+y)(x-y)}}$$

(2) $x^2-5x+6=(x-2)(x-3)$, $x^2-x-6=(x+2)(x-3)$

　　이므로 분모의 최소공배수는 $(x+2)(x-2)(x-3)$이다.

$$\therefore \frac{\mathbf{(x+4)(x+2)}}{\mathbf{(x+2)(x-2)(x-3)}}, \quad \frac{\mathbf{(x-4)(x-2)}}{\mathbf{(x+2)(x-2)(x-3)}}$$

Advice **2° 유리식의 덧셈, 뺄셈**

첫째──분모, 분자를 인수분해할 수 있으면 인수분해하고, 또 약분할 수 있으면 약분해서 분모, 분자가 서로소인 유리식으로 만든다.

둘째──분모가 같을 때에는

$$\frac{A}{D} + \frac{B}{D} - \frac{C}{D} = \frac{A+B-C}{D}$$

와 같이 계산하고, 분모가 다를 때에는 통분해서 위와 같이 계산한다.

셋째──결과를 다시 약분할 수 있으면 약분해서 분모, 분자가 서로소인 유리식으로 만든다.

보기 3 다음 유리식을 간단히 하여라.

$$\frac{x^2+x-2}{x^2-2x-8} + \frac{x^2-4x-21}{x^2-x-12} - \frac{x^2+3x-18}{x^2+6x}$$

연구 (준 식)$=\dfrac{(x-1)(x+2)}{(x+2)(x-4)} + \dfrac{(x+3)(x-7)}{(x+3)(x-4)} - \dfrac{(x-3)(x+6)}{x(x+6)}$

$=\dfrac{x-1}{x-4} + \dfrac{x-7}{x-4} - \dfrac{x-3}{x} = \dfrac{x(x-1)+x(x-7)-(x-3)(x-4)}{x(x-4)}$

$=\dfrac{x^2-x-12}{x(x-4)} = \dfrac{(x+3)(x-4)}{x(x-4)} = \dfrac{\boldsymbol{x+3}}{\boldsymbol{x}}$

Advice **3° 유리식의 곱셈, 나눗셈**

첫째──분모, 분자를 인수분해할 수 있으면 인수분해하고, 또 약분할 수 있으면 약분해서 분모, 분자가 서로소인 유리식으로 만든다.

둘째──곱셈일 때는 $\dfrac{A}{B} \times \dfrac{C}{D} = \dfrac{AC}{BD}$ 와 같이 계산하고,

나눗셈일 때는 $\dfrac{A}{B} \div \dfrac{C}{D} = \dfrac{A}{B} \times \dfrac{D}{C} = \dfrac{AD}{BC}$ 와 같이 계산한다.

셋째──결과를 다시 분모, 분자가 서로소인 유리식으로 만든다.

보기 4 다음 유리식을 간단히 하여라.

$$\frac{2x^2-5x+3}{x^2-4x+4} \times \frac{x^3-8}{x^2-1} \div \frac{2x^2+x-6}{x^2-x-2}$$

연구 (준 식)$=\dfrac{(2x-3)(x-1)}{(x-2)^2} \times \dfrac{(x-2)(x^2+2x+4)}{(x-1)(x+1)} \times \dfrac{(x-2)(x+1)}{(2x-3)(x+2)}$

$=\dfrac{\boldsymbol{x^2+2x+4}}{\boldsymbol{x+2}}$

Advice 4° 분모 또는 분자가 유리식인 식의 연산

분모 또는 분자가 다항식이 아닌 유리식으로 되어 있는 식을 간단히 하고자 할 때에는 다음 **보기 5**, **보기 6**의 방법 중 식에 따라 간편한 쪽을 따른다.

$$\dfrac{\dfrac{A}{B}}{\dfrac{C}{D}}=\dfrac{A}{B}\times\dfrac{D}{C}$$

보기 5 유리식 $\dfrac{x}{x-\dfrac{1}{x+\dfrac{1}{x}}}$ 를 간단히 하여라.

연구 차례차례   부분을 계산한다.

$$\dfrac{x}{x-\dfrac{1}{x+\dfrac{1}{x}}}=\dfrac{x}{x-\dfrac{1}{\dfrac{x^2+1}{x}}}=\dfrac{x}{x-\dfrac{x}{x^2+1}}=\dfrac{x}{\dfrac{x^3+x-x}{x^2+1}}=\dfrac{x(x^2+1)}{x^3}=\dfrac{x^2+1}{x^2}$$

보기 6 유리식 $\dfrac{\dfrac{x^2}{y^3}+\dfrac{1}{x}}{\dfrac{x}{y^2}-\dfrac{1}{y}+\dfrac{1}{x}}$ 을 간단히 하여라.

연구 분모의 분모(y^2, y, x), 분자의 분모(y^3, x)의 최소공배수인 xy^3을 분모, 분자에 곱한다.

$$\dfrac{\dfrac{x^2}{y^3}+\dfrac{1}{x}}{\dfrac{x}{y^2}-\dfrac{1}{y}+\dfrac{1}{x}}=\dfrac{x^3+y^3}{x^2y-xy^2+y^3}=\dfrac{(x+y)(x^2-xy+y^2)}{y(x^2-xy+y^2)}=\dfrac{x+y}{y}$$

Advice 5° 비례식의 성질

두 개의 비 $a:b$와 $c:d$가 같을 때,

$$a:b=c:d \quad \text{또는} \quad \dfrac{a}{b}=\dfrac{c}{d}$$

로 나타내고, 이 식을 비례식이라고 한다.

$$\text{비례식} \quad \dfrac{a}{b}=\dfrac{c}{d} \qquad\qquad \cdots\cdots①$$

에서 p. 216의 **기본정석** ④의 (2), (3), (4), (5)는 다음과 같이 유도한다.

(2) ①의 양변에 1을 더하면 $\dfrac{a}{b}+1=\dfrac{c}{d}+1$ $\therefore$ $\dfrac{a+b}{b}=\dfrac{c+d}{d}$ $\cdots②$

(3) ①의 양변에서 1을 빼면 $\dfrac{a}{b}-1=\dfrac{c}{d}-1$ $\therefore$ $\dfrac{a-b}{b}=\dfrac{c-d}{d}$ $\cdots③$

(4) ②÷③하면 $\dfrac{a+b}{a-b}=\dfrac{c+d}{c-d}$,   ③÷②하면 $\dfrac{a-b}{a+b}=\dfrac{c-d}{c+d}$

(5) $\dfrac{a}{b}=\dfrac{c}{d}=\dfrac{e}{f}=k$로 놓으면 $a=bk,\ c=dk,\ e=fk$이므로

$$a+c+e=(b+d+f)k \qquad \therefore\ k=\dfrac{a+c+e}{b+d+f}\ (b+d+f\neq0)$$

$$\therefore\ \dfrac{a}{b}=\dfrac{c}{d}=\dfrac{e}{f}=\dfrac{a+c+e}{b+d+f}\ (b+d+f\neq0)$$

또, $\dfrac{a}{b}=\dfrac{c}{d}=\dfrac{e}{f}=\dfrac{pa}{pb}=\dfrac{qc}{qd}=\dfrac{re}{rf}$이므로 위의 성질을 이용하면

$$\dfrac{a}{b}=\dfrac{c}{d}=\dfrac{e}{f}=\dfrac{pa+qc+re}{pb+qd+rf}\ (pb+qd+rf\neq0)$$

보기 7 $3x=2y$일 때, $\dfrac{x^2+y^2}{(x+y)^2}$의 값을 구하여라. 단, $xy\neq0$이다.

연구 1° $y=\dfrac{3}{2}x$이므로 $\quad\dfrac{x^2+y^2}{(x+y)^2}=\dfrac{x^2+\left(\dfrac{3}{2}x\right)^2}{\left(x+\dfrac{3}{2}x\right)^2}=\dfrac{\dfrac{13}{4}x^2}{\dfrac{25}{4}x^2}=\dfrac{\mathbf{13}}{\mathbf{25}}$

연구 2° $x:y=2:3$이므로 $x=2k,\ y=3k$로 놓으면

$$\dfrac{x^2+y^2}{(x+y)^2}=\dfrac{(2k)^2+(3k)^2}{(2k+3k)^2}=\dfrac{13k^2}{25k^2}=\dfrac{\mathbf{13}}{\mathbf{25}}$$

보기 8 $x,\ y,\ z$가 $2x-3y+z=0,\ 6x+y-2z=0$을 만족할 때, $x:y:z$를 구하여라. 단, $xyz\neq0$이다.

연구 $2x-3y+z=0 \qquad\cdots\cdots① \qquad\qquad 6x+y-2z=0 \qquad\cdots\cdots②$

로 놓고 두 식에서 x를 상수, $y,\ z$를 미지수로 생각하고 연립하여 푼다.

$①+②\times3$에서 $\quad 20x-5z=0 \quad\therefore\ z=4x$

이것을 ②에 대입하면 $\quad y=2x$

$$\therefore\ x:y:z=x:2x:4x=\mathbf{1:2:4}$$

보기 9 다음 ☐ 안에 알맞은 수나 식을 써넣어라. 단, 분모는 0이 아니다.

(1) $\dfrac{a}{b}=\dfrac{c}{d}$이면 $\quad\dfrac{a}{b}=\dfrac{\boxed{}}{b-d}=\dfrac{3a-2c}{\boxed{}}$ 이다.

(2) $\dfrac{a}{b}=\dfrac{c}{d}=\dfrac{e}{f}=\dfrac{2}{3}$이면 $\dfrac{3a-2c+4e}{3b-2d+4f}=\boxed{}$ 이다.

연구 (1) $\dfrac{a}{b}=\dfrac{c}{d}\iff\dfrac{a}{b}=\dfrac{-c}{-d} \qquad\therefore\ \dfrac{a}{b}=\dfrac{\boldsymbol{a-c}}{b-d}$

$\qquad\quad\dfrac{a}{b}=\dfrac{c}{d}\iff\dfrac{3a}{3b}=\dfrac{-2c}{-2d} \qquad\therefore\ \dfrac{a}{b}=\dfrac{3a-2c}{\boldsymbol{3b-2d}}$

(2) $\dfrac{a}{b}=\dfrac{c}{d}=\dfrac{e}{f}=\dfrac{2}{3}\iff\dfrac{3a}{3b}=\dfrac{-2c}{-2d}=\dfrac{4e}{4f}=\dfrac{2}{3} \qquad\therefore\ \dfrac{3a-2c+4e}{3b-2d+4f}=\dfrac{\mathbf{2}}{\mathbf{3}}$

필수 예제 27-1 다음 유리식을 간단히 하여라.

(1) $\dfrac{3x+4}{x+1} - \dfrac{2x+7}{x+3} + \dfrac{2x+11}{x+5} - \dfrac{3x+22}{x+7}$

(2) $\dfrac{1}{x(x+2)} + \dfrac{1}{(x+2)(x+4)} + \dfrac{1}{(x+4)(x+6)}$

[정석연구] 유리식을 통분부터 하려고 하면 복잡해진다.

(1) 분자를 분모로 직접 나누거나, 분자를

$$3(x+1)+1, \quad 2(x+3)+1, \quad 2(x+5)+1, \quad 3(x+7)+1$$

로 변형하여

$$(분자의 \; 차수) < (분모의 \; 차수)$$

가 되도록 고친 다음 계산한다.

(2) 다음 **정석**을 활용하여 각 항을 변형한다.

$$\boxed{정석} \quad \dfrac{1}{AB} = \dfrac{1}{B-A}\left(\dfrac{1}{A} - \dfrac{1}{B}\right)$$

이 등식의 우변을 통분하고 정리하면 좌변이 됨을 쉽게 확인할 수 있다. 공식으로 기억해 두고서 활용하기를 바란다.

(예) $\dfrac{1}{3\times4} = \dfrac{1}{4-3}\left(\dfrac{1}{3} - \dfrac{1}{4}\right), \qquad \dfrac{1}{a(a+2)} = \dfrac{1}{(a+2)-a}\left(\dfrac{1}{a} - \dfrac{1}{a+2}\right)$

[모범답안] (1) (준 식) $= \left(3 + \dfrac{1}{x+1}\right) - \left(2 + \dfrac{1}{x+3}\right) + \left(2 + \dfrac{1}{x+5}\right) - \left(3 + \dfrac{1}{x+7}\right)$

$$= \dfrac{1}{x+1} - \dfrac{1}{x+3} + \dfrac{1}{x+5} - \dfrac{1}{x+7}$$

$$= \dfrac{2}{(x+1)(x+3)} + \dfrac{2}{(x+5)(x+7)}$$

$$= \dfrac{4(x^2+8x+19)}{(x+1)(x+3)(x+5)(x+7)} \quad \longleftarrow \boxed{답}$$

(2) (준 식) $= \dfrac{1}{2}\left(\dfrac{1}{x} - \dfrac{1}{x+2}\right) + \dfrac{1}{2}\left(\dfrac{1}{x+2} - \dfrac{1}{x+4}\right) + \dfrac{1}{2}\left(\dfrac{1}{x+4} - \dfrac{1}{x+6}\right)$

$$= \dfrac{1}{2}\left(\dfrac{1}{x} - \dfrac{1}{x+6}\right) = \dfrac{3}{x(x+6)} \quad \longleftarrow \boxed{답}$$

[유제] **27**-1. 다음 유리식을 간단히 하여라.

(1) $\dfrac{3x-14}{x-5} - \dfrac{5x-11}{x-2} + \dfrac{x-4}{x-3} + \dfrac{x-5}{x-4}$

(2) $\dfrac{1}{(x-2)(x-1)} + \dfrac{1}{(x-1)x} + \dfrac{1}{x(x+1)} + \dfrac{1}{(x+1)(x+2)}$

$\boxed{답}$ (1) $\dfrac{2(2x-7)}{(x-2)(x-3)(x-4)(x-5)}$ (2) $\dfrac{4}{(x-2)(x+2)}$

필수 예제 27-2 다음 등식이 x에 관한 항등식이 되도록 상수 a, b, c의 값을 정하여라.

(1) $\dfrac{3x}{x^3+1} = \dfrac{a}{x+1} + \dfrac{bx+c}{x^2-x+1}$

(2) $\dfrac{x+1}{(x-1)^2(x-2)} = \dfrac{a}{x-1} + \dfrac{b}{(x-1)^2} + \dfrac{c}{x-2}$

[정석연구] 우변을 통분하면, 양변의 분모가 같아지는 유형의 문제이다.

따라서 통분한 다음 분자를 같게 놓고 항등식의 성질을 이용해 본다.

정석 미정계수법 $\Longrightarrow$ 계수비교법, 수치대입법

[모범답안] (1) $\dfrac{3x}{x^3+1} = \dfrac{a(x^2-x+1)+(bx+c)(x+1)}{(x+1)(x^2-x+1)}$

$\therefore \dfrac{3x}{x^3+1} = \dfrac{(a+b)x^2+(-a+b+c)x+a+c}{x^3+1}$

$\therefore 3x = (a+b)x^2+(-a+b+c)x+a+c$

x에 관한 항등식이므로 $a+b=0$, $-a+b+c=3$, $a+c=0$

연립하여 풀면 $a=-1$, $b=1$, $c=1$ $\longleftarrow$ [답]

(2) $\dfrac{x+1}{(x-1)^2(x-2)} = \dfrac{a(x-1)(x-2)+b(x-2)+c(x-1)^2}{(x-1)^2(x-2)}$

$\therefore \dfrac{x+1}{(x-1)^2(x-2)} = \dfrac{(a+c)x^2+(-3a+b-2c)x+2a-2b+c}{(x-1)^2(x-2)}$

$\therefore x+1 = (a+c)x^2+(-3a+b-2c)x+2a-2b+c$

x에 관한 항등식이므로 $a+c=0$, $-3a+b-2c=1$, $2a-2b+c=1$

연립하여 풀면 $a=-3$, $b=-2$, $c=3$ $\longleftarrow$ [답]

Advice | (1)에서 $a=-1$, $b=1$, $c=1$을 준 등식에 대입하면

$$\frac{3x}{(x+1)(x^2-x+1)} = \frac{-1}{x+1} + \frac{x+1}{x^2-x+1}$$

이다. 이와 같이 좌변을 우변과 같이 두 유리식의 합의 꼴로 변형하는 방법은 미적분에서 이용된다.

[유제] **27**-2. 다음 등식이 x에 관한 항등식이 되도록 상수 a, b, c의 값을 정하여라.

(1) $\dfrac{3x+1}{(x-1)(x^2+1)} = \dfrac{a}{x-1} + \dfrac{bx+c}{x^2+1}$ (2) $\dfrac{1}{x^2(x+1)} = \dfrac{a}{x} + \dfrac{b}{x^2} + \dfrac{c}{x+1}$

[답] (1) $a=2$, $b=-2$, $c=1$ (2) $a=-1$, $b=1$, $c=1$

필수 예제 27-3 다음 물음에 답하여라.

(1) $abc=1$일 때, 다음 유리식의 값을 구하여라.
$$P=\frac{a}{ab+a+1}+\frac{b}{bc+b+1}+\frac{c}{ca+c+1}$$

(2) $abc=-1$일 때, 다음 유리식의 값을 구하여라.
$$Q=\frac{a+b}{(a+1)(b+1)}+\frac{b+c}{(b+1)(c+1)}+\frac{c+a}{(c+1)(a+1)}$$

─────────────

[정석연구] (1) $abc=1$에서 $c=\dfrac{1}{ab}$이므로 이것을 준 식에 대입하면 c가 소거되어 P는 a, b만의 식이 된다. 이를 간단히 해 보아라.

정석 조건식이 있을 때 유리식의 값은
조건식을 이용하여 문자의 수를 줄여 본다.

(2) c를 소거하는 방법으로도 해결은 되지만 계산이 복잡하다.
준 식이 쉽게 통분되므로 우선 통분하고서 생각해 보아라.

[모범답안] (1) $abc=1$로부터 $c=\dfrac{1}{ab}$이므로 이것을 준 식에 대입하면

$$P=\frac{a}{ab+a+1}+\frac{b}{b\times\frac{1}{ab}+b+1}+\frac{\frac{1}{ab}}{\frac{1}{ab}\times a+\frac{1}{ab}+1}$$

$$=\frac{a}{ab+a+1}+\frac{ab}{1+ab+a}+\frac{1}{a+1+ab}=\frac{ab+a+1}{ab+a+1}=1 \leftarrow \boxed{답}$$

(2) $Q=\dfrac{(a+b)(c+1)+(b+c)(a+1)+(c+a)(b+1)}{(a+1)(b+1)(c+1)}$

$$=\frac{2(ab+bc+ca+a+b+c)}{abc+ab+bc+ca+a+b+c+1}=\frac{2(ab+bc+ca+a+b+c)}{ab+bc+ca+a+b+c}$$

$$=2 \leftarrow \boxed{답}$$

Advice 1° (1)에서 $abc=1$을 만족하는 적당한 값 $a=1$, $b=1$, $c=1$을 대입해도 P의 값은 나오지만, 이는 답만을 얻기 위한 편법일 뿐 일반적인 풀이는 아니다. 항상 모범답안을 작성하는 연습을 해 두어야 한다.

2° (2)에서 $abc=-1$을 만족하는 a, b, c는 $a=-1$, $b=-1$, $c=-1$도 있으며, 이때 Q의 분모는 0이 된다. 이런 경우 유리식이라는 말에는 '분모는 0이 아니다'는 조건이 포함되어 있다고 생각하여 풀면 된다.

[유제] **27**-3. $ab=1$일 때, 다음 유리식의 값을 구하여라.

(1) $\dfrac{1}{a+1}+\dfrac{1}{b+1}$ (2) $\dfrac{a}{a+1}+\dfrac{b}{b+1}$ $\boxed{답}$ (1) **1** (2) **1**

필수 예제 27-4 $x+\dfrac{1}{x}=1$일 때, 다음 유리식의 값을 구하여라.

(1) $x^2+\dfrac{1}{x^2}$ (2) $x^3+\dfrac{1}{x^3}$ (3) $x-\dfrac{1}{x}$ (4) $x^3-\dfrac{1}{x^3}$

[정석연구] (1), (2) 다음 곱셈 공식의 변형식을 이용하여 구할 수 있다.

> **정석** $a^2+b^2=(a+b)^2-2ab$, $a^3+b^3=(a+b)^3-3ab(a+b)$

(3), (4) 연결한 부호가 조건식과 반대인 식의 값을 구할 때에는 먼저 제곱한 값을 구한다.

[모범답안] (1) $x^2+\dfrac{1}{x^2}=\left(x+\dfrac{1}{x}\right)^2-2x\times\dfrac{1}{x}=1^2-2=-1$ ← [답]

(2) $x^3+\dfrac{1}{x^3}=\left(x+\dfrac{1}{x}\right)^3-3x\times\dfrac{1}{x}\left(x+\dfrac{1}{x}\right)=1^3-3\times1=-2$ ← [답]

(3) $\left(x-\dfrac{1}{x}\right)^2=x^2-2x\times\dfrac{1}{x}+\dfrac{1}{x^2}=\left(x+\dfrac{1}{x}\right)^2-4=1^2-4=-3$

$$\therefore\ x-\dfrac{1}{x}=\pm\sqrt{-3}=\pm\sqrt{3}\,i\ \text{←\ [답]}$$

(4) $\left(x^3-\dfrac{1}{x^3}\right)^2=(x^3)^2-2x^3\times\dfrac{1}{x^3}+\left(\dfrac{1}{x^3}\right)^2=\left(x^3+\dfrac{1}{x^3}\right)^2-4=(-2)^2-4=0$

$$\therefore\ x^3-\dfrac{1}{x^3}=0\ \text{←\ [답]}$$

Advice 1° 조건식의 양변을 제곱하면 (1)의 값을 구할 수 있고, 세제곱하면 (2)의 값을 구할 수 있다.

또, (1)의 값을 이용하여 (3), (4)의 값을 다음과 같이 구할 수도 있다.

$$\left(x-\dfrac{1}{x}\right)^2=x^2+\dfrac{1}{x^2}-2x\times\dfrac{1}{x}=-1-2=-3 \quad \therefore\ x-\dfrac{1}{x}=\pm\sqrt{3}\,i$$

$$x^3-\dfrac{1}{x^3}=\left(x-\dfrac{1}{x}\right)\left(x^2+x\times\dfrac{1}{x}+\dfrac{1}{x^2}\right)=\pm\sqrt{3}\,i\,(-1+1)=0$$

2° $x+\dfrac{1}{x}=1$의 양변에 x를 곱하면 $x^2-x+1=0$이다. 곧,

$$x+\dfrac{1}{x}=1 \iff x^2-x+1=0$$

양변에 $x+1$을 곱하면 $(x+1)(x^2-x+1)=0$ $\therefore\ x^3+1=0$

곧, $x^3=-1$이므로 (2), (4)의 값은 이 값을 대입하여 구할 수도 있다.

[유제] **27**-4. $x^2-x-1=0$일 때, 다음 유리식의 값을 구하여라.

(1) $x^2+\dfrac{1}{x^2}$ (2) $x^3+\dfrac{1}{x^3}$ (3) $x^3-\dfrac{1}{x^3}$ (4) $x^4-\dfrac{1}{x^4}$

[답] (1) 3   (2) $\pm2\sqrt{5}$ (3) 4   (4) $\pm3\sqrt{5}$

필수 예제 27-5 $\dfrac{x+y}{2}=\dfrac{y+z}{4}=\dfrac{z+x}{5}$ 일 때, 다음 비 또는 식의 값을 구하여라. 단, $xyz\neq0$이다.

(1) $x:y:z$

(2) $\left(\dfrac{1}{x}+\dfrac{1}{y}\right):\left(\dfrac{1}{y}+\dfrac{1}{z}\right):\left(\dfrac{1}{z}+\dfrac{1}{x}\right)$ (3) $\dfrac{xy+yz+zx}{x^2+y^2+z^2}$

[정석연구] 조건식이 비례식으로 주어질 때에는

> **정석** $\dfrac{a}{b}=\dfrac{c}{d}=\dfrac{e}{f}=k$로 놓아라.

이와 같은 방법은 비례식의 증명 문제를 해결할 때에도 자주 쓰인다.

또, 주어진 조건식 대신

$$(x+y):(y+z):(z+x)=2:4:5$$

가 주어져도 같은 조건이다. 이것 역시 유리식으로 고쳐 k로 놓아라.

[모범답안] $\dfrac{x+y}{2}=\dfrac{y+z}{4}=\dfrac{z+x}{5}=k$로 놓으면

$x+y=2k$ ······① $\qquad y+z=4k$ ······② $\qquad z+x=5k$ ······③

①, ②, ③을 $x,\,y,\,z$에 관하여 연립하여 풀면 $x=\dfrac{3}{2}k,\ y=\dfrac{1}{2}k,\ z=\dfrac{7}{2}k$

(1) $x:y:z=\dfrac{3}{2}k:\dfrac{1}{2}k:\dfrac{7}{2}k=\mathbf{3:1:7}$ ← [답]

(2) $\left(\dfrac{1}{x}+\dfrac{1}{y}\right):\left(\dfrac{1}{y}+\dfrac{1}{z}\right):\left(\dfrac{1}{z}+\dfrac{1}{x}\right)=\left(\dfrac{2}{3k}+\dfrac{2}{k}\right):\left(\dfrac{2}{k}+\dfrac{2}{7k}\right):\left(\dfrac{2}{7k}+\dfrac{2}{3k}\right)$

$\qquad\qquad =\dfrac{8}{3k}:\dfrac{16}{7k}:\dfrac{20}{21k}=56:48:20=\mathbf{14:12:5}$ ← [답]

(3) $\dfrac{xy+yz+zx}{x^2+y^2+z^2}=\dfrac{\dfrac{3}{2}k\times\dfrac{1}{2}k+\dfrac{1}{2}k\times\dfrac{7}{2}k+\dfrac{7}{2}k\times\dfrac{3}{2}k}{\left(\dfrac{3}{2}k\right)^2+\left(\dfrac{1}{2}k\right)^2+\left(\dfrac{7}{2}k\right)^2}$

$\qquad\qquad =\dfrac{3\times1+1\times7+7\times3}{3^2+1^2+7^2}=\dfrac{\mathbf{31}}{\mathbf{59}}$ ← [답]

*Note (1)에서 $x:y:z=3:1:7$이므로 (2), (3)을 구할 때 $x=3,\ y=1,\ z=7$을 대입해도 답은 나오지만, 이런 방법은 답만을 얻기 위한 편법일 뿐 모범답안이라고 할 수 없다.

[유제] **27**-5. 다음 식에서 $x:y:z$를 구하여라. 단, $xyz\neq0$이다.

(1) $\dfrac{x+2y}{2}=\dfrac{y+3z}{3}=\dfrac{z+4x}{4}$ (2) $(y+z):(z+x):(x+y)=a:b:c$

[답] (1) $\mathbf{4:3:4}$ (2) $\mathbf{(b+c-a):(c+a-b):(a+b-c)}$

필수 예제 **27**-6 0이 아닌 세 실수 a, b, c가 다음 식을 만족한다.

$$\frac{b+c-a}{a}=\frac{c+a-b}{b}=\frac{a+b-c}{c}$$

(1) 이 유리식의 값을 구하여라.

(2) $\dfrac{(a+b)(b+c)(c+a)}{abc}$ 의 값을 구하여라.

─────────────────────────

[정석연구] 이와 같이 비례식으로 주어질 때에는

정석 $\dfrac{A}{B}=\dfrac{C}{D}=\dfrac{E}{F}=k$ 로 놓아라.

[모범답안] (1) $\dfrac{b+c-a}{a}=\dfrac{c+a-b}{b}=\dfrac{a+b-c}{c}=k$ ······①

로 놓으면

$$b+c-a=ak, \quad c+a-b=bk, \quad a+b-c=ck \qquad \cdots\cdots ②$$

이 세 식을 변변 더하면 $a+b+c=(a+b+c)k$

(i) $a+b+c\neq0$일 때 $k=1$

(ii) $a+b+c=0$일 때 $b+c=-a$, $c+a=-b$, $a+b=-c$ ······③

이므로 ①에 대입하면

$$k=\frac{-a-a}{a}=\frac{-b-b}{b}=\frac{-c-c}{c}=-2 \qquad \boxed{답} \ 1, \ -2$$

(2) $k=1$일 때, ②에서 $b+c=2a$, $c+a=2b$, $a+b=2c$이므로

$$\frac{(a+b)(b+c)(c+a)}{abc}=\frac{2c\times2a\times2b}{abc}=8$$

$k=-2$일 때, ③에 의하여

$$\frac{(a+b)(b+c)(c+a)}{abc}=\frac{(-c)\times(-a)\times(-b)}{abc}=-1 \qquad \boxed{답} \ 8, \ -1$$

Advice | $a+b+c\neq0$일 때에는 ①에서

정석 $\dfrac{A}{B}=\dfrac{C}{D}=\dfrac{E}{F}=\dfrac{A+C+E}{B+D+F}$ $(B+D+F\neq0)$

를 써서 k의 값을 구할 수도 있다.

[유제] **27**-6. 다음 유리식의 값을 구하여라.

(1) $\dfrac{2b+c}{3a}=\dfrac{c+3a}{2b}=\dfrac{3a+2b}{c}$ (2) $\dfrac{ca+ab}{bc}=\dfrac{ab+bc}{ca}=\dfrac{bc+ca}{ab}$

$\boxed{답}$ (1) **2, −1** (2) **2, −1**

§ 2. 유리함수의 그래프

1 $y=\dfrac{k}{x}\,(k\neq0)$의 그래프

(1) 원점에 대하여 대칭인 쌍곡선이다.

(2) 점근선은 x축과 y축이다.

(3) $k>0$이면

제1사분면, 제3사분면에

$k<0$이면

제2사분면, 제4사분면에

존재한다.

(4) $|k|$의 값이 커질수록 곡선은 원점에서 멀어진다.

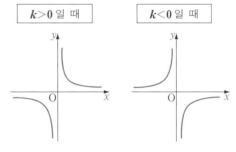

2 $y=\dfrac{k}{x-m}+n\,(k\neq0)$의 그래프

$y=\dfrac{k}{x}$의 그래프를

x축의 방향으로 m만큼,

y축의 방향으로 n만큼

평행이동한 것이다.

(1) 점 $(m,\,n)$에 대하여 대칭인 쌍곡선이다.

(2) 점근선은 직선 $x=m,\ y=n$이다.

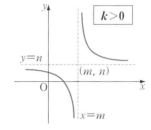

3 $y=k'x+\dfrac{k}{x}$의 그래프

$y_1=k'x$와 $y_2=\dfrac{k}{x}$의 두 그래프를 이용하여 그린다.

Advice | 함수 $y=f(x)$에서 $f(x)$가 x에 관한 유리식일 때, 이 함수를 유리함수라고 한다. 이를테면 함수

$$y=\frac{1}{x},\quad y=\frac{2}{x-1},\quad y=\frac{2x}{x^2-1},\quad y=\frac{x^2+1}{3}$$

은 모두 유리함수이고, 이 중에서 $y=\dfrac{x^2+1}{3}$은 다항함수이다.

다항함수가 아닌 유리함수에서 정의역이 주어지지 않은 경우에는 분모를 0으로 하는 원소를 제외한 실수 전체의 집합을 정의역으로 한다.

▶ $y=\dfrac{1}{x}$의 그래프

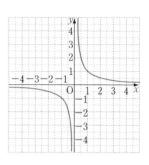

　　이 유리함수의 정의역은 0을 제외한 실수 전체의 집합이다. 따라서 x에 $x\neq0$인 여러 가지 값을 대입하고 이에 대응하는 y의 값을 얻어, 그 x의 값을 x좌표, y의 값을 y좌표로 하는 점들의 집합을 좌표평면 위에 나타내면 오른쪽과 같은 한 쌍의 곡선을 얻는다. 이와 같은 곡선을 쌍곡선이라고 한다.

　　일반적으로 $y=\dfrac{k}{x}$에서 k의 값이 $k=-2,\ -1,\ 1,\ 2,\ \cdots$의 여러 가지 값을 가지면서 변할 때의 곡선을 같은 좌표평면 위에 그려 보면 앞면의 성질을 쉽게 이해할 수 있다.

　　또, 위의 그림과 같이 곡선 위의 점은 x의 절댓값이 커질수록 x축에 가까워지고, x의 절댓값이 작아질수록 y축에 가까워진다. 이와 같이 곡선이 어떤 직선에 한없이 가까워질 때, 이 직선을 그 곡선의 점근선이라고 한다.

▶ $y=\dfrac{1}{x-3}+2$의 그래프

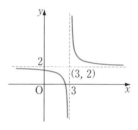

$$y=\dfrac{1}{x-3}+2 \iff y-2=\dfrac{1}{x-3}$$

따라서 $y=\dfrac{1}{x}$의 그래프를 x축의 방향으로 3만큼, y축의 방향으로 2만큼 평행이동한 것이다.

▶ $y=x+\dfrac{1}{x}$의 그래프

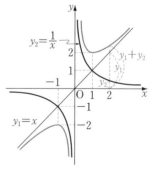

　　x와 $\dfrac{1}{x}$의 값을 더하면 y의 값이 된다. 곧,

$y_1=x,\ \ y_2=\dfrac{1}{x}$로 놓으면　　$y=y_1+y_2$

따라서 직선 $y_1=x$와 곡선 $y_2=\dfrac{1}{x}$의 y좌표의 합을 y좌표로 가지는 곡선을 그리면 오른쪽과 같은 곡선을 얻는다.

${}^*Note$　$y=x+\dfrac{1}{x}$에서

　　　$yx=x^2+1$　$\therefore\ x^2-yx+1=0$

이 x에 관한 이차방정식에서 x는 실수이므로　$D=y^2-4\geq0$　$\therefore\ y\leq-2,\ y\geq2$
따라서 이 함수의 치역은 $\{y\,|\,y\leq-2,\ y\geq2\}$이다.

필수 예제 27-7 다음 방정식의 그래프를 그려라.

(1) $y=\dfrac{3x+7}{x+1}$ (2) $xy+2x-3y-4=0$

[정석연구] (1) 분자 $3x+7$을 분모 $x+1$로 나누면 몫이 3, 나머지가 4이므로

$$y=\frac{3x+7}{x+1}=\frac{4}{x+1}+3 \quad 곧, \quad y-3=\frac{4}{x+1}$$

이다. 그래프의 평행이동을 생각하여라.

정석 $y=\dfrac{ax+b}{cx+d}$ 의 꼴 $\Longrightarrow$ $y=\dfrac{k}{x-m}+n$ 의 꼴로 변형

(2) 준 식을 $y=f(x)$의 꼴로 나타낸 다음 (1)과 같이 하여라.

[모범답안] (1) $y=\dfrac{3x+7}{x+1}=\dfrac{4}{x+1}+3$

따라서 $y=\dfrac{4}{x}$의 그래프를 x축의 방향으
로 -1만큼, y축의 방향으로 3만큼 평행이
동한 것이다.

점근선 : 직선 $x=-1$, $y=3$

x절편 : $y=0$을 대입하면 $x=-\dfrac{7}{3}$

y절편 : $x=0$을 대입하면 $y=7$

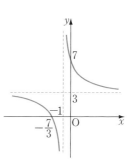

(2) $xy+2x-3y-4=0$에서

$(x-3)y=-2x+4$이고 $x\neq3$이므로

$$y=\frac{-2x+4}{x-3}=\frac{-2}{x-3}-2$$

따라서 $y=\dfrac{-2}{x}$의 그래프를 x축의 방향으
로 3만큼, y축의 방향으로 -2만큼 평행이
동한 것이다.

점근선 : 직선 $x=3$, $y=-2$

x절편 : $y=0$을 대입하면 $x=2$

y절편 : $x=0$을 대입하면 $y=-\dfrac{4}{3}$

[유제] **27**-7. 다음 방정식의 그래프를 그려라.

(1) $y=\dfrac{x+2}{x-2}$ (2) $\dfrac{1}{x}+\dfrac{1}{y}=1$ (3) $2xy-3x+2y+3=0$

필수 예제 **27**-8   다음 함수의 그래프를 그려라.

(1) $y=\dfrac{x^2+x+1}{x}$ (2) $y=\dfrac{x^2-x-2}{x-1}$

[정석연구] (1) 분자를 분모로 나누어서 분자가 상수가 되도록 변형한 다음

$$y=\frac{x^2+x+1}{x}=x+1+\frac{1}{x} \implies y_1=x+1\text{과 } y_2=\frac{1}{x}\text{의 합}$$

(2) 역시 분자를 분모로 나누어서 분자가 상수가 되도록 변형한 다음

$$y=\frac{x^2-x-2}{x-1}=x+\frac{-2}{x-1} \implies y_1=x\text{와 } y_2=\frac{-2}{x-1}\text{의 합}$$

을 생각한다.

[정석] $y=\dfrac{ax^2+bx+c}{dx+e}$ 의 꼴 $\implies y=px+q+\dfrac{s}{x-r}$ 의 꼴로!
$\implies y_1=px+q,\ y_2=\dfrac{s}{x-r}$ 의 합!

이때, 점근선은 직선 $y=px+q,\ x-r=0$ 이다.

[모범답안] (1) $y=\dfrac{x^2+x+1}{x}=x+1+\dfrac{1}{x}$

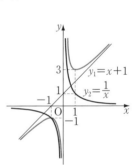

$y_1=x+1,\ y_2=\dfrac{1}{x}$ 로 놓으면
$$y=y_1+y_2$$
따라서 $y_1,\ y_2$ 의 그래프를 그리고, 이 두
그래프의 합을 구하면 오른쪽 그림과 같다.
점근선 : 직선 $x=0,\ y=x+1$

(2) $y=\dfrac{x^2-x-2}{x-1}=x+\dfrac{-2}{x-1}$

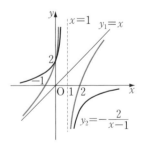

$y_1=x,\ y_2=-\dfrac{2}{x-1}$ 로 놓으면
$$y=y_1+y_2$$
따라서 $y_1,\ y_2$ 의 그래프를 그리고, 이 두
그래프의 합을 구하면 오른쪽 그림과 같다.
점근선 : 직선 $y=x,\ x=1$
x 절편 : $y=0$ 을 대입하면 $x=-1,\ 2$
y 절편 : $x=0$ 을 대입하면 $y=2$

[유제] **27**-8. 다음 함수의 그래프를 그려라.

(1) $y=\dfrac{x^2+3x+3}{x+1}$ (2) $y=-x+2+\dfrac{1}{x-1}$ (3) $y=x+\dfrac{1}{|x|}$

필수 예제 27-9　함수 $f(x)=\dfrac{bx+c}{ax-3}$ 의 역함수가 $f^{-1}(x)=\dfrac{3x-2}{x-1}$ 일 때, 상수 a, b, c 의 값을 구하여라.

[정석연구] $f(x)=\dfrac{bx+c}{ax-3}$ 의 역함수를 구한 다음 주어진 $f^{-1}(x)$ 와 비교하여 a, b, c 의 값을 구해도 되지만, 다음 **정석**을 이용하는 것이 간편하다.

　정석 함수 f 의 역함수 f^{-1} 가 존재하면 $\Longrightarrow (f^{-1})^{-1}=f$

[모범답안] $f^{-1}(x)=\dfrac{3x-2}{x-1}=y$ 로 놓으면　$xy-y=3x-2$

$$\therefore (y-3)x=y-2 \quad \therefore x=\dfrac{y-2}{y-3}$$

x 와 y 를 바꾸면　$y=\dfrac{x-2}{x-3}$　$\therefore (f^{-1})^{-1}(x)=f(x)=\dfrac{x-2}{x-3}$

　문제에서 주어진 $f(x)$ 와 비교하면　$a=1$, $b=1$, $c=-2$ ⟵ 답

Advice | $f(x)=\dfrac{k}{x-m}+n$ 의 그래프의 점근선은 직선

$$x=m, \quad y=n$$

이다. 그런데 그 역함수 $y=f^{-1}(x)$ 의 그래프는 $y=f(x)$ 의 그래프와 직선 $y=x$ 에 대하여 대칭이므로 역함수는 직선

$$x=n, \quad y=m$$

을 그래프의 점근선으로 하는 유리함수이다.

$$\therefore f^{-1}(x)=\dfrac{k}{x-n}+m$$

$k>0$ 일 때

[유제] **27**-9. 다음 함수의 역함수를 구하여라.

(1) $f : x \longrightarrow \dfrac{1}{x}$ 　　　　　　(2) $f(x)=\dfrac{x+1}{2x-3}$

　　　　　　답 (1) $f^{-1} : x \longrightarrow \dfrac{1}{x}$　(2) $f^{-1}(x)=\dfrac{3x+1}{2x-1}$

[유제] **27**-10. 함수 $f(x)=\dfrac{ax+2}{x+1}$ 의 역함수 $f^{-1}(x)$ 가 함수 $f(x)$ 와 같을 때, 상수 a 의 값을 구하여라.　　　　　　답 $a=-1$

[유제] **27**-11. 함수 $f(x)=\dfrac{ax-4}{x+b}$ 의 역함수가 $f^{-1}(x)=\dfrac{3x+c}{-x+2}$ 일 때, 상수 a, b, c 의 값을 구하여라.　　　　　답 $a=2$, $b=3$, $c=4$

필수 예제 **27**-10 다음 네 함수로 이루어진 집합을 A라고 하자.

$$f(x)=1-x, \quad g(x)=\frac{1}{1-x}, \quad h(x)=\frac{x}{x-1}, \quad k(x)=\frac{x-1}{x}$$

이때, 다음 함수가 A의 원소임을 보여라.

단, 모든 함수의 정의역은 $\{x \mid x\neq0, \ x\neq1$인 실수$\}$이다.

(1) $k\circ f$ (2) h^{-1} (3) $\mathrm{F}\circ g=h$인 F   (4) $h\circ\mathrm{G}=f$인 G

[정석연구] (3) $\mathrm{F}\circ g=h$일 때, 양변의 오른쪽에 g^{-1}를 합성하면

$$(\mathrm{F}\circ g)\circ g^{-1}=h\circ g^{-1} \quad \therefore \ \mathrm{F}\circ(g\circ g^{-1})=h\circ g^{-1} \quad \therefore \ \mathrm{F}=h\circ g^{-1}$$

(4) $h\circ\mathrm{G}=f$일 때, 양변의 왼쪽에 h^{-1}를 합성하면

$$h^{-1}\circ(h\circ\mathrm{G})=h^{-1}\circ f \quad \therefore \ (h^{-1}\circ h)\circ\mathrm{G}=h^{-1}\circ f \quad \therefore \ \mathrm{G}=h^{-1}\circ f$$

정석 $\mathrm{F}\circ g=h \implies \mathrm{F}=h\circ g^{-1}, \quad h\circ\mathrm{G}=f \implies \mathrm{G}=h^{-1}\circ f$

[모범답안] (1) $k\big(f(x)\big)=k(1-x)=\dfrac{(1-x)-1}{1-x}=\dfrac{x}{x-1}=h(x)\in\mathrm{A}$

(2) $h(x)=\dfrac{x}{x-1}$에서 $y=\dfrac{x}{x-1}$로 놓으면 $x=\dfrac{y}{y-1}$

$\therefore \ h^{-1}(x)=\dfrac{x}{x-1}=h(x)\in\mathrm{A}$

(3) $\mathrm{F}\circ g=h$에서 $(\mathrm{F}\circ g)\circ g^{-1}=h\circ g^{-1} \quad \therefore \ \mathrm{F}=h\circ g^{-1}$

한편 $g(x)=\dfrac{1}{1-x}=y$로 놓으면 $x=\dfrac{y-1}{y} \quad \therefore \ g^{-1}(x)=\dfrac{x-1}{x}$

$\therefore \ \mathrm{F}(x)=h\big(g^{-1}(x)\big)=h\Big(\dfrac{x-1}{x}\Big)=1-x=f(x)\in\mathrm{A}$

(4) $h\circ\mathrm{G}=f$에서 $h^{-1}\circ(h\circ\mathrm{G})=h^{-1}\circ f \quad \therefore \ \mathrm{G}=h^{-1}\circ f$

$\therefore \ \mathrm{G}(x)=h^{-1}\big(f(x)\big)=h^{-1}(1-x)=\dfrac{x-1}{x}=k(x)\in\mathrm{A}$

Advice | (3)과 (4)는 다음 방법으로 구할 수도 있다. (p.179 참조)

(3) $\mathrm{F}\big(g(x)\big)=h(x)$이므로 $\mathrm{F}\Big(\dfrac{1}{1-x}\Big)=\dfrac{x}{x-1}$ ······①

여기에서 $\dfrac{1}{1-x}=t$로 놓으면 $1=t-tx \quad \therefore \ x=\dfrac{t-1}{t}$

이것을 ①에 대입하면 $\mathrm{F}(t)=1-t \quad \therefore \ \mathrm{F}(x)=1-x$

(4) $h\big(\mathrm{G}(x)\big)=f(x)$이므로 $\dfrac{\mathrm{G}(x)}{\mathrm{G}(x)-1}=1-x$

$\therefore \ \mathrm{G}(x)=(1-x)\{\mathrm{G}(x)-1\} \quad \therefore \ x\mathrm{G}(x)=x-1 \quad \therefore \ \mathrm{G}(x)=\dfrac{x-1}{x}$

[유제] **27**-12. 함수 $f(x)=\dfrac{2x-1}{x+3}$에 대하여 항상 $g\big(f(x)\big)=x$가 성립할 때, $g(x)$를 구하여라.   [답] $\boldsymbol{g(x)=-\dfrac{3x+1}{x-2}}$

필수 예제 **27**-11　다음과 같은 두 집합 A, B가 있다.

$$A=\left\{(x,\,y)\,\middle|\,y=mx\right\}, \qquad B=\left\{(x,\,y)\,\middle|\,y=\frac{|x|-1}{|x-1|}\right\}$$

A∩B=∅일 때, 실수 m의 값의 범위를 구하여라.

정석연구 $y=\dfrac{|x|-1}{|x-1|}$ 의 그래프는 다음 세 경우로 나누어 그린다.

$x<0$일 때,　　$0\leq x<1$일 때,　　$x>1$일 때

A∩B=∅이므로 두 그래프가 만나지 않는 m의 값의 범위를 구하면 된다.

정석 A∩B=∅ ⟺ 두 그래프는 만나지 않는다

모범답안 $y=\dfrac{|x|-1}{|x-1|}$　　……①

$x<0$일 때　$y=\dfrac{-x-1}{-(x-1)}$

　　　　　$=1+\dfrac{2}{x-1}$　……②

$0\leq x<1$일 때　$y=\dfrac{x-1}{-(x-1)}=-1$

$x>1$일 때　$y=\dfrac{x-1}{x-1}=1$

따라서 ①의 그래프는 그림에서 초록 선 부분이다.

(i) 직선 $y=mx$가 ②의 그래프에 접할 때

방정식 $1+\dfrac{2}{x-1}=mx\,(x<0)$가 중근을 가지므로

$$x-1+2=mx(x-1)\qquad 곧,\ mx^2-(m+1)x-1=0$$

에서　$D=(m+1)^2+4m=0$　∴　$m=-3\pm2\sqrt{2}$

$x<0$인 부분에서 접하므로　$m=-3+2\sqrt{2}$

(ii) 직선 $y=mx$가 점 $(1,\,-1)$을 지날 때　$m=-1$

그런데 직선 $y=mx$가 ①의 그래프와 만나지 않으려면 그림에서 붉은 점 찍은 부분에 존재해야 하므로 구하는 m의 값의 범위는

$-1\leq m<-3+2\sqrt{2}$　←　답

유제 **27**-13.　직선 $y=mx$와 곡선 $y=\dfrac{2x-3}{x-1}$이 만날 때, 실수 m의 값의 범위를 구하여라.　　　　답　$m\leq4-2\sqrt{3},\ m\geq4+2\sqrt{3}$

유제 **27**-14.　$y=mx+1$의 그래프가 $y=\left|1-\dfrac{1}{x}\right|$의 그래프와 세 점에서 만나도록 실수 m의 값의 범위를 정하여라.　　　　답　$-1<m<0$

연습문제 27

기본 **27**-1 오른쪽 등식을 만족하는 자연수 k, m의 값을 구하여라.

$$2+\cfrac{1}{k+\cfrac{1}{m+\cfrac{1}{5}}}=\frac{803}{371}$$

27-2 다음 등식이 x에 관한 항등식일 때, $a_1+a_2+\cdots+a_{10}$의 값을 구하여라.

$$\frac{1}{(x-1)(x-2)\times\cdots\times(x-10)}=\frac{a_1}{x-1}+\frac{a_2}{x-2}+\cdots+\frac{a_{10}}{x-10}$$

27-3 $y+\dfrac{1}{z}=z+\dfrac{1}{x}=1$일 때, $x+\dfrac{1}{y}$과 $xyz+1$의 값을 구하여라.

27-4 $\dfrac{1}{a^2}+\dfrac{1}{b^2}+\dfrac{1}{c^2}=\left(\dfrac{1}{a}+\dfrac{1}{b}+\dfrac{1}{c}\right)^2$이 성립할 때, 다음 값을 구하여라.

$$\mathrm{P}=a\left(\frac{1}{b}+\frac{1}{c}\right)+b\left(\frac{1}{c}+\frac{1}{a}\right)+c\left(\frac{1}{a}+\frac{1}{b}\right)$$

27-5 $\dfrac{a}{x}+\dfrac{b}{y}+\dfrac{c}{z}=1$, $\dfrac{x}{a}+\dfrac{y}{b}+\dfrac{z}{c}=0$일 때, $\dfrac{a^2}{x^2}+\dfrac{b^2}{y^2}+\dfrac{c^2}{z^2}$의 값을 구하여라.

27-6 $2x^2-3xy+y^2=0$(단, $xy\neq0$)일 때, 다음 비 또는 식의 값을 구하여라.

(1) $x:y$ (2) $\dfrac{x^2-xy+y^2}{x^2+xy+y^2}$ (3) $\dfrac{x}{x+y}+\dfrac{x^2}{x^2+y^2}+\dfrac{x^2y+xy^2}{x^3+y^3}$

27-7 다음 함수의 그래프를 그려라.

(1) $y=|x|+\dfrac{1}{|x|}$ (2) $y=\dfrac{|x|-1}{|x+1|}$

27-8 함수 $y=\dfrac{2x-5}{x-3}$의 치역이 $\{y\mid y\leq0,\ y\geq4\}$일 때, 이 함수의 정의역을 구하여라.

27-9 함수 $y=\dfrac{ax+b}{x+c}$의 그래프가 점 $(-3,\ 1)$에 대하여 대칭이고, 점 $(1,\ 0)$을 지난다. $-2\leq x\leq2$일 때, 이 함수의 최댓값과 최솟값을 구하여라.

27-10 원 $x^2+y^2=k^2$과 쌍곡선 $xy=k$가 만나지 않도록 하는 0이 아닌 정수 k의 값을 모두 구하여라.

27-11 함수 $f(x)=\dfrac{ax+b}{x+c}$에 대하여 $f^{-1}(-1)=0$, $f\big(f(0)\big)=0$이고, $y=f(x)$의 그래프의 점근선 중 하나가 직선 $y=1$이다. 상수 a, b, c의 값을 구하여라.

27-12 함수 $f(x)=\dfrac{ax-1}{bx+1}$ 의 역함수를 $g(x)$ 라고 하자.

함수 $y=f(x)$ 의 그래프와 $y=g(x)$ 의 그래프가 모두 점 $(1, 3)$ 을 지날 때, 상수 a, b의 값을 구하여라.

[실력] **27**-13 $n=1, 2, 3$인 경우에 다음 유리식의 값을 구하여라.

단, $abc \neq 0$이다.

$$\mathrm{P}=\dfrac{a^n}{(a-b)(a-c)}+\dfrac{b^n}{(b-c)(b-a)}+\dfrac{c^n}{(c-a)(c-b)}$$

27-14 $a+b+c=0$일 때, 다음 유리식의 값을 구하여라.

$$\dfrac{a^2+b^2+c^2}{a^3+b^3+c^3}+\dfrac{1}{ab}+\dfrac{1}{bc}+\dfrac{1}{ca}+\dfrac{2}{3}\left(\dfrac{1}{a}+\dfrac{1}{b}+\dfrac{1}{c}\right)$$

27-15 서로 다른 세 수 a, b, c에 대하여 $\dfrac{a^3+2a}{a+1}=\dfrac{b^3+2b}{b+1}=\dfrac{c^3+2c}{c+1}=k$ 일 때, 다음 식이 성립함을 증명하여라.

(1) $a+b+c=0$ (2) $k=abc$

27-16 어떤 보석의 가격은 무게의 제곱에 정비례한다. 지금 가지고 있는 보석보다 무게가 a만큼 더 나가는 보석의 가격은 p원 더 비싸고, 무게가 b만큼 더 나가는 보석의 가격은 q원 더 비싸다고 한다.

이때, 지금 가지고 있는 보석의 무게를 a, b, p, q를 써서 나타내어라.

27-17 함수 $y=\dfrac{bx}{x+a}$ (단, a, b는 상수)의 그래프가 점 $(3, 2)$에 대하여 대칭이다. 제1사분면에 있는 그래프 위의 점 P에서 x축, y축에 내린 수선의 발을 각각 Q, R라고 할 때, 삼각형 PQR의 넓이의 최솟값을 구하여라.

27-18 x에 관한 방정식 $\left|1-\dfrac{1}{x}\right|=ax+b$가 서로 다른 세 양의 실근을 가지고, 세 근의 비가 $1:2:3$일 때, 세 근의 합을 구하여라.

27-19 자연수 n에 대하여 $f^{n+1}=f^n \circ f$ 라고 정의하자. $f(x)=\dfrac{2x-1}{3x-1}$ 일 때, $f^{2018}(4)$의 값을 구하여라. 단, $f^1=f$ 이다.

27-20 그래프를 이용하여 부등식 $\dfrac{x-6}{x-2} \geq -2x+3$을 풀어라.

27-21 함수 $y=\dfrac{(2a-1)x+1}{x-a}$ 의 그래프를 x축의 방향으로 5만큼, y축의 방향으로 b만큼 평행이동하였더니 원래 함수의 역함수의 그래프와 일치하였다. 이때, 상수 a, b의 값을 구하여라.

28. 무리함수의 그래프

§1. 무 리 식

무리식의 성질

(1) A≥0, B≥0일 때 $\sqrt{A}\sqrt{B}=\sqrt{AB}$, $\dfrac{\sqrt{A}}{\sqrt{B}}=\sqrt{\dfrac{A}{B}}$ (B≠0)

(2) $\sqrt{A^2}=|A|=\begin{cases} A & (A≥0) \\ -A & (A<0) \end{cases}$

(3) A의 부호에 관계없이 $\sqrt[3]{A^3}=A$

Advice | 이를테면

$$\sqrt{x}+1,\ \sqrt{x-1},\ \sqrt{x^2-4x+3},\ \dfrac{1}{\sqrt{x+1}-\sqrt{x-1}},\ \cdots$$

과 같이 근호 안에 문자를 포함한 식 중에서 유리식으로 나타낼 수 없는 식을 그 문자에 관한 무리식이라고 한다.

무리식의 문자에 어떤 실수를 대입했을 때 얻은 값이 실수가 되려면 근호 안의 식의 값이 음수가 아니어야 한다. 따라서 무리식의 계산에서는

(근호 안의 식의 값)≥0,   (분모)≠0

이 되는 문자의 값의 범위에서만 생각한다. 이를테면 무리식 $\sqrt{x^2-4x+3}$ 에 서는 $x^2-4x+3≥0$, 곧 $x≤1$, $x≥3$ 에서만 생각하기로 한다.

보기 1 다음 무리식의 분모를 유리화하여라.

(1) $\dfrac{2}{\sqrt{x+1}+\sqrt{x-1}}$

(2) $\dfrac{\sqrt{x-1}+\sqrt{x}}{\sqrt{x-1}-\sqrt{x}}$

연구 (1) $\dfrac{2}{\sqrt{x+1}+\sqrt{x-1}}=\dfrac{2(\sqrt{x+1}-\sqrt{x-1})}{(\sqrt{x+1}+\sqrt{x-1})(\sqrt{x+1}-\sqrt{x-1})}$

$$=\dfrac{2(\sqrt{x+1}-\sqrt{x-1})}{(x+1)-(x-1)}=\boldsymbol{\sqrt{x+1}-\sqrt{x-1}}$$

(2) $\dfrac{\sqrt{x-1}+\sqrt{x}}{\sqrt{x-1}-\sqrt{x}}=\dfrac{(\sqrt{x-1}+\sqrt{x})^2}{(\sqrt{x-1}-\sqrt{x})(\sqrt{x-1}+\sqrt{x})}$

$$=\dfrac{x-1+2\sqrt{(x-1)x}+x}{(x-1)-x}=\boldsymbol{-2x+1-2\sqrt{x^2-x}}$$

필수 예제 **28**-1　다음 물음에 답하여라.

(1) x가 실수일 때, 다음 식을 간단히 하여라.
$$P=\sqrt{(x+\sqrt{x^2})^2}-\sqrt{(x-\sqrt{x^2})^2}$$

(2) $x=3a+b^3$, $y=3b+a^3$, $ab=1$일 때, 다음 값을 구하여라.
$$Q=\sqrt[3]{(x+y)^2}-\sqrt[3]{(x-y)^2}$$

정석연구 (1) $\sqrt{A^2}=|A|$이므로 P를 다음과 같이 나타낼 수도 있다.
$$P=\left|x+|x|\right|-\left|x-|x|\right|$$

정석 $A \geq 0$일 때 $\sqrt{A^2}=A$,　$A<0$일 때 $\sqrt{A^2}=-A$

를 이용하여라.

(2) $x+y$, $x-y$를 a, b로 나타낸 다음,

정석 A의 양, 0, 음에 관계없이 $\sqrt[3]{A^3}=A$

를 이용하여라. 이때, 문제의 조건 $ab=1$을 활용한다.

모범답안 (1) $x \geq 0$일 때 $\sqrt{x^2}=x$이므로

$$P=\sqrt{(x+x)^2}-\sqrt{(x-x)^2}=\sqrt{(2x)^2}=2x \qquad \Leftarrow x \geq 0 일 때 2x \geq 0$$

$x<0$일 때 $\sqrt{x^2}=-x$이므로

$$P=\sqrt{(x-x)^2}-\sqrt{(x+x)^2}=-\sqrt{(2x)^2} \qquad \Leftarrow x<0 일 때 2x<0$$
$$=-(-2x)=2x$$

따라서 모든 실수 x에 대하여　**$P=2x$** ⟵ 답

(2) $x+y=(3a+b^3)+(3b+a^3)=a^3+b^3+3(a+b)$
$$=(a+b)^3-3ab(a+b)+3(a+b) \qquad \Leftarrow ab=1$$
$$=(a+b)^3-3(a+b)+3(a+b)=(a+b)^3$$

$x-y=(3a+b^3)-(3b+a^3)=b^3-a^3+3(a-b)$
$$=(b-a)^3+3ab(b-a)+3(a-b) \qquad \Leftarrow ab=1$$
$$=(b-a)^3+3(b-a)-3(b-a)=(b-a)^3$$

$\therefore Q=\sqrt[3]{(a+b)^6}-\sqrt[3]{(b-a)^6}=\sqrt[3]{\{(a+b)^2\}^3}-\sqrt[3]{\{(b-a)^2\}^3}$
$$=(a+b)^2-(b-a)^2=4ab=4 \quad \Leftarrow \boxed{답} \qquad \Leftarrow ab=1$$

유제 **28**-1. $a<b$이고 $x=(a+b)^2$, $y=4ab$일 때, $\sqrt{x-y}$를 a, b로 나타내어라. 답 $b-a$

유제 **28**-2. $x=4a$, $y=a^2+16$일 때, $\sqrt{(x+y)^2}+\sqrt{(x-y)^2}$을 a로 나타내어라. 단, a는 실수이다. 답 $2(a^2+16)$

필수 예제 28-2 $\sqrt{x}=2a+3$일 때, 다음 식을 간단히 하여라.

$$P=\sqrt{x+4a+7}-\sqrt{x-36a+27}$$

[정석연구] $\sqrt{x}=2a+3$에서 $x=(2a+3)^2$이다. 이것을 P의 식에 대입하면 P는 a에 관한 식이 된다.

이때, 근호 안을 완전제곱식으로 고친 다음

정석 $A\geq0$일 때 $\sqrt{A^2}=A$, $A<0$일 때 $\sqrt{A^2}=-A$

를 이용한다.

이 문제에서 특히 주의할 것은 문제의 조건 $\sqrt{x}=2a+3$에서 $\sqrt{x}\geq0$이므로 $2a+3\geq0$이라는 것이다. 곧,

$$a\geq-\frac{3}{2}$$

이라는 a의 값의 범위가 문제의 조건 속에 숨어 있다.

[모범답안] $\sqrt{x}=2a+3$ ······①

①의 양변을 제곱하면 $x=4a^2+12a+9$

이것을 준 식에 대입하면

$$P=\sqrt{4a^2+12a+9+4a+7}-\sqrt{4a^2+12a+9-36a+27}$$
$$=\sqrt{4(a^2+4a+4)}-\sqrt{4(a^2-6a+9)}=2\{\sqrt{(a+2)^2}-\sqrt{(a-3)^2}\}$$

그런데 ①에서 $\sqrt{x}\geq0$이므로 $2a+3\geq0$ 곧, $a\geq-\frac{3}{2}$

(i) $-\frac{3}{2}\leq a<3$일 때, $a+2>0$, $a-3<0$이므로

   $P=2(a+2+a-3)=4a-2$

(ii) $a\geq3$일 때, $a+2>0$, $a-3\geq0$이므로

   $P=2(a+2-a+3)=10$

[답] $-\frac{3}{2}\leq a<3$일 때 $P=4a-2$, $a\geq3$일 때 $P=10$

[유제] **28**-3. a가 실수일 때, 다음 식을 간단히 하여라.

$$\sqrt{a^2+2a+1}-\sqrt{a^2-2a+1}$$

[답] $a<-1$일 때 -2, $-1\leq a<1$일 때 $2a$, $a\geq1$일 때 2

[유제] **28**-4. $x=(a-1)^2$일 때, 다음 식을 간단히 하여라.

$$\sqrt{x}+\sqrt{x+4a}-\sqrt[3]{x-a^3+2a^2-a}$$

[답] $a<-1$일 때 $-(a+1)$, $-1\leq a<1$일 때 $a+1$, $a\geq1$일 때 $3a-1$

필수 예제 **28**-3 다음 물음에 답하여라.

(1) $x=\dfrac{\sqrt{2}}{2}$ 일 때, $\sqrt{\dfrac{1+x}{1-x}}-\sqrt{\dfrac{1-x}{1+x}}$ 의 값을 구하여라.

(2) $x=\sqrt{3}$ 일 때, $\dfrac{1}{\sqrt{x+1-2\sqrt{x}}}-\dfrac{1}{\sqrt{x+1+2\sqrt{x}}}$ 의 값을 구하여라.

[정석연구] (1) $\sqrt{\dfrac{1+x}{1-x}}=\dfrac{\sqrt{1+x}}{\sqrt{1-x}}$, $\sqrt{\dfrac{1-x}{1+x}}=\dfrac{\sqrt{1-x}}{\sqrt{1+x}}$ 로 고쳐 통분하여 정리

한 다음 x의 값을 대입해 보자.

정석 $A>0$, $B>0$일 때 $\sqrt{A}\sqrt{B}=\sqrt{AB}$, $\dfrac{\sqrt{A}}{\sqrt{B}}=\sqrt{\dfrac{A}{B}}$

(2) $\sqrt{x+1-2\sqrt{x}}$ 는

$$x\geq1\text{일 때}\quad \sqrt{x}-1,\qquad 0\leq x<1\text{일 때}\quad 1-\sqrt{x}$$

이지만, 이 문제에서는 $x=\sqrt{3}$ 이므로 $x\geq1$인 경우만 생각하면 된다.

정석 $A>B>0$일 때 $\sqrt{A+B\pm2\sqrt{AB}}=\sqrt{A}\pm\sqrt{B}$ (복부호동순)

[모범답안] (1) $x=\dfrac{\sqrt{2}}{2}$ 일 때, $1+x>0$, $1-x>0$이므로

$$(\text{준 식})=\dfrac{\sqrt{1+x}}{\sqrt{1-x}}-\dfrac{\sqrt{1-x}}{\sqrt{1+x}}=\dfrac{(\sqrt{1+x})^2-(\sqrt{1-x})^2}{\sqrt{1-x}\sqrt{1+x}}$$

$$=\dfrac{(1+x)-(1-x)}{\sqrt{1-x^2}}=\dfrac{2x}{\sqrt{1-x^2}}=\dfrac{\sqrt{2}}{\sqrt{1-(\sqrt{2}/2)^2}}=\boldsymbol{2}\;\longleftarrow\boxed{\text{답}}$$

(2) $\sqrt{x+1-2\sqrt{x}}=\sqrt{x}-1\,(\because\ x>1)$, $\sqrt{x+1+2\sqrt{x}}=\sqrt{x}+1$이므로

$$(\text{준 식})=\dfrac{1}{\sqrt{x}-1}-\dfrac{1}{\sqrt{x}+1}=\dfrac{(\sqrt{x}+1)-(\sqrt{x}-1)}{(\sqrt{x}-1)(\sqrt{x}+1)}=\dfrac{2}{x-1}=\dfrac{2}{\sqrt{3}-1}$$

$$=\boldsymbol{\sqrt{3}+1}\;\longleftarrow\boxed{\text{답}}$$

Note (1) $x=\dfrac{\sqrt{2}}{2}$ 를 바로 대입하여 풀 수도 있다. 곧,

$$\sqrt{\dfrac{1+x}{1-x}}=\sqrt{\dfrac{1+(\sqrt{2}/2)}{1-(\sqrt{2}/2)}}=\sqrt{\dfrac{2+\sqrt{2}}{2-\sqrt{2}}}=\sqrt{\dfrac{(2+\sqrt{2})^2}{2}}=\dfrac{2+\sqrt{2}}{\sqrt{2}}=\sqrt{2}+1$$

[유제] **28**-5. $\dfrac{\sqrt{a+b}-\sqrt{a-b}}{\sqrt{a+b}+\sqrt{a-b}}+\dfrac{\sqrt{a+b}+\sqrt{a-b}}{\sqrt{a+b}-\sqrt{a-b}}$ 를 간단히 하여라.

단, $a>b>0$이다. $\boxed{\text{답}}\ \dfrac{2a}{b}$

[유제] **28**-6. $x=\sqrt{2}$ 일 때, $\dfrac{\sqrt{x+1}+\sqrt{x-1}}{\sqrt{x+1}-\sqrt{x-1}}$ 의 값을 구하여라. $\boxed{\text{답}}\ \sqrt{2}+1$

§2. 무리함수의 그래프

① $y=\sqrt{ax}\ (a\neq 0)$의 그래프

(1) $a>0$일 때 정의역은 $\{x \mid x\geq 0\}$, 치역은 $\{y \mid y\geq 0\}$이다.

    $a<0$일 때 정의역은 $\{x \mid x\leq 0\}$, 치역은 $\{y \mid y\geq 0\}$이다.

(2) $|a|$의 값이 커질수록 그래프는 x축에서 멀어진다.

② $y=\sqrt{ax+b}+c\ (a\neq 0)$의 그래프

(1) 함수의 정의역은 $\{x \mid ax+b\geq 0\}$, 치역은 $\{y \mid y\geq c\}$이다.

(2) 그래프는 $y=\sqrt{a(x-m)}+n$의 꼴로 변형하여 그린다. 곧,

$$y=\sqrt{a(x-m)}+n \iff y-n=\sqrt{a(x-m)}$$

이므로 $y=\sqrt{a(x-m)}+n$의 그래프는 $y=\sqrt{ax}$의 그래프를 x축의 방향으로 m만큼, y축의 방향으로 n만큼 평행이동한 것이다.

Advice 1° 무리함수

함수 $y=f(x)$에서 $f(x)$가 x에 관한 무리식일 때, 이 함수를 무리함수라고 한다. 이를테면

$$y=\sqrt{x}, \quad y=\sqrt{2x-1}, \quad y=\sqrt{6-3x}+2$$

는 모두 무리함수이다.

무리함수에서 정의역이 주어지지 않은 경우에는 근호 안의 식의 값이 음이 아닌 실수가 되도록 하는 실수 전체의 집합을 정의역으로 한다.

이를테면 무리함수 $y=\sqrt{x}$의 정의역은 $\{x \mid x\geq 0\}$이고,

무리함수 $y=\sqrt{6-3x}+2$의 정의역은 $6-3x\geq 0$에서 $\{x \mid x\leq 2\}$이다.

Advice 2° $y=\sqrt{x}$의 그래프

무리함수 $y=\sqrt{x}$의 정의역은 $\{x \mid x\geq 0\}$이므로 x에 $x\geq 0$인 여러 가지 값을 대입하고 이에 대응하는 y의 값을 얻어, 그 x의 값을 x좌표, y의 값을 y좌표로 하는 점들의 집합을 좌표평면 위에 나타내면 오른쪽과 같은 곡선을 얻는다.

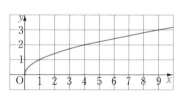

Advice **3°** $y=\sqrt{ax}\ (a\neq0)$의 그래프

무리함수 $y=\sqrt{ax}\ (a\neq0)$의 정의역은 $\{x\,|\,ax\geq0\}$이므로

$$a>0일\ 때\ \{x\,|\,x\geq0\},\qquad a<0일\ 때\ \{x\,|\,x\leq0\}$$

이고, 치역은 $\{y\,|\,y\geq0\}$이다.

앞면과 같은 방법으로

$$a=\pm1,\ a=\pm2,\ a=\pm3$$

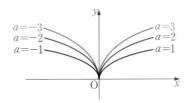

일 때의 그래프를 그리면 오른쪽과
같고, $|a|$의 값이 커질수록 그래프
는 x축에서 멀어짐을 알 수 있다.

일반적으로 무리함수 $y=\sqrt{ax}\ (a\neq0)$의 그래프는 a의 값의 부호에 따라
아래 그림의 초록 곡선이 된다.

한편 $y=-\sqrt{ax}\iff-y=\sqrt{ax}$ 이므로 무리함수 $y=-\sqrt{ax}$ 의 그래프는
무리함수 $y=\sqrt{ax}$ 의 그래프를 x축에 대하여 대칭이동한 것이다.

따라서 무리함수 $y=-\sqrt{ax}$ 의 그래프는 아래 그림의 붉은 곡선이 된다.

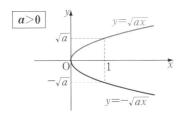
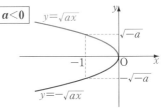

Advice **4°** $y=\sqrt{ax+b}+c$의 그래프

$y=\sqrt{a(x-m)}+n$의 꼴로 변형하여 그린다.

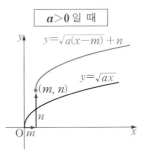

$$y=\sqrt{a(x-m)}+n$$
$$\iff y-n=\sqrt{a(x-m)}$$

이므로 $y=\sqrt{a(x-m)}+n$의 그래프는
$y=\sqrt{ax}$ 의 그래프를 x축의 방향으로 m만큼,
y축의 방향으로 n만큼 평행이동한 것이다.

보기 1 함수 $y=\sqrt{x-2}-1$의 그래프를 그려라.

연구 $y=\sqrt{x-2}-1\iff y+1=\sqrt{x-2}$

이므로 함수 $y=\sqrt{x}$ 의 그래프를 x축의 방향
으로 2만큼, y축의 방향으로 -1만큼 평행이
동한 것이다.

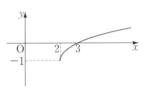

Advice 5° 역함수의 그래프를 이용한 무리함수의 그래프

함수 $y=f(x)$의 그래프와 그 역함수 $y=f^{-1}(x)$의 그래프가 직선 $y=x$에 대하여 서로 대칭임을 이용하여 무리함수의 그래프를 그릴 수 있다.

이를테면 역함수의 그래프를 이용해 함수 $y=\sqrt{x}$의 그래프를 그려 보자.

무리함수 $y=\sqrt{x}$는 정의역 $\{x\,|\,x\geq0\}$에서 치역 $\{y\,|\,y\geq0\}$으로의 일대일 대응이므로 이 함수의 역함수가 존재한다. 곧,

$$y=\sqrt{x} \quad (x\geq0,\ y\geq0)$$

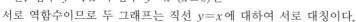

에서

$$x=y^2 \quad (y\geq0,\ x\geq0)$$

x와 y를 바꾸면 역함수

$$y=x^2 \quad (x\geq0,\ y\geq0)$$

을 얻는다.

곧, 함수 $y=\sqrt{x}$와 함수 $y=x^2(x\geq0)$은 서로 역함수이므로 두 그래프는 직선 $y=x$에 대하여 서로 대칭이다.

따라서 함수 $y=x^2(x\geq0)$의 그래프를 직선 $y=x$에 대하여 대칭이동하면 함수 $y=\sqrt{x}$의 그래프를 위의 그림(초록 곡선)과 같이 그릴 수 있다.

보기 2 역함수의 그래프를 이용하여 다음 함수의 그래프를 그려라.

(1) $y=\sqrt{x-2}$　　　　　　　(2) $y=-\sqrt{-3x}$

연구 (1) $y=\sqrt{x-2}$ $(x\geq2,\ y\geq0)$에서

$$y^2=x-2$$
$$\therefore\ x=y^2+2 \quad (y\geq0,\ x\geq2)$$

x와 y를 바꾸면 $y=x^2+2$ $(x\geq0,\ y\geq2)$

두 함수의 그래프는 직선 $y=x$에 대하여 서로 대칭이므로 $y=\sqrt{x-2}$의 그래프는 오른쪽 초록 곡선이다.

(2) $y=-\sqrt{-3x}$ $(x\leq0,\ y\leq0)$에서

$$y^2=-3x$$
$$\therefore\ x=-\frac{1}{3}y^2 \quad (y\leq0,\ x\leq0)$$

x와 y를 바꾸면 $y=-\frac{1}{3}x^2$ $(x\leq0,\ y\leq0)$

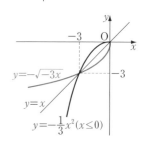

두 함수의 그래프는 직선 $y=x$에 대하여 서로 대칭이므로 $y=-\sqrt{-3x}$의 그래프는 오른쪽 초록 곡선이다.

필수 예제 **28**-4 다음 함수의 그래프를 그리고, 정의역과 치역을 구하여라.

(1) $y=\sqrt{4x-8}-1$ (2) $y=2-\sqrt{x-1}$ (3) $y=1-\sqrt{6-2x}$

정석연구 무리함수 $y=\sqrt{ax+b}+c$, $y=-\sqrt{ax+b}+c$의 그래프의 개형은 다음과 같이 네 가지 꼴(포물선의 일부)로 나타내어진다.

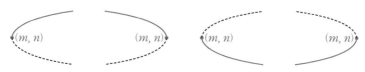

따라서 우선 주어진 식을 $y-n=\sqrt{a(x-m)}$, $y-n=-\sqrt{a(x-m)}$의 꼴로 변형한 다음 점 (m, n)을 잡는다. 그다음에 x좌표가 정의역에 속하는 한 점을 잡아 위의 개형과 같이 점 (m, n)과 부드러운 곡선으로 연결하면 된다.

모범답안 (1) $y=\sqrt{4x-8}-1 \iff y+1=\sqrt{4(x-2)}$

이므로 $y=\sqrt{4x}$의 그래프를 x축의 방향으로 2만큼, y축의 방향으로 -1만큼 평행이동한 것이다. 따라서 그래프는 오른쪽과 같고,

정의역은 $\{x \,|\, x\geq2\}$, 치역은 $\{y \,|\, y\geq-1\}$

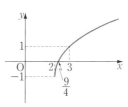

(2) $y=2-\sqrt{x-1} \iff y-2=-\sqrt{x-1}$

이므로 $y=-\sqrt{x}$의 그래프를 x축의 방향으로 1만큼, y축의 방향으로 2만큼 평행이동한 것이다. 따라서 그래프는 오른쪽과 같고,

정의역은 $\{x \,|\, x\geq1\}$, 치역은 $\{y \,|\, y\leq2\}$

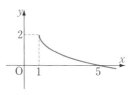

(3) $y=1-\sqrt{6-2x} \iff y-1=-\sqrt{-2(x-3)}$

이므로 $y=-\sqrt{-2x}$의 그래프를 x축의 방향으로 3만큼, y축의 방향으로 1만큼 평행이동한 것이다. 따라서 그래프는 오른쪽과 같고,

정의역은 $\{x \,|\, x\leq3\}$, 치역은 $\{y \,|\, y\leq1\}$

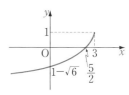

유제 **28**-7. 다음 함수의 그래프를 그리고, 정의역과 치역을 구하여라.

(1) $y=1+\sqrt{x+2}$ (2) $y=2+\sqrt{1-x}$ (3) $y=1-\sqrt{2-x}$

답 (1) $\{x \,|\, x\geq-2\}$, $\{y \,|\, y\geq1\}$ (2) $\{x \,|\, x\leq1\}$, $\{y \,|\, y\geq2\}$
(3) $\{x \,|\, x\leq2\}$, $\{y \,|\, y\leq1\}$

필수 예제 **28**-5 다음 함수의 역함수를 구하고, 그 그래프를 그려라.

(1) $y=\sqrt{x-1}+2$　　　　　(2) $f(x)=x^2-4x+3\ (x\geq2)$

[정석연구] $y=f(x)$ 꼴의 역함수를 구할 때에는

　　　첫째 : 정의역과 치역을 조사한다.

　　　둘째 : $x=g(y)$ 꼴로 나타내고, x와 y를 바꾼다.

특히 이때 정의역과 치역이 바뀐다는 것에 주의한다.

정석 f^{-1}의 정의역은 f의 치역, f^{-1}의 치역은 f의 정의역

[모범답안] 주어진 함수의 정의역을 U, 치역을 V라고 하자.

(1) U$=\{x\,|\,x\geq1\}$, V$=\{y\,|\,y\geq2\}$이고, U에서 V로의 일대일대응이다.

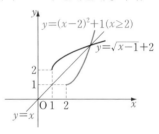

$\quad y=\sqrt{x-1}+2\ (x\geq1,\ y\geq2)$

　에서　$\sqrt{x-1}=y-2$

　　$\therefore\ x-1=(y-2)^2$

　　$\therefore\ x=(y-2)^2+1\ (y\geq2,\ x\geq1)$

　　x와 y를 바꾸면

　　$y=(x-2)^2+1\ (x\geq2,\ y\geq1)$

　　　　　[답] $\boldsymbol{y=(x-2)^2+1\ (x\geq2)}$

(2) $y=x^2-4x+3\,(x\geq2)$으로 놓으면 U$=\{x\,|\,x\geq2\}$, V$=\{y\,|\,y\geq-1\}$이고, U에서 V로의 일대일대응이다.

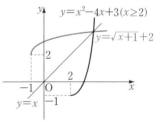

　$\quad y=x^2-4x+3$에서　$y+1=(x-2)^2$

　$x\geq2$이므로　$\sqrt{y+1}=x-2$

　　$\therefore\ x=2+\sqrt{y+1}\ (y\geq-1,\ x\geq2)$

　　x와 y를 바꾸면

　　$y=2+\sqrt{x+1}\ (x\geq-1,\ y\geq2)$

　　　　[답] $\boldsymbol{f^{-1}(x)=\sqrt{x+1}+2}$

*$Note$　함수 $y=f(x)$의 그래프와 그 역함수 $y=f^{-1}(x)$의 그래프는 직선 $y=x$에 대하여 대칭이므로 이 성질을 이용하여 위의 그래프를 그릴 수도 있다.

[유제] **28**-8. 다음 함수의 역함수를 구하여라.

(1) $y=\sqrt{x-1}-1$　　　　　(2) $y=-1-\sqrt{x-1}$

(3) $y=x^2+1\ (x\geq0)$　　　　(4) $y=x^2-2x\ (x\leq1)$

　　　　[답] (1) $\boldsymbol{y=x^2+2x+2\ (x\geq-1)}$　(2) $\boldsymbol{y=x^2+2x+2\ (x\leq-1)}$

　　　　　　　(3) $\boldsymbol{y=\sqrt{x-1}}$　　　　　　(4) $\boldsymbol{y=1-\sqrt{x+1}}$

필수 예제 **28**-6   함수 $f(x)=\begin{cases} x^2-2x+1 & (x\geq 1) \\ \sqrt{-x+1} & (x<1) \end{cases}$ 의 그래프의 윗부분과

원 $(x-1)^2+(y-1)^2=1$의 내부의 공통부분의 넓이를 구하여라.

[정석연구] 먼저 문제의 공통부분을 좌표평면 위에 나타낸 다음, 여러 모양으로 나누어진 도형 중에서 넓이가 같은 것이 있는지 찾아본다.

정석 넓이가 같은 도형을 찾아라.

[모범답안] $y=x^2-2x+1=(x-1)^2 \ (x\geq 1)$,

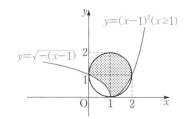

$\qquad y=\sqrt{-x+1}=\sqrt{-(x-1)} \ (x<1)$

이므로 함수 $y=f(x)$의 그래프는 오른쪽 그림의 초록 곡선이고, 문제의 공통부분은 점 찍은 부분(경계 제외)이다.

그런데 곡선 $y=(x-1)^2 \ (x\geq 1)$을 직선 $y=x$에 대하여 대칭이동하면 $y=\sqrt{x}+1$이고, 이 곡선을 y축에 대하여 대칭이동하면 $y=\sqrt{-x}+1$이며, 다시 이 곡선을 x축의 방향으로 1만큼, y축의 방향으로 -1만큼 평행이동하면 $y=\sqrt{-(x-1)}$이다.

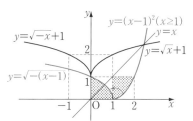

따라서 오른쪽 두 번째 그림에서 점 찍은 두 부분의 넓이는 같다.

그러므로 구하는 넓이는 반지름의 길이가 1인 반원의 넓이와 한 변의 길이가 1인 정사각형의 넓이의 합과 같으므로

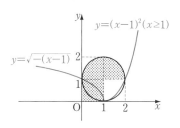

$$\pi\times 1^2\times\frac{1}{2}+1^2=\frac{\pi}{2}+1 \longleftarrow \boxed{\text{답}}$$

[유제] **28**-9. 곡선 $y=\sqrt{x+4}-3$, $y=\sqrt{-x+4}+3$과 직선 $x=-4$, $x=4$로 둘러싸인 도형의 넓이를 구하여라. $\boxed{\text{답}} \ 48$

[유제] **28**-10. 함수 $f(x)=\begin{cases} x^2 & (x\geq 0) \\ \sqrt{-x} & (x<0) \end{cases}$ 의 그래프와 이 그래프 위의 두 점 $A(-4, 2)$, $B(2, 4)$를 잇는 선분 AB로 둘러싸인 도형의 넓이를 구하여라. $\boxed{\text{답}} \ 10$

필수 예제 **28**-7 x에 관한 방정식 $\sqrt{x+3}=x+k$의 실근의 개수는 실수 k의 값이 변함에 따라 어떻게 변하는가? 단, 중근은 한 개로 센다.

[정석연구] 그래프를 이용한다. 곧,

> **정석** $f(x)=g(x)$의 실근
> $\iff$ $y=f(x)$와 $y=g(x)$의 그래프의 교점의 x좌표

이므로 그래프를 그린 다음, 교점의 개수를 세면 된다.

> **정석** 방정식의 실근의 개수 문제는 $\implies$ 그래프를 활용하여라.

[모범답안] $\sqrt{x+3}=x+k$ ······①

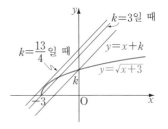

①의 양변을 y로 놓으면

$y=\sqrt{x+3}$ ······②

$y=x+k$ ······③

①의 실근은 곡선 ②와 직선 ③의 교점의 x좌표이다.

(i) ①의 양변을 제곱하면

$x+3=x^2+2kx+k^2$ $\therefore$ $x^2+(2k-1)x+k^2-3=0$ ······④

②와 ③이 접할 때에는 ④가 중근을 가지므로

$D=(2k-1)^2-4(k^2-3)=0$ $\therefore$ $k=\dfrac{13}{4}$

(ii) 직선 ③이 점 $(-3,\ 0)$을 지날 때 $k=3$

따라서 ②, ③의 교점의 개수에서 ①의 실근의 개수는 다음과 같다.

[답]

k의 범위	$k<3,\ k=\dfrac{13}{4}$	$3\leq k<\dfrac{13}{4}$	$k>\dfrac{13}{4}$
실근의 개수	1	2	0

[유제] **28**-11. $\big\{(x,\ y)\,\big|\,y=\sqrt{x-3}\,\big\}\cap\big\{(x,\ y)\,\big|\,y=mx+1,\ m$은 상수$\big\}\neq\varnothing$ 일 때, 실수 m의 값의 범위를 구하여라.   [답] $-\dfrac{1}{3}\leq m\leq\dfrac{1}{6}$

[유제] **28**-12. 다음 x에 관한 방정식의 실근의 개수는 실수 a의 값이 변함에 따라 어떻게 변하는가? 단, 중근은 한 개로 센다.

(1) $\sqrt{2-x}=a-2x$ (2) $\sqrt{1-x^2}=x+a$

[답] (1) $a<4,\ a=\dfrac{33}{8}$일 때 1, $4\leq a<\dfrac{33}{8}$일 때 2, $a>\dfrac{33}{8}$일 때 0

  (2) $a<-1,\ a>\sqrt{2}$일 때 0, $-1\leq a<1,\ a=\sqrt{2}$일 때 1, $1\leq a<\sqrt{2}$일 때 2

연습문제 28

기본 **28**-1 $x=\dfrac{2a}{1+a^2}$ (단, $a>0$)일 때, $\dfrac{\sqrt{1+x}-\sqrt{1-x}}{\sqrt{1+x}+\sqrt{1-x}}$ 를 a로 나타내어라.

28-2 다음 식을 간단히 하여라. 단, $a>b>0$이다.

(1) $\sqrt{(a+b)^2-\sqrt{8(a^3b+ab^3)}}$ (2) $\sqrt{a-\sqrt{a^2-b^2}}$

28-3 자연수 n에 대하여 $f(n)=\sqrt{2n+1+2\sqrt{n^2+n}}$ 일 때, $\dfrac{1}{f(1)}+\dfrac{1}{f(2)}+\dfrac{1}{f(3)}+\cdots+\dfrac{1}{f(99)}$의 값을 구하여라.

28-4 다음 함수의 그래프를 그려라.

(1) $y=\sqrt{x+|x|}$ (2) $y=\sqrt{4-|x|}$

28-5 무리함수 $y=-\sqrt{ax+b}+c$의 그래프가 오른쪽 그림과 같을 때, 다음 물음에 답하여라.

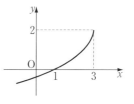

(1) 상수 a, b, c의 값을 구하여라.
(2) 함수 $y=\sqrt{ax+b}-c$의 치역이 $\{y\,|-2\le y\le 0\}$일 때, 정의역을 구하여라.

28-6 정의역이 $\{x\,|\,x>0\}$인 두 함수 $f(x)=\dfrac{2x}{1+x^2}$, $g(x)=\sqrt{4x}$ 가 있다. $f\big(g^{-1}(a)\big)=1$일 때, $g\big(f(a)\big)$의 값을 구하여라.

28-7 $f(x)=\begin{cases}-\sqrt{x}+1 & (x\ge 0)\\ x^2+1 & (x<0)\end{cases}$ 로 정의된 함수 $f(x)$에 대하여 다음을 만족하는 상수 a의 값을 구하여라.

(1) $f^{-1}(a)=1$ (2) $(f^{-1}\circ f^{-1})(a)=0$
(3) $f^{-1}(1)=a$ (4) $(f\circ f\circ f\circ f\circ f)(1)=a$

28-8 실수 전체의 집합 R에서 R로의 함수
$$f(x)=\begin{cases}x-2 & (x<3)\\ \sqrt{a(x-3)}+b & (x\ge 3)\end{cases}$$
의 역함수가 존재하기 위한 상수 a, b의 조건을 구하여라.

28-9 양수 a에 대하여 함수 $y=a\sqrt{x+4}$의 그래프를 x축에 대하여 대칭이동한 다음, x축의 방향으로 m만큼, y축의 방향으로 n만큼 평행이동했더니 함수 $y=-\sqrt{x}+2$의 그래프와 겹쳤다. 다음 물음에 답하여라.

(1) 상수 a, m, n의 값을 구하여라.

(2) 위의 두 함수의 그래프와 x축으로 둘러싸인 도형의 넓이를 구하여라.

[실력] **28**-10 $\sqrt{x}=\sqrt{a}+\dfrac{1}{\sqrt{a}}$일 때, $\mathrm{P}=\dfrac{x-2+\sqrt{x^2-4x}}{x-2-\sqrt{x^2-4x}}$를 a로 나타내어라. 단, $a\geq 1$이다.

28-11 x, y가 실수일 때, $\left(x+\sqrt{x^2+1}\right)\left(y+\sqrt{y^2+1}\right)=1$이 되기 위한 필요충분조건은 $x+y=0$임을 보여라.

28-12 그래프를 이용하여 부등식 $\sqrt{2x-3}>x-3$을 풀어라.

28-13 오른쪽 그림과 같이 1보다 큰 상수 k에 대하여 원 $x^2+y^2=k^2$이 곡선 $y=\sqrt{x+k}$와 제1사분면에서 만나는 점을 A, x축과 만나는 두 점을 각각 B, C 라고 하자. $\overline{\mathrm{AB}}\times\overline{\mathrm{AC}}=30$이 되도록 k의 값을 정하여라.

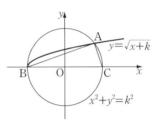

28-14 실수 전체의 집합 R에서 R로의 함수
$$f(x)=\begin{cases}-x & (x\geq 0)\\ x^2 & (x<0)\end{cases}$$
에 대하여 $g=f\circ f$라고 할 때, $g^{-1}(x)$를 구하여라.

28-15 무리함수 $f(x)=\sqrt{kx}$의 역함수를 $g(x)$라고 하자. 좌표평면 위의 두 점 A(3, 1), B(12, 10)을 잇는 선분 AB가 두 곡선 $y=f(x)$, $y=g(x)$와 모두 만나도록 하는 양수 k의 값의 범위를 정하여라.

28-16 자연수 n에 대하여 두 직선 $x=n$, $y=0$과 곡선 $y=\dfrac{\sqrt{x+3}}{2}$으로 둘러싸인 도형의 둘레 및 내부에 포함되는 정사각형 중에서 다음 조건을 만족하는 모든 정사각형의 개수를 $f(n)$이라고 하자.

(가) 각 꼭짓점의 x좌표, y좌표가 모두 정수이다.

(나) 한 변의 길이가 2 이하이다.

이때, $f(n)\leq 200$을 만족하는 자연수 n의 최댓값을 구하여라.

29. 경우의 수

§ 1. 경우의 수

1 합의 법칙

　　사건 A가 일어나는 경우의 수를 m, 사건 B가 일어나는 경우의 수를 n 이라고 하자.

　(1) 두 사건 A, B가 동시에 일어나지 않을 때,

　　　사건 A 또는 사건 B가 일어나는 경우의 수는 $m+n$이다.

　(2) 두 사건 A, B가 동시에 일어나는 경우가 l가지 있을 때,

　　　사건 A 또는 사건 B가 일어나는 경우의 수는 $m+n-l$이다.

2 곱의 법칙

　　사건 A가 일어나는 경우의 수가 m이고, 이 각각에 대하여 사건 B가 일 어나는 경우의 수가 n일 때,

　　두 사건 A, B가 동시에 일어나는 경우의 수는 $m \times n$이다.

Advice 1° 합의 법칙

　　이를테면 두 지점 P, Q 사이에

　　　　버스 노선이 a, b, c의 세 가지

　　　　지하철 노선이 x, y의 두 가지

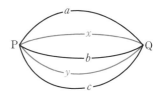

가 있다고 하자.

　　어떤 사람이

　　　　버스(a, b, c) 또는 지하철(x, y)을 타고 P에서 Q로 간다

고 할 때, 그 경우의 수는

　　　　　　a, b, c, x, y $\Longrightarrow$ 3+2=5

이다. 이때, 특히 주의할 것은 버스를 타면 지하철을 탈 수 없고, 지하철을 타면 버스를 탈 수 없으므로

　　　　　　　　이 두 사건은 동시에 일어날 수 없다

는 것이다.

이와 같은 합의 법칙은 어느 두 사건도 동시에 일어나지 않는 세 개 이상의 사건에 대해서도 성립한다.

보기 1 진돗개 3마리, 삽살개 4마리, 셰퍼드 2마리 중에서 한 마리를 분양 받는 경우의 수를 구하여라.

연구 합의 법칙에 의하여 $3+4+2=\textbf{9}$

보기 2 자연수 x, y에 대하여 $x+y \leq 5$를 만족하는 순서쌍 (x, y)의 개수를 구하여라.

연구 x, y가 자연수이므로 $x+y \leq 5$를 만족하는 $x+y$의 값은 2, 3, 4, 5이다.

(i) $x+y=2$일 때 $(x, y)=(1, 1)$의 1개
(ii) $x+y=3$일 때 $(x, y)=(1, 2)$, $(2, 1)$의 2개
(iii) $x+y=4$일 때 $(x, y)=(1, 3)$, $(2, 2)$, $(3, 1)$의 3개
(iv) $x+y=5$일 때 $(x, y)=(1, 4)$, $(2, 3)$, $(3, 2)$, $(4, 1)$의 4개

따라서 순서쌍 (x, y)의 개수는 합의 법칙에 의하여
$$1+2+3+4=\textbf{10}$$

Advice 2° 합의 법칙과 집합

합의 법칙을 집합의 개념에서 생각하면 이해하기 쉬울 때가 있다.

이를테면 한 개의 주사위를 던져서 홀수의 눈이 나오는 사건을 A라고 하자. 이때, 나오는 눈의 수를 집합으로 나타내면 $\{1, 3, 5\}$이므로 사건 A와 집합 $\{1, 3, 5\}$를 같은 것으로 보아
$$A=\{1, 3, 5\}$$

와 같이 나타내기로 하면 사건 A가 일어나는 경우의 수는 이 집합의 원소의 개수와 같다. 곧, 사건 A가 일어나는 경우의 수는 $n(A)$이다.

한편 두 사건 A, B에 대하여 사건 A 또는 사건 B가 일어나는 사건은 $A \cup B$로, 사건 A와 사건 B가 동시에 일어나는 사건은 $A \cap B$로 나타낼 수 있으므로
$$n(A \cup B)=n(A)+n(B)-n(A \cap B) \qquad \Leftarrow \text{앞면의 합의 법칙 (2)}$$
가 성립한다.

여기서 두 사건 A, B가 동시에 일어나지 않을 때에는 $A \cap B=\varnothing$이므로
$$n(A \cup B)=n(A)+n(B) \qquad \Leftarrow \text{앞면의 합의 법칙 (1)}$$
가 성립한다.

정석 $A \cap B \neq \varnothing$일 때 $n(A \cup B)=n(A)+n(B)-n(A \cap B)$
   $A \cap B=\varnothing$일 때 $n(A \cup B)=n(A)+n(B)$

보기 3 1부터 20까지의 정수 중에서 다음 수의 개수를 구하여라.

(1) 3 또는 7의 배수　　　　　　　(2) 2 또는 3의 배수

연구 k의 배수의 집합을 A_k라고 하자.

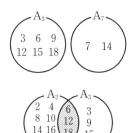

(1) $A_3 = \{3,\ 6,\ 9,\ 12,\ 15,\ 18\}$, $A_7 = \{7,\ 14\}$

이때, $A_3 \cap A_7 = \varnothing$이므로

$$n(A_3 \cup A_7) = n(A_3) + n(A_7) = 6 + 2 = \mathbf{8}$$

(2) $A_2 = \{2,\ 4,\ 6,\ 8,\ 10,\ 12,\ 14,\ 16,\ 18,\ 20\}$,

$A_3 = \{3,\ 6,\ 9,\ 12,\ 15,\ 18\}$

이때, $A_2 \cap A_3 = \{6,\ 12,\ 18\}$이므로

$$n(A_2 \cup A_3) = n(A_2) + n(A_3) - n(A_2 \cap A_3)$$
$$= 10 + 6 - 3 = \mathbf{13}$$

Advice **3°** 곱의 법칙

p.249의 예에서 어떤 사람이 P에서 Q를 다녀오려고 하는데

갈 때는 버스($a,\ b,\ c$)를, 올 때는 지하철($x,\ y$)을 탄다

고 하면 이 경우의 수는

$$a{<}^{x}_{y} \qquad b{<}^{x}_{y} \qquad c{<}^{x}_{y} \qquad \Longrightarrow 3 \times 2 = 6$$

이다. 곧, 버스 노선이 세 가지($a,\ b,\ c$)가 있고, 이 각각에 대하여 돌아오는 길은 지하철 노선이 두 가지($x,\ y$)가 있으므로 3×2가지이다.

이와 같은 곱의 법칙은 동시에 일어나는 세 개 이상의 사건에 대해서도 성립한다.

보기 4 학급 문고에 소설책 6권, 시집 3권, 잡지 4권이 있다. 다음을 구하여라.

(1) 소설책 중에서 1권, 시집 중에서 1권을 택하는 경우의 수

(2) 소설책, 시집, 잡지 중에서 각각 1권씩 택하는 경우의 수

연구 (1) 소설책 중에서 1권을 택하는 경우는 6가지이고, 이 각각에 대하여 시집 중에서 1권을 택하는 경우가 3가지씩 있다.

따라서 구하는 경우의 수는 곱의 법칙에 의하여　$6 \times 3 = \mathbf{18}$

(2) 같은 방법으로 생각하면 구하는 경우의 수는　$6 \times 3 \times 4 = \mathbf{72}$

*Note (1) 소설책을 $a,\ b,\ c,\ d,\ e,\ f$라 하고, 시집을 $x,\ y,\ z$라고 하면

$$a{<}^{x}_{\substack{y\\z}} \qquad b{<}^{x}_{\substack{y\\z}} \qquad c{<}^{x}_{\substack{y\\z}} \qquad d{<}^{x}_{\substack{y\\z}} \qquad e{<}^{x}_{\substack{y\\z}} \qquad f{<}^{x}_{\substack{y\\z}}$$

와 같이 나타낼 수 있다.

필수 예제 29-1 다음 그림과 같이 P지점과 Q지점 사이의 길 중에는 중간의 A, B, C지점을 경유하는 길이 몇 개씩 있다.

P, Q 사이를 한 번 왕복하는데 P에서 A 또는 B 또는 C를 경유하여 Q로 갔다가 돌아올 때는 A 또는 B를 경유하는 경우, B 또는 C를 경유하는 경우, C 또는 A를 경유하는 경우의 수가 각각 72, 63, 27이라고 한다.

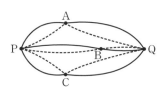

갈 때는 A 또는 C를 경유하고, 돌아올 때는 B를 경유하는 경우의 수를 구하여라. 단, 중간의 A, B, C지점 사이에는 길이 없다.

[정석연구] 이를테면 P와 Q 사이에 오른쪽 그림과 같은 도로망이 있다고 할 때, P에서 Q로 가는 경우를 생각하면

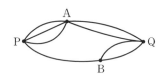

P $\longrightarrow$ A $\longrightarrow$ Q의 경우 : $3 \times 2 = 6$(가지)

P $\longrightarrow$ B $\longrightarrow$ Q의 경우 : $1 \times 2 = 2$(가지)

이므로 경우의 수는 $6 + 2 = 8$이다.

정석 경우의 수 $\Longrightarrow$ 합의 법칙, 곱의 법칙을 이용하여라.

[모범답안] P에서 A 또는 B 또는 C를 경유하여 Q로 가는 경우의 수를 모두 x라 하고, 그중에서 A, B, C를 경유하는 경우의 수를 각각 a, b, c라고 하자.

문제의 조건으로부터

$x(a+b) = 72$ $\cdots$① $x(b+c) = 63$ $\cdots$② $x(c+a) = 27$ $\cdots$③

①+②+③하면 $x(2a+2b+2c) = 162$

$a+b+c = x$이므로 $2x^2 = 162$ $\therefore$ $x = 9$ ($\because$ $x > 0$)

이 값을 ①, ②, ③에 대입하고 연립하여 풀면 $a = 2$, $b = 6$, $c = 1$

따라서 구하는 경우의 수는 $(2+1) \times 6 = 18$ $\longleftarrow$ 답

[유제] **29**-1. A, B, C, D의 네 지점 사이에 오른쪽 그림과 같은 도로망이 있다.

같은 지점은 많아야 한 번 지난다고 할 때, 다음 물음에 답하여라.

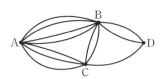

(1) A에서 D로 가는 경우의 수를 구하여라.

(2) A에서 D를 다녀오는 경우의 수를 구하여라.   답 (1) **31** (2) **48**

필수 예제 29-2 100원, 50원, 10원의 세 종류의 동전이 있다.
이들을 적어도 1개씩 써서 420원을 지불하려면, 각 동전을 몇 개씩
사용해야 하는가? 단, 사용하는 동전은 총 15개 이하로 한다.

[모범답안] 100원짜리 동전은 3개까지 사용할 수 있다.

(i) **100원짜리 동전이 1개일 때**

50원, 10원짜리 동전으로 320원을 지불해야 하므로 각 동전의 개수를
순서쌍으로 나타내면

$$(1, 27), \ (2, 22), \ (3, 17), \ (4, 12), \ (5, 7), \ (6, 2)$$

그런데 문제의 조건으로부터 두 동전의 개수의 합은 14를 넘을 수 없으
므로 가능한 쌍은 위의 붉은색으로 나타낸 두 경우이다.

(ii) **100원짜리 동전이 2개일 때**   (iii) **100원짜리 동전이 3개일 때**

에도 같은 방법으
로 조사하면
오른쪽 표의 검
은 숫자가 가능
한 개수이다.

100원	1	0	1	0	2	1	2	1	3	2	3	2
50원	5	4	6	5	3	2	4	3	1	0	2	1
10원	7	6	2	1	7	6	2	1	7	6	2	1

Advice 1° 세 종류의 동전을 각각 적어도 한 개는 사용해야 하므로

잔액 : $420-(100+50+10)=260$(원)

을 12개 이하의 100원, 50원, 10원짜리로 지불하는 방법을 생각해도 된다.
이는 위의 표에서 초록 숫자 부분이다. 여기에 각각 1을 더한 값(검은
숫자 부분)이 420원을 지불할 때 사용해야 하는 동전의 개수이다.

2° 경우의 수를 다루는 데 있어서는 빠짐없이, 중복되지 않게 가능한 모든
경우를 생각하는 방법을 익혀 두어야 한다.
이를테면 우리가 사용하는 영한사전과 같이

a가 다 끝나면 b가 나오고, b가 다 끝나면 c가 나오고,
c가 다 끝나면 d가 나오고, ···하는

사전식 나열법

을 이용하여 단계별로 빠짐없이 구하는 것이 기본이다.

정석 경우의 수를 구할 때에는 ⟹ 빠짐없이, 중복되지 않게!

[유제] **29**-2. 100원, 50원, 10원의 세 종류의 동전을 모두 사용하여 280원을
지불하려면 각각 몇 개씩 사용해야 하는가? 단, 사용하는 동전은 총 10개
이하로 한다.   [답] 1개, 3개, 3개 또는 2개, 1개, 3개 (100, 50, 10원 순)

필수 예제 29-3 오른쪽 그림의 A, B, C, D, E 에 주어진 다섯 가지 색의 전부 또는 일부를 사용하여 칠하려고 한다. 같은 색을 여러 번 사용해도 좋으나 이웃한 부분에는 서로 다른 색을 칠하는 경우의 수를 구하여라.

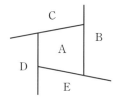

[정석연구] 단순히 A에는 5가지, B에는 4가지, C에는 3가지, D에는 A, C에 칠한 색을 빼고 3가지, E에는 A, B, D에서 칠한 색을 빼고 2가지라고 하면 안 된다. 왜냐하면 B와 D의 색이 같은 경우 E는 3가지 색이 가능하고, B와 D의 색이 다른 경우 E는 2가지 색이 가능하기 때문이다. 따라서
    B와 D의 색이 같은 경우와 다른 경우로 나누어 생각해야 한다
는 것을 알 수 있다.

정석 경우의 수를 구할 때에는 ⟹ 빠짐없이, 중복되지 않게!

[모범답안] (i) **B와 D의 색이 같은 경우** A에는 5가지, B에는 4가지, C에는 3가지, E에는 3가지 색이 가능하므로 곱의 법칙에 의하여
$$5 \times 4 \times 3 \times 3 = 180(가지)$$

(ii) **B와 D의 색이 다른 경우** A에는 5가지, B에는 4가지, C에는 3가지, D에는 2가지, E에는 2가지 색이 가능하므로 곱의 법칙에 의하여
$$5 \times 4 \times 3 \times 2 \times 2 = 240(가지)$$

따라서 구하는 경우의 수는 합의 법칙에 의하여 $180 + 240 = $ **420** ← [답]

Note 다음 단원에서 공부하는 순열의 수로 생각할 수도 있다.
 (i) 3가지 색을 사용하는 경우 : B와 D가 같은 색, C와 E가 또 다른 같은 색이고, A는 제3의 색을 칠하여 구별하는 방법은 $_5P_3 = 60(가지)$
 (ii) 4가지 색을 사용하는 경우 : B와 D 또는 C와 E가 같은 색이고, 다른 3개의 부분에는 다른 색을 칠하여 구별하는 방법은 $_5P_4 \times 2 = 240(가지)$
 (iii) 5가지 색을 사용하는 경우 : $5! = 120(가지)$
    따라서 합의 법칙에 의하여 $60 + 240 + 120 = 420$

[유제] **29**-3. 오른쪽 그림의 A, B, C, D에 주어진 네 가지 색의 전부 또는 일부를 사용하여 칠하려고 한다. 같은 색을 여러 번 사용해도 좋으나 한 변을 공유하는 부분은 서로 다른 색을 칠하는 경우의 수를 구하여라.   [답] 84

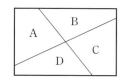

필수 예제 **29**-4 다음 물음에 답하여라.

(1) 540의 양의 약수의 개수와 이들 약수의 총합을 구하여라.

(2) 양의 정수 a의 양의 약수의 개수를 $n(a)$로 나타낼 때,
$$n(108)\times n(32)\times n(x)=5400$$
을 만족하는 양의 정수 x의 최솟값을 구하여라.

─────────────────────────────────

[정석연구] 이를테면 18을 소인수분해하면 $18=2^1\times3^2$이다.

따라서 2^1의 양의 약수인 1, 2^1 중 하나를 뽑고, 3^2의 양의 약수인 1, 3^1, 3^2 중 하나를 뽑아 곱한 것은 모두 18의 양의 약수이다.

그 개수는 오른쪽 표에서와 같이 모두

$$2\times3=6$$

$\times$	1	3^1	3^2
1	1×1	1×3^1	1×3^2
2^1	$2^1\times1$	$2^1\times3^1$	$2^1\times3^2$

이고, 이때의 6은 $2^1\times3^2$의 지수인 1, 2에 각각 1을 더한 수인 $(1+1)$과 $(2+1)$의 곱과 같다.

한편 위의 6개의 약수들은 $(1+2^1)(1+3^1+3^2)$을 전개할 때 나오는 각 항과 같다.

따라서 18의 양의 약수의 총합은 $(1+2^1)(1+3^1+3^2)=3\times13=39$이다.

정석 자연수 N이 $\mathbf{N}=\boldsymbol{a}^{\boldsymbol{\alpha}}\boldsymbol{b}^{\boldsymbol{\beta}}$과 같이 소인수분해될 때,

　N의 양의 약수의 개수 $\Longrightarrow (\boldsymbol{\alpha}+\mathbf{1})(\boldsymbol{\beta}+\mathbf{1})$

　N의 양의 약수의 총합 $\Longrightarrow (\mathbf{1}+\boldsymbol{a}^{\mathbf{1}}+\cdots+\boldsymbol{a}^{\boldsymbol{\alpha}})(\mathbf{1}+\boldsymbol{b}^{\mathbf{1}}+\cdots+\boldsymbol{b}^{\boldsymbol{\beta}})$

[모범답안] (1) $540=2^2\times3^3\times5^1$이므로

약수의 개수 : $(2+1)(3+1)(1+1)=\mathbf{24}$ ← [답]

약수의 총합 : $(1+2^1+2^2)(1+3^1+3^2+3^3)(1+5^1)=\mathbf{1680}$ ← [답]

(2) $n(108)=n(2^2\times3^3)=(2+1)(3+1)=12$,　$n(32)=n(2^5)=5+1=6$

이것을 조건식에 대입하면　$12\times6\times n(x)=5400$　∴ $n(x)=75$

그런데 $75=75\times1=25\times3=15\times5=5\times5\times3$이므로

각각의 경우에 최소인 수는 2^{74}, $2^{24}\times3^2$, $2^{14}\times3^4$, $2^4\times3^4\times5^2$이다.

이 네 수 중에서 최솟값은　$2^4\times3^4\times5^2=\mathbf{32400}$ ← [답]

[유제] **29**-4. 126의 양의 약수의 개수와 이들 약수의 총합을 구하여라.

[답] 약수의 개수 : **12**, 약수의 총합 : **312**

[유제] **29**-5. 양의 약수의 개수가 다음과 같은 최소의 자연수를 구하여라.

(1) 6　　　　(2) 15　　　　(3) 30　　　[답] (1) **12** (2) **144** (3) **720**

필수 예제 29-5 둘레의 길이가 60이고, 세 변의 길이가 모두 자연수인
삼각형 중에서 합동이 아닌 것의 개수를 구하여라.

[정석연구] 세 변의 길이를 a, b, c라고 할 때, $a \geq b \geq c$라고 가정하고 풀어도
된다. 또,

정석 a, b, $c\,(a \geq b \geq c > 0)$가 삼각형의 세 변의 길이 $\implies b + c > a$

이므로 문제의 조건으로부터

$$a + b + c = 60, \quad b + c > a, \quad a \geq b \geq c$$

를 만족하는 자연수 a, b, c의 개수를 구하면 된다.

먼저 가능한 a의 값을 구한 다음, 각 경우 가능한 b, c의 개수를 구한다.

정석 경우의 수는 $\implies$ 사전식 나열법을 이용!

[모범답안] 세 변의 길이를 a, b, $c\,(a, b, c$는 자연수, $a \geq b \geq c)$라고 하면
$$a + b + c = 60 \quad \cdots\cdots ① \qquad\qquad b + c > a \quad\cdots\cdots ②$$
이다.

$c \leq a$, $b \leq a$이고 ②에 의하여 $a + b + c > 2a$이므로
$$2a < a + b + c \leq 3a \qquad \therefore\ 2a < 60 \leq 3a \qquad\qquad\Leftarrow ①$$
$$\therefore\ 20 \leq a < 30$$

a는 자연수이므로 $a = 20, 21, 22, \cdots, 29$ $\qquad\qquad\cdots\cdots ③$

또, $a \geq b \geq c \geq 1$이고 $b + c = 60 - a$이므로 $\qquad\qquad\qquad\Leftarrow ①$
$$2b \geq 60 - a \qquad \therefore\ \frac{60 - a}{2} \leq b \leq a \qquad\qquad\cdots\cdots ④$$

③의 a의 값에 대하여 ④를 만족하는 b의 개수를 조사하면

a의 값	20	21	22	23	24	25	26	27	28	29
b의 개수	1	2	4	5	7	8	10	11	13	14

이고, 각 경우에 대하여 c의 값은 하나로 정해진다.

따라서 구하는 개수는 합의 법칙에 의하여
$$1 + 2 + 4 + 5 + 7 + 8 + 10 + 11 + 13 + 14 = \mathbf{75} \leftarrow \boxed{답}$$

[유제] **29**-6. a, b, c(단, $a \geq b \geq c$)는 삼각형의 세 변의 길이가 될 수 있는
세 자연수라고 한다. $a + b + c = 24$일 때, 다음 물음에 답하여라.

(1) a, b, c를 세 변의 길이로 하는 삼각형의 개수를 구하여라.

(2) 이등변삼각형의 개수를 구하여라. $\hfill$ $\boxed{답}$ (1) **12** (2) **5**

연습문제 29

기본 **29**-1 두 종류의 주사위 A, B를 동시에 던질 때, 나오는 눈의 수의 합이 3의 배수가 되는 경우의 수를 구하여라.

29-2 1부터 800까지의 정수 중 800과 서로소인 수는 몇 개인가?

29-3 1부터 7까지의 숫자가 각각 적힌 빨간색 카드 7장, 1부터 5까지의 숫자가 각각 적힌 파란색 카드 5장, 1부터 3까지의 숫자가 각각 적힌 노란색 카드 3장이 있다. 이 15장의 카드 중에서 색도 다르고 숫자도 다른 3장의 카드를 뽑는 경우의 수를 구하여라.

29-4 오른쪽 정육면체 ABCD-EFGH에서
(1) 임의로 세 꼭짓점을 택하여 만들 수 있는 직각삼각형의 개수를 구하여라.
(2) 점 A에서 출발하여 모서리를 따라 점 B에 도달하는 길은 몇 가지인가?
   단, 모서리 AB를 지나는 길은 제외하고, 같은 꼭짓점은 한 번만 지난다.

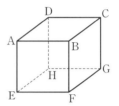

29-5 오른쪽 그림의 A, B, C, D, E에 주어진 세 가지 색의 전부 또는 일부를 사용하여 칠하려고 한다. 이웃한 부분에는 서로 다른 색을 칠하고, A와 D에도 서로 다른 색을 칠할 때, 5개의 부분에 색을 칠하는 방법의 수를 구하여라.
   단, B와 D, C와 E는 이웃하지 않은 것으로 본다.

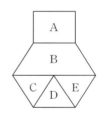

29-6 오른쪽 그림과 같은 길이 있다. A에서 출발하여 B에 도달하는 경우의 수를 다음 경우에 대하여 구하여라.
(1) 오른쪽과 위로만 간다.
(2) 오른쪽, 위, 오른쪽 위(사선 방향)로만 간다.

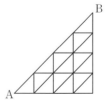

실력 **29**-7 집합 A={1, 2, 3, 4}가 있다. 집합 A에서 집합 A로의 함수 f 중에서 다음을 만족하는 함수 f의 개수를 구하여라.
(1) 집합 A의 모든 원소 n에 대하여 $f(n) \geq n$이다.
(2) 집합 A의 모든 원소 n에 대하여 $n + f(n)$은 홀수이다.
(3) f는 일대일대응이고, $n \leq 3$일 때 $f(n) \geq n$이다.

29-8 5개의 숫자 1, 2, 3, 4, 5를 일렬로 나열한 것을 a_1, a_2, a_3, a_4, a_5라고 할 때, $a_1 \neq 1$, $a_2 \neq 2$, $a_3 \neq 3$, $a_4 \neq 4$, $a_5 \neq 5$를 모두 만족하는 경우의 수를 구하여라.

29-9 a, b, c, d, e를 모두 사용하여 만든 다섯 자리 문자열 중에서 다음 세 조건을 만족하는 문자열의 개수를 구하여라.

   ㈎ 첫째 자리에는 b가 올 수 없다.

   ㈏ 셋째 자리에는 a도 올 수 없고 b도 올 수 없다.

   ㈐ 다섯째 자리에는 b도 올 수 없고 c도 올 수 없다.

29-10 A, B, C, D의 네 학교에서 각각 2명의 테니스 선수가 나와 오른쪽 그림과 같이 토너먼트로 시합을 한다. 같은 학교에서 나온 선수끼리는 결승전 이외에는 시합할 수 없도록 할 때, 몇 가지의 시합 방법이 있는가?

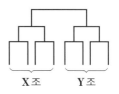

29-11 오른쪽 그림과 같은 길을 따라 A에서 B까지 가는 방법 중 다음을 만족하는 경우의 수를 구하여라.

(1) 먼 거리로 가도 되지만 서쪽으로 가서는 안 되고, 한 번 지나온 길을 다시 지나갈 수는 없다.

(2) (1)의 조건을 만족하고, P와 Q를 지나지 않는다.

29-12 정 $6n$ 각형의 서로 다른 세 꼭짓점을 연결하여 삼각형을 만든다. 이때, 다음 삼각형의 개수를 구하여라. 단, n은 자연수이다.

(1) 정삼각형   (2) 직각삼각형   (3) 이등변삼각형

29-13 서로 같은 흰 공 3개, 서로 같은 검은 공 6개를 원형으로 나열하는 방법의 수를 구하여라. 단, 회전하여 일치하는 것은 같은 것으로 생각한다.

29-14 오른쪽 그림과 같이 직사각형을 6개의 삼각형으로 나눈 다음, 빨강, 파랑, 노랑의 세 가지 색을 사용하여 다음 조건을 모두 만족하도록 칠하려고 한다. 그 방법은 몇 가지인가?

㈎ 각각의 삼각형을 빨강, 파랑, 노랑 중 한 가지 색만으로 빈틈없이 칠한다.

㈏ 한 변을 공유하는 두 삼각형을 서로 다른 색으로 칠한다.

㈐ 빨강, 파랑, 노랑 중에서 사용하지 않는 색은 없다.

㉚. 순열과 조합

§1. 순 열

기 본 정 석

⊡ 순열의 수와 $_n\mathrm{P}_r$

서로 다른 n개에서 $r(n\geq r)$개를 택하여 일렬로 나열하는 것을 서로 다른 n개에서 r개를 택하는 순열이라 하고, 이 순열의 수를 기호로 $_n\mathrm{P}_r$로 나타내며, 다음과 같이 계산한다.

$$_n\mathrm{P}_r=n(n-1)(n-2)\times\cdots\times(n-r+1)$$
$$\underbrace{\qquad\qquad\qquad\qquad}_{r\text{개}}$$

② $_n\mathrm{P}_r$의 변형식과 기호의 정의

(1) $_n\mathrm{P}_n=n!$ (2) $_n\mathrm{P}_r=\dfrac{n!}{(n-r)!}$ (단, $0\leq r\leq n$)

(3) $0!=1$ (4) $_n\mathrm{P}_0=1$

Note $_n\mathrm{P}_r$에서 P는 Permutation(순열)의 첫 글자이다.

Advice 1° 순열의 수와 $_n\mathrm{P}_r$

이를테면 1, 2, 3, 4를 사용하여 만들 수 있는 세 자리 자연수(단, 각 자리의 숫자는 모두 다른 것)는 모두 몇 개인가를 알아보자.

사전식 나열법

을 이용하여 수형도를 만들면

```
  ⟨3 (123)      ⟨3 (213)      ⟨2 (312)      ⟨2 (412)
 2⟨4 (124)     1⟨4 (214)     1⟨4 (314)     1⟨3 (413)
  ⟨2 (132)      ⟨1 (231)      ⟨1 (321)      ⟨1 (421)
1⟨3⟨4 (134)   2⟨3⟨4 (234)   3⟨2⟨4 (324)   4⟨2⟨3 (423)
  ⟨2 (142)      ⟨1 (241)      ⟨1 (341)      ⟨1 (431)
 4⟨3 (143)     4⟨3 (243)     4⟨2 (342)     3⟨2 (432)
```

이고, 이들 세 자리 자연수는 모두 24개임을 알 수 있다.

여기에서 백의 자리, 십의 자리, 일의 자리에 올 수 있는 숫자의 개수를 살펴보면 다음 사실을 알 수 있다.

(i) 백의 자리에는 1, 2, 3, 4의 어느 숫자라도 올
   수 있으므로   4개

(ii) 십의 자리에는 백의 자리에 쓴 숫자를 제외한
   나머지 3개의 숫자 중 어느 숫자라도 올 수 있
   으므로   3개

(iii) 일의 자리에는 백, 십의 자리에 쓴 숫자를 제
   외한 나머지 2개의 숫자 중 어느 숫자라도 올 수 있으므로   2개
   따라서 세 자리 자연수의 개수는 곱의 법칙에 의하여
$$4 \times 3 \times 2 = 24$$
이다.

이와 같은 나열의 개수를 바꾸어 말하면 '1, 2, 3, 4의 4개의 숫자에서 3
개의 숫자를 택하여 이것을 일렬로 나열하는 방법의 수'와 같고, 이것을 수
학에서는

서로 다른 **4**개에서 **3**개를 택하는 순열의 수

라고 하며, $_4\mathrm{P}_3$이라는 기호로 나타낸다. 곧,
$$_4\mathrm{P}_3 = 4 \times 3 \times 2 = 24$$
여기에서 $_4\mathrm{P}_3$은 4부터 시작하여 하나씩 작은 수를 3개 곱한 것과 같다.

보기 1 다음을 계산하여라.

(1) $_4\mathrm{P}_2$ (2) $_5\mathrm{P}_4$ (3) $_6\mathrm{P}_3$

[연구] (1) $_4\mathrm{P}_2 = 4 \times 3 = \mathbf{12}$ ⇦ 4개에서 2개를 택하는 순열의 수

(2) $_5\mathrm{P}_4 = 5 \times 4 \times 3 \times 2 = \mathbf{120}$ ⇦ 5개에서 4개를 택하는 순열의 수

(3) $_6\mathrm{P}_3 = 6 \times 5 \times 4 = \mathbf{120}$ ⇦ 6개에서 3개를 택하는 순열의 수

Note $_5\mathrm{P}_4 = 120$, $_6\mathrm{P}_3 = 120$에서 알 수 있듯이 일반적으로 $_N\mathrm{P}_R = {_n\mathbf{P}_r}$라고 해서 반
드시 $\mathbf{N} = n$, $\mathbf{R} = r$인 것은 아니다.

보기 2 1, 2, 3, 4, 5를 사용하여 만들 수 있는 네 자리 자연수(단, 각 자리의
숫자는 모두 다른 것)의 개수를 구하여라.

[연구] 서로 다른 5개에서 4개를 택하는 순열의 수이므로
$$_5\mathrm{P}_4 = 5 \times 4 \times 3 \times 2 = \mathbf{120}$$

보기 3 학생이 30명인 학급에서 회장, 부회장, 서기를 각각 한 사람씩 선출하
는 방법의 수를 구하여라.

[연구] 서로 다른 30개에서 3개를 택하는 순열의 수이므로
$$_{30}\mathrm{P}_3 = 30 \times 29 \times 28 = \mathbf{24360}$$

Advice 2° $_n\mathrm{P}_r$의 변형식과 $n!$, $0!$, $_n\mathrm{P}_0$의 정의

(ⅰ) 특히 서로 다른 n개에서 n개 모두를 택하는 순열의 수는

$$_n\mathrm{P}_n=n(n-1)(n-2)\times\cdots\times3\times2\times1$$

이고, 이것은 1부터 n까지의 자연수를 모두 곱한 것이다.

이것을 간단히 $n!$로 나타내고, n 팩토리얼(factorial) 또는 n의 계승이라고 읽는다.

> **정의** $n!=n(n-1)(n-2)\times\cdots\times3\times2\times1$

(ⅱ) 또, $_n\mathrm{P}_r$를 변형하면 $0<r<n$일 때

$$
\begin{aligned}
_n\mathrm{P}_r &= n(n-1)(n-2)\times\cdots\times(n-r+1)\\
&= \frac{n(n-1)(n-2)\times\cdots\times(n-r+1)\times(n-r)(n-r-1)\times\cdots\times2\times1}{(n-r)(n-r-1)\times\cdots\times2\times1}\\
&= \frac{n!}{(n-r)!}
\end{aligned}
$$

이다. 곧,

> **정석** $_n\mathrm{P}_r=\dfrac{n!}{(n-r)!}$

특히 $r=n$, $r=0$일 때에는 각각

$$_n\mathrm{P}_n=\frac{n!}{(n-n)!}=\frac{n!}{0!},\qquad _n\mathrm{P}_0=\frac{n!}{(n-0)!}=\frac{n!}{n!}$$

이므로 $0!=1$, $_n\mathrm{P}_0=1$로 정의하면 위의 **정석**은 $r=n$, $r=0$일 때에도 성립한다.

> **정의** $0!=1,\qquad _n\mathrm{P}_0=1$

보기 4 다음을 간단히 하여라.

(1) $3!$　　　　(2) $5!$　　　　(3) $\dfrac{_n\mathrm{P}_2}{n!}$　　　　(4) $\dfrac{n!}{n^2-n}$

연구 (1) $3!=3\times2\times1=\mathbf{6}$　　　(2) $5!=5\times4\times3\times2\times1=\mathbf{120}$

(3) $\dfrac{_n\mathrm{P}_2}{n!}=\dfrac{n!}{(n-2)!}\times\dfrac{1}{n!}=\dfrac{\mathbf{1}}{\mathbf{(n-2)!}}$　　(4) $\dfrac{n!}{n^2-n}=\dfrac{n!}{n(n-1)}=\mathbf{(n-2)!}$

보기 5 다섯 사람을 일렬로 나열하는 방법의 수를 구하여라.

연구 다섯 사람을 일렬로 나열하는 방법의 수

　　　$\Longleftrightarrow$ 서로 다른 5개에서 5개를 택하여 일렬로 나열하는 방법의 수

　　　$\Longleftrightarrow$ 서로 다른 5개에서 5개를 택하는 순열의 수

　　　$\Longleftrightarrow$ $_5\mathrm{P}_5$

　　　$\Longleftrightarrow$ $5!=5\times4\times3\times2\times1=\mathbf{120}$

필수 예제 **30**-1 다음 물음에 답하여라.

(1) 다음 식을 만족하는 자연수 n의 값을 구하여라.

$$5({}_n\mathrm{P}_3 + {}_{n+1}\mathrm{P}_4) = 12\,{}_{n+1}\mathrm{P}_3$$

(2) n, r가 자연수이고 $1 \le r < n$일 때, 다음 등식을 증명하여라.

$${}_n\mathrm{P}_r = {}_{n-1}\mathrm{P}_r + r \times {}_{n-1}\mathrm{P}_{r-1}$$

[정석연구] (1) ${}_n\mathrm{P}_r$의 계산은

$$\boxed{\text{정의}} \quad {}_n\mathrm{P}_r = n(n-1)(n-2) \times \cdots \times (n-r+1)$$

을 이용한다. 이때, $n \ge r$에 주의한다.

(2) ${}_n\mathrm{P}_r$의 변형식인

$$\boxed{\text{정석}} \quad {}_n\mathrm{P}_r = \frac{n!}{(n-r)!} \quad (0 \le r \le n)$$

을 이용한다.

[모범답안] (1) 준 식의 좌변, 우변을 각각 풀어 쓰면

$$5\big\{ n(n-1)(n-2) + (n+1)n(n-1)(n-2) \big\} = 12(n+1)n(n-1)$$

그런데 $n \ge 3$에서 $n(n-1) \ne 0$이므로 양변을 $n(n-1)$로 나누면

$$5\big\{ (n-2) + (n+1)(n-2) \big\} = 12(n+1)$$

$$\therefore \ 5n^2 - 12n - 32 = 0 \quad \therefore \ (5n+8)(n-4) = 0$$

$n \ge 3$이므로 $5n + 8 \ne 0$ $\therefore$ $\boldsymbol{n = 4}$ ← 답

(2) (우변) $= \dfrac{(n-1)!}{(n-1-r)!} + r \times \dfrac{(n-1)!}{\{(n-1)-(r-1)\}!}$

$= \dfrac{(n-1)!}{(n-r-1)!} + r \times \dfrac{(n-1)!}{(n-r)!} = \dfrac{(n-1)!}{(n-r-1)!} \times \left(1 + \dfrac{r}{n-r}\right)$

$= \dfrac{(n-1)!}{(n-r-1)!} \times \dfrac{n}{n-r} = \dfrac{n!}{(n-r)!} = {}_n\mathrm{P}_r = $ (좌변)

[유제] **30**-1. 다음 식을 만족하는 자연수 n 또는 r의 값을 구하여라.

(1) ${}_n\mathrm{P}_2 = 72$ (2) ${}_4\mathrm{P}_r \times 5! = 2880$ (단, $r < 4$)   (3) ${}_n\mathrm{P}_2 + 4\,{}_n\mathrm{P}_1 = 28$

(4) ${}_n\mathrm{P}_6 = 20\,{}_n\mathrm{P}_4$ (5) ${}_{3n}\mathrm{P}_5 = 98\,{}_{3n}\mathrm{P}_4$

답 (1) $\boldsymbol{n=9}$ (2) $\boldsymbol{r=3}$ (3) $\boldsymbol{n=4}$ (4) $\boldsymbol{n=9}$ (5) $\boldsymbol{n=34}$

[유제] **30**-2. 다음 등식을 증명하여라.

(1) ${}_n\mathrm{P}_r = n \times {}_{n-1}\mathrm{P}_{r-1}$ (단, n, r는 $1 \le r \le n$인 자연수)

(2) ${}_n\mathrm{P}_{r+1} + (r+1)\,{}_n\mathrm{P}_r = {}_{n+1}\mathrm{P}_{r+1}$ (단, n, r는 $0 \le r < n$인 정수)

(3) ${}_n\mathrm{P}_l \times {}_{n-l}\mathrm{P}_{r-l} = {}_n\mathrm{P}_r$ (단, l, n, r는 $0 \le l \le r \le n$인 정수)

필수 예제 30-2 다음 물음에 답하여라.

(1) 30개의 역이 있는 철도 노선이 있다. 출발역과 도착역을 표시한 차표의 종류는 몇 가지인가?

　　단, 왕복표와 일반실, 특실의 구별은 없다.

(2) 서로 다른 지역에 사는 다섯 명의 친구 집을 한 번씩 모두 방문하는 방법은 몇 가지인가?

[정석연구] (1) 30개의 역을 각각 A_1, A_2, ⋯, A_{30}이라고 할 때, 이 중에서 2개를 택하는 순열의 수와 같다.

(2) 거꾸로 다섯 명의 친구가 자기 집에 방문하는 순서의 수와 같다.

그리고 이것은 다섯 명의 친구를 일렬로 나열하는 방법의 수와 같다.

정석 경우의 수 문제 ⟹ 때로는 주객을 바꾸어 보아라.

[모범답안] (1) 30개의 역에서 출발역과 도착역을 정하는 방법의 수는 30개에서 2개를 택하는 순열의 수와 같으므로

$$_{30}P_2 = 30 \times 29 = \boldsymbol{870}\,(가지) \longleftarrow \boxed{답}$$

(2) 다섯 명의 친구를 일렬로 나열하는 방법의 수와 같으므로

$$_5P_5 = 5! = 5 \times 4 \times 3 \times 2 \times 1 = \boldsymbol{120}\,(가지) \longleftarrow \boxed{답}$$

[유제] **30**-3. A, B, C, D, E의 다섯 사람 중에서 위원장, 부위원장, 서기를 한 사람씩 뽑으려고 한다.

(1) 모두 몇 가지 경우가 있는가?

(2) 위원장으로 A가 뽑히는 경우는 몇 가지인가?

(3) 위원장으로 A, 서기로 C가 뽑히는 경우는 몇 가지인가?

　　　　　　　　　　　　　　　　　　　 $\boxed{답}$ (1) **60**가지　(2) **12**가지　(3) **3**가지

[유제] **30**-4. 야구 선수 9명의 타순을 정하려고 한다.

(1) 모두 몇 가지 방법이 있는가?

(2) 3루수를 3번 타자로 정하는 방법은 몇 가지인가?

　　　　　　　　　　　　　　　　 $\boxed{답}$ (1) **362880**가지　(2) **40320**가지

[유제] **30**-5. 10명의 학생이 있다.

(1) 이 10명을 일렬로 세우는 경우의 수를 구하여라.

(2) 이 10명 중에서 3명을 뽑아 일렬로 세우는 경우의 수를 구하여라.

(3) 이 10명 중에서 n명을 뽑아 일렬로 세우는 경우의 수가 90일 때, n의 값을 구하여라.　　　　　　　 $\boxed{답}$ (1) **3628800**　(2) **720**　(3) $\boldsymbol{n=2}$

필수 예제 30-3 다섯 개의 숫자 0, 1, 2, 3, 4로 만들 수 있는 자연수 중
에서 다음과 같은 수의 개수를 구하여라.
　　　단, 같은 숫자는 두 번 이상 사용하지 않기로 한다.
　(1) 다섯 자리 수　　　　　　　　　(2) 네 자리 수 중 짝수
　(3) 네 자리 수 중 3의 배수

[정석연구] (1) 0, 1, 2, 3, 4에서 5개를 택하는 순열 중에서, 이를테면 01234,
　02134, ···와 같이 맨 앞자리의 숫자가 0인 것은 다섯 자리 수가 아니다.

　　　정석 자연수를 만드는 문제 $\Longrightarrow$ 맨 앞자리의 **0**에 주의하여라.

　(2) 역시 맨 앞자리의 숫자가 0인 것은 제외하고
　　　×××0, ×××2, ×××4인 경우의 순열의 수를 생각한다.
　(3) 각 자리의 숫자의 합이 3의 배수이면 이 수는 3의 배수임을 이용한다.

[모범답안] (1) 만의 자리에는 0이 올 수 없으므로 만의
　　자리에 올 수 있는 숫자는 1, 2, 3, 4의 4개이다.
　　　이 각각에 대하여 천, 백, 십, 일의 자리에는
　　만의 자리에 온 숫자를 제외한 나머지 4개의 숫
　　자가 올 수 있으므로 $_4P_4 = 4!$(개)이다.
　　　따라서 구하는 개수는
$$4 \times 4! = 4 \times 24 = \mathbf{96} \leftarrow \boxed{\text{답}}$$

$$\times\times\times 0 \longrightarrow {}_4P_3$$
$$\times\times\times 2 \longrightarrow 3 \times {}_3P_2$$
$$\times\times\times 4 \longrightarrow 3 \times {}_3P_2$$

　(2) 일의 자리에 0, 2, 4가 오면 짝수이다.
　　　따라서 구하는 개수는
$$_4P_3 + 3 \times {}_3P_2 \times 2 = 24 + 3 \times 6 \times 2 = \mathbf{60} \leftarrow \boxed{\text{답}}$$
　(3) 각 자리의 숫자의 합이 3의 배수이면 이 수는 3의 배수이므로
　　(0, 1, 2, 3), (0, 2, 3, 4)로 만들 수 있는 네 자리 수의 개수와 같다.
　　　따라서 구하는 개수는　$3 \times 3! + 3 \times 3! = 3 \times 6 + 3 \times 6 = \mathbf{36} \leftarrow \boxed{\text{답}}$

Advice | 0을 포함한 순열의 수에서 맨 앞자리에 0이 오는 순열의 수를
　빼면 되므로 다음과 같이 구해도 된다.
　(1) $5! - 4!$　　　　(2) $_4P_3 + 2 \times ({}_4P_3 - {}_3P_2)$　　　　(3) $2 \times (4! - 3!)$

[유제] **30**-6. 일곱 개의 숫자 0, 1, 2, 3, 4, 5, 6에서 서로 다른 숫자를 네 개
　뽑아 네 자리 자연수를 만들 때, 다음 물음에 답하여라.
　(1) 네 자리 자연수는 모두 몇 개인가?
　(2) 짝수는 모두 몇 개인가?　　　　　　　　　[답] (1) **720**개　(2) **420**개

필수 예제 **30**-4   서로 다른 5개의 문자 a, b, c, d, e를 모두 써서 만들
수 있는 120개의 순열을 사전식으로 $abcde$부터 시작하여 $edcba$까
지 나열할 때, 다음 물음에 답하여라.
(1) 순열 $bdcea$는 몇 번째에 오는가?
(2) 60번째에 오는 순열은 무엇인가?

[정석연구] (1) $bdcea$보다 앞에 오는 것은

ⓐ○○○○,   ⓑⓐ○○○,   ⓑⓒ○○○, ···

의 꼴이다. 각각의 개수를 구한 다음 더하면 된다.
(2) ⓐ○○○○, ⓑ○○○○, ⓒ○○○○의 꼴이 각각 $4!(=24)$개씩 있으
므로 60번째는 ⓒ○○○○의 꼴이다.   ⇦ $2 \times 24 < 60 < 3 \times 24$
같은 방법으로 ⓒ 다음에 오는 문자를 차례로 구하면 된다.

정석 사전식 나열법을 익혀라.

[모범답안] (1) $bdcea$보다 앞에 오는 경우는

ⓐ○○○○의 경우 : $4!=24$개 ⎫
ⓑⓐ○○○의 경우 : $3! = 6$개 ⎪
ⓑⓒ○○○의 경우 : $3! = 6$개 ⎬ 39개
ⓑⓓⓐ○○의 경우 : $2! = 2$개 ⎪
ⓑⓓⓒⓐⓔ의 경우 :   1개 ⎭

$bdcae$ 다음에 $bdcea$가 오므로 40번째이다.   [답] **40번째**

(2) 60번째가 나올 때까지 ⓐ○○○○의 꼴부터 순열의 수를 조사한다.

ⓐ○○○○의 경우 : $4!=24$개 ⎫
ⓑ○○○○의 경우 : $4!=24$개 ⎬ 48개 ⎫
ⓒⓐ○○○의 경우 : $3! = 6$개   ⎬ 54개 ⎫
ⓒⓑ○○○의 경우 : $3! = 6$개   ⎬ 60개

따라서 ⓒⓑ○○○의 꼴 중에서 마지막 순열이다.   [답] **$cbeda$**

[유제] **30**-7. 5개의 숫자 1, 2, 3, 4, 5를 모두 나열하여 만들 수 있는 다섯 자
리 자연수에 대하여 다음 물음에 답하여라.
(1) 32000보다 큰 것은 몇 개인가?
(2) 32000보다 작은 5의 배수는 몇 개인가?   [답] (1) **66개** (2) **14개**

[유제] **30**-8. 6개의 숫자 0, 1, 2, 3, 4, 5를 모두 써서 만들 수 있는 여섯 자리
자연수를 작은 순서로 나열할 때, 122번째 수를 구하여라.   [답] **201354**

필수 예제 **30**-5 여학생 3명, 남학생 4명이 일렬로 설 때,

(1) 여학생끼리 이웃하여 서는 경우의 수를 구하여라.

(2) 여학생끼리는 서로 이웃하지 않게 서는 경우의 수를 구하여라.

[정석연구] 이를테면 A, B, C, D의 네 사람이 일렬로 설 때, A, B가 서로 이웃하여 서는 경우를 나열하면

$$(AB)CD, \quad C(AB)D, \quad CD(AB), \quad (AB)DC, \quad \cdots$$
$$(BA)CD, \quad C(BA)D, \quad CD(BA), \quad (BA)DC, \quad \cdots$$

이다.

따라서 이와 같은 경우의 수는 다음과 같은 방법으로 구한다.

(i) (AB)와 C, D의 세 사람이 일렬로 서는 방법을 생각하고,

(ii) (AB)의 A, B가 AB, BA인 경우를 생각하면 된다.

정석 A, B가 서로 이웃하여 선다고 하면

(i) **A, B**를 묶어 하나로 생각하고,

(ii) **A, B**끼리 바꾸어 서는 경우를 생각하여라.

[모범답안] (1) 여학생 3명을 묶어 한 사람으로 보면 모두 5명이므로 이 5명이

일렬로 서는 방법은 5!가지이고, 이 각각
에 대하여 묶음 속의 여학생 3명이 일렬
로 서는 방법은 3!가지이다.

따라서 구하는 경우의 수는 $5! \times 3! = 120 \times 6 = \mathbf{720} \leftarrow$ 답

(2) 남학생 4명이 일렬로 서는 방법은 4!가지이고,

이 각각에 대하여 양 끝과 남학생 사이의
5개의 자리 중에서 3개의 자리에 여학생
3명이 서는 방법은 $_5P_3$가지이다.

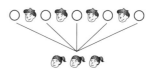

따라서 구하는 경우의 수는

$4! \times _5P_3 = 24 \times 60 = \mathbf{1440} \leftarrow$ 답

[유제] **30**-9. 서로 다른 국어책 4권, 서로 다른 수학책 3권, 서로 다른 영어책
2권을 일렬로 나열할 때, 다음을 구하여라.

(1) 수학책 3권이 이웃하는 경우의 수

(2) 국어책은 국어책끼리, 수학책은 수학책끼리 이웃하는 경우의 수

(3) 수학책끼리는 서로 이웃하지 않는 경우의 수

답 (1) **30240** (2) **3456** (3) **151200**

필수 예제 30-6   triangle의 문자를 모두 사용하여 만든 순열에 대하여 다음 물음에 답하여라.

(1) t와 a 사이에 두 개의 문자가 들어 있는 경우의 수를 구하여라.

(2) 적어도 한쪽 끝에 자음이 오는 경우의 수를 구하여라.

정석연구 (1) t와 a 사이에 두 개의 문자를 넣어 ⓣ○○ⓐ를 묶어 하나로 생각한다.

(2) 양 끝에 자음 또는 모음이 오는 것은 다음 네 경우가 있다.

따라서 적어도 한쪽 끝에 자음이 오는 경우의 수는

(전체 순열의 수)−(양 끝에 모음이 오는 순열의 수)

를 계산하는 것이 능률적이다.

정석 「적어도 ⋯」하면 ⟹ 여집합을 생각하여라.

모범답안 (1) (i) t와 a 사이에 두 개의 문자가 들어가는 순열의 수는 $_6P_2$

$\quad$○ ⓣ ○ ○ ⓐ ○ ○

(ii) t와 a를 서로 바꾸는 순열의 수는 2!

(iii) ⓣ○○ⓐ를 한 묶음으로 보면 전체 순열의 수는 5!

$\quad$ 따라서 구하는 경우의 수는

$$_6P_2\times2!\times5!=30\times2\times120=\mathbf{7200} \longleftarrow \boxed{답}$$

(2) 전체 순열의 수는 8!이고, 양 끝에 모두 모음이 오는 순열의 수는 모음 i, a, e 중에서 두 개를 택하여 양 끝에 나열한 후 나머지 6개를 나열하는 방법의 수이므로 $_3P_2\times6!$ 이다.

$\quad$ 따라서 구하는 경우의 수는

$$8!-_3P_2\times6!=6!(8\times7-_3P_2)=720(56-6)=\mathbf{36000} \longleftarrow \boxed{답}$$

유제 **30**-10. equations의 문자를 모두 사용하여 만든 순열 중에서

(1) q와 t 사이에 3개의 문자가 들어 있는 것은 몇 가지인가?

(2) 한쪽 끝에 자음, 다른 쪽 끝에는 모음이 오는 것은 몇 가지인가?

(3) 적어도 한쪽 끝에 자음이 오는 것은 몇 가지인가?

$\qquad\qquad$ 답 (1) **50400**가지 (2) **201600**가지 (3) **262080**가지

§2. 조 합

1 **조합의 수와 $_nC_r$**

   서로 다른 n개에서 순서를 생각하지 않고 $r\,(n\geq r)$개를 택하는 것을 서로 다른 n개에서 r개를 택하는 조합이라 하고, 이 조합의 수를 기호로 $_nC_r$와 같이 나타낸다.

2 **$_nC_r$를 계산하는 방법과 기호의 정의**

  (1) $_nC_r = \dfrac{_nP_r}{r!} = \dfrac{n!}{r!\,(n-r)!}$ (단, $0\leq r\leq n$)

  (2) $_nC_r = {_nC_{n-r}}$ (단, $0\leq r\leq n$)   (3) $_nC_0 = 1$

*Note $_nC_r$에서 C는 Combination(조합)의 첫 글자이다.

Advice   1° 순열과 조합의 차이점

   이를테면 A, B, C의 3명 중에서

    반장, 부반장을 각각 1명씩 뽑는 경우,   대표 2명을 뽑는 경우

그 방법의 수는 어떻게 다른지 알아보자.

(i) 반장, 부반장을 각각 1명씩 뽑는 경우

   이를테면 A, B의 2명을 뽑는다면

	반장	부반장
①	A	B
②	B	A
③	B	C
④	C	B
⑤	C	A
⑥	A	C

    ① A $\longrightarrow$ 반장,   B $\longrightarrow$ 부반장

    ② B $\longrightarrow$ 반장,   A $\longrightarrow$ 부반장

일 때는 서로 다른 방법이다.

   따라서 오른쪽과 같이 여섯 가지 방법이 있다.

(ii) 대표 2명을 뽑는 경우

   이때에는 ①, ②의 경우는 구별되지 않고 같은 방법이다. 곧, 대표 2명이 A, B이든 B, A이든 순서에는 관계없다. ③과 ④의 경우, 또 ⑤와 ⑥의 경우 역시 같은 방법이다. 따라서 세 가지 방법이 있다.

   위의 (i)의 경우는 3명 중에서 2명을 뽑아서 그것을 나열하는 순서까지 생각한 것으로 방법의 수는 $_3P_2$이다.

   그러나 (ii)의 경우는 3명 중에서 순서를 생각하지 않고 2명을 뽑는 방법만을 생각한 것이므로 (i)의 경우와는 다르다.

이와 같이 순서를 생각하지 않고 뽑는 것을 3명 중에서 2명을 택하는 조합이라 하고, 이 조합의 수를 기호로 $_3C_2$와 같이 나타낸다.

Advice 2° $_nC_r$를 계산하는 방법

이제 $_3P_2$와 $_3C_2$의 관계를 알아보자.

3명 중에서 대표 2명을 뽑는 조합의 수 $_3C_2$에 2!(뽑은 2명에서 반장, 부반장의 순서를 생각하는 방법의 수)을 곱한 $_3C_2 \times 2!$은 3명 중에서 반장, 부반장 각각 1명씩 2명을 뽑는 순열의 수인 $_3P_2$와 같으므로

$$_3C_2 \times 2! = _3P_2 \qquad 곧, \quad _3C_2 = \frac{_3P_2}{2!}$$

이다.

일반적으로 조합의 수 $_nC_r$와 순열의 수 $_nP_r$ 사이에는

$$_nC_r \times r! = _nP_r \qquad 곧, \quad _nC_r = \frac{_nP_r}{r!} \qquad\qquad \cdots\cdots①$$

이 성립한다.

한편 $_nP_r = \dfrac{n!}{(n-r)!}$ 이므로 $\quad _nC_r = \dfrac{_nP_r}{r!} = \dfrac{n!}{r!(n-r)!} \qquad \cdots\cdots②$

그리고 ②의 공식을 이용하면

$$_nC_{n-r} = \frac{n!}{(n-r)!\{n-(n-r)\}!} = \frac{n!}{(n-r)!\,r!} = \frac{n!}{r!(n-r)!}$$

이므로

$$\boxed{정석}\quad _nC_r = _nC_{n-r}$$

가 성립한다.

이 공식은 $_{100}C_{98}$, $_{10}C_7$, $_6C_4$와 같이 $_nC_r$에서 r가 $\dfrac{n}{2}$보다 클 때 이용하면 훨씬 간편하게 계산할 수 있다.

*Note 0! = 1, $_nP_0 = 1$이므로 ①이 $r=0$일 때 성립하도록 $_nC_0 = 1$로 정의한다.

보기 1 한국지리, 세계지리, 세계사, 동아시아사, 경제 중에서 두 과목을 선택하는 방법의 수를 구하여라.

연구 5개 중에서 2개를 택하는 조합의 수이므로 $_5C_2$이다.

$_5C_2$의 값은 다음 두 가지 방법 중 어느 한 방법으로 계산한다.

$$_5C_2 = \frac{_5P_2}{2!} = \frac{5 \times 4}{2 \times 1} = \mathbf{10}, \qquad _5C_2 = \frac{5!}{2!(5-2)!} = \frac{5!}{2!3!} = \mathbf{10}$$

보기 2 $_{100}C_{98}$, $_{10}C_7$을 계산하여라.

연구 $_{100}C_{98} = _{100}C_{100-98} = _{100}C_2 = \dfrac{_{100}P_2}{2!} = \dfrac{100 \times 99}{2 \times 1} = \mathbf{4950}$

$$_{10}C_7 = _{10}C_{10-7} = _{10}C_3 = \frac{_{10}P_3}{3!} = \frac{10 \times 9 \times 8}{3 \times 2 \times 1} = \mathbf{120}$$

필수 예제 **30**-7 다음 물음에 답하여라.

(1) $12 \times {}_nC_4 - 9 \times {}_nP_2 = {}_nP_3$ 을 만족하는 자연수 n의 값을 구하여라.

(2) ${}_{15}C_{2r^2+1} = {}_{15}C_{r+4}$ 를 만족하는 자연수 r의 값을 구하여라.

(3) ${}_{n+1}C_{n-2} + {}_{n+1}C_{n-1} = 35$ 를 만족하는 자연수 n의 값을 구하여라.

[정석연구] 다음을 이용한다.

> **정석** ${}_nP_r = n(n-1)(n-2) \times \cdots \times (n-r+1)$
>
> $${}_nC_r = \frac{{}_nP_r}{r!} = \frac{n!}{r!(n-r)!} \quad (0 \le r \le n)$$
>
> $${}_nC_r = {}_nC_{n-r}$$

[모범답안] (1) $12 \times \dfrac{n(n-1)(n-2)(n-3)}{4 \times 3 \times 2 \times 1} - 9n(n-1) = n(n-1)(n-2)$

$n \ge 4$ 에서 $n(n-1) \ne 0$ 이므로 양변을 $n(n-1)$ 로 나누고 정리하면

$$n^2 - 7n - 8 = 0 \quad \therefore (n-8)(n+1) = 0$$

그런데 n은 $n \ge 4$인 자연수이므로 $n = 8$ ← [답]

(2) $2r^2 + 1 = r + 4$ 일 때 $2r^2 - r - 3 = 0$ $\therefore (2r-3)(r+1) = 0$

$2r^2 + 1 = 15 - (r+4)$ 일 때 $2r^2 + r - 10 = 0$ $\therefore (2r+5)(r-2) = 0$

그런데 r는 $0 \le 2r^2 + 1 \le 15$, $0 \le r + 4 \le 15$ 를 만족하는 자연수이므로

$$r = 2 \ \text{←} \ [답]$$

(3) ${}_{n+1}C_{n-2} = {}_{n+1}C_{(n+1)-(n-2)} = {}_{n+1}C_3$, ${}_{n+1}C_{n-1} = {}_{n+1}C_{(n+1)-(n-1)} = {}_{n+1}C_2$

이므로 준 식은 ${}_{n+1}C_3 + {}_{n+1}C_2 = 35$

$$\therefore \frac{(n+1)n(n-1)}{3 \times 2 \times 1} + \frac{(n+1)n}{2 \times 1} = 35 \quad \cdots\cdots ①$$

$$\therefore n^3 + 3n^2 + 2n - 210 = 0 \quad \therefore (n-5)(n^2 + 8n + 42) = 0$$

그런데 n은 $n \ge 2$인 자연수이므로 $n = 5$ ← [답]

*Note ①에서 $n(n+1)(n+2) = 5 \times 6 \times 7$ 이고, n은 자연수이므로 $n = 5$

[유제] **30**-11. 다음 물음에 답하여라.

(1) ${}_nP_4 = 1680$ 일 때, ${}_nC_4$ 의 값을 구하여라.

(2) ${}_nC_5 = 56$ 일 때, ${}_nP_5$ 의 값을 구하여라. [답] (1) **70** (2) **6720**

[유제] **30**-12. 다음 등식을 만족하는 자연수 n의 값을 구하여라.

(1) ${}_{n+2}C_n = 21$

(2) ${}_8C_{n-2} = {}_8C_{2n+1}$

(3) ${}_nP_3 - 2 \times {}_nC_2 = {}_nP_2$

(4) ${}_nC_2 + {}_nC_3 = 2 \times {}_{2n}C_1$

[답] (1) $n = 5$ (2) $n = 3$ (3) $n = 4$ (4) $n = 5$

필수 예제 **30**-8　다음 물음에 답하여라.

(1) $_{n-1}P_r : _nP_r = 3 : 11$, $_nC_r : _{n+1}C_r = 1 : 3$을 동시에 만족하는 자연수 n, r의 값을 구하여라.

(2) $1 \leq r < n$일 때, $_nC_r = _{n-1}C_{r-1} + _{n-1}C_r$가 성립함을 보여라.

[정석연구] 다음을 이용한다.

정석 $0 \leq r \leq n$일 때　$_nP_r = \dfrac{n!}{(n-r)!}$,　$_nC_r = \dfrac{n!}{r!(n-r)!}$

[모범답안] (1) $\dfrac{_{n-1}P_r}{_nP_r} = \dfrac{(n-1)!}{(n-1-r)!} \times \dfrac{(n-r)!}{n!} = \dfrac{n-r}{n} = \dfrac{3}{11}$,

$\dfrac{_nC_r}{_{n+1}C_r} = \dfrac{n!}{r!(n-r)!} \times \dfrac{r!(n+1-r)!}{(n+1)!} = \dfrac{n-r+1}{n+1} = \dfrac{1}{3}$

각각 정리하면　$8n - 11r = 0$, $2n - 3r + 2 = 0$

연립하여 풀면　$n = 11$, $r = 8$ ←── [답]

(2) (우변) $= \dfrac{(n-1)!}{(r-1)!\{(n-1)-(r-1)\}!} + \dfrac{(n-1)!}{r!\{(n-1)-r\}!}$

$= \dfrac{(n-1)!}{(r-1)!(n-r)!} + \dfrac{(n-1)!}{r!(n-r-1)!}$

$= \dfrac{(n-1)!}{(r-1)!(n-r-1)!} \times \left(\dfrac{1}{n-r} + \dfrac{1}{r} \right)$

$= \dfrac{(n-1)!}{(r-1)!(n-r-1)!} \times \dfrac{n}{r(n-r)} = \dfrac{n!}{r!(n-r)!} = {}_nC_r = $ (좌변)

Advice | 조합의 수 $_nC_r$는 $1, 2, 3, \cdots, n-1, n$에서 r개를 택하는 방법의 수와 같다. 이와 같은 조합의 뜻과 연결 지어 (2)는 다음 방법으로 성립함을 보일 수도 있다.

(ⅰ) r개 중에 n이 포함되는 경우 : n을 제외한 나머지 $(n-1)$개의 수 $1, 2, 3, \cdots, n-1$에서 $(r-1)$개를 택하는 경우이므로　$_{n-1}C_{r-1}$

(ⅱ) r개 중에 n이 포함되지 않는 경우 : n을 제외한 나머지 $(n-1)$개의 수 $1, 2, 3, \cdots, n-1$에서 r개를 택하는 경우이므로　$_{n-1}C_r$

(ⅰ), (ⅱ)는 동시에 일어나지 않으므로　$_nC_r = _{n-1}C_{r-1} + _{n-1}C_r$

Note 필수 예제 **30**-1의 (2)도 이와 같은 방법으로 설명할 수 있다.

[유제] **30**-13. 다음 등식을 만족하는 자연수 n, r의 값을 구하여라.

$_nC_{r-1} : _nC_r : _nC_{r+1} = 3 : 4 : 5$　　　[답] $n = 62$, $r = 27$

[유제] **30**-14. $1 \leq r \leq n$일 때, $r \times _nC_r = n \times _{n-1}C_{r-1}$이 성립함을 보여라.

필수 예제 **30**-9   야구 선수 9명, 농구 선수 5명이 있다.

⑴ 이 중에서 3명의 야구 선수와 2명의 농구 선수를 뽑는 방법은 몇 가지인가?

⑵ 이 중에서 5명을 뽑을 때, 야구 선수 대표인 A와 농구 선수 대표인 B가 포함되는 방법은 몇 가지인가?

⑶ 이 중에서 3명을 뽑을 때, 야구 선수와 농구 선수 중에서 각각 적어도 1명의 선수가 포함되는 방법은 몇 가지인가?

[정석연구] ⑶ 전체 경우의 수에서 야구 선수만 뽑는 경우의 수와 농구 선수만 뽑는 경우의 수를 빼면 된다.

정석 「적어도 ···」하면 ⟹ 여집합을 생각한다.

[모범답안] ⑴ 야구 선수 9명 중 3명을 뽑는 방법은 $_9C_3$가지이고, 농구 선수 5명 중 2명을 뽑는 방법은 $_5C_2$가지이므로 구하는 방법은

$$_9C_3 \times _5C_2 = 84 \times 10 = \textbf{840}\,(가지) \leftarrow \boxed{답}$$

⑵ A와 B는 미리 뽑아 놓고, 나머지 12명 중 3명의 선수를 뽑는 방법을 생각하면 되므로 구하는 방법은

$$_{12}C_3 = \textbf{220}\,(가지) \leftarrow \boxed{답}$$

⑶ 전체 선수 14명 중 3명을 뽑는 방법은 $_{14}C_3$가지이고, 야구 선수 9명 중 3명을 뽑는 방법은 $_9C_3$가지이며, 농구 선수 5명 중 3명을 뽑는 방법은 $_5C_3$가지이므로 구하는 방법은

$$_{14}C_3 - (_9C_3 + _5C_3) = 364 - (84 + 10) = \textbf{270}\,(가지) \leftarrow \boxed{답}$$

*Note $_9C_2 \times _5C_1 + _9C_1 \times _5C_2 = \textbf{270}\,(가지)$

[유제] **30**-15. 10명 중에서 5명의 위원을 뽑을 때,

⑴ 특정한 2명이 포함되는 경우의 수를 구하여라.

⑵ 특정한 2명이 포함되지 않는 경우의 수를 구하여라.

$\boxed{답}$ ⑴ **56** ⑵ **56**

[유제] **30**-16. 남학생 5명, 여학생 7명 중 4명의 대표를 뽑을 때,

⑴ 적어도 여학생 1명이 포함되는 방법은 몇 가지인가?

⑵ 적어도 남학생, 여학생 1명씩이 포함되는 방법은 몇 가지인가?

$\boxed{답}$ ⑴ **490**가지 ⑵ **455**가지

[유제] **30**-17. 남녀 합하여 20명인 모임에서 2명의 대표를 선출하는데 적어도 여자 1명이 포함되는 모든 경우의 수가 124라고 한다.

이때, 남자는 몇 명인가? $\boxed{답}$ **12**명

필수 예제 **30**-10 A, B를 포함한 8명 중에서 4명을 뽑아 일렬로 세운다.
   (1) A, B 두 사람을 모두 포함하는 경우의 수를 구하여라.
   (2) A는 포함하고, B는 포함하지 않는 경우의 수를 구하여라.
   (3) A, B 두 사람을 모두 포함하지 않는 경우의 수를 구하여라.
   (4) A, B 두 사람을 모두 포함하고, 또 이웃하는 경우의 수를 구하여라.

[정석연구] 먼저 4명을 뽑는 방법을, 다음에 일렬로 세우는 방법을 생각한다.

$\qquad$ **정석** 먼저 조합의 수를 생각하여라.

[모범답안] (1) 우선 4명을 뽑는 방법은 A, B를
   미리 뽑아 놓고, 나머지 6명 중 2명을 뽑
   는 방법만 생각하면 되므로 $_6C_2$가지이다.
      또, 이들 4명을 일렬로 세우는 방법은
   4!가지이다.
$$\therefore \ _6C_2 \times 4! = 15 \times 24 = \textbf{360} \ \leftarrow \boxed{\text{답}}$$

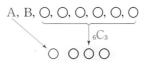

   (2) 우선 4명을 뽑는 방법은 A를 미리 뽑아
   놓고, B는 없는 것으로 생각하고, 나머지
   6명 중 3명을 뽑는 방법만 생각하면 되므
   로 $_6C_3$가지이다.
      또, 이들 4명을 일렬로 세우는 방법은 4!가지이다.
$$\therefore \ _6C_3 \times 4! = 20 \times 24 = \textbf{480} \ \leftarrow \boxed{\text{답}}$$

   (3) 우선 4명을 뽑는 방법은 A, B는 없는 것
   으로 생각하고, 나머지 6명 중 4명을 뽑는
   방법만 생각하면 되므로 $_6C_4$가지이다.
      또, 이들 4명을 일렬로 세우는 방법은
   4!가지이다.
$$\therefore \ _6C_4 \times 4! = 15 \times 24 = \textbf{360} \ \leftarrow \boxed{\text{답}}$$

   (4) A, B를 포함하여 4명을 뽑는 방법은 위의 (1)과 같이 하면 $_6C_2$가지이고,
   이 각각에 대하여 A, B 두 사람이 이웃하는 경우는 $3! \times 2!$가지이다.
$$\therefore \ _6C_2 \times 3! \times 2! = 15 \times 6 \times 2 = \textbf{180} \ \leftarrow \boxed{\text{답}}$$

[유제] **30**-18. 9개의 숫자 1, 2, 3, 4, 5, 6, 7, 8, 9를 사용하여 만들 수 있는
   다섯 자리 자연수는 몇 개인가? 단, 각 자리의 숫자는 모두 다르고, 3개의 홀
   수와 2개의 짝수를 포함해야 한다. $\boxed{\text{답}}$ **7200개**

필수 예제 30-11 10개의 숫자 0, 1, 2, ···, 9 중에서 세 개를 뽑아 만든 세 자리 자연수의 백의 자리 숫자를 a, 십의 자리 숫자를 b, 일의 자리 숫자를 c라고 하자. 이때, 다음 물음에 답하여라.

단, 같은 숫자를 여러 번 뽑아도 된다.

(1) 이 세 자리 자연수는 모두 몇 개인가?

(2) $a>b>c$를 만족하는 자연수는 모두 몇 개인가?

(3) $a≥b≥c$를 만족하는 자연수는 모두 몇 개인가?

[정석연구] (1) 백의 자리에는 0을 뺀 9개가 올 수 있다. 그리고 같은 숫자를 여러 번 뽑을 수 있으므로 십의 자리에는 10개, 일의 자리에는 10개가 올 수 있다.

(2) 이를테면 1, 2, 3 세 숫자를 모두 써서 만들 수 있는 세 자리 자연수는 모두 $_3P_3=3×2×1=6$(개)이지만, 이 중에서 $a>b>c$를 만족하는 경우는 321의 한 가지뿐이다.

곧, 서로 다른 세 수를 뽑은 다음 이것을 크기 순으로 나열해야 하므로 순서를 생각하지 않고 세 수를 뽑는 것과 같다.

정석 순서가 정해진 경우의 수는 $\Longrightarrow$ 조합을 생각한다.

(3) $a>b>c$, $a>b=c$, $a=b>c$, $a=b=c$인 경우로 나누어 생각한다.

[모범답안] (1) $9×10×10=$**900**(개) ← [답]

(2) 서로 다른 10개의 숫자 중에서 서로 다른 3개를 뽑는 경우의 수와 같다.
따라서 조건을 만족하는 자연수는 $_{10}C_3=$**120**(개) ← [답]

(3) $a>b>c$인 경우는 (2)에서 120개

$a>b=c$인 경우는 서로 다른 10개의 숫자 중에서 서로 다른 2개를 뽑는 경우와 같으므로 $_{10}C_2=45$(개)

$a=b>c$인 경우도 $_{10}C_2=45$(개)

$a=b=c$인 경우는 9개

따라서 조건을 만족하는 자연수는
$$120+45+45+9=\mathbf{219}(\text{개}) \leftarrow \boxed{답}$$

[유제] **30**-19. 집합 {1, 2, 3}에서 집합 {1, 2, 3, 4, 5}로의 함수를 f라고 할 때, 다음 물음에 답하여라.

(1) $i<j$이면 $f(i)<f(j)$인 함수 f의 개수를 구하여라.

(2) $i<j$이면 $f(i)≤f(j)$인 함수 f의 개수를 구하여라. [답] (1) **10** (2) **35**

필수 예제 30-12　다음 그림과 같이 가로줄 네 개와 세로줄 다섯 개가
　　　같은 간격으로 수직으로 만나도록 그어져 있다.
　(1) 직사각형의 개수를 구하여라.
　(2) 정사각형이 아닌 직사각형의 개수를 구하
　　　여라.
　(3) 20개의 교점에서 세 점을 택하여 만들 수
　　　있는 삼각형의 개수를 구하여라.

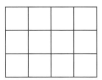

[모범답안] (1) 가로줄 4개 중 2개와 세로줄 5개 중 2개에 의하여 하나의 직사
　　각형이 결정되므로 직사각형의 개수는　$_4C_2 \times _5C_2 = \mathbf{60}$ ← [답]

　(2) 정사각형의 개수는　$4 \times 3 + 3 \times 2 + 2 \times 1 = 20$이므로
　　정사각형이 아닌 직사각형의 개수는　$60 - 20 = \mathbf{40}$ ← [답]

　(3) 20개의 점 중에서 3개의 점을 택하는 방법의 수는 $_{20}C_3$이다.
　　　이 중에서 3개의 점이 같은 직선 위에 있어서 삼각형이 만들어지지 않
　　는 것은 다음 네 경우이다.
　　(i) 직선의 기울기가 0일 때(직선이 가로줄일 때) $_5C_3 \times 4 = 40$
　　(ii) 직선의 기울기가 $\pm\dfrac{1}{2}$일 때　$2 \times 2 = 4$
　　(iii) 직선의 기울기가 ± 1일 때　$2(2 \times _4C_3 + 2) = 2(2 \times 4 + 2) = 20$
　　(iv) 직선이 세로줄일 때　$_4C_3 \times 5 = 4 \times 5 = 20$
　　따라서 삼각형의 개수는　$_{20}C_3 - (40 + 4 + 20 + 20) = \mathbf{1056}$ ← [답]

[유제] **30**-20. 다음 도형 위의 점을 꼭짓점으로 하는 삼각형의 개수를 구하여라.
(1)　　　　　　　　　　　(2)

[답] (1) **31**
(2) **100**

[유제] **30**-21. 평면에서 세 개의 평행선이 이것과 평행하지 않은 다른 네 개
　　의 평행선과 서로 같은 간격으로 만나고 있다.
　(1) 이들로 이루어지는 평행사변형의 개수를 구하여라.
　(2) 마름모가 아닌 평행사변형의 개수를 구하여라.
　(3) 이들 평행선이 만나는 점을 꼭짓점으로 하는 삼각형의 개수를 구하여라.
　　　　　　　　　　　[답] (1) **18**　(2) **10**　(3) **200**

필수 예제 30-13   10명의 학생에게 실험 지도를 하는데 기구가 부족하여 3명, 3명, 4명의 세 조로 나누기로 하였다. 10명 중 2명은 여학생이고, 여학생은 같은 조에 넣기로 할 때, 나누는 방법의 수를 구하여라.

[정석연구] 이를테면 서로 다른 문자 a, b, c, d를 1개, 3개의 두 묶음으로 나누는 경우와 2개, 2개의 두 묶음으로 나누는 경우를 생각해 보자.

(i) 1개, 3개로 나누는 방법

  a, b, c, d에서 1개를 뽑고, 나머지 3개에서 3개를 뽑으면 되므로 곱의 법칙으로부터

   $_4C_1 \times _3C_3$ 가지

(ii) 2개, 2개로 나누는 방법

  a, b, c, d에서 2개를 뽑고, 나머지 2개에서 2개를 뽑으면 $_4C_2 \times _2C_2$ 가지

  이 중에서 같은 것이 2가지씩(엄밀하게는 2! 가지씩) 생기므로 2!로 나누어

   $_4C_2 \times _2C_2 \times \dfrac{1}{2!}$ 가지

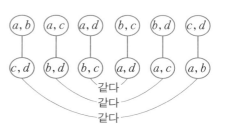

이와 같이 두 묶음으로 나누는 경우 각 묶음에 속한 것의 개수가 같은 경우와 같지 않은 경우는 서로 다르다는 사실을 알 수 있다.

 일반적으로

   정석 같은 수의 묶음이 n개일 때에는 $n!$로 나누어라.

 이를테면 서로 다른 12개를

① 3개, 4개, 5개의 세 묶음으로 나누는 방법은 ⟶ $_{12}C_3 \times _9C_4 \times _5C_5$

② 5개, 5개, 2개의 세 묶음으로 나누는 방법은 ⟶ $_{12}C_5 \times _7C_5 \times _2C_2 \times \dfrac{1}{2!}$

③ 4개, 4개, 4개의 세 묶음으로 나누는 방법은 ⟶ $_{12}C_4 \times _8C_4 \times _4C_4 \times \dfrac{1}{3!}$

가지이다.

 한편 이것은 세 묶음으로 나누는 방법의 수만 생각한 것이고, 이것을 각각 세 사람에게 나누어 주는 방법까지 생각해야 할 때에는 ①, ②, ③의 결과에 각각 3!을 다시 곱해 주어야 한다.

이상을 정리하면 다음과 같다.

정석 서로 다른 n개를 p개, q개, r개$(p+q+r=n)$의
세 묶음으로 나누는 방법의 수는

p, q, r가 서로 다르면 $\implies {}_nC_p \times {}_{n-p}C_q \times {}_rC_r$

p, q, r 중 어느 2개만 같으면 $\implies {}_nC_p \times {}_{n-p}C_q \times {}_rC_r \times \dfrac{1}{2!}$

$p=q=r$이면 $\implies {}_nC_p \times {}_{n-p}C_q \times {}_rC_r \times \dfrac{1}{3!}$

[모범답안] (i) 여학생 2명을 3명의 조에 넣
는 경우에는 남학생 8명을 1명, 3명,
4명의 세 조로 나누는 방법의 수와 같
으므로

$$_8C_1 \times {}_7C_3 \times {}_4C_4 = 8 \times 35 \times 1 = 280$$

(ii) 여학생 2명을 4명의 조에 넣는 경우
에는 남학생 8명을 3명, 3명, 2명의
세 조로 나누는 방법의 수와 같으므로

$$_8C_3 \times {}_5C_3 \times {}_2C_2 \times \frac{1}{2!} = 56 \times 10 \times 1 \times \frac{1}{2} = 280$$

따라서 구하는 방법의 수는
$$280 + 280 = \mathbf{560} \longleftarrow \boxed{\text{답}}$$

[유제] **30**-22. 10명의 학생이 있다.
(1) 4명, 6명의 두 조로 나누는 방법의 수를 구하여라.
(2) 5명, 5명의 두 조로 나누는 방법의 수를 구하여라.

$\boxed{\text{답}}$ (1) **210**   (2) **126**

[유제] **30**-23. 서로 다른 꽃 15 송이가 있다.
(1) 5 송이씩 세 묶음으로 나누는 방법의 수를 구하여라.
(2) 5 송이씩 세 사람에게 나누어 주는 방법의 수를 구하여라.

$\boxed{\text{답}}$ (1) **126126**   (2) **756756**

[유제] **30**-24. 10명의 여행객이 3명, 3명, 4명으로 나누어 세 개의 호텔에
투숙하는 방법의 수를 구하여라.
단, 특정한 2명은 같은 호텔에 투숙한다. $\boxed{\text{답}}$ **3360**

[유제] **30**-25. 8명을 2명씩 네 조로 나눈 다음, 두 조는 시합을 하고 한 조는
심판을 보는 방법의 수를 구하여라. $\boxed{\text{답}}$ **1260**

연습문제 30

기본 **30**-1 네 개의 숫자 1, 2, 3, 4를 일렬로 나열할 때, 이웃한 두 숫자의 차가 2인 쌍이 있는 경우의 수를 구하여라.

30-2 오른쪽 그림과 같이 구분된 6개의 영역에 주어진 5가지 색을 사용하여 칠하려고 한다. 1가지 색은 이웃한 2개 영역에, 나머지 4가지 색은 남은 4개 영역에 각각 한 영역씩 칠할 때, 6개의 영역에 색을 칠하는 방법의 수를 구하여라.

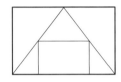

단, 한 점만 닿아 있는 경우 이웃하지 않은 것으로 본다.

30-3 다음 두 식을 동시에 만족하는 자연수 x, y의 값을 구하여라.

$$_x\mathrm{P}_y = 60, \qquad _x\mathrm{C}_y = 10$$

30-4 1, 2학년 학생으로만 구성된 어느 동아리의 1학년 학생 수와 2학년 학생 수는 같다. 이 동아리에서 학년 구분 없이 3명의 대표를 선출하는 경우의 수와 1학년 중 1명, 2학년 중 2명의 대표를 선출하는 경우의 수의 비가 5 : 2일 때, 이 동아리의 학생 수를 구하여라.

30-5 7개의 숫자 1, 2, 3, 4, 5, 6, 7에서 서로 다른 5개의 숫자를 뽑아 다섯 자리 자연수를 만든다. 1과 2를 모두 포함한 것 중에서
(1) 맨 앞자리의 숫자가 1인 것은 몇 개인가?
(2) 양 끝자리의 숫자가 1이 아닌 것은 몇 개인가?

30-6 20개의 자연수 1, 2, 3, $\cdots$, 20에서 서로 다른 세 수를 뽑을 때,
(1) 뽑은 세 수의 곱이 짝수인 경우의 수를 구하여라.
(2) 뽑은 세 수의 곱이 4의 배수인 경우의 수를 구하여라.

30-7 10단의 계단이 있다. 이 곳을 올라가는데 한 번에 한 계단씩 또는 두 계단씩 올라가도 좋고, 한 계단과 두 계단을 섞어서 올라가도 좋다면 올라가는 방법은 몇 가지인가?

30-8 집합 U={1, 2, 3, 4, 5, 6}의 두 부분집합 A, B에 대하여 A∪B=U, A∩B=∅이고, 집합 A에서 집합 B로의 함수 f가 일대일대응일 때, 함수 f의 개수를 구하여라.

30-9 사면체의 여섯 개의 모서리 가운데 몇 개의 모서리를 골라 푸른 색으로 칠하는 방법 중에서 푸른 색의 모서리를 따라 네 꼭짓점이 모두 연결되는 경우의 수를 구하여라.

[실력] **30**-10 다음 두 식을 동시에 만족하는 자연수 m, n의 값을 구하여라.
$$m \times {}_n\mathrm{P}_5 = 72 \times {}_n\mathrm{P}_3, \qquad {}_n\mathrm{P}_6 = m \times {}_n\mathrm{P}_4$$

30-11 6개의 숫자 1, 2, 3, 4, 5, 6에서 서로 다른 4개의 숫자를 뽑아 만든 네 자리 자연수 중에서 다음 두 조건을 만족하는 짝수의 개수를 구하여라.

　　　(개) 백의 자리 숫자가 3이면 일의 자리 숫자는 2가 아니다.
　　　(내) 십의 자리 숫자가 4가 아니면 일의 자리 숫자는 2이다.

30-12 5개의 숫자 0, 1, 3, 5, 7에서 서로 다른 세 수를 택하여 a, b, c라고 할 때, $ax^2 + bx + c = 0$이 이차방정식이 되는 경우의 수를 구하여라. 또, 이 중에서 실근을 가지는 이차방정식이 되는 경우의 수를 구하여라.

30-13 문자 A, B, C, D, E, F를 모두 사용하여 만든 여섯 자리 문자열 중에서 다음 세 조건을 만족하는 문자열의 개수를 구하여라.

　　　(개) A의 바로 다음 자리에 B가 올 수 없다.
　　　(내) B의 바로 다음 자리에 C가 올 수 없다.
　　　(대) C의 바로 다음 자리에 A가 올 수 없다.

30-14 어느 연구소에서는 외부인의 출입을 통제하기 위하여 각 자리의 숫자가 0 또는 1로 이루어진 여섯 자리 숫자열의 비밀번호를 사용하고 있다. 숫자열에 포함된 숫자 중에서 0이 3개이거나, 숫자열에 숫자 1이 연속하여 3개 이상 나오면 이 연구소의 출입문을 통과할 수 있다. 출입문을 통과할 수 있는 서로 다른 비밀번호의 개수를 구하여라.

30-15 1부터 100까지의 자연수 중에서 서로 다른 세 수를 뽑을 때,

(1) 세 수의 합이 짝수가 되는 경우의 수를 구하여라.
(2) 세 수의 합이 3의 배수가 되는 경우의 수를 구하여라.

30-16 다음 왼쪽 그림과 같이 크기가 같은 정육면체 모양의 투명한 상자 12개로 직육면체를 만들었다.

　이 중에서 상자 4개를 같은 크기의 초록색 상자로 바꾸어 넣은 직육면체를 위에서 내려다본 모양이 (개)와 같이 되고, 옆에서 본 모양이 (내)와 같이 되도록 만들 수 있는 방법의 수를 구하여라.

**연습문제
풀이 및 정답**

연습문제 풀이 및 정답

16-1. 점 P의 좌표를 P(x, y)라고 하면
$$\overline{PA}^2+\overline{PB}^2+\overline{PC}^2$$
$$=x^2+(y-3)^2+(x-4)^2+(y-1)^2$$
$$+(x-2)^2+(y+4)^2$$
$$=3x^2+3y^2-12x+46$$
$$=3(x-2)^2+3y^2+34$$
따라서 $x=2$, $y=0$일 때 최소이다.
$$\therefore \ \textbf{P(2, 0)}, \ \textbf{최솟값 34}$$
***Note** $\overline{PA}^2+\overline{PB}^2+\overline{PC}^2$의 값이 최소가 되는 점 P는 $\triangle ABC$의 무게중심이다.

16-2. 두 대각선 AC, BD의 중점이 일치하므로 그 중점의 x좌표는 같다.
$$\therefore \ \frac{a+7}{2}=\frac{b+3}{2}$$
$$\therefore \ a-b+4=0 \qquad \cdots\cdots①$$
또, $\overline{AD}^2=\overline{CD}^2$이므로
$$(3-a)^2+(5-1)^2=(3-7)^2+(5-3)^2$$
$$\therefore \ a=1, \ 5$$
①에 대입하면
$$\textbf{\textit{a}=1, \ \textit{b}=5 \ 또는 \ \textit{a}=5, \ \textit{b}=9}$$

16-3. 수직선 위의 두 점 A(a), B(b)를 생각하자.
p, q, r, s는 각각 선분 AB를
$n : m$으로 내분하는 점,
$m : n$으로 내분하는 점,
$m : n$으로 외분하는 점,
$n : m$으로 외분하는 점
의 좌표이다.
$a< b$, $0< m< n$이므로 $\ \ \boldsymbol{r< q< p< s}$

16-4. 선분 AD가 $\angle$A의 이등분선이므로
$$\overline{BD} : \overline{DC}=\overline{AB} : \overline{AC}$$
그런데
$$\overline{AB}=\sqrt{(2+8)^2+(10+14)^2}=26,$$
$$\overline{AC}=\sqrt{(10-2)^2+(4-10)^2}=10$$
이므로 D는 선분 BC를
$$26 : 10=13 : 5$$
로 내분하는 점이다.
$$\therefore \ D\left(\frac{13\times10+5\times(-8)}{13+5}, \ \frac{13\times4+5\times(-14)}{13+5}\right)$$
$$곧, \ \textbf{D(5, } -1)$$
또, 선분 AD를 $2 : 1$로 내분하는 점 E의 좌표는
$$E\left(\frac{2\times5+1\times2}{2+1}, \ \frac{2\times(-1)+1\times10}{2+1}\right)$$
$$곧, \ \textbf{E}\left(\textbf{4, } \frac{\textbf{8}}{\textbf{3}}\right)$$

16-5.

$\overline{AC} /\!/ \overline{PB}$이므로
$$\overline{OP} : \overline{PA}=\overline{OB} : \overline{BC}$$
$$=\overline{OB} : (\overline{OB}-\overline{OC})$$
$$=\overline{OB} : (\overline{OB}-\overline{OA})$$
$$=3\sqrt{2} : (3\sqrt{2}-\sqrt{2})$$
$$=3 : 2$$
따라서 점 P는 선분 OA를 $3 : 2$로 외분하는 점이므로
$$P\left(\frac{3\times1-2\times0}{3-2}, \ \frac{3\times1-2\times0}{3-2}\right)$$
$$\therefore \ \textbf{P(3, 3)}$$

16-**6**. 변 BC의 중점을 M이라고 하자. G는 선분 AM을 2 : 1로 내분하는 점이므로 $\overline{GM}=2$이다.

△GBC에서 중선정리를 적용하면

$$\overline{GB}^2+\overline{GC}^2=2(\overline{GM}^2+\overline{BM}^2)$$

$$\therefore\ 36+64=2(4+\overline{BM}^2)\ \ \therefore\ \overline{BM}=\sqrt{46}$$

$$\therefore\ \overline{BC}=2\overline{BM}=\boldsymbol{2\sqrt{46}}$$

16-**7**. 점 P의 좌표를 P$(x,\ y)$라고 하면

$$2(x^2+y^2)=(x-3)^2+y^2+x^2+(y-1)^2$$

$$\therefore\ \boldsymbol{y=-3x+5}$$

16-**8**. $l>0$이므로 l^2의 최솟값부터 구한다.

$$l^2=x^2+(y-a)^2$$

$$=4y+y^2-2ay+a^2$$

$$=\{y-(a-2)\}^2+4a-4$$

$y\geq0$이므로

(i) $a\geq2$일 때, l^2은 $y=a-2$에서 최소이고, 최솟값은 $4a-4$이다.

(ii) $0<a<2$일 때, l^2은 $y=0$에서 최소이고, 최솟값은 a^2이다.

그런데 $l>0$이므로 l^2이 최소일 때 l도 최소이다. 따라서 (i), (ii)에서

$\boldsymbol{a\geq2}$일 때 최솟값 $\boldsymbol{2\sqrt{a-1}}$,

$\boldsymbol{0<a<2}$일 때 최솟값 $\boldsymbol{a}$

16-**9**. (i) $0<m<1$일 때

두 점 A, F에서 직선 BC에 내린 수선의 발을 각각 H, H′이라고 하면

$$\overline{AH}:\overline{FH'}=\overline{AB}:\overline{FB}=(1-m):1$$

이므로

$$\overline{FH'}=\frac{1}{1-m}\overline{AH}$$

한편 $\overline{BE}=2\overline{BC}=2\times3\overline{BD}$, 곧 $\overline{BE}=6\overline{BD}$이므로

$$\triangle BEF=\frac{1}{2}\times\overline{BE}\times\overline{FH'}$$

$$=\frac{1}{2}\times6\overline{BD}\times\frac{1}{1-m}\overline{AH}$$

$$=\frac{6}{1-m}\triangle ABD$$

따라서 $\dfrac{6}{1-m}=15$에서　$m=\dfrac{3}{5}$

(ii) $m>1$일 때

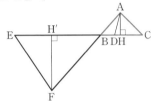

두 점 A, F에서 직선 BC에 내린 수선의 발을 각각 H, H′이라고 하면

$$\overline{AH}:\overline{FH'}=\overline{AB}:\overline{FB}=(m-1):1$$

이므로

$$\overline{FH'}=\frac{1}{m-1}\overline{AH}$$

한편 $\overline{BE}=6\overline{BD}$이므로

$$\triangle BEF=\frac{1}{2}\times\overline{BE}\times\overline{FH'}$$

$$=\frac{1}{2}\times6\overline{BD}\times\frac{1}{m-1}\overline{AH}$$

$$=\frac{6}{m-1}\triangle ABD$$

따라서 $\dfrac{6}{m-1}=15$에서　$m=\dfrac{7}{5}$

(i), (ii)에서　$\boldsymbol{m=\dfrac{3}{5},\ \dfrac{7}{5}}$

*__Note__　점 F는 선분 AB를 m : 1로 외분하므로 $m\neq1$이다.

16-**10**. B$(a,\ b)$, C$(c,\ d)$ $(c>0)$라 하고, 외심 $(2,\ 1)$을 점 P라고 하자.

$\overline{PB}^2=\overline{PA}^2$에서

$$(a-2)^2+(b-1)^2=225\ \ \cdots\cdots ①$$

$\overline{PC}^2=\overline{PA}^2$에서

$(c-2)^2+(d-1)^2=225$ ······②

또, 무게중심의 좌표가 $(3, -1)$이므로

$\dfrac{2+a+c}{3}=3$ $\therefore$ $a=7-c$ ···③

$\dfrac{16+b+d}{3}=-1$

$\therefore$ $b=-19-d$ ······④

③, ④를 ①에 대입하면

$(5-c)^2+(-20-d)^2=225$ ···⑤

②$-$⑤하면 $c-7d-70=0$ ······⑥

⑤, ⑥에서 c를 소거하고 정리하면

$d^2+19d+88=0$

$\therefore$ $d=-8, -11$

이 값을 ⑥에 대입하면 $c=14, -7$

$c>0$이므로 $c=14$, $d=-8$이고, 이

값을 ③, ④에 대입하면

$a=-7$, $b=-11$

$\therefore$ **B$(-7, -11)$, C$(14, -8)$**

16-11. B(a, b), C$(c, d)$$(a<0)$라고

하면 $\triangle ABC$의 무게중심이 원점 O이

므로

$\dfrac{2+a+c}{3}=0$, $\dfrac{2+b+d}{3}=0$

$\therefore$ $\begin{cases} a+c=-2 & \cdots\cdots① \\ b+d=-2 & \cdots\cdots② \end{cases}$

정삼각형의 무게중심과 외심이 일치하

므로 $\overline{OB}=\overline{OC}=\overline{OA}$에서

$a^2+b^2=8$ ······③

$c^2+d^2=8$ ······④

①에서 $c=-a-2$, ②에서

$d=-b-2$를 ④에 대입하면

$(a+2)^2+(b+2)^2=8$ ······⑤

⑤$-$③하면 $a+b+2=0$ ······⑥

③, ⑥에서 b를 소거하고 정리하면

$a^2+2a-2=0$

$a<0$이므로 $a=-1-\sqrt{3}$

$\therefore$ $b=-1+\sqrt{3}$, $c=-1+\sqrt{3}$,

$d=-1-\sqrt{3}$

$\therefore$ **B$(-1-\sqrt{3}, -1+\sqrt{3})$,**

C$(-1+\sqrt{3}, -1-\sqrt{3})$

17-1. $2x-4y-3=0$ ······①

$2x+2y-3=0$ ······②

$4x-2y-9=0$ ······③

②와 ③, ①과 ③, ①과 ②를 각각 연

립하여 풀면

L$\left(2, -\dfrac{1}{2}\right)$, M$\left(\dfrac{5}{2}, \dfrac{1}{2}\right)$, N$\left(\dfrac{3}{2}, 0\right)$

이므로 점 A, B, C의 좌표를 각각

A(x_1, y_1), B(x_2, y_2), C(x_3, y_3)

이라고 하면

$\dfrac{x_1+x_2}{2}=\dfrac{3}{2}$, $\dfrac{x_2+x_3}{2}=2$, $\dfrac{x_3+x_1}{2}=\dfrac{5}{2}$

이것을 풀면

$x_1=2$, $x_2=1$, $x_3=3$

같은 방법으로 하면

$y_1=1$, $y_2=-1$, $y_3=0$

$\therefore$ **A$(2, 1)$, B$(1, -1)$, C$(3, 0)$**

17-2. $a=0$이면 두 직선의 방정식이

$y=0$, $x+2y=-1$

이므로 평행하거나 일치하지 않는다.

곧, $a\neq0$이다.

(1) 두 직선이 평행할 때이므로

$\dfrac{a+1}{a}=\dfrac{a^2+a+2}{a^2-a+2}\neq\dfrac{3a-1}{a^2}$

$\dfrac{a+1}{a}=\dfrac{a^2+a+2}{a^2-a+2}$에서

$a(a^2+a+2)=(a+1)(a^2-a+2)$

$\therefore$ $a=-2, 1$ ······①

$\dfrac{a+1}{a}\neq\dfrac{3a-1}{a^2}$에서

$a(3a-1)\neq a^2(a+1)$

$\therefore$ $a\neq0, 1$ ······②

①, ②에서 $a=-2$

(2) 두 직선이 일치할 때이므로

$\dfrac{a+1}{a}=\dfrac{a^2+a+2}{a^2-a+2}=\dfrac{3a-1}{a^2}$

$$\frac{a+1}{a}=\frac{a^2+a+2}{a^2-a+2}$$ 에서

$$a=-2,\ 1 \qquad \cdots\cdots ③$$

$$\frac{a+1}{a}=\frac{3a-1}{a^2}$$ 에서 $a\neq 0$ 이므로

$$a=1 \qquad \cdots\cdots ④$$

③, ④에서 **$a=1$**

17-3. 다음과 같이 좌표축을 잡는다.

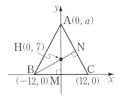

이때, y축 위의 점 H의 좌표는 $(0,\ 7)$ 이고, 두 직선 BN, AC가 수직이므로 기울기의 곱이 -1이다.

$$\therefore\ \frac{7-0}{0-(-12)}\times\frac{a-0}{0-12}=-1$$

$$\therefore\ a=\frac{144}{7}$$

$$\therefore\ \triangle\mathrm{ABC}=\frac{1}{2}\times 24\times\frac{144}{7}=\boldsymbol{\frac{1728}{7}}$$

Note $\triangle$ABC의 각 꼭짓점에서 대변 또는 그 연장선에 그은 세 수선은 한 점 에서 만난다. 이 점을 $\triangle$ABC의 수심 이라고 한다.

17-4. $x-2y+10=0 \qquad \cdots\cdots ①$

$$x+3y-5=0 \qquad \cdots\cdots ②$$

$$2x+4y+1=0 \qquad \cdots\cdots ③$$

①, ②를 연립하여 풀면 $x=-4$, $y=3$이므로 ①, ②의 교점의 좌표는 $(-4,\ 3)$이다.

따라서 ③에 평행한 직선의 방정식은

$$y-3=-\frac{1}{2}(x+4) \quad 곧,\ \boldsymbol{y=-\frac{1}{2}x+1}$$

③에 수직인 직선의 방정식은

$$y-3=2(x+4) \quad 곧,\ \boldsymbol{y=2x+11}$$

17-5.

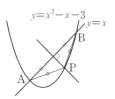

포물선 $y=x^2-x-3$과 직선 $y=x$의 교점의 x좌표는 $x^2-x-3=x$에서

$$x^2-2x-3=0 \quad \therefore\ x=-1,\ 3$$

따라서 $\mathrm{A}(-1,\ -1)$, $\mathrm{B}(3,\ 3)$이다.

점 P는 선분 AB의 수직이등분선과 포 물선의 교점이다.

그런데 선분 AB의 중점이 $(1,\ 1)$이고 직선 AB의 기울기가 1이므로 선분 AB 의 수직이등분선의 방정식은

$$y-1=-1\times(x-1) \quad \therefore\ y=-x+2$$

이 식과 $y=x^2-x-3$에서 y를 소거 하면

$$x^2-x-3=-x+2 \quad \therefore\ x^2=5$$

$$\therefore\ \boldsymbol{a^2=5}$$

17-6. 구하는 직선의 방정식을

$$\frac{x}{a}+\frac{y}{b}=1\ (a>0,\ b>0) \quad \cdots\cdots ①$$

로 놓자.

①은 점 $(4,\ 6)$을 지나므로

$$\frac{4}{a}+\frac{6}{b}=1 \qquad \cdots\cdots ②$$

또, 삼각형의 넓이가 54이므로

$$\frac{1}{2}ab=54 \quad \therefore\ ab=108 \quad \cdots\cdots ③$$

②, ③을 연립하여 풀면

$$a=12,\ b=9\ 또는\ a=6,\ b=18$$

$$\therefore\ \boldsymbol{\frac{x}{12}+\frac{y}{9}=1},\ \boldsymbol{\frac{x}{6}+\frac{y}{18}=1}$$

17-7. 직선 AB의 방정식은

$$y-95=\frac{-3-95}{23-2}(x-2)$$

$$곧,\ y=-\frac{14(x-2)}{3}+95$$

따라서 $x,\ y$가 모두 정수이기 위해서

는 $x-2$가 3의 배수이어야 한다.

한편 점 (x, y)가 선분 AB 위의 점이므로 $2 \leq x \leq 23$이다.

$$\therefore \ x = 2, \ 5, \ 8, \ 11, \ 14, \ 17, \ 20, \ 23$$

따라서 구하는 점의 개수는 **8**

17-**8**. $P(a, 0)$이라고 하면 점 P와 두 직선 사이의 거리가 같으므로

$$\frac{|2a+1|}{\sqrt{2^2+(-1)^2}} = \frac{|a-2|}{\sqrt{1^2+(-2)^2}}$$

$$\therefore \ 2a+1 = \pm(a-2) \quad \therefore \ a = -3, \ \frac{1}{3}$$

$$\therefore \ \mathbf{P(-3, \, 0)}, \ \mathbf{P\!\left(\frac{1}{3}, \, 0\right)}$$

17-**9**. $ax + by = 1$ ······①

        $ax + by = 3$ ······②

①, ②의 기울기가 같으므로 두 직선은 평행하다.

따라서 직선 ① 위의 점 (x_0, y_0)과 직선 ② 사이의 거리

$$l = \frac{|ax_0 + by_0 - 3|}{\sqrt{a^2 + b^2}}$$

이 두 직선 사이의 거리이다.

그런데 조건에서 $a^2 + b^2 = 4$이고, 점 (x_0, y_0)이 ① 위의 점이므로

$$ax_0 + by_0 = 1 \quad \therefore \ l = \frac{|1-3|}{\sqrt{4}} = 1$$

***Note** 두 직선

$$ax + by + c = 0, \ ax + by + c' = 0$$

사이의 거리를 l이라고 하면

$$l = \frac{|c - c'|}{\sqrt{a^2 + b^2}}$$

17-**10**.

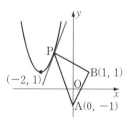

점 P와 직선 AB 사이의 거리가 최소일 때 △ABP의 넓이가 최소이다. 이때, 점 P는 직선 AB에 평행한 직선과 포물선의 접점이다.

직선 AB의 기울기가 $\dfrac{1-(-1)}{1-0} = 2$이므로 접선의 방정식을 $y = 2x + k$로 놓자.

$y = x^2 + 4x + 5$와 $y = 2x + k$에서 y를 소거하면

$$x^2 + 2x + 5 - k = 0 \quad ······①$$

접하므로 $\ D/4 = 1^2 - (5-k) = 0$

$$\therefore \ k = 4$$

①에 대입하면 $\ x^2 + 2x + 1 = 0$

$$\therefore \ x = -1$$

따라서 접점의 좌표는 $\ \mathbf{P(-1, \, 2)}$

한편 직선 AB의 방정식은

$$y = 2x - 1, \ 곧 \ 2x - y - 1 = 0$$

이므로 점 P와 직선 AB 사이의 거리는

$$\frac{|2 \times (-1) - 1 \times 2 - 1|}{\sqrt{2^2 + (-1)^2}} = \sqrt{5}$$

또, $\overline{AB} = \sqrt{(1-0)^2 + (1+1)^2} = \sqrt{5}$

따라서 △ABP의 넓이의 최솟값은

$$\frac{1}{2} \times \sqrt{5} \times \sqrt{5} = \frac{5}{2}$$

***Note** $P(a, \ a^2 + 4a + 5)$이므로 △ABP의 넓이의 최솟값은 **필수 예제 17**-**10**의 공식을 이용하여 구할 수도 있다.

17-**11**. 다음과 같이 좌표축을 잡는다.

점 P의 좌표를 (x, y)라고 하면

$$3(x^2 + y^2) = \{(x-2)^2 + y^2\} + \{(x-2)^2 + (y-2)^2\} + \{x^2 + (y-2)^2\}$$

$$\therefore \ x+y=2$$

그런데 점 P는 사각형의 내부에 있으므로 구하는 점 P의 자취는

대각선 **BD**(점 **B, D**는 제외)

17-12. $\overline{AB}=\sqrt{2^2+5^2}=\sqrt{29}$

또, 직선 AB의 방정식은

$$y-1=\frac{6-1}{3-1}(x-1)$$

$$\therefore \ 5x-2y-3=0$$

점 P의 좌표를 (x, y)라 하고, 점 P에서 직선 AB에 내린 수선의 발을 H라고 하면

$$\overline{PH}=\frac{|5x-2y-3|}{\sqrt{25+4}}$$

$\triangle$PAB의 넓이가 3이므로

$\frac{1}{2}\times\overline{AB}\times\overline{PH}=3$에서

$$\frac{1}{2}\times\sqrt{29}\times\frac{|5x-2y-3|}{\sqrt{29}}=3$$

$$\therefore \ |5x-2y-3|=6$$

따라서 점 P의 자취의 방정식은

$5x-2y-9=0$ 또는 $5x-2y+3=0$

17-13.

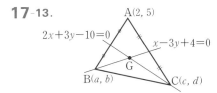

$$x-3y+4=0 \qquad \cdots\cdots①$$
$$2x+3y-10=0 \qquad \cdots\cdots②$$

에서 $x=2$, $y=2$이므로 **G(2, 2)**

또, B(a, b), C(c, d)라고 하면 B는 ① 위의 점, C는 ② 위의 점이므로

$$a-3b+4=0 \qquad \cdots\cdots③$$
$$2c+3d-10=0 \qquad \cdots\cdots④$$

또, 점 G는 무게중심이므로

$$\frac{2+a+c}{3}=2 \qquad \cdots\cdots⑤$$

$$\frac{5+b+d}{3}=2 \qquad \cdots\cdots⑥$$

③, ④에서

$$a=3b-4, \quad c=\frac{10-3d}{2}$$

이것을 ⑤에 대입하고 정리하면

$$2b-d-2=0 \qquad \cdots\cdots⑦$$

⑥, ⑦에서 $b=1$, $d=0$

$$\therefore \ a=-1, \quad c=5$$

$$\therefore \ \mathbf{B(-1, 1)}, \ \mathbf{C(5, 0)}$$

17-14. (1) 준 식을 x에 관하여 정리하면

$$2x^2-3(y+1)x+ay^2+y+1=0 \ \cdots①$$

$$\therefore \ x=\frac{3(y+1)\pm\sqrt{D_1}}{4}$$

단, $D_1=9(y+1)^2-8(ay^2+y+1)$

$$=(9-8a)y^2+10y+1$$

따라서 ①은

$$\left\{x-\frac{3(y+1)+\sqrt{D_1}}{4}\right\}$$

$$\times\left\{x-\frac{3(y+1)-\sqrt{D_1}}{4}\right\}=0$$

이 식이 두 일차식의 곱이 되어야 하므로 $9-8a>0$이고 D_1은 완전제곱식이다.

$D_1=0$의 판별식을 D라고 하면

$$D/4=5^2-(9-8a)=0$$

$$\therefore \ \mathbf{a=-2}$$

(2) 이때, $D_1=(5y+1)^2$이므로

$$x=\frac{3(y+1)\pm(5y+1)}{4}$$

$$\therefore \ y=\frac{1}{2}x-\frac{1}{2}, \ y=-2x+1$$

두 직선의 기울기의 곱이 -1이므로 두 직선은 수직이다. $\therefore \ \mathbf{90°}$

17-15. $4x+y=4 \qquad \cdots\cdots①$

$$mx+y=0 \qquad \cdots\cdots②$$
$$2x-3my=4 \qquad \cdots\cdots③$$

$m=0$이면 ②는 $y=0$, ③은 $x=2$이

므로 세 직선 ①, ②, ③이 삼각형을 만든다. 곧, $m \neq 0$이다.

(ⅰ) 세 직선이 한 점을 지날 때,

①, ②를 연립하여 풀면

$$x = \frac{4}{4-m}, \quad y = \frac{-4m}{4-m} \; (m \neq 4)$$

$(m = 4$일 때 ①, ②는 평행$)$

이것을 ③에 대입하면

$$\frac{8}{4-m} + \frac{12m^2}{4-m} = 4$$

$$\therefore \; 3m^2 + m - 2 = 0 \quad \therefore \; m = -1, \; \frac{2}{3}$$

(ⅱ) 적어도 두 직선이 평행할 때,

①, ②, ③의 기울기는 각각

$$-4, \; -m, \; \frac{2}{3m}$$

이 중 두 개가 평행할 조건은

$$-4 = -m, \quad -4 = \frac{2}{3m}, \quad -m = \frac{2}{3m}$$

m은 실수이므로 $m = 4, \; -\dfrac{1}{6}$

(ⅰ), (ⅱ)로부터

$$\boldsymbol{m = -1, \; -\frac{1}{6}, \; \frac{2}{3}, \; 4}$$

17-16. 직선 m을

$$y = ax \; (a > 0)$$

라고 하면 직선 l은

$$y = 4ax$$

이다.

이때, l과 m이 직선 $x = 1$과 만나는 점을 각각 A, B라고 하면 A$(1, 4a)$, B$(1, a)$이다.

m은 $\angle$AOC의 이등분선이므로

$$\overline{OA} : \overline{OC} = \overline{AB} : \overline{BC} = 3a : a$$
$$= 3 : 1$$

$\overline{OC} = 1$이므로 $\overline{OA} = 3$

따라서 직각삼각형 OAC에서

$$(4a)^2 + 1^2 = 3^2$$

$a > 0$이므로 $a = \dfrac{\sqrt{2}}{2}$

17-17.

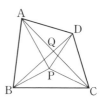

두 대각선 AC, BD의 교점을 Q라고 하면, 임의의 점 P에 대하여

$$\overline{PA} + \overline{PB} + \overline{PC} + \overline{PD}$$
$$= (\overline{PA} + \overline{PC}) + (\overline{PB} + \overline{PD})$$
$$\geq \overline{AC} + \overline{BD} = (\overline{QA} + \overline{QC}) + (\overline{QB} + \overline{QD})$$

따라서 점 P가 점 Q일 때, 네 꼭짓점에 이르는 거리의 합이 최소이다.

직선 AC의 방정식은

$$y = -\frac{6}{5}x + \frac{36}{5} \qquad \cdots\cdots ①$$

직선 BD의 방정식은

$$y = x \qquad \cdots\cdots ②$$

①, ②를 연립하여 풀면

$$x = \frac{36}{11}, \; y = \frac{36}{11} \quad \therefore \; \mathrm{P}\!\left(\frac{36}{11}, \frac{36}{11}\right)$$

17-18. x절편이 p, y절편이 n인 직선의 방정식은 $\dfrac{x}{p} + \dfrac{y}{n} = 1$이다.

이 직선이 점 $(4, 3)$을 지나면

$$\frac{4}{p} + \frac{3}{n} = 1 \quad \therefore \; \frac{3}{n} = \frac{p-4}{p}$$

$$\therefore \; n = \frac{3p}{p-4} = 3 + \frac{12}{p-4}$$

따라서 n이 정수이려면 12가 $p-4$로 나누어 떨어져야 한다. 이 조건을 만족하는 소수 p는 2, 3, 5, 7이고, 이 중 n이 양수인 p는 5 또는 7이다.

따라서 구하는 직선의 개수는 **2**

17-19. A$(0, 0)$, B$(0, b)$, C(a, b),

   D$(a, 0)\,(a > 0,\; b > 0)$

이라고 하자. 이때, $a \neq b$이다.

$\angle$A의 이등분선의 방정식은

$$y = x \qquad \cdots\cdots ①$$

직선 BD의 기울기는 $-\dfrac{b}{a}$ 이므로 점 $C(a,\ b)$를 지나고 $\overline{BD}$에 수직인 직선의 방정식은

$$y-b=\frac{a}{b}(x-a)$$

$$\therefore\ ax-by-a^2+b^2=0\ \cdots\cdots②$$

①과 ②의 교점을 구하면

$$E(a+b,\ a+b)$$

$$\therefore\ \overline{CE}=\sqrt{(a+b-a)^2+(a+b-b)^2}$$

$$=\sqrt{a^2+b^2}$$

한편 $\overline{AC}=\sqrt{a^2+b^2}$ 이므로

$$\overline{CE}=\overline{AC}$$

따라서 △ACE는 이등변삼각형이다.

17-20. 점 A를 원점으로 하고, 직선 AB와 AD를 각각 x축, y축으로 잡는다.

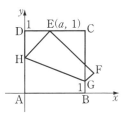

점 $E(a,\ 1)\,(0<a<1)$이라고 하면 직선 HG는 선분 AE의 수직이등분선이므로 직선 HG의 방정식은

$$y=-a\Big(x-\frac{a}{2}\Big)+\frac{1}{2}$$

$$\therefore\ y=-ax+\frac{a^2+1}{2}\ \ \cdots\cdots①$$

$x=0$을 대입하면 $y=\dfrac{a^2+1}{2}$

$$\therefore\ H\Big(0,\ \frac{a^2+1}{2}\Big)$$

$x=1$을 대입하면 $y=\dfrac{a^2-2a+1}{2}$

$$\therefore\ G\Big(1,\ \frac{a^2-2a+1}{2}\Big)$$

사다리꼴 EHGF와 사다리꼴 AHGB는 합동이므로 넓이가 같다.

따라서 사다리꼴 EHGF의 넓이를 S라고 하면

$$S=\frac{1}{2}\,(\overline{AH}+\overline{BG})\times\overline{AB}$$

$$=\frac{1}{2}\Big(\frac{a^2+1}{2}+\frac{a^2-2a+1}{2}\Big)\times1$$

$$=\frac{1}{2}\Big\{\Big(a-\frac{1}{2}\Big)^2+\frac{3}{4}\Big\}$$

따라서 $a=\dfrac{1}{2}$ 일 때 최솟값은 $\dfrac{3}{8}$

17-21. $y=mx-m+1$ $\cdots\cdots①$

①을 m에 관하여 정리하면

$$m(x-1)+1-y=0$$

따라서 ①은 m의 값에 관계없이 점 $(1,\ 1)$을 지난다.

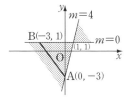

①이 선분 AB와 만나면

$$0\leq m\leq4\ \ \ \ \ \ \cdots\cdots②$$

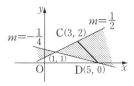

①이 선분 CD와 만나면

$$-\frac{1}{4}\leq m\leq\frac{1}{2}\ \ \ \ \cdots\cdots③$$

②와 ③에서 $0\leq m\leq\dfrac{1}{2}$

17-22. $(k+1)x+(k-2)y-4k-1=0$ $\cdots\cdots①$

을 k에 관하여 정리하면

$$(x+y-4)k+(x-2y-1)=0$$

①은 k의 값에 관계없이 두 직선

$$x+y-4=0,\ \ \ x-2y-1=0$$

의 교점 A(3, 1)을 지난다.

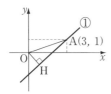

원점에서 직선 ①에 내린 수선의 발을 H라고 하면

$$f(k)=\overline{\text{OH}}\leq\overline{\text{OA}}$$

이므로 $f(k)$의 최댓값은 $\overline{\text{OA}}$이고, 이때 직선 ①은 직선 OA와 수직이다.

따라서 최댓값은 $\overline{\text{OA}}=\sqrt{9+1}=\sqrt{10}$

17-23.

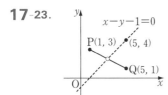

(1) $x-2y+3=0$, $x-y-1=0$을 연립하여 풀면

$$x=5,\ y=4 \quad \therefore\ \textbf{(5, 4)}$$

(2) 직선 l은

$$(m+1)x-(m+2)y-m+3=0$$

이므로 l이 직선 $x-y-1=0$과 일치할 조건은

$$\frac{m+1}{1}=\frac{-(m+2)}{-1}=\frac{-m+3}{-1}$$

이지만, 이것을 만족하는 m의 값은 없다.

따라서 직선 l은 직선

$$x-y-1=0 \qquad\cdots\cdots①$$

을 나타낼 수 없다.

한편 직선 PQ의 방정식은

$$y=-\frac{1}{2}x+\frac{7}{2} \qquad\cdots\cdots②$$

따라서 직선 l은 직선 ①, ②의 교점인 **(3, 2)**를 지나지 않는다.

17-24.

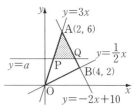

삼각형의 세 꼭짓점은

$$\text{O}(0,\ 0),\ \text{A}(2,\ 6),\ \text{B}(4,\ 2)$$

이다.

직선 $y=a$가 점 B(4, 2)를 지날 때 변 OA와 만나는 점은 변 OA의 중점 (1, 3)보다 아래쪽에 있으므로 직선 $y=a$가 선분 AB와 만나는 경우에 △OAB의 넓이를 이등분할 수 있다.

직선 $y=a$와 변 OA, AB의 교점을 각각 P, Q라고 하면

$$\text{P}\Big(\frac{a}{3},\ a\Big),\ \text{Q}\Big(\frac{10-a}{2},\ a\Big)$$

이므로

$$\begin{aligned}\triangle\text{APQ}&=\frac{1}{2}\times\Big(\frac{10-a}{2}-\frac{a}{3}\Big)\times(6-a)\\&=\frac{5}{12}(6-a)^2\end{aligned}$$

한편 $\triangle\text{OAB}=\frac{1}{2}\big|2\times2-4\times6\big|=10$

따라서 $\triangle\text{APQ}=\frac{1}{2}\triangle\text{OAB}$에서

$$\frac{5}{12}(6-a)^2=\frac{1}{2}\times10$$

$$\therefore\ (6-a)^2=12 \quad \therefore\ 6-a=\pm2\sqrt{3}$$

$2<a<6$이므로 $\boldsymbol{a=6-2\sqrt{3}}$

17-25. 정삼각형의 세 꼭짓점을

$$\text{A}(x_1,\ y_1),\ \text{B}(x_2,\ y_2),\ \text{C}(x_3,\ y_3)$$

이라고 하면 삼각형의 넓이 S는

$$\begin{aligned}\text{S}=\frac{1}{2}\big|&(x_1-x_2)y_3+(x_2-x_3)y_1\\&+(x_3-x_1)y_2\big|\end{aligned}$$

⇦ 필수 예제 **17**-10

한편 $\text{S}=\dfrac{\sqrt{3}}{4}\overline{\text{AB}}^2$

$$= \frac{\sqrt{3}}{4}\left\{(x_1-x_2)^2+(y_1-y_2)^2\right\}$$

$$\therefore \; 2\left|(x_1-x_2)y_3+(x_2-x_3)y_1+(x_3-x_1)y_2\right|$$
$$=\sqrt{3}\left\{(x_1-x_2)^2+(y_1-y_2)^2\right\} \cdots ①$$

여기에서 x_1, x_2, x_3, y_1, y_2, y_3이 모두 유리수이면 ①은

(양의 유리수)$=\sqrt{3}\times$(양의 유리수)

의 꼴이 되어 모순이다.

따라서 세 꼭짓점의 x, y좌표가 모두 유리수인 정삼각형은 존재하지 않는다.

*__Note__ 정삼각형의 세 꼭짓점을

A$(x_1,\ y_1)$, B$(x_2,\ y_2)$, C$(0,\ 0)$

이라 하고, 다음을 이용해도 된다.

$$S=\frac{1}{2}\left|x_1y_2-x_2y_1\right|$$

17-26. (1) $x+y-1=0$ $\cdots\cdots$①
$$x-2y+2=0 \quad\cdots\cdots②$$
$$2x-y-2=0 \quad\cdots\cdots③$$

①과 ②, ②와 ③, ③과 ①의 교점을 각각 A, B, C라고 하면

A$(0,\ 1)$, B$(2,\ 2)$, C$(1,\ 0)$

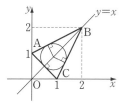

△ABC의 세 내각의 이등분선이 만나는 점이 내심이므로 내심은 제1사분면의 직선 $y=x$ 위에 있다.

따라서 내심을 점 $(a,\ a)$로 놓으면 이 점에서 각 변에 이르는 거리가 같으므로

$$\frac{|a+a-1|}{\sqrt{1^2+1^2}}=\frac{|a-2a+2|}{\sqrt{1^2+(-2)^2}}$$
$$=\frac{|2a-a-2|}{\sqrt{2^2+(-1)^2}} \cdots④$$

$$\therefore \; \frac{2a-1}{\sqrt{2}}=\pm\frac{a-2}{\sqrt{5}}$$

$a>0$이므로 $a=\dfrac{2+\sqrt{10}}{6}$

$\therefore$ 내심 : $\left(\dfrac{2+\sqrt{10}}{6},\ \dfrac{2+\sqrt{10}}{6}\right)$

(2) 위의 a의 값을 ④에 대입하면 내접원의 반지름의 길이는

$$\frac{2\sqrt{5}-\sqrt{2}}{6}$$

17-27.

$$P(t,\ t^2)\ (t>0)$$이라고 하면

직선 OP의 방정식은 $y=tx$

직선 OQ는 직선 OP와 수직이므로

직선 OQ의 방정식은 $y=-\dfrac{1}{t}x$

따라서 점 Q의 x좌표는 방정식

$x^2=-\dfrac{1}{t}x$의 0이 아닌 해이다.

곧, $x=-\dfrac{1}{t}$에서 $Q\left(-\dfrac{1}{t},\ \dfrac{1}{t^2}\right)$

M$(x,\ y)$라고 하면
$$x=\frac{1}{2}\left(t-\frac{1}{t}\right),\ y=\frac{1}{2}\left(t^2+\frac{1}{t^2}\right)$$
에서
$$x^2=\frac{1}{4}\left(t^2-2+\frac{1}{t^2}\right)$$
$$=\frac{1}{4}(2y-2)=\frac{1}{2}y-\frac{1}{2}$$
$$\therefore \; \boldsymbol{y=2x^2+1}$$

*__Note__ $t>0$일 때 $x=\dfrac{1}{2}\left(t-\dfrac{1}{t}\right)$은 모든 실수를 가지므로 $y=2x^2+1$은 모든 실수 x에 대하여 정의된다. 이에 관해서는 p. 228, 230에서 공부한다.

17-28. P$(\alpha,\ \alpha^2)$, Q$(\beta,\ \beta^2)$이라고 하자.

점 P에서의 접선의 방정식을
$y=m(x-\alpha)+\alpha^2$이라고 하면
$$x^2=m(x-\alpha)+\alpha^2$$
곧, $x^2-mx+m\alpha-\alpha^2=0$
이 방정식이 중근을 가져야 하므로
$$D=(-m)^2-4(m\alpha-\alpha^2)=0$$
$$\therefore (m-2\alpha)^2=0 \quad \therefore m=2\alpha$$
따라서 점 P에서의 접선의 방정식은
$$y=2\alpha x-\alpha^2 \qquad \cdots\cdots①$$
같은 방법으로 하면 점 Q에서의 접선
의 방정식은
$$y=2\beta x-\beta^2 \qquad \cdots\cdots②$$
교점을 구하기 위하여 ①, ②에서 y를
소거하면
$$2\alpha x-\alpha^2=2\beta x-\beta^2$$
$$\therefore 2(\alpha-\beta)x=(\alpha+\beta)(\alpha-\beta)$$
$\alpha\neq\beta$이므로 $x=\dfrac{\alpha+\beta}{2}$ $\quad\therefore y=\alpha\beta$
그런데 ①, ②는 수직이므로
$$2\alpha\times2\beta=-1 \quad \therefore \boldsymbol{y=-\dfrac{1}{4}}$$

17-29.

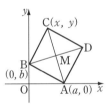

(1) $\triangle OAB=\dfrac{1}{2}$이므로 $\dfrac{1}{2}ab=\dfrac{1}{2}$
$$\therefore ab=1$$
따라서 $a+b=t$라고 하면 a, b는
방정식 $x^2-tx+1=0$의 두 근이다.
a, b가 양수이므로
$$t>0, \ D=t^2-4\geqq0$$
$$\therefore t\geqq2 \quad \therefore \boldsymbol{a+b\geqq2}$$
(2) 점 C의 좌표를 (x, y)라고 하면
$x>0$, $y>0$이고, $\overline{BC}=\overline{AB}$이므로
$$x^2+(y-b)^2=a^2+b^2 \cdots\cdots①$$

$\overline{BC}\perp\overline{AB}$이므로
$$\dfrac{y-b}{x}\times\left(-\dfrac{b}{a}\right)=-1 \cdots\cdots②$$
①, ②에서 y를 소거하면 $x^2=b^2$
$x>0$, $b>0$이므로 $x=b$
$$\therefore y=a+b \quad \therefore C(b, a+b)$$
$$\therefore M\left(\dfrac{a+b}{2}, \dfrac{a+b}{2}\right)$$
곧, 점 M의 x, y좌표가 항상 같으
므로 점 M은 직선 $y=x$ 위에 있다.
그런데 $a+b\geqq2$이므로 점 M의 자
취의 방정식은
$$y=x \ (x\geqq1)$$
이다. 따라서 그 그래프는 아래와 같다.

17-30. 다음과 같이 좌표축을 잡는다.

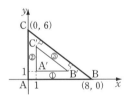

점 P의 자취는 직선 ①, ②, ③으로 만
들어지는 삼각형이다.
①과 ②는 두 변 AB와 AC에 각각
평행하고, x축, y축으로부터 거리가 1
이므로
$$x=1, \ y=1$$
또, ③은 직선 BC와 평행하므로
$$y=-\dfrac{3}{4}x+b \quad 곧, \ 3x+4y-4b=0$$
의 꼴이고, 직선 BC 위의 점 B(8, 0)과
이 직선 사이의 거리가 1이므로
$$\dfrac{|3\times8+4\times0-4b|}{\sqrt{3^2+4^2}}=1 \quad \therefore b=\dfrac{19}{4}, \ \dfrac{29}{4}$$

$b<6$이므로 $b=\dfrac{19}{4}$이고, 이때 ③은

$$3x+4y-19=0$$

①, ②, ③의 교점을 구하면

$$A'(1,\,1),\ B'(5,\,1),\ C'(1,\,4)$$

이므로 점 P의 자취의 길이는

$$\overline{A'B'}+\overline{B'C'}+\overline{C'A'}=4+5+3=\mathbf{12}$$

*__Note__

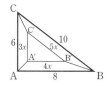

△ABC와 △A′B′C′은 닮은 삼각형이므로 △A′B′C′의 세 변의 길이를 $3x$, $4x$, $5x$로 놓을 수 있다. 이때,

$$△ABC=□AA'C'C+□AA'B'B$$
$$+□BB'C'C+△A'B'C'$$

임을 이용하여 x의 값을 구할 수도 있다.

18-1. (1) 반지름의 길이를 r라고 하면 제1사분면의 점 $(2,\,1)$을 지나고 x축, y축에 접하므로 중심은 점 $(r,\,r)$이다.

$$\therefore\ (x-r)^2+(y-r)^2=r^2$$

이 원이 점 $(2,\,1)$을 지나므로

$$(2-r)^2+(1-r)^2=r^2\quad\therefore\ r=1,\,5$$

$$\therefore\ \boldsymbol{(x-1)^2+(y-1)^2=1},$$
$$\boldsymbol{(x-5)^2+(y-5)^2=25}$$

(2) 중심을 점 $(a,\,b)$라고 하면

$$(x-a)^2+(y-b)^2=25$$

이 원이 두 점 $(6,\,4)$, $(3,\,-5)$를 지나므로

$$(6-a)^2+(4-b)^2=25,$$
$$(3-a)^2+(-5-b)^2=25$$

연립하여 풀면

$$a=3,\ b=0\ 또는\ a=6,\ b=-1$$

$$\therefore\ \boldsymbol{(x-3)^2+y^2=25},$$
$$\boldsymbol{(x-6)^2+(y+1)^2=25}$$

(3) $(x-2)^2+(y+3)^2=16$이므로 중심은 점 $(2,\,-3)$이다.

따라서 구하는 원의 반지름의 길이를 r라고 하면

$$(x-2)^2+(y+3)^2=r^2$$

이 원이 원점을 지나므로

$$(0-2)^2+(0+3)^2=r^2\quad\therefore\ r^2=13$$

$$\therefore\ \boldsymbol{(x-2)^2+(y+3)^2=13}$$

(4) 반지름의 길이를 r라고 하면 점 $(3,\,0)$에서 x축에 접하므로 중심은 점 $(3,\,r)$ 또는 점 $(3,\,-r)$이다. 이때, 점 $(0,\,2)$를 지나므로 중심은 점 $(3,\,r)$이다.

$$\therefore\ (x-3)^2+(y-r)^2=r^2$$

이 원이 점 $(0,\,2)$를 지나므로

$$(0-3)^2+(2-r)^2=r^2\quad\therefore\ r=\dfrac{13}{4}$$

$$\therefore\ \boldsymbol{(x-3)^2+\left(y-\dfrac{13}{4}\right)^2=\dfrac{169}{16}}$$

18-2. 원의 중심을 C라고 하면

$$C\!\left(\dfrac{x_1+x_2}{2},\,\dfrac{y_1+y_2}{2}\right)$$

또, 반지름의 길이를 r라고 하면

$$r=\dfrac{1}{2}\overline{AB}$$
$$=\dfrac{1}{2}\sqrt{(x_2-x_1)^2+(y_2-y_1)^2}$$

$$\therefore\ \left(x-\dfrac{x_1+x_2}{2}\right)^2+\left(y-\dfrac{y_1+y_2}{2}\right)^2$$
$$=\dfrac{(x_2-x_1)^2+(y_2-y_1)^2}{4}$$

$$\therefore\ x^2-x(x_1+x_2)+x_1x_2$$
$$+y^2-y(y_1+y_2)+y_1y_2=0$$

$$\therefore\ (x-x_1)(x-x_2)+(y-y_1)(y-y_2)=0$$

*__Note__　원의 성질을 이용하면 더욱 간단히 증명할 수 있다.

곧, 원 위의 임의의 점을 $P(x,\,y)$라고 하면 점 P가 점 A 또는 점 B와 일치하지 않을 때, 직선 PA, PB의 기울기는 각각

$$\dfrac{y-y_1}{x-x_1},\ \dfrac{y-y_2}{x-x_2}$$

그런데 선분 AB가 지름이므로

$$\overline{\mathrm{PA}} \perp \overline{\mathrm{PB}}$$

$$\therefore \frac{y-y_1}{x-x_1} \times \frac{y-y_2}{x-x_2} = -1$$

$$\therefore (x-x_1)(x-x_2)$$
$$+(y-y_1)(y-y_2)=0 \ \cdots ①$$

또, 점 A와 B는 ①을 만족한다.

18-3. 준 식에서

$$(x+m-1)^2+(y-m)^2=3-2m-m^2$$

따라서 원을 나타내기 위해서는

$$3-2m-m^2>0 \quad \therefore -3<m<1$$

또, $3-2m-m^2=-(m+1)^2+4$

이므로 반지름의 길이가 최대가 되는 m 의 값은 $\boldsymbol{m=-1}$

18-4. 반지름의 길이를 r 라고 하면 제1 사분면의 점 (3, 2)를 지나고, x축과 y 축에 접하므로 중심은 점 (r, r)이다.

따라서 원의 방정식은

$$(x-r)^2+(y-r)^2=r^2$$

이 원이 점 (3, 2)를 지나므로

$$(3-r)^2+(2-r)^2=r^2$$

$$\therefore r^2-10r+13=0 \quad \cdots\cdots①$$

이 방정식의 두 근을 α, β라고 하면 α, β는 두 원의 반지름의 길이이고

$$\alpha+\beta=10, \quad \alpha\beta=13$$

(1) 두 원의 넓이의 합을 S라고 하면

$$\mathrm{S}=\pi\alpha^2+\pi\beta^2=\pi(\alpha^2+\beta^2)$$
$$=\pi\{(\alpha+\beta)^2-2\alpha\beta\}$$
$$=\pi(10^2-2\times13)=\boldsymbol{74\pi}$$

(2) 두 원의 중심은 각각 점 (α, α), (β, β) 이므로 두 원의 중심 사이의 거리를 d 라고 하면

$$d^2=(\beta-\alpha)^2+(\beta-\alpha)^2$$
$$=2(\beta-\alpha)^2=2\{(\alpha+\beta)^2-4\alpha\beta\}$$
$$=2(10^2-4\times13)=96$$

$d>0$이므로 $d=\boldsymbol{4\sqrt{6}}$

****Note*** ①의 두 근이 간단할 때에는 직

접 두 근을 구하여 풀어도 된다.

18-5. 구하는 원의 방정식을

$$x^2+y^2+ax+by+c=0 \quad \cdots\cdots①$$

이라고 하면 ①은 두 점 (1, 2), (3, 4)를 지나므로

$$1+4+a+2b+c=0 \quad \cdots\cdots②$$
$$9+16+3a+4b+c=0 \quad \cdots\cdots③$$

또, ①에 $y=0$을 대입하면

$$x^2+ax+c=0$$

이 방정식의 두 근의 차가 6이므로

$$\sqrt{a^2-4c}=6$$

$$\therefore a^2-4c=36 \quad \cdots\cdots④$$

②, ③, ④를 연립하여 풀면

$$a=-8, \quad b=-2, \quad c=7$$

또는 $a=12, \quad b=-22, \quad c=27$

①에 대입하면

$$\boldsymbol{x^2+y^2-8x-2y+7=0,}$$
$$\boldsymbol{x^2+y^2+12x-22y+27=0}$$

****Note*** 이차방정식 $x^2+ax+c=0$의 두 근을 α, $\beta\,(\alpha>\beta)$라고 하면

$$\alpha+\beta=-a, \quad \alpha\beta=c$$

이므로

$$(\alpha-\beta)^2=(\alpha+\beta)^2-4\alpha\beta=a^2-4c$$

$$\therefore \alpha-\beta=\sqrt{a^2-4c}$$

18-6. 두 점 (1, 5), (−3, 2)를 지나는 직 선의 기울기는 $\dfrac{3}{4}$이므로, 이것에 수직인 직선의 기울기는 $-\dfrac{4}{3}$이다.

접선의 방정식을 $y=-\dfrac{4}{3}x+b$로 놓으면

$$4x+3y-3b=0 \quad \cdots\cdots①$$

그런데 원의 중심 (1, −3)과 ① 사이의 거리가 1이므로

$$\frac{|4-9-3b|}{\sqrt{4^2+3^2}}=1 \quad \therefore |-5-3b|=5$$

$$\therefore b=0, \quad -\frac{10}{3}$$

①에 대입하면

$$4x+3y=0, \quad 4x+3y+10=0$$

Note　판별식을 이용하여 풀어도 된다.

18-7. 아래 그림과 같이 직선 OP가 원 O_1에 접할 때, 선분 AB의 길이는 최소가 된다.

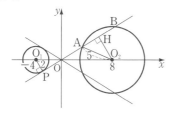

직선 OP의 방정식을 $y=mx$ 라고 하면 원 O_1의 중심 $(-4, 0)$과 직선 $mx-y=0$ 사이의 거리가 2이므로

$$\frac{|-4m|}{\sqrt{m^2+1}}=2 \quad \therefore \ m=\pm\frac{1}{\sqrt{3}}$$

따라서 직선 OP의 방정식은

$$y=\pm\frac{1}{\sqrt{3}}x \quad 곧, \quad x\pm\sqrt{3}\,y=0$$

원 O_2의 중심 $(8, 0)$에서 직선 $x\pm\sqrt{3}\,y=0$에 내린 수선의 발을 H라고 하면

$$\overline{O_2H}=\frac{|8|}{\sqrt{1+3}}=4$$

또, $\overline{O_2A}=5$이므로

$$\overline{AH}=\sqrt{5^2-4^2}=3$$

$\overline{AB}=2\overline{AH}=6$이므로 구하는 길이의 최솟값은 **6**

Note　$\overline{O_2H}$는 다음과 같이 구할 수도 있다.

$\triangle O_1PO \backsim \triangle O_2HO$이므로

$$\overline{O_1P}:\overline{O_2H}=\overline{OO_1}:\overline{OO_2}$$

$$\therefore \ 2:\overline{O_2H}=4:8 \quad \therefore \ \overline{O_2H}=4$$

18-8. 직선 $x=2$가 원과 만나서 생기는 현의 길이는 $2\sqrt{6}$ 이므로 직선 $x=2$는

주어진 조건을 만족한다.

또, 점 $(2, 1)$을 지나고 조건을 만족하는 직선의 방정식을

$$y-1=m(x-2) \quad\quad \cdots\cdots ①$$

로 놓을 때, 원점에서 이 직선에 내린 수선의 발을 H라고 하면 아래 그림에서

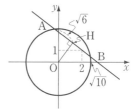

$$\overline{AH}=\sqrt{6}, \ \overline{OA}=\sqrt{10}$$

$$\therefore \ \overline{OH}=\sqrt{(\sqrt{10})^2-(\sqrt{6})^2}=2$$

따라서 원의 중심 O와 직선 $mx-y-2m+1=0$ 사이의 거리가 2 이다.

$$\therefore \ \frac{|-2m+1|}{\sqrt{m^2+1}}=2$$

$$\therefore \ (2m-1)^2=4(m^2+1) \quad \therefore \ m=-\frac{3}{4}$$

①에 대입하면　$y-1=-\dfrac{3}{4}(x-2)$

$$\therefore \ x=2, \quad 3x+4y-10=0$$

Note　①은 x축에 수직인 직선을 나타내지 않으므로 직선 $x=2$와 원이 만나서 생기는 현이 주어진 조건을 만족하는지 확인해야 한다.

18-9. (1) 원의 중심을 C라고 하면 $\triangle PTC$는 $\angle PTC=90°$인 직각삼각형이다.

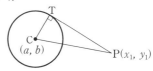

$$\therefore \ \overline{PT}^2=\overline{PC}^2-\overline{CT}^2$$

$$=\{(x_1-a)^2+(y_1-b)^2\}-r^2$$

$$=(x_1-a)^2+(y_1-b)^2-r^2$$

Note 원 $x^2+y^2+Ax+By+C=0$
밖의 한 점 P$(x_1,\ y_1)$에서 그은 접선
의 접점을 T라고 하면
$$\overline{\mathrm{PT}}^2=x_1{}^2+y_1{}^2+Ax_1+By_1+C$$

(2) $(x-2)^2+(y-3)^2=4$에서
$$(x-2)^2+(y-3)^2-4=0$$
따라서 접선의 길이를 l이라고 하면
$$l^2=(6-2)^2+(8-3)^2-4=37$$
$$\therefore\ l=\sqrt{37}$$

(3)

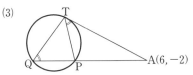

점 A에서 원에 그은 접선의 접점을
T라고 하자.
△AQT와 △ATP에서
$$\angle AQT=\angle ATP,\ \angle A는\ 공통$$
이므로
$$\triangle AQT \backsim \triangle ATP\ (AA\ 닮음)$$
$$\therefore\ \overline{AT}:\overline{AP}=\overline{AQ}:\overline{AT}$$
$$\therefore\ \overline{AT}^2=\overline{AP}\times\overline{AQ}\ \ \ \cdots\cdots①$$
그런데 $\overline{AP}:\overline{PQ}=2:1$이므로
$$\overline{AP}=\frac{2}{3}\overline{AQ}\ \ \ \therefore\ \overline{AQ}=\frac{3}{2}\overline{AP}$$
①에 대입하면
$$\overline{AT}^2=\frac{3}{2}\overline{AP}^2\ \ \ \cdots\cdots②$$
한편 (1)의 *Note*를 활용하면
$$\overline{AT}^2=6^2+(-2)^2-2\times6+2\times(-2)-2$$
$$=22$$
이므로 ②에 대입하면
$$\overline{AP}^2=\frac{44}{3}\ \ \ \therefore\ \overline{AP}=\frac{2\sqrt{33}}{3}$$

18-10. 접선의 방정식을 $y=ax+b$라고
하자.
포물선 $y=2x^2$에 접하므로

$$2x^2=ax+b,\ 곧\ 2x^2-ax-b=0$$
에서 $D=a^2+8b=0$　　　$\cdots\cdots①$
또, 원 $x^2+(y+1)^2=1$에 접하므로 원
의 중심 $(0,\ -1)$과 접선 사이의 거리가
1이다.
$$\therefore\ \frac{|1+b|}{\sqrt{1+a^2}}=1$$
$$\therefore\ (1+b)^2=1+a^2\ \ \ \cdots\cdots②$$
①, ②에서 a^2을 소거하면
$$(1+b)^2=1-8b\ \ \ \therefore\ b=0,\ -10$$
$b=0$일 때 $a=0$　$\therefore\ \boldsymbol{y=0}$
$b=-10$일 때 $a^2=80$　$\therefore\ a=\pm4\sqrt{5}$
$$\therefore\ \boldsymbol{y=\pm4\sqrt{5}\,x-10}$$

18-11. (i) 공통외접선의 길이

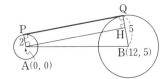

$$\overline{AB}=\sqrt{12^2+5^2}=13이므로$$
$$\overline{PQ}=\overline{AH}=\sqrt{\overline{AB}^2-\overline{BH}^2}$$
$$=\sqrt{13^2-(5-2)^2}=4\sqrt{10}$$

(ii) 공통내접선의 길이

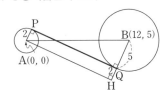

$$\overline{PQ}=\overline{AH}=\sqrt{\overline{AB}^2-\overline{BH}^2}$$
$$=\sqrt{13^2-(5+2)^2}=2\sqrt{30}$$

18-12.

두 원의 중심을 지나는 직선은 선분 AB를 수직이등분한다.

선분 AB의 중점이 점 $(3, 3)$이고 직선 AB의 기울기가 $\dfrac{1-5}{4-2}=-2$이므로 두 원의 중심을 지나는 직선의 방정식은

$$y=\frac{1}{2}(x-3)+3$$
$$\therefore\ y=\frac{1}{2}x+\frac{3}{2} \qquad\cdots\cdots①$$

두 공통외접선 중 하나는 직선 $y=0$ (x축)이므로 ①에 $y=0$을 대입하면

$$x=-3$$

따라서 교점의 좌표는 $(-3, 0)$

Note 두 원의 중심을 지나는 직선과 두 공통외접선은 한 점에서 만난다.

18-13. $x^2+y^2=r^2$은 중심이 점 $(0, 0)$이고 반지름의 길이가 r인 원이다.

또, $(x-3)^2+(y-4)^2=3^2$은 중심이 점 $(3, 4)$이고 반지름의 길이가 3인 원이다.

(1) $\sqrt{3^2+4^2}=|r-3|$에서 $r=8$

(2) 두 원이 서로 밖에 있을 때,
$$\sqrt{3^2+4^2}>r+3 \quad \therefore\ 0<r<2$$
한 원이 다른 원을 포함할 때,
$$\sqrt{3^2+4^2}<|r-3|$$
$r>0$이므로 $r>8$
$$\therefore\ 0<r<2,\ r>8$$

18-14.

두 원이 직교하면 교점에서 각각의 접선이 서로 수직이므로 교점에서 그은 한

원의 접선이 다른 원의 중심을 지난다.

따라서 두 원의 중심과 교점은 직각삼각형을 이룬다.

두 원의 중심은 각각 점 $(a, 0)$, $(0, a)$이므로 두 원의 중심 사이의 거리는

$$\sqrt{a^2+a^2}=\sqrt{2}\,a$$

또한 두 원의 반지름의 길이가 각각 $\sqrt{2}$, 2이므로

$$(\sqrt{2}\,a)^2=(\sqrt{2})^2+2^2$$
$a>0$이므로 $a=\sqrt{3}$

18-15. 구하는 원의 반지름의 길이를 r라고 하면 조건에 맞는 원의 중심은 제 1사분면에 있으므로 중심은 점 (r, r)이다.

두 원이 외접하면 중심 사이의 거리가 두 원의 반지름의 길이의 합과 같으므로

$$\sqrt{(7-r)^2+(6-r)^2}=r+2$$

양변을 제곱하여 정리하면

$$r^2-30r+81=0$$
$$\therefore\ r=3,\ 27$$

따라서 구하는 원의 방정식은
$$(x-3)^2+(y-3)^2=3^2,$$
$$(x-27)^2+(y-27)^2=27^2$$

18-16. 두 원 모두 중심이 y축 위에 있지 않으므로 구하는 원의 방정식을
$$(x^2+y^2+4x-8y-28)m$$
$$+(x^2+y^2-4x+6y-12)=0$$
$$(m\neq-1)$$
으로 놓을 수 있다.

이 식을 정리하면
$$(m+1)x^2+(4m-4)x+(m+1)y^2$$
$$+(6-8m)y-12-28m=0 \quad\cdots①$$
구하는 원의 중심의 x좌표는 0이므로 x의 계수는 0이다.
$$\therefore\ 4m-4=0 \quad \therefore\ m=1$$
①에 대입하여 정리하면
$$x^2+y^2-y-20=0$$

18-17. 두 식을 연립하여 교점을 구하면 A(1, 0), B(1, −2)이다.

따라서 선분 AB를 지름으로 하는 원의 중심 C와 반지름의 길이 r는

$$C(1, -1), \quad r=\frac{1}{2}\overline{AB}=\frac{1}{2}\times2=1$$

따라서 구하는 원의 방정식은

$$(x-1)^2+(y+1)^2=1$$

*Note 두 원의 교점을 구하는 과정이 복잡한 경우 다음과 같이 풀면 된다.

두 원의 교점을 지나는 원의 방정식을

$$(x^2+y^2+2x+2y-3)$$
$$+m(x^2+y^2+x+2y-2)=0$$
$$(m\neq-1)$$

으로 놓으면 이 원의 중심은

$$C\left(-\frac{2+m}{2(1+m)}, \ -\frac{2+2m}{2(1+m)}\right)$$

곧, $C\left(-\dfrac{2+m}{2(1+m)}, \ -1\right)$

한편 두 원의 교점을 지나는 직선의 방정식은

$$x^2+y^2+2x+2y-3$$
$$-(x^2+y^2+x+2y-2)=0$$

곧, $x-1=0$

이 직선이 점 C를 지나므로

$$-\frac{2+m}{2(1+m)}-1=0 \quad \therefore m=-\frac{4}{3}$$

따라서 구하는 원의 방정식은

$$(x-1)^2+(y+1)^2=1$$

18-18. (1) $x^2+y^2-4ax-2ay$
$$+20a-25=0 \quad \cdots\text{①}$$

①을 a에 관하여 정리하면

$$(-4x-2y+20)a+(x^2+y^2-25)=0$$

①은 a의 값에 관계없이 다음 직선과 원의 교점을 지난다.

$$-4x-2y+20=0 \quad \cdots\cdots\text{②}$$
$$x^2+y^2-25=0 \quad \cdots\cdots\text{③}$$

②에서의 $y=-2x+10$을 ③에 대입

하여 정리하면

$$x^2-8x+15=0 \quad \therefore x=3, 5$$

②에 대입하면 $y=4, 0$

$$\therefore \textbf{(3, 4), (5, 0)}$$

(2) 원 ①과 $x^2+y^2=5$의 교점을 지나는 직선의 방정식은

$$(x^2+y^2-4ax-2ay+20a-25)$$
$$-(x^2+y^2-5)=0$$
$$\therefore 4ax+2ay-20a+20=0$$
$$\therefore y=-2x+10-\frac{10}{a} \quad \cdots\cdots\text{④}$$

④가 $y=-2x$와 일치하므로

$$10-\frac{10}{a}=0 \quad \therefore \textbf{\textit{a}=1}$$

18-19. P(a, b), G(x, y)라고 하면 P는 원 $x^2+y^2=9$ 위의 점이므로

$$a^2+b^2=9 \quad \cdots\cdots\text{①}$$

또, 점 G는 △ABP의 무게중심이므로

$$x=\frac{6+3+a}{3}, \quad y=\frac{0+3+b}{3}$$
$$\therefore a=3x-9, \ b=3y-3$$

①에 대입하여 정리하면

$$(x-3)^2+(y-1)^2=1$$

18-20. $x\geq0$, $y\geq0$일 때

$$(x-1)^2+(y-1)^2=4$$

$x\geq0$, $y<0$일 때

$$(x-1)^2+(-y-1)^2=4$$

$x<0$, $y\geq0$일 때

$$(-x-1)^2+(y-1)^2=4$$

$x<0$, $y<0$일 때

$$(-x-1)^2+(-y-1)^2=4$$

이므로 그래프는 다음 곡선이다.

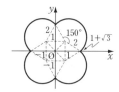

또, 이 곡선으로 둘러싸인 도형의 넓이는 반지름의 길이가 2, 중심각의 크기가 $150°$인 부채꼴 4개와 밑변의 길이가 $1+\sqrt{3}$, 높이가 1인 삼각형 8개의 넓이의 합이므로

$$\left(\pi\times2^2\times\frac{150°}{360°}\right)\times4$$
$$+\left\{\frac{1}{2}\times(1+\sqrt{3})\times1\right\}\times8$$
$$=\frac{20}{3}\pi+4+4\sqrt{3}$$

****Note*** 절댓값 기호가 있는 방정식의 그래프를 그리는 방법은 p.193에서 공부한다.

18-21. $y=2$ ⋯⋯①
$y=3x-1$ ⋯⋯②
$y=ax+b$ ⋯⋯③
$x^2+y^2+2x-2y-c=0$ ⋯④

①, ②의 교점을 A, ②, ③의 교점을 B, ①, ③의 교점을 C라고 하자.

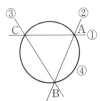

①, ②를 연립하여 풀면 A$(1, 2)$이고, 이 점은 원 ④ 위의 점이므로
$$1^2+2^2+2\times1-2\times2-c=0$$
$$\therefore\ \boldsymbol{c=3}$$
또, ①과 ④의 교점은 A, C이므로 ①과 ④를 연립하여 풀면
$$\text{A}(1, 2),\ \text{C}(-3, 2)$$
또, ②와 ④의 교점은 A, B이므로 ②와 ④를 연립하여 풀면
$$\text{A}(1, 2),\ \text{B}(0, -1)$$
또, ③은 점 B, C를 지나므로
$$\boldsymbol{b=-1},\ 2=-3a+b\ \ \therefore\ \boldsymbol{a=-1}$$

18-22. 직사각형의 네 꼭짓점을 지나는 원은 항상 존재하고, 원의 중심은 대각선의 중점이다.

따라서 사각형의 나머지 꼭짓점은 원
$$x^2+y^2=5^2 \qquad\cdots\cdots①$$
위의 점이고, 원점에 대하여 대칭이다.

①의 정수해는
$$(\pm5, 0),\ (0, \pm5),$$
$$(\pm3, \pm4),\ (\pm4, \pm3)$$
이고, 이 중에서 주어진 두 꼭짓점 $(4, 3)$, $(-4, -3)$과 다르면서 원점에 대하여 대칭인 꼭짓점의 쌍은
$$(5, 0)\text{과}\ (-5, 0),$$
$$(4, -3)\text{과}\ (-4, 3),$$
$$(3, 4)\text{와}\ (-3, -4),$$
$$(3, -4)\text{와}\ (-3, 4),$$
$$(0, 5)\text{와}\ (0, -5)$$
의 5쌍이다.

따라서 구하는 직사각형의 개수는 **5**

18-23. $(x-a)^2+(y-b)^2=r^2$ ⋯⋯①

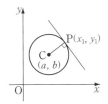

(i) $x_1\neq a$, $y_1\neq b$ 일 때
직선 PC의 기울기가 $\dfrac{y_1-b}{x_1-a}$이므로 점 P에서의 접선의 방정식은
$$y-y_1=-\frac{x_1-a}{y_1-b}(x-x_1)$$
곧, $(x_1-a)(x-x_1)+(y_1-b)(y-y_1)=0$
이 식을 변형하면
$$(x_1-a)(x-a+a-x_1)$$
$$+(y_1-b)(y-b+b-y_1)=0$$
$$\therefore\ (x_1-a)(x-a)+(y_1-b)(y-b)$$
$$=(x_1-a)^2+(y_1-b)^2 \ \cdots②$$

한편 점 $P(x_1, y_1)$은 ① 위에 있으므로
$$(x_1-a)^2+(y_1-b)^2=r^2$$
②에 대입하면
$$(x_1-a)(x-a)+(y_1-b)(y-b)=r^2$$
$$\cdots\cdots③$$

(ii) $x_1=a$이면 $y_1=b\pm r$이고 접선의 방정식은 $y=b\pm r$

이 식은 ③에 $x_1=a$, $y_1=b\pm r$를 대입한 것과 일치하므로 ③은 $x_1=a$일 때에도 성립한다.

(iii) $y_1=b$이면 $x_1=a\pm r$이고 접선의 방정식은 $x=a\pm r$

이 식은 ③에 $x_1=a\pm r$, $y_1=b$를 대입한 것과 일치하므로 ③은 $y_1=b$일 때에도 성립한다.

(i), (ii), (iii)에서 접선의 방정식은
$$(x_1-a)(x-a)+(y_1-b)(y-b)=r^2$$

18-24. 조건에 맞는 원의 중심은 제1사분면에 존재한다.

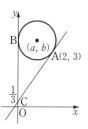

원의 중심을 점 (a, b) $(a>0, b>0)$라고 하면 반지름의 길이는 a이므로 구하는 원의 방정식은
$$(x-a)^2+(y-b)^2=a^2 \quad\cdots\cdots①$$
이다. 이때, 중심 (a, b)와 직선 $4x-3y+1=0$ 사이의 거리가 반지름의 길이인 a이므로
$$\frac{|4a-3b+1|}{\sqrt{4^2+(-3)^2}}=a$$
$$\therefore (4a-3b+1)^2=25a^2 \quad\cdots\cdots②$$
또, 두 점 (a, b), $(2, 3)$을 지나는 직선과 직선 $4x-3y+1=0$은 수직이므로
$$\frac{b-3}{a-2}\times\frac{4}{3}=-1$$
곧, $a=-\dfrac{4}{3}b+6 \quad\cdots\cdots③$

②, ③에서
$$a=\frac{10}{9}, \ b=\frac{11}{3} \ (\because \ b>0)$$
$$\therefore \left(x-\frac{10}{9}\right)^2+\left(y-\frac{11}{3}\right)^2=\frac{100}{81}$$

*_Note_ b의 값은 위의 그림에서 다음과 같이 구할 수도 있다.
$$\overline{BC}=\overline{AC}$$
$$=\sqrt{(2-0)^2+\left(3-\frac{1}{3}\right)^2}=\frac{10}{3}$$
$$\therefore b=\overline{OB}=\frac{1}{3}+\frac{10}{3}=\frac{11}{3}$$

18-25. $(x-m)^2+(y+2m)^2=4m^2$이므로 중심이 점 $(m, -2m)$, 반지름의 길이가 $2|m|$인 원이다.

접선의 방정식을 $ax+by+c=0$으로 놓을 때, 이 직선과 원이 접하려면
$$\frac{|am-2bm+c|}{\sqrt{a^2+b^2}}=2|m|$$
$$\therefore (am-2bm+c)^2=4(a^2+b^2)m^2$$
$$\therefore a(3a+4b)m^2-2(a-2b)cm-c^2=0$$
0이 아닌 임의의 실수 m에 대하여 성립하므로
$$a(3a+4b)=0, \ (a-2b)c=0, \ c^2=0$$
$$\therefore c=0, \ a=0 \ (b\neq 0)$$
또는 $c=0, \ a:b=4:(-3)$
따라서 구하는 직선의 방정식은
$$\boldsymbol{y=0, \ 4x-3y=0}$$

18-26. (1) 원점을 O라고 할 때, 직선 PQ가 접선이 될 조건은
$$\overline{OQ}\perp\overline{PQ}$$
따라서 점 Q, R는 지름이 $\overline{PO}$인 원과 처음 원의 교점이다.

선분 PO를 지름으로 하는 원의 방정식은(**연습문제 18**-2 참조)
$$x(x-x_1)+y(y-y_1)=0 \quad\cdots\cdots①$$
또, $x^2+y^2=r^2 \quad\cdots\cdots②$
②-①하면 이것은 교점 Q, R를 지

나는 직선의 방정식이 된다.

$$\therefore\ x_1 x + y_1 y = r^2$$

(2) P(α, β)라고 하면 점 Q, R를 지나는 직선의 방정식은 (1)에 의하여

$$\alpha x + \beta y = 25$$

이 직선과 직선 $3x + 4y = 15$가 일치하므로

$$\frac{\alpha}{3} = \frac{\beta}{4} = \frac{25}{15} \quad \therefore\ \alpha = 5,\ \beta = \frac{20}{3}$$

$$\therefore\ \mathbf{P}\left(5,\ \frac{20}{3}\right)$$

18-27. 점 O_1을 원점, 반직선 O_1O_2를 x축의 양의 부분으로 하면 점 O_2, O_3의 좌표는

$$O_2(8,\ 0),\ O_3(13,\ 0)$$

구하는 원의 중심을 P(a, b), 반지름의 길이를 r라고 하면 이 원은 반지름의 길이가 각각 5, 3, 2인 원에 외접하므로

$$\overline{PO_1} = r + 5, \quad \overline{PO_2} = r + 3,$$
$$\overline{PO_3} = r + 2$$

곧, $a^2 + b^2 = (r+5)^2$ ······①

$$(a-8)^2 + b^2 = (r+3)^2 \quad ······②$$
$$(a-13)^2 + b^2 = (r+2)^2 \quad ······③$$

①-②하면 $4a = r + 20$

①-③하면 $13a = 3r + 95$

연립하여 풀면 $r = \mathbf{120}$

18-28. 두 원의 공통접선은 모두 4개이고, 이 중 x절편이 양수인 것은 오른쪽 그림에서 l_1과 m_1이다.

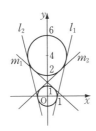

접선의 방정식을 $y = ax + b$라고 하면

$$ax - y + b = 0 \quad ······①$$

원점과 ① 사이의 거리가 1이므로

$$\frac{|b|}{\sqrt{a^2+1}} = 1 \quad ······②$$

또, 점 (0, 4)와 ① 사이의 거리가 2이므로

$$\frac{|b-4|}{\sqrt{a^2+1}} = 2 \quad ······③$$

②와 ③에서 $2|b| = |b-4|$

(i) l_1의 경우, $b < 0$이므로

$$-2b = -(b-4) \quad \therefore\ b = -4$$

②에 대입하면 $a > 0$이므로

$$a = \sqrt{15}$$

(ii) m_1의 경우, $4 > b > 0$이므로

$$2b = -(b-4) \quad \therefore\ b = \frac{4}{3}$$

②에 대입하면 $a < 0$이므로

$$a = -\frac{\sqrt{7}}{3}$$

$$\therefore\ \boldsymbol{y = \sqrt{15}\,x - 4,\ y = -\frac{\sqrt{7}}{3}x + \frac{4}{3}}$$

18-29. 원점 O를 지나고 기울기가 m인 직선의 방정식은

$$y = mx \quad 곧,\ mx - y = 0 \quad ······①$$

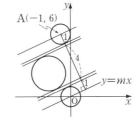

점 A(-1, 6)에서 ①에 내린 수선의 길이 l을 생각하면 구하는 조건은 $l - 1 - 1 > 4$에서 $l > 6$이므로

$$\frac{|-m-6|}{\sqrt{m^2+1}} > 6 \ (m > 0)$$

$$\therefore\ (m+6)^2 > 36(m^2+1)$$

$$\therefore\ 35m^2 - 12m < 0$$

$m > 0$이므로 $\boldsymbol{0 < m < \dfrac{12}{35}}$

18-30. 좌표평면에서 A(0, $\sqrt{3}\,a$), B($-a$, 0), C(a, 0), P(x, y)라고 하자.

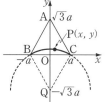

주어진 조건에서

$$x^2+(y-\sqrt{3}\,a)^2$$
$$=(x+a)^2+y^2+(x-a)^2+y^2$$
$$\therefore\ x^2+(y+\sqrt{3}\,a)^2=(2a)^2\ (-a\le x\le a)$$

따라서 점 P의 자취는 중심이

$Q(0,\ -\sqrt{3}\,a)$이고 반지름의 길이가 $2a$인 원의 일부로 양 끝 점이 B, C이고, $\angle BQC=60°$이므로 점 P의 자취의 길이는

$$2\pi\times 2a\times\frac{60°}{360°}=\frac{2\pi a}{3}$$

18-31.
$$x^2+y^2=1 \qquad\cdots\cdots①$$
$$(x-3)^2+(y-3)^2=13 \qquad\cdots\cdots②$$

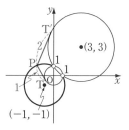

$P(x,\ y)$라 하고, 점 P에서 원 ①, ②에 그은 접선의 길이를 각각 $\overline{PT}$, $\overline{PT'}$이라고 하면

$$\overline{PT}:\overline{PT'}=1:2 \quad\therefore\ 4\overline{PT}^2=\overline{PT'}^2$$
$$\therefore\ 4(x^2+y^2-1)=(x-3)^2+(y-3)^2-13$$
$$\therefore\ (x+1)^2+(y+1)^2=5 \quad\cdots\cdots③$$

그런데 접선의 길이 $\overline{PT}$, $\overline{PT'}$이 존재하기 위한 조건은

$$\overline{PT}=\sqrt{x^2+y^2-1}\ \text{에서}$$
$$x^2+y^2-1>0$$

$$\overline{PT'}=\sqrt{(x-3)^2+(y-3)^2-13}\ \text{에서}$$
$$(x-3)^2+(y-3)^2-13>0$$

따라서 구하는 자취는

원 ③ 중 원 ①, ②의 바깥 부분

***Note** 접선의 길이는 **연습문제 18**-9를 참조하여라.

18-32. $x^2+y^2=1 \qquad\cdots\cdots①$

직선 BC는 x축에 수직인 직선이 아니면서 점 A를 지나므로

$$y=m(x-2) \qquad\cdots\cdots②$$

로 놓을 수 있다.

이때, 연립방정식 ①, ②의 해는 점 B, C의 좌표 $(x_1,\ y_1),\ (x_2,\ y_2)$이다.

중점 P의 좌표를 (X, Y)라고 하면

$$X=\frac{x_1+x_2}{2},\ Y=\frac{y_1+y_2}{2}$$

단, $y_1=m(x_1-2),\ y_2=m(x_2-2)$

$$\therefore\ X=\frac{x_1+x_2}{2},\ Y=\frac{m(x_1+x_2-4)}{2}$$
$$\therefore\ Y=m(X-2) \qquad\cdots\cdots③$$

②를 ①에 대입하여 정리하면

$$(m^2+1)x^2-4m^2x+4m^2-1=0$$
$$\therefore\ x_1+x_2=\frac{4m^2}{m^2+1}$$
$$\therefore\ X=\frac{2m^2}{m^2+1},\ Y=-\frac{2m}{m^2+1}$$
$$\therefore\ X=-mY \quad\therefore\ m=-\frac{X}{Y}$$

이것을 ③에 대입하여 정리하면

$$(X-1)^2+Y^2=1$$

따라서 구하는 자취는

원 $(x-1)^2+y^2=1$ 중

원 $x^2+y^2=1$의 내부에 있는 부분

***Note**

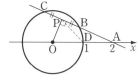

D(1, 0)이라고 하면
$$\overline{OP^2}+\overline{PA^2}=2(\overline{OD^2}+\overline{PD^2})　⇦ p.17$$
이때, $\overline{OD}=1$, $\overline{OP^2}+\overline{PA^2}=\overline{OA^2}=4$
이므로 $\overline{PD^2}=1$, 곧 $\overline{PD}=1$

따라서 점 P의 자취는 점 D(1, 0)을 중심으로 하고 반지름의 길이가 1인 원 $(x-1)^2+y^2=1$ 중 원 $x^2+y^2=1$의 내부에 있는 부분이다.

19-1. 직선 $2x-3y+5=0$을 x축에 대하여 대칭이동한 직선의 방정식은
$$2x+3y+5=0$$
이므로 이 직선에 수직인 직선의 방정식은
$$3x-2y+c=0　\cdots\cdots①$$
①이 점 (2, 3)을 지나므로 $c=0$
$$∴ \boldsymbol{3x-2y=0}$$

19-2. 점 $P(x, y)$를 x축의 방향으로 2만큼, y축의 방향으로 -3만큼 평행이동한 점은 $Q(x+2, y-3)$

점 Q를 직선 $y=-x$에 대하여 대칭이동한 점은 $R(-y+3, -x-2)$

이 점은 점 P를 직선 $y=x$에 대하여 대칭이동한 점 (y, x)와 같으므로
$$-y+3=y, \quad -x-2=x$$
$$∴ x=-1, \quad y=\frac{3}{2} \quad ∴ \boldsymbol{P\left(-1, \frac{3}{2}\right)}$$

19-3.

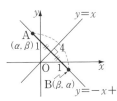

$A(\alpha, \beta)$라고 하면 (개)에 의하여 $B(\beta, \alpha)$이다.

또, (내)에 의하여
$$\beta=-\alpha+1 \quad\cdots\cdots①$$
$$\overline{AB^2}=(\alpha-\beta)^2+(\beta-\alpha)^2$$
$$=2(\alpha-\beta)^2=4^2 \quad\cdots\cdots②$$

①, ②를 연립하여 풀면 두 점의 좌표는
$$\left(\frac{1-2\sqrt{2}}{2}, \frac{1+2\sqrt{2}}{2}\right),$$
$$\left(\frac{1+2\sqrt{2}}{2}, \frac{1-2\sqrt{2}}{2}\right)$$

19-4.

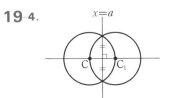

$(x-2)^2+(y-1)^2=5^2$에서 원 C는 중심이 C(2, 1)이고 반지름의 길이가 5인 원이다.

따라서 원 C를 직선 $x=a$에 대하여 대칭이동한 원의 중심을 C_1이라고 하면 직선 $x=a$는 선분 CC_1의 수직이등분선이고, $\overline{CC_1}=5$이므로 $a=2\pm\dfrac{5}{2}$

$a>0$이므로 $\boldsymbol{a=\dfrac{9}{2}}$

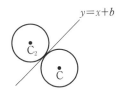

또, 직선 $y=x+b$는 원 C의 접선이므로 점 C와 이 직선 사이의 거리는 5이다.
$$∴ \frac{|2-1+b|}{\sqrt{1^2+(-1)^2}}=5 \quad ∴ b=-1\pm5\sqrt{2}$$
$b>0$이므로 $\boldsymbol{b=5\sqrt{2}-1}$

19-5. 모눈종이를 직선
$$y=ax+b \quad\cdots\cdots①$$
을 따라 접었다고 하면 점 (1, 3)은 점 (4, 0)과 직선 ①에 대하여 대칭이다.

두 점을 잇는 선분의 중점 $\left(\dfrac{5}{2}, \dfrac{3}{2}\right)$은 직선 ① 위의 점이므로

$$\frac{3}{2}=\frac{5}{2}a+b \qquad \cdots\cdots ②$$

또, 두 점을 지나는 직선과 직선 ①이 서로 수직으로 만나므로

$$\frac{0-3}{4-1}\times a=-1 \quad \therefore\ a=1$$

②에 대입하면 $b=-1$

따라서 ①은 $y=x-1$ $\qquad \cdots\cdots ③$

한편 구하는 점을 $(p,\ q)$라고 하면, 두 점 $(5,\ -3)$, $(p,\ q)$는 직선 ③에 대하여 대칭이므로

$$\frac{q-3}{2}=\frac{p+5}{2}-1,\ \frac{q+3}{p-5}=-1$$

$$\therefore\ p=-2,\ q=4 \quad \therefore\ (-2,\ 4)$$

19-6.

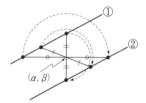

$(\alpha,\ \beta)$

위의 그림에서 보는 바와 같이 도형 ① 위에 있는 모든 점을 점 $(\alpha,\ \beta)$를 중심으로 하여 $180°$ 회전한 점들의 모임이 도형 ②가 되므로 점 $(\alpha,\ \beta)$에 대하여 대칭이동한다는 말과 점 $(\alpha,\ \beta)$를 중심으로 하여 $180°$ 회전한다는 말은 결국 같은 뜻이 된다.

x 대신 $2\alpha-x$를, y 대신 $2\beta-y$를 대입하면 되므로

$$a(2\alpha-x)+b(2\beta-y)+c=0$$

$$\therefore\ ax+by-2a\alpha-2b\beta-c=0$$

*Note 도형 $f(x,\ y)=0$을 점 $(\alpha,\ \beta)$에 대해 대칭이동한 도형의 방정식은

$$f(2\alpha-x,\ 2\beta-y)=0 \qquad \Leftrightarrow \text{p.75}$$

19-7. $x^2+y^2+2ax+2y+c=0$ $\cdots$①

$x^2+y^2+2bx-6y=0$ $\cdots$②

①의 중심 $\mathrm{P}(-a,\ -1)$과 ②의 중심

$\mathrm{Q}(-b,\ 3)$은 직선

$$y=2x+1 \qquad \cdots\cdots ③$$

에 대하여 대칭이다.

선분 PQ의 중점이 ③ 위의 점이므로

$$\frac{-1+3}{2}=2\times\frac{-a-b}{2}+1$$

$$\therefore\ a+b=0 \qquad \cdots\cdots ④$$

직선 PQ가 ③과 수직이므로

$$\frac{3-(-1)}{-b-(-a)}=-\frac{1}{2}$$

$$\therefore\ a-b=-8 \qquad \cdots\cdots ⑤$$

④, ⑤를 연립하여 풀면

$$a=-4,\ b=4$$

또, ①과 ②가 직선에 대하여 대칭이므로 반지름의 길이가 같다.

a, b를 대입하여 두 식을 표준형으로 고치면

①은 $(x-4)^2+(y+1)^2=-c+17$,

②는 $(x+4)^2+(y-3)^2=25$

$$\therefore\ -c+17=25 \quad \therefore\ c=-8$$

19-8. $x-y+1=0$ $\qquad \cdots\cdots ①$

주어진 도형을 $f(x,\ y)=0$이라 하고, 도형 $f(x,\ y)=0$ 위의 점 $\mathrm{P}(x,\ y)$를 직선 ①에 대하여 대칭이동한 점을 $(x',\ y')$이라고 하면

$$\frac{x+x'}{2}-\frac{y+y'}{2}+1=0,\ \frac{y'-y}{x'-x}=-1$$

x, y에 관하여 연립하여 풀면

$$x=y'-1,\ y=x'+1$$

점 P가 도형 $f(x,\ y)=0$ 위의 점이므로

$$f(y'-1,\ x'+1)=0$$

따라서 도형 $f(x,\ y)=0$을 ①에 대하여 대칭이동한 도형의 방정식은

$$f(y-1,\ x+1)=0$$

$$\therefore\ f(y-1,\ x+1)=x^2+y^2+xy+2x$$
$$+(a-1)y-a+2$$
$$=0 \qquad \cdots\cdots ②$$

그런데 도형 $f(x,\ y)=0$은 ①에 대하

여 대칭이므로 ②와

$$f(x, y)=x^2+y^2+xy+ax+y=0$$

은 같은 도형이다.

두 식을 비교하면 **$a=2$**

19-9.

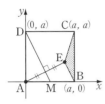

$M\left(\dfrac{a}{2}, 0\right)$이므로 직선 DM의 방정식은

$$y=-2x+a \qquad \cdots\cdots①$$

또, $E(\alpha, \beta)$라고 하면 $\overline{AE}$의 중점

$\left(\dfrac{\alpha}{2}, \dfrac{\beta}{2}\right)$가 직선 ① 위의 점이므로

$$\frac{\beta}{2}=-2\times\frac{\alpha}{2}+a$$

곧, $\beta=-2\alpha+2a \qquad \cdots\cdots②$

또, $\overline{AE}\perp\overline{DM}$이므로

$$\frac{\beta}{\alpha}\times(-2)=-1 \quad 곧, \ \alpha=2\beta \ \cdots③$$

②, ③에서 $\alpha=\dfrac{4}{5}a$

$$\therefore \triangle EBC=\frac{1}{2}\times a\times\left(a-\frac{4}{5}a\right)=\frac{a^2}{10}=10$$

$a>0$이므로 **$a=10$**

19-10.

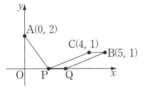

점 $B(5, 1)$을 x축의 방향으로 -1만큼 평행이동한 점을 $C(4, 1)$이라고 하면

$$\overline{AP}+\overline{PQ}+\overline{QB}+\overline{BA}$$
$$=\overline{AP}+\overline{CB}+\overline{PC}+\overline{BA}$$

$\overline{CB}=\overline{PQ}=1$, $\overline{BA}=\sqrt{5^2+1^2}=\sqrt{26}$ 이므로 $\overline{AP}+\overline{PC}$의 값이 최소일 때 사각형 APQB의 둘레의 길이가 최소이다.

점 $A(0, 2)$를 x축에 대하여 대칭이동한 점을 $A'(0, -2)$라고 하면 $\overline{AP}+\overline{PC}$의 최솟값은

$$\overline{A'C}=\sqrt{4^2+3^2}=5$$

따라서 구하는 최솟값은

$$5+1+\sqrt{26}=\mathbf{6}+\sqrt{26}$$

20-1. 집합 A의 원소는 1, 2, {3}, {4, 5}이므로

$$3\notin A, \ \{4, 5\}\not\subset A, \ \{1, 2\}\subset A,$$
$$\{3, 4, 5\}\not\subset A$$

또, 원소의 개수가 4이므로 부분집합의 개수는 $2^4=16$　　답 ③

20-2. $n(S)=1$인 것 : $\{3\}$

$n(S)=2$인 것 : $\{1, 5\}, \{2, 4\}$

$n(S)=3$인 것 : $\{1, 5, 3\}, \{2, 4, 3\}$

$n(S)=4$인 것 : $\{1, 5, 2, 4\}$

$n(S)=5$인 것 : $\{1, 5, 2, 4, 3\}$

20-3. 문제의 조건에 따라 α, β, γ에 0, 1, 2, 3, $\cdots$을 대입해 보면

$$B=\{1, 2, 3, 4, 5, 6, 8, 9, 10\}$$

(1) 집합 B의 원소에서 1, 10을 제외한 집합 $\{2, 3, 4, 5, 6, 8, 9\}$의 부분집합에 각각 1, 10을 추가하면 되므로 구하는 부분집합의 개수는 $2^7=\mathbf{128}$

(2) 집합 B의 원소 중에서 9 이외의 3의 배수는 3, 6이다.

(i) 3만 속하는 부분집합 :

집합 $\{2, 4, 5, 8, 9\}$의 부분집합에 각각 1, 10, 3을 추가하면 되므로 2^5개

(ii) 6만 속하는 부분집합 :

집합 $\{2, 4, 5, 8, 9\}$의 부분집합에 각각 1, 10, 6을 추가하면 되므로 2^5개

(iii) 3과 6이 속하는 부분집합 :

집합 $\{2, 4, 5, 8, 9\}$의 부분집합에 각각 1, 10, 3, 6을 추가하면 되므로 2^5개

(i), (ii), (iii)에서 구하는 부분집합의
개수는 $2^5 \times 3 = $ **96**

*__Note__ 1°　$a \neq 0$일 때 $a^0 = 1$로 정의한
다. 이에 관해서는 수학 I에서 공부
한다.

　　2°　(2) 1, 10이 모두 속하는 부분집합
중에서 3, 6 중 어느 것도 속하지 않
는 부분집합을 제외하면 된다.

　　　　　∴ $2^7 - 2^5 = $ **96**

20-4.　U$=\{1, 2, 3, 4, 5, 6, 7\}$이고, 문제
의 조건에 맞게 벤 다이어그램을 그리면
아래와 같다.

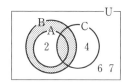

이때, 집합 B$\cap$(A^c$\cup$C)는 위의 그림
의 점 찍은 부분이므로
　　B$\cap$(A^c$\cup$C)$=$U$-\{2, 4, 6, 7\}$
　　　　　　　　$=\{$**1, 3, 5**$\}$

20-5.　① (A$\cap$D)$-$C
　　　　② (B$-$A)$\cap$(C$-$D)
　　　　③ (C$\cap$D)$-$B

*__Note__　①, ②, ③을 나타내는 방법은
여러 가지가 있다. 이를테면
① A$\cap$D$\cap$C^c, (A$\cap$D)$-$(B$\cap$C)
② B$\cap$A^c$\cap$C$\cap$D^c, (B$\cap$C)$-$(A$\cup$D)
③ C$\cap$D$\cap$B^c, (C$\cap$D)$-$(B$\cap$C)
등도 가능하다.

20-6.　(1) $f(x)>0 \geq g(x)$에서
　$f(x)>0$이고 $g(x) \leq 0$　∴ **A$\cap$B^c**
(2) $g(x) \geq 0 > f(x)$에서
　　$g(x) \geq 0$이고 $f(x)<0$
　　그런데 $g(x) \geq 0$의 해집합은
　　　　B$\cup$D

$f(x)<0$의 해집합은 $f(x) \geq 0$의 해
집합의 여집합이므로 (A$\cup$C)^c
　　∴ **(B$\cup$D)$\cap$(A$\cup$C)^c**
(3) $f(x)g(x)<0$에서
　$\begin{pmatrix} f(x)>0, \ g(x)<0 \end{pmatrix}$
　　　또는 $\begin{pmatrix} f(x)<0, \ g(x)>0 \end{pmatrix}$
　∴ $\left[\text{**A**}\cap(\text{**B**}\cup\text{**D**})^c\right]\cup\left[(\text{**A**}\cup\text{**C**})^c\cap\text{**B**}\right]$
(4) $f(x)>0$, $g(x)>0$이므로　**A$\cap$B**

20-7.　A$=\{x \,|\, (x-a)(x-a-1) \leq 0\}$
　　　　$=\{x \,|\, a \leq x \leq a+1\}$
　　B$=\{x \,|\, ([x]+2)([x]-4)<0\}$
　　　$=\{x \,|\, -2<[x]<4\}$
　　　$=\{x \,|\, [x]=-1, 0, 1, 2, 3\}$
　　　$=\{x \,|\, -1 \leq x < 4\}$

이때, A$-$B$=\varnothing$이려면 A$\subset$B이어야
한다.

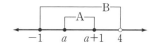

따라서 $a \geq -1$이고 $a+1<4$이어야 하
므로　$-1 \leq a < 3$

20-8.　조건 (개)에서 $n(\text{P}\cap\text{A})=3$이므로
집합 A의 네 원소 중 오직 3개만 집합
P에 속한다.

　따라서 집합 P$\cap$A는 $\{1, 2, 3\}$,
$\{1, 2, 4\}$, $\{1, 3, 4\}$, $\{2, 3, 4\}$ 중 하나이
므로 P$\cap$A의 원소들의 합으로 가능한
값은 6, 7, 8, 9이다.

　P$=$(P$\cap$A)$\cup$(P$-$A)이므로 조건 (대)
에서 집합 P$-$A의 원소들의 합으로 가
능한 값은 24, 23, 22, 21이다.　…①

　또, 조건 (내)에서 P$\subset$B이므로
　　P$-$A$\subset$B$-$A$=\{5, 6, 7, 8\}$
　이때, ①을 만족하는 경우는
P$-$A$=\{6, 7, 8\}$뿐이고, 이 경우 P$\cap$A
의 원소들의 합은 9이어야 하므로

$P \cap A = \{2, 3, 4\}$

$\therefore$ **P**$=\{2, 3, 4, 6, 7, 8\}$

20-9. $M=\{x, y, z\}$라고 하면 조건 (다)에 의하여 x^2, xy, xz도 M의 원소이다.

그런데

$x^2-xy=x(x-y)\neq 0$,

($\because$ $x\neq 0$이고 $x\neq y$)

$x^2-xz=x(x-z)\neq 0$,

$xy-xz=x(y-z)\neq 0$

이므로 x^2, xy, xz는 0이 아니면서 서로 다르다.

$\therefore$ $M=\{x^2, xy, xz\}$

$\therefore$ $\{x, y, z\}=\{x^2, xy, xz\}$ …①

세 원소의 곱을 비교하면

$xyz=x^4yz$

$xyz\neq 0$이므로 양변을 xyz로 나누면

$x^3=1$

같은 방법으로 하면 $y^3=1$, $z^3=1$

따라서 방정식 $t^3=1$을 풀면

$(t-1)(t^2+t+1)=0$

$\therefore$ $t=1$, $\dfrac{-1\pm\sqrt{3}\,i}{2}$

$\therefore$ **M**$=\left\{\mathbf{1}, \dfrac{-\mathbf{1}+\sqrt{\mathbf{3}}\,\boldsymbol{i}}{\mathbf{2}}, \dfrac{-\mathbf{1}-\sqrt{\mathbf{3}}\,\boldsymbol{i}}{\mathbf{2}}\right\}$

***Note** 집합은 원소의 순서에 무관하므로 ①에서 $x=x^2$, $y=xy$, $z=xz$라고 하면 안 된다.

20-10. 집합 U의 부분집합 S_r를

$S_r=\{x \mid x=5n+r, n=0, 1, 2, 3, 4, 5\}$

$(r=0, 1, 2, 3, 4)$

라고 하자. 이때,

S_0에 속한 두 원소의 합,

S_1에 속한 원소와 S_4에 속한 원소의 합,

S_2에 속한 원소와 S_3에 속한 원소의 합

을 제외한 서로 다른 두 원소의 합은 5로 나누어 떨어지지 않는다.

따라서 집합 A가 $S_1 \cup S_2$, $S_1 \cup S_3$,

$S_4 \cup S_2$, $S_4 \cup S_3$ 중 하나에 S_0의 원소를 하나 포함할 때 $n(A)$는 최대이다.

따라서 최댓값은 $6+6+1=\mathbf{13}$

20-11. 집합 A의 원소 x, y를

$x=a+b\sqrt{3}$, $y=c+d\sqrt{3}$

(a, b, c, d는 정수)

으로 놓으면

$a^2-3b^2=1$, $c^2-3d^2=1$ …①

ㄱ. $xy=(ac+3bd)+(ad+bc)\sqrt{3}$

$ac+3bd$, $ad+bc$는 정수이고, ①을 이용하면

$(ac+3bd)^2-3(ad+bc)^2$

$=a^2c^2+9b^2d^2-3a^2d^2-3b^2c^2$

$=(a^2-3b^2)(c^2-3d^2)=1$

이므로 $xy\in A$이다.

ㄴ. $\dfrac{1}{x}=\dfrac{1}{a+b\sqrt{3}}=\dfrac{a-b\sqrt{3}}{a^2-3b^2}$ ⇐ ①

$=a-b\sqrt{3}=a+(-b)\sqrt{3}$

$a, -b$는 정수이고,

$a^2-3(-b)^2=a^2-3b^2=1$ ⇐ ①

이므로 $\dfrac{1}{x}\in A$이다.

ㄷ. $x+y=(a+c)+(b+d)\sqrt{3}$

그런데

$(a+c)^2-3(b+d)^2$

$=(a^2-3b^2)+(c^2-3d^2)$

$\qquad +2(ac-3bd)$ ⇐ ①

$=2+2(ac-3bd)$

$=2(1+ac-3bd)$

이고, 이것은 짝수이므로

$(a+c)^2-3(b+d)^2\neq 1$

$\therefore$ $x+y\notin A$

***Note** 다음과 같이 성립하지 않는 예를 들어서 거짓임을 보일 수도 있다.

$1\in A$, $-1\in A$이지만

$1+(-1)=0\notin A$이다.

답 ㄱ, ㄴ

20-12. (1) $\left[\dfrac{1^2}{3}\right]=0,\ \left[\dfrac{2^2}{3}\right]=1,\ \left[\dfrac{3^2}{3}\right]=3$

이므로 $\mathbf{A_3}=\{0,\ 1,\ 3\}$

$\left[\dfrac{1^2}{4}\right]=0,\ \left[\dfrac{2^2}{4}\right]=1,\ \left[\dfrac{3^2}{4}\right]=2,$

$\left[\dfrac{4^2}{4}\right]=4$이므로 $\mathbf{A_4}=\{0,\ 1,\ 2,\ 4\}$

$\left[\dfrac{1^2}{5}\right]=0,\ \left[\dfrac{2^2}{5}\right]=0,\ \left[\dfrac{3^2}{5}\right]=1,$

$\left[\dfrac{4^2}{5}\right]=3,\ \left[\dfrac{5^2}{5}\right]=5$이므로

$\mathbf{A_5}=\{0,\ 1,\ 3,\ 5\}$

(2) B_4에서 $\left[\dfrac{x}{4}\right]$가 정수이므로

$\dfrac{x}{4}=\left[\dfrac{x}{4}\right]$이면 $\dfrac{x}{4}$도 정수이다.

따라서 x는 4의 배수이고, B_4는 4의 배수의 집합이다.

같은 이유로 B_6은 6의 배수의 집합이고, B_{12}는 12의 배수의 집합이다.

$\therefore\ B_4\cap B_6=B_{12}$　$\therefore\ \boldsymbol{k=12}$

20-13. B를 원소나열법으로 나타내면

$B=\{a+k,\ b+k,\ c+k,\ d+k,\ e+k\}$

$A\cup B$의 모든 원소의 합은 50이므로

$(a+b+c+d+e)$

$+(a+b+c+d+e+5k)$

$-(7+10)=50$

이때, $a+b+c+d+e=26$이므로

$26+(26+5k)-17=50$　$\therefore\ k=3$

$A\cap B=\{7,\ 10\}$이므로

$a+3=7,\ b+3=10$

이라고 하면 $a=4,\ b=7$

또, $c=10$이라고 하면 $a+b+c=21$

이므로

$d+e=26-21=5$

$a,\ b,\ c,\ d,\ e$는 서로 다른 자연수이므로 $d=2,\ e=3$이라고 할 수 있다.

$\therefore\ \mathbf{A}=\{2,\ 3,\ 4,\ 7,\ 10\}$

Note 집합 X의 모든 원소의 합을

$f(X)$라고 하면

$f(A\cup B)=f(A)+f(B)-f(A\cap B)$

이때, 집합 $A\cap B$의 원소는 두 집합 A, B에 모두 속한다는 것에 주의해야 한다.

21-1. (1) (준 식)$=(A\cup B)^c\cap(A\cup B)$

$=\varnothing$

(2) (준 식)$=(A\cup B)^c\cup(A\cup B)=\mathbf{U}$

(3) (준 식)$=(A^c\cup A)\cap(A^c\cup B)$

$=U\cap(A^c\cup B)=\mathbf{A^c\cup B}$

(4) (준 식)$=(A\cap A^c)\cup B=\varnothing\cup B=\mathbf{B}$

(5) (준 식)$=(A\cap B)\cup\left[C\cap(A\cap B)^c\right]$

$=\left[(A\cap B)\cup C\right]$

$\cap\left[(A\cap B)\cup(A\cap B)^c\right]$

$=\left[(A\cap B)\cup C\right]\cap U$

$=(\mathbf{A\cap B)\cup C}$

(6) (준 식)$=(A^c)^c\cap(A\cap B^c)^c$

$=A\cap(A^c\cup B)$

$=(A\cap A^c)\cup(A\cap B)$

$=\varnothing\cup(A\cap B)=\mathbf{A\cap B}$

21-2. $\mathbf{A-B=A\cap B^c}$을 이용한다.

(1) (좌변)$=(A\cap B^c)^c=A^c\cup(B^c)^c$

$=A^c\cup B=$(우변)

(2) (좌변)$=A-(B\cap C^c)$

$=A\cap(B\cap C^c)^c$

$=A\cap(B^c\cup C)$

$=(A\cap B^c)\cup(A\cap C)$

$=(A-B)\cup(A\cap C)=$(우변)

(3) (좌변)$=(A\cap B^c)\cap(B\cap A^c)$

$=(A\cap A^c)\cap(B\cap B^c)$

$=\varnothing\cap\varnothing=\varnothing=$(우변)

(4) (좌변)$=(A\cup C)\cap(B\cup C)^c$

$=\left[A\cap(B\cup C)^c\right]\cup\left[C\cap(B\cup C)^c\right]$

$=\left[A\cap(B\cup C)^c\right]\cup(C\cap B^c\cap C^c)$

$=\left[A\cap(B\cup C)^c\right]\cup\varnothing$

$$=A\cap(B\cup C)^c$$
$$=A-(B\cup C)=(우변)$$

21-3. (1) $A\circ U=(A\cap U)\cup(A\cup U)^c$
$$=A\cup U^c=A\cup\varnothing=A$$

(2) $A\circ A^c=(A\cap A^c)\cup(A\cup A^c)^c$
$$=\varnothing\cup U^c=\varnothing\cup\varnothing=\varnothing$$

(3) $A\circ\varnothing=(A\cap\varnothing)\cup(A\cup\varnothing)^c$
$$=\varnothing\cup A^c=A^c$$

(4) $(A\circ B)\circ A=\big[(A\circ B)\cap A\big]$
$$\cup\big[(A\circ B)\cup A\big]^c$$

이때,
$(A\circ B)\cap A=\big[(A\cap B)\cup(A\cup B)^c\big]\cap A$
$$=(A\cap B\cap A)\cup\big[(A\cup B)^c\cap A\big]$$
$$=(A\cap B)\cup\varnothing=A\cap B$$
$\big[(A\circ B)\cup A\big]^c$
$$=\big[(A\cap B)\cup(A\cup B)^c\cup A\big]^c$$
$$=\big[A\cup(A\cup B)^c\big]^c$$
$$=A^c\cap(A\cup B)$$
$$=(A\cup B)-A=B-A$$

이므로
$(A\circ B)\circ A=(A\cap B)\cup(B-A)=B$

21-4. (1) 4와 6의 공배수의 집합이므로
$$A_4\cap A_6=\mathbf{A_{12}}$$

(2) $A_4{}^c\cup A_6{}^c=(A_4\cap A_6)^c=\mathbf{A_{12}{}^c}$

(3) $A_2\cap(A_3\cup A_4)=(A_2\cap A_3)\cup(A_2\cap A_4)$
$$=A_6\cup A_4$$

(4) $(A_{18}\cup A_{24})\subset A_k$에서
$$A_{18}\subset A_k이고\ A_{24}\subset A_k$$
따라서 k는 18과 24의 공약수이고, 이 중 최대인 것은 **6**

21-5. $X-A=\varnothing$에서 $X\subset A$
$(A-B)\cup X=X$에서 $(A-B)\subset X$
$$\therefore\ (A-B)\subset X\subset A$$
한편 $A-B=\{1,\ 2,\ 3\}$이므로
$$\{1,\ 2,\ 3\}\subset X\subset\{1,\ 2,\ 3,\ 4,\ 5,\ 6\}$$

따라서 집합 X는 $\{1,\ 2,\ 3,\ 4,\ 5,\ 6\}$의 부분집합으로서 원소 1, 2, 3이 속하는 집합이다.

곧, 집합 X의 개수는 집합 $\{4,\ 5,\ 6\}$의 부분집합의 개수와 같으므로 $2^3=8$

21-6. 벤 다이어그램의 각 부분에 해당하는 원소의 개수를 아래 그림과 같이 나타내자.

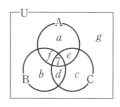

조건 ㈎에서 $n(A\cup B\cup C)=40$이므로
$$a+b+c+d+e+f+7=40$$
$$\therefore\ a+b+c+d+e+f=33\ \cdots①$$
조건 ㈐에서
$$n(A\circ B)=n(B\circ C)=n(C\circ A)$$
이므로
$a+b+d+e=b+c+e+f$
$$=a+c+d+f$$
$$\therefore\ a+d=b+e=c+f=11\ \Leftarrow①$$
이때,
$A^c\circ B^c=(A^c-B^c)\cup(B^c-A^c)$
$$=(A^c\cap B)\cup(B^c\cap A)$$
$$=(B-A)\cup(A-B)$$
이므로
$$n(A^c\circ B^c)=a+b+d+e=\mathbf{22}$$

21-7. (1) $n(B^c)=n(U)-n(B)$
$$=12-5=\mathbf{7}$$
$n(A\cap B)=n(A)+n(B)-n(A\cup B)$
$$=6+5-8=\mathbf{3}$$
$n(A^c\cup B^c)=n\big((A\cap B)^c\big)$
$$=n(U)-n(A\cap B)$$
$$=12-3=\mathbf{9}$$

$$n((A \cup B^c)^c) = n(A^c \cap B)$$
$$= n(B) - n(A \cap B)$$
$$= 5 - 3 = 2$$

(2) $n(A \cup B \cup C) = n(A) + n(B) + n(C)$
$$- n(A \cap B) - n(B \cap C)$$
$$- n(C \cap A) + n(A \cap B \cap C)$$

이므로
$$n(A \cap B) + n(B \cap C) + n(C \cap A)$$
$$= 20 + 24 + 19 + 4 - 50 = 17$$

21-8. 모아야 할 20종류의 스티커의 집합을 U라 하고, 갑, 을, 병이 가진 스티커의 집합을 각각 A, B, C라고 하면
$n(U) = 20$, $n(A) = 4$, $n(B) = n(C) = 5$,
$n(A \cap B) = n(B \cap C) = n(C \cap A) = 3$,
$n(A \cap B \cap C) = 2$
이므로
$n(A \cup B \cup C) = n(A) + n(B) + n(C)$
$$- n(A \cap B) - n(B \cap C)$$
$$- n(C \cap A) + n(A \cap B \cap C)$$
$$= 4 + 5 + 5 - 3 - 3 - 3 + 2 = 7$$
따라서 더 필요한 스티커는 최소
$20 - 7 = 13$(종류)

21-9. $[(A - B) \cup (A \cap C)]^c$
$$= [(A \cap B^c) \cup (A \cap C)]^c$$
$$= [A \cap (B^c \cup C)]^c$$
$$= A^c \cup (B^c \cup C)^c = A^c \cup (B \cap C^c)$$
따라서 주어진 집합은
$[A^c \cup (B \cap C^c)] \cap A$
$$= (A^c \cap A) \cup [(B \cap C^c) \cap A]$$
$$= B \cap C^c \cap A = (A \cap C^c) \cap B$$
$$= (A - C) \cap B$$
$C = \{2, 6, 10, 14, 18, \cdots\}$이므로
$A - C = \{4, 8, 12, \cdots\}$
$$= \{x \mid x는 4의 배수\}$$
따라서 주어진 집합은
$\{x \mid x는 4의 배수\} \cap \{x \mid x는 3의 배수\}$
$$= \{x \mid x는 12의 배수\}$$

21-10. $k \geq 4$일 때,
$$A_k = A_{k-1} \cap (A_{k-2} \cup A_{k-3})$$
에서 $k = 4$로 놓으면
$A_4 = A_3 \cap (A_2 \cup A_1)$ $\therefore A_4 \subset A_3$
$k = 5$로 놓으면
$A_5 = A_4 \cap (A_3 \cup A_2) = A_4$ $(\because A_4 \subset A_3)$
$\therefore A_5 = A_4$
$k = 6$으로 놓으면
$A_6 = A_5 \cap (A_4 \cup A_3)$ $\Leftarrow A_5 = A_4$
$\quad = A_4 \cap (A_4 \cup A_3) = A_4$
$\therefore A_6 = A_4$
$\therefore A_7 = A_6 \cap (A_5 \cup A_4)$ $\Leftarrow A_6 = A_4,$
$\quad = A_4 \cap (A_4 \cup A_4) = A_4$ $A_5 = A_4$
$\quad = A_3 \cap (A_2 \cup A_1)$

Note $k \geq 4$일 때,
$$A_{k+1} = A_k \cap (A_{k-1} \cup A_{k-2})$$
$$= [A_{k-1} \cap (A_{k-2} \cup A_{k-3})]$$
$$\cap (A_{k-1} \cup A_{k-2})$$
$$= [A_{k-1} \cap (A_{k-1} \cup A_{k-2})]$$
$$\cap (A_{k-2} \cup A_{k-3})$$
$$= A_{k-1} \cap (A_{k-2} \cup A_{k-3}) = A_k$$

21-11. 48명의 학생 전체의 집합을 U라 하고, 볼펜, 연필을 가지고 있는 학생의 집합을 각각 P, Q라고 하면
$n(U) = 48$, $n(P) = 40$, $n(Q) = 32$

(1) $n(P \cap Q) \leq n(Q) = 32$,
$n(P \cup Q) \leq n(U) = 48$,
$n(P \cup Q) = n(P) + n(Q) - n(P \cap Q)$
에서
$40 + 32 - n(P \cap Q) \leq 48$
$\therefore n(P \cap Q) \geq 24$
$\therefore 24 \leq n(P \cap Q) \leq 32$
따라서 가장 많은 경우는 **32**명, 가장 적은 경우는 **24**명이다.

(2) $n(P \cap Q^c) = n(P) - n(P \cap Q)$
$$= 40 - n(P \cap Q)$$
이므로 $n(P \cap Q^c)$은 $n(P \cap Q)$가 최대

일 때 최소이고, $n(P \cap Q)$가 최소일 때 최대이다.

(1)에서 $24 \leq n(P \cap Q) \leq 32$이므로

$$8 \leq n(P \cap Q^c) \leq 16$$

따라서 가장 많은 경우는 **16명**, 가장 적은 경우는 **8명**이다.

21-12. 60명의 학생 전체의 집합을 U라고 하면

$$n(U) = n(A \cup B \cup C) = 60$$

(1) $n(A^c \cup B^c \cup C^c) = n\big((A \cap B \cap C)^c\big)$

$$= n(U) - n(A \cap B \cap C)$$
$$= 60 - 10 = \mathbf{50}$$

(2) $(A \cap B) \cup (B \cap C) \cup (C \cap A)$는 아래 그림의 점 찍은 부분이다.

$$\therefore n\big((A \cap B) \cup (B \cap C) \cup (C \cap A)\big)$$
$$= n(A \cap B) + n(B \cap C) + n(C \cap A)$$
$$\qquad - 2 \times n(A \cap B \cap C)$$
$$= n(A) + n(B) + n(C)$$
$$\qquad - n(A \cup B \cup C) - n(A \cap B \cap C)$$
$$= 42 + 36 + 27 - 60 - 10 = \mathbf{35}$$

(3) $A^c \cap B^c \cap C$는 아래 그림의 점 찍은 부분이다.

$$\therefore n(A^c \cap B^c \cap C)$$
$$= n(A \cup B \cup C) - n(A \cup B)$$
$$= 60 - \big[n(A) + n(B) - n(A \cap B)\big]$$
$$= 60 - (42 + 36 - 26) = \mathbf{8}$$

21-13. a, b, c를 읽은 학생의 집합을 각각 A, B, C라 하고, 전체 학생 수를 x라고 하면

$$n(A) = \frac{3}{4}x, \ n(B) = \frac{5}{12}x, \ n(C) = \frac{3}{32}x,$$
$$n(A^c \cap B^c \cap C^c) = 11, \ n(A \cap B) = \frac{3}{8}x$$

또, c를 읽은 학생은 a, b를 읽지 않았으므로

$$n(C \cap A) = n(B \cap C) = n(A \cap B \cap C) = 0$$

(1) $n(A \cup B \cup C) = n(A) + n(B) + n(C)$
$$\qquad - n(A \cap B) - n(B \cap C)$$
$$\qquad - n(C \cap A) + n(A \cap B \cap C)$$
$$= \frac{3}{4}x + \frac{5}{12}x + \frac{3}{32}x - \frac{3}{8}x = \frac{85}{96}x$$

이므로

$$n(A^c \cap B^c \cap C^c) = n\big((A \cup B \cup C)^c\big)$$
$$= x - n(A \cup B \cup C)$$
$$= \frac{11}{96}x$$

$n(A^c \cap B^c \cap C^c) = 11$이므로　$x = \mathbf{96}$

(2) $n(B) - n(A \cap B) - n(B \cap C)$
$$\qquad + n(A \cap B \cap C)$$
$$= \frac{5}{12}x - \frac{3}{8}x - 0 + 0 = \frac{1}{24}x = \mathbf{4}$$

21-14. $P = \{x \mid P(x) = 0\}$,
$$\qquad Q = \{x \mid Q(x) = 0\}$$

이라고 하면

$$B = \{(x, y) \mid (x, y) \in A \text{이고} \ x = y\}$$
$$= \{(x, x) \mid P(x)Q(x) = 0\}$$
$$= \{(x, x) \mid P(x) = 0 \ \text{또는} \ Q(x) = 0\}$$
$$\therefore n(B) = n(P \cup Q)$$
$$= n(P) + n(Q) - n(P \cap Q)$$
$$= 5 + 8 - n(P \cap Q) \qquad \cdots\cdots ①$$

$n(P \cap Q) = 0$이면 $P(a) = Q(a) = 0$인 a가 존재하지 않는다. 이때, 집합 A는 $P(x) = P(y) = 0$이거나 $Q(x) = Q(y) = 0$인 (x, y)만을 원소로 가진다.

$P(x) = P(y) = 0$인 (x, y)는

5×5=25(개)

Q(x)=Q(y)=0인 (x, y)는

8×8=64(개)

곧, n(A)=25+64=89가 되어 A가 무한집합이라는 조건에 모순이다.

n(P∩Q)≥1이면 P(a)=Q(a)=0인 a가 존재한다. 이때, 모든 실수 y에 대하여 P(a)Q(y)=0, Q(a)P(y)=0이므로 (a, y)∈A이다. 따라서 집합 A는 무한집합이다.

따라서 ①에서 n(P∩Q)=1일 때 n(B)의 최댓값은 **12**

22-1. ∼p⟹q이면 P^C⊂Q이다.

P^C⊂Q이고, P^C≠Q인 경우의 벤 다이어그램을 그리면 오른쪽 그림과 같다.

그림에서 ①∼④는 모두 옳지만, ⑤는 옳지 않음을 알 수 있다.　　답 ⑤

*__Note__ P^C=Q인 경우에는 ①∼⑤가 모두 옳지만, 'P^C⊂Q, P^C≠Q'인 경우에는 P∩Q≠∅이다.

22-2. ① x=1, 2, 3, 4일 때 x+3<8이므로 U의 모든 x에 대하여 성립한다.

② x=2, 3, 4일 때 x^2−1>0이므로 U의 어떤 x에 대하여 성립한다.

③ x=1이면(어떤 x에 대하여) 모든 y에 대하여 x^2<y+1

④ x=4, y=4일 때 x^2+y^2이 최대이고

$$x^2+y^2=4^2+4^2=32<33$$

이므로 모든 x, y에 대하여

$$x^2+y^2<33$$

⑤ x=1, y=1일 때 x^2+y^2이 최소이고

$$x^2+y^2=1^2+1^2=2>1$$

이므로 x^2+y^2<1인 x, y는 U에 존재하지 않는다.　　답 ⑤

22-3. 주어진 명제가 참이 되려면 집합 P의 원소 중에서 3의 배수가 적어도 하나 있어야 한다.

곧, 조건을 만족하는 집합 P는 집합 U의 부분집합 중에서 원소 3, 9 중 적어도 하나가 속하는 집합이므로, 구하는 집합 P의 개수는 U의 모든 부분집합의 개수에서 3, 9 중 어느 것도 속하지 않는 부분집합의 개수를 뺀 것과 같다.

∴ 2^5−2^3=32−8=**24**

22-4. 주어진 명제의 부정은

모든 실수 x에 대하여 $3x^2$+$9x$+k≥0

이 명제가 참이 되려면 이차방정식 $3x^2$+$9x$+k=0의 판별식을 D라고 할 때,

D=9^2−4×3×k≤0

이어야 한다.

따라서 k≥$\dfrac{27}{4}$=6.75이므로 자연수 k의 최솟값은 **7**

22-5. (i) (P∩Q)∪(P−Q)=P∪Q에서

(좌변)=(P∩Q)∪(P∩Q^c)

　　　=P∩(Q∪Q^c)=P∩U=P

이므로 준 식은

P=P∪Q　　∴ Q⊂P

(ii) P∩(P∩Q^c)^c=P에서

(좌변)=P∩(P^c∪Q)

　　　=(P∩P^c)∪(P∩Q)

　　　=∅∪(P∩Q)=P∩Q

이므로 준 식은

P∩Q=P　　∴ P⊂Q

(i), (ii)에서 P=Q　　∴ p⟺q

따라서 p는 q이기 위한

필요충분조건

22-6. (1) x=1 ⟹ x^2=1

x^2=1 ⟹̸ x=1 (반례: x=−1)

∴ **충분**

(2) x=1 ⟺ x^3=1　　∴ **필요충분**

(3) $(x, y$가 정수$)$
$$\Longrightarrow (x+y, xy$$가 정수$)$$
$(x+y, xy$가 정수$)$
$$\Longrightarrow (x, y$$가 정수$)$$
$$\left(반례: x=\dfrac{1+\sqrt{5}}{2}, y=\dfrac{1-\sqrt{5}}{2}\right)$$
$$\therefore \text{충분}$$

(4) $(x>0, y>0)$
$$\Longleftrightarrow (x+y>0, xy>0)$$
$$\therefore \text{필요충분}$$

(5) $(xy>x+y>4) \Longrightarrow (x>2, y>2)$
$$(반례: x=10, y=1.5)$$
$x>2, y>2$이면 $x+y>4$이고
$xy-(x+y)=(x-1)(y-1)-1>0$
이므로
$$(x>2, y>2) \Longrightarrow (xy>x+y>4)$$
$$\therefore \text{필요}$$

(6) $(A\cap B)\subset(A\cup B) \Longrightarrow A=B$
A, B가 어떤 집합이라고 하더라도
$(A\cap B)\subset(A\cup B)$이므로
$A=B \Longrightarrow (A\cap B)\subset(A\cup B)$
$$\therefore \text{필요}$$

(7) $A\cup B\cup C=C \Longrightarrow (A\cup B)\subset C$
$$\Longrightarrow (A\cap B)\subset(A\cup B)\subset C$$
$$\Longrightarrow A\cap B\cap C=A\cap B$$
역으로
$A\cap B\cap C=A\cap B$
$$\Longrightarrow A\cup B\cup C=C$$
$$\therefore \text{충분}$$

(8) $A\cap(B\cap C)=A \Longrightarrow A\subset(B\cap C)$
$$\Longrightarrow A\subset(B\cup C)$$
$$\Longrightarrow A\cup(B\cup C)=B\cup C$$
역으로
$A\cup(B\cup C)=B\cup C$
$$\Longrightarrow A\cap(B\cap C)=A$$
$$\therefore \text{충분}$$

*__Note__ 「x, y는 실수」라는 조건이 있다

는 것에 주의해야 한다.
만일 복소수까지 생각하면

(2) $x^3=1 \not\Longrightarrow x=1$
$$\left(반례: x=\dfrac{-1+\sqrt{3}\,i}{2}\right)$$

(4) $(x+y>0, xy>0)$
$$\Longrightarrow (x>0, y>0)$$
$$(반례: x=1+i, y=1-i)$$

22-7. (1) $ac<0$이면 $b^2-4ac>0$
그러나 $b^2-4ac>0$이면
$b^2=10$, $ac=2$일 때도 있으므로
$ac<0 \rightleftarrows\!\!\!\!/\ b^2-4ac>0$ $\therefore$ 충분

(2) 두 근을 α, β라고 하자.
$ab<0$, $ac>0$
$$\Longleftrightarrow -\dfrac{b}{a}>0, \dfrac{c}{a}>0$$
$$\Longleftrightarrow \alpha+\beta>0, \alpha\beta>0$$
$$\rightleftarrows\!\!\!\!/\ \alpha>0, \beta>0$$
$$\therefore \text{필요}$$

*__Note__ 두 근 α, β가 양수일 필요충분
조건은 $D\geq0$, $\alpha+\beta>0$, $\alpha\beta>0$이다.

22-8. $x^2-3|x|\leq0$에서
$x\geq0$일 때, $x^2-3x\leq0$ $\therefore$ $0\leq x\leq3$
$x<0$일 때, $x^2+3x\leq0$ $\therefore$ $-3\leq x<0$
따라서 $A=\{x\,|\,-3\leq x\leq3\}$,
$B=\{x\,|\,x\leq a\}$, $C=\{x\,|\,\beta\leq x\leq0\}$
으로 놓으면 $x\leq a$는 $x^2-3|x|\leq0$이기
위한 필요조건이므로 $A\subset B$

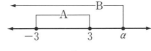

$$\therefore \alpha\geq3 \qquad \cdots\cdots ①$$
또, $\beta\leq x\leq0$은 $x^2-3|x|\leq0$이기 위
한 충분조건이므로 $C\subset A$

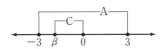

$$\therefore -3 \leq \beta \leq 0 \qquad \cdots\cdots ②$$

②로부터 $0 \leq -\beta \leq 3$ $\qquad \cdots\cdots ②'$

이고, ①, ②′에서 $\alpha - \beta \geq 3$이다.

따라서 $\alpha - \beta$의 최솟값은 **3**

22-9. 문제의 조건을 기호로 나타내면

$$p \Longrightarrow q, \quad \sim r \Longrightarrow \sim q,$$
$$\sim s \Longrightarrow (\sim q \ 또는 \sim r)$$

따라서 전체집합 U에서의 조건 p, q, r, s의 진리집합을 각각 P, Q, R, S라고 하면 문제의 (개), (내), (대)는

$$P \subset Q, \quad R^c \subset Q^c, \quad S^c \subset (Q^c \cup R^c)$$

곧, $P \subset Q$, $Q \subset R$, $(Q \cap R) \subset S$

이고, 이들 관계를 벤 다이어그램으로 나타내면 아래 그림과 같다.

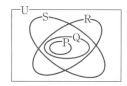

$$\therefore P \subset S, \ Q \subset S, \ (P \cup Q \cup R) \not\subset S,$$
$$(P \cap Q \cap R) \subset S, \ (P \cup Q) \subset R$$

이므로 반드시 참이라고는 말할 수 없는 것은 ③이다. [답] ③

22-10. 문제에서 주어진 조건들을 기호로 나타내면

$$q \Longrightarrow p, \quad r \Longrightarrow q,$$
$$r \Longrightarrow s, \quad q \Longleftrightarrow s$$

따라서 조건 p, q, r, s의 진리집합을 각각 P, Q, R, S라고 하면

$$Q \subset P, \ R \subset Q, \ R \subset S, \ Q = S$$

이고, 벤 다이어그램으로 나타내면 아래 오른쪽 그림과 같다.

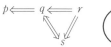

(1) $R \subset P$이므로 $r \Longrightarrow p$ ∴ **충분**

(2) $R \subset (P \cup Q)$이므로

$r \Longrightarrow (p \ 또는 \ q)$ ∴ **필요**

(3) $P \cap Q = R \cup S$이므로

$(p$이고 $q) \Longleftrightarrow (r \ 또는 \ s)$

∴ **필요충분**

22-11. (1) $A \cap C = C$이면 $C \subset A$

또, $(A \cap B) \subset A$이므로

$(A \cap B) \cup C \subset A$

역으로 $(A \cap B) \cup C \subset A$이면

$C \subset (A \cap B) \cup C$이므로

$C \subset A$ ∴ $A \cap C = C$

∴ $A \cap C = C \Longleftrightarrow (A \cap B) \cup C \subset A$

∴ **필요충분**

(2) 모든 C에 대하여 $(B \cap C) \subset (A \cap C)$가 성립한다는 것은 $C = U$(U는 전체집합)일 때도 성립한다는 것이다.

이때, $B \cap C = B \cap U = B$,

$\qquad A \cap C = A \cap U = A$

이므로

$(B \cap C) \subset (A \cap C) \Longrightarrow B \subset A$

역도 성립하므로

$(B \cap C) \subset (A \cap C) \Longleftrightarrow B \subset A$

∴ **필요충분**

(3) 아래 벤 다이어그램을 참조하면

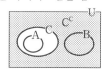

($A \subset C$, $B \subset C^c$인 C가 존재)

$\Longleftrightarrow A \cap B = \varnothing$

임을 알 수 있다. ∴ **필요충분**

Note $A \subset C$, $B \subset C^c$에서 $C \subset B^c$이므로 $A \subset B^c$

∴ $A - B^c = \varnothing$ 곧, $A \cap B = \varnothing$

역으로 $A \cap B = \varnothing$이면

$A - B^c = \varnothing$에서 $A \subset B^c$

이때, $C = B^c$으로 놓으면 $A \subset C$,

$B \subset C^c$인 C가 존재한다.

　　∴ 필요충분

(4) $(A \cup B) \cap (A^c \cup B^c) = B \cap A^c$

　　$\iff (A \cup B) \cap (A \cap B)^c = B - A$

　　$\iff (A \cup B) - (A \cap B) = B - A$

　　$\iff (A - B) \cup (B - A) = B - A$

　　$\iff A - B = \varnothing \iff A \subset B$

　　　∴ 필요충분

(5) (i) $B \cap D = \varnothing \implies A \cap C = \varnothing$

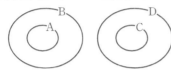

$A \cap C = \varnothing \not\Longrightarrow B \cap D = \varnothing$

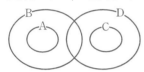

따라서 $B \cap D = \varnothing$은 $A \cap C = \varnothing$이기 위한 충분조건이다.

(ii) $A \subset D \not\Longrightarrow B \subset C$

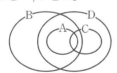

한편 $B \subset C$이면 $A \subset B$, $C \subset D$에서 $A \subset B \subset C \subset D$이므로 $A \subset D$이다.

　　∴ $B \subset C \implies A \subset D$

따라서 $A \subset D$는 $B \subset C$이기 위한 필요조건이다.

　　∴ 충분, 필요

22-12. $|x - a| < 1$이고 $|y - b| < 1$

　　$\iff \begin{cases} -1 < x - a < 1 \\ -1 < y - b < 1 \end{cases}$

　　$\iff \begin{cases} a - 1 < x < a + 1 \\ b - 1 < y < b + 1 \end{cases}$

　　∴ p : $a - 1 < x < a + 1$이고

　　　$b - 1 < y < b + 1$

또,

$|x - y - a + b| < 2$

　　$\iff -2 < (x - y) - (a - b) < 2$

　　$\iff a - b - 2 < x - y < a - b + 2$

　　∴ q : $a - b - 2 < x - y < a - b + 2$

　　　∴ $p \implies q$

한편 $x = a + \dfrac{3}{2}$, $y = b$는 조건 q를 만족하지만, 조건 p를 만족하지 못하므로

　　$q \not\Longrightarrow p$　∴ 충분조건

23-**1**. 정수 m, n이 존재한다고 하면 m, n이 정수이고, $3m^2 = n^2 + 1$이므로 $n^2 + 1$은 3의 배수이다.

한편 정수 n이 어떤 정수 k에 대하여 $n = 3k$이면

$n^2 = (3k)^2 = 9k^2 = 3 \times 3k^2$

$n = 3k + 1$이면

　$n^2 = (3k + 1)^2 = 3(3k^2 + 2k) + 1$

$n = 3k + 2$이면

　$n^2 = (3k + 2)^2 = 3(3k^2 + 4k + 1) + 1$

이므로 n^2을 3으로 나눈 나머지는 0 또는 1이다.

따라서 $n^2 + 1$을 3으로 나눈 나머지는 1 또는 2이므로 $n^2 + 1$은 3의 배수일 수 없다. 그러므로 모순이다.

따라서 $3m^2 - n^2 = 1$을 만족하는 정수 m, n은 존재하지 않는다.

23-**2**. (1) $a + \dfrac{1}{a} - 2 = \dfrac{a^2 - 2a + 1}{a}$

　　　　　　$= \dfrac{(a - 1)^2}{a} \geq 0$

　　　（등호는 $a = 1$일 때 성립）

(2) $\left(\dfrac{a}{b} + \dfrac{c}{d} \right) \left(\dfrac{b}{a} + \dfrac{d}{c} \right) - 4$

　　　$= \dfrac{(ad + bc)^2 - 4abcd}{abcd}$

$$=\frac{(ad-bc)^2}{abcd}\geq0$$

(등호는 $ad=bc$일 때 성립)

*__Note__ (1) $a>0$, $\dfrac{1}{a}>0$이므로

$$a+\frac{1}{a}\geq2\sqrt{a\times\frac{1}{a}}=2$$

$$\left(\text{등호는 } a=\frac{1}{a}, \text{ 곧 } a=1\text{일 때 성립}\right)$$

(2) $\dfrac{a}{b}+\dfrac{c}{d}\geq2\sqrt{\dfrac{a}{b}\times\dfrac{c}{d}}=2\sqrt{\dfrac{ac}{bd}}$

$\dfrac{b}{a}+\dfrac{d}{c}\geq2\sqrt{\dfrac{b}{a}\times\dfrac{d}{c}}=2\sqrt{\dfrac{bd}{ac}}$

$\therefore\left(\dfrac{a}{b}+\dfrac{c}{d}\right)\left(\dfrac{b}{a}+\dfrac{d}{c}\right)$

$$\geq2\sqrt{\frac{ac}{bd}}\times2\sqrt{\frac{bd}{ac}}=4$$

(등호는 $ad=bc$일 때 성립)

23-3. $a+b=1$에서

$$1-a=b,\ 1-b=a$$
$$\begin{aligned}a^2+b^2-(a^3+b^3)&=a^2(1-a)+b^2(1-b)\\&=a^2b+b^2a\\&=ab(a+b)=ab>0\end{aligned}$$
$$\therefore\ a^2+b^2>a^3+b^3$$
$$\begin{aligned}a^3+b^3-(a^4+b^4)&=a^3(1-a)+b^3(1-b)\\&=a^3b+b^3a\\&=ab(a^2+b^2)>0\end{aligned}$$
$$\therefore\ a^3+b^3>a^4+b^4$$
$$\therefore\ \boldsymbol{a^2+b^2>a^3+b^3>a^4+b^4}$$

*__Note__ $0<a<1$, $0<b<1$이므로
$$a^2>a^3>a^4,\ b^2>b^3>b^4$$
$$\therefore\ \boldsymbol{a^2+b^2>a^3+b^3>a^4+b^4}$$

23-4. (1) 좌변을 통분하면

$$\frac{(bc)^2+(ca)^2+(ab)^2}{abc}\geq a+b+c$$

그런데 $abc>0$이므로

$$(bc)^2+(ca)^2+(ab)^2\geq abc(a+b+c)$$

를 증명해도 된다.

$bc=x$, $ca=y$, $ab=z$라고 하면

$$x^2+y^2+z^2\geq xy+yz+zx$$

이고, x, y, z가 실수이므로 항상 성립한다.

$$\therefore\ \frac{bc}{a}+\frac{ca}{b}+\frac{ab}{c}\geq a+b+c$$

(등호는 $x=y=z$, 곧

$a=b=c$일 때 성립)

(2) $9(\text{우변})^2-9(\text{좌변})^2$

$=3(a^2+b^2+c^2)-(a+b+c)^2$

$=2(a^2+b^2+c^2-ab-bc-ca)\geq0$

이때, $(\text{좌변})>0$, $(\text{우변})>0$이므로

$$\frac{a+b+c}{3}\leq\sqrt{\frac{a^2+b^2+c^2}{3}}$$

(등호는 $a=b=c$일 때 성립)

*__Note__ (1) 다음과 같이

$$(\text{산술평균})\geq(\text{기하평균})$$

을 이용하여 증명할 수도 있다.

두 수 $\dfrac{bc}{a}$, $\dfrac{ca}{b}$에 대하여

$$\frac{1}{2}\left(\frac{bc}{a}+\frac{ca}{b}\right)\geq\sqrt{\frac{bc}{a}\times\frac{ca}{b}}=c$$

곧, $\dfrac{1}{2}\left(\dfrac{bc}{a}+\dfrac{ca}{b}\right)\geq c$

같은 방법으로 하면

$$\frac{1}{2}\left(\frac{ca}{b}+\frac{ab}{c}\right)\geq a,$$
$$\frac{1}{2}\left(\frac{ab}{c}+\frac{bc}{a}\right)\geq b$$

변변 더하면

$$\frac{bc}{a}+\frac{ca}{b}+\frac{ab}{c}\geq a+b+c$$

(등호는 $a=b=c$일 때 성립)

(2) 다음과 같이 코시-슈바르츠 부등식을 이용하여 증명할 수도 있다.

$$(a+b+c)^2\leq(a^2+b^2+c^2)(1^2+1^2+1^2)$$

$$\therefore\ \left(\frac{a+b+c}{3}\right)^2\leq\frac{a^2+b^2+c^2}{3}$$

$$\therefore\ \frac{a+b+c}{3}\leq\sqrt{\frac{a^2+b^2+c^2}{3}}$$

(등호는 $a=b=c$일 때 성립)

23-5. (1) $a^2+ab+b^2=a^2+ba+b^2$

$$=\left(a+\frac{b}{2}\right)^2-\frac{b^2}{4}+b^2$$

$$=\left(a+\frac{b}{2}\right)^2+\frac{3}{4}b^2$$

$a,\ b$는 실수이므로

$$\left(a+\frac{b}{2}\right)^2\geq0,\ \frac{3}{4}b^2\geq0$$

$$\therefore\ a^2+ab+b^2\geq0$$

등호는 $a+\frac{b}{2}=0,\ b=0,$ 곧 $a=0,$
$b=0$일 때 성립한다.

(2) $a^2-2ab+2b^2+2a-6b+5$

$=a^2-2(b-1)a+2b^2-6b+5$ …①

$=\{a-(b-1)\}^2-(b-1)^2+2b^2-6b+5$

$=(a-b+1)^2+b^2-4b+4$

$=(a-b+1)^2+(b-2)^2$

$a,\ b$는 실수이므로

$$(a-b+1)^2\geq0,\ (b-2)^2\geq0$$

$$\therefore\ a^2-2ab+2b^2+2a-6b+5\geq0$$

등호는 $a-b+1=0,\ b-2=0,$ 곧
$a=1,\ b=2$일 때 성립한다.

Note　①에서 a^2의 계수가 양수이고,

$$D/4=(b-1)^2-(2b^2-6b+5)$$

$$=-(b-2)^2\leq0$$

$$\therefore\ a^2-2ab+2b^2+2a-6b+5\geq0$$

23-6. 모든 실수 x에 대하여

$$ax-(a+1)<x^2 \qquad \cdots①$$

$$ax-(a+1)>-(x+1)^2 \qquad \cdots②$$

를 모두 만족하는 a의 값의 범위를 구하
면 된다.

①에서 $x^2-ax+a+1>0$이므로
$x^2-ax+a+1=0$의 판별식을 D_1이라고
하면

$$D_1=a^2-4(a+1)<0$$

$$\therefore\ 2-2\sqrt{2}<a<2+2\sqrt{2} \qquad \cdots③$$

②에서 $x^2+(a+2)x-a>0$이므로
$x^2+(a+2)x-a=0$의 판별식을 D_2라고
하면

$$D_2=(a+2)^2+4a<0$$

$$\therefore\ -4-2\sqrt{3}<a<-4+2\sqrt{3} \cdots④$$

③, ④의 공통 범위는

$$2-2\sqrt{2}<a<-4+2\sqrt{3}$$

23-7. (1) $\dfrac{1}{x}+\dfrac{1}{y}\geq2\sqrt{\dfrac{1}{xy}}=2\sqrt{\dfrac{1}{100}}$

$$\therefore\ \frac{1}{x}+\frac{1}{y}\geq\frac{1}{5}$$

등호는 $\dfrac{1}{x}=\dfrac{1}{y},$ 곧 $x=y=10$일 때

성립하고, 최솟값은 $\dfrac{1}{5}$

(2) $(x+y)\left(\dfrac{1}{x}+\dfrac{4}{y}\right)=1+\dfrac{4x}{y}+\dfrac{y}{x}+4$

$$\geq2\sqrt{\frac{4x}{y}\times\frac{y}{x}}+5$$

$$=9$$

$\dfrac{1}{x}+\dfrac{4}{y}=1$이므로　$x+y\geq9$

등호는 $\dfrac{4x}{y}=\dfrac{y}{x},$ 곧 $x=3,\ y=6$일
때 성립하고, 최솟값은 **9**

(3) $\dfrac{y}{x+1}+\dfrac{x}{y+1}=\dfrac{y^2+y+x^2+x}{(x+1)(y+1)}$

$$=\frac{(x+y)^2-2xy+(x+y)}{xy+(x+y)+1}$$

$$=\frac{-2xy+2}{xy+2}$$

$$=\frac{6}{xy+2}-2 \qquad \cdots①$$

$x>0,\ y>0$이므로

$\dfrac{x+y}{2}\geq\sqrt{xy}$에서　$\dfrac{1}{2}\geq\sqrt{xy}$

$$\therefore\ 0<xy\leq\frac{1}{4}$$

①에서　$\dfrac{2}{3}\leq\dfrac{6}{xy+2}-2<1$

등호는 $x=y=\dfrac{1}{2}$일 때 성립하고,

최솟값은 $\dfrac{2}{3}$

23-8. $ab-a-b=24$에서

$$(a-1)(b-1)=25$$

$a-1>0, \ b-1>0$이므로

$(a-1)+(b-1)\geq2\sqrt{(a-1)(b-1)}=10$

$\therefore \ a+b\geq12$

등호는 $a-1=b-1=5$, 곧 $a=b=6$

일 때 성립하고, 최솟값은 **12**

23-9. $x+\dfrac{1}{x}=t$로 놓으면 $x>0$이므로

$t=x+\dfrac{1}{x}\geq2\sqrt{x\times\dfrac{1}{x}}=2$, 곧 $t\geq2$

이때,

$y=t^2-2at-2=(t-a)^2-a^2-2$

$\therefore$ **$a<2$일 때 최솟값 $2-4a$,**

$a\geq2$일 때 최솟값 $-a^2-2$

23-10. 최초로 일정 지점 A를 통과한 차량이 50초 동안 이동한 거리는 $50v$ m 이다.

또, 50초 동안 A 지점을 통과하는 차량의 수를 x라고 하면 차량 x대의 차간 거리의 합계는 $f(v)(x-1)$ m이다.

$\therefore \ f(v)(x-1)<50v$

$\therefore \ x-1<\dfrac{50v}{f(v)}=\dfrac{50v}{\dfrac{1}{20}v^2+\dfrac{1}{2}v+5}$

$=\dfrac{1000}{v+\dfrac{100}{v}+10}\leq\dfrac{1000}{30}=33.3\times\times$

$\left(\because \ v+\dfrac{100}{v}\geq2\sqrt{v\times\dfrac{100}{v}}=20\right)$

따라서 $x<34.3\times\times$이므로 x의 최댓값은 **34** (대)

23-11. 삼각형 ABC에서 $\overline{BC}=a$, $\overline{CA}=b$, $\overline{AB}=c$라고 하면

$a+b+c=12$

또, $S_1=\dfrac{\pi}{2}\times\left(\dfrac{a}{2}\right)^2=\dfrac{\pi}{8}a^2$,

$S_2=\dfrac{\pi}{2}\times\left(\dfrac{b}{2}\right)^2=\dfrac{\pi}{8}b^2$,

$S_3=\dfrac{\pi}{2}\times\left(\dfrac{c}{2}\right)^2=\dfrac{\pi}{8}c^2$

$\therefore \ S_1+S_2+S_3=\dfrac{\pi}{8}(a^2+b^2+c^2)$

그런데 코시-슈바르츠 부등식에서

$(a^2+b^2+c^2)(1^2+1^2+1^2)\geq(a+b+c)^2$

$\therefore \ 3(a^2+b^2+c^2)\geq12^2$

$\therefore \ a^2+b^2+c^2\geq48$

(등호는 $a=b=c=4$일 때 성립)

따라서

$S_1+S_2+S_3=\dfrac{\pi}{8}(a^2+b^2+c^2)$

$\geq\dfrac{\pi}{8}\times48=6\pi$

이므로 최솟값은 **6π**

23-12. 모든 실수 b에 대하여

$b^2-2(2a^2-3)b+a^4\geq0$이 될 조건은

$D/4=(2a^2-3)^2-a^4$

$=(2a^2-3+a^2)(2a^2-3-a^2)\leq0$

곧, $(a^2-1)(a^2-3)\leq0$ $\therefore \ 1\leq a^2\leq3$

$\therefore \ -\sqrt{3}\leq a\leq-1$ 또는 $1\leq a\leq\sqrt{3}$

23-13. 문제의 조건으로부터 모든 실수 a, b, c, m에 대하여

$f(a)+f(b)+f(c)+f(m)$

$\geq2\left\{f\left(\dfrac{a+b}{2}\right)+f\left(\dfrac{c+m}{2}\right)\right\}$

$\geq4f\left(\dfrac{a+b+c+m}{4}\right)$

이 성립한다.

여기서 $m=\dfrac{1}{3}(a+b+c)$로 놓으면

$f(a)+f(b)+f(c)+f\left(\dfrac{a+b+c}{3}\right)$

$\geq4f\left(\dfrac{a+b+c}{3}\right)$

$\therefore \ \dfrac{f(a)+f(b)+f(c)}{3}\geq f\left(\dfrac{a+b+c}{3}\right)$

*__Note__ $f(x)=x^2$, $f(x)=x^4$일 때, 각각 다음 부등식을 얻는다.

$\dfrac{a^2+b^2+c^2}{3}\geq\left(\dfrac{a+b+c}{3}\right)^2$,

$\dfrac{a^4+b^4+c^4}{3}\geq\left(\dfrac{a+b+c}{3}\right)^4$

23-**14.** $x>0$, $y>0$, $z>0$이므로

$x=(\sqrt{x})^2$, $y=(\sqrt{y})^2$, $z=(\sqrt{z})^2$,

$\dfrac{1}{x}=\left(\sqrt{\dfrac{1}{x}}\right)^2$, $\dfrac{4}{y}=\left(\sqrt{\dfrac{4}{y}}\right)^2$, $\dfrac{9}{z}=\left(\sqrt{\dfrac{9}{z}}\right)^2$

코시-슈바르츠 부등식에서

$(x+y+z)\left(\dfrac{1}{x}+\dfrac{4}{y}+\dfrac{9}{z}\right)$

$\geq\left(\sqrt{x}\sqrt{\dfrac{1}{x}}+\sqrt{y}\sqrt{\dfrac{4}{y}}+\sqrt{z}\sqrt{\dfrac{9}{z}}\right)^2$

$=36$

$x+y+z=2$이므로

$\dfrac{1}{x}+\dfrac{4}{y}+\dfrac{9}{z}\geq18$

등호는 $x:y:z=\dfrac{1}{x}:\dfrac{4}{y}:\dfrac{9}{z}$, 곧

$x=\dfrac{1}{3}$, $y=\dfrac{2}{3}$, $z=1$일 때 성립하고, 최

솟값은 **18**

***Note** $(x+y+z)\left(\dfrac{1}{x}+\dfrac{4}{y}+\dfrac{9}{z}\right)$

$=1+\dfrac{4x}{y}+\dfrac{9x}{z}+\dfrac{y}{x}+4+\dfrac{9y}{z}$

$\qquad\qquad+\dfrac{z}{x}+\dfrac{4z}{y}+9$

$\geq14+2\sqrt{\dfrac{4x}{y}\times\dfrac{y}{x}}+2\sqrt{\dfrac{9x}{z}\times\dfrac{z}{x}}$

$\qquad\qquad+2\sqrt{\dfrac{9y}{z}\times\dfrac{4z}{y}}$

$=36$

$x+y+z=2$이므로

$\dfrac{1}{x}+\dfrac{4}{y}+\dfrac{9}{z}\geq18$

등호는 $\dfrac{4x}{y}=\dfrac{y}{x}$, $\dfrac{9x}{z}=\dfrac{z}{x}$,

$\dfrac{9y}{z}=\dfrac{4z}{y}$, 곧 $x=\dfrac{1}{3}$, $y=\dfrac{2}{3}$, $z=1$일

때 성립하고, 최솟값은 **18**

23-**15.** (1) $(a^2+b^2)(c^2+d^2)\geq(ac+bd)^2$

에서

$2\times4\geq(ac+bd)^2$

(등호는 $ad=bc$일 때 성립)

$\therefore$ $-2\sqrt{2}\leq ac+bd\leq2\sqrt{2}$

(2) $\sqrt{a^2b^2}\leq\dfrac{a^2+b^2}{2}=1$

(등호는 $a^2=b^2=1$일 때 성립)

$\therefore$ $|ab|\leq1$　$\therefore$ $-1\leq ab\leq1$

또, $\sqrt{c^2d^2}\leq\dfrac{c^2+d^2}{2}=2$

(등호는 $c^2=d^2=2$일 때 성립)

$\therefore$ $|cd|\leq2$　$\therefore$ $-2\leq cd\leq2$

$\therefore$ $-3\leq ab+cd\leq3$

***Note** (2) $(a+b)^2=a^2+2ab+b^2\geq0$,

$(a-b)^2=a^2-2ab+b^2\geq0$

에서　$-a^2-b^2\leq2ab\leq a^2+b^2$

임을 이용하여 풀 수도 있다.

23-**16.** $a+b+c+d=1$　　　……①

또, $a=xy$,

$b=(1-x)y$,

$c=x(1-y)$,

$d=(1-x)(1-y)$

이므로

$ad=bc$　…②

한편 (산술평균)$\geq$(기하평균)에서

$a+b+c+d\geq2\sqrt{ad}+2\sqrt{bc}$

①과 ②를 이용하면

$1\geq4\sqrt{ad}$　$\therefore$ $ad\leq\dfrac{1}{16}$

따라서 $a>\dfrac{1}{4}$이면 $d<\dfrac{1}{4}$이다.

***Note** 다음과 같이 증명할 수도 있다.

$a=xy$,

$d=(1-x)(1-y)=1-(x+y)+xy$

그런데 $x>0$, $y>0$이므로

$x+y\geq2\sqrt{xy}$　$\therefore$ $-(x+y)\leq-2\sqrt{xy}$

$\therefore$ $d\leq1-2\sqrt{xy}+xy$

여기서 $\sqrt{xy}=t$로 놓으면 $a>\dfrac{1}{4}$일 때

$\dfrac{1}{4}<xy<1$에서 $\dfrac{1}{2}<t<1$

$\therefore$ $d\leq1-2t+t^2=(t-1)^2<\dfrac{1}{4}$

따라서 $a>\dfrac{1}{4}$이면 $d<\dfrac{1}{4}$이다.

23-17.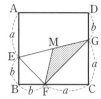

△EFG에서 $\overline{FG}=a\sqrt{2}$, $\overline{EF}=b\sqrt{2}$,
∠EFG$=90°$이므로 피타고라스 정리로
부터

$$\left(a\sqrt{2}\right)^2+\left(b\sqrt{2}\right)^2=\left(8\sqrt{2}\right)^2$$
$$\therefore \ a^2+b^2=64 \qquad \cdots\cdots①$$

한편

$$\begin{aligned}△MFG&=\frac{1}{2}△EFG\\&=\frac{1}{2}\times\frac{1}{2}\times a\sqrt{2}\times b\sqrt{2}\\&=\frac{1}{2}ab\end{aligned}$$

이때, $a>0$, $b>0$이므로

$$a^2+b^2\geq2\sqrt{a^2b^2}=2ab$$

(등호는 $a=b$일 때 성립)

여기에 ①을 대입하면

$$2ab\leq64 \quad \therefore \ ab\leq32$$
$$\therefore \ △MFG=\frac{1}{2}ab\leq16$$

따라서 $a=b=4\sqrt{2}$일 때 최댓값은 **16**

23-18. (1) △ABC∽△IFP
∽△PEH∽△DPG

이므로 $\overline{BE}=\overline{FP}=a_1$, $\overline{EH}=a_2$,
$\overline{HC}=\overline{PG}=a_3$이라고 하면

$$\frac{S}{(a_1+a_2+a_3)^2}=\frac{S_1}{a_1{}^2}=\frac{S_2}{a_2{}^2}=\frac{S_3}{a_3{}^2}$$

이 식의 값을 $k^2(k>0)$으로 놓으면

$$S=(a_1+a_2+a_3)^2k^2,$$
$$S_1=a_1{}^2k^2, \ S_2=a_2{}^2k^2, \ S_3=a_3{}^2k^2$$
$$\begin{aligned}\therefore \ \sqrt{S_1}+\sqrt{S_2}+\sqrt{S_3}&=a_1k+a_2k+a_3k\\&=(a_1+a_2+a_3)k\\&=\sqrt{S}\end{aligned}$$

(2) $a_1+a_2+a_3=a$로 놓으면

$$\begin{aligned}\frac{S_1+S_2+S_3}{S}&=\frac{a_1{}^2+a_2{}^2+a_3{}^2}{(a_1+a_2+a_3)^2}\\&=\frac{1}{a^2}(a_1{}^2+a_2{}^2+a_3{}^2)\end{aligned}$$

그런데 코시-슈바르츠 부등식에서

$$(a_1{}^2+a_2{}^2+a_3{}^2)(1^2+1^2+1^2)$$
$$\geq(a_1+a_2+a_3)^2$$
$$\therefore \ a_1{}^2+a_2{}^2+a_3{}^2\geq\frac{1}{3}(a_1+a_2+a_3)^2$$
$$=\frac{1}{3}a^2$$

(등호는 $a_1=a_2=a_3$일 때 성립)

따라서

$$\frac{S_1+S_2+S_3}{S}=\frac{1}{a^2}(a_1{}^2+a_2{}^2+a_3{}^2)\geq\frac{1}{3}$$

이고, $a_1=a_2=a_3=\frac{1}{3}a$일 때 최소
이다.

같은 방법으로 하면

$$\overline{AD}=\overline{DG}=\overline{GC}=\frac{1}{3}\overline{AC}$$

일 때 최소이다.

곧, $\overline{IP}=\overline{PH}$

$\overline{BP}$의 연장선과 $\overline{AC}$의 교점을 M이
라고 하면 $\overline{IP}=\overline{PH}$, $\overline{IH}/\!/\overline{AC}$이므로
M은 $\overline{AC}$의 중점이고,

$$\overline{BP}:\overline{PM}=\overline{BH}:\overline{HC}=2:1$$

이므로 점 P는 △ABC의 무게중심
이다.

24-1. 7은 소수이므로 $f(7)=7+1=8$

$77=7\times11$이므로 $f(77)=\dfrac{77}{11}=7$

$777=3\times7\times37$이므로

$$f(777)=\frac{777}{37}=21$$
$$\therefore \ f(7)+f(77)+f(777)=8+7+21=\mathbf{36}$$

24-2. $f(a)*f(b)=f(ab)$에서

$$(a-2)*(b-2)=ab-2 \quad \cdots①$$

$a-2=x$, $b-2=y$로 놓으면

$$a=x+2, \ b=y+2$$

①에 대입하면

$$x * y = (x+2)(y+2) - 2$$

$$\therefore \ \boldsymbol{x * y = xy + 2(x+y) + 2}$$

24-3. $f = g$이므로 정의역의 모든 원소 x에 대하여 $f(x) = g(x)$이다. 곧,

$$x^3 - 3x^2 + 1 = x - 2$$

$$\therefore \ x^3 - 3x^2 - x + 3 = 0$$

$$\therefore \ (x+1)(x-1)(x-3) = 0$$

$$\therefore \ x = -1, \ 1, \ 3$$

따라서 정의역 X 중에서 원소가 가장 많은 집합은 $\{-1, 1, 3\}$

Note 정의역 X로 가능한 집합은
$\{-1\}$, $\{1\}$, $\{3\}$, $\{-1, 1\}$, $\{-1, 3\}$, $\{1, 3\}$, $\{-1, 1, 3\}$이다.

24-4. f가 일대일함수이므로 치역은 공역 Y의 원소 중 서로 다른 세 수로 이루어져야 한다.

이때, $f(1) + f(2) + f(3) = 20$인 경우는 치역이 $\{5, 7, 8\}$인 경우뿐이다.

따라서 함수 f를 집합 X에서 집합 $\{5, 7, 8\}$로의 일대일대응으로 생각하면 그 개수는 $3 \times 2 \times 1 = \boldsymbol{6}$

24-5. $f(0) = 3$,

$$f(1) = k - 3 + 5 - k + 3 = 5$$

이므로 함수 f가 일대일대응이 되려면 $f(2) = 4$이어야 한다. 곧,

$$4(k-3) + 2(5-k) + 3 = 4$$

$$\therefore \ 2k = 3 \quad \therefore \ \boldsymbol{k = \dfrac{3}{2}}$$

24-6. $g(x) = (x^2-1)f(x)$라고 하면 $g(-1) = g(1) = 0$이고 $g(x)$는 상수함수이므로 $g(-2) = g(2) = 0$이어야 한다.

이때,

$$g(-2) = 3f(-2) = 0, \ g(2) = 3f(2) = 0$$

이므로 $f(-2) = f(2) = 0$

한편 $f(-1)$, $f(1)$은 0, 1, 2, 3, 4 중 어느 값이어도 되고, $f(-1) > f(1)$이므

로 $f(1)$의 최댓값은 3이다.

따라서 $f(1) + f(2)$의 최댓값은

$$3 + 0 = \boldsymbol{3}$$

24-7. $f(x) + 2f\left(\dfrac{1}{x}\right) = 3x$ ……①

에서 x 대신 $\dfrac{1}{x}$을 대입하면

$$f\left(\dfrac{1}{x}\right) + 2f(x) = \dfrac{3}{x} \quad \text{……②}$$

①, ②에서 $f\left(\dfrac{1}{x}\right)$을 소거하면

$$f(x) = \dfrac{2 - x^2}{x}$$

따라서 $f(x) = 1$은 $2 - x^2 = x$

곧, $x^2 + x - 2 = 0$

에서 $x = -2, \ 1$이므로 두 근의 합은 $\boldsymbol{-1}$

24-8. $f(mn) = nf(m) + mf(n)$에서 양변을 mn으로 나누면

$$\dfrac{f(mn)}{mn} = \dfrac{f(m)}{m} + \dfrac{f(n)}{n}$$

$$\therefore \ \dfrac{f(2^{2018})}{2^{2018}} = \dfrac{f(2 \times 2^{2017})}{2 \times 2^{2017}}$$

$$= \dfrac{f(2)}{2} + \dfrac{f(2^{2017})}{2^{2017}}$$

$$= \dfrac{f(2)}{2} + \dfrac{f(2)}{2} + \dfrac{f(2^{2016})}{2^{2016}}$$

$$= \cdots$$

$$= 2018 \times \dfrac{f(2)}{2} \quad \Leftarrow \ f(2) = 1$$

$$\therefore \ f(2^{2018}) = \boldsymbol{1009 \times 2^{2018}}$$

Note p가 소수이면 $f(p) = 1$이므로

$$f(p^2) = f(p \times p) = pf(p) + pf(p)$$

$$= 2p$$

$$f(p^3) = f(p \times p^2) = p^2 f(p) + pf(p^2)$$

$$= 3p^2$$

$$\cdots$$

$$f(p^n) = np^{n-1}$$

$$\therefore \ f(2^{2018}) = 2018 \times 2^{2017} = \boldsymbol{1009 \times 2^{2018}}$$

24-9. (1) $C_{A^c}(x) = \begin{cases} 1 & (x \in A^c) \\ 0 & (x \notin A^c) \end{cases}$

$\therefore \ C_{A^c}(x)=\begin{cases}1 \ (x\notin A)\\ 0 \ (x\in A)\end{cases}$

또, $C_A(x)=\begin{cases}0 \ (x\notin A)\\ 1 \ (x\in A)\end{cases}$

$\therefore \ C_{A^c}(x)+C_A(x)=1$

$\therefore \ C_{A^c}(x)=1-C_A(x)$

(2) $C_A(x)=\begin{cases}1 \ (x\in A)\\ 0 \ (x\notin A)\end{cases}$

$C_B(x)=\begin{cases}1 \ (x\in B)\\ 0 \ (x\notin B)\end{cases}$

$C_{A\cap B}(x)=\begin{cases}1 \ (x\in A\cap B)\\ 0 \ (x\notin A\cap B)\end{cases}$

$\therefore \ C_{A\cap B}(x)=C_A(x)C_B(x)$

(3) $C_{A^c}(x)=1-C_A(x)$,

$C_{A\cap B}(x)=C_A(x)C_B(x)$ 이므로

$C_{A^c\cap B^c}(x)+C_{(A\cap B)^c}(x)$

$\qquad =C_{A^c}(x)C_{B^c}(x)+1-C_{A\cap B}(x)$

$\qquad =\{1-C_A(x)\}\{1-C_B(x)\}$

$\qquad\qquad\qquad +1-C_A(x)C_B(x)$

$\qquad =2-C_A(x)-C_B(x)$

25-1. (1) $f\left(f\left(\dfrac{1}{2}\right)\right)=f\left(\dfrac{1}{2}\right)=\dfrac{1}{2}$

(2) $f\left(f\left(\dfrac{1}{\sqrt{2}}\right)\right)=f\left(1-\dfrac{1}{\sqrt{2}}\right)$

$\qquad\qquad =1-\left(1-\dfrac{1}{\sqrt{2}}\right)=\dfrac{\sqrt{2}}{2}$

(3) (i) x가 유리수일 때,

$(f\circ f)(x)=f\left(f(x)\right)=f(x)=x$

$\therefore$ (준 식)$=x+(1-x)+x$

$\qquad\qquad =x+1$

(ii) x가 무리수일 때, $1-x$도 무리수이 므로

$(f\circ f)(x)=f\left(f(x)\right)=f(1-x)$

$\qquad\qquad =1-(1-x)=x$

$\therefore$ (준 식)$=1-x+\{1-(1-x)\}+x$

$\qquad\qquad =x+1$

(i), (ii)에서 (준 식)$=\boldsymbol{x+1}$

25-2. $h\circ(g\circ f)=(h\circ g)\circ f$ 이므로

$\left(h\circ(g\circ f)\right)(x)=\left((h\circ g)\circ f\right)(x)$

$\qquad\qquad =(h\circ g)\left(f(x)\right)$

$\qquad\qquad =(h\circ g)(-x+a)$

$\qquad\qquad =2(-x+a)+1$

$\qquad\qquad =-2x+2a+1$

문제의 조건에서

$-2x+2a+1=bx+3$

$\therefore \ -2=b, \ 2a+1=3$

$\therefore \ \boldsymbol{a=1, \ b=-2}$

25-3. (1) $x\in A$일 때 $f(x)=x$

$\therefore \ f\left(f(x)\right)=f(x)=x$

$\therefore \ x\in B \quad \therefore \ A\subset B$

(2) $f(x)=x$에서 $x^2+ax+b=x$

곧, $x^2+(a-1)x+b=0$

의 두 근이 $-1, 3$이므로

$-1+3=-(a-1), \ -1\times3=b$

$\therefore \ a=-1, \ b=-3$

$\therefore \ f(x)=x^2-x-3$

따라서 $f\left(f(x)\right)=x$에서

$(x^2-x-3)^2-(x^2-x-3)-3-x=0$

$\therefore \ (x^2-x-3)^2-x^2=0$

$\therefore \ (x+1)(x-3)(x+\sqrt{3})(x-\sqrt{3})=0$

$\therefore \ \boldsymbol{B=\{-1, \ 3, \ -\sqrt{3}, \ \sqrt{3}\}}$

25-4. 다음 4개이다.

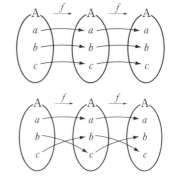

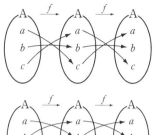

답 4

25-5. $(g \circ f)(x) = g\big(f(x)\big) = g(x^2+1)$
$\qquad\qquad\quad = a(x^2+1)+b$
$\qquad\qquad\quad = ax^2+a+b$
$\quad(f \circ g)(x) = f\big(g(x)\big) = f(ax+b)$
$\qquad\qquad\quad = (ax+b)^2+1$
$\qquad\qquad\quad = a^2x^2+2abx+b^2+1$
$(g \circ f)(x) = (f \circ g)(x)$를 만족하므로
$\qquad a = a^2 \qquad\qquad \cdots\cdots ①$
$\qquad 0 = 2ab \qquad\qquad \cdots\cdots ②$
$\qquad a+b = b^2+1 \qquad \cdots\cdots ③$
①에서 $a=0, 1$
(i) $a=0$일 때, ②를 만족한다.
　　③에서 $b^2-b+1=0$이지만 이 식을
만족하는 실수 b는 없다.
(ii) $a=1$일 때, ②와 ③에서 $b=0$
　　따라서 $\boldsymbol{a=1, \ b=0}$
*Note　$a=1, \ b=0$이므로 $g(x)=x$
　　곧, 항등함수이다.

25-6. (1) $(f \circ f \circ f \circ f)(16)$
$\quad = (f \circ f \circ f)\big(f(16)\big) = (f \circ f \circ f)(6)$
$\quad = (f \circ f)\big(f(6)\big) = (f \circ f)(4)$
$\quad = f\big(f(4)\big) = f(2) = \boldsymbol{0}$
(2) $f\big(f(x+2)\big) = 4$에서 $f(x+2) = t$로
놓으면 $f(t) = 4$
$\qquad\qquad \therefore \ t = 6, 11, 15, 17$

곧, $f(x+2) = 6, 11, 15, 17$
그런데 그래프에서 $f(x) \leq 6$이므로
$\quad f(x+2) \leq 6 \quad \therefore \ f(x+2) = 6$
$\quad \therefore \ x+2 = 8, 16 \quad \therefore \ \boldsymbol{x = 6, 14}$

25-7. $(f \circ g)(x) = f\big(g(x)\big) = f(x+c)$
$\qquad\qquad\qquad = a(x+c)+b$
$\qquad\qquad\qquad = ax+ac+b$
이므로 조건식은
$\qquad ax+ac+b = 2x-3$
$\qquad \therefore \ a=2, \ ac+b = -3 \qquad \cdots\cdots ①$
또,
$\qquad f^{-1}(3) = -2 \iff f(-2) = 3$
이므로
$\qquad -2a+b = 3 \qquad\qquad \cdots\cdots ②$
①, ②에서 $a=2, \ b=7, \ c=-5$
$\qquad \therefore \ f(x) = 2x+7, \ g(x) = x-5$
따라서
$\quad (g^{-1} \circ f)(-2) = g^{-1}\big(f(-2)\big)$
$\qquad\qquad\qquad\quad = g^{-1}(3) = k$
로 놓으면 $g(k) = 3$
$\qquad \therefore \ k-5 = 3 \quad \therefore \ k = 8$
$\qquad \therefore \ (\boldsymbol{g^{-1} \circ f})(-2) = \boldsymbol{8}$

25-8. $f^{-1}(8x) = 2x$이면 $f(2x) = 8x$
$\qquad \therefore \ (2x)^3 - 6(2x)^2 + 12(2x) = 8x$
$\qquad \therefore \ x^3 - 3x^2 + 2x = 0$
따라서 근과 계수의 관계로부터 세 근
의 합은 $-\dfrac{-3}{1} = \boldsymbol{3}$
*Note　함수 $f(x) = x^3 - 6x^2 + 12x$는 증
가함수 (수학 Ⅱ에서 공부한다)이므로
일대일대응이다.

25-9. (1) $g^{-1}(0) = k$로 놓으면
$\qquad\qquad g(k) = f(2k+1) = 0$
이때, $f^{-1}(0) = 5$에서 $f(5) = 0$이고,
f는 일대일대응이므로
$\qquad 2k+1 = 5 \quad \therefore \ k = 2$
$\qquad\qquad \therefore \ \boldsymbol{g^{-1}(0) = 2}$

(2) $y=f(2x+1)$로 놓으면

$$2x+1=f^{-1}(y)$$

$$\therefore x=\frac{1}{2}f^{-1}(y)-\frac{1}{2}$$

x와 y를 바꾸면 $y=\frac{1}{2}f^{-1}(x)-\frac{1}{2}$

$$\therefore \boldsymbol{g^{-1}(x)}=\frac{1}{2}\boldsymbol{f^{-1}(x)}-\frac{1}{2}$$

Note (1) $f^{-1}(0)=5$에서 $f(5)=0$

$g^{-1}(g(x))=x$에서

$$g^{-1}(f(2x+1))=x$$

이므로 $x=2$를 대입하면

$$g^{-1}(f(5))=2 \quad \therefore \boldsymbol{g^{-1}(0)=2}$$

25-10. 점 P는 함수 $y=f(x)$의 그래프와 직선 $y=-x+a+3$의 교점이므로, 점 P의 x좌표는 방정식

$$x^2+(a+1)x=-x+a+3$$

곧, $x^2+(a+2)x-(a+3)=0$

의 실근이다.

좌변을 인수분해하면

$$(x-1)(x+a+3)=0$$

$x\geq 0$이므로 $x=1$

따라서 점 P의 좌표는 $P(1,\ a+2)$이고, 점 P와 직선 $y=x$에 대하여 대칭인 점 Q의 좌표는 $Q(a+2,\ 1)$이다. 곧,

$$\overline{PQ}=\sqrt{\{(a+2)-1\}^2+\{1-(a+2)\}^2}$$

$$=\sqrt{2}\,(a+1) \qquad \Leftarrow a>0$$

한편 원점에서 직선

$y=-x+a+3$ 곧, $x+y-a-3=0$

까지의 거리를 h라고 하면

$$h=\frac{|-a-3|}{\sqrt{1^2+1^2}}=\frac{a+3}{\sqrt{2}}$$

$$\therefore \triangle POQ=\frac{1}{2}\times\overline{PQ}\times h$$

$$=\frac{1}{2}\times\sqrt{2}\,(a+1)\times\frac{a+3}{\sqrt{2}}$$

$$=\frac{1}{2}(a+1)(a+3)$$

이때, $\triangle POQ$의 넓이가 24이므로

$$\frac{1}{2}(a+1)(a+3)=24$$

$$\therefore a^2+4a-45=0$$

$$\therefore (a+9)(a-5)=0$$

$a>0$이므로 $\boldsymbol{a=5}$

Note 세 점 $O(0,\ 0)$, $P(1,\ a+2)$, $Q(a+2,\ 1)$을 꼭짓점으로 하는 $\triangle POQ$의 넓이는

$$\frac{1}{2}\left|(a+2)^2-1\right| \qquad \Leftarrow \text{유제 } \mathbf{17}\text{-16}$$

25-11. $f(x_1)=f(x_2)$라고 하면

$$f(f(x_1))=f(f(x_2))$$

$f(f(x))=ax+b$이므로

$ax_1+b=ax_2+b$ $\therefore a(x_1-x_2)=0$

$a\neq 0$이므로 $x_1=x_2$

곧, $f(x_1)=f(x_2)$이면 $x_1=x_2$이므로 f는 일대일함수이다.

25-12. $f(x)=(x+1)(x-1)(x-2)$

이므로

$$f(-1)=0,\ f(1)=0,\ f(2)=0$$

그런데 $f(0)=2$이므로

$$g(-1)=(f\circ f\circ f)(-1)$$

$$=(f\circ f)(f(-1))=(f\circ f)(0)$$

$$=f(f(0))=f(2)=0$$

$$g(1)=(f\circ f\circ f)(1)=(f\circ f)(f(1))$$

$$=(f\circ f)(0)=f(f(0))$$

$$=f(2)=0$$

$$g(2)=(f\circ f\circ f)(2)=(f\circ f)(f(2))$$

$$=(f\circ f)(0)=f(f(0))$$

$$=f(2)=0$$

따라서 $g(x)$는 $(x+1)(x-1)(x-2)$를 인수로 가진다.

곧, $g(x)$는 $f(x)$로 나누어 떨어진다.

25-13. $g(x)$의 최고차항을 $ax^n(a\neq 0)$이라고 하면 $g(g(x))$의 최고차항이 x이므로

$$a\big(ax^n\big)^n = a^{n+1}x^{n^2} = x$$
$$\therefore \ n^2=1, \ a^{n+1}=1$$
$$\therefore \ n=1, \ a^2=1 \quad \therefore \ a=\pm1$$

따라서 $g(x)=\pm x+b$ 라고 하면
$g(0)=1$ 에서 $b=1$
$$\therefore \ g(x)=\pm x+1$$

이 중 $g\big(g(x)\big)=x$ 를 만족하는 경우는
$$g(x)=-x+1$$

***Note** 역함수의 성질을 이용하여 다음
과 같이 풀 수도 있다.

$g(0)=1$ 이므로 $g\big(g(0)\big)=0$ 에서
$$g(1)=0$$

그런데 $g\circ g$ 는 항등함수이므로
$g=g^{-1}$ 이다.

곧, 함수 $y=g(x)$ 의 그래프는 직선
$y=x$ 에 대하여 대칭이고, 두 점
$(0, 1)$, $(1, 0)$ 을 지난다.

이때, $g(x)$ 의 최고차항을 ax^n
$(a\neq0)$ 이라 하고, 위에서와 같은 방법
으로 하면 $n=1$ 이다.
$$\therefore \ g(x)=-x+1$$

25-14. 문제의 조건
$$f(1)=2, \ f(3)=3, \ g(1)=3,$$
$$(g\circ f)(1)=4, \ (g\circ f)(3)=1$$
을 그림으로 나타내면 아래와 같다.

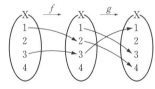

또, 나머지 두 조건
$$(g\circ f)(2)=2, \ (g\circ f)(4)=3$$
도 다음과 같이 따져서 그림으로 나타내
어 본다.

(i) $(g\circ f)(2)=2$: 위의 그림에서
$f(2)=1$ 이면 $(g\circ f)(2)=3$,

$f(2)=2$ 이면 $(g\circ f)(2)=4$,
$f(2)=3$ 이면 $(g\circ f)(2)=1$
이므로 $(g\circ f)(2)=2$ 이려면 $f(2)=4$,
$g(4)=2$ 이어야 한다.

이상을 그림으로 나타내면 아래와
같다.

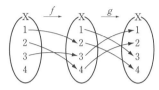

(ii) $(g\circ f)(4)=3$: 마찬가지로 생각하면
위의 그림에서 $f(4)=1$ 이어야 한다.

(i), (ii)에서
$$f(2)=4, \ f(4)=1, \ g(4)=2$$

25-15.

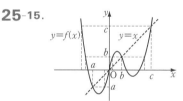

위의 그림에서 $f(x)=x$ 인 x 는
$x=a, \ 0, \ b, \ c$ 의 4개이고,
$$(f\circ f)(x)=f(x) \iff f\big(f(x)\big)=f(x)$$
$$\iff f(x)=0, \ a, \ b, \ c$$

그런데 위의 그림에서 $f(x)=0$ 인 x 는
4개(곡선이 x 축과 만나는 점이 4개),
$f(x)=a$ 인 x 는 2개(곡선이 직선 $y=a$
와 만나는 점이 2개), $f(x)=b$ 인 x 는 4
개, $f(x)=c$ 인 x 는 2개이고, 모두 서로
다르다.

따라서 $f\big(f(x)\big)=f(x)$ 인 x 의 개수는
12이다.

25-16. $f(x)$ 의 역함수가 존재하려면
$f(x)$ 가 일대일대응이어야 하므로
$y=x^2-ax+b$ 의 그래프의 꼭짓점의 x

좌표가 2보다 크지 않아야 한다.

$$\therefore \frac{a}{2}\leq 2 \quad \therefore a\leq 4$$

또, 치역이 R이어야 하므로

$$f(2)=4-2a+b=0$$

$$\therefore b=2a-4$$

조건에서 a, b가
음이 아닌 실수이므
로 $b=2a-4\geq 0$에서

$$a\geq 2$$

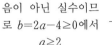

$$\therefore b=2a-4 \ (2\leq a\leq 4)$$

따라서 구하는 자취의 길이는

$$\sqrt{2^2+4^2}=2\sqrt{5}$$

25-17. $a\geq 0$일 때와 $a<0$일 때로 나누어
$y=f(x)$와 $y=g(x)$의 그래프를 그려 보
면 두 함수의 그래프의 교점은 $y=f(x)$
와 $y=x$의 그래프의 교점과 같다.

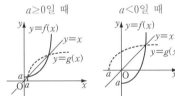

따라서 방정식 $f(x)=g(x)$의 실근은
방정식 $f(x)=x$의 실근과 일치한다.

$$\therefore \frac{1}{4}x^2+a=x$$

곧, $x^2-4x+4a=0$이 음이 아닌 서로
다른 두 실근을 가져야 하므로

$$a\geq 0, \ D/4=4-4a>0$$

따라서 구하는 a의 값의 범위는

$$0\leq a<1$$

*__Note__ $y=f(x)$가 증가함수(수학 Ⅱ에
서 공부한다)일 때,

방정식 $f(x)=f^{-1}(x)$의 실근
$\Longleftrightarrow$ 방정식 $f(x)=x$의 실근

26-1. $f(x)=ax+b$라고 하면

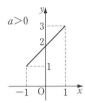
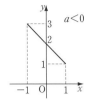

(i) $a>0$일 때
치역은 $\{y\,|\,f(-1)\leq y\leq f(1)\}$

$$\therefore f(-1)=-a+b=1,$$
$$f(1)=a+b=3$$

연립하여 풀면 $a=1$, $b=2$

(ii) $a<0$일 때
치역은 $\{y\,|\,f(1)\leq y\leq f(-1)\}$

$$\therefore f(1)=a+b=1,$$
$$f(-1)=-a+b=3$$

연립하여 풀면 $a=-1$, $b=2$

(iii) $a=0$일 때, 치역이 $\{y\,|\,y=b\}$가 되어
문제의 조건에 맞지 않는다.

(i), (ii), (iii)에서

$$a=1, \ b=2 \ 또는 \ a=-1, \ b=2$$

26-2. x와 $f(x)$ 사이의 관계를 표로 나
타내면 다음과 같다.

x	$\|x\|<1$	$\|x\|=1$	$1<\|x\|<3$	$\|x\|=3$	$\|x\|>3$
$f(x)$	0	1	2	3	4

따라서 $y=f(x)$의 그래프는 아래와
같다.

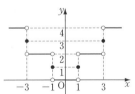

26-3. (1) $y=f(x)$의 그래프를 y축에 대
하여 대칭이동한 것이다.

(2) $x\geq 0$일 때 $y=f(x)$
$x<0$일 때 $y=f(-x)$

(3) $y=|f(x)|$ 꼴의 그래프를 그리는 방법을 따른다.

(4) $y=f(|1-x|)=f(|x-1|)$의 그래프는 $y=f(|x|)$의 그래프를 x축의 방향으로 1만큼 평행이동한 것이다.

(1) 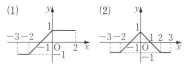 (2)

(3) 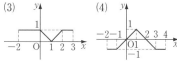 (4)

26-**4**. $f(x)=\begin{cases} 2x & (x \geq 1) \\ -2(a-1)x+2a & (x<1) \end{cases}$

이므로 $y=f(x)$의 그래프는 아래와 같다.

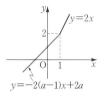

$x \geq 1$에서 x가 증가하면 y가 증가하므로 함수 f가 일대일대응이기 위해서는 $x<1$에서도 x가 증가하면 y가 증가해야 한다.

$$\therefore -2(a-1)>0 \quad \therefore a<1$$

26-**5**. 주어진 도형은 아래 그림의 굵은 선이다.

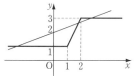

한편 $y=ax+2$의 그래프는 점 $(0, 2)$를 지나고 기울기가 a인 직선이다.

이 직선이 점 $(2, 3)$을 지날 때,

$$3=2a+2 \quad \therefore a=\frac{1}{2}$$

따라서 세 점에서 만나기 위해서는

$$0<a<\frac{1}{2}$$

26-**6**. 점 P의 좌표를 x라고 하면

$$\overline{PA}+\overline{PB}+\overline{PC}$$
$$=|x-1|+|x-4|+|x-6|$$

$y=|x-1|+|x-4|+|x-6|$으로 놓고

$x<1$, $1 \leq x<4$, $4 \leq x<6$, $x \geq 6$ 일 때로 나누어 그래프를 그리면 오른쪽 그림과 같다.

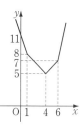

따라서 y는 $x=4$일 때 최소가 된다. $\quad \therefore \mathbf{P(4)}$

****Note*** $y=|x-a|+|x-b|+|x-c|$ $(a<b<c)$는 $x=b$일 때 최솟값을 가진다.

26-**7**. $y-mx+m-1=0$ ……①

에서 $m(x-1)+1-y=0$

이므로 m의 값에 관계없이 항상 점 $(1, 1)$을 지난다.

(1) $2|x|+|y|=4$ ……②

의 그래프는 네 점

$(-2, 0)$, $(0, -4)$, $(2, 0)$, $(0, 4)$

를 꼭짓점으로 하는 마름모이다.

그런데 점 $(1, 1)$이 위의 마름모 내부의 점이므로 ①, ②는 항상 두 점에서 만난다.

****Note*** 이 문제는 연립방정식

$$\begin{cases} y-mx+m-1=0 \\ 2|x|+|y|=4 \end{cases}$$

가 m의 값에 관계없이 항상 두 쌍의 해를 가짐을 보이고 있다.

(2) $|x|+2|y|=2$ ······③

의 그래프는 네 점

$(-2, 0)$, $(0, -1)$, $(2, 0)$, $(0, 1)$

을 꼭짓점으로 하는 마름모이다.

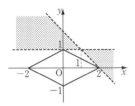

따라서 ①, ③이 만나지 않으려면 ①이 위의 그림의 점 찍은 부분(경계 제외)에 존재해야 한다.

$$\therefore -1 < m < 0$$

*__Note__ 이 문제는 연립방정식

$$\begin{cases} y-mx+m-1=0 \\ |x|+2|y|=2 \end{cases}$$

의 해가 존재하지 않을 때, m의 값의 범위를 구하는 것과 같다.

26-8. $y=(x+a)^2+2a$이므로 꼭짓점의 좌표는 $(-a, 2a)$이다.

한편 $x^2+y^2-5y=15$에서

$$x^2+\left(y-\frac{5}{2}\right)^2=\frac{85}{4}$$

이므로 주어진 원은 중심이 $\left(0, \dfrac{5}{2}\right)$이고 반지름의 길이가 $\dfrac{\sqrt{85}}{2}$이다.

따라서 점 $(-a, 2a)$가 원의 내부에 있으려면 점 $\left(0, \dfrac{5}{2}\right)$까지의 거리가 $\dfrac{\sqrt{85}}{2}$보다 작아야 하므로

$$(-a-0)^2+\left(2a-\frac{5}{2}\right)^2<\frac{85}{4}$$
$$\therefore a^2+4a^2-10a-15<0$$
$$\therefore a^2-2a-3<0 \qquad \therefore -1<a<3$$

26-9. $y=|x(x-3)|-x+2$에서

$2 \leq x < 3$일 때

$y=-x(x-3)-x+2$
$=-(x-1)^2+3$

$3 \leq x \leq 4$일 때

$y=x(x-3)-x+2$
$=(x-2)^2-2$

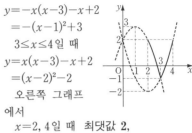

오른쪽 그래프에서

$x=2, 4$일 때 최댓값 **2**,

$x=3$일 때 최솟값 **−1**

26-10. 포물선 $y=x^2-2x-6$을 x축의 방향으로 m만큼 평행이동하면

$$y=(x-m)^2-2(x-m)-6$$

곧, $y=x^2-2(m+1)x+m^2+2m-6$

이것과 포물선 $y=-x^2-2x$가 접하면

$x^2-2(m+1)x+m^2+2m-6=-x^2-2x$

곧, $2x^2-2mx+m^2+2m-6=0$

이 중근을 가지므로

$D/4=(-m)^2-2(m^2+2m-6)=0$

$\therefore (m+6)(m-2)=0$ $\therefore m=-6, 2$

$m>0$이므로 **$m=2$**

26-11. $(f \circ g)(x)=f\big(g(x)\big)$
$=\big\{g(x)\big\}^2-g(x)-6 \geq 0$

$$\therefore \big\{g(x)+2\big\}\big\{g(x)-3\big\} \geq 0$$
$$\therefore g(x) \leq -2 \text{ 또는 } g(x) \geq 3$$

그런데 $y=g(x)$의 그래프는 아래로 볼록한 포물선이므로 모든 실수 x에 대하여 $g(x) \leq -2$일 수는 없다. 따라서 모든 실수 x에 대하여 $g(x) \geq 3$이어야 한다.

$$\therefore x^2-ax+4 \geq 3$$
$$\therefore x^2-ax+1 \geq 0$$

이차방정식 $x^2-ax+1=0$에 대하여

$D=a^2-4 \leq 0$에서 **$-2 \leq a \leq 2$**

26-12. $f(2-x)=f(x)$에 x 대신 $1-x$를 대입하면

$$f(1+x)=f(1-x)$$

따라서 포물선 $y=f(x)$는 직선 $x=1$

에 대하여 대칭이다.

곧, 포물선 $y=f(x)$의 축의 방정식은 $x=1$이므로
$$f(x)=a(x-1)^2+b \ (a\neq0)$$
로 놓을 수 있다.

두 점 $(-1, 0)$, $(2, 3)$을 지나므로
$$f(-1)=4a+b=0,$$
$$f(2)=a+b=3$$
연립하여 풀면 $a=-1$, $b=4$
$$\therefore f(x)=-(x-1)^2+4$$
$$곧, \ \boldsymbol{f(x)=-x^2+2x+3}$$

*__Note__ $f(2-x)=f(x)$에서 $x=-1$을 대입하면
$$f(3)=f(-1)=0$$
따라서 이차함수
$$y=f(x)=ax^2+bx+c$$
의 그래프가 세 점 $(-1, 0)$, $(2, 3)$, $(3, 0)$을 지난다는 것을 이용하여 $f(x)$를 구해도 된다.

26-13. x축에 접하므로 포물선의 방정식을
$$y=a(x-m)^2 \ (a\neq0)$$
으로 놓을 수 있다.

두 점 $(1, 1)$, $(4, 4)$를 지나므로
$$1=a(1-m)^2 \quad \cdots\cdots①$$
$$4=a(4-m)^2 \quad \cdots\cdots②$$
①, ②에서
$$4a(1-m)^2=a(4-m)^2$$
$a\neq0$이므로
$$4(1-m)^2=(4-m)^2 \quad \therefore \ m=\pm2$$
이 값을 ①에 대입하면
$$a=1, \ \frac{1}{9}$$
따라서 구하는 포물선의 방정식은
$$\boldsymbol{y=(x-2)^2}, \ \boldsymbol{y=\frac{1}{9}(x+2)^2}$$

26-14. 점 P의 좌표를 (a, b)라고 하면 P는 포물선 $y=x^2+1$ 위의 점이므로

$$b=a^2+1 \qquad \cdots\cdots①$$

또, 점 Q의 좌표를 (x, y)라고 하면 Q는 선분 AP를 $2:1$로 외분하는 점이므로
$$x=\frac{2\times a-1\times2}{2-1}, \ y=\frac{2\times b-1\times0}{2-1}$$
$$\therefore \ a=\frac{x+2}{2}, \ b=\frac{y}{2}$$
①에 대입하여 정리하면
$$\boldsymbol{y=\frac{1}{2}x^2+2x+4}$$

26-15. $f(x^2)+f(2x-3)>0$
$$\Longleftrightarrow f(x^2)>-f(2x-3)$$
조건 ㈎에서 $-f(2x-3)=f(-2x+3)$
이므로
$$f(x^2)>f(-2x+3)$$
조건 ㈏에서
$$x^2<-2x+3 \quad \therefore \ x^2+2x-3<0$$
$$\therefore \ \boldsymbol{-3<x<1}$$

*__Note__ 주어진 두 조건을 만족하는 함수는 $y=-x^3$과 같이 그래프가 원점에 대하여 대칭이고 x의 값이 증가하면 y의 값은 감소하는 함수이다.

26-16. (1) $y=\frac{(x+2)(x-2)(x-4)}{|(x-4)(x+2)|}$에서

$x<-2$일 때 $y=x-2$
$-2<x<4$일 때 $y=-(x-2)$
$x>4$일 때 $y=x-2$
따라서 다음 그래프에서 **최솟값은 없다.**

(2) $y=\frac{|(x+1)(x-1)|}{1+|x|}$에서

$x<-1$일 때 $y=-x-1$
$-1\leq x<0$일 때 $y=x+1$
$0\leq x<1$일 때 $y=-x+1$
$x\geq1$일 때 $y=x-1$
따라서 다음 그래프에서
$x=\pm1$일 때 **최솟값 0**

(1)   (2)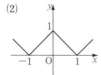

Note (2) $x^2=|x|^2$이므로

$$y=\frac{|x^2-1|}{|x|+1}=\frac{\big||x|^2-1\big|}{|x|+1}$$

$$=\frac{\big|(|x|+1)(|x|-1)\big|}{|x|+1}$$

$$=\big||x|-1\big|$$

따라서 주어진 함수의 그래프는 $y=|x|-1$의 그래프에서 x축 윗부분은 그대로 두고, x축 아랫부분을 x축 위로 꺾어 올린 것과 같다.

26-17. 절댓값 기호 안을 0으로 하는 x의 값에서 그래프가 꺾인다는 성질에 착안한다.

(1) 구하는 식을
$$y=a|x+1|+bx+c$$
라고 하면 그래프가 세 점
$$(-1,\ 1),\ (-2,\ -2),\ (0,\ 0)$$
을 지나므로 이 점들을 대입하면
$$-b+c=1,\quad a-2b+c=-2,$$
$$a+c=0$$
연립하여 풀면
$$a=-2,\ b=1,\ c=2$$
$$\therefore\ \boldsymbol{y=-2|x+1|+x+2}$$

(2) 구하는 식을
$$x=a|y-1|+by+c$$
라고 하면 그래프가 세 점
$$(-2,\ 1),\ (0,\ 3),\ (0,\ -1)$$
을 지나므로 이 점들을 대입하면
$$b+c=-2,\quad 2a+3b+c=0,$$
$$2a-b+c=0$$
연립하여 풀면

$$a=1,\ b=0,\ c=-2$$
$$\therefore\ \boldsymbol{x=|y-1|-2}$$

(3) 구하는 식을
$$y=a|x+1|+b|x-2|+cx+d$$
라고 하면 그래프가 네 점
$$(-2,\ 4),\ (-1,\ 2),\ (2,\ 2),\ (3,\ 4)$$
를 지나므로
$$a+4b-2c+d=4,\quad 3b-c+d=2,$$
$$3a+2c+d=2,\quad 4a+b+3c+d=4$$
연립하여 풀면
$$a=1,\ b=1,\ c=0,\ d=-1$$
$$\therefore\ \boldsymbol{y=|x+1|+|x-2|-1}$$

Note (2), (3)과 같이 그래프가 대칭형일 때에는 처음부터 일차항을 생략하여
$$x=a|y-1|+c,$$
$$y=a|x+1|+b|x-2|+d$$
로 놓고 구해도 되지만, 일반적으로는 마지막 부분 $bx+c$, $by+c$, $cx+d$를 잊지 말아야 한다.

26-18. $y=f(x)$의 그래프가 다음 각 위치에 있을 때를 생각한다.

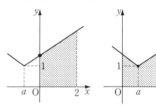

$a<0$일 때
$$g(a)=f(0)=4|0-a|+1$$
$$=-4a+1$$
$0\le a\le 2$일 때 $g(a)=f(a)=1$
$a>2$일 때

$$g(a)=f(2)=4|2-a|+1$$
$$=4(a-2)+1=4a-7$$
$$\therefore\ g(a)=\begin{cases} -4a+1 & (a<0) \\ 1 & (0\le a\le 2) \\ 4a-7 & (a>2) \end{cases}$$

26-19. $0\le x<1$일 때
$$f(x)=-(x-1)+kx=(k-1)x+1$$
$1\le x\le 2$일 때
$$f(x)=x-1+kx=(k+1)x-1$$
또, $f(0)=1$, $f(1)=k$, $f(2)=2k+1$
이고 $k>0$이므로 $y=f(x)$의 그래프의 개형은 아래와 같다.

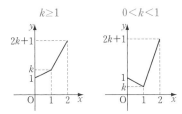

(i) $k\ge 1$인 경우
   치역은 $\{y\,|\,1\le y\le 2k+1\}$
   $\therefore\ a=1,\ a+3=2k+1$
   $\therefore\ k=\dfrac{3}{2}$
(ii) $0<k<1$인 경우
   치역은 $\{y\,|\,k\le y\le 2k+1\}$
   $\therefore\ a=k,\ a+3=2k+1$
   $\therefore\ k=2$
   이것은 $0<k<1$을 만족하지 않는다.
   $\therefore\ k=\dfrac{3}{2}$

26-20. (1) $y=g\big(f(x)\big)=-3+|f(x)|$
$$=||x|-3|-3$$
$$=\begin{cases} -|x| & (|x|<3) \\ |x|-6 & (|x|\ge 3) \end{cases}$$
$x\le -3$일 때 $y=-x-6$,
$-3<x<0$일 때 $y=x$,

$0\le x<3$일 때 $y=-x$,
$x\ge 3$일 때 $y=x-6$
이므로 그래프는 아래와 같다.

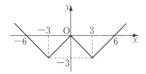

***Note** 다음 그래프를 차례로 그려도 된다.
   $y=|x|,$ $y=|x|-3,$
   $y=||x|-3|,$ $y=||x|-3|-3$

(2) $y=f\big(g(x)\big)=3-|g(x)|$
$$=3-|-3+|x||=-||x|-3|+3$$
위와 같은 방법으로 하면 그래프는 아래와 같다.

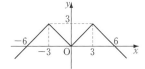

***Note** $y=||x|-3|-3$의 그래프와
   $y=-||x|-3|+3$의 그래프는 x축에 대하여 대칭이다.

26-21. $y=f_1(x)$의 그래프를 이용하여 $y=f_2(x)$의 그래프를 그리고, $y=f_2(x)$의 그래프를 이용하여 $y=f_3(x)$의 그래프를 그린다.
   이와 같이 계속해 나가면 다음 그림과 같이 n이 짝수이면 $y=f_n(x)$의 그래프는 모두 $y=f_2(x)=|x-1|$의 그래프와 같다.

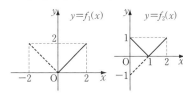

따라서 $y=f_{10}(x)$의 그래프는
$y=f_2(x)$의 그래프와 같다.

*__Note__ $f_1(x)=x\,(0\le x\le 2)$이므로
$f_n(x)$를 직접 구해 보면

$$f_2(x)=f_4(x)=f_6(x)=\cdots$$
$$=\begin{cases} 1-x & (0\le x<1) \\ x-1 & (1\le x\le 2) \end{cases}$$
$$f_3(x)=f_5(x)=f_7(x)=\cdots$$
$$=\begin{cases} x & (0\le x<1) \\ 2-x & (1\le x\le 2) \end{cases}$$

임을 알 수 있다.

따라서 $y=f_{10}(x)$의 그래프는
$y=f_2(x)$의 그래프와 같다.

26-22. (1) $y=|f(x)|$ 꼴의 그래프를 그
리는 방법을 이용한다.

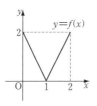

$$y=(f\circ f)(x)=f\big(f(x)\big)$$
$$=2\big|f(x)-1\big|=\big|2f(x)-2\big|$$

이므로

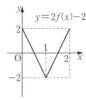 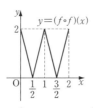

또, $y=(f\circ f\circ f)(x)=\big|2(f\circ f)(x)-2\big|$

이므로 $y=2(f\circ f)(x)-2$의 그래프를
이용하여 $y=(f\circ f\circ f)(x)$의 그래프를
그리면 아래와 같다.

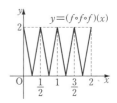

(2) $y=(f\circ f\circ f)(x)$의 그래프와 직선
$y=x$의 교점의 개수와 같으므로 구하
는 실근의 개수는 **8**

26-23. $f(x)+g(x)=x^2-3x+6,$
$\qquad\quad f(x)-g(x)=x^2-5x+4$
$\therefore\ h(x)=\dfrac{1}{2}\big(x^2-3x+6-|x^2-5x+4|\big)$

(i) $x^2-5x+4\ge 0$일 때, 곧
$x\le 1,\ x\ge 4$일 때
$$h(x)=\frac{1}{2}\big(x^2-3x+6-x^2+5x-4\big)$$
$$=x+1$$

(ii) $x^2-5x+4<0$일 때, 곧
$1<x<4$일 때
$$h(x)=\frac{1}{2}\big(x^2-3x+6+x^2-5x+4\big)$$
$$=(x-2)^2+1$$

따라서 $y=h(x)$의 그래프는 아래 그림
의 실선과 같다.

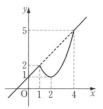

*__Note__ $f(x)\ge g(x)$일 때
$$h(x)=\frac{1}{2}\Big[f(x)+g(x)-\{f(x)-g(x)\}\Big]$$
$$=g(x)$$

$f(x) < g(x)$일 때

$$h(x) = \frac{1}{2}\left[f(x) + g(x) + \{f(x) - g(x)\}\right]$$
$$= f(x)$$

따라서 $h(x)$는 $f(x)$와 $g(x)$ 중 크지 않은 값을 나타내므로 $y = h(x)$의 그래프는 $y = f(x)$와 $y = g(x)$의 그래프 중 아랫부분만 생각한 그래프이다.

26-24. 그래프로부터 $y = f(x)$는 다음과 같다.

$$f(x) = \begin{cases} 2 & (-2 \le x \le 2) \\ -x + 4 & (2 \le x \le 6) \\ x - 8 & (6 \le x \le 10) \end{cases}$$

(1) 위 식의 x에 $2x - 8$을 대입하면

$$y = f(2x - 8)$$
$$= \begin{cases} 2 & (-2 \le 2x - 8 \le 2) \\ -(2x-8)+4 & (2 \le 2x-8 \le 6) \\ (2x-8)-8 & (6 \le 2x-8 \le 10) \end{cases}$$
$$= \begin{cases} 2 & (3 \le x \le 5) \\ -2x + 12 & (5 \le x \le 7) \\ 2x - 16 & (7 \le x \le 9) \end{cases}$$

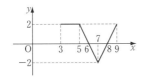

(2) $y = \{f(x)\}^2$

$$= \begin{cases} 4 & (-2 \le x \le 2) \\ (-x+4)^2 & (2 \le x \le 6) \\ (x-8)^2 & (6 \le x \le 10) \end{cases}$$

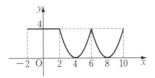

26-25. $y = mx^2 - (2m + a)x - b(m-1)$ 을 m에 관하여 정리하면

$$(x^2 - 2x - b)m - ax - y + b = 0$$

m의 값에 관계없이 위의 곡선은

$$x^2 - 2x - b = 0 \qquad \cdots\cdots①$$
$$-ax - y + b = 0 \qquad \cdots\cdots②$$

의 교점을 지난다.

그런데 $x = 3$, $y = 0$이 ①, ②를 만족하므로　$9 - 6 - b = 0$, $-3a + b = 0$

$$\therefore \ b = 3, \ a = 1$$

①, ②에 대입하면

$x = 3$, $y = 0$ 또는 $x = -1$, $y = 4$

$$\therefore \ \alpha = -1, \ \beta = 4$$

26-26. 선분 PQ는 직선 $y = x + 1$과 수직이므로 직선 PQ의 기울기는 -1이다.

$$\therefore \ \frac{y_2 - y_1}{x_2 - x_1} = \frac{(x_2{}^2 - 2x_2 - 3) - (x_1{}^2 - 2x_1 - 3)}{x_2 - x_1}$$
$$= \frac{(x_2{}^2 - x_1{}^2) - 2(x_2 - x_1)}{x_2 - x_1}$$
$$= (x_2 + x_1) - 2 = -1$$
$$\therefore \ x_1 + x_2 = 1$$

또, 선분 PQ의 중점

$$\mathrm{M}\!\left(\frac{x_1 + x_2}{2}, \ \frac{y_1 + y_2}{2}\right)$$

가 직선 $y = x + 1$ 위의 점이다.

$$\therefore \ \frac{y_1 + y_2}{2} = \frac{x_1 + x_2}{2} + 1$$
$$\therefore \ \frac{(x_1{}^2 + x_2{}^2) - 2(x_1 + x_2) - 6}{2} = \frac{x_1 + x_2}{2} + 1$$

$x_1 + x_2 = 1$을 대입하여 정리하면

$$x_1{}^2 + x_2{}^2 = 11$$

26-27.

위의 그림에서

(i) $0 < t \le 1$일 때, Q는 P에 포함되므로

$$S = 4 \times \frac{1}{2} \times t \times t = 2t^2$$

(ii) $1<t<2$일 때, P와 Q의 둘레는
$x>0$, $y>0$인 범위에서는 두 점
$(t-1, 1)$, $(1, t-1)$에서 만난다.

$$\therefore S=4\times\left[1\times1-\frac{1}{2}\left\{1-(t-1)^2\right\}\right]$$
$$=-2(t-2)^2+4$$

(iii) $t\geq2$일 때, P는 Q에 포함되므로
$$S=2^2=4$$

(i), (ii), (iii)에서

$$S=\begin{cases} 2t^2 & (0<t\leq1) \\ -2(t-2)^2+4 & (1<t<2) \\ 4 & (t\geq2) \end{cases}$$

이고, 그래프는 아래 그림의 실선과
같다.

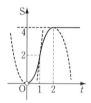

26-28. (1) (i) $x\geq0$일 때
$[x]\geq0$이므로 $x[x]\geq0$
$$\therefore f(x)=\big[x[x]\big]\geq0$$

(ii) $x<0$일 때
$[x]<0$이므로 $x[x]>0$
$$\therefore f(x)=\big[x[x]\big]\geq0$$

(i), (ii)에서
모든 실수 x에 대하여 $f(x)\geq0$

(2) $n\leq x<n+1$일 때
$[x]=n$이므로 $n^2\leq x[x]<n^2+n$
$$\therefore f(x)=n^2, n^2+1, \cdots, n^2+n-1$$
따라서 원소의 개수는 n

(3) $-n\leq x<-n+1$일 때
$[x]=-n$이므로 $n^2\geq x[x]>n^2-n$
$$\therefore f(x)=n^2-n, n^2-n+1,$$
$$\cdots, n^2-1, n^2$$
따라서 원소의 개수는 $n+1$

26-29. 근과 계수의 관계로부터
$$\alpha+\beta=5, \ \alpha\beta=5 \qquad \cdots\cdots①$$
구하는 포물선의 방정식을
$$y=ax^2+bx+c \ (a\neq0) \ \cdots\cdots②$$
라고 하면 세 점 (α, β), (β, α), $(1, 5)$를
지나므로
$$\beta=a\alpha^2+b\alpha+c \qquad \cdots\cdots③$$
$$\alpha=a\beta^2+b\beta+c \qquad \cdots\cdots④$$
$$5=a+b+c \qquad \cdots\cdots⑤$$
③+④하면
$\alpha+\beta=a(\alpha^2+\beta^2)+b(\alpha+\beta)+2c \cdots⑥$
③-④하면
$$\beta-\alpha=a(\alpha^2-\beta^2)+b(\alpha-\beta)$$
$\alpha\neq\beta$이므로
$$-1=a(\alpha+\beta)+b \qquad \cdots\cdots⑦$$
①을 ⑥, ⑦에 대입하면
$$5=15a+5b+2c \qquad \cdots\cdots⑧$$
$$-1=5a+b \qquad \cdots\cdots⑨$$
⑤, ⑧, ⑨를 연립하여 풀면
$$a=1, \ b=-6, \ c=10$$
②에 대입하면 $\boldsymbol{y=x^2-6x+10}$

*_Note_ $\alpha+\beta=5$이므로 두 점 (α, β),
(β, α)를 지나는 직선의 방정식은
$y=-x+5$이다.

따라서 구하는 포물선의 방정식을
$y=f(x)$로 놓은 다음
$$f(x)-(-x+5)=a(x-\alpha)(x-\beta)$$
$$=a(x^2-5x+5)$$
로 놓고 $f(x)$를 구할 수도 있다.

26-30. $y=x^2+bx+c \qquad \cdots\cdots①$
①의 꼭짓점이 $(a+2, 2a-1)$이므로
①식은
$$y=\{x-(a+2)\}^2+2a-1$$
$$=x^2-2(a+2)x+a^2+6a+3 \cdots②$$
구하는 직선의 방정식을
$$y=mx+n \qquad \cdots\cdots③$$
이라고 하면 ②, ③이 접하므로

$x^2-2(a+2)x+a^2+6a+3=mx+n$

곧,

$x^2-(2a+4+m)x+a^2+6a+3-n=0$

에서

$\mathrm{D}=(2a+4+m)^2-4(a^2+6a+3-n)$

　　$=0$

a에 관하여 정리하면

$4(m-2)a+m^2+8m+4+4n=0$

이 식이 a의 값에 관계없이 항상 성립해야 하므로

$m-2=0,\ m^2+8m+4+4n=0$

　　∴ $m=2,\ n=-6$

이 값을 ③에 대입하면　$y=2x-6$

*Note　②를 a에 관하여 정리하면

$a^2-2(x-3)a+x^2-4x+3-y=0$

이고, 여기서

$\mathrm{D}/4=(x-3)^2-(x^2-4x+3-y)=0$

으로 놓으면 $y=2x-6$을 얻는다.

이와 같이 풀어도 되지만, 그 이유를 정확히 이해하는 것은 이 책의 범위를 넘으므로 여기서는 이 방법을 피했다.

26-31.　$x^2+2|x-a|-a^2\geq0$에서

$x^2\geq-2|x-a|+a^2$

따라서

$y=x^2$　　　　　……①

$y=-2|x-a|+a^2$　　……②

로 놓을 때, ①, ②의 그래프가 모두 점 $(a,\ a^2)$을 지나므로 ①의 그래프 위의 점 $(a,\ a^2)$을 제외한 모든 점이 ②의 그래프의 위쪽에 있을 조건을 찾으면 된다.

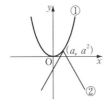

$a>0$이고 $x\leq a$일 때 ②는

$y=2x-2a+a^2$이고, 이 직선이 포물선 ①과 접할 조건은

$x^2=2x-2a+a^2$

곧, $x^2-2x+2a-a^2=0$에서

$\mathrm{D}/4=(-1)^2-(2a-a^2)=0$　∴ $a=1$

따라서 $a>0$일 때 주어진 조건을 만족하는 a의 값의 범위는

$0<a\leq1$

$a<0$일 때도 같은 방법으로 생각하면

$-1\leq a<0$

$a=0$일 때, $x^2\geq0$이고 $-2|x|\leq0$이므로 주어진 조건을 만족한다.

따라서 구하는 a의 값의 범위는

$-1\leq a\leq1$

27-1.　$\dfrac{803}{371}=2+\dfrac{61}{371}=2+\cfrac{1}{\dfrac{371}{61}}$

$=2+\cfrac{1}{6+\dfrac{5}{61}}=2+\cfrac{1}{6+\cfrac{1}{\dfrac{61}{5}}}$

$=2+\cfrac{1}{6+\cfrac{1}{12+\dfrac{1}{5}}}$

∴ $k=6,\ m=12$

*Note　$\cfrac{1}{k+\cfrac{1}{m+\dfrac{1}{5}}}=\dfrac{803}{371}-2=\dfrac{61}{371}$

∴ $k+\cfrac{1}{m+\dfrac{1}{5}}=\dfrac{371}{61}=6+\dfrac{5}{61}$

그런데 k는 자연수이고,

$\cfrac{1}{m+\dfrac{1}{5}}<1\,(m\geq1)$이므로

$k=6,\ m+\dfrac{1}{5}=\dfrac{61}{5}$　∴ $m=12$

27-2.　양변에

$(x-1)(x-2)\times\cdots\times(x-10)$

을 곱하면

$1=a_1(x-2)(x-3)\times\cdots\times(x-10)$
$\qquad+a_2(x-1)(x-3)\times\cdots\times(x-10)$
$\qquad+\cdots$
$\qquad+a_{10}(x-1)(x-2)\times\cdots\times(x-9)$

우변을 x 에 관하여 정리하면

$\qquad 1=(a_1+a_2+\cdots+a_{10})x^9+\cdots$

이 식이 x 에 관한 항등식이므로

$\qquad \boldsymbol{a_1+a_2+\cdots+a_{10}=0}$

27-3. $y+\dfrac{1}{z}=1$ 에서 $y=1-\dfrac{1}{z}$

$\qquad \therefore\ y=\dfrac{z-1}{z}$

$\quad z+\dfrac{1}{x}=1$ 에서 $\dfrac{1}{x}=1-z$

$\qquad \therefore\ x=\dfrac{1}{1-z}$

$\therefore\ x+\dfrac{1}{y}=\dfrac{1}{1-z}+\dfrac{z}{z-1}=1,$

$\quad xyz+1=\dfrac{1}{1-z}\times\dfrac{z-1}{z}\times z+1=\boldsymbol{0}$

Note $z=1$ 이면 $z+\dfrac{1}{x}=1$ 을 만족하
는 x 가 존재하지 않으므로 $z\neq1$

27-4. 조건식에서

$\quad \dfrac{1}{a^2}+\dfrac{1}{b^2}+\dfrac{1}{c^2}=\dfrac{1}{a^2}+\dfrac{1}{b^2}+\dfrac{1}{c^2}$
$\qquad\qquad\qquad+2\Big(\dfrac{1}{ab}+\dfrac{1}{bc}+\dfrac{1}{ca}\Big)$

$\qquad \therefore\ \dfrac{1}{ab}+\dfrac{1}{bc}+\dfrac{1}{ca}=0$

$\therefore\ \dfrac{a+b+c}{abc}=0\quad \therefore\ a+b+c=0$

$\therefore\ \mathrm{P}=\dfrac{a}{b}+\dfrac{a}{c}+\dfrac{b}{c}+\dfrac{b}{a}+\dfrac{c}{a}+\dfrac{c}{b}$
$\qquad=\dfrac{b+c}{a}+\dfrac{c+a}{b}+\dfrac{a+b}{c}$
$\qquad=\dfrac{-a}{a}+\dfrac{-b}{b}+\dfrac{-c}{c}$
$\qquad=-1-1-1=\boldsymbol{-3}$

27-5. $\dfrac{a}{x}=p,\ \dfrac{b}{y}=q,\ \dfrac{c}{z}=r$ 라고 하면
주어진 조건식은

$\quad p+q+r=1,\ \dfrac{1}{p}+\dfrac{1}{q}+\dfrac{1}{r}=0\ \cdots①$

①에서 $\dfrac{qr+rp+pq}{pqr}=0$

$\qquad \therefore\ pq+qr+rp=0$

$\therefore\ \dfrac{a^2}{x^2}+\dfrac{b^2}{y^2}+\dfrac{c^2}{z^2}=p^2+q^2+r^2$
$\qquad\qquad=(p+q+r)^2-2(pq+qr+rp)$
$\qquad\qquad=1^2-2\times0=\boldsymbol{1}$

27-6. $2x^2-3xy+y^2=0$ 에서

$\qquad (2x-y)(x-y)=0$

$\qquad \therefore\ y=2x$ 또는 $y=x$

이것을 각 식에 대입하면

(1) $\boldsymbol{1:2}$ 또는 $\boldsymbol{1:1}$　　(2) $\dfrac{\boldsymbol{3}}{\boldsymbol{7}}$ 또는 $\dfrac{\boldsymbol{1}}{\boldsymbol{3}}$

(3) $\dfrac{\boldsymbol{6}}{\boldsymbol{5}}$ 또는 $\boldsymbol{2}$

27-7. (1) $y=x+\dfrac{1}{x}$ 의 그래프에서 $x>0$
인 부분은 그대로 두고, $x<0$ 인 부분
은 $x>0$ 인 부분을 y 축에 대하여 대칭
이동한다.

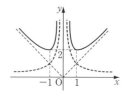

(2) (i) $x<-1$ 일 때
$\qquad y=\dfrac{-x-1}{-(x+1)}=1$

(ii) $-1<x<0$ 일 때
$\qquad y=\dfrac{-x-1}{x+1}=-1$

(iii) $x\geq0$ 일 때
$\qquad y=\dfrac{x-1}{x+1}=-\dfrac{2}{x+1}+1$

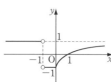

Note (1) $y=|x|+\dfrac{1}{|x|}$

$$\geq 2\sqrt{|x|\times \dfrac{1}{|x|}}=2$$

$\left(\text{등호는 } |x|=\dfrac{1}{|x|}, \text{ 곧}\right.$

$\left.x=\pm 1 \text{일 때 성립}\right)$

27-8. $y=\dfrac{2x-5}{x-3}=\dfrac{1}{x-3}+2$

$y=0$일 때 $x=\dfrac{5}{2}$, $y=4$일 때 $x=\dfrac{7}{2}$

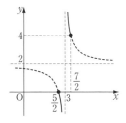

위의 그래프에서 이 함수의 정의역은

$$\left\{x \,\middle|\, \dfrac{5}{2}\leq x<3, \ 3<x\leq \dfrac{7}{2}\right\}$$

27-9. 점 $(-3, 1)$에 대하여 대칭이므로 점근선이 직선 $x=-3$, $y=1$이다. 따라서 $y=\dfrac{k}{x+3}+1$로 놓을 수 있다.

점 $(1, 0)$을 지나므로

$$0=\dfrac{k}{1+3}+1 \quad \therefore \ k=-4$$

따라서 $y=\dfrac{-4}{x+3}+1$이므로 그래프를 그리면 아래와 같다.

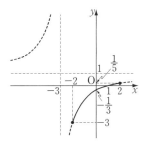

$x=-2$일 때 최솟값 -3,

$x=2$일 때 최댓값 $\dfrac{1}{5}$

27-10.

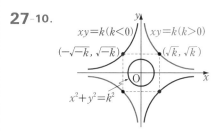

(i) $k>0$일 때, 위의 그림과 같이 쌍곡선 $xy=k$ 위의 점 $(\sqrt{k}, \sqrt{k})$와 원 $x^2+y^2=k^2$의 중심인 원점 사이의 거리가 원의 반지름의 길이인 k보다 크면 되므로

$$(\sqrt{k})^2+(\sqrt{k})^2>k^2 \quad \therefore \ 0<k<2$$

k는 정수이므로 $k=1$

(ii) $k<0$일 때, 위의 그림과 같이 쌍곡선 $xy=k$ 위의 점 $(-\sqrt{-k}, \sqrt{-k})$와 원 $x^2+y^2=k^2$의 중심인 원점 사이의 거리가 원의 반지름의 길이인 $-k$보다 크면 되므로

$$(-\sqrt{-k})^2+(\sqrt{-k})^2>(-k)^2$$

$$\therefore \ -2<k<0$$

k는 정수이므로 $k=-1$

(i), (ii)에 의하여 $\boldsymbol{k=-1, 1}$

Note 1° 원 $x^2+y^2=k^2$과 쌍곡선 $xy=k$가 만나지 않으므로 연립방정식 $\begin{cases} x^2+y^2=k^2 \\ xy=k \end{cases}$의 실수인 해가 존재하지 않는다.

이를 이용하여 k의 값을 구할 수도 있다.

2° 곡선 $xy=k \ (k>0)$ 위의 점 $P(a, b)$와 원점 O에 대하여

$$\overline{OP}^2=a^2+b^2\geq 2ab=2k$$

(등호는 $a=b=\pm\sqrt{k}$ 일 때 성립)

곧, 점 $(\sqrt{k}, \sqrt{k})$는 곡선 $xy=k$ 위의 점 중 원점과의 거리가 최소인 점이다.

따라서 점 $(\sqrt{k}, \sqrt{k})$에 대해서만 생각해도 무방하다. $xy=k\,(k<0)$ 일 때에도 마찬가지이다.

27-11. $f(x)=\dfrac{ax+b}{x+c}=\dfrac{b-ac}{x+c}+a$

에서 점근선 중 하나가 직선 $y=1$이므로

$$a=1$$

또, $f^{-1}(-1)=0$에서 $f(0)=-1$이고, 이때 $f\big(f(0)\big)=0$은 $f(-1)=0$

곧, $f(x)=\dfrac{x+b}{x+c}$에서

$$f(0)=-1, \quad f(-1)=0$$

이므로 $\dfrac{b}{c}=-1, \quad \dfrac{-1+b}{-1+c}=0$

연립하여 풀면 $b=1, \ c=-1$

27-12. 문제의 조건으로부터

$$f(1)=3, \quad g(1)=3$$

그런데 g는 f의 역함수이므로 $g(1)=3$에서 $f(3)=1$

따라서 $f(x)=\dfrac{ax-1}{bx+1}$에서

$$\dfrac{a-1}{b+1}=3, \quad \dfrac{3a-1}{3b+1}=1$$

연립하여 풀면

$$a=-1, \ b=-\dfrac{5}{3}$$

27-13. 통분하면

$$P=-\dfrac{a^n(b-c)+b^n(c-a)+c^n(a-b)}{(a-b)(b-c)(c-a)}$$

$$Q=a^n(b-c)+b^n(c-a)+c^n(a-b)$$

라고 하자.

(i) $n=1$일 때

$$Q=ab-ac+bc-ba+ca-cb=0$$

$$\therefore \ P=0$$

(ii) $n=2$일 때

$$Q=a^2(b-c)+b^2(c-a)+c^2(a-b)$$
$$=(b-c)a^2-(b^2-c^2)a+bc(b-c)$$
$$=(b-c)(a-b)(a-c)$$
$$=-(a-b)(b-c)(c-a)$$
$$\therefore \ P=1$$

(iii) $n=3$일 때, Q를 a에 관하여 정리한 다음 인수분해하면

$$Q=a^3(b-c)+b^3(c-a)+c^3(a-b)$$
$$=(b-c)a^3-(b^3-c^3)a+bc(b^2-c^2)$$
$$=(b-c)\{a^3-(b^2+bc+c^2)a$$
$$\qquad\qquad +bc(b+c)\}$$
$$=(b-c)\{(c-a)b^2+c(c-a)b$$
$$\qquad\qquad -(c^2-a^2)a\}$$
$$=(b-c)(c-a)\{b^2+bc-(c+a)a\}$$
$$=(b-c)(c-a)(b-a)(a+b+c)$$
$$=-(a-b)(b-c)(c-a)(a+b+c)$$
$$\therefore \ P=a+b+c$$

27-14. $(a+b+c)^2=a^2+b^2+c^2$
$$\qquad\qquad\qquad +2(ab+bc+ca)$$

에서 $a+b+c=0$이므로

$$a^2+b^2+c^2=-2(ab+bc+ca)$$

또,

$$a^3+b^3+c^3-3abc$$
$$=(a+b+c)(a^2+b^2+c^2-ab-bc-ca)$$

에서 $a+b+c=0$이므로

$$a^3+b^3+c^3=3abc$$

$$\therefore \ (준\ 식)=\dfrac{-2(ab+bc+ca)}{3abc}$$
$$\qquad\qquad +\dfrac{a+b+c}{abc}$$
$$\qquad\qquad +\dfrac{2}{3}\times\dfrac{bc+ca+ab}{abc}$$
$$\qquad\qquad =0$$

27-15. 준 식에서

$$a^3+2a=(a+1)k \qquad \cdots\cdots①$$
$$b^3+2b=(b+1)k \qquad \cdots\cdots②$$
$$c^3+2c=(c+1)k \qquad \cdots\cdots③$$

(1) ①$-$②, ②$-$③하면

$$a^3-b^3+2(a-b)=k(a-b),$$
$$b^3-c^3+2(b-c)=k(b-c)$$

$a \neq b, \ b \neq c$ 이므로

$$a^2+ab+b^2+2=k \quad \cdots\cdots ④$$
$$b^2+bc+c^2+2=k \quad \cdots\cdots ⑤$$

④$-$⑤하면

$$a^2-c^2+b(a-c)=0$$

$a \neq c$ 이므로 $a+c+b=0$

곧, $a+b+c=0$ $\cdots\cdots ⑥$

(2) ①$+$②$+$③하면

$$a^3+b^3+c^3+2(a+b+c)$$
$$=k(a+b+c+3)$$

⑥을 대입하면

$$a^3+b^3+c^3=3k \quad \cdots\cdots ⑦$$

한편

$$a^3+b^3+c^3=(a+b+c)$$
$$\times(a^2+b^2+c^2-ab-bc-ca)$$
$$+3abc$$

이므로 여기에 ⑥을 대입하면

$$a^3+b^3+c^3=3abc \quad \cdots\cdots ⑧$$

⑦, ⑧에서 $3k=3abc$

$$\therefore \ k=abc$$

*$Note$ 1° ①, ②, ③에서 삼차방정식

$$x^3+2x=(x+1)k$$

곧, $x^3+(2-k)x-k=0$

의 세 근이 $a, \ b, \ c$임을 알 수 있다.

따라서 근과 계수의 관계로부터

$$a+b+c=0,$$
$$abc=-(-k)=k$$

2° (2)는 가비의 리를 이용하여 다음
과 같이 보일 수도 있다.

$$k=\frac{a^3+b^3+c^3+2(a+b+c)}{a+b+c+3}$$
$$=\frac{a^3+b^3+c^3}{3}=\frac{3abc}{3}=abc$$

27-**16.** 현재 보석의 가격을 y, 무게를 x
라고 하면 주어진 조건에 의하여

$$y=kx^2 \qquad\qquad \cdots\cdots ①$$
$$y+p=k(x+a)^2 \qquad \cdots\cdots ②$$
$$y+q=k(x+b)^2 \qquad \cdots\cdots ③$$

(k는 비례상수, $k \neq 0$)

①을 ②와 ③에 대입하여 간단히 하면

$$p=2kax+ka^2, \ q=2kbx+kb^2$$

두 식을 변변 나누어 k를 소거하면

$$\frac{p}{q}=\frac{2ax+a^2}{2bx+b^2} \qquad \therefore \ x=\frac{b^2p-a^2q}{2(aq-bp)}$$

27-**17.** 그래프가 점 $(3, 2)$에 대하여 대
칭이므로

$$y=\frac{k}{x-3}+2$$

로 놓을 수 있다. 따라서

$$y=\frac{2x+k-6}{x-3}=\frac{bx}{x+a}$$

이므로 $a=-3, \ b=2, \ k=6$

곧, 주어진 함수는 $y=\frac{2x}{x-3}$

점 P의 좌표를 $P\left(t, \ \frac{2t}{t-3}\right)$라고 하면

점 P가 제1사분면에 있으므로 $t>3$

이때,

$$\triangle PQR=\frac{1}{2} \times t \times \frac{2t}{t-3}$$
$$=\frac{t^2}{t-3}=t+3+\frac{9}{t-3}$$
$$=t-3+\frac{9}{t-3}+6$$
$$\geq 2\sqrt{(t-3)\times\frac{9}{t-3}}+6=12$$

(등호는 $t=6$일 때 성립)

따라서 구하는 넓이의 최솟값은 **12**

27-**18.**

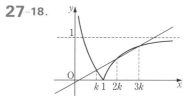

$x>0$일 때, $y=\left|1-\dfrac{1}{x}\right|$의 그래프는 위의 그림과 같다.

세 양의 실근을 k, $2k$, $3k$라고 하면 $0<k<1$이고, 점 $(2k,\ 0)$은 두 점 $(k,\ 0)$과 $(3k,\ 0)$을 잇는 선분의 중점이다.

그런데 세 교점이 일직선 위에 있으므로 $\left|1-\dfrac{1}{x}\right|=f(x)$라고 하면

$$\frac{f(k)+f(3k)}{2}=f(2k)$$
$$\therefore\ f(k)+f(3k)=2f(2k)$$
$$\therefore\ \left(-1+\frac{1}{k}\right)+\left(1-\frac{1}{3k}\right)=2\left(1-\frac{1}{2k}\right)$$
$$\therefore\ \frac{5}{3k}=2 \quad \therefore\ k=\frac{5}{6}$$

따라서 세 근의 합은
$$k+2k+3k=6k=\mathbf{5}$$

27-19. $f^2(x)=(f\circ f)(x)=f\big(f(x)\big)$

$$=\frac{2\times\dfrac{2x-1}{3x-1}-1}{3\times\dfrac{2x-1}{3x-1}-1}$$
$$=\frac{2(2x-1)-(3x-1)}{3(2x-1)-(3x-1)}$$
$$=\frac{x-1}{3x-2}$$

$$f^3(x)=f^2\big(f(x)\big)=\frac{\dfrac{2x-1}{3x-1}-1}{3\times\dfrac{2x-1}{3x-1}-2}$$
$$=\frac{(2x-1)-(3x-1)}{3(2x-1)-2(3x-1)}=x$$

곧, $f^3=\mathrm{I}$이므로
$$f^{2018}=f^{2015}\circ f^3=f^{2015}\circ\mathrm{I}=f^{2015}$$
$$=f^{2012}=\cdots=f^2$$
$$\therefore\ f^{2018}(4)=f^2(4)=\frac{4-1}{3\times4-2}=\frac{\mathbf{3}}{\mathbf{10}}$$

27-20. $y=\dfrac{x-6}{x-2}=-\dfrac{4}{x-2}+1$ $\cdots$①
$$y=-2x+3 \qquad \cdots\cdots②$$
①, ②의 그래프는 다음과 같고, 교점

의 좌표는 $(0,\ 3)$, $(3,\ -3)$이다.

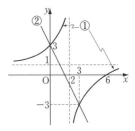

이때, ①≥②인 x의 값의 범위는
$$\mathbf{0\leq x<2,\ \ x\geq3}$$

27-21. $y=\dfrac{(2a-1)x+1}{x-a}$ $\quad\cdots\cdots①$

을 조건에 맞게 평행이동하면
$$y-b=\frac{(2a-1)(x-5)+1}{(x-5)-a}$$
$$\therefore\ y=\frac{(2a+b-1)x-ab-10a-5b+6}{x-(a+5)}$$
$$\cdots\cdots②$$

또, ①의 역함수를 구하면
$$y=\frac{ax+1}{x-(2a-1)} \qquad \cdots\cdots③$$

②와 ③이 일치하므로
$$2a+b-1=a,$$
$$-ab-10a-5b+6=1,$$
$$a+5=2a-1$$

연립하여 풀면 $\boldsymbol{a=6}$, $\boldsymbol{b=-5}$

*__Note__ 원래 함수의 그래프의 점근선의 방정식은
$$x=a,\ \ y=2a-1$$
조건에 맞게 평행이동하면
$$x=a+5,\ \ y=2a-1+b \cdots\cdots①$$
또, 원래 함수의 역함수의 그래프의 점근선의 방정식은
$$x=2a-1,\ \ y=a \qquad \cdots\cdots②$$
①, ②가 일치하므로
$$a+5=2a-1,\ \ 2a-1+b=a$$
$$\therefore\ \boldsymbol{a=6},\ \ \boldsymbol{b=-5}$$

28-1. $\sqrt{1\pm x}=\sqrt{1\pm\dfrac{2a}{1+a^2}}$

$\qquad\qquad =\sqrt{\dfrac{1+a^2\pm2a}{1+a^2}}=\dfrac{\sqrt{(a\pm1)^2}}{\sqrt{1+a^2}}$

$0<a<1$일 때,

　(준 식)$=\dfrac{a+1+(a-1)}{a+1-(a-1)}=\dfrac{2a}{2}=\boldsymbol{a}$

$a\geq1$일 때,

　(준 식)$=\dfrac{a+1-(a-1)}{a+1+(a-1)}=\dfrac{2}{2a}=\dfrac{1}{\boldsymbol{a}}$

*$\boldsymbol{Note}$　$\dfrac{\sqrt{1+x}-\sqrt{1-x}}{\sqrt{1+x}+\sqrt{1-x}}=\dfrac{1-\sqrt{1-x^2}}{x}$

　임을 이용할 수도 있다.

28-2. (1) (준 식)

$\qquad =\sqrt{(a+b)^2-2\sqrt{2ab(a^2+b^2)}}$

$\qquad =\sqrt{a^2+b^2}-\sqrt{2ab}$

　*$\boldsymbol{Note}$　$a>b>0$일 때,

$\qquad a^2+b^2-2ab=(a-b)^2>0$

　이므로 $a^2+b^2>2ab$이다.

(2) (준 식)$=\sqrt{\dfrac{2a-2\sqrt{(a+b)(a-b)}}{2}}$

$\qquad =\dfrac{\sqrt{(a+b)+(a-b)-2\sqrt{(a+b)(a-b)}}}{\sqrt{2}}$

$\qquad =\dfrac{\sqrt{a+b}-\sqrt{a-b}}{\sqrt{2}}$

$\qquad =\dfrac{\sqrt{2}\,(\sqrt{\boldsymbol{a+b}}-\sqrt{\boldsymbol{a-b}}\,)}{2}$

　*$\boldsymbol{Note}$　$a>b>0$일 때, $a+b>a-b$

　이다.

28-3. $f(n)=\sqrt{(n+1)+n+2\sqrt{(n+1)n}}$

$\qquad\qquad =\sqrt{n+1}+\sqrt{n}$

$\dfrac{1}{f(n)}=\dfrac{1}{\sqrt{n+1}+\sqrt{n}}$

$\qquad =\dfrac{\sqrt{n+1}-\sqrt{n}}{(\sqrt{n+1}+\sqrt{n})(\sqrt{n+1}-\sqrt{n})}$

$\qquad =\dfrac{\sqrt{n+1}-\sqrt{n}}{(n+1)-n}=\sqrt{n+1}-\sqrt{n}$

$\therefore \dfrac{1}{f(1)}+\dfrac{1}{f(2)}+\dfrac{1}{f(3)}+\cdots+\dfrac{1}{f(99)}$

$\qquad =(\sqrt{2}-\sqrt{1})+(\sqrt{3}-\sqrt{2})+\cdots$

$\qquad\qquad\qquad\qquad +(\sqrt{100}-\sqrt{99})$

$\qquad =\sqrt{100}-\sqrt{1}=10-1=\boldsymbol{9}$

28-4. (1) $x\geq0$일 때　$y=\sqrt{x+x}=\sqrt{2x}$

$\qquad x<0$일 때　$y=\sqrt{x-x}=0$

$\qquad$ (아래 왼쪽 그림)

(2) $4-|x|\geq0$에서　$-4\leq x\leq4$

$\qquad 0\leq x\leq4$일 때

$\qquad\qquad y=\sqrt{4-x}=\sqrt{-(x-4)}$

$\qquad -4\leq x<0$일 때

$\qquad\qquad y=\sqrt{4+x}=\sqrt{x+4}$

$\qquad$ (아래 오른쪽 그림)

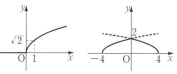

28-5. (1) $y=-\sqrt{ax+b}+c$

$\qquad\qquad =-\sqrt{a\left(x+\dfrac{b}{a}\right)}+c$

　이므로 이 함수의 그래프는 $y=-\sqrt{ax}$
의 그래프를 x축의 방향으로 $-\dfrac{b}{a}$ 만
큼, y축의 방향으로 c만큼 평행이동
한 것이다.

　따라서 주어진 그래프에서

$\qquad -\dfrac{b}{a}=3,\ c=2$

　또, 주어진 그래프는 점 $(1,0)$을 지
나므로　$-\sqrt{a+b}+c=0$

　세 식을 연립하여 풀면

$\qquad \boldsymbol{a=-2,\ b=6,\ c=2}$

(2) $y=\sqrt{ax+b}-c$의 그래프는

$\qquad y=-\sqrt{ax+b}+c$의 그래프를 x축에

대하여 대칭이동한 것이므로 이 함수
의 그래프는 아래 그림의 곡선과 같다.

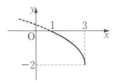

그림에서 치역이 $\{y \mid -2 \leq y \leq 0\}$일
때, 정의역은 $\{x \mid 1 \leq x \leq 3\}$

Note   (1) 곡선의 방정식을
$$y = -\sqrt{a(x-3)} + 2$$
로 놓을 수 있다.

이 곡선이 점 $(1, 0)$을 지나므로
$$0 = -\sqrt{-2a} + 2 \quad \therefore \boldsymbol{a = -2}$$
$$\therefore y = -\sqrt{-2(x-3)} + 2$$
$$= -\sqrt{-2x+6} + 2$$
$$\therefore \boldsymbol{b = 6}, \ \boldsymbol{c = 2}$$

(2) $y = \sqrt{ax+b} - c$에 $a = -2$, $b = 6$,
$c = 2$를 대입하면
$$y = \sqrt{-2x+6} - 2$$
$$= \sqrt{-2(x-3)} - 2$$
이므로 이 그래프에서 정의역을 구
해도 된다.

28-6. $g^{-1}(a) = k$라고 하면 $k > 0$이고
$$g(k) = a$$
$f(g^{-1}(a)) = f(k) = 1$에서 $\dfrac{2k}{1+k^2} = 1$
$$\therefore 2k = 1 + k^2 \quad \therefore k = 1$$
$$\therefore a = g(1) = 2$$
$$\therefore g(f(a)) = g(f(2)) = g\left(\frac{4}{5}\right)$$
$$= \sqrt{4 \times \frac{4}{5}} = \frac{4\sqrt{5}}{5}$$

Note $g(x) = \sqrt{4x}$에서
$$g^{-1}(x) = \frac{1}{4}x^2 \ (x > 0)$$
$$\therefore g^{-1}(a) = \frac{1}{4}a^2 \ (a > 0)$$

$$\therefore f(g^{-1}(a)) = f\left(\frac{1}{4}a^2\right) = \frac{8a^2}{16+a^4} = 1$$
$$\therefore a^2 = 4 \quad \therefore a = 2 \ (\because a > 0)$$
$$\therefore g(f(a)) = g(f(2)) = g\left(\frac{4}{5}\right)$$
$$= \sqrt{4 \times \frac{4}{5}} = \frac{4\sqrt{5}}{5}$$

28-7. (1) $f^{-1}(a) = 1 \iff f(1) = a$
$$\therefore a = f(1) = -\sqrt{1} + 1 = \boldsymbol{0}$$

(2) $(f^{-1} \circ f^{-1})(a) = 0 \iff (f \circ f)^{-1}(a) = 0$
$$\iff (f \circ f)(0) = a$$
$$\therefore a = (f \circ f)(0) = f(f(0)) = f(1) = \boldsymbol{0}$$

(3) $f^{-1}(1) = a \iff f(a) = 1$
$a \geq 0$일 때, $f(a) = -\sqrt{a} + 1 = 1$에서
$$a = 0 \ (a \geq 0$에 적합$)$$
$a < 0$일 때, $f(a) = a^2 + 1 = 1$에서
$$a = 0 \ (a < 0$에 부적합$)$$
따라서 $f(a) = 1$이면 $a = \boldsymbol{0}$

(4) $a = (f \circ f \circ f)(f(1))$
$$= (f \circ f \circ f)(0)$$
$$= (f \circ f)(f(0)) = (f \circ f \circ f)(1)$$
$$= (f \circ f)(f(1)) = (f \circ f)(0)$$
$$= f(f(0)) = f(1) = \boldsymbol{0}$$

28-8. f의 역함수가 존재하려면 f가 일
대일대응이어야 한다.

그런데 $x < 3$에서 x의 값이 증가하면
$f(x)$의 값도 증가하므로 함수 f가 실수
전체에서 일대일대응이 되려면 $x \geq 3$에
서도 x의 값이 증가하면 $f(x)$의 값이 증
가해야 한다. $\therefore a > 0$

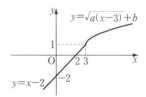

또한 치역이 실수 전체의 집합이려면 위의 그림과 같이 $x=3$일 때 $y=x-2$의 그래프와 $y=\sqrt{a(x-3)}+b$의 그래프가 만나야 한다.

$$\therefore \ 3-2=\sqrt{a(3-3)}+b \quad \therefore \ b=1$$

답 $a>0, \ b=1$

28-9. (1) $y=a\sqrt{x+4}$ 의 그래프를 x축에 대하여 대칭이동하면

$$-y=a\sqrt{x+4} \quad \therefore \ y=-a\sqrt{x+4}$$

다시 x축의 방향으로 m만큼, y축의 방향으로 n만큼 평행이동하면

$$y-n=-a\sqrt{(x-m)+4}$$
$$\therefore \ y=-a\sqrt{x-m+4}+n$$

$y=-\sqrt{x}+2$의 그래프와 겹치므로

$$a=1, \ -m+4=0, \ n=2$$
$$\therefore \ \boldsymbol{a=1, \ m=4, \ n=2}$$

(2)
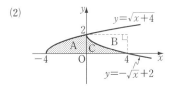

위의 그림에서 A 부분의 넓이와 B 부분의 넓이가 같으므로 구하는 넓이는 B 부분의 넓이와 C 부분의 넓이의 합과 같다.

따라서 구하는 넓이는 $4\times 2=8$

28-10. $\sqrt{x}=\sqrt{a}+\dfrac{1}{\sqrt{a}}$ 에서

$$x=a+2+\frac{1}{a} \quad \therefore \ x-2=a+\frac{1}{a}$$

양변을 제곱하면

$$x^2-4x+4=a^2+2+\frac{1}{a^2}$$
$$\therefore \ x^2-4x=\left(a-\frac{1}{a}\right)^2$$

$a-\dfrac{1}{a}=\dfrac{a^2-1}{a}\geq 0\ (\because \ a\geq 1)$이므로

$$\sqrt{\left(a-\frac{1}{a}\right)^2}=a-\frac{1}{a}$$
$$\therefore \ P=\frac{\left(a+\dfrac{1}{a}\right)+\left(a-\dfrac{1}{a}\right)}{\left(a+\dfrac{1}{a}\right)-\left(a-\dfrac{1}{a}\right)}=\frac{2a}{\dfrac{2}{a}}=\boldsymbol{a^2}$$

28-11. 먼저

$$\left(x+\sqrt{x^2+1}\right)\left(y+\sqrt{y^2+1}\right)=1 \cdots①$$

이 성립한다고 하자.

①의 양변에 $-x+\sqrt{x^2+1}$ 을 곱하면

$$y+\sqrt{y^2+1}=-x+\sqrt{x^2+1} \quad \cdots②$$

또, ①의 양변에 $-y+\sqrt{y^2+1}$ 을 곱하면

$$x+\sqrt{x^2+1}=-y+\sqrt{y^2+1} \quad \cdots③$$

②+③하면

$$x+y+\sqrt{x^2+1}+\sqrt{y^2+1}$$
$$=-x-y+\sqrt{x^2+1}+\sqrt{y^2+1}$$
$$\therefore \ x+y=0$$

역으로 $x+y=0$이면 $y=-x$이므로

$$\left(x+\sqrt{x^2+1}\right)\left(y+\sqrt{y^2+1}\right)$$
$$=\left(x+\sqrt{x^2+1}\right)\left\{-x+\sqrt{(-x)^2+1}\right\}$$
$$=-x^2+\left(\sqrt{x^2+1}\right)^2=1$$

28-12. $y=\sqrt{2x-3}$ ……①
$\quad\quad\quad y=x-3$ ……②

①, ②의 그래프는 아래와 같고, 교점의 좌표는 $(6, 3)$이다.

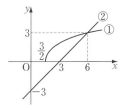

이때, ①>②인 x의 값의 범위는

$$\frac{3}{2}\leq \boldsymbol{x}<\boldsymbol{6}$$

*__Note__ 이 문제에서는 $2x-3 \geq 0$인 범위의 해를 구해야 한다.

또, ①, ②에서 y를 소거하면
$$\sqrt{2x-3}=x-3$$
양변을 제곱하여 풀면 $x=2$, 6이지만, 그래프에서 $x=2$는 해가 되지 않는다는 것을 알 수 있다.

이와 같은 근을 무연근이라고 한다.

28-13. $\angle \mathrm{BAC}=90°$이므로 아래 그림과 같이 점 A에서 x축에 내린 수선의 발을 H라고 하면 $\triangle \mathrm{ABC}$의 넓이에서
$$\overline{\mathrm{AB}} \times \overline{\mathrm{AC}} = \overline{\mathrm{AH}} \times \overline{\mathrm{BC}} \quad \cdots \cdots ①$$

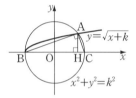

이때, $y=\sqrt{x+k}$ 를 $x^2+y^2=k^2$에 대입하여 정리하면
$$x^2+x+k-k^2=0$$
$$\therefore (x+k)(x+1-k)=0$$
$$\therefore x=-k, \ k-1$$
따라서 점 A의 좌표가
$$\mathrm{A}(k-1, \sqrt{2k-1})$$
이므로 $\overline{\mathrm{AH}}=\sqrt{2k-1}$

한편 $\overline{\mathrm{BC}}=2k$이므로 ①에서
$$30=\sqrt{2k-1} \times 2k$$
$$\therefore k\sqrt{2k-1}=15$$
양변을 제곱하여 정리하면
$$2k^3-k^2-225=0$$
$$\therefore (k-5)(2k^2+9k+45)=0$$
k는 실수이므로 $k=5$

28-14. $x>0$일 때 $f(x)=-x$
$$\therefore g(x)=f(f(x))=f(-x)$$
$$=(-x)^2=x^2$$

$x=0$일 때 $f(0)=0$
$$\therefore g(0)=f(f(0))=f(0)=0$$
$x<0$일 때 $f(x)=x^2$
$$\therefore g(x)=f(f(x))=f(x^2)=-x^2$$
$$\therefore g(x)=\begin{cases} x^2 & (x \geq 0) \\ -x^2 & (x<0) \end{cases}$$
한편 $y=x^2 \ (x \geq 0, \ y \geq 0)$의 역함수는
$$y=\sqrt{x} \quad (x \geq 0)$$
$y=-x^2 \ (x<0, \ y<0)$의 역함수는
$$y=-\sqrt{-x} \quad (x<0)$$
$$\therefore g^{-1}(x)=\begin{cases} \sqrt{x} & (x \geq 0) \\ -\sqrt{-x} & (x<0) \end{cases}$$

28-15. 곡선 $y=\sqrt{kx}$ 가 점 $\mathrm{A}(3, 1)$을 지날 때
$$1=\sqrt{3k} \quad \therefore k=\frac{1}{3}$$
또, 점 $\mathrm{B}(12, 10)$을 지날 때
$$10=\sqrt{12k} \quad \therefore k=\frac{25}{3}$$
따라서 곡선 $y=f(x)$가 선분 AB와 만나도록 하는 k의 값의 범위는
$$\frac{1}{3} \leq k \leq \frac{25}{3} \quad \cdots \cdots ①$$
$y=\sqrt{kx} \ (x \geq 0, \ y \geq 0)$의 역함수는
$$y=\frac{1}{k}x^2 \ (x \geq 0)$$
곧, $g(x)=\frac{1}{k}x^2 \ (x \geq 0)$

곡선 $y=\frac{1}{k}x^2 \ (x \geq 0)$이 점 $\mathrm{A}(3, 1)$을 지날 때
$$1=\frac{1}{k} \times 3^2 \quad \therefore k=9$$
또, 점 $\mathrm{B}(12, 10)$을 지날 때
$$10=\frac{1}{k} \times 12^2 \quad \therefore k=\frac{72}{5}$$
한편 직선 AB의 방정식은 $y=x-2$이므로 곡선 $y=\frac{1}{k}x^2 \ (x \geq 0)$이 $3 \leq x \leq 12$에서 직선 AB와 접할 조건은
$$\frac{1}{k}x^2=x-2, \ 곧 \ x^2-kx+2k=0$$

에서　$D=k^2-8k=0$

$k>0$이므로　$k=8$

이때, 접점의 x좌표는 4이므로 조건을 만족한다.

따라서 곡선 $y=g(x)$가 선분 AB와 만나도록 하는 k의 값의 범위는

$$8\le k\le\frac{72}{5}　　\cdots\cdots②$$

①, ②의 공통 범위를 구하면

$$8\le k\le\frac{25}{3}$$

28-16. $g(x)=\dfrac{\sqrt{x+3}}{2}$이라고 하면

$g(1)=1,\ g(13)=2,\ g(33)=3,$

$g(61)=4,\ \cdots$

이므로 함수 $y=g(x)$의 그래프는 아래 그림과 같다.

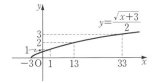

(ⅰ) $n=1$일 때　$f(1)=0$

(ⅱ) $2\le n\le13$일 때　$f(n)=n-1$

　　이때, 최댓값은　$f(13)=12$

(ⅲ) $14\le n\le33$일 때

　　조건을 만족하는 한 변의 길이가 1인 정사각형의 개수는

　　$(n-1)+(n-13)=2n-14$

　　조건을 만족하는 한 변의 길이가 $\sqrt{2}$인 정사각형의 개수는　$n-13$

　　조건을 만족하는 한 변의 길이가 2인 정사각형의 개수는　$n-14$

　　$\therefore\ f(n)=(2n-14)+(n-13)$
　　　　　　　　$+(n-14)$
　　　　　　$=4n-41$

　　이때, 최댓값은　$f(33)=91$

(ⅳ) $34\le n\le61$일 때

조건을 만족하는 한 변의 길이가 1인 정사각형의 개수는

　　$(n-1)+(n-13)+(n-33)$
　　　　　　　　$=3n-47$

조건을 만족하는 한 변의 길이가 $\sqrt{2}$인 정사각형의 개수는

　　$(n-13)+(n-33)=2n-46$

조건을 만족하는 한 변의 길이가 2인 정사각형의 개수는

　　$(n-14)+(n-34)=2n-48$

　　$\therefore\ f(n)=(3n-47)+(2n-46)$
　　　　　　　　$+(2n-48)$
　　　　　　$=7n-141$

이때, $7n-141\le200$에서

$$n\le\frac{341}{7}=48.7\times\times\times$$

이므로 $f(n)\le200$을 만족하는 n의 최댓값은　**48**

29-1. 합이 3의 배수이므로 합이 3, 6, 9, 12인 경우이다.

합	3	6	9	12
A	1 2	1 2 3 4 5	3 4 5 6	6
B	2 1	5 4 3 2 1	6 5 4 3	6

따라서 구하는 경우의 수는

$$2+5+4+1=\mathbf{12}$$

29-2. $800=2^5\times5^2$이므로 800과 서로소인 수는 2 또는 5를 소인수로 가지지 않는 수이다.

곧, 800과 서로소인 수는 2의 배수도 아니고 5의 배수도 아닌 수이다.

2, 5, 10의 배수의 집합을 각각 $A_2,\ A_5,\ A_{10}$이라고 하면

$n(A_2)=400,\ n(A_5)=160,$

$n(A_2\cap A_5)=n(A_{10})=80$

$\therefore\ n(A_2\cup A_5)=n(A_2)+n(A_5)$
　　　　　　　　$-n(A_2\cap A_5)$

$$=400+160-80=480$$
따라서 구하는 수는
$$800-480=\mathbf{320}(개)$$

29-3. 노란색 카드 중에서 한 장을 뽑는 경우는 3가지
파란색 카드 중에서 뽑힌 노란색 카드의 숫자가 아닌 한 장을 뽑는 경우는
4가지
빨간색 카드 중에서 뽑힌 노란색과 파란색 카드의 숫자가 아닌 한 장을 뽑는 경우는 5가지
따라서 구하는 경우의 수는
$$3\times4\times5=\mathbf{60}$$
*Note 빨간색 카드나 파란색 카드부터 생각해서는 곱의 법칙을 적용할 수 없다.

29-4. (1) (ⅰ) 정육면체의 모서리 2개를 변으로 하는 경우 :
△ABC와 합동인 직각삼각형이 한 면에 4개씩 있으므로
$$6\times4=24(개)$$
(ⅱ) 정육면체의 모서리를 1개만 변으로 하는 경우 :
선분 AB를 변으로 하는 직각삼각형은 △ABG, △ABH의 2개이고, 이와 같이 각 모서리를 변으로 하는 직각삼각형이 2개씩 있으므로
$$12\times2=24(개)$$
따라서 구하는 직각삼각형의 개수는
$$24+24=\mathbf{48}$$
*Note 정육면체의 모서리 3개를 변으로 하는 직각삼각형과 정육면체의 모서리를 1개도 변으로 하지 않는 직각삼각형은 없다.

(2) 점 A를 출발하여 점 D를 지나는 경우와 점 E를 지나는 경우가 있다.

점 D를 지나는 경우는

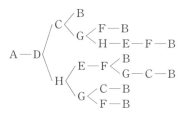

의 7가지이다.
점 E를 지나는 경우도 7가지이다.
따라서 점 B에 도달하는 길은
$$7+7=\mathbf{14}(가지)$$

29-5. 세 가지 색을 p, q, r라고 하자.
A, B, C, D, E의 순서로 p, q, r를 칠할 때, A에 p, B에 q를 칠하는 방법을 수형도로 나타내면 다음과 같다.

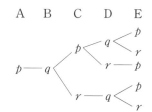

그런데 A, B에 칠하는 방법은
$$(p, q), (p, r), (q, p),$$
$$(q, r), (r, p), (r, q)$$
의 6가지이고, 각각의 경우에 대하여 색을 칠하는 방법은 위의 경우와 같이 5가지씩 있다.
따라서 구하는 방법의 수는
$$6\times5=\mathbf{30}$$

29-6.

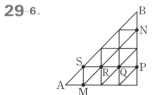

(1) 오른쪽과 위로만 가므로 M에서 N으로 가는 방법의 수를 구하면 된다.

M $\longrightarrow$ P $\longrightarrow$ N의 경우 : 4×1

M $\longrightarrow$ Q $\longrightarrow$ N의 경우 : 3×2

(단, P는 지나지 않는다)

M $\longrightarrow$ R $\longrightarrow$ N의 경우 : 2×2

(단, Q는 지나지 않는다)

따라서 구하는 경우의 수는

$$4+6+4=\textbf{14}$$

(2) A $\longrightarrow$ P $\longrightarrow$ B의 경우 : 8×1

A $\longrightarrow$ Q $\longrightarrow$ B의 경우 : 6×5

(단, P는 지나지 않는다)

A $\longrightarrow$ R $\longrightarrow$ B의 경우 : 4×10

(단, Q는 지나지 않는다)

A $\longrightarrow$ S $\longrightarrow$ B의 경우 : 2×6

(단, R는 지나지 않는다)

따라서 구하는 경우의 수는

$$8+30+40+12=\textbf{90}$$

*__Note__ (1) 오른쪽과 위로만 가므로 아래 그림에서 세 지점 C, D, E를 이용하여 구할 수도 있다.

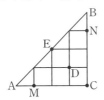

A $\longrightarrow$ M $\longrightarrow$ C $\longrightarrow$ N $\longrightarrow$ B

의 경우 : $1 \times 1 \times 1 \times 1$

A $\longrightarrow$ M $\longrightarrow$ D $\longrightarrow$ N $\longrightarrow$ B

의 경우 : $1 \times 3 \times 3 \times 1$

A $\longrightarrow$ M $\longrightarrow$ E $\longrightarrow$ N $\longrightarrow$ B

의 경우 : $1 \times 2 \times 2 \times 1$

따라서 구하는 경우의 수는

$$1+9+4=\textbf{14}$$

29-7. (1) 집합 A의 원소 1에 대응하는 원소는 1, 2, 3, 4 중 어느 것이어도 된다.

곧, $f(1)=1$, $f(1)=2$,

$f(1)=3$, $f(1)=4$

는 모두 $f(n) \geq n$을 만족하므로 4가지이고, 이 각각에 대하여

$f(2)=2$, $f(2)=3$, $f(2)=4$

는 모두 $f(n) \geq n$을 만족하므로 3가지이다.

집합 A의 원소 3, 4에 대해서도 같은 방법으로 생각하면 각각 2가지, 1가지이다.

따라서 구하는 함수 f의 개수는

$$4 \times 3 \times 2 \times 1 = \textbf{24}$$

(2) $n=1$일 때 $f(1)$은 2, 4 중 1가지

$n=2$일 때 $f(2)$는 1, 3 중 1가지

$n=3$일 때 $f(3)$은 2, 4 중 1가지

$n=4$일 때 $f(4)$는 1, 3 중 1가지

따라서 구하는 함수 f의 개수는

$$2 \times 2 \times 2 \times 2 = \textbf{16}$$

(3) $n=3$일 때 $f(3)$은 3, 4 중 1가지

$n=2$일 때 $f(2)$는 2, 3, 4에서 $f(3)$이 아닌 것 중 1가지

$n=1$일 때 $f(1)$은 1, 2, 3, 4에서 $f(2)$, $f(3)$이 아닌 것 중 1가지

$f(4)$는 남은 하나에 대응한다.

따라서 구하는 함수 f의 개수는

$$2 \times 2 \times 2 = \textbf{8}$$

29-8. $a_1 \neq 1$이므로 a_1의 자리에는 1이 올 수 없고 2, 3, 4, 5만 올 수 있다.

마찬가지로

$$a_2 \neq 2, \ a_3 \neq 3, \ a_4 \neq 4, \ a_5 \neq 5$$

이므로 a_2, a_3, a_4, a_5의 자리에는 각각 2, 3, 4, 5가 올 수 없다는 것에 주의하면서 수형도를 그려 본다.

(ⅰ) $a_1 = 2$일 때

조건에 맞는 것은 다음 수형도에서 11가지가 있다.

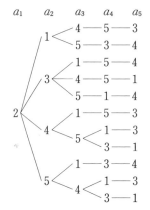

(ii) $a_1=3$, $a_1=4$, $a_1=5$일 때에도 각각 11가지씩 있다.

따라서 구하는 경우의 수는

$$11\times4=\textbf{44}$$

29-9. a, b, c가 올 수 없는 자리는 다음에서 ×표한 곳이다.

	①	②	③	④	⑤
a			×		
b	×		×		×
c					×

(i) b는 ②의 자리나 ④의 자리에만 올 수 있으므로 b를 나열하는 경우는

2가지

(ii) a는 ③의 자리와 b가 온 자리만 빼고 올 수 있다.

그런데 b는 ② 또는 ④의 자리에 있으므로

○ a가 ⑤의 자리에 올 때, c가 올 수 있는 자리는 3곳

○ a가 ⑤가 아닌 자리에 올 때, a가 올 수 있는 자리는 2곳이고, 이 각각에 대하여 c가 올 수 있는 자리는 2곳이므로 2×2곳

따라서 a, c를 나열하는 경우는

$$3+2\times2=7(가지)$$

(iii) d와 e를 나열하는 경우는 2가지

따라서 구하는 개수는 (i), (ii), (iii)에서

$$2\times7\times2=\textbf{28}$$

29-10. A, B, C, D 네 학교의 선수 2명을 각각

$$(a, a'), (b, b'), (c, c'), (d, d')$$

이라고 하자.

각 학교에서 1명씩 X조에 넣으면 나머지는 자연히 Y조가 된다.

(i) 각 학교에서 X조에 들어갈 선수를 정하는 방법은

$$2\times2\times2\times2=16(가지)$$

(ii) X조에 속한 4명의 선수가 a, b, c, d라고 하면 이 4명이 X조에서 대전하는 방법은

$$(a, b), (c, d)\ ;\ (a, c), (b, d)\ ;$$
$$(a, d), (b, c)$$

의 3가지이다.

이 각각에 대하여 Y조에서도 마찬가지로 3가지가 있으므로 이 경우의 대전 방법은 $3\times3=9$(가지)이다.

따라서 구하는 방법은

$$16\times9=\textbf{144}(가지)$$

29-11.

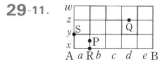

(1) 가로 방향의 길이 결정되면 전체의 길도 결정된다.

구간 $a\sim e$의 각각에 대하여 가로 방향의 길을 택하는 방법이 x, y, z, w의 4가지씩 있으므로 구하는 경우의 수는

$$4\times4\times4\times4\times4=\textbf{1024}$$

(2) (i) A $\longrightarrow$ R $\longrightarrow$ B의 경우

$$1\times1\times4\times3\times4=48$$

(ii) A ── S ── B의 경우

$3 \times 3 \times 4 \times 3 \times 4 = 432$

따라서 구하는 경우의 수는

$48 + 432 = \mathbf{480}$

*__Note__ (1) 아래 그림에서 A에서 B까지 가는 방법의 수를 구하는 것과 같고, 위의 그림과 같이 가는 방법은 아래 그림에서 화살표 방향으로 가는 방법과 같다.

29-12. 정 $6n$ 각형의 꼭짓점을 차례로

$$A_1, \cdots, A_n, \quad B_1, \cdots, B_n,$$
$$C_1, \cdots, C_n, \quad D_1, \cdots, D_n,$$
$$E_1, \cdots, E_n, \quad F_1, \cdots, F_n$$

이라 하고, 외접원을 C라고 하자.

다음 그림은 $n=2$ 인 경우, 곧 정 12 각형의 예이다.

(1)

(2)

(3)

(1) 정삼각형이 되는 꼭짓점의 쌍은

$$(A_k, C_k, E_k), \ (B_k, D_k, F_k)$$
$$(k=1, 2, 3, \cdots, n)$$

따라서 정삼각형의 개수는 $\mathbf{2n}$

(2) 원 C의 지름이 되는 꼭짓점의 쌍은

$$(A_k, D_k), \ (B_k, E_k), \ (C_k, F_k)$$
$$(k=1, 2, 3, \cdots, n)$$

인 $3n$ 개이고, 이 각각에 대하여 직각

삼각형이 되도록 세 번째 꼭짓점을 잡는 방법은 $6n$ 개의 꼭짓점 중 지름의 양 끝 점인 두 점을 제외한 $(6n-2)$ 개가 있다.

따라서 직각삼각형의 개수는

$$3n \times (6n-2) = \mathbf{6n(3n-1)}$$

(3) $\angle A_1$ 을 꼭지각으로 하는 이등변삼각형은 $\frac{1}{2}(6n-2) = (3n-1)$ 개이다.

모든 꼭짓점에 대하여 생각하면 정 $6n$ 각형이므로 $6n(3n-1)$ 개이다.

그런데 이 중에서 정삼각형은 3회 중복되므로 이등변삼각형의 개수는

$$6n(3n-1) - 2 \times 2n = \mathbf{2n(9n-5)}$$

⇦ (1)에서 정삼각형 $2n$ 개

29-13. (i) 흰 공 3개가 이웃하는 경우 : 1가지

(ii) 흰 공 2개가 이웃하는 경우 : 5가지

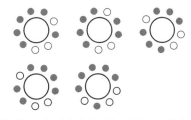

(iii) 흰 공이 이웃하지 않는 경우 : 4가지

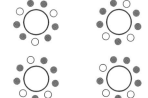

따라서 구하는 방법의 수는

$$1 + 5 + 4 = \mathbf{10}$$

29-14. 같은 색은 많아야 3개의 삼각형에 쓰인다.

6개의 삼각형에 오른쪽 그림과 같이 번호를 붙이면

(i) 빨강을 3회 사용하는 경우 :

빨강으로 칠하는 방법은
$$(1, 3, 5), (2, 4, 6)$$
의 2가지이고, 나머지 삼각형은 파랑, 노랑으로 칠하는데 모두 파랑으로 칠하거나 모두 노랑으로 칠하는 경우는 제외해야 하므로
$$2^3 - 2 = 6(가지)$$
$$\therefore \ 2 \times 6 = 12(가지)$$

(ii) 빨강을 2회 사용하는 경우 :

빨강으로 칠하는 방법은 다음 9가지이다.
$$(1, 3), (1, 4), (1, 5),$$
$$(2, 4), (2, 5), (2, 6),$$
$$(3, 5), (3, 6), (4, 6)$$

이 중에서 $(1, 3)$에 빨강을 칠할 때 나머지 삼각형을 파랑, 노랑으로 칠하는 방법은 다음 4가지이다.

2	4	5	6	
△	△	×	△	파랑 △,
×	×	△	×	노랑 ×
△	×	△	×	
×	△	×	△	

다른 경우도 마찬가지로 4가지씩 있으므로 $9 \times 4 = 36(가지)$

(iii) 빨강을 1회 사용하는 경우 :

빨강을 칠하는 방법은 6가지이고, 각각의 경우 나머지 5개의 삼각형을 파랑, 노랑으로 칠하는 방법은 2가지이므로 $6 \times 2 = 12(가지)$

따라서 구하는 방법은
$$12 + 36 + 12 = 60(가지)$$

***Note** 빨강, 파랑, 노랑을 각각 A, B, C로 놓고 수형도를 그려서 구할 수도 있다.

30-1. (i) 1, 3이 이웃하는 경우 :

1, 3을 하나로 보고 일렬로 나열하는 방법은 3!가지이고, 이 각각에 대하여 1, 3의 자리를 바꾸는 방법은 2!가지이므로
$$3! \times 2! = 12(가지)$$

(ii) 2, 4가 이웃하는 경우 :
같은 방법으로 생각하면   12가지

(iii) 1, 3이 이웃하고 동시에 2, 4가 이웃하는 경우 :
같은 방법으로 생각하면
$$2! \times 2! \times 2! = 8(가지)$$

(iii)은 (i), (ii)에 중복되므로 구하는 경우의 수는 $12 + 12 - 8 = \mathbf{16}$

30-2.

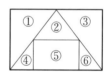

위의 그림에서 이웃한 2개 영역은
$$(①, ②), (①, ④), (②, ③), (②, ⑤),$$
$$(③, ⑥), (④, ⑤), (⑤, ⑥)$$
의 7가지이다.

또, 이웃한 2개 영역에 칠할 색을 정하는 경우의 수는 5이고, 나머지 4개 영역에 칠할 색을 정하는 경우의 수는 4!이다.

따라서 구하는 방법의 수는
$$7 \times 5 \times 4! = \mathbf{840}$$

30-3. $_x\mathrm{P}_y = 60$ $\cdots$① $_x\mathrm{C}_y = 10$ $\cdots$②

②에서 $\dfrac{_x\mathrm{P}_y}{y!} = 10$ ⇐①을 대입

$$\therefore \ y! = 6 = 3 \times 2 \times 1 \quad \therefore \ \boldsymbol{y = 3}$$

①에 대입하면 $_x\mathrm{P}_3 = 60 = 5 \times 4 \times 3$
$$\therefore \ \boldsymbol{x = 5}$$

30-4. 1학년, 2학년 학생 수를 각각 n이라고 하면

$_{2n}C_3 : (_nC_1 \times _nC_2) = 5 : 2$

$\therefore 2 \times _{2n}C_3 = 5 \times _nC_1 \times _nC_2$

$\therefore 2 \times \dfrac{2n(2n-1)(2n-2)}{3!}$

$\qquad\qquad = 5 \times n \times \dfrac{n(n-1)}{2!}$

$n \geq 2$이므로 양변을 $n(n-1)$로 나누면

$\dfrac{4(2n-1)}{3} = \dfrac{5n}{2} \qquad \therefore n=8$

따라서 이 동아리의 학생 수는

$\qquad\qquad 8+8 = \mathbf{16}$

30-5. 1, 2를 제외한 5개의 숫자에서 3개를 뽑는 조합의 수는 $_5C_3$이다.

(1) 각각에 대하여 맨 앞자리가 1인 경우의 수는 $4!$이므로

$\qquad _5C_3 \times 4! = \mathbf{240}(개)$

(2) 1을 놓을 수 있는 곳은 □■■■■□ 에서 ■표한 세 곳 중의 한 곳이며, 이 각각에 대하여 4개의 숫자를 4곳에 놓으면 되므로

$\qquad _5C_3 \times _3C_1 \times 4! = \mathbf{720}(개)$

30-6. (1) 세 수 중에서 짝수가 포함되면 곱은 짝수가 되므로, 전체 조합의 수에서 홀수만의 조합의 수를 빼면 된다.

$\qquad \therefore _{20}C_3 - _{10}C_3 = \mathbf{1020}$

(2) 곱이 짝수인 조합의 수로부터 곱이 2의 배수이면서 4의 배수가 아닌 조합의 수를 빼면 된다.

곱이 2의 배수이면서 4의 배수가 아닌 경우는 2, 6, 10, 14, 18 중에서 한 개와 홀수 1, 3, 5, 7, 9, 11, 13, 15, 17, 19 중에서 두 개를 뽑는 경우이다.

$\qquad \therefore 1020 - _5C_1 \times _{10}C_2 = \mathbf{795}$

30-7. 한 번에 두 계단을 올라가는 것이 0회일 때 : 1가지 ($_{10}C_0$가지)

한 번에 두 계단을 올라가는 것이 1회일 때 : 이때에는 9걸음으로 올라가게 되고, 이 중에서 두 계단을 올라가는 것 한 번을 택하는 방법은 $_9C_1$가지이다.

같은 방법으로 생각하면 두 계단씩 올라가는 것이

　　2회일 때　$_8C_2$가지,

　　3회일 때　$_7C_3$가지,

　　4회일 때　$_6C_4$가지,

　　5회일 때　$_5C_5$가지

$\therefore _{10}C_0 + _9C_1 + _8C_2 + _7C_3 + _6C_4 + _5C_5$

$\qquad\qquad = \mathbf{89}(가지)$

30-8.

함수 $f : A \longrightarrow B$가 일대일대응이므로 집합 A의 서로 다른 원소에 집합 B의 서로 다른 원소가 대응하고 치역과 공역이 같다.

따라서 집합 A, B의 원소의 개수가 각각 3, 3이어야 한다.

집합 U를 두 집합 A, B로 나누는 방법의 수는 $_6C_3$이고, 이 각각에 대하여 일대일대응인 경우의 수는 $3!$이므로 구하는 함수 f의 개수는

$\qquad _6C_3 \times 3! = _6P_3 = \mathbf{120}$

30-9. (i) 6개의 모서리 중에서 4개, 5개, 6개의 모서리에 푸른 색을 칠하면 항상 연결 가능하므로

$\qquad _6C_4 + _6C_5 + _6C_6 = \mathbf{22}(가지)$

(ii) 3개의 모서리에 푸른 색을 칠하면 세 모서리가 삼각형을 이루지 않아야 하므로　$_6C_3 - 4 = \mathbf{16}(가지)$

(iii) 2개 이하의 모서리에 색을 칠하여 네 꼭짓점을 연결하는 것은 불가능하다.

(i), (ii), (iii)에서　$22 + 16 = \mathbf{38}$

30-10. $_nP_6$에서　$n \geq 6$

$m \times {}_n\mathrm{P}_5 = 72 \times {}_n\mathrm{P}_3$에서

$mn(n-1)(n-2)(n-3)(n-4)$
$$= 72n(n-1)(n-2)$$
$$\therefore \ m(n-3)(n-4) = 72 \quad \cdots\cdots ①$$

${}_n\mathrm{P}_6 = m \times {}_n\mathrm{P}_4$에서

$n(n-1)(n-2)(n-3)(n-4)(n-5)$
$$= mn(n-1)(n-2)(n-3)$$
$$\therefore \ (n-4)(n-5) = m \quad \cdots\cdots ②$$

①, ②에 의하여
$$(n-3)(n-4)^2(n-5) = 72$$

따라서

$n=6$일 때 성립하지 않는다.

$n=7$일 때 성립한다.

$n>7$일 때 $\ (n-3)(n-4)^2(n-5) > 72$
$$\therefore \ \boldsymbol{n=7} \quad \therefore \ \boldsymbol{m=6}$$

30-11. (i) 백의 자리 숫자가 3인 경우:
조건 (가)에 의하여 일의 자리 숫자는 2가 아니어야 하고, 일의 자리 숫자가 2가 아니면 조건 (나)의 대우에 의하여 십의 자리 숫자가 4이어야 하므로 조건을 만족하는 짝수는

	3	4	6

의 꼴이어야 한다.

이때, 빈칸에 들어갈 수는 1, 2, 5 중에서 1개를 택하면 되므로 경우의 수는 ${}_3\mathrm{P}_1 = 3$

(ii) 백의 자리 숫자가 3이 아니고 일의 자리 숫자가 2가 아닌 경우:
조건 (나)의 대우에 의하여 십의 자리 숫자가 4이어야 하므로 조건을 만족하는 짝수는

		4	6

의 꼴이어야 한다.

이때, 백의 자리 숫자가 3이 아닌 수이므로 경우의 수는
$${}_4\mathrm{P}_2 - {}_3\mathrm{P}_1 = 9$$

(iii) 백의 자리 숫자가 3이 아니고 일의 자리 숫자가 2인 경우:

			2

꼴의 수 중에서 백의 자리 숫자가 3이 아닌 수이므로 경우의 수는
$${}_5\mathrm{P}_3 - {}_4\mathrm{P}_2 = 48$$

(i), (ii), (iii)에서 $\ 3+9+48 = \boldsymbol{60}$

*__Note__ (i) 일의 자리 숫자가 2인 경우:
조건 (가)의 대우에 의하여 백의 자리 숫자는 3이 아니므로 경우의 수는
$${}_5\mathrm{P}_3 - {}_4\mathrm{P}_2 = 48$$

(ii) 일의 자리 숫자가 4인 경우:
조건 (나)의 대우에 의하여 십의 자리 숫자가 4이어야 하는데 이것은 불가능하다.

(iii) 일의 자리 숫자가 6인 경우:
조건 (나)의 대우에 의하여 십의 자리 숫자가 4이어야 하므로 경우의 수는 ${}_4\mathrm{P}_2 = 12$

(i), (ii), (iii)에서 $\ 48+12 = \boldsymbol{60}$

30-12. (i) $ax^2 + bx + c = 0$에서 $a \neq 0$이므로 a에 올 수 있는 수는 1, 3, 5, 7의 4개이고, b, c에 올 수 있는 수의 개수는 나머지 4개에서 2개를 택하는 순열의 수이므로 ${}_4\mathrm{P}_2$이다.

따라서 이차방정식이 되는 경우의 수는 $\ 4 \times {}_4\mathrm{P}_2 = \boldsymbol{48}$

(ii) $\mathrm{D} = b^2 - 4ac \geq 0$에서
(ㄱ) $c=0$일 때, a, b에는 1, 3, 5, 7 중 2개가 올 수 있으므로 $\ {}_4\mathrm{P}_2 = 12$
(ㄴ) $c \neq 0$일 때, b는 5 또는 7이다.
$b=5$이면 a, c에는 1, 3이 올 수 있으므로 $\ 2! = 2$
$b=7$이면 a, c에는 1, 3 또는 1, 5가 올 수 있으므로
$$2! + 2! = 4$$
따라서 구하는 경우의 수는
$$12 + 2 + 4 = \boldsymbol{18}$$

30-13. A, B, C, D, E, F를 모두 사용하여 만든 여섯 자리 문자열의 집합을 U라고 하면 $n(U)=6!$

한편 U의 부분집합 중에서 A의 바로 다음 자리에 B가 오는 문자열의 집합을 X, B의 바로 다음 자리에 C가 오는 문자열의 집합을 Y, C의 바로 다음 자리에 A가 오는 문자열의 집합을 Z라고 하면
$$n(X)=n(Y)=n(Z)=5!,$$
$$n(X\cap Y)=n(Y\cap Z)=n(Z\cap X)=4!,$$
$$n(X\cap Y\cap Z)=0$$
주어진 조건을 만족하는 문자열의 집합은 $X^c\cap Y^c\cap Z^c$이므로 구하는 개수는
$$n(X^c\cap Y^c\cap Z^c)=n(U)-n(X\cup Y\cup Z)$$
$$=n(U)-n(X)-n(Y)-n(Z)$$
$$+n(X\cap Y)+n(Y\cap Z)$$
$$+n(Z\cap X)-n(X\cap Y\cap Z)$$
$$=6!-3\times5!+3\times4!-0$$
$$=\mathbf{432}$$

30-14. (i) 여섯 자리 숫자열에 포함된 숫자 중에서 0이 3개인 경우는
$$_6C_3=20(개)$$

(ii) 여섯 자리 숫자열에서 숫자 1이 연속하여 3개 이상 나오는 경우는

(ㄱ) 1이 연속하여 3개 나오는 경우 :
$$1110\square\square,\ 01110\square,$$
$$\square01110,\ \square\square0111$$
의 $\square$에 0 또는 1이 올 때이므로
$$2^2+2+2+2^2=12(개)$$
그런데 이 중에서 $\square$에 모두 0이 오는 경우는 (i)의 경우와 중복되므로 이를 제외하면
$$12-4=8(개)$$

(ㄴ) 1이 연속하여 4개 나오는 경우 :
$$11110\square,\ \square01111,\ 011110$$
의 $\square$에 0 또는 1이 올 때이므로
$$2+2+1=5(개)$$

(ㄷ) 1이 연속하여 5개 나오는 경우 :
$$111110,\ 011111의\ 2개$$

(ㄹ) 1이 연속하여 6개 나오는 경우 :
$$111111의\ 1개$$

(i), (ii)에서 $20+8+5+2+1=\mathbf{36}$

30-15. (1) 짝수, 홀수는 각각 50개이다.
세 수 중에서 하나가 짝수이고 나머지 두 개가 홀수인 경우의 수는
$$_{50}C_1\times_{50}C_2=61250$$
세 수가 모두 짝수인 경우의 수는
$$_{50}C_3=19600$$
$$\therefore\ 61250+19600=\mathbf{80850}$$

(2) $X=\{3n-2\mid n=1,\ 2,\ 3,\ \cdots,\ 34\}$,
$Y=\{3n-1\mid n=1,\ 2,\ 3,\ \cdots,\ 33\}$,
$Z=\{3n\mid n=1,\ 2,\ 3,\ \cdots,\ 33\}$
으로 놓자.

집합 X, Y, Z의 어느 하나로부터 세 개 모두 뽑는 경우의 수는
$$_{34}C_3+_{33}C_3+_{33}C_3=16896$$
집합 X, Y, Z에서 한 개씩 뽑는 경우의 수는
$$34\times33\times33=37026$$
$$\therefore\ 16896+37026=\mathbf{53922}$$

30-16. 한 개의 가로줄에서 상자 3개 또는 4개를 초록색 상자로 바꾸는 경우, 나머지 두 개의 가로줄 중에서 적어도 하나의 가로줄에는 초록색 상자가 들어갈 수 없으므로 옆에서 본 모양이 (나)와 같이 될 수 없다.

따라서 세 개의 가로줄에서 초록색 상자로 바꾸는 상자의 개수는 각각 2, 1, 1이어야 한다. 이때, 세 개의 가로줄 중에서 상자 2개를 초록색 상자로 바꿀 한 개의 가로줄을 택하는 경우의 수는 $_3C_1$이고, 이 각각에 대하여 택한 가로줄에서 초록색 상자로 바꿀 2개의 상자를 택하는 경우의 수는 $_4C_2$이다.

또, 이 각각에 대하여 나머지 두 개의 가로줄에서 이미 택한 두 개의 세로줄을 제외한 나머지 두 개의 세로줄의 상자만 세로줄이 겹치지 않도록 하나씩 초록색 상자로 바꾸는 경우의 수는 2이다.

⇦ 아래 *Note* 1°

∴ $_3C_1 \times _4C_2 \times 2 = \mathbf{36}$

Note 1° 이를테면 아래 그림에서 첫째 가로줄의 첫째 세로줄과 셋째 세로줄을 초록색 상자로 바꾸면 둘째, 셋째 가로줄에서는 (A, D) 또는 (B, C)를 초록색 상자로 바꾸면 된다.

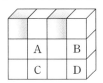

Note 2° 네 개의 세로줄에서 각각 상자 한 개를 초록색 상자로 바꾸는 방법의 수는

$$3 \times 3 \times 3 \times 3 = 81$$

이 중에서 네 개의 초록색 상자가 한 개의 가로줄에 있는 경우의 수는

$$_3C_1 = 3$$

또, 네 개의 초록색 상자가 두 개의 가로줄에 있는 경우의 수는

$$_3C_2 \times (2 \times 2 \times 2 \times 2 - 2) = 42$$

따라서 구하는 방법의 수는

$$81 - 3 - 42 = \mathbf{36}$$

유제
풀이 및 정답

유제 풀이 및 정답

16-1. O(0, 0)이라 하고, 구하는 점을
P(a, 0)이라고 하면
$$\overline{OP}=\overline{AP}, \ 곧 \ \overline{OP}^2=\overline{AP}^2$$
이므로
$$a^2=(a-2)^2+4^2 \quad \therefore \ a=5$$
따라서 구하는 점의 좌표는 **(5, 0)**

16-2. 구하는 점을 P(x, y)라 하고,
A(0, 6), B(6, -2), C(7, 5)
라고 하자.
$$\overline{AP}^2=\overline{BP}^2으로부터$$
$$x^2+(y-6)^2=(x-6)^2+(y+2)^2$$
$$\therefore \ 3x-4y-1=0 \quad \cdots\cdots①$$
$$\overline{AP}^2=\overline{CP}^2으로부터$$
$$x^2+(y-6)^2=(x-7)^2+(y-5)^2$$
$$\therefore \ 7x-y-19=0 \quad \cdots\cdots②$$
①, ②를 연립하여 풀면 $x=3$, $y=2$
따라서 구하는 점의 좌표는 **(3, 2)**

16-3. $\overline{AB}^2=(4-0)^2+(3-1)^2=20$
$$\overline{BC}^2=(a-4)^2+(0-3)^2$$
$$=a^2-8a+25$$
$$\overline{CA}^2=(0-a)^2+(1-0)^2=a^2+1$$
(1) (i) $\overline{AB}=\overline{BC}$일 때, $\overline{AB}^2=\overline{BC}^2$에서
$$20=a^2-8a+25 \quad \therefore \ a=4\pm\sqrt{11}$$
(ii) $\overline{BC}=\overline{CA}$일 때, $\overline{BC}^2=\overline{CA}^2$에서
$$a^2-8a+25=a^2+1 \quad \therefore \ a=3$$
(iii) $\overline{CA}=\overline{AB}$일 때, $\overline{CA}^2=\overline{AB}^2$에서
$$a^2+1=20 \quad \therefore \ a=\pm\sqrt{19}$$
(i), (ii), (iii)에서
$$a=3, \ \pm\sqrt{19}, \ 4\pm\sqrt{11}$$
(2) (i) $\angle A=90°$일 때,
$$\overline{AB}^2+\overline{CA}^2=\overline{BC}^2에서$$

$$20+a^2+1=a^2-8a+25$$
$$\therefore \ a=\frac{1}{2}$$
(ii) $\angle B=90°$일 때,
$$\overline{AB}^2+\overline{BC}^2=\overline{CA}^2에서$$
$$20+a^2-8a+25=a^2+1$$
$$\therefore \ a=\frac{11}{2}$$
(iii) $\angle C=90°$일 때,
$$\overline{BC}^2+\overline{CA}^2=\overline{AB}^2에서$$
$$a^2-8a+25+a^2+1=20$$
$$\therefore \ a=1, 3$$
(i), (ii), (iii)에서 $a=1, 3, \dfrac{1}{2}, \dfrac{11}{2}$

16-4.

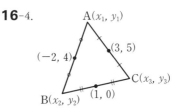

A(x_1, y_1), B(x_2, y_2), C(x_3, y_3)이라
고 하면 문제의 조건으로부터
$$\frac{x_1+x_2}{2}=-2 \cdots① \quad \frac{y_1+y_2}{2}=4 \cdots①'$$
$$\frac{x_2+x_3}{2}=1 \quad \cdots② \quad \frac{y_2+y_3}{2}=0 \cdots②'$$
$$\frac{x_3+x_1}{2}=3 \quad \cdots③ \quad \frac{y_3+y_1}{2}=5 \cdots③'$$
①+②+③에서 $x_1+x_2+x_3=2 \cdots④$
④$-$②×2에서 $x_1=0$
④$-$③×2에서 $x_2=-4$
④$-$①×2에서 $x_3=6$
같은 방법으로 ①', ②', ③'에서
$$y_1=9, \ y_2=-1, \ y_3=1$$
$$\therefore \ \textbf{A(0, 9), B(-4, -1), C(6, 1)}$$

16-5. D(x, y)라고 하면 대각선 AC의 중점과 대각선 BD의 중점이 일치하므로

$$\frac{0+7}{2}=\frac{6+x}{2}, \quad \frac{6+5}{2}=\frac{-2+y}{2}$$

$$\therefore x=1, \ y=13 \quad \therefore \textbf{D}(\textbf{1, 13})$$

16-6. 무게중심의 좌표를 (x, y)라고 하면

$$x=\frac{2-4-1}{3}=-1, \quad y=\frac{5+7-3}{3}=3$$

$$\therefore (\textbf{-1, 3})$$

16-7. 점 C의 좌표를 C(x, y)라고 하면

$$\frac{4+0+x}{3}=1, \quad \frac{2+5+y}{3}=1$$

$$\therefore x=-1, \ y=-4 \quad \therefore \textbf{C}(\textbf{-1, -4})$$

16-8. 변 BC의 중점을 M(a, b)라고 하면 G는 선분 AM을 $2:1$로 내분하는 점이므로

$$\frac{2a+2}{2+1}=0, \quad \frac{2b+6}{2+1}=0$$

$$\therefore a=-1, \ b=-3$$

따라서 변 BC의 중점의 좌표는

$$(\textbf{-1, -3})$$

16-9.

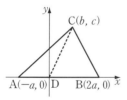

직선 AB를 x축으로, 점 D를 지나고 변 AB에 수직인 직선을 y축으로 잡아

$$\text{A}(-a, 0), \ \text{B}(2a, 0), \ \text{C}(b, c)$$

라고 하면

$$2\overline{\text{CA}}^2+\overline{\text{CB}}^2=2\{(b+a)^2+c^2\}$$
$$+\{(b-2a)^2+c^2\}$$
$$=6a^2+3b^2+3c^2$$

$$2\overline{\text{DA}}^2+\overline{\text{DB}}^2+3\overline{\text{DC}}^2$$
$$=2a^2+(2a)^2+3(b^2+c^2)$$
$$=6a^2+3b^2+3c^2$$

$$\therefore 2\overline{\text{CA}}^2+\overline{\text{CB}}^2=2\overline{\text{DA}}^2+\overline{\text{DB}}^2+3\overline{\text{DC}}^2$$

16-10.

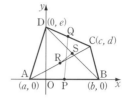

위의 그림과 같이 좌표축을 잡으면

$$\text{P}\left(\frac{a+b}{2}, 0\right), \ \text{Q}\left(\frac{c}{2}, \frac{d+e}{2}\right)$$

선분 PQ의 중점을 M_1이라고 하면

$$\text{M}_1\left(\frac{a+b+c}{4}, \frac{d+e}{4}\right)$$

또, R$\left(\frac{a+c}{2}, \frac{d}{2}\right)$, S$\left(\frac{b}{2}, \frac{e}{2}\right)$이므로 선분 RS의 중점을 M_2라고 하면

$$\text{M}_2\left(\frac{a+c+b}{4}, \frac{d+e}{4}\right)$$

따라서 점 M_1과 M_2는 일치한다.

16-11.

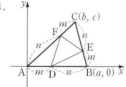

위의 그림과 같이 좌표축을 잡는다.

$\triangle \text{ABC}$의 무게중심을 G_1이라고 하면

$$\text{G}_1\left(\frac{a+b}{3}, \frac{c}{3}\right)$$

또, 점 D, E, F의 좌표가

$$\text{D}\left(\frac{ma}{m+n}, 0\right),$$
$$\text{E}\left(\frac{mb+na}{m+n}, \frac{mc}{m+n}\right),$$
$$\text{F}\left(\frac{nb}{m+n}, \frac{nc}{m+n}\right)$$

이므로 $\triangle \text{DEF}$의 무게중심을 $\text{G}_2(x, y)$라고 하면

$$x=\frac{1}{3}\left(\frac{ma}{m+n}+\frac{mb+na}{m+n}+\frac{nb}{m+n}\right)$$
$$=\frac{a+b}{3},$$

$$y=\frac{1}{3}\left(\frac{mc}{m+n}+\frac{nc}{m+n}\right)=\frac{c}{3}$$

따라서 $G_2\left(\dfrac{a+b}{3},\ \dfrac{c}{3}\right)$이므로 $\triangle ABC$ 와 $\triangle DEF$의 무게중심은 일치한다.

*Note $A(x_1,\ y_1),\ B(x_2,\ y_2),\ C(x_3,\ y_3)$ 이라고 하여 증명해도 된다.

16-12. 두 점 A, B를 지나는 직선을 x 축으로, 점 A를 지나고 직선 AB에 수직 인 직선을 y축으로 잡아 $A(0,\ 0),\ B(5,\ 0)$ 이라고 하자.

점 P의 좌표를 $P(x,\ y)$라고 하면 $\overline{PA}^2-\overline{PB}^2=15$에서
$$x^2+y^2-\{(x-5)^2+y^2\}=15$$
$$\therefore\ x=4$$
따라서 점 P의 자취는

A에서 B쪽으로 4만큼 떨어진 점을 지 나고 선분 AB에 수직인 직선

17-1. $l:\ ax+by+c=0$

(1) l이 제 1, 3, 4사분면을 지나면 $a\neq0$, $b\neq0$이므로 l에서
$$y=-\frac{a}{b}x-\frac{c}{b}$$
기울기 : $-\dfrac{a}{b}>0$, y절편 : $-\dfrac{c}{b}<0$,

x절편 : $-\dfrac{c}{a}>0$
$$\therefore\ \boldsymbol{ab<0,\ bc>0,\ ca<0}$$

(2) ① $bc>0$에서 $b\neq0$이므로
$ab=0$에서 $a=0$
이때, l은 $y=-\dfrac{c}{b}$
그런데 $-\dfrac{c}{b}<0$이므로 그래프는 제3, 4사분면을 지난다.

② $ac<0$이면 x절편 : $-\dfrac{c}{a}>0$,

$bc<0$이면 y절편 : $-\dfrac{c}{b}>0$
이므로 그래프는 제1, 2, 4사분면을 지난다.

③ $ab>0$이면 기울기 : $-\dfrac{a}{b}<0$,

$ac>0$이면 x절편 : $-\dfrac{c}{a}<0$
이므로 그래프는 제2, 3, 4사분면을 지난다.

17-2. 각 식을 변형하면

(1) $y=-\dfrac{a}{b}x-\dfrac{c}{b}$

(2) $y=-\dfrac{a}{b}x-\dfrac{d}{b}$

(3) $y=-\dfrac{p}{2}x-\dfrac{b}{2}$

(4) $y=\dfrac{p}{d}x+\dfrac{c}{d}$

여기에서 (1), (2)의 기울기가 $-\dfrac{a}{b}$로 같으므로 ②, ③ 중의 어느 것이다.

따라서 (1), (2)의 기울기는 양수이고, y절편의 부호가 다르므로 c와 d는 부호 가 다르다.

(4)는 y절편이 음수이므로 ④이고, (3) 은 ①이다.

(3)에서 $p>0$, $b<0$이고, (4)에서 $d<0$, $c>0$이므로 (2)는 ③이고, (1)은 ②이다.

이상에서
(1) : ②, (2) : ③, (3) : ①, (4) : ④

17-3. $x+ay+1=0$ ⋯⋯①
$2x-by+1=0$ ⋯⋯②
$x-(b-3)y-1=0$ ⋯⋯③

①, ②가 수직일 조건은
$1\times2+a\times(-b)=0$ $\therefore\ ab=2$ ⋯④
$b=3$이면 ③은 $x-1=0$이고, ④에서 $a\neq0$이므로 ①, ③은 평행할 수 없다.

따라서 $b\neq3$이므로 ①, ③이 평행할 조건은
$$\frac{1}{1}=\frac{a}{-(b-3)}\neq\frac{1}{-1}$$
$$\therefore\ a+b=3$$ ⋯⋯⑤
④, ⑤를 연립하여 풀면

$$a=1, \ b=2 \ \text{또는} \ a=2, \ b=1$$

17-4. (1) 기울기가 음수이고 x축과 이루는 예각의 크기가 $45°$이므로 기울기는
$$-\tan 45° = -1$$
점 $(2, 0)$을 지나므로
$$y-0 = -1 \times (x-2) \quad \therefore \ \boldsymbol{y=-x+2}$$

(2)

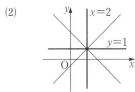

점 $(2, 1)$을 지나고, 기울기가 1 또는 -1이므로
$$y-1 = 1 \times (x-2),$$
$$y-1 = -1 \times (x-2)$$
$$\therefore \ \boldsymbol{y=x-1}, \ \boldsymbol{y=-x+3}$$

(3) $3x+\sqrt{3}\,y-3=0$에서
$$y=-\sqrt{3}\,x+\sqrt{3} \qquad \cdots\cdots\text{①}$$
$\sqrt{3}\,x-y-\sqrt{3}=0$에서
$$y=\sqrt{3}\,x-\sqrt{3} \qquad \cdots\cdots\text{②}$$
두 직선이 이루는 각 중에서 둔각을 사등분하는 직선은 아래 그림에서 직선 l, m, n이다.

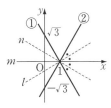

$\tan 60° = \sqrt{3}$이므로 기울기가 음수인 직선 ①과 기울기가 양수인 직선 ②가 x축과 이루는 예각의 크기는 모두 $60°$이다.

이때, 직선 l은 기울기가 양수이고 x축과 이루는 예각의 크기가 $30°$이므로 l의 방정식은

$$y-0 = \tan 30° \times (x-1)$$
$$\therefore \ x-\sqrt{3}\,y-1=0$$
직선 m은 x축이므로 m의 방정식은 $\ y=0$
직선 n은 기울기가 음수이고 x축과 이루는 예각의 크기가 $30°$이므로 n의 방정식은
$$y-0 = -\tan 30° \times (x-1)$$
$$\therefore \ x+\sqrt{3}\,y-1=0$$
따라서 구하는 직선의 방정식은
$$\boldsymbol{x-\sqrt{3}\,y-1=0, \ y=0,}$$
$$\boldsymbol{x+\sqrt{3}\,y-1=0}$$

17-5. (1) 기울기가 $-\dfrac{3}{2}$이고,
점 $(3, -2)$를 지나는 직선이므로
$$y+2 = -\frac{3}{2}(x-3)$$
$$\therefore \ \boldsymbol{y=-\frac{3}{2}x+\frac{5}{2}}$$

(2) 기울기가 $-\dfrac{3}{2}$이고, 점 $(2, 3)$을 지나는 직선이므로
$$y-3 = -\frac{3}{2}(x-2)$$
$$\therefore \ \boldsymbol{y=-\frac{3}{2}x+6}$$

(3) 직선 AB의 기울기는
$$\frac{2-(-1)}{1-(-2)} = 1$$
따라서 기울기는 -1이고,
점 $B(1, 2)$를 지나는 직선이므로
$$y-2 = -1 \times (x-1)$$
$$\therefore \ \boldsymbol{y=-x+3}$$

(4) 직선 AB의 기울기는 $\dfrac{0-3}{5-2} = -1$이고, 선분 AB의 중점의 좌표는 $\left(\dfrac{7}{2}, \ \dfrac{3}{2}\right)$이다.

따라서 구하는 직선은 기울기가 1이고, 점 $\left(\dfrac{7}{2}, \ \dfrac{3}{2}\right)$을 지나므로

$$y-\frac{3}{2}=1\times\left(x-\frac{7}{2}\right) \quad \therefore \ \boldsymbol{y=x-2}$$

17-6. (i) $k=1$일 때,

A$(1, \ -1)$, B$(1, \ 1)$, C$(2, \ -4)$

이므로 이 세 점을 지나는 직선은 없다.

(ii) $k\neq1$일 때, 두 점 A, B를 지나는 직선의 방정식은

$$y-k=\frac{k-2-k}{k-1}(x-1)$$

이 직선 위에 점 C$(2k, \ -4)$가 있으므로 대입하면

$$-4-k=\frac{-2}{k-1}(2k-1)$$

양변에 $k-1$을 곱하고 정리하면

$$k^2-k-2=0 \quad \therefore \ \boldsymbol{k=-1, \ 2}$$

17-7.

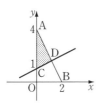

점 C$(0, \ 1)$을 지나는 직선의 방정식을

$$y=mx+1 \qquad \cdots\cdots ①$$

이라고 하자. 직선 AB의 방정식은

$$\frac{x}{2}+\frac{y}{4}=1, \ 곧 \ y=-2x+4 \ \cdots ②$$

①, ②의 교점을 D라고 하면 점 D의 x좌표는 $mx+1=-2x+4$에서

$$(m+2)x=3 \quad \therefore \ x=\frac{3}{m+2}$$

$\triangle$ACD$=\frac{1}{2}\triangle$OAB이므로

$$\frac{1}{2}\times(4-1)\times\frac{3}{m+2}=\frac{1}{2}\left(\frac{1}{2}\times4\times2\right)$$

$$\therefore \ \frac{9}{m+2}=4 \quad \therefore \ m=\frac{1}{4}$$

①에 대입하면 $\boldsymbol{y=\dfrac{1}{4}x+1}$

17-8. m에 관하여 정리하면

$$(2x+3y+1)m+(4x+5y+3)=0$$

이 직선은 m의 값에 관계없이 두 직선

$$2x+3y+1=0, \ 4x+5y+3=0$$

의 교점을 지난다.

연립하여 풀면 $x=-2, \ y=1$

따라서 구하는 점의 좌표는 $(\boldsymbol{-2, \ 1})$

17-9. $\dfrac{1}{a}+\dfrac{1}{2b}=\dfrac{1}{5}$에서

$$\frac{1}{a}=\frac{1}{5}-\frac{1}{2b} \qquad \cdots\cdots ①$$

①을 $\dfrac{x}{a}+\dfrac{y}{b}=1$에 대입하면

$$\left(\frac{1}{5}-\frac{1}{2b}\right)x+\frac{1}{b}y=1$$

$$\therefore \ \left(\frac{1}{2}x-y\right)\frac{1}{b}-\left(\frac{1}{5}x-1\right)=0$$

이 직선은 b의 값에 관계없이 두 직선

$$\frac{1}{2}x-y=0, \ \frac{1}{5}x-1=0$$

의 교점을 지난다.

연립하여 풀면 $x=5, \ y=\dfrac{5}{2}$

따라서 구하는 점의 좌표는 $\left(\boldsymbol{5, \ \dfrac{5}{2}}\right)$

17-10. $y=x+2 \qquad \cdots\cdots ①$

$$y=mx-m+1 \qquad \cdots\cdots ②$$

②를 m에 관하여 정리하면

$$(x-1)m+1-y=0$$

이므로 ②는 m의 값에 관계없이 두 직선

$$x-1=0, \ 1-y=0$$

의 교점인 $(1, \ 1)$을 지난다.

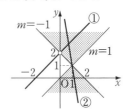

따라서 ①과 ②가 제1사분면에서 만나려면 ②가 그림의 점 찍은 부분에 존재해야 한다.

$$\therefore \ \boldsymbol{m<-1, \ m>1}$$

17-11. $ax-2y+4-3a=0$　　……①

(1) ①을 a에 관하여 정리하면

$$(x-3)a-2y+4=0$$

이므로 a의 값에 관계없이 두 직선

$$x-3=0, \quad -2y+4=0$$

의 교점을 지난다.

따라서 구하는 점의 좌표는 **(3, 2)**

(2)

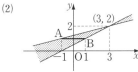

①이 선분 AB와 만나기 위해서는 그림의 점 찍은 부분을 지나야 한다.

그런데 ①의 기울기가 $\dfrac{a}{2}$이므로

$$\dfrac{1}{4} \leq \dfrac{a}{2} \leq \dfrac{1}{2} \quad \therefore \ \boldsymbol{\dfrac{1}{2} \leq a \leq 1}$$

17-12. 점 $(1, 2)$를 지나는 직선의 방정식은

$$y-2=m(x-1) \qquad ……①$$
$$또는 \quad x=1 \qquad\qquad ……②$$

①에서 $mx-y-m+2=0$이고, 점 $(0, 0)$과 이 직선 사이의 거리가 1이므로

$$\dfrac{|m\times 0-1\times 0-m+2|}{\sqrt{m^2+1}}=1$$

$$\therefore \ |m-2|=\sqrt{m^2+1}$$

양변을 제곱하면

$$(m-2)^2=m^2+1 \quad \therefore \ m=\dfrac{3}{4}$$

①에 대입하여 정리하면

$$3x-4y+5=0$$

또, 직선 ②도 조건을 만족한다.

$$\therefore \ \boldsymbol{3x-4y+5=0, \ x=1}$$

***Note** 직선 $y=2$가 주어진 조건을 만족하지 않으므로 구하는 직선의 방정식을

$$m(y-2)=x-1$$

로 놓고 풀어도 된다.

17-13. 직선 $3x+4y+1=0$에 수직인 직선의 방정식을

$$4x-3y+k=0 \qquad ……①$$

로 놓으면 원점에서 거리가 1이므로

$$\dfrac{|k|}{\sqrt{4^2+(-3)^2}}=1 \quad \therefore \ k=\pm 5$$

①에 대입하면

$$\boldsymbol{4x-3y+5=0, \ 4x-3y-5=0}$$

***Note** 구하는 직선의 기울기가 $\dfrac{4}{3}$이므로 직선의 방정식을 $y=\dfrac{4}{3}x+b$로 놓고 풀어도 된다.

17-14. (1) $S=\dfrac{1}{2}\Big|(0-2)\times 3+(2-6)\times 0$

$$+(6-0)\times 6\Big|$$

$$=15$$

(2) $S=\dfrac{1}{2}\Big|(9-1)\times 3+(1-7)\times 8$

$$+(7-9)\times 2\Big|$$

$$=14$$

***Note** $S=\dfrac{1}{2}\Big|(x_1-x_2)y_3+(x_2-x_3)y_1$

$$+(x_3-x_1)y_2\Big|$$

에 대입하였다.

17-15. $x+2y-6=0$　　　　……①

$$2x-y-2=0 \qquad\qquad ……②$$
$$3x+y-3=0 \qquad\qquad ……③$$

①, ②에서 $x=2, \ y=2$

곧, ①, ②의 교점은 A(2, 2)

②, ③에서 $x=1, \ y=0$

곧, ②, ③의 교점은 B(1, 0)

①, ③에서 $x=0, \ y=3$

곧, ①, ③의 교점은 C(0, 3)

따라서 세 직선으로 둘러싸인 삼각형 ABC의 넓이 S는

$$S=\dfrac{1}{2}\Big|(2-1)\times 3+(1-0)\times 2+(0-2)\times 0\Big|$$

$$=\dfrac{5}{2}$$

17-16.

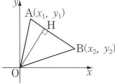

$$\overline{AB}=\sqrt{(x_2-x_1)^2+(y_2-y_1)^2}$$

또, 직선 AB의 방정식은
$$(x_2-x_1)(y-y_1)=(y_2-y_1)(x-x_1)$$
$$\therefore (y_2-y_1)x-(x_2-x_1)y$$
$$-(x_1y_2-x_2y_1)=0$$

따라서 점 O에서 직선 AB에 내린 수
선의 발을 H라고 하면
$$\overline{OH}=\frac{|-(x_1y_2-x_2y_1)|}{\sqrt{(y_2-y_1)^2+(x_2-x_1)^2}}$$

따라서 △OAB의 넓이 S는
$$S=\frac{1}{2}\times\overline{AB}\times\overline{OH}$$
$$=\frac{1}{2}\sqrt{(x_2-x_1)^2+(y_2-y_1)^2}$$
$$\times\frac{|-(x_1y_2-x_2y_1)|}{\sqrt{(y_2-y_1)^2+(x_2-x_1)^2}}$$
$$=\frac{1}{2}|x_1y_2-x_2y_1|$$

17-17. $A(0, 2)$, $B(3, -4)$로 놓고, 조건
을 만족하는 임의의 점을 $P(x, y)$라고
하면
$$\overline{PA}=\overline{PB} \quad 곧, \quad \overline{PA}^2=\overline{PB}^2$$
이므로
$$x^2+(y-2)^2=(x-3)^2+(y+4)^2$$
$$\therefore \boldsymbol{2x-4y-7=0}$$

17-18.

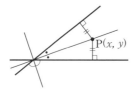

두 직선이 이루는 각의 이등분선 위의
임의의 점을 $P(x, y)$라고 하면, 이 점에

서 두 직선에 이르는 거리가 같으므로
$$\frac{|2x-y-1|}{\sqrt{4+1}}=\frac{|x+2y-1|}{\sqrt{1+4}}$$
$$\therefore 2x-y-1=\pm(x+2y-1)$$
따라서 구하는 방정식은
$$\boldsymbol{x-3y=0, \ 3x+y-2=0}$$

18-1. (1) 원의 중심을 M이라고 하면 M
은 선분 PQ의 중점이므로
$$M(2, -1)$$
또, 원의 반지름의 길이는
$$\overline{MP}=\sqrt{(-1-2)^2+(-3+1)^2}=\sqrt{13}$$
따라서 구하는 원의 방정식은
$$(\boldsymbol{x-2})^2+(\boldsymbol{y+1})^2=\boldsymbol{13}$$

(2) 원의 방정식을
$$x^2+y^2+ax+by+c=0$$
이라고 하면 이 원이 세 점
$$(0, 0), \ (2, 2), \ (0, 4)$$
를 지나므로
$$c=0, \quad 4+4+2a+2b+c=0,$$
$$16+4b+c=0$$
연립하여 풀면 $a=0, \ b=-4, \ c=0$
따라서 구하는 원의 방정식은
$$\boldsymbol{x^2+y^2-4y=0}$$

18-2. 원의 중심을 점 (a, b)라고 하면
$a>0$이고, 반지름의 길이는 a이므로 원
의 방정식은
$$(x-a)^2+(y-b)^2=a^2 \quad\cdots\cdots① $$
두 점 $(1, 0)$, $(4, 0)$을 지나므로
$$(1-a)^2+b^2=a^2 \quad\cdots\cdots②$$
$$(4-a)^2+b^2=a^2 \quad\cdots\cdots③$$
②-③하면 $a=\dfrac{5}{2}$
②에 대입하면 $b=\pm2$
①에 대입하면
$$\left(\boldsymbol{x-\frac{5}{2}}\right)^2+(\boldsymbol{y-2})^2=\frac{25}{4},$$
$$\left(\boldsymbol{x-\frac{5}{2}}\right)^2+(\boldsymbol{y+2})^2=\frac{25}{4}$$

18-3. 원의 중심을 점 $(0, b)$, 반지름의 길이를 r 라고 하면 원의 방정식은

$$x^2+(y-b)^2=r^2 \qquad \cdots\cdots ①$$

두 점 $(-3, -3)$, $(3, 5)$를 지나므로

$$(-3)^2+(-3-b)^2=r^2 \quad \cdots\cdots ②$$

$$3^2+(5-b)^2=r^2 \qquad \cdots\cdots ③$$

②$-$③하면 $b=1$

②에 대입하면 $r^2=25$

①에 대입하면 $x^2+(y-1)^2=25$

18-4. 원의 중심을 점 (a, b)라고 하면 반지름의 길이는 $|b|$이므로 원의 방정식은

$$(x-a)^2+(y-b)^2=b^2 \quad \cdots\cdots ①$$

점 $(6, 2)$를 지나므로

$$(6-a)^2+(2-b)^2=b^2 \quad \cdots\cdots ②$$

또, 중심이 직선 $y=x+3$ 위에 있으므로

$$b=a+3 \qquad \cdots\cdots ③$$

③을 ②에 대입하여 정리하면

$$a^2-16a+28=0 \quad \therefore \ a=2, 14$$

③에 대입하면 $b=5, 17$

①에 대입하면

$$(x-2)^2+(y-5)^2=25,$$
$$(x-14)^2+(y-17)^2=289$$

*Note 주어진 조건을 만족하는 원의 중심의 y좌표는 항상 양수이다. 따라서 원의 반지름의 길이를 b라고 해도 된다.

18-5. 원의 방정식은

$$(x+1)^2+(y-2)^2=5$$

이므로 중심이 $C(-1, 2)$, 반지름의 길이가 $\sqrt{5}$ 이다.

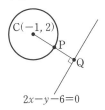

점 P가 원점 O에서 선분 AB에 그은 수선의 발을 Q라 하고, 선분 CQ가 원과 만나는 점을 P라고 할 때, 선분 PQ의 길이가 최소이다.

이때,

$$\overline{CQ}=\frac{|2\times(-1)-2-6|}{\sqrt{2^2+(-1)^2}}=2\sqrt{5}$$

이므로 선분 PQ의 길이의 최솟값은

$$\overline{PQ}=\overline{CQ}-\overline{CP}=2\sqrt{5}-\sqrt{5}=\sqrt{5}$$

18-6. (1)

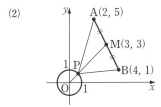

점 P가 원점 O에서 선분 AB에 그은 수선 OH와 원이 만나는 점일 때, △PAB의 넓이가 최소이다.

직선 AB의 방정식은

$$y=-2x+9, \ 곧 \ 2x+y-9=0$$

이므로 원점과 이 직선 사이의 거리는

$$\overline{OH}=\frac{|-9|}{\sqrt{2^2+1^2}}=\frac{9}{\sqrt{5}}$$

$$\therefore \ \overline{PH}=\frac{9}{\sqrt{5}}-1$$

그런데

$$\overline{AB}=\sqrt{(4-2)^2+(1-5)^2}=2\sqrt{5}$$

이므로 △PAB의 넓이의 최솟값은

$$\frac{1}{2}\times 2\sqrt{5}\times\left(\frac{9}{\sqrt{5}}-1\right)=9-\sqrt{5}$$

(2)

선분 AB의 중점을 M이라고 하면

중선정리에 의하여

$$\overline{PA}^2+\overline{PB}^2=2(\overline{PM}^2+\overline{AM}^2) \cdots ①$$

여기에서 선분 AM의 길이가 일정하므로 $\overline{PM}$이 최소일 때 $\overline{PA}^2+\overline{PB}^2$이 최소이다.

그런데 M(3, 3)이므로 $\overline{PM}$의 최솟값은

$$\overline{OM}-\overline{OP}=\sqrt{3^2+3^2}-1=3\sqrt{2}-1$$

또, $\overline{AM}=\sqrt{(3-2)^2+(3-5)^2}=\sqrt{5}$

①에 대입하면 구하는 최솟값은

$$\overline{PA}^2+\overline{PB}^2=2\{(3\sqrt{2}-1)^2+(\sqrt{5})^2\}$$
$$=48-12\sqrt{2}$$

*__Note__ (2)는 다음과 같이 풀 수 있다.

P(x, y)는 원 $x^2+y^2=1$ 위의 점이므로

$$\overline{PA}^2+\overline{PB}^2=\{(x-2)^2+(y-5)^2\}$$
$$+\{(x-4)^2+(y-1)^2\}$$
$$=2(x^2+y^2)-12(x+y)+46$$
$$=48-12(x+y) \qquad \cdots①$$

따라서 $x+y$가 최대일 때 $\overline{PA}^2+\overline{PB}^2$이 최소이다.

$x+y=k$로 놓고, $x^2+y^2=1$에서 y를 소거하면

$$2x^2-2kx+k^2-1=0$$
$$\therefore \ D/4=k^2-2(k^2-1)\geq0$$
$$\therefore \ -\sqrt{2}\leq k\leq\sqrt{2}$$

따라서 k의 최댓값은 $\sqrt{2}$이고, ①에 대입하면 $\overline{PA}^2+\overline{PB}^2$의 최솟값은

$$48-12\sqrt{2}$$

판별식을 이용한 최대·최소에 관한 문제는 수학(상)을 참조하여라.

18-7. 점 (3, 2)를 지나는 직선의 기울기를 m이라고 하면

$$y-2=m(x-3)$$

곧, $mx-y-3m+2=0$ ……①

①이 원 $x^2+y^2=4$에 접하면 원의 중심 (0, 0)과 ① 사이의 거리가 원의 반지름의 길이인 2와 같으므로

$$\frac{|-3m+2|}{\sqrt{m^2+1}}=2$$
$$\therefore \ (-3m+2)^2=4(m^2+1)$$
$$\therefore \ 5m^2-12m=0 \quad \therefore \ m=0, \ \frac{12}{5}$$

①에 대입하면 $y=2$, $12x-5y=26$

*__Note__ 1° 접선의 기울기를 m으로 놓고 풀 때는 x축에 수직인 접선이 있는지 먼저 확인한다.

2° ①을 $x^2+y^2=4$에 대입하여 판별식을 이용할 수 있다.

또, **필수 예제 18**-4의 **모범답안**의 **풀이 2**와 같이 공식을 이용하여 해결할 수도 있다.

18-8. 원의 중심 C(2, 3)과 접선 $x+y+c=0$ 사이의 거리는 원의 반지름의 길이인 4와 같으므로

$$\frac{|2+3+c|}{\sqrt{1^2+1^2}}=4 \quad \therefore \ c=-5\pm4\sqrt{2}$$

18-9. 원의 중심은 C(1, −3)이고 선분 CP는 접선과 수직이므로 접선의 기울기를 m이라고 하면

$$\frac{-2-(-3)}{2-1}\times m=-1 \quad \therefore \ m=-1$$

따라서 구하는 방정식은

$$y+2=-1\times(x-2) \quad \therefore \ y=-x$$

18-10. 원과 직선의 교점 P, Q의 x좌표를 각각 α, β라고 하면

$$P(\alpha, \ \alpha+1), Q(\beta, \ \beta+1)$$

이므로

$$\overline{PQ}=\sqrt{(\alpha-\beta)^2+\{(\alpha+1)-(\beta+1)\}^2}$$
$$=\sqrt{2(\alpha-\beta)^2}$$
$$=\sqrt{2\{(\alpha+\beta)^2-4\alpha\beta\}} \qquad ……①$$

또, α, β는 $y=x+1$과 $x^2+y^2=4$에서

y를 소거한 이차방정식
$$2x^2+2x-3=0$$
의 두 근이므로 근과 계수의 관계로부터
$$a+\beta=-1,\ \ a\beta=-\frac{3}{2}$$
이 값들을 ①에 대입하면
$$\overline{PQ}=\sqrt{2\left\{(-1)^2-4\times\left(-\frac{3}{2}\right)\right\}}=\sqrt{14}$$

***Note** 위에서는 일반적인 방법으로 풀었으나 곡선이 원일 경우에는 원의 성질을 이용하여 다음과 같이 풀 수도 있다.

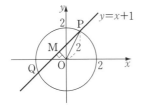

원의 중심 O와 직선 $y=x+1$ 사이의 거리는
$$\overline{OM}=\frac{1}{\sqrt{1^2+(-1)^2}}=\frac{1}{\sqrt{2}}$$
$$\therefore\ \overline{PM}^2=\overline{OP}^2-\overline{OM}^2$$
$$=2^2-\left(\frac{1}{\sqrt{2}}\right)^2=\frac{7}{2}$$

따라서 $\overline{PM}=\sqrt{\dfrac{7}{2}}=\dfrac{\sqrt{14}}{2}$ 이고,

$\overline{PQ}=2\overline{PM}$ 이므로 $\overline{PQ}=\sqrt{14}$

18-11. $y=x+5$를 원의 방정식에 대입하여 정리하면
$$x^2+5x+10-2a=0\qquad\cdots\cdots①$$
①의 두 근을 $a,\ \beta$ 라고 하면 교점은
$$(a,\ a+5),\ (\beta,\ \beta+5)$$
이므로 선분의 길이를 l이라고 하면
$$l^2=(a-\beta)^2+\{(a+5)-(\beta+5)\}^2$$
$$=2(a-\beta)^2=2\{(a+\beta)^2-4a\beta\}$$
①에서 $a+\beta=-5,\ a\beta=10-2a$이고,
$l=\sqrt{10}$이므로

$$(\sqrt{10})^2=2\{(-5)^2-4(10-2a)\}$$
$$\therefore\ \boldsymbol{a=\frac{5}{2}}$$

18-12. 두 원의 중심 사이의 거리 d는
$$d=\sqrt{2^2+2^2}=2\sqrt{2}$$

(1) 두 원이 외접하므로 $d=r+1$
$$\therefore\ 2\sqrt{2}=r+1\quad\therefore\ \boldsymbol{r=2\sqrt{2}-1}$$

(2) 두 원이 서로 다른 두 점에서 만나므로
$$|r-1|<d<r+1$$
$$\therefore\ |r-1|<2\sqrt{2}<r+1$$

(i) $|r-1|<2\sqrt{2}$ 에서
$$1-2\sqrt{2}<r<1+2\sqrt{2}$$
$r>0$이므로 $0<r<1+2\sqrt{2}$

(ii) $2\sqrt{2}<r+1$에서 $r>2\sqrt{2}-1$

(i), (ii)에서 공통 범위를 구하면
$$\boldsymbol{2\sqrt{2}-1<r<2\sqrt{2}+1}$$

18-13. $(x-a)^2+y^2=r^2\qquad\cdots\cdots①$

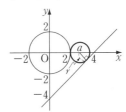

원 ①이 원 $x^2+y^2=4$와 외접하고, $a>0,\ r>0$이므로
$$a=r+2\qquad\cdots\cdots②$$
원 ①이 직선 $y=x-4$에 접하므로
$$\frac{|a-0-4|}{\sqrt{1^2+(-1)^2}}=r\quad\therefore\ |a-4|=\sqrt{2}\,r$$
그런데 $a\geq4$이면 주어진 조건을 만족할 수 없으므로 $a<4$이다.
$$\therefore\ -a+4=\sqrt{2}\,r\qquad\cdots\cdots③$$
②, ③에서 $\boldsymbol{a=2\sqrt{2}},\ \boldsymbol{r=2(\sqrt{2}-1)}$

18-14. 원 $x^2+y^2+2x-3y-9=0$이 x축에 접하지 않으므로 구하는 원의 방정식을

$(x^2+y^2+2x-3y-9)m$

    $+(x^2+y^2-2x+5y)=0\,(m\neq-1)$

               $\cdots\cdots$ ①

로 놓을 수 있다.

  $y=0$을 대입하여 정리하면

  $(m+1)x^2+2(m-1)x-9m=0$ $\cdots$ ②

①이 x축에 접하기 위해서는 ②가 중근을 가져야 하므로

  $D/4=(m-1)^2+9m(m+1)=0$

    $\therefore\ m=-\dfrac{1}{2},\ -\dfrac{1}{5}$

①에 대입하여 정리하면

  $\boldsymbol{x^2+y^2-6x+13y+9=0},$

  $\boldsymbol{4x^2+4y^2-12x+28y+9=0}$

18-15. $x^2+y^2=r^2$ $\cdots\cdots$ ①

    $(x-2)^2+(y-1)^2=4$ $\cdots\cdots$ ②

중심 사이의 거리가 $\sqrt{2^2+1^2}=\sqrt{5}$ 이므로 ①, ②가 두 점에서 만나는 경우는

    $\sqrt{5}-2<r<\sqrt{5}+2$ $\cdots\cdots$ ③

①이 ②의 둘레를 이등분하려면 두 원의 교점 P, Q가 원 ②의 지름의 양 끝 점이어야 한다.

점 P, Q를 지나는 직선의 방정식은

①−②에서 $4x+2y=r^2+1$

이 직선이 원 ②의 중심 $(2,1)$을 지나므로

    $4\times2+2\times1=r^2+1$ $\therefore\ r^2=9$

③을 만족하는 r의 값은 $\boldsymbol{r=3}$

18-16. 원 위를 움직이는 점 P의 좌표를 $P(a,b)$라고 하면

    $a^2+b^2+4a+2b+1=0$ $\cdots\cdots$ ①

또, 점 $(2,1)$과 점 P를 잇는 선분의 중점의 좌표를 $Q(x,y)$라고 하면

    $x=\dfrac{a+2}{2},\ \ y=\dfrac{b+1}{2}$

    $\therefore\ a=2x-2,\ b=2y-1$ $\cdots\cdots$ ②

②를 ①에 대입하여 정리하면

    $\boldsymbol{x^2+y^2=1}$

18-17. 점 $(1,0)$과 원점 사이의 거리가 1이므로 중심이 점 $(1,0)$이고 원점을 지나는 원의 방정식은

    $(x-1)^2+y^2=1$

따라서 점 P의 좌표를 $P(a,b)$라고 하면

    $(a-1)^2+b^2=1$ $\cdots\cdots$ ①

또, 선분 OP의 중점의 좌표를 (x,y)라고 하면

    $x=\dfrac{a}{2},\ \ y=\dfrac{b}{2}$

    $\therefore\ a=2x,\ b=2y$ $\cdots\cdots$ ②

②를 ①에 대입하여 정리하면

    $(2x-1)^2+(2y)^2=1$

한편 점 P는 원점일 수 없으므로

    $a\neq0,\ b\neq0$ $\therefore\ x\neq0,\ y\neq0$

따라서 구하는 자취의 방정식은

    $\left(\boldsymbol{x}-\dfrac{1}{2}\right)^2+\boldsymbol{y}^2=\dfrac{1}{4}$ 단, 원점은 제외

18-18. $y+k(x-2)=0$ $\cdots\cdots$ ①

    $ky-(x+2)=0$ $\cdots\cdots$ ②

k의 값에 관계없이 ①은 점 $A(2,0)$을 지나고, ②는 점 $B(-2,0)$을 지난다.

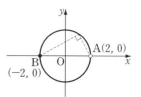

한편 ①, ②에서

    $k\times(-1)+1\times k=0$

이므로 k의 값에 관계없이 ①, ②는 수직이다.

따라서 ①, ②의 교점은 지름이 $\overline{AB}$인 원 위에 있다.

이때, $\overline{AB}$의 중점은 원점이고, $\overline{AB}=4$이므로 자취의 방정식은

    $x^2+y^2=4$

한편 ①은 직선 $x=2$를, ②는 직선 $y=0$을 표시할 수 없으므로 점 $(2, 0)$은 제외한다.

따라서 구하는 자취의 방정식은

$x^2+y^2=4$　단, 점 $(2, 0)$은 제외

18-19. $\overline{PA}:\overline{PB}=2:1$에서

$\overline{PA}^2=4\overline{PB}^2$이므로 $P(x, y)$라고 하면

$$(x+2)^2+y^2=4\{(x-1)^2+y^2\}$$

$$\therefore\ (x-2)^2+y^2=4 \qquad \cdots\cdots①$$

(1) $3x+4y+c=0$ $\qquad\qquad\cdots\cdots②$

직선 ②가 원 ①에 접하면 ①의 중심 $(2, 0)$과 ② 사이의 거리가 반지름의 길이인 2와 같으므로

$$\frac{|3\times2+4\times0+c|}{\sqrt{3^2+4^2}}=2$$

$$\therefore\ |c+6|=10 \quad \therefore\ c=4,\ -16$$

(2)

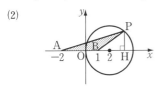

점 P에서 x축에 내린 수선의 발을 H라고 하면

$$\triangle PAB=\frac{1}{2}\times\overline{AB}\times\overline{PH}=\frac{3}{2}\overline{PH}$$

이므로 $\overline{PH}$가 최대일 때 $\triangle PAB$의 넓이는 최대이다.

이때, $\overline{PH}=2$(반지름의 길이)이므로

$$\triangle PAB=\frac{3}{2}\overline{PH}=\frac{3}{2}\times2=3$$

19-1. 점 $(3, 1)$을 점 $(1, 3)$으로 이동하는 평행이동 T는

$$T:(x, y)\longrightarrow(x-2, y+2)$$

따라서 $(a, b)\longrightarrow(4, 5)$라고 하면

$$a-2=4,\ b+2=5$$

$$\therefore\ a=6,\ b=3$$

따라서 구하는 점의 좌표는　$(6, 3)$

19-2. 원점을 점 $(3, 2)$로 이동하는 평행이동 T는

$$T:(x, y)\longrightarrow(x+3, y+2)$$

따라서 직선 $x+3y+5=0$을 평행이동 T에 의하여 이동한 직선의 방정식은

$$(x-3)+3(y-2)+5=0$$

$$\therefore\ x+3y-4=0$$

19-3. (1) $y=f(x)$의 그래프를 x축의 방향으로 -1만큼 평행이동한 것이다.

(2) $y=\frac{1}{2}f(x)$이므로 $y=f(x)$의 그래프를 y축의 방향으로 $\frac{1}{2}$배한 것이다.

(3) $y=f(x)$의 그래프를 y축에 대하여 대칭이동한 것이다.

(4) $-y=f(x)$이므로 $y=f(x)$의 그래프를 x축에 대하여 대칭이동한 것이다.

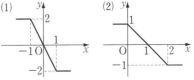

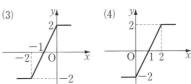

19-4. $x^2+y^2-10x-4y+28=0$에서

$$(x-5)^2+(y-2)^2=1$$

이므로 중심이 $P(5, 2)$이고 반지름의 길이가 1인 원이다.

따라서 직선 $x-y-1=0$ $\qquad\cdots\cdots①$

에 대하여 점 P와 대칭인 점을 $Q(a, b)$라고 하면 구하는 도형은 중심이 점 Q이고 반지름의 길이가 1인 원이다.

$\overline{PQ}$의 중점이 직선 ① 위에 있으므로

$$\frac{5+a}{2}-\frac{2+b}{2}-1=0$$

$$\therefore \ a-b+1=0 \quad \cdots\cdots ②$$

직선 PQ가 직선 ①과 수직이므로

$$\frac{b-2}{a-5}=-1$$

$$\therefore \ a+b-7=0 \quad \cdots\cdots ③$$

②, ③을 연립하여 풀면

$$a=3, \ b=4$$

$$\therefore \ (\boldsymbol{x}-3)^2+(\boldsymbol{y}-4)^2=1$$

19-5.

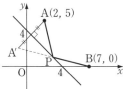

직선 $x+y=4 \quad \cdots\cdots ①$

에 대하여 점 A와 대칭인 점을 A$'(a, b)$ 라고 할 때, 선분 A$'$B가 ①과 만나는 점을 P라고 하면 이때 $\overline{AP}+\overline{PB}$의 값이 최소이고 이 값은 $\overline{A'B}$와 같다.

(i) 점 A$'$과 점 A는 직선 $x+y=4$에 대하여 대칭이므로

$$\frac{a+2}{2}+\frac{b+5}{2}=4, \ \frac{b-5}{a-2}=1$$

$$\therefore \ a=-1, \ b=2 \quad \therefore \ A'(-1, 2)$$

따라서 구하는 최솟값은

$$\overline{A'B}=\sqrt{(7+1)^2+(0-2)^2}=2\sqrt{17}$$

(ii) 직선 A$'$B의 방정식은

$$y=-\frac{1}{4}(x-7)$$

이므로 ①과 연립하여 풀면

$$x=3, \ y=1 \quad \therefore \ P(3, 1)$$

19-6. $x+ay+b=0 \quad \cdots\cdots ①$

(1) O$(0, 0)$, A$(-1, -1)$이라고 하자.

(i) $\overline{OA}$의 중점이 ① 위에 있으므로

$$-\frac{1}{2}+a\times\left(-\frac{1}{2}\right)+b=0$$

$$\therefore \ a-2b+1=0 \quad \cdots\cdots ②$$

(ii) 직선 OA와 ①이 수직이므로

$$\frac{-1}{-1}\times\left(-\frac{1}{a}\right)=-1 \quad \therefore \ \boldsymbol{a}=1$$

②에 대입하면 $\boldsymbol{b}=1$

Note 직선 ①이 $\overline{OA}$의 수직이등분선임을 이용해도 된다.

(2) $a=1, \ b=1$이므로 ①은

$$x+y+1=0 \quad \cdots\cdots ①'$$

직선 $x-2y+2=0 \quad \cdots\cdots ③$

위의 점 P(x, y)가 점 P$'(x', y')$으로 이동된다고 하면 두 점 P, P$'$은 ①$'$에 대하여 대칭이다. 따라서

(i) $\overline{PP'}$의 중점이 ①$'$ 위에 있으므로

$$\frac{x+x'}{2}+\frac{y+y'}{2}+1=0$$

$$\therefore \ x+y+x'+y'+2=0 \ \cdots④$$

(ii) 직선 PP$'$은 ①$'$과 수직이므로

$$\frac{y-y'}{x-x'}\times(-1)=-1$$

$$\therefore \ x-y-x'+y'=0 \ \cdots⑤$$

④, ⑤를 x, y에 관해 연립하여 풀면

$$x=-y'-1, \ y=-x'-1$$

그런데 P(x, y)는 ③ 위의 점이므로

$$(-y'-1)-2(-x'-1)+2=0$$

$$\therefore \ 2x'-y'+3=0$$

$x', \ y'$을 x, y로 바꾸면

$$2\boldsymbol{x}-\boldsymbol{y}+3=0$$

19-7. 직선 $y=x$에 대하여 대칭이동한 도형의 방정식은 $f(y, x)=0$

이 도형을 x축의 방향으로 3만큼, y축의 방향으로 -1만큼 평행이동한 도형의 방정식은 $f(\boldsymbol{y}+1, \ \boldsymbol{x}-3)=0$

19-8.

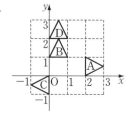

(1) 도형 A를 직선 $y=x$에 대하여 대칭
이동한 도형은 D이고, 방정식은
$f(y, x)=0$이다.

　　이 도형 D를 y축의 방향으로 -1만
큼 평행이동하면 도형 B이므로 구하는
방정식은
$$f(\boldsymbol{y}+1, \ \boldsymbol{x})=0$$

(2) 도형 $f(-(x-2), y+1)=0$은 도형
$f(-x, y)=0$을 x축의 방향으로 2만
큼, y축의 방향으로 -1만큼 평행이
동한 것이다.

　　또, 도형 $f(-x, y)=0$은 도형
$f(x, y)=0$을 y축에 대하여 대칭이동
한 것이다.

　　따라서 도형 $f(-x+2, y+1)=0$은
도형 $f(x, y)=0$을 y축에 대하여 대칭
이동한 다음, x축의 방향으로 2만큼,
y축의 방향으로 -1만큼 평행이동한
것으로 위 그림의 도형 C이다.

20-1. (1) A⊕B는
　　　0+1, 0+2, 1+1, 1+2
　　를 원소로 하는 집합이므로
　　　A⊕B={**1, 2, 3**}

(2) A⊕A는
　　　0+0, 0+1, 1+0, 1+1
　　을 원소로 하는 집합이므로
　　　A⊕A={**0, 1, 2**}

(3) B={1, 2}, A⊕B={1, 2, 3}
　　이므로 B⊕(A⊕B)는
　　　1+1, 1+2, 1+3, 2+1, 2+2, 2+3
　　을 원소로 하는 집합이다.
　　　∴ B⊕(A⊕B)={**2, 3, 4, 5**}

20-2. M={3, 6, 9, 12, 15, 18}이고, M에
서 3을 제외한 집합
　　　　{6, 9, 12, 15, 18}
의 부분집합에 각각 3을 추가하면 되므
로 구하는 부분집합의 개수는　$2^5=$**32**

20-3. M={4, 8, 12, 16, 20, 24, 28}

(1) {12, 16, 20, 24, 28}의 부분집합의 개
　　수와 같으므로　$2^5=$**32**

(2) 8은 속하고 16, 24는 속하지 않는 부
　　분집합은 집합 {4, 12, 20, 28}의 부분
　　집합에 8을 추가한 집합이므로 부분집
　　합의 개수는　$2^4=16$
　　　마찬가지로 16은 속하고 8, 24는 속
　　하지 않는 부분집합의 개수는 $2^4=16$
　　이고, 24는 속하고 8, 16은 속하지 않
　　는 부분집합의 개수도 $2^4=16$이다.
　　　따라서 구하는 부분집합의 개수는
　　　　$16 \times 3=$**48**

20-4. (1) 필수 예제 **20**-3의 (1)의 결과에
　　의하여 A⊂B이고 B⊂C이면　A⊂C
　　그런데 C⊂D이므로　A⊂D

(2) A⊂B, B⊂C, C⊂D이면　A⊂D
　　그런데 D⊂A이므로　A=D
　　따라서 (A⊂B, B⊂C, C⊂D)이면
　　　　(A⊂B, B⊂C, C⊂A)
　　　　∴ A=C
　　따라서 (A⊂B, B⊂C)이면
　　　　(A⊂B, B⊂A)
　　　　∴ A=B
　　이상에서 A=B=C=D이다.

20-5. 주어진 조건을 벤 다이어그램으로
나타내면 아래와 같다.

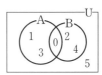

　　　　∴ **A={0, 1, 3},**
　　　　　A∪B={0, 1, 2, 3, 4},
　　　　　B−A={2, 4}

20-6. A={1, 2, 3, 6, 9, 18},
　　　B={1, 2, 4, 5, 10, 20},

C={1, 2, 3, 4, 6, 12}
이므로 벤 다이어그램으로 나타내면
아래와 같다.

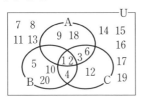

(1) A∩(B∩C)={**1, 2**}

(2) (A∪B)∩C={**1, 2, 3, 4, 6**}

(3) A−B={3, 6, 9, 18},
　　C−B={3, 6, 12}
　　이므로
　　(A−B)∪(C−B)={**3, 6, 9, 12, 18**}

(4) (A∪B)^c={7, 8, 11, 12, 13, 14,
　　　　　　　　　　15, 16, 17, 19}
　　(B∪C)^c={7, 8, 9, 11, 13, 14,
　　　　　　　　　　15, 16, 17, 18, 19}
　　이므로
　　(A∪B)^c∩(B∪C)^c
　　　={**7, 8, 11, 13, 14, 15, 16, 17, 19**}

*__Note__ (4) 벤 다이어그램을 그려 보면
　　(A∪B)^c∩(B∪C)^c=(A∪B∪C)^c
　　임을 알 수 있다.

20-7. A={2, 4, a^3-2a^2-a+7},
　　B={-4, $a+3$, a^2-2a+2,
　　　　　　　　　a^3+a^2+3a+7}

(1) A∩B={2, 5}이면 5∈A이므로
　　　$a^3-2a^2-a+7=5$
　　∴ $(a+1)(a-1)(a-2)=0$
　　∴ $a=-1, 1, 2$

(ⅰ) $a=-1$일 때 B={-4, 2, 5, 4}
　　이때, A∩B={2, 4, 5}이므로
　　$a=-1$은 적합하지 않다.

(ⅱ) $a=1$일 때 B={-4, 4, 1, 12}
　　이때, A∩B={4}이므로 $a=1$은

적합하지 않다.

(ⅲ) $a=2$일 때 B={-4, 5, 2, 25}
　　이때, A∩B={2, 5}이므로 $a=2$
　　는 적합하다.
　　∴ **$a=2$**

(2) A={2, 4, 5}, B={-4, 5, 2, 25}
　　이므로
　　A∪B={**-4, 2, 4, 5, 25**}

20-8. A={$x\,|\,(x+1)(x-4)≥0$}
　　　={$x\,|\,x≤-1$ 또는 $x≥4$}
　　B={$x\,|\,(x+1)(x-4)>0$}
　　　={$x\,|\,x<-1$ 또는 $x>4$}
　　C={$x\,|\,(x+3)(x-4)≤0$}
　　　={$x\,|\,-3≤x≤4$}
　　D={$x\,|\,(x+3)(x-4)=0$}
　　　={$-3, 4$}

(1)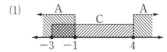

위의 수직선에서 공통부분을 찾으면
A∩C={**$x\,|\,-3≤x≤-1$ 또는 $x=4$**}

(2) 위의 수직선에서 　A∪C=**R**

(3) B^c={$x\,|\,-1≤x≤4$}

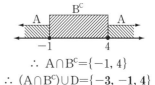

　　∴ A∩B^c={$-1, 4$}
　　∴ (A∩B^c)∪D={**$-3, -1, 4$**}

20-9. A={$x\,|\,(x-1)(x-5)≤0$}
　　　={$x\,|\,1≤x≤5$}

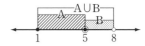

따라서 문제의 조건에 맞도록
A, A∪B, A∩B를 수직선 위에 나타내
어 보면 위의 그림과 같으므로

$B=\{x\,|\,5<x<8\}$

$\therefore\ x^2+ax+b<0\Longleftrightarrow 5<x<8$

$\qquad\qquad\qquad \Longleftrightarrow (x-5)(x-8)<0$

$\qquad\qquad\qquad \Longleftrightarrow x^2-13x+40<0$

$\therefore\ \boldsymbol{a=-13,\ b=40}$

21-1.

B∩C $\qquad$ A∪(B∩C)

A∪B $\qquad$ A∪C

(A∪B)∩(A∪C)

$\therefore\ A\cup(B\cap C)=(A\cup B)\cap(A\cup C)$

21-2. (1)

A∩B $\qquad$ (A∩B)^c

A^c $\qquad$ B^c

A^c∪B^c

$\therefore\ (A\cap B)^c=A^c\cup B^c$

*__Note__ (i) $x\in(A\cap B)^c$인 임의의 원소 x에 대하여 $x\notin A\cap B$

$\therefore\ x\notin A$ 또는 $x\notin B$

$\therefore\ x\in A^c$ 또는 $x\in B^c$

$\therefore\ x\in A^c\cup B^c$

$\therefore\ (A\cap B)^c\subset A^c\cup B^c$

(ii) $y\in A^c\cup B^c$인 임의의 원소 y에 대하여 $y\in A^c$ 또는 $y\in B^c$

$\therefore\ y\notin A$ 또는 $y\notin B$

$\therefore\ y\notin A\cap B$

$\therefore\ y\in(A\cap B)^c$

$\therefore\ A^c\cup B^c\subset(A\cap B)^c$

(i), (ii)에 의하여

$\qquad (A\cap B)^c=A^c\cup B^c$

(2) $\qquad$ (A∩B∩C)^c

A^c $\qquad$ B^c

C^c $\qquad$ A^c∪B^c∪C^c

$\therefore\ (A\cap B\cap C)^c=A^c\cup B^c\cup C^c$

*__Note__ $(A\cap B\cap C)^c=\left[(A\cap B)\cap C\right]^c$

$=(A\cap B)^c\cup C^c=(A^c\cup B^c)\cup C^c$

$=A^c\cup B^c\cup C^c$

21-3.

A△B $\qquad$ B△C

$(A \triangle B) \cup (B \triangle C)$

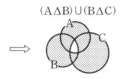

$\Longrightarrow$

21-4. (1) (좌변)$=(A \cup A^c) \cap (A \cup B)$
$=U \cap (A \cup B)=A \cup B$
$=$(우변)

(2) (좌변)$=(A \cap B^c) \cap (A \cap C^c)$
$=A \cap A \cap (B^c \cap C^c)$
$=A \cap (B \cup C)^c$
$=A-(B \cup C)=$(우변)

(3) (좌변)$=[A \cap (B \cup B^c)]$
$\cup [A^c \cap (B \cup B^c)]$
$=(A \cap U) \cup (A^c \cap U)$
$=A \cup A^c=U=$(우변)

21-5. $n(A \cup B)=n(U)-n((A \cup B)^c)$
$=n(U)-n(A^c \cap B^c)$
$=50-17=33$
$n(A \cup B)=n(A)+n(B)-n(A \cap B)$
에서 $33=n(A)+n(B)-8$
$\therefore n(A)+n(B)=\mathbf{41}$

21-6. $n(A)=n(A \cup B)-n(A^c \cap B)$
$=42-15=\mathbf{27}$
$n(B)=n(A \cap B)+n(A^c \cap B)$
$=3+15=\mathbf{18}$
$n(A^c \cap B^c)=n((A \cup B)^c)$
$=n(U)-n(A \cup B)$
$=50-42=\mathbf{8}$

21-7. 지난 토요일과 일요일에 봉사 활동을 한 50명의 학생 중 토요일에 봉사 활동을 한 학생의 집합을 A, 일요일에 봉사 활동을 한 학생의 집합을 B라고 하면
$n(A \cup B)=50,$
$n(A)=40, \ n(B)=30$

(1) 토요일과 일요일에 모두 봉사 활동을 한 학생 수 $n(A \cap B)$는
$n(A \cup B)=n(A)+n(B)-n(A \cap B)$
에서
$50=40+30-n(A \cap B)$
$\therefore n(A \cap B)=\mathbf{20}$

(2) 토요일에만 봉사 활동을 한 학생 수 $n(A-B)$는
$n(A-B)=n(A)-n(A \cap B)$
$=40-20=\mathbf{20}$

21-8. 80명의 학생 중 수학, 영어를 신청한 학생의 집합을 각각 A, B라고 하면
$n(A \cup B)=80,$
$n(A)=52, \ n(B)=45$
따라서 수학만을 신청한 학생 수 $n(A-B)$는
$n(A-B)=n(A \cup B)-n(B)$
$=80-45=\mathbf{35}$

21-9. 누구나 적어도 한 과목은 선택하므로 $A \cup B \cup C$가 전체집합이다.
$\therefore n(A \cup B \cup C)=n(U)=50$

(1) $n(A \cup B)=n(A)+n(B)-n(A \cap B)$
에서 $45=30+25-n(A \cap B)$
$\therefore n(A \cap B)=\mathbf{10}$

(2) $n(B \cup C)=n(B)+n(C)-n(B \cap C)$
에서 $40=25+n(C)-15$
$\therefore n(C)=\mathbf{30}$

(3) $n(C \cup A)=n(C)+n(A)-n(C \cap A)$
$=30+30-15=\mathbf{45}$

(4) 오른쪽 벤 다이어그램에서 점 찍은 부분의 원소의 개수이므로
$n(B \cup C^c)$
$=n(A \cup B \cup C)-[n(B \cup C)-n(B)]$
$=50-(40-25)=\mathbf{35}$

(5) $n(A\cup B\cup C)=n(A)+n(B)+n(C)$
$$-n(A\cap B)-n(B\cap C)$$
$$-n(C\cap A)+n(A\cap B\cap C)$$
　에서
$$50=30+25+30-10-15-15$$
$$+n(A\cap B\cap C)$$
$$\therefore\ n(A\cap B\cap C)=\mathbf{5}$$

(6) 오른쪽 벤 다이어
그램에서 점 찍은
부분의 원소의 개
수이므로
$n(A\cap B^c\cap C^c)$

$$=n(A\cup B\cup C)-n(B\cup C)$$
$$=50-40=\mathbf{10}$$

(7) 오른쪽 벤 다이어
그램에서 점 찍은
부분의 원소의 개
수이므로
$n(A^c\cap B\cap C)$

$$=n(B\cap C)-n(A\cap B\cap C)$$
$$=15-5=\mathbf{10}$$

22-1. (1) $p:\ x^2=1,\ q:\ x^3=x$
라 하고, 조건 $p,\ q$의 진리집합을 각각
P, Q라고 하면
$$P=\{-1,\ 1\},\ Q=\{-1,\ 0,\ 1\}$$
$P\subset Q$이므로　$p\Longrightarrow q$　$\therefore$ **참**

(2) $p:\ x^2-6x+8\leq0,\ q:\ x^2-x>0$
이라 하고, 조건 $p,\ q$의 진리집합을 각
각 P, Q라고 하면
$$P=\{x\,|\,2\leq x\leq4\},$$
$$Q=\{x\,|\,x<0\ \text{또는}\ x>1\}$$
$P\subset Q$이므로　$p\Longrightarrow q$　$\therefore$ **참**

(3) (반례) $x=-1$일 때, $x^2-1\leq0$이지만
$x^2-3x\leq0$을 만족하지 않는다.
　　$\therefore$ **거짓**

22-2. 조건 $p,\ q$의 진리집합을 각각 P, Q
라고 하면

$$P=\{0,\ 1\},\ Q=\{-1,\ 1\}$$
(1) $P\cup Q=\{-1,\ 0,\ 1\}$
(2) $P\cap Q=\{1\}$
(3) $P^c\cup Q=\{-2,\ -1,\ 1,\ 2\}$
(4) $P\cap Q^c=\{0\}$

22-3. (1) $x\geq1$이고 $y\geq1$이면 $xy\geq1$이다.
(2) $x\neq0$이고 $y\neq0$이면 $xy\neq0$이다.
(3) $x\neq y$ 또는 $y\neq z$ 또는 $z\neq x$이면
$x^2+y^2+z^2-xy-yz-zx\neq0$이다.

Note (3)에서 「$x=y=z$」를
「$x=y$이고 $y=z$」
로 생각하면 그 부정은
「$x\neq y$ 또는 $y\neq z$」
이므로 주어진 명제의 대우를 다음과
같이 써도 된다.
「$x\neq y$ 또는 $y\neq z$이면
$x^2+y^2+z^2-xy-yz-zx\neq0$이다.」

22-4. (1) U가 전체집합일 때, $X\neq U$이
면 어떤 집합 A에 대하여 $A\cap X\neq A$
이다.
(2) 어떤 실수 x에 대하여 $ax^2+bx+c\leq0$
이면 $a\leq0$ 또는 $b^2-4ac\geq0$이다.
(3) 모든 사람이 여행을 가지 않으면 꽃이
피지 않거나 새가 울지 않는다.
(4) 모든 실수 x에 대하여 $ax+b\leq0$이면
$a\neq0$ 또는 $b\leq0$이다.

22-5. ① $p\Longrightarrow\sim q$이고 $\sim q\Longrightarrow r$이므
로 $p\Longrightarrow r$이다.
$p\Longrightarrow r$라고 해서 반드시
$p\Longrightarrow\sim r$인 것은 아니다.
② $p\Longrightarrow\sim q$이고 $\sim q\Longrightarrow\sim r$이므로
$p\Longrightarrow\sim r$이다.
③ $p\Longrightarrow\sim q$이고 $\sim q\Longrightarrow r$이므로
$p\Longrightarrow r$이다.
$p\Longrightarrow r$라고 해서 반드시
$\sim p\Longrightarrow r$인 것은 아니다.

④ $p \Longrightarrow q$이고 $q \Longrightarrow r$이므로
$p \Longrightarrow r$이다.

$p \Longrightarrow r$라고 해서 반드시
$\sim p \Longrightarrow r$인 것은 아니다.

⑤ 조건 p, q, r의 진리집합을 각각 P,
Q, R라고 할 때,

$p \Longrightarrow q$, $p \Longrightarrow r$이면
$P \subset Q$, $P \subset R$이다.

이때, $Q \subset R$가 반드시 성립하는 것
은 아니다.

따라서 $p \Longrightarrow q$, $p \Longrightarrow r$라고 해서
반드시 $q \Longrightarrow r$인 것은 아니다.

답 ②

22-6. a : A가 범인이다.
b : B가 범인이다.
c : C가 범인이다.
d : D가 범인이다.
라고 하면 조사한 결론은 다음과 같다.

(가) $a \Longrightarrow b$

(나) $b \Longrightarrow (c$ 또는 $\sim a)$

(다) $\sim a \Longrightarrow \sim d$ ∴ $d \Longrightarrow a$

(라) $\sim d \Longrightarrow (a$이고 $\sim c)$

(i) D가 범인이 아닌 경우
(라)에서 a이고 $\sim c$ ……①
(가)에서 b
(나)에서 $(c$ 또는 $\sim a) = \sim(\sim c$이고 $a)$
이것은 ①과 모순이다.

(ii) D가 범인인 경우
(다)에서 a ……②
(가)에서 b
(나)와 ②에서 c
따라서 a, b, c, d가 모두 참이다.
곧, A, B, C, D가 모두 범인이다.

답 **A, B, C, D**

Note (다), (라)에서
$\sim a \Longrightarrow \sim d \Longrightarrow a$
곧, 'A가 범인이 아니라면 A는 범

인이다'가 되어 모순이다.
따라서 A는 범인이다.

22-7. 문제의 조건에 의하여
$p \Longrightarrow q$,
$r \Longrightarrow q$,
$s \Longrightarrow r$,
$q \Longrightarrow s$

$$p \Longrightarrow q \Longleftarrow r$$
$$\searrow \quad \nearrow$$
$$s$$

이고, 상호 관계는 위와 같다.
이로부터 $p \Longrightarrow s$, $q \Longleftrightarrow s$

(1) 충분조건   (2) 필요충분조건

22-8. (1) $P = \{x \mid x < 0\}$,
$Q = \{x \mid x^2 - x > 0\}$으로 놓으면
$P = \{x \mid x < 0\}$,
$Q = \{x \mid x < 0$ 또는 $x > 1\}$
$P \subset Q$, $Q \not\subset P$이므로
$x < 0 \Longrightarrow x^2 - x > 0$ ∴ 충분

(2) $P = \{x \mid -1 \leq x \leq 2\}$,
$Q = \{x \mid x^2 - x - 2 < 0\}$으로 놓으면
$P = \{x \mid -1 \leq x \leq 2\}$,
$Q = \{x \mid -1 < x < 2\}$
$Q \subset P$, $P \not\subset Q$이므로
$x^2 - x - 2 < 0 \Longrightarrow -1 \leq x \leq 2$
∴ 필요

(3) $P = \{x \mid x < -3$ 또는 $x > 2\}$,
$Q = \{x \mid x^2 + x - 6 > 0\}$으로 놓으면
$P = \{x \mid x < -3$ 또는 $x > 2\}$,
$Q = \{x \mid x < -3$ 또는 $x > 2\}$
$P = Q$이므로
$(x < -3$ 또는 $x > 2) \Longleftrightarrow x^2 + x - 6 > 0$
∴ 필요충분

22-9. 조건 p, q의 진리집합을 각각 P, Q
라고 하자.
조건 p에서 $x^2 + 2(a+1)x + a^2 + 2 = 0$
의 판별식을 D_1이라고 하면
$D_1/4 = (a+1)^2 - (a^2+2) = 2a - 1 < 0$
곧, p : $a < \dfrac{1}{2}$ ∴ $P = \left\{ a \mid a < \dfrac{1}{2} \right\}$

조건 q에서 $ax^2-ax+k=0$의 판별식을 D_2라고 하면

$$D_2=a^2-4ak=a(a-4k)<0$$

곧, $q:0<a<4k$

$\therefore$ Q$=\{a\,|\,0<a<4k\}$

이때, p가 q이기 위한 필요조건이면 Q$\subset$P이다.

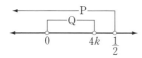

곧, $0<4k\leq\dfrac{1}{2}$이므로　$0<k\leq\dfrac{1}{8}$

따라서 k의 최댓값은 $\dfrac{1}{8}$

22-10. 조건 p, q의 진리집합을 각각 P, Q라고 하면

$$P=\{x\,|\,|x-a|\leq2\}$$
$$=\{x\,|\,a-2\leq x\leq a+2\},$$
$$Q=\{x\,|\,x^2\leq16\}$$
$$=\{x\,|-4\leq x\leq4\}$$

이때, p가 q이기 위한 충분조건이면 P$\subset$Q이다.

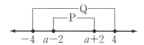

따라서 $-4\leq a-2$이고 $a+2\leq4$이므로

$$-2\leq a\leq2$$

23-1. (1) a, b가 자연수일 때, a, b가 모두 홀수이면

$$a=2m-1,\ b=2n-1$$
$$(m,\ n은\ 자연수)$$

로 나타낼 수 있으므로

$$ab=(2m-1)(2n-1)$$
$$=2(2mn-m-n)+1$$

여기에서 $2mn-m-n$은 음이 아닌 정수이므로 ab는 홀수이다.

곧, 대우가 참이므로 a, b가 자연수

일 때, ab가 짝수이면 a, b 중 적어도 하나는 짝수이다.

(2) n이 정수일 때, n이 3의 배수가 아니면

$$n=3k\pm1\ (k는\ 정수)$$

로 나타낼 수 있다. 이때,

$$n^2=(3k\pm1)^2=9k^2\pm6k+1$$
$$=3(3k^2\pm2k)+1$$

이므로 n^2은 3의 배수가 아니다.

곧, 대우가 참이므로 n이 정수일 때, n^2이 3의 배수이면 n은 3의 배수이다.

23-2. (i) $\sqrt{3}$이 유리수라고 가정하면 $\sqrt{3}=\dfrac{b}{a}$를 만족하는 서로소인 자연수 a, b가 존재한다.

곧, $b=\sqrt{3}\,a$에서

$$b^2=3a^2 \qquad\cdots\cdots①$$

여기에서 b^2이 3의 배수이고, 3은 소수이므로 b는 3의 배수이다.

$b=3k\,(k는\ 자연수)$라고 하면 ①에서

$$(3k)^2=3a^2 \quad\therefore\ a^2=3k^2$$

여기에서 a^2이 3의 배수이고, 3은 소수이므로 a는 3의 배수이다.

따라서 a, b는 모두 3의 배수가 되어 a, b가 서로소인 자연수라는 가정에 모순이다.

그러므로 $\sqrt{3}$은 유리수가 아니다.

(ii) $\sqrt{2}+\sqrt{3}$이 유리수라고 가정하면

$$\sqrt{2}+\sqrt{3}=c\,(c는\ 0이\ 아닌\ 유리수)$$

로 놓을 수 있고, 이로부터

$$\sqrt{2}=c-\sqrt{3}$$

양변을 제곱하여 정리하면

$$\sqrt{3}=\dfrac{c^2+1}{2c}$$

그런데 유리수에 유리수를 더하거나 빼거나 곱하거나 나누어도 유리수이므

로 우변은 유리수이고, 좌변은 유리수
가 아니다.

이는 모순이므로 $\sqrt{2}+\sqrt{3}$ 은 유리
수가 아니다.

23-3. (1) $(\sqrt{2}+\sqrt{3})^2=a$ (a는 유리수)
라고 가정하면

$$5+2\sqrt{6}=a \text{에서} \quad \sqrt{6}=\frac{a-5}{2}$$

이 식의 우변은 유리수이고, 좌변은
무리수가 되어 모순이다.

그러므로 $(\sqrt{2}+\sqrt{3})^2$은 유리수가
아니다.

(2) $\sqrt{2}+\sqrt{3}=b$ (b는 유리수)라고 가정
하고, 양변을 제곱하면

$$5+2\sqrt{6}=b^2 \text{에서} \quad \sqrt{6}=\frac{b^2-5}{2}$$

이 식의 우변은 유리수이고, 좌변은
무리수가 되어 모순이다.

그러므로 $\sqrt{2}+\sqrt{3}$ 은 유리수가 아
니다.

(3) $\dfrac{1}{\sqrt{2}}-\dfrac{1}{\sqrt{3}}=c$ (c는 유리수)라고 가
정하고, 양변을 제곱하면

$$\left(\frac{\sqrt{3}-\sqrt{2}}{\sqrt{6}}\right)^2=c^2 \text{에서}$$

$$\frac{5-2\sqrt{6}}{6}=c^2 \quad \therefore \sqrt{6}=\frac{5-6c^2}{2}$$

이 식의 우변은 유리수이고, 좌변은
무리수가 되어 모순이다.

그러므로 $\dfrac{1}{\sqrt{2}}-\dfrac{1}{\sqrt{3}}$ 은 유리수가
아니다.

23-4. 오른쪽 그림과
같이 주어진 삼각형
의 각 변의 중점을
이으면 한 변의 길이
가 1인 정삼각형 4
개가 된다.

따라서 5개의 점 중 적어도 두 점이 한

개의 작은 정삼각형의 내부에 있다.

그러므로 거리가 1 이하인 두 점이 반
드시 있다.

23-5. 오른쪽 그림과
같이 각 변의 중점을
이으면 한 변의 길이
가 $\dfrac{a}{2}$인 정사각형 4
개가 생기고, 대각
선의 길이는 $\dfrac{1}{\sqrt{2}}a$이다.

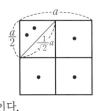

따라서 5개의 점 중 적어도 두 점이 한
개의 작은 정사각형의 내부에 있어 거리가
$\dfrac{1}{\sqrt{2}}a$ 이하인 두 점이 반드시 존재한다.

$$\therefore \frac{1}{\sqrt{2}}a \le 2\sqrt{2} \quad \therefore a \le 4$$

따라서 a의 최댓값은 **4**이다.

23-6. 오른쪽 그림과
같이 반지름의 길이
가 90 cm인 원의 둘
레를 6등분하면 어느
한 호에는 적어도 두
사람이 앉게 된다.

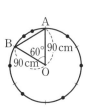

그런데 △ABO는 정삼각형이므로
$\overline{AB}=90$ cm이다.

따라서 같은 호에 있는 두 사람의 직선
거리는 90 cm를 넘을 수 없다.

23-7. $(A^2+B^2)-(x^2+y^2)$
$=(ax+by)^2+(bx+ay)^2-(x^2+y^2)$
$=(a^2+b^2-1)x^2+4abxy$
$\qquad\qquad +(a^2+b^2-1)y^2$
$=\{(a+b)^2-2ab-1\}x^2+4abxy$
$\qquad\qquad +\{(a+b)^2-2ab-1\}y^2$
$=-2abx^2+4abxy-2aby^2$
$=-2ab(x-y)^2 \le 0$
$\therefore \mathbf{A^2+B^2 \le x^2+y^2}$
(등호는 $\boldsymbol{x=y}$일 때 성립)

23-8. $A-B=-px^2-qy^2+(px+qy)^2$

$=(-p+p^2)x^2+2pqxy+(-q+q^2)y^2$

$=p(p-1)x^2+2pqxy+q(q-1)y^2$

$=-pqx^2+2pqxy-pqy^2 \Leftrightarrow p+q=1$

$=-pq(x-y)^2\leq0$

$\therefore \mathbf{A}\leq\mathbf{B}$ (등호는 $\boldsymbol{x}=\boldsymbol{y}$일 때 성립)

23-9. (1) $\left(\sqrt{2}\sqrt{a^2+b^2}\right)^2-\left(|a|+|b|\right)^2$

$=2a^2+2b^2-\left(|a|^2+2|a||b|+|b|^2\right)$

$=a^2-2|a||b|+b^2$

$=|a|^2-2|a||b|+|b|^2$

$=\left(|a|-|b|\right)^2\geq0$

$\therefore \left(|a|+|b|\right)^2\leq\left(\sqrt{2}\sqrt{a^2+b^2}\right)^2$

그런데

$|a|+|b|\geq0, \sqrt{2}\sqrt{a^2+b^2}\geq0$

$\therefore |a|+|b|\leq\sqrt{2}\sqrt{a^2+b^2}$

(등호는 $|a|=|b|$일 때 성립)

(2) $\left(\sqrt{a-b}\right)^2-\left(\sqrt{a}-\sqrt{b}\right)^2$

$=a-b-\left(a-2\sqrt{ab}+b\right)$

$=2\sqrt{ab}-2b$

$=2\sqrt{b}\left(\sqrt{a}-\sqrt{b}\right)>0$

$\therefore \left(\sqrt{a}-\sqrt{b}\right)^2<\left(\sqrt{a-b}\right)^2$

그런데 $\sqrt{a}-\sqrt{b}>0, \sqrt{a-b}>0$

$\therefore \sqrt{a}-\sqrt{b}<\sqrt{a-b}$

(3) $\left|a+\dfrac{1}{a}\right|^2-2^2=a^2+2+\dfrac{1}{a^2}-4$

$=a^2-2+\dfrac{1}{a^2}$

$=\left(a-\dfrac{1}{a}\right)^2\geq0$

$\therefore \left|a+\dfrac{1}{a}\right|^2\geq2^2$

그런데 $\left|a+\dfrac{1}{a}\right|>0$이므로

$\left|a+\dfrac{1}{a}\right|\geq2$

(등호는 $a=\dfrac{1}{a}$일 때, 곧

$a=\pm1$일 때 성립)

(4) $\left|\dfrac{a+b}{1+ab}\right|^2-1^2=\dfrac{(a+b)^2-(1+ab)^2}{(1+ab)^2}$

$=\dfrac{a^2+b^2-1-a^2b^2}{(1+ab)^2}$

$=\dfrac{-(1-a^2)(1-b^2)}{(1+ab)^2}<0$

$\therefore \left|\dfrac{a+b}{1+ab}\right|^2<1^2$

그런데 $\left|\dfrac{a+b}{1+ab}\right|\geq0$이므로

$\left|\dfrac{a+b}{1+ab}\right|<1$

23-10. (1) $\dfrac{a}{b}+\dfrac{b}{c}\geq2\sqrt{\dfrac{ab}{bc}}=2\sqrt{\dfrac{a}{c}},$

$\dfrac{b}{c}+\dfrac{c}{a}\geq2\sqrt{\dfrac{bc}{ca}}=2\sqrt{\dfrac{b}{a}},$

$\dfrac{c}{a}+\dfrac{a}{b}\geq2\sqrt{\dfrac{ca}{ab}}=2\sqrt{\dfrac{c}{b}}$

이므로

$\left(\dfrac{a}{b}+\dfrac{b}{c}\right)\left(\dfrac{b}{c}+\dfrac{c}{a}\right)\left(\dfrac{c}{a}+\dfrac{a}{b}\right)$

$\geq2\sqrt{\dfrac{a}{c}}\times2\sqrt{\dfrac{b}{a}}\times2\sqrt{\dfrac{c}{b}}=8$

$\therefore \left(\dfrac{a}{b}+\dfrac{b}{c}\right)\left(\dfrac{b}{c}+\dfrac{c}{a}\right)\left(\dfrac{c}{a}+\dfrac{a}{b}\right)\geq8$

(등호는 $a=b=c$일 때 성립)

(2) $a+b+c\geq3\sqrt[3]{abc},$

$\dfrac{1}{a}+\dfrac{1}{b}+\dfrac{1}{c}\geq3\sqrt[3]{\dfrac{1}{abc}}$

이므로

$(a+b+c)\left(\dfrac{1}{a}+\dfrac{1}{b}+\dfrac{1}{c}\right)$

$\geq3\sqrt[3]{abc}\times3\sqrt[3]{\dfrac{1}{abc}}=9$

$\therefore (a+b+c)\left(\dfrac{1}{a}+\dfrac{1}{b}+\dfrac{1}{c}\right)\geq9$

(등호는 $a=b=c$일 때 성립)

(3) $a+b+c\geq3\sqrt[3]{abc},$

$ab+bc+ca\geq3\sqrt[3]{ab\times bc\times ca}$

$=3\sqrt[3]{(abc)^2}$

이므로

$$(a+b+c)(ab+bc+ca)$$
$$\geq 3\sqrt[3]{abc} \times 3\sqrt[3]{(abc)^2}$$
$$=9\sqrt[3]{(abc)^3}=9abc$$
$$\therefore \ (a+b+c)(ab+bc+ca)\geq 9abc$$
(등호는 $a=b=c$일 때 성립)

(4) $\dfrac{a}{b}+\dfrac{b}{c}\geq 2\sqrt{\dfrac{ab}{bc}}=2\sqrt{\dfrac{a}{c}}$,

$\dfrac{c}{d}+\dfrac{d}{a}\geq 2\sqrt{\dfrac{cd}{da}}=2\sqrt{\dfrac{c}{a}}$

이므로

$$\dfrac{a}{b}+\dfrac{b}{c}+\dfrac{c}{d}+\dfrac{d}{a}\geq 2\sqrt{\dfrac{a}{c}}+2\sqrt{\dfrac{c}{a}}$$
$$\geq 2\sqrt{2\sqrt{\dfrac{a}{c}}\times 2\sqrt{\dfrac{c}{a}}}=4$$

$$\therefore \ \dfrac{a}{b}+\dfrac{b}{c}+\dfrac{c}{d}+\dfrac{d}{a}\geq 4$$
(등호는 $a=b=c=d$일 때 성립)

23-11. (1) $(a^2+b^2)(c^2+d^2)-(ac+bd)^2$
$$=a^2d^2-2abcd+b^2c^2$$
$$=(ad-bc)^2\geq 0$$
$$\therefore \ (a^2+b^2)(c^2+d^2)\geq (ac+bd)^2$$
(등호는 $ad=bc$일 때 성립)

(2) 코시-슈바르츠 부등식에서
$$(a^2+b^2)(x^2+y^2)\geq (ax+by)^2$$
$a^2+b^2=1$, $x^2+y^2=1$이므로
$$(ax+by)^2\leq 1$$
$$\therefore \ -1\leq ax+by\leq 1$$
(등호는 $bx=ay$일 때 성립)

(3) 코시-슈바르츠 부등식에서
$$(a^2+b^2+c^2)(x^2+y^2+z^2)$$
$$\geq (ax+by+cz)^2$$
$a^2+b^2+c^2=1$, $x^2+y^2+z^2=1$ 이므로
$$(ax+by+cz)^2\leq 1$$
$$\therefore \ -1\leq ax+by+cz\leq 1$$
(등호는 $a:b:c=x:y:z$일 때 성립)

23-12. (1) $\dfrac{x+4y}{2}\geq \sqrt{x\times 4y}$ 이므로

$$\dfrac{x+4y}{2}\geq \sqrt{4\times 9} \quad \therefore \ x+4y\geq 12$$
등호는 $x=4y$, 곧 $x=6$, $y=\dfrac{3}{2}$일
때 성립하고, 최솟값은 **12**

(2) $\left(\sqrt{x}+\sqrt{y}\right)^2=x+y+2\sqrt{xy}$
$$=4+2\sqrt{xy}$$
그런데 $2\sqrt{xy}\leq x+y=4$이므로
$$\left(\sqrt{x}+\sqrt{y}\right)^2\leq 4+4$$
$\sqrt{x}>0$, $\sqrt{y}>0$이므로
$$0<\sqrt{x}+\sqrt{y}\leq 2\sqrt{2}$$
등호는 $x=y=2$일 때 성립하고, 최
댓값은 **$2\sqrt{2}$**

(3) $(2x+y)\left(\dfrac{8}{x}+\dfrac{1}{y}\right)=16+\dfrac{2x}{y}+\dfrac{8y}{x}+1$
에서
$$\dfrac{2x}{y}+\dfrac{8y}{x}\geq 2\sqrt{\dfrac{2x}{y}\times\dfrac{8y}{x}}=8$$
$$\therefore \ (2x+y)\left(\dfrac{8}{x}+\dfrac{1}{y}\right)\geq 16+8+1=25$$
등호는 $\dfrac{2x}{y}=\dfrac{8y}{x}$, 곧 $x=2y$일 때
성립하고, 최솟값은 **25**

*__Note__ (3)에서
$$\ulcorner 2x+y\geq 2\sqrt{2x\times y} \qquad \cdots\cdots ①$$
$$\dfrac{8}{x}+\dfrac{1}{y}\geq 2\sqrt{\dfrac{8}{x}\times\dfrac{1}{y}} \qquad \cdots\cdots ②$$
이므로
$$(2x+y)\left(\dfrac{8}{x}+\dfrac{1}{y}\right)$$
$$\geq \left(2\sqrt{2x\times y}\right)\left(2\sqrt{\dfrac{8}{x}\times\dfrac{1}{y}}\right)=16\lrcorner$$
이라고 답해서는 안 된다.

왜냐하면 ①에서 등호는 $2x=y$일
때 성립하고, ②에서 등호는 $\dfrac{8}{x}=\dfrac{1}{y}$,
곧 $x=8y$일 때 성립하기 때문이다.

23-13. (1) $\dfrac{x+3y+3z}{3}\geq \sqrt[3]{x\times 3y\times 3z}$
$$\therefore \ x+3y+3z\geq 9$$
등호는 $x=3y=3z$, 곧 $x=3$, $y=1$,

$z=1$일 때 성립하고, 최솟값은 **9**

(2) $\dfrac{x+2y+4z}{3} \geq \sqrt[3]{x \times 2y \times 4z}$

$\therefore \dfrac{2}{3} \geq 2\sqrt[3]{xyz}$ $\therefore xyz \leq \dfrac{1}{27}$

등호는 $x=2y=4z$, 곧 $x=\dfrac{2}{3}$,

$y=\dfrac{1}{3}$, $z=\dfrac{1}{6}$일 때 성립하고, 최댓

값은 $\dfrac{1}{27}$

23-14. $x>-2$이므로 $x+2>0$

$\dfrac{2}{x+2}+\dfrac{x}{2} = \dfrac{2}{x+2}+\dfrac{x+2}{2}-1$

$\qquad \geq 2\sqrt{\dfrac{2}{x+2} \times \dfrac{x+2}{2}}-1$

$\qquad = 1$

등호는 $\dfrac{2}{x+2}=\dfrac{x+2}{2}$, 곧 $(x+2)^2=4$

일 때 성립한다.

그런데 $x>-2$이므로 $x=0$

$\therefore$ **$x=0$일 때 최솟값 1**

23-15. 오른쪽 그림과
같이 정사각기둥의 밑
면의 한 모서리의 길
이를 x cm, 높이를
y cm라고 하자.

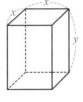

모든 모서리의 길
이의 합이 96 cm이므로

$8x+4y=96$ $\therefore 2x+y=24$

한편 $x>0$, $y>0$이고 부피는 x^2y이
므로

$2x+y = x+x+y \geq 3\sqrt[3]{x \times x \times y}$

$\therefore 24 \geq 3\sqrt[3]{x^2y}$ $\therefore x^2y \leq 8^3=512$

따라서 $x=y=8$일 때 부피의 최댓값
은 **512 cm³**

23-16. $\triangle ABC=\triangle PAB+\triangle PBC$
$\qquad\qquad\qquad +\triangle PCA$

이므로 $S_1+S_2+S_3=9$

코시-슈바르츠 부등식에서

$(S_1{}^2+S_2{}^2+S_3{}^2)(1^2+1^2+1^2) \geq (S_1+S_2+S_3)^2$

$\therefore S_1{}^2+S_2{}^2+S_3{}^2 \geq 27$

등호는 $S_1 : S_2 : S_3 = 1:1:1$,
곧 $S_1=S_2=S_3=3$일 때 성립하고, 최솟
값은 **27**

23-17. 정삼각형의 세 꼭짓점을 A, B, C
라 하고, 점 P에서 세 변 AB, BC, CA
에 그은 수선의 길이를 각각 a, b, c라고
하자.

$\triangle ABC=\triangle PAB+\triangle PBC+\triangle PCA$

이므로

$\dfrac{\sqrt{3}}{4} \times 6^2 = \dfrac{1}{2} \times 6a + \dfrac{1}{2} \times 6b + \dfrac{1}{2} \times 6c$

$\therefore a+b+c=3\sqrt{3}$

코시-슈바르츠 부등식에서

$(a^2+b^2+c^2)(1^2+1^2+1^2) \geq (a+b+c)^2$

$\therefore a^2+b^2+c^2 \geq 9$

등호는 $a : b : c = 1:1:1$,
곧 $a=b=c=\sqrt{3}$일 때 성립하고, 최솟
값은 **9**

*___Note___ $a=b=c$이므로 점 P는 $\triangle ABC$
의 내심이다. 또, $\triangle ABC$가 정삼각형
이므로 점 P는 외심, 무게중심, 수심
도 된다.

24-1. 대응 관계를 그림으로 나타내면 각
각 다음과 같다.

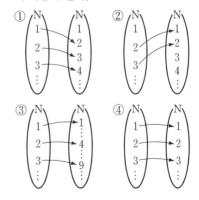

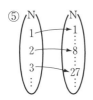

⑤는 집합 N의 원소 1에 대응하는 원소가 집합 N에 없으므로 N에서 N으로의 함수가 아니다. 　　[답] ②

24-2. $f(xy)=f(x)+f(y)$ 　　……①

(1) $x=1$, $y=1$을 ①에 대입하면
$$f(1\times1)=f(1)+f(1) \quad \therefore\ f(1)=0$$

(2) $y=x$로 놓으면 ①은
$$f(x^2)=f(x)+f(x)$$
$$\therefore\ f(x^2)=2f(x) \quad ……②$$
또, $y=x^2$으로 놓으면 ①은
$$f(x^3)=f(x)+f(x^2)$$
②를 대입하면
$$f(x^3)=f(x)+2f(x)$$
$$\therefore\ f(x^3)=3f(x)$$

(3) $y=\dfrac{1}{x}$로 놓으면 ①은
$$f\left(x\times\dfrac{1}{x}\right)=f(x)+f\left(\dfrac{1}{x}\right)$$
그런데 $f(1)=0$이므로
$$0=f(x)+f\left(\dfrac{1}{x}\right)$$
$$\therefore\ f\left(\dfrac{1}{x}\right)=-f(x)$$

24-3. $2f(x+y)=f(x)f(y)$ 　　……①

$x=y=1$을 ①에 대입하면
$$2f(1+1)=f(1)f(1)$$
$f(2)=1$이므로 　$\{f(1)\}^2=2$
$f(x)>0$이므로 　$f(1)=\sqrt{2}$
또, $x=y=\dfrac{1}{2}$을 ①에 대입하면
$$2f\left(\dfrac{1}{2}+\dfrac{1}{2}\right)=f\left(\dfrac{1}{2}\right)f\left(\dfrac{1}{2}\right)$$
$f(1)=\sqrt{2}$이므로 　$\left\{f\left(\dfrac{1}{2}\right)\right\}^2=2\sqrt{2}$

$f(x)>0$이므로 　$f\left(\dfrac{1}{2}\right)=\sqrt{2\sqrt{2}}$

24-4. $f\left(\dfrac{a+b}{2}\right)=\dfrac{f(a)+f(b)}{2}$ 　…①

(i) $a=0$, $b=4$를 ①에 대입하면
$$f\left(\dfrac{0+4}{2}\right)=\dfrac{f(0)+f(4)}{2}$$
그런데 $f(0)=1$, $f(4)=3$이므로
$$\boldsymbol{f(2)=2}$$

(ii) $a=2$, $b=-2$를 ①에 대입하면
$$f\left(\dfrac{2+(-2)}{2}\right)=\dfrac{f(2)+f(-2)}{2}$$
그런데 $f(0)=1$, $f(2)=2$이므로
$$1=\dfrac{2+f(-2)}{2} \quad \therefore\ \boldsymbol{f(-2)=0}$$

24-5. X에서 Y로의 함수이면 X의 각 원소에 대응하는 Y의 원소가 반드시 있어야 하고 오직 하나뿐이어야 한다.

① X의 원소 2에 대응하는 Y의 원소가 1, 3이므로 함수가 아니다.

② X의 각 원소에 Y의 원소가 오직 하나씩만 대응하므로 함수이다.

③ X의 원소 1에 대응하는 Y의 원소가 1, 3이고, X의 원소 2에 대응하는 Y의 원소는 2, 4이므로 함수가 아니다.

④ X의 원소 2에 대응하는 Y의 원소가 없으므로 함수가 아니다. 　　[답] ②

24-6. X$=\{1,\ 2,\ 3,\ 4\}$이고, $f(x)=x+1$이므로
$$f(1)=2,\ f(2)=3,\ f(3)=4,\ f(4)=5$$
따라서
그래프 : $\{(1,\ 2),\ (2,\ 3),\ (3,\ 4),\ (4,\ 5)\}$
치　역 : $\{2,\ 3,\ 4,\ 5\}$

24-7. $a \longrightarrow \boxed{}$, 　$b \longrightarrow \boxed{}$,
　　　$c \longrightarrow \boxed{}$, 　$d \longrightarrow \boxed{}$

Y의 원소 p, q, r, s에서 네 개를 뽑아 $\boxed{}$ 안에 늘어놓는 방법의 수를 구하는 것이다.

(1) 같은 값이 와도 관계없으므로 각각 네 가지가 가능하다.

$$\therefore\ 4\times4\times4\times4=4^4=\boldsymbol{256}(개)$$

(2) a에 온 수가 b에 올 수 없고, a, b에 온 수가 c에 올 수 없으며, a, b, c에 온 수가 d에 올 수 없다.

$$\therefore\ 4\times3\times2\times1=\boldsymbol{24}(개)$$

24-8. (1) (i) $x\in$R이면 $2x+3\in$R

역으로 임의의 $y\in$R에 대하여

$x=\dfrac{y-3}{2}\in$R는 $y=f(x)$를 만족한다.

$$\therefore\ \big\{f(x)\,\big|\,x\in R\big\}=R$$

(ii) R의 임의의 두 원소 x_1, x_2에 대하여 $f(x_1)=f(x_2)$이면

$2x_1+3=2x_2+3$ $\therefore\ x_1=x_2$

(i), (ii)에서 f는 R에서 R로의 일대일대응이다.

(2) (i) $x\in$R이면 $x^3\in$R

역으로 임의의 $y\in$R에 대하여

$x=\sqrt[3]{y}\in$R는 $y=f(x)$를 만족한다.

$$\therefore\ \big\{f(x)\,\big|\,x\in R\big\}=R$$

(ii) R의 임의의 두 원소 x_1, x_2에 대하여 $f(x_1)=f(x_2)$이면

$$x_1{}^3=x_2{}^3$$

$$\therefore\ (x_1-x_2)(x_1{}^2+x_1x_2+x_2{}^2)=0$$

그런데

$$x_1{}^2+x_1x_2+x_2{}^2$$
$$=\Big(x_1+\frac{1}{2}x_2\Big)^2+\frac{3}{4}x_2{}^2\geq0$$

이므로 $x_1=x_2$

$(x_1{}^2+x_1x_2+x_2{}^2=0$일 때는

$$x_1=x_2=0)$$

(i), (ii)에서 f는 R에서 R로의 일대일대응이다.

25-1. (1) $(g\circ f)(x)=g\big(f(x)\big)=g(x-1)$
$$=-2(x-1)=\boldsymbol{-2x+2}$$

(2) $(f\circ g)(x)=f\big(g(x)\big)=f(-2x)$
$$=\boldsymbol{-2x-1}$$

(3) $(g\circ f)(x)=-2x+2$이므로
$$\big(h\circ(g\circ f)\big)(x)=h\big((g\circ f)(x)\big)$$
$$=h(-2x+2)=(-2x+2)^2$$
$$=\boldsymbol{4(x-1)^2}$$

(4) $(h\circ g)(x)=h\big(g(x)\big)=h(-2x)$
$$=(-2x)^2=4x^2$$

이므로

$$\big((h\circ g)\circ f\big)(x)=(h\circ g)\big(f(x)\big)$$
$$=(h\circ g)(x-1)=\boldsymbol{4(x-1)^2}$$

25-2. $f\big(f(x)\big)=-f(x)+6$
$$=-(-x+6)+6=x$$

따라서 $f\big(f(x)\big)=\dfrac{1}{x}$에서 $x=\dfrac{1}{x}$

$$\therefore\ x^2=1\quad\therefore\ x=\pm1$$

그런데 함수 f의 정의역이

$X=\{1,\,2,\,3,\,4,\,5\}$이므로 $\boldsymbol{x=1}$

***Note** 구한 x의 값이 함수의 정의역에 속하는지 확인해야 한다.

25-3. $(f\circ g)(x)=f\big(g(x)\big)=3g(x)-4$
$$=3(-x^2+x-3)-4$$
$$=-3x^2+3x-13$$

$(g\circ f)(x)=g\big(f(x)\big)$
$$=-\big\{f(x)\big\}^2+f(x)-3$$
$$=-(3x-4)^2+(3x-4)-3$$
$$=-9x^2+27x-23$$

따라서 $(f\circ g)(x)=(g\circ f)(x)$에서

$-3x^2+3x-13=-9x^2+27x-23$

$$\therefore\ 3x^2-12x+5=0$$

$$\therefore\ \boldsymbol{x=\dfrac{6\pm\sqrt{21}}{3}}$$

25-4. (1) $f\big(h(x)\big)=g(x)$에서

$$2h(x)+3=4x-5$$

$$\therefore\ \boldsymbol{h(x)=2x-4}$$

(2) $k\big(f(x)\big)=g(x)$에서

$$k(2x+3)=4x-5\qquad\cdots\cdots①$$

$2x+3=t$로 놓으면 $x=\dfrac{t-3}{2}$

①에 대입하면

$$k(t)=4\times\frac{t-3}{2}-5=2t-11$$

$$\therefore\ \boldsymbol{k(x)=2x-11}$$

25-5. (1) $(f\circ f\circ f)(a)=(f\circ f)\big(f(a)\big)$

$$=(f\circ f)(b)=f\big(f(b)\big)$$

$$=f(c)=\boldsymbol{d}$$

(2) $(f\circ f)(x)=c$에서 $f(f(x))=c$

주어진 그림에서 $f(b)=c$이고,

$f(x)$는 일대일함수이므로 $f(x)=b$

또한 그림에서 $f(a)=b$이고,

$f(x)$는 일대일함수이므로 $x=\boldsymbol{a}$

25-6. $f(x)=2x$에서 $y=2x$로 놓으면

$$x=\frac{1}{2}y$$

x와 y를 바꾸면 $y=\frac{1}{2}x$

$$\therefore\ f^{-1}(x)=\frac{1}{2}x$$

같은 방법으로 하면

$$g^{-1}(x)=x-1$$

$$\therefore\ (f^{-1}\circ g^{-1}\circ h)(x)=(f^{-1}\circ g^{-1})\big(h(x)\big)$$

$$=(f^{-1}\circ g^{-1})(ax+b)$$

$$=f^{-1}\big(g^{-1}(ax+b)\big)$$

$$=f^{-1}(ax+b-1)$$

$$=\frac{1}{2}(ax+b-1)$$

$f^{-1}\circ g^{-1}\circ h=f$이므로

$$\frac{1}{2}(ax+b-1)=2x$$

$$\therefore\ ax+b-1=4x$$

x에 관한 항등식이므로 계수를 비교

하면 $\boldsymbol{a=4,\ b=1}$

25-7. $g(2)=f^{-1}(2)=k$로 놓으면

$$f(k)=2\quad\therefore\ k^2+k=2$$

$k>0$이므로 $k=1\quad\therefore\ g(2)=1$

$$\therefore\ h\big(g(2)\big)=h(1)=\frac{1+2}{f(1)}=\frac{3}{2}$$

25-8. (1) $(f\circ f)(x)=f\big(f(x)\big)$

$$=f(2x-3)=2(2x-3)-3$$

$$=4x-9$$

(2) $y=2x-3$으로 놓으면

$$x=\frac{1}{2}(y+3)$$

x와 y를 바꾸면 $y=\frac{1}{2}(x+3)$

$$\therefore\ \boldsymbol{f^{-1}(x)=\frac{1}{2}(x+3)}$$

(3) $g\big(f(x)\big)=x$에서 $g(x)=f^{-1}(x)$

$$\therefore\ \boldsymbol{g(x)=\frac{1}{2}(x+3)}$$

(4) $f\big(h(x)\big)=x+1$에서

$$h(x)=f^{-1}(x+1)=\frac{1}{2}\{(x+1)+3\}$$

$$=\frac{1}{2}(x+4)$$

26-1. $y=ax+2a+1$에서

$$(x+2)a+1-y=0$$

이 직선은 a의 값에 관계없이 항상

점 $(-2,\ 1)$을 지난다.

(1) $-1\le x\le 1$일 때 항상 $y>0$이려면

$x=-1$일 때 $y=-a+2a+1>0$

$x=1$일 때 $y=a+2a+1>0$

동시에 만족하는 범위는 $\boldsymbol{a>-\dfrac{1}{3}}$

(2) $x=-1$일 때 $y=-a+2a+1>0$

$x=1$일 때 $y=a+2a+1<0$

동시에 만족하는 범위는

$$-1<\boldsymbol{a}<-\frac{1}{3}$$

*$Note$ $-1<x<1$일 때 y가 양수인

값과 음수인 값을 모두 가지려면

$x=-1$일 때의 y의 값과 $x=1$일 때

의 y의 값이 서로 다른 부호이어야

하므로

$$(-a+2a+1)(a+2a+1)<0$$

$$\therefore\ -1<\boldsymbol{a}<-\frac{1}{3}$$

26-2. $|p|<2\iff -2<p<2\ \cdots\cdots$①

$$f(p)=x^2+px+1-(2x+p)$$

$$=(x-1)p+x^2-2x+1$$

이라고 하자.

(i) $x=1$일 때 $f(p)=0$이므로 성립하지 않는다.

(ii) $x\neq1$일 때 $f(p)$는 p의 일차함수이므로 ①의 범위에서 $f(p)>0$일 조건은

$f(-2)=(x-1)\times(-2)+x^2-2x+1\geq0$

$\therefore x^2-4x+3\geq0$

$\therefore x\leq1, x\geq3$ ……②

$f(2)=(x-1)\times2+x^2-2x+1\geq0$

$\therefore x^2-1\geq0$

$\therefore x\leq-1, x\geq1$ ……③

$x\neq1$과 ②, ③의 공통 범위는

$x\leq-1, x\geq3$

26-3. $f(x)=\begin{cases} 2x & \left(0\leq x\leq\dfrac{3}{2}\right) \\ 6-2x & \left(\dfrac{3}{2}<x\leq3\right), \end{cases}$

$g(x)=\begin{cases} 2x & (0\leq x\leq1) \\ \dfrac{1}{2}x+\dfrac{3}{2} & (1<x\leq3) \end{cases}$

이므로

$(g\circ f)(x)=g\big(f(x)\big)$

$=\begin{cases} 2f(x) & (0\leq f(x)\leq1) \\ \dfrac{1}{2}f(x)+\dfrac{3}{2} & (1<f(x)\leq3) \end{cases}$

$=\begin{cases} 2(2x) & \left(0\leq x\leq\dfrac{1}{2}\right) \\ \dfrac{1}{2}(2x)+\dfrac{3}{2} & \left(\dfrac{1}{2}<x\leq\dfrac{3}{2}\right) \\ \dfrac{1}{2}(6-2x)+\dfrac{3}{2} & \left(\dfrac{3}{2}<x<\dfrac{5}{2}\right) \\ 2(6-2x) & \left(\dfrac{5}{2}\leq x\leq3\right) \end{cases}$

$=\begin{cases} 4x & \left(0\leq x\leq\dfrac{1}{2}\right) \\ x+\dfrac{3}{2} & \left(\dfrac{1}{2}<x\leq\dfrac{3}{2}\right) \\ -x+\dfrac{9}{2} & \left(\dfrac{3}{2}<x<\dfrac{5}{2}\right) \\ -4x+12 & \left(\dfrac{5}{2}\leq x\leq3\right) \end{cases}$

따라서 $y=(g\circ f)(x)$의 그래프는 다음 그림과 같다.

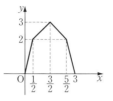

26-4. (1) $y=|x+2|-3$에서

$x+2\geq0$일 때 $y=(x+2)-3$

곧, $x\geq-2$일 때 $y=x-1$

$x+2<0$일 때 $y=-(x+2)-3$

곧, $x<-2$일 때 $y=-x-5$

(2) $y=x+|x-1|$에서

$x-1\geq0$일 때 $y=x+(x-1)$

곧, $x\geq1$일 때 $y=2x-1$

$x-1<0$일 때 $y=x-(x-1)$

곧, $x<1$일 때 $y=1$

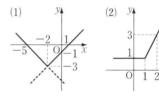

(3) $x+|y|=1$에서

$y\geq0$일 때 $x+y=1$ $\therefore y=-x+1$

$y<0$일 때 $x-y=1$ $\therefore y=x-1$

(4) $|y-3|=\dfrac{1}{2}x+1$에서

$y\geq3$일 때 $y-3=\dfrac{1}{2}x+1$

$\therefore y=\dfrac{1}{2}x+4$

$y<3$일 때 $-(y-3)=\dfrac{1}{2}x+1$

$\therefore y=-\dfrac{1}{2}x+2$

26-5. (1) $y=\dfrac{\sqrt{x^2}}{x}=\dfrac{|x|}{x}$ 에서

　　$x>0$일 때 $y=\dfrac{x}{x}=1$

　　$x<0$일 때 $y=\dfrac{-x}{x}=-1$

　　$x=0$일 때 정의되지 않는다.

(2) $y=|x+2|+|x-3|$에서

　　$x<-2$일 때

　　　$y=-(x+2)-(x-3)=-2x+1$

　　$-2\le x<3$일 때

　　　$y=(x+2)-(x-3)=5$

　　$x\ge3$일 때

　　　$y=(x+2)+(x-3)=2x-1$

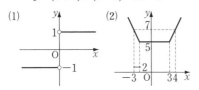

26-6. (1) $y=\sqrt{x^2-4x+4}=\sqrt{(x-2)^2}$

　　곧, $y=|x-2|$이므로 $y=x-2$의
　　그래프를 그린 다음, x축 윗부분은 그
　　대로 두고 x축 아랫부분을 x축 위로
　　꺾어 올린다.

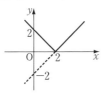

(2) $f(x)=|x+2|-|x-3|$으로 놓으면

　(i) $x<-2$일 때

　　　$f(x)=-(x+2)+(x-3)=-5$

　(ii) $-2\le x<3$일 때

　　　$f(x)=(x+2)+(x-3)=2x-1$

　(iii) $x\ge3$일 때

　　　$f(x)=(x+2)-(x-3)=5$

　　따라서 $y=|f(x)|$의 그래프는 다음
　오른쪽 그림과 같다.

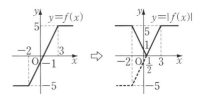

26-7. $2|x|+|y|=4$ 　　……①

　　①에서 x 대신 $-x$를, y 대신 $-y$를
　대입해도 같은 식이 되므로 ①의 그래프
　는 x축, y축, 원점에 대하여 대칭인 도
　형이다.

　　$x\ge0,\ y\ge0$일 때 ①은

　　　$2x+y=4$

　　$\therefore y=-2x+4$

　　따라서 ①의 그래
　프는 오른쪽과 같은
　마름모이므로 그 넓
　이는

　　$\dfrac{1}{2}\times4\times8=\mathbf{16}$

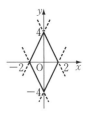

26-8. (1) $[x]=n(n$은 정수$)$일 때

　　　$n\le x<n+1$이므로

　　　$-n-1<-x\le-n$

　(i) $-n-1<-x<-n$, 곧

　　　$n<x<n+1$일 때

　　　　$[-x]=-n-1$

　　　$\therefore y=[x]+[-x]=-1$

　(ii) $-x=-n$, 곧 $x=n$일 때

　　　　$[-x]=-n$

　　　$\therefore y=[x]+[-x]=0$

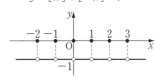

(2) $-1\le x<0$일 때 $y=|-3x|=-3x$

　　$0\le x<1$일 때 $y=|-2x|=2x$

　　$1\le x<2$일 때 $y=|-x|=x$

$2 \leq x < 3$일 때　$y=0$

$x=3$일 때　$y=|3 \times 1|=3$

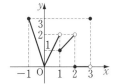

26-9. (1) 아래로 볼록한 포물선이므로

　　$-a>0$　$\therefore$ **$a<0$**

(2) 꼭짓점의 x좌표가 양수이므로

　　$-\dfrac{b}{2(-a)}>0$　$\therefore$ **$b<0$**

(3) $x=0$일 때 y의 값이 음수이므로

　　$-c<0$　$\therefore$ **$c>0$**

(4) $f(x)=-ax^2+bx-c$ 라고 하면

　　$f(2)=-4a+2b-c=0$

　　$\therefore$ **$4a-2b+c=0$**

(5) $f(2)-f(-2)=(-4a+2b-c)$

　　　　　　　　　$-(-4a-2b-c)$

　　　　　　　$=4b<0$

　　$\therefore f(-2)>f(2)$　곧, $f(-2)>0$

　　$\therefore f(-2)=-4a-2b-c>0$

　　　　$\therefore$ **$4a+2b+c<0$**

26-10. $y=f(x)=x^2-2x-3=(x-1)^2-4$

(1) $y=|f(x)|$ 꼴의 그래프를 그리는 방법을 따른다.　⇦ p.196

(2) x 대신 $-x$를 대입해도 같은 식이므로 그래프는 y축에 대하여 대칭이다.

　　따라서 y축의 오른쪽은 그대로 두고, y축의 왼쪽은 $y=f(x)$ $(x \geq 0)$의 그래프를 y축에 대하여 대칭이동한다.

(3) y 대신 $-y$를 대입해도 같은 식이므로 그래프는 x축에 대하여 대칭이다.

　　따라서 x축 윗부분은 그대로 두고, x축 아랫부분은 $y=f(x)$ $(y \geq 0)$의 그래프를 x축에 대하여 대칭이동한다.

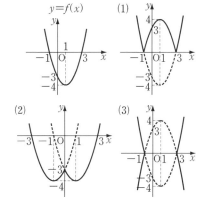

26-11. $y=f(x)$의 그래프는 꼭짓점이 $\left(0, \dfrac{3}{4}\right)$이고, $x>0$일 때 x가 증가하면 y도 증가한다.

　$\therefore f(a)=\dfrac{1}{4}(a^2+3)=a$,

　　$f(b)=\dfrac{1}{4}(b^2+3)=b$

　$\therefore a=1, 3, \qquad b=1, 3$

　그런데 $0<a<b$이므로

　　　$a=1,\ b=3$

26-12. $x^2-2x+3=t$로 놓으면

　　$t=(x-1)^2+2$

　　$y=t^2-4t+1=(t-2)^2-3$　…①

　한편 $-1 \leq x \leq 2$일 때　$2 \leq t \leq 6$

　이므로 이 범위에서 ①의 최댓값, 최솟값을 구하면

　　$t=6$일 때　최댓값 **13**,

　　$t=2$일 때　최솟값 **-3**

26-13. $g(x)=2x^2-8x+5=t$로 놓으면

　　$t=2(x-2)^2-3$

　　$y=(f \circ g)(x)=f(g(x))=f(t)$

　　　$=t^2+2t-1=(t+1)^2-2$　…①

　한편 $0 \leq x \leq 3$일 때　$-3 \leq t \leq 5$

　이므로 이 범위에서 ①의 최댓값, 최솟값을 구하면

$t=5$일 때 최댓값 **34**,

$t=-1$일 때 최솟값 -2

26-14. $3-4f(x)=t$로 놓으면

$$t=3-4(x^2+x+1)=-4\left(x+\frac{1}{2}\right)^2$$

$$y=f(3-4f(x))=f(t)$$

$$=t^2+t+1=\left(t+\frac{1}{2}\right)^2+\frac{3}{4} \cdots①$$

한편 $-1\le x\le1$일 때 $-9\le t\le0$

이므로 이 범위에서 ①의 최댓값, 최솟값

을 구하면

$t=-9$일 때 **최댓값 73**,

$t=-\dfrac{1}{2}$일 때 **최솟값 $\dfrac{3}{4}$**

26-15. $y=x^2+2ax+b$ ······①

①이 점 $(2,4)$를 지나므로

$4=4+4a+b$ ∴ $b=-4a$ ······②

②를 ①에 대입하면

$$y=x^2+2ax-4a$$

$$=(x+a)^2-a^2-4a$$

따라서 ①의 꼭짓점은

$(-a,\ -a^2-4a)$이고, 이 꼭짓점이 직선

$y-2x-1=0$ 위에 있으므로

$$-a^2-4a-2(-a)-1=0$$

∴ $a^2+2a+1=0$ ∴ $\boldsymbol{a=-1}$

②에 대입하면 $\boldsymbol{b=4}$

26-16. $y=ax^2+bx+c$ ······①

$y=mx+n$ ······②

②는 두 점 $(-1,2),\ (2,5)$를 지나므로

$$2=-m+n,\ 5=2m+n$$

∴ $m=1,\ n=3$

②에 대입하면 $\boldsymbol{y=x+3}$

또, ①도 두 점 $(-1,2),\ (2,5)$를 지

나므로

$2=a-b+c$ ······③

$5=4a+2b+c$ ······④

①의 꼭짓점의 y좌표가 1이므로

$$-\frac{b^2-4ac}{4a}=1$$

∴ $b^2-4ac+4a=0$ ······⑤

③, ④를 $b,\ c$에 관하여 연립하여 풀면

$$b=-a+1,\ c=-2a+3$$

이 식을 ⑤에 대입하면

$$9a^2-10a+1=0$$

a는 정수이므로 $a=1$

∴ $b=0,\ c=1$

①에 대입하면 $\boldsymbol{y=x^2+1}$

26-17. (1) $y=x^2+px=\left(x+\dfrac{p}{2}\right)^2-\dfrac{p^2}{4}$

이므로 꼭짓점은 $\left(-\dfrac{p}{2},\ -\dfrac{p^2}{4}\right)$이다.

$x=-\dfrac{p}{2}$ ···① $y=-\dfrac{p^2}{4}$ ···②

①에서의 $p=-2x$를 ②에 대입하면

$$\boldsymbol{y=-x^2}$$

(2) $y=x^2-px+p=\left(x-\dfrac{p}{2}\right)^2-\dfrac{p^2}{4}+p$

이므로 꼭짓점은 $\left(\dfrac{p}{2},\ -\dfrac{p^2}{4}+p\right)$이다.

$x=\dfrac{p}{2}$ ···① $y=-\dfrac{p^2}{4}+p$ ···②

①에서의 $p=2x$를 ②에 대입하면

$$\boldsymbol{y=-x^2+2x}$$

26-18.

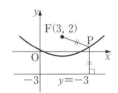

조건을 만족하는 점을 $P(x,\ y)$라고

하면

$$\overline{PF}=\sqrt{(x-3)^2+(y-2)^2}$$

또, 점 $P(x,\ y)$와 직선 $y=-3$ 사이의

거리는 $|y+3|$이므로

$$\sqrt{(x-3)^2+(y-2)^2}=|y+3|$$

양변을 제곱하면

$$(x-3)^2+(y-2)^2=(y+3)^2$$

∴ $\boldsymbol{y=\dfrac{1}{10}(x-3)^2-\dfrac{1}{2}}$

26-19.

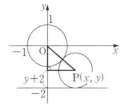

조건을 만족하는 점을 $P(x,\ y)$라고 하면 $y-(-2)=y+2$는 원 P의 반지름의 길이이다.

이 원이 $x^2+y^2=1$에 외접하므로

$$\sqrt{x^2+y^2}=1+(y+2)$$

제곱하여 정리하면　$y=\dfrac{1}{6}x^2-\dfrac{3}{2}$

26-20. (1) $F(x)=f(x)+f(-x)$로 놓으면

$$F(-x)=f(-x)+f\big(-(-x)\big)$$
$$=f(-x)+f(x)=F(x)$$

곧, $F(-x)=F(x)$이므로

$F(x)=f(x)+f(-x)$는 우함수이다.

(2) $F(x)=f(x)-f(-x)$로 놓으면

$$F(-x)=f(-x)-f\big(-(-x)\big)$$
$$=f(-x)-f(x)=-F(x)$$

곧, $F(-x)=-F(x)$이므로

$F(x)=f(x)-f(-x)$는 기함수이다.

(3) $F(x)=f(x)f(-x)$로 놓으면

$$F(-x)=f(-x)f\big(-(-x)\big)$$
$$=f(-x)f(x)=F(x)$$

곧, $F(-x)=F(x)$이므로

$F(x)=f(x)f(-x)$는 우함수이다.

*___Note___ 함수 $f(x)$를

$$f(x)=\dfrac{f(x)+f(-x)}{2}+\dfrac{f(x)-f(-x)}{2}$$

로 나타낼 수 있다. 따라서 모든 함수는 우함수와 기함수의 합으로 나타낼 수 있다.

26-21. (1) $y=f(x)$와 $y=g(x)$의 그래프가 모두 원점에 대하여 대칭이므로 각

각 기함수이고

$$f(-x)=-f(x),\ g(-x)=-g(x)$$
$$\therefore\ h(-x)=pf(-x)+qg(-x)$$
$$=-\big\{pf(x)+qg(x)\big\}$$
$$=-h(x)$$

따라서 $h(x)$는 기함수이고, 그 그래프는 원점에 대하여 대칭이다.

(2) $p-1=-q,\ q-1=-p$이므로

$$\big\{h(x)-f(x)\big\}\big\{h(x)-g(x)\big\}$$
$$=\big\{(p-1)f(x)+qg(x)\big\}$$
$$\times\big\{pf(x)+(q-1)g(x)\big\}$$
$$=q\big\{-f(x)+g(x)\big\}\times p\big\{f(x)-g(x)\big\}$$
$$=-pq\big\{f(x)-g(x)\big\}^2$$

$p>0,\ q>0,\ \big\{f(x)-g(x)\big\}^2\geq0$ 이므로

$$\big\{h(x)-f(x)\big\}\big\{h(x)-g(x)\big\}\leq0$$

27-1. (1) (준 식)

$$=\Big(3+\dfrac{1}{x-5}\Big)-\Big(5-\dfrac{1}{x-2}\Big)$$
$$+\Big(1-\dfrac{1}{x-3}\Big)+\Big(1-\dfrac{1}{x-4}\Big)$$
$$=\Big(\dfrac{1}{x-2}-\dfrac{1}{x-3}\Big)+\Big(\dfrac{1}{x-5}-\dfrac{1}{x-4}\Big)$$
$$=\dfrac{-1}{(x-2)(x-3)}+\dfrac{1}{(x-4)(x-5)}$$
$$=\dfrac{2(2x-7)}{(x-2)(x-3)(x-4)(x-5)}$$

(2) (준 식)

$$=\Big(\dfrac{1}{x-2}-\dfrac{1}{x-1}\Big)+\Big(\dfrac{1}{x-1}-\dfrac{1}{x}\Big)$$
$$+\Big(\dfrac{1}{x}-\dfrac{1}{x+1}\Big)+\Big(\dfrac{1}{x+1}-\dfrac{1}{x+2}\Big)$$
$$=\dfrac{1}{x-2}-\dfrac{1}{x+2}=\dfrac{4}{(x-2)(x+2)}$$

27-2. (1) $\dfrac{3x+1}{(x-1)(x^2+1)}$

$$=\dfrac{a(x^2+1)+(x-1)(bx+c)}{(x-1)(x^2+1)}$$

$\therefore \dfrac{3x+1}{(x-1)(x^2+1)}$

$\quad =\dfrac{(a+b)x^2+(-b+c)x+a-c}{(x-1)(x^2+1)}$

$\therefore 3x+1=(a+b)x^2+(-b+c)x$
$\qquad\qquad\qquad\qquad +a-c$

이 등식이 x에 관한 항등식이려면

$\quad a+b=0,\ -b+c=3,\ a-c=1$

$\qquad \therefore\ \boldsymbol{a=2,\ b=-2,\ c=1}$

(2) $\dfrac{1}{x^2(x+1)}=\dfrac{ax(x+1)+b(x+1)+cx^2}{x^2(x+1)}$

$\therefore \dfrac{1}{x^2(x+1)}$

$\quad =\dfrac{(a+c)x^2+(a+b)x+b}{x^2(x+1)}$

$\therefore 1=(a+c)x^2+(a+b)x+b$

이 등식이 x에 관한 항등식이려면

$\quad a+c=0,\ a+b=0,\ b=1$

$\qquad \therefore\ \boldsymbol{a=-1,\ b=1,\ c=1}$

27-3. (1) (준 식)$=\dfrac{b+1+a+1}{(a+1)(b+1)}$

$\quad =\dfrac{a+b+2}{ab+a+b+1}$

$\quad =\dfrac{a+b+2}{1+a+b+1}=\boldsymbol{1}$

(2) (준 식)$=\dfrac{a(b+1)+b(a+1)}{(a+1)(b+1)}$

$\quad =\dfrac{ab+a+ab+b}{ab+a+b+1}$

$\quad =\dfrac{1+a+1+b}{1+a+b+1}=\boldsymbol{1}$

***Note** (1) $ab=1$에서 $b=\dfrac{1}{a}$이므로

(준 식)$=\dfrac{1}{a+1}+\dfrac{1}{\dfrac{1}{a}+1}$

$\quad =\dfrac{1}{a+1}+\dfrac{a}{1+a}$

$\quad =\dfrac{a+1}{a+1}=\boldsymbol{1}$

27-4. $x\neq0$이므로 준 식의 양변을 x로 나

누면 $x-\dfrac{1}{x}=1$

(1) $x^2+\dfrac{1}{x^2}=\left(x-\dfrac{1}{x}\right)^2+2=1^2+2=\boldsymbol{3}$

(2) $\left(x+\dfrac{1}{x}\right)^2=x^2+2x\times\dfrac{1}{x}+\left(\dfrac{1}{x}\right)^2$

$\qquad =\left(x-\dfrac{1}{x}\right)^2+4=1^2+4=5$

$\therefore x+\dfrac{1}{x}=\pm\sqrt{5}$

$\therefore x^3+\dfrac{1}{x^3}=\left(x+\dfrac{1}{x}\right)^3$

$\qquad\qquad -3x\times\dfrac{1}{x}\left(x+\dfrac{1}{x}\right)$

$\quad =(\pm\sqrt{5})^3-3\times(\pm\sqrt{5})$

$\quad =(\pm5\sqrt{5})+(\mp3\sqrt{5})$ (복부호동순)

$\quad =\pm\boldsymbol{2\sqrt{5}}$

(3) $x^3-\dfrac{1}{x^3}=\left(x-\dfrac{1}{x}\right)^3+3x\times\dfrac{1}{x}\left(x-\dfrac{1}{x}\right)$

$\quad =1^3+3\times1=\boldsymbol{4}$

***Note** $x^3-\dfrac{1}{x^3}$

$\quad =\left(x-\dfrac{1}{x}\right)\left(x^2+1+\dfrac{1}{x^2}\right)$

$\quad =1\times(3+1)=\boldsymbol{4}$

(4) $x^4-\dfrac{1}{x^4}=\left(x^2+\dfrac{1}{x^2}\right)\left(x^2-\dfrac{1}{x^2}\right)$

$\quad =\left(x^2+\dfrac{1}{x^2}\right)\left(x+\dfrac{1}{x}\right)\left(x-\dfrac{1}{x}\right)$

$\quad =3\times(\pm\sqrt{5})\times1$

$\quad =\pm\boldsymbol{3\sqrt{5}}$

27-5. (1) $\dfrac{x+2y}{2}=\dfrac{y+3z}{3}=\dfrac{z+4x}{4}=k$

로 놓으면

$\quad x+2y=2k,\ y+3z=3k,\ z+4x=4k$

$\therefore x=\dfrac{4}{5}k,\ y=\dfrac{3}{5}k,\ z=\dfrac{4}{5}k$

$\therefore x:y:z=\boldsymbol{4:3:4}$

(2) $y+z=ak,\ z+x=bk,\ x+y=ck$

로 놓고 세 식을 연립하여 풀면

$\quad x=\dfrac{1}{2}(b+c-a)k,$

$$y=\frac{1}{2}(c+a-b)k,$$

$$z=\frac{1}{2}(a+b-c)k$$

$$\therefore \ x:y:z$$
$$=(b+c-a):(c+a-b):(a+b-c)$$

27-6. (1) $\dfrac{2b+c}{3a}=\dfrac{c+3a}{2b}=\dfrac{3a+2b}{c}$
$$=k \qquad \cdots\cdots①$$

로 놓으면

$$2b+c=3ak, \ c+3a=2bk,$$
$$3a+2b=ck$$

이 세 식을 변변 더하면

$$2(3a+2b+c)=(3a+2b+c)k$$

(i) $3a+2b+c\neq0$일 때, $k=2$

(ii) $3a+2b+c=0$일 때,

$$2b+c=-3a, \ c+3a=-2b,$$
$$3a+2b=-c$$

이므로 ①에 대입하면

$$k=\frac{-3a}{3a}=\frac{-2b}{2b}=\frac{-c}{c}=-1$$

따라서 구하는 값은 **2, −1**

(2) $\dfrac{ca+ab}{bc}=\dfrac{ab+bc}{ca}=\dfrac{bc+ca}{ab}$
$$=k \qquad \cdots\cdots②$$

로 놓으면

$$ca+ab=bck, \ ab+bc=cak,$$
$$bc+ca=abk$$

이 세 식을 변변 더하면

$$2(ab+bc+ca)=(ab+bc+ca)k$$

(i) $ab+bc+ca\neq0$일 때, $k=2$

(ii) $ab+bc+ca=0$일 때,

$$ca+ab=-bc,$$
$$ab+bc=-ca,$$
$$bc+ca=-ab$$

이므로 ②에 대입하면

$$k=\frac{-bc}{bc}=\frac{-ca}{ca}=\frac{-ab}{ab}=-1$$

따라서 구하는 값은 **2, −1**

27-7. (1) $y=\dfrac{x+2}{x-2}=\dfrac{4}{x-2}+1$

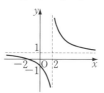

(2) $\dfrac{1}{x}+\dfrac{1}{y}=1$에서

$$\frac{1}{y}=1-\frac{1}{x}=\frac{x-1}{x} \ (xy\neq0)$$

$$\therefore \ y=\frac{x}{x-1}=\frac{1}{x-1}+1 \ (xy\neq0)$$

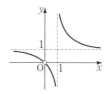

(3) $2xy-3x+2y+3=0$에서

$$2(x+1)y=3x-3$$

$x\neq-1$이므로

$$y=\frac{3}{2}\times\frac{x-1}{x+1}=\frac{-3}{x+1}+\frac{3}{2}$$

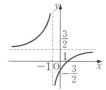

27-8. (1) $y=\dfrac{x^2+3x+3}{x+1}=x+2+\dfrac{1}{x+1}$

점근선 : 직선 $x=-1$, $y=x+2$

y절편 : $y=3$ ⇦ $x=0$

(2) $y_1=-x+2$, $y_2=\dfrac{1}{x-1}$로 놓으면

$$y=y_1+y_2$$

점근선 : 직선 $x=1$, $y=-x+2$

x절편 : $x=\dfrac{3\pm\sqrt{5}}{2}$ ⇦ $y=0$

y절편 : $y=1$ 　　　　　$\Leftarrow x=0$

(3) $y_1=x,\ y_2=\dfrac{1}{|x|}$로 놓으면

$$y=y_1+y_2$$

점근선 : 직선 $x=0,\ y=x$

x절편 : $x=-1$ 　　　　　$\Leftarrow y=0$

27-9. (1) $y=\dfrac{1}{x}$로 놓으면 $\quad x=\dfrac{1}{y}$

x와 y를 바꾸면 $\quad y=\dfrac{1}{x}$

$$\therefore\ \boldsymbol{f^{-1}:\ x\ \longrightarrow\ \dfrac{1}{x}}$$

(2) $y=\dfrac{x+1}{2x-3}$로 놓으면

$$2xy-3y=x+1$$

$$\therefore\ (2y-1)x=3y+1$$

$$\therefore\ x=\dfrac{3y+1}{2y-1}$$

x와 y를 바꾸면 $\quad y=\dfrac{3x+1}{2x-1}$

$$\therefore\ \boldsymbol{f^{-1}(x)=\dfrac{3x+1}{2x-1}}$$

27-10. $f(x)=\dfrac{ax+2}{x+1}=y$로 놓으면

$$xy+y=ax+2$$

$$\therefore\ (y-a)x=-y+2 \quad \therefore\ x=\dfrac{-y+2}{y-a}$$

$$\therefore\ f^{-1}(x)=\dfrac{-x+2}{x-a}$$

이것과 $f(x)$가 일치하므로 　　$\boldsymbol{a=-1}$

27-11. $f(x)=\dfrac{ax-4}{x+b}=y$로 놓으면

$$xy+by=ax-4$$

$$\therefore\ (y-a)x=-by-4 \quad \therefore\ x=\dfrac{by+4}{-y+a}$$

x와 y를 바꾸면 $\quad y=\dfrac{bx+4}{-x+a}$

$$\therefore\ f^{-1}(x)=\dfrac{bx+4}{-x+a}$$

이것과 주어진 $f^{-1}(x)$가 일치하므로

$$\boldsymbol{a=2,\ b=3,\ c=4}$$

27-12. $g\big(f(x)\big)=x$에서 $\quad g\circ f=\mathrm{I}$

$$\therefore\ g=\mathrm{I}\circ f^{-1}=f^{-1}$$

$f(x)=\dfrac{2x-1}{x+3}=y$로 놓으면

$$xy+3y=2x-1 \quad \therefore\ x=-\dfrac{3y+1}{y-2}$$

$$\therefore\ g(x)=f^{-1}(x)=-\dfrac{3x+1}{x-2}$$

Note $\quad g\big(f(x)\big)=x$에서

$$g\Big(\dfrac{2x-1}{x+3}\Big)=x$$

$\dfrac{2x-1}{x+3}=t$로 놓으면 $\quad x=-\dfrac{3t+1}{t-2}$

$$\therefore\ g(t)=-\dfrac{3t+1}{t-2}$$

$$\therefore\ \boldsymbol{g(x)=-\dfrac{3x+1}{x-2}}$$

27-13. $y=\dfrac{2x-3}{x-1}=2+\dfrac{-1}{x-1}$ $\quad\cdots\cdots$①

①의 그래프는 아래 그림의 굵은 실선이고, 직선 $y=mx$가 ①의 그래프와 만나는 것은 아래 그림에서 점 찍은 부분(경계 포함)에 존재할 때이다.

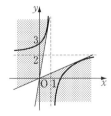

직선과 곡선이 접할 때, 방정식 $mx=\dfrac{2x-3}{x-1}$ 이 중근을 가지므로

$$mx(x-1)=2x-3$$

곧, $mx^2-(m+2)x+3=0$ 에서

$$D=(m+2)^2-12m=0$$

$$\therefore\ m^2-8m+4=0$$

$$\therefore\ m=4\pm2\sqrt{3}$$

$$\therefore\ \boldsymbol{m\leq4-2\sqrt{3}},\ \boldsymbol{m\geq4+2\sqrt{3}}$$

27-14. $y=\left|1-\dfrac{1}{x}\right|=\dfrac{|x-1|}{|x|}$ ……①

$x<0$ 일 때 $y=\dfrac{-x+1}{-x}=-\dfrac{1}{x}+1$

$0<x\leq1$ 일 때

$$y=\dfrac{-x+1}{x}=\dfrac{1}{x}-1\ \ \ \ \cdots\cdots②$$

$x>1$ 일 때 $y=\dfrac{x-1}{x}=-\dfrac{1}{x}+1$

따라서 ①의 그래프는 아래 그림에서 굵은 실선이다.

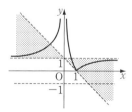

직선 $y=mx+1$ 이 ②에 접할 때, 방정식 $\dfrac{1}{x}-1=mx+1$ 이 중근을 가지므로

$$1-x=x(mx+1)$$

곧, $mx^2+2x-1=0$ 에서

$$D/4=1+m=0\quad\therefore\ m=-1$$

이때, $x=1$, 곧 점 $(1,\,0)$ 에서 접한다.

그런데 직선 $y=mx+1$ 이 ①의 그래프와 세 점에서 만날 때는 위의 그림에서 점 찍은 부분(경계 제외)에 존재하므로

$$-1<\boldsymbol{m}<0$$

*_Note_ 1° $y=\left|1-\dfrac{1}{x}\right|=\left|\dfrac{1}{x}-1\right|$

의 그래프는 $y=\dfrac{1}{x}-1$ 의 그래프를 그린 다음, x축 윗부분은 그대로 두고 x축 아랫부분만 x축을 대칭축으로 하여 x축 위로 꺾어 올려도 된다(p. 196 참조).

*_Note_ 2° 직선의 방정식이

$$y=mx+3\ (m<0)$$

으로 주어질 때에는 이 직선이 곡선 ②와 $m=-4$ 일 때 점 $\left(\dfrac{1}{2},\,1\right)$ 에서 접하므로 세 점에서 만나도록 하는 m의 값의 범위는 $-4<m<0$ 이다.

28-1. $x-y=(a+b)^2-4ab=(a-b)^2$

$$\therefore\ \sqrt{x-y}=\sqrt{(a-b)^2}\qquad\Leftarrow\ a-b<0$$

$$=-(a-b)=\boldsymbol{b-a}$$

28-2. $x+y=4a+(a^2+16)$

$$=(a+2)^2+12,$$

$$x-y=4a-(a^2+16)$$

$$=-(a-2)^2-12$$

이므로 모든 실수 a에 대하여

$$x+y>0,\ x-y<0$$

이다. 따라서

$$\sqrt{(x+y)^2}+\sqrt{(x-y)^2}=(x+y)-(x-y)$$

$$=2y=\boldsymbol{2(a^2+16)}$$

28-3. $\sqrt{a^2+2a+1}-\sqrt{a^2-2a+1}$

$$=\sqrt{(a+1)^2}-\sqrt{(a-1)^2}$$

$a<-1$ 일 때, $a+1<0,\ a-1<0$

$$\therefore\ (준\ 식)=-(a+1)+(a-1)=-2$$

$-1\leq a<1$ 일 때, $a+1\geq0,\ a-1<0$

$$\therefore\ (준\ 식)=(a+1)+(a-1)=2a$$

$a\geq1$ 일 때, $a+1>0,\ a-1\geq0$

$$\therefore\ (준\ 식)=(a+1)-(a-1)=2$$

이상에서 $\boldsymbol{a<-1}$ 일 때 $\boldsymbol{-2}$,

$$\boldsymbol{-1\leq a<1}\ 일\ 때\ \boldsymbol{2a},$$

$$\boldsymbol{a\geq1}\ 일\ 때\ \boldsymbol{2}$$

28-4. $x+4a=(a-1)^2+4a=(a+1)^2$

$x-a^3+2a^2-a=(a-1)^2-a^3+2a^2-a$

$\qquad\qquad\qquad =-(a-1)^3$

따라서 준 식을 P라고 하면

$P=\sqrt{(a-1)^2}+\sqrt{(a+1)^2}-\sqrt[3]{-(a-1)^3}$

$a<-1$일 때, $a-1<0,\ a+1<0$

$\therefore\ P=-(a-1)-(a+1)+(a-1)$

$\qquad =-(a+1)$

$-1\le a<1$일 때, $a-1<0,\ a+1\ge0$

$\therefore\ P=-(a-1)+(a+1)+(a-1)$

$\qquad =a+1$

$a\ge1$일 때, $a-1\ge0,\ a+1>0$

$\therefore\ P=(a-1)+(a+1)+(a-1)$

$\qquad =3a-1$

이상에서 **$a<-1$일 때 $-(a+1)$,**

$\qquad\quad$ **$-1\le a<1$일 때 $a+1$,**

$\qquad\quad$ **$a\ge1$일 때 $3a-1$**

28-5. 통분하면 준 식은

$$\frac{(\sqrt{a+b}-\sqrt{a-b})^2+(\sqrt{a+b}+\sqrt{a-b})^2}{(\sqrt{a+b}+\sqrt{a-b})(\sqrt{a+b}-\sqrt{a-b})}$$

이므로

$(분자)=\left(a+b-2\sqrt{a^2-b^2}+a-b\right)$

$\qquad\qquad +\left(a+b+2\sqrt{a^2-b^2}+a-b\right)$

$\qquad =4a$

$(분모)=(a+b)-(a-b)=2b$

$\therefore\ (준\ 식)=\dfrac{4a}{2b}=\dfrac{\mathbf{2a}}{\mathbf{b}}$

28-6. (준 식)

$=\dfrac{(\sqrt{x+1}+\sqrt{x-1})^2}{(\sqrt{x+1}-\sqrt{x-1})(\sqrt{x+1}+\sqrt{x-1})}$

$=\dfrac{x+1+2\sqrt{x+1}\sqrt{x-1}+x-1}{(x+1)-(x-1)}$

$=x+\sqrt{x^2-1}=\sqrt{2}+1$

28-7. (1) $y=1+\sqrt{x+2}$ 에서

$\qquad y-1=\sqrt{x+2}$

따라서 그래프는 다음 왼쪽과 같고,

정의역은 $\{x\,|\,x\ge-2\}$,

치역은 $\{y\,|\,y\ge1\}$

(2) $y=2+\sqrt{1-x}$ 에서

$\qquad y-2=\sqrt{-(x-1)}$

따라서 그래프는 아래 오른쪽과 같고,

정의역은 $\{x\,|\,x\le1\}$,

치역은 $\{y\,|\,y\ge2\}$

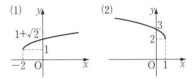

(3) $y=1-\sqrt{2-x}$ 에서

$\qquad y-1=-\sqrt{-(x-2)}$

따라서 그래프는 아래와 같고,

정의역은

$\qquad \{x\,|\,x\le2\}$,

치역은

$\qquad \{y\,|\,y\le1\}$

28-8. 주어진 함수의 정의역을 U, 치역을 V라고 하자.

(1) $U=\{x\,|\,x\ge1\}$, $V=\{y\,|\,y\ge-1\}$

주어진 함수는 U에서 V로의 일대 일대응이다.

$\qquad y=\sqrt{x-1}-1$에서 $\sqrt{x-1}=y+1$

$\qquad \therefore\ x=y^2+2y+2\ (x\ge1,\ y\ge-1)$

x와 y를 바꾸면

$\qquad \mathbf{y=x^2+2x+2\ (x\ge-1)}$

(2) $U=\{x\,|\,x\ge1\}$, $V=\{y\,|\,y\le-1\}$

주어진 함수는 U에서 V로의 일대 일대응이다.

$\qquad y=-1-\sqrt{x-1}$에서

$\qquad\qquad -\sqrt{x-1}=y+1$

$\qquad \therefore\ x=y^2+2y+2\ (x\ge1,\ y\le-1)$

x와 y를 바꾸면

$\qquad \mathbf{y=x^2+2x+2\ (x\le-1)}$

⑶ $U=\{x \mid x \geq 0\}$, $V=\{y \mid y \geq 1\}$

주어진 함수는 U에서 V로의 일대
일대응이다.

$y=x^2+1$에서 $x^2=y-1$

$x \geq 0$이므로

$\qquad x=\sqrt{y-1} \;(x \geq 0, \; y \geq 1)$

x와 y를 바꾸면 $\boldsymbol{y=\sqrt{x-1}}$

⑷ $U=\{x \mid x \leq 1\}$, $V=\{y \mid y \geq -1\}$

주어진 함수는 U에서 V로의 일대
일대응이다.

$y=x^2-2x$에서 $y+1=(x-1)^2$

$x \leq 1$이므로 $\quad -\sqrt{y+1}=x-1$

$\therefore \; x=1-\sqrt{y+1} \;(x \leq 1, \; y \geq -1)$

x와 y를 바꾸면 $\boldsymbol{y=1-\sqrt{x+1}}$

*__Note__ ⑷ $y=x^2-2x \;(x \leq 1)$에서

$\qquad x^2-2x-y=0$

근의 공식을 써서 x를 구하면

$\qquad x=1-\sqrt{y+1} \;(y \geq -1, \; x \leq 1)$

x와 y를 바꾸면 $\boldsymbol{y=1-\sqrt{x+1}}$

28-9.

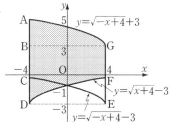

곡선 $y=\sqrt{x+4}-3$, $y=\sqrt{-x+4}+3$
과 직선 $x=-4$, $x=4$로 둘러싸인 도형
은 위의 그림에서 점 찍은 부분이다.

그런데 곡선 $y=\sqrt{x+4}-3$과 y축에
대하여 대칭인 곡선의 방정식은

$y=\sqrt{-x+4}-3$이고, 이 곡선은 곡선
$y=\sqrt{-x+4}+3$을 y축의 방향으로 -6
만큼 평행이동한 것이므로

(도형 ABG의 넓이)

$\qquad$ =(도형 CDE의 넓이)

$\qquad$ =(도형 FED의 넓이)

따라서 구하는 넓이는 직사각형
BDEG의 넓이와 같으므로

$\qquad 8 \times 6 = 48$

28-10. 문제의 도형은 아래 그림에서 점
찍은 부분이다.

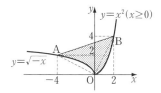

그런데 $y=x^2 \;(x \geq 0)$의 그래프를 직선
$y=x$에 대하여 대칭이동하면
$y=\sqrt{x} \;(x \geq 0)$의 그래프이고, 이 그래프
를 y축에 대하여 대칭이동하면
$y=\sqrt{-x} \;(x \leq 0)$의 그래프이므로 아래 그
림에서 점 찍은 두 부분의 넓이는 같다.

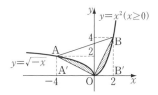

따라서 구하는 넓이는 △AOB의 넓이
와 같으므로

(사다리꼴 AA′B′B의 넓이)

$\qquad -(\triangle \text{AA′O}$의 넓이$)$

$\qquad -(\triangle \text{BOB′}$의 넓이$)$

$= \dfrac{1}{2} \times (4+2) \times 6 - \dfrac{1}{2} \times 4 \times 2$

$\qquad\qquad\qquad - \dfrac{1}{2} \times 2 \times 4 = 10$

*__Note__ △AOB의 넓이는 다음과 같이
구할 수도 있다.

⒤ 세 점 $O(0, 0)$, $A(x_1, y_1)$,

$\qquad B(x_2, y_2)$를 꼭짓점으로 하는

$\qquad \triangle \text{AOB}$의 넓이는

$$\frac{1}{2}\left|x_1y_2-x_2y_1\right| \quad \Leftarrow \text{유제 } \mathbf{17}\text{-}16$$

임을 이용한다.

(ii) 선분 AB의 길이 l을 구하고, 점 O 와 직선 AB 사이의 거리 h를 구하 여 $\triangle\text{AOB}=\dfrac{1}{2}lh$임을 이용한다.

$\mathbf{28}$-11. $y=\sqrt{x-3}$ ······①

$\qquad y=mx+1$ ······②

주어진 조건을 만족하려면 곡선 ①과 직선 ②가 만나야 하므로, 직선 ②는 아 래 그림에서 점 찍은 부분(경계 포함)에 존재해야 한다.

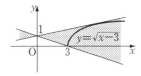

(i) ①과 ②가 접할 때

위의 그림에서 $m>0$이고 $\sqrt{x-3}=mx+1$의 양변을 제곱하면 $x-3=(mx+1)^2$

$\therefore\ m^2x^2+(2m-1)x+4=0$

이 이차방정식이 중근을 가지므로 $\text{D}=(2m-1)^2-4\times4m^2=0$

$\therefore\ m=-\dfrac{1}{2},\ \dfrac{1}{6}$

그런데 $m>0$이므로 $m=\dfrac{1}{6}$

(ii) ②가 점 $(3,\ 0)$을 지날 때 $m=-\dfrac{1}{3}$

(i), (ii)에서 $-\dfrac{1}{3}\le m\le\dfrac{1}{6}$

$\mathbf{28}$-12. (1) $\sqrt{2-x}=a-2x$ ······①

$\qquad y=\sqrt{2-x}\ \cdots②\qquad y=a-2x\ \cdots③$

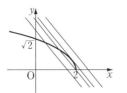

(i) ①의 양변을 제곱하여 정리하면 $4x^2-(4a-1)x+a^2-2=0$

이 이차방정식이 중근을 가질 때 곡선 ②와 직선 ③은 접한다.

$\text{D}=(4a-1)^2-16(a^2-2)=0$에서 $a=\dfrac{33}{8}$

(ii) 직선 ③이 점 $(2,\ 0)$을 지날 때 $a=4$

따라서 곡선 ②와 직선 ③의 교점의 개수에서 ①의 실근의 개수는

$a<4,\ a=\dfrac{33}{8}$일 때 $\mathbf{1}$,

$4\le a<\dfrac{33}{8}$일 때 $\mathbf{2}$,

$a>\dfrac{33}{8}$일 때 $\mathbf{0}$

(2) $\sqrt{1-x^2}=x+a$ ······①

$\qquad y=\sqrt{1-x^2}\ \cdots②\qquad y=x+a\ \cdots③$

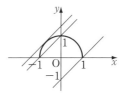

(i) 직선 ③이 반원 ②에 접할 때

반원 ②의 중심 O와 직선 ③ 사 이의 거리가 반지름의 길이인 1과 같으므로

$$\frac{\left|a\right|}{\sqrt{1^2+(-1)^2}}=1$$

$a>0$이므로 $a=\sqrt{2}$

(ii) 직선 ③이 점 $(-1,\ 0)$을 지날 때 $0=-1+a\quad\therefore\ a=1$

(iii) 직선 ③이 점 $(1,\ 0)$을 지날 때 $0=1+a\quad\therefore\ a=-1$

따라서 반원 ②와 직선 ③의 교점의 개수에서 ①의 실근의 개수는

$a<-1,\ a>\sqrt{2}$일 때 $\mathbf{0}$,

$-1 \leq a < 1$, $a = \sqrt{2}$ 일 때 1,

$1 \leq a < \sqrt{2}$ 일 때 2

Note $y = \sqrt{1 - x^2}$

$\iff y^2 = 1 - x^2 \ (y \geq 0)$

곧, $y = \sqrt{1 - x^2}$

$\iff x^2 + y^2 = 1 \ (y \geq 0)$

이므로 $y = \sqrt{1 - x^2}$ 의 그래프는 원점을 중심으로 하고 반지름의 길이가 1인 원의 $y \geq 0$인 부분(반원)이다.

29-1. (1) A ⟶ B ⟶ D의 경우

$4 \times 2 = 8$(가지)

A ⟶ B ⟶ C ⟶ D의 경우

$4 \times 2 \times 1 = 8$(가지)

A ⟶ C ⟶ D의 경우

$3 \times 1 = 3$(가지)

A ⟶ C ⟶ B ⟶ D의 경우

$3 \times 2 \times 2 = 12$(가지)

따라서 구하는 경우의 수는

$8 + 8 + 3 + 12 = \mathbf{31}$

(2) A ⟶ B ⟶ D ⟶ C ⟶ A의

경우　$4 \times 2 \times 1 \times 3 = 24$(가지)

A ⟶ C ⟶ D ⟶ B ⟶ A의

경우　$3 \times 1 \times 2 \times 4 = 24$(가지)

따라서 구하는 경우의 수는

$24 + 24 = \mathbf{48}$

29-2. 100원짜리 동전은 1개 또는 2개 사용할 수 있다. 각각의 경우 가능한 동전의 개수는 아래 표와 같다.

100원	1(0)	2(1)
50원	3(2)	1(0)
10원	3(2)	3(2)

따라서 100원, 50원, 10원 순으로

1개, 3개, 3개 또는 2개, 1개, 3개

Note 세 종류의 동전을 각각 적어도 1개 사용해야 하므로 잔액

$280 - (100 + 50 + 10) = 120$(원)

을 7개 이하의 100원, 50원, 10원짜리로 지불하는 방법은 위의 표에서 ( )안의 숫자 부분이다. 여기에 각각 1을 더하면 구하는 답이 된다.

29-3. (i) A와 C의 색이 같은 경우

A에는 4가지, B에는 3가지, D에는 3가지가 가능하므로

$4 \times 3 \times 3 = 36$(가지)

(ii) A와 C의 색이 다른 경우

A에는 4가지, B에는 3가지, C에는 2가지, D에는 2가지가 가능하므로

$4 \times 3 \times 2 \times 2 = 48$(가지)

따라서 구하는 경우의 수는

$36 + 48 = \mathbf{84}$

29-4. $126 = 2^1 \times 3^2 \times 7^1$이므로

약수의 개수는

$(1+1)(2+1)(1+1) = \mathbf{12}$

약수의 총합은

$(1 + 2^1)(1 + 3^1 + 3^2)(1 + 7^1) = 3 \times 13 \times 8$

$= \mathbf{312}$

29-5. (1) $6 = 6 \times 1 = 3 \times 2$이므로 각 경우의 최소의 수는 2^5, $2^2 \times 3^1$이다.

두 수 중에서 작은 수는

$2^2 \times 3^1 = \mathbf{12}$

(2) $15 = 15 \times 1 = 5 \times 3$이므로 각 경우의 최소의 수는 2^{14}, $2^4 \times 3^2$이다.

두 수 중에서 작은 수는

$2^4 \times 3^2 = \mathbf{144}$

(3) $30 = 30 \times 1 = 15 \times 2 = 10 \times 3$

$= 6 \times 5 = 5 \times 3 \times 2$

이므로 각 경우의 최소의 수는

2^{29}, $2^{14} \times 3^1$, $2^9 \times 3^2$,

$2^5 \times 3^4$, $2^4 \times 3^2 \times 5^1$

이 중에서 가장 작은 수는

$2^4 \times 3^2 \times 5^1 = \mathbf{720}$

29-6. (1) 문제의 조건으로부터

$$a+b+c=24 \qquad \cdots\cdots ①$$
$$a \geq b \geq c \qquad\qquad \cdots\cdots ②$$
$$b+c > a \qquad\qquad \cdots\cdots ③$$

②에서 $c \leq a$, $b \leq a$이고, ③에 의하여 $a+b+c > 2a$이므로

$$2a < a+b+c \leq 3a \qquad \Leftarrow ①$$
$$\therefore 2a < 24 \leq 3a \quad \therefore 8 \leq a < 12$$

a는 자연수이므로

$$a=8,\ 9,\ 10,\ 11 \qquad \cdots\cdots ④$$

또, $b \geq c$이고, ①에서
$b+c=24-a$이므로 $2b \geq 24-a$

$$\therefore \frac{24-a}{2} \leq b \leq a \qquad \cdots\cdots ⑤$$

따라서 ④의 a의 값에 대하여 ⑤를 만족하는 b의 개수를 구하면

a의 값	8	9	10	11
b의 개수	1	2	4	5

각 경우에 대하여 c의 값은 하나로 정해진다.

따라서 구하는 삼각형의 개수는

$$1+2+4+5=\mathbf{12}$$

****Note*** ④에서 $a=8,\ 9,\ 10,\ 11$이므로 각 경우 ①, ②, ③을 만족하는 $(a,\ b,\ c)$를 직접 찾아도 된다.

(2) 이등변삼각형이 되는 $(a,\ b,\ c)$는
$(8,\ 8,\ 8),\ (9,\ 9,\ 6),\ (10,\ 10,\ 4),$
$(10,\ 7,\ 7),\ (11,\ 11,\ 2)$
이므로 구하는 개수는 **5**

30-1. (1) $n(n-1)=72$

$$\therefore (n+8)(n-9)=0$$

$n \geq 2$이므로 $\boldsymbol{n=9}$

(2) 양변을 $5!$로 나누면 $_4\mathrm{P}_r=24$

$$\therefore \ _4\mathrm{P}_r=4\times3\times2\times1 \ \text{또는}$$
$$_4\mathrm{P}_r=4\times3\times2$$

$r<4$이므로 $\boldsymbol{r=3}$

(3) $n(n-1)+4n=28$

$$\therefore (n-4)(n+7)=0$$

$n \geq 2$이므로 $\boldsymbol{n=4}$

(4) $n(n-1)(n-2)(n-3)(n-4)(n-5)$
$\qquad =20n(n-1)(n-2)(n-3)$

그런데 $n \geq 6$이므로 양변을
$n(n-1)(n-2)(n-3)$으로 나누면
$(n-4)(n-5)=20$ $\therefore n(n-9)=0$

$n \geq 6$이므로 $\boldsymbol{n=9}$

(5) $3n(3n-1)(3n-2)(3n-3)(3n-4)$
$\qquad =98 \times 3n(3n-1)(3n-2)(3n-3)$

그런데 $3n \geq 5$이므로 양변을
$3n(3n-1)(3n-2)(3n-3)$으로 나누면
$3n-4=98$ $\therefore \boldsymbol{n=34}$

****Note*** (2)에서 $r<4$인 조건이 없다면 $_4\mathrm{P}_r=24$를 만족하는 r의 값은 3과 4이다.

30-2. (1) (우변)$=n \times \dfrac{(n-1)!}{\{(n-1)-(r-1)\}!}$

$$=\frac{n!}{(n-r)!}=\ _n\mathrm{P}_r$$

$$\therefore \ _n\mathrm{P}_r=n\times\ _{n-1}\mathrm{P}_{r-1}$$

(2) (좌변)$=\dfrac{n!}{\{n-(r+1)\}!}$
$$\qquad\qquad +(r+1)\times\frac{n!}{(n-r)!}$$

$$=\frac{n!}{(n-r-1)!}\left(1+\frac{r+1}{n-r}\right)$$

$$=\frac{n!\times(n+1)}{(n-r)!}=\frac{(n+1)!}{(n-r)!}$$

$$=\ _{n+1}\mathrm{P}_{r+1}$$

$$\therefore \ _n\mathrm{P}_{r+1}+(r+1)\ _n\mathrm{P}_r=\ _{n+1}\mathrm{P}_{r+1}$$

(3) (좌변)$=\dfrac{n!}{(n-l)!}\times\dfrac{(n-l)!}{\{(n-l)-(r-l)\}!}$

$$=\frac{n!}{(n-r)!}=\ _n\mathrm{P}_r$$

$$\therefore \ _n\mathrm{P}_l\times\ _{n-l}\mathrm{P}_{r-l}=\ _n\mathrm{P}_r$$

30-3. (1) 5명에서 3명을 뽑는 순열의 수

이므로 $_5P_3=$**60(가지)**

(2) A를 제외한 4명에서 2명을 뽑는 순열의 수이므로 $_4P_2=$**12(가지)**

(3) A, C를 제외한 3명에서 1명을 뽑는 순열의 수이므로 $_3P_1=$**3(가지)**

30-4. (1) 9명에서 9명을 택하는 순열의 수이므로

$$_9P_9=9!=362880\text{(가지)}$$

(2) 3루수를 제외한 8명을 일렬로 나열하는 방법의 수와 같으므로

$$_8P_8=8!=40320\text{(가지)}$$

30-5. (1) 10명에서 10명을 뽑는 순열의 수이므로

$$_{10}P_{10}=10!=3628800$$

(2) 10명에서 3명을 뽑는 순열의 수이므로 $_{10}P_3=$**720**

(3) 10명에서 n명을 뽑는 순열의 수는 $_{10}P_n$이므로

$$_{10}P_n=90=10\times9 \quad \therefore \; \boldsymbol{n=2}$$

30-6. (1) 천의 자리에는 0이 올 수 없으므로 천의 자리에 올 수 있는 숫자는 6개이다. 이 각각에 대하여 백, 십, 일의 자리에는 천의 자리에 온 숫자가 올 수 없으므로 $_6P_3$개이다.

$$\therefore \; 6\times_6P_3=\boldsymbol{720}\text{(개)}$$

(2) 일의 자리가 0, 2, 4, 6이어야 하므로

$\times\times\times0 \longrightarrow {}_6P_3$(개)

$\times\times\times2 \longrightarrow 5\times{}_5P_2$(개)

$\times\times\times4 \longrightarrow 5\times{}_5P_2$(개)

$\times\times\times6 \longrightarrow 5\times{}_5P_2$(개)

$$\therefore \; {}_6P_3+3\times5\times{}_5P_2=\boldsymbol{420}\text{(개)}$$

*Note   (1) $_7P_4-{}_6P_3=\boldsymbol{720}$(개)

        (2) $_6P_3+3\times({}_6P_3-{}_5P_2)=\boldsymbol{420}$(개)

30-7. (1) 큰 수부터 나열하면

⑤○○○○ ⟶ $4!=24$(개) ⎫

④○○○○ ⟶ $4!=24$(개) ⎪

③⑤○○○ ⟶ $3!=6$(개) ⎬ **66개**

③④○○○ ⟶ $3!=6$(개) ⎪

③②○○○ ⟶ $3!=6$(개) ⎭

(2) 일의 자리 숫자가 5이므로

①○○○⑤ ⟶ $3!=6$(개) ⎫

②○○○⑤ ⟶ $3!=6$(개) ⎬ **14개**

③①○○⑤ ⟶ $2!=2$(개) ⎭

30-8. ①○○○○○ 꼴의 자연수는

$5!=120$(개)이다.

따라서 122번째는 ②○○○○○ 꼴의 자연수 중에서 작은 순서로 나열하여 2번째의 것이다.

따라서 201345, 201354, ⋯ 에서

201354

30-9. (1) 수학책 3권을 묶어 한 권으로 보면 모두 7권이므로 이 7권을 일렬로 나열하는 방법은 $7!$가지이고, 이 각각에 대하여 묶음 속의 수학책 3권을 일렬로 나열하는 방법은 $3!$가지이다.

$$\therefore \; 7!\times3!=\boldsymbol{30240}$$

(2) 국어책은 국어책끼리, 수학책은 수학책끼리 묶어 각각 한 권으로 보면 영어책 두 권과 합하여 모두 4권이므로 이 4권을 일렬로 나열하는 방법은 $4!$가지이고, 이 각각에 대하여 묶음 속의 국어책 4권, 수학책 3권을 일렬로 나열하는 방법은 $4!\times3!$가지이다.

$$\therefore \; 4!\times4!\times3!=\boldsymbol{3456}$$

(3) 국어책, 영어책을 나열하는 방법은 $6!$가지이고, 이 각각에 대하여 양 끝과 국어책, 영어책 사이의 7개의 자리 중에서 3개의 자리에 수학책을 일렬로 나열하는 방법은 $_7P_3$가지이다.

$$\therefore \; 6!\times{}_7P_3=\boldsymbol{151200}$$

30-10. (1) ○ⓠ○○○○ⓣ ○○○

(ⅰ) q와 t 사이에 3개의 문자가 들어가는 순열의 수는 $_7P_3$이다.

(ⅱ) q와 t를 서로 바꾸는 순열의 수는 2!이다.

(ⅲ) ⓠ○○○○ⓣ를 한 묶음으로 보면 전체 순열의 수는 5!이다.

$$\therefore \ _7P_3 \times 2! \times 5! = 50400 \text{(가지)}$$

(2) 왼쪽 끝에 자음(q, t, n, s)이 오고 오른쪽 끝에 모음(e, u, a, i, o)이 오는 경우의 수는 $_4P_1 \times _5P_1$, 왼쪽 끝에 모음이 오고 오른쪽 끝에 자음이 오는 경우의 수는 $_5P_1 \times _4P_1$이고, 나머지 7개의 문자를 일렬로 나열하는 방법의 수는 7!이다.

$$\therefore \ _4P_1 \times _5P_1 \times 2 \times 7! = 201600 \text{(가지)}$$

(3) 전체 순열의 수는 9!이고, 양 끝에 모두 모음이 오는 순열의 수는 모음 e, u, a, i, o 중에서 두 개를 택하여 양 끝에 나열한 후 나머지 7개를 나열하는 방법의 수이므로 $_5P_2 \times 7!$이다.

$$\therefore \ 9! - _5P_2 \times 7! = 262080 \text{(가지)}$$

30-11. (1) $_nC_4 = \dfrac{_nP_4}{4!} = \dfrac{1680}{4!} = 70$

(2) $_nC_5 = \dfrac{_nP_5}{5!}$이므로

$$_nP_5 = 56 \times 5! = 6720$$

30-12. (1) $_{n+2}C_n = _{n+2}C_{n+2-n} = _{n+2}C_2$ 이므로 준 식은

$$\dfrac{(n+2)(n+1)}{2 \times 1} = 21$$

$$\therefore \ n^2 + 3n - 40 = 0$$

$$\therefore \ (n+8)(n-5) = 0$$

n은 자연수이므로 $\boldsymbol{n=5}$

*Note 준 식에서

$$\dfrac{(n+2)!}{n!(n+2-n)!} = 21$$

$$\therefore \ (n+2)(n+1) = 42$$

(2) $_8C_{n-2} = _8C_{2n+1}$에서

$$n-2 = 2n+1$$
$$\text{또는} \ n-2 = 8-(2n+1)$$

$n \geq 2$이므로 $\boldsymbol{n=3}$

(3) $n(n-1)(n-2) - 2 \times \dfrac{n(n-1)}{2 \times 1}$
$$= n(n-1)$$

$n \geq 3$이므로 양변을 $n(n-1)$로 나누면

$$(n-2) - 1 = 1 \quad \therefore \ \boldsymbol{n=4}$$

(4) $\dfrac{n(n-1)}{2 \times 1} + \dfrac{n(n-1)(n-2)}{3 \times 2 \times 1} = 2 \times 2n$

$n \geq 3$이므로 양변을 n으로 나누고 정리하면

$$3(n-1) + (n-1)(n-2) = 24$$

$$\therefore \ n^2 = 25$$

$n \geq 3$이므로 $\boldsymbol{n=5}$

30-13. 준 식에서

$$\dfrac{_nC_{r-1}}{3} = \dfrac{_nC_r}{4} = \dfrac{_nC_{r+1}}{5}$$

$$\therefore \ 4 \times _nC_{r-1} = 3 \times _nC_r \quad \cdots\cdots ①$$
$$5 \times _nC_r = 4 \times _nC_{r+1} \quad \cdots\cdots ②$$

①에서

$$\dfrac{4 \times n!}{(r-1)!(n-r+1)!} = \dfrac{3 \times n!}{r!(n-r)!}$$

$$\therefore \ 4r = 3(n-r+1) \quad \cdots\cdots ③$$

②에서

$$\dfrac{5 \times n!}{r!(n-r)!} = \dfrac{4 \times n!}{(r+1)!(n-r-1)!}$$

$$\therefore \ 5(r+1) = 4(n-r) \quad \cdots\cdots ④$$

③, ④를 연립하여 풀면

$$\boldsymbol{n=62, \ r=27}$$

30-14. (우변)

$$= n \times \dfrac{(n-1)!}{(r-1)!\{(n-1)-(r-1)\}!}$$

$$= \dfrac{n!}{(r-1)!(n-r)!}$$

$$= r \times \frac{n!}{r!(n-r)!}$$
$$= r \times {}_nC_r = (좌변)$$

30-15. (1) 특정한 2명은 미리 뽑아 놓고, 나머지 8명 중에서 3명을 뽑는 경우를 생각하면 되므로 ${}_8C_3 = \mathbf{56}$

(2) 특정한 2명을 제외하고, 나머지 8명 중에서 5명을 뽑는 경우를 생각하면 되므로 ${}_8C_5 = {}_8C_3 = \mathbf{56}$

30-16. (1) 남녀 합하여 12명 중 4명을 뽑는 방법은 ${}_{12}C_4$가지이고, 남학생 5명 중 4명을 뽑는 방법은 ${}_5C_4$가지이므로 ${}_{12}C_4 - {}_5C_4 = \mathbf{490}$(가지)

(2) 남녀 합하여 12명 중 4명을 뽑는 방법 중에서 모두 남학생만 뽑는 방법과 모두 여학생만 뽑는 방법을 빼면 되므로 ${}_{12}C_4 - ({}_5C_4 + {}_7C_4) = \mathbf{455}$(가지)

30-17. 남자를 x명이라고 하면 20명 중 2명을 뽑는 방법은 ${}_{20}C_2$가지이고, 남자 x명 중 2명을 뽑는 방법은 ${}_xC_2$가지이므로
$${}_{20}C_2 - {}_xC_2 = 124 \quad \therefore x(x-1) = 132$$
$$\therefore (x-12)(x+11) = 0$$
$x \geq 2$이므로 $x = \mathbf{12}$(명)

30-18. 5개의 홀수 중에서 3개를 뽑는 방법은 ${}_5C_3$가지이고, 4개의 짝수 중에서 2개를 뽑는 방법은 ${}_4C_2$가지이다.
또, 이들 5개의 숫자를 일렬로 나열하는 방법은 5!가지이다.
$$\therefore {}_5C_3 \times {}_4C_2 \times 5! = \mathbf{7200}(개)$$

30-19. (1) 공역의 서로 다른 세 원소를 뽑으면 조건을 만족하는 함수가 오직 하나 만들어진다.
이를테면 공역에서 1, 2, 4를 뽑으면 다음 그림과 같이 $f(1)=1$, $f(2)=2$, $f(3)=4$로 결정된다.

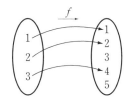

따라서 구하는 함수의 개수는
$${}_5C_3 = 10$$

(2) (i) $f(1) < f(2) < f(3)$인 경우는
$${}_5C_3 = 10(개)$$

(ii) $f(1) = f(2) < f(3)$인 경우는
$${}_5C_2 = 10(개)$$

(iii) $f(1) < f(2) = f(3)$인 경우는
$${}_5C_2 = 10(개)$$

(iv) $f(1) = f(2) = f(3)$인 경우는
$${}_5C_1 = 5(개)$$

따라서 구하는 함수의 개수는
$$10 + 10 + 10 + 5 = \mathbf{35}$$

30-20. 한 직선 위에 있는 세 점은 삼각형을 만들 수 없으므로 이를 뺀다.

(1) ${}_7C_3 - {}_4C_3 = \mathbf{31}$

(2) ${}_{10}C_3 - 5 \times {}_4C_3 = \mathbf{100}$

30-21.

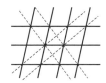

(1) 가로줄 3개 중 2개와 세로줄 4개 중 2개에 의하여 하나의 평행사변형이 결정되므로 평행사변형의 개수는
$${}_3C_2 \times {}_4C_2 = \mathbf{18}$$

(2) 마름모의 개수는 $3 \times 2 + 2 \times 1 = 8$이므로 마름모가 아닌 평행사변형의 개수는
$$18 - 8 = \mathbf{10}$$

(3) 12개의 점 중에서 3개의 점을 택하는 방법의 수는 ${}_{12}C_3$이다.
이 중에서 3개의 점이 한 직선 위에

있어서 삼각형이 만들어지지 않는 것의 개수는 다음과 같다.

(i) 평행한 가로줄 위의 4개의 점 :
$$_4C_3 \times 3 = 12$$

(ii) 평행한 세로줄 위의 3개의 점 :
$$_3C_3 \times 4 = 4$$

(iii) 그림에서 점선 위의 3개의 점 :
$$_3C_3 \times 4 = 4$$

$$\therefore \ _{12}C_3 - (12 + 4 + 4) = \mathbf{200}$$

30-22. (1) 10명을 4명, 6명의 두 조로 나누는 방법의 수는
$$_{10}C_4 \times _6C_6 = \mathbf{210}$$

(2) 10명을 5명, 5명의 두 조로 나누는 방법의 수는
$$_{10}C_5 \times _5C_5 \times \frac{1}{2!} = \mathbf{126}$$

30-23. (1) 15송이를 5송이씩 세 묶음으로 나누는 방법의 수는
$$_{15}C_5 \times _{10}C_5 \times _5C_5 \times \frac{1}{3!} = \mathbf{126126}$$

(2) 15송이를 5송이씩 세 묶음으로 나누고, 다시 세 사람에게 나누어 주는 방법의 수이므로
$$_{15}C_5 \times _{10}C_5 \times _5C_5 \times \frac{1}{3!} \times 3! = \mathbf{756756}$$

*__Note__ 똑같이 5송이씩으로 나누지만

(2)의 경우는 각 묶음을 세 사람 중 누구에게 주는가에 의하여 구별되므로 3! 로 나누지 않는다고 생각해도 된다.

30-24. (i) 특정한 2명을 3명의 조에 넣는 경우의 수는 나머지 8명을 1명, 3명, 4명의 세 조로 나누는 경우의 수와 같으므로
$$_8C_1 \times _7C_3 \times _4C_4 = 280$$

(ii) 특정한 2명을 4명의 조에 넣는 경우의 수는 나머지 8명을 3명, 3명, 2명의 세 조로 나누는 경우의 수와 같으므로
$$_8C_3 \times _5C_3 \times _2C_2 \times \frac{1}{2!} = 280$$

따라서 10명을 세 조로 나누는 방법의 수는 $280 + 280 = 560$이고, 이 세 조를 세 개의 호텔에 투숙시키는 방법의 수는 3! 이므로 $560 \times 3! = \mathbf{3360}$

30-25. 8명을 2명씩 네 조로 나누는 방법의 수는
$$_8C_2 \times _6C_2 \times _4C_2 \times _2C_2 \times \frac{1}{4!} = 105$$

네 조에서 시합을 할 두 조를 고르는 방법의 수는 $_4C_2 = 6$이고, 나머지 두 조에서 심판을 보는 조를 고르는 방법의 수는 $_2C_1 = 2$이다.
$$\therefore \ 105 \times 6 \times 2 = \mathbf{1260}$$

찾 아 보 기

〈ㄱ〉

〈ㄴ〉

〈ㄷ〉

〈ㅁ〉

〈ㅂ〉

실력 수학의 정석

수학(하)

1966년 초판 발행
총개정 제12판 발행

지 은 이 홍 성 대 (洪 性 大)

도 운 이 남 진 영
　　　　 박 재 희

발 행 인 홍 상 욱

발 행 소 **성지출판(주)**

06743 서울특별시 서초구 강남대로 202
등록 1997.6.2. 제22-1152호
전화 02-574-6700(영업부), 6400(편집부)
Fax 02-574-1400, 1358

인쇄 : 동화인쇄공사 · 제본 : 광성문화사

• 파본은 구입 서점 및 본사에서 교환해드립니다.

• 본책을 이용하여 무단으로 행해지는 출판행위나
　동영상 강좌 등은 저작권법이 정하는 민·형사상
　의 책임을 지게 됨을 알려드립니다.

ISBN 979-11-5620-022-2 53410

수학의 정석 시리즈

홍성대 지음

개정 교육과정에 따른
수학의 정석 시리즈 안내

기본 수학의 정석 수학(상)
기본 수학의 정석 수학(하)
기본 수학의 정석 수학 I
기본 수학의 정석 수학 II
기본 수학의 정석 미적분
기본 수학의 정석 확률과 통계
기본 수학의 정석 기하

실력 수학의 정석 수학(상)
실력 수학의 정석 수학(하)
실력 수학의 정석 수학 I
실력 수학의 정석 수학 II
실력 수학의 정석 미적분
실력 수학의 정석 확률과 통계
실력 수학의 정석 기하